हिन्दी पत्रकारिता

हिन्दी पत्रकारिता

ातीय चेतना और खड़ी बोली साहित्य की निर्माण-भूमि

कृष्णबिहारी मिश्र

वाणी प्रकाशन ग्रुप
भारतीय ज्ञानपीठ
वाणी प्रकाशन : भारतीय ज्ञानपीठ की पुस्तकों के एकमात्र प्रकाशक एवं वितरक

पेपरबैक पहला संस्करण : 1968
पेपरबैक दूसरा संस्करण : 1985
पेपरबैक तीसरा संस्करण : 2000
पेपरबैक चौथा संस्करण : 2004
पेपरबैक आठवाँ संस्करण : 2011
पेपरबैक नौवाँ संस्करण : 2019
पेपरबैक दसवाँ संस्करण : 2023
पेपरबैक ग्यारहवाँ संस्करण : 2024

लोकोदय ग्रन्थमाला : ग्रन्थांक 270

प्रकाशक
वाणी प्रकाशन ग्रुप
4695, 21-ए, दरियागंज, नयी दिल्ली-110 002
फ़ोन : 011-23273167, 23275710
ईमेल : sales@vaniprakashan.in

ISBN : 978-93-5518-040-7

हिन्दी पत्रकारिता
(पत्रकारिता)
कृष्णबिहारी मिश्र

Hindi Patrakarita
(Journalism)
by Krishna Bihari Mishra

मुद्रक : आर. टेक ऑफ़सेट प्रिंटर्स, दिल्ली-110 032

Price : INR. 495

बाबा, माँ और पिताजी की स्मृति में
पूज्य बाबूजी (पं. रामसुन्दर जी मिश्र) को श्रद्धया–
जिनकी सक्रिय शुभचिन्ता ने
मेरी साध को जीवन दिया।

आशीर्वचन

प्रस्तुत पुस्तक मेरे प्रिय छात्र आयुष्मान् डॉ. कृष्णबिहारी मिश्र ने डी. फ़िल्. उपाधि के लिए प्रबन्ध के रूप में लिखी थी। इसमें पत्रकारिता के क्षेत्र में कलकत्ता के योगदान का विवेचन है। आधुनिक हिन्दी साहित्य के आरम्भ से ही कलकत्ता का विशिष्ट योग रहा है। हिन्दी पत्र-पत्रिकाओं के विकास में भी कलकत्ता का महत्त्वपूर्ण योग रहा है। डॉ. मिश्र ने भूली-अधभूली कहानियों और पत्र-पत्रिकाओं की खोज करके यह महत्त्वपूर्ण प्रबन्ध लिखा है। वे साहित्य के अच्छे विद्वान् हैं, यद्यपि पत्रकारिता के विकास की कहानी ही उन्हें कहनी थी तथापि आनुषंगिक रूप से साहित्यिक अध्ययन का कार्य भी किया है। वस्तुतः आरम्भ में साहित्य और पत्रकारिता एक-दूसरे से घुले-मिले थे। साहित्य के विकास में भी पत्र-पत्रिकाओं ने बहुत सहायता पहुँचायी है। इस प्रबन्ध में आधुनिक हिन्दी के विकास में कलकत्ते का महत्त्व अच्छी तरह स्पष्ट हो गया है।

प्रबन्ध में विस्तृत विवेचन के साथ "पहली बार यह तथ्य प्रस्तुत करने की चेष्टा की गयी है कि हिन्दी पत्रकारिता की कहानी भारतीय राष्ट्रीयता की कहानी है। हिन्दी पत्रकारिता के आदि उन्नायक जातीय चेतना, युगबोध और अपने महत् दायित्व के प्रति पूर्ण सचेत थे। कदाचित् इसीलिए विदेशी सरकार की दमन-नीति का उन्हें शिकार होना पड़ा था, उसके नृशंस व्यवहार की यातना झेलनी पड़ी थी। उन्नीसवीं शताब्दी में हिन्दी गद्य-निर्माण की चेष्टा और हिन्दी-प्रचार आन्दोलन अत्यन्त प्रतिकूल परिस्थितियों में भयंकर कठिनाइयों का सामना करते हुए भी कितना तेज और पुष्ट था इसका साक्ष्य 'भारतमित्र' (सन् 1878 ई.), 'सार सुधानिधि' (सन् 1879 ई.) और 'उचितवक्ता' (सन् 1880 ई.) के जीर्ण पृष्ठों पर मुखर है।"

श्री कृष्णबिहारी मिश्र ने कलकत्ते की हिन्दी पत्रकारिता के विवेचन के बहाने उस राष्ट्रीय चेतना का विकास भी स्पष्ट किया है जो हिन्दी पत्रकारिता का विशिष्ट रूप रहा है। उन्होंने उस चेतना को विशाल पृष्ठभूमि पर रखकर हिन्दी-गद्य के पुष्ट विकास का संकेत दिया है। हिन्दी-गद्य किसी छोटे उद्देश्य से नहीं बल्कि विशाल राष्ट्रीय चेतना और मानवीय संवेदना के प्रचार का साधन बनकर निखरा है। वे बताते हैं कि "हिन्दी के निर्माण में अनेक दिशाओं से प्रयत्न हुए हैं और गद्य का वर्तमान

रूप असंख्य साधनाओं का परिणाम है। किन्तु सबसे बलवती साधना पुराने पत्रकारों की है। कलकत्ता के हिन्दी पत्रकारों ने इस गद्य के आरम्भिक रूप को सजाया-सँवारा और उसे पुनर्जागरण-कालीन भारतीय राष्ट्र की समस्त आकांक्षाओं और सम्भावनाओं के समर्थ माध्यम के रूप में प्रतिष्ठित किया।"

इस प्रकार प्रबन्ध में हिन्दी पत्रकारिता के विकास के माध्यम से हिन्दी की सशक्त गद्यशैली और मानवीय संवेदना की उदार परम्परा का आकलन किया गया है।

मुझे आशा है कि आधुनिक हिन्दी इतिहास के विद्यार्थियों के लिए यह पुस्तक उपयोगी सिद्ध होगी। मेरी हार्दिक शुभकामना है कि इस पुस्तक के लेखक डॉ. कृष्णबिहारी मिश्र निरन्तर प्रबुद्ध भाव से साहित्य की सेवा करते रहें। मैं इनके उज्ज्वल भविष्य की कामना करता हूँ।

— हजारीप्रसाद द्विवेदी

रेक्टर
काशी हिन्दू विश्वविद्यालय
वाराणसी
26 जून 1968

आभार

मेरी पहली प्रणति और कृतज्ञता सम्मान्य प्रो. कल्याणमल लोढ़ा के प्रति है जिनके मन में प्रस्तुत प्रबन्ध की योजना उदित हुई और बड़े विश्वास के साथ जिसकी क्रियान्विति का दायित्व उन्होंने मेरे ऊपर सौंपा। सहज उत्साह के चलते विषय की दुरूहता की ओर शुरू में मेरा ध्यान न गया। लोढ़ाजी कठिनाइयों और अवरोधों से परिचित थे। इसलिए उस ओर उनका सदैव ध्यान रहा। कार्य शुरू होने के पहले ही उन्होंने भारतीय ज्ञानपीठ से, विश्वविद्यालय के माध्यम से, आर्थिक सहायता का अनुबन्ध कराया। प्रबन्ध की प्रारम्भिक रूप-रेखा तैयार की। शोध विषयक नित्य की क्रमिक प्रगति से अवगत होते रहने की उत्सुकता और सक्रिय रुचि दिखायी।

भारतीय ज्ञानपीठ की अध्यक्ष श्रीमती रमा जैन ने मेरे अनुशीलनकार्य की सारस्वत महत्ता को समझकर कलकत्ता विश्वविद्यालय के माध्यम से अपेक्षित सहायता देकर मुझे उपकृत किया। श्रीमती जैन की उदारता तथा भारतीय ज्ञानपीठ के मन्त्री आदरणीय श्री लक्ष्मीचन्द्र जैन की सहज सदाशयता का मेरे मन पर गहरा असर है।

हिन्दी के प्रख्यात विद्वान् आचार्य नन्ददुलारे वाजपेयी ने भौगोलिक दूरी के बावजूद अपने निर्देशन द्वारा मुझे अनुशीलन-दृष्टि दी। इस प्रबन्ध की भूमिका लिखने की उनकी सहज इच्छा थी। किन्तु दुर्भाग्यवश वे समय से पहले चले गये। मेरी पुस्तक को प्रकाशित देखकर उन्हें ही सबसे अधिक प्रसन्नता होती।

सामग्री-संकलन के उद्देश्य से मुझे विभिन्न स्थानों की यात्रा करनी पड़ी। काशी-प्रवास में हिन्दू विश्वविद्यालय के अपने प्राध्यापक आदरणीय डॉ. विजयशंकर मल्ल से अपने शोध-कार्य के सम्बन्ध में विचार-विमर्श किया और उनके महत्त्वपूर्ण सुझावों से लाभान्वित हुआ। आदरणीय भाई डॉ. शिवप्रसाद सिंह ने मुझे सदा विद्या विषयक प्रेरणा-दृष्टि दी है। शीर्षस्थ कृती साहित्यकार होने के साथ ही डॉ. शिवप्रसाद जी प्राचीन साहित्य के मर्मज्ञ और भाषाविद् भी हैं। प्रस्तुत प्रबन्ध में भाषा पर भी एक स्वतन्त्र अध्याय है जिसे तैयार करने में श्री शिवप्रसाद जी से विशेष सहायता मिली है। इन दोनों विद्वानों के प्रति मैं हृदय से कृतज्ञ हूँ।

हिन्दी के प्रख्यात मनीषी गुरुवर आचार्य पं. हजारीप्रसाद द्विवेदी ने अपने मुखर

आशीर्वचन से मुझे प्रेरणा और बल दिया है। पत्रकारिता के पुराने अध्येता आचार्य डॉ. रामसुभग सिंह ने अपनी व्यस्त राजकीय चर्या से समय निकालकर मेरी पुस्तक पढ़ी और मेरे अनुरोध से पुस्तक का प्राक्कथन लिखने की कृपा की। इस कृपा को पुरानी पीढ़ी के अध्येता का अनुज पीढ़ी के अनुसन्धित्सु को मैं आशीर्वाद मानता हूँ। गुरुजनों के आशीर्वाद से मुझे हार्दिक बल ही नहीं मिला है, मेरी पुस्तक की महत्ता-वृद्धि हुई है।

शोध-कार्य अत्यन्त श्रम-साध्य व्यापार है। मेरे पूज्य पिताजी ने गार्हस्थिक दायित्व से मुझे मुक्त न कर दिया होता, पूज्य पितृव्य पं. काशीनाथ मिश्र का नित्य का उलाहना-उत्साह न मिला होता, परम आत्मीय श्री राधागोविन्द जी और श्री रंगन अपनी सुख-सुविधा की चिन्ता छोड़कर मेरी अनुकूल व्यवस्था के लिए सदैव सजग न रहे होते तो निश्चित रूप सी मेरे कार्य में अपेक्षित रुचि, नैरन्तर्य और सक्रियता न आ पाती। मैं इन्हीं का हूँ। मेरी साध को पल्लवित-पुष्पित होते देखकर इनका मनःलोक उल्लसित होता है। इसे मैं अपना सौभाग्य मानता हूँ और परमात्मा के प्रति हृदय से कृतज्ञ हूँ कि इस कोटि की शुभचिन्ता और उच्छ्वसित स्नेह मुझे उपलब्ध है।

परिशिष्ट की सामग्री मेरे निर्देशन में मेरे आत्मीय श्री अवधेश्वरनाथ मिश्र ने तैयार की है। विषयानुक्रमणिका और नामानुक्रणिका मेरे स्नेहभाजन डॉ. प्रेमचन्द जैन ने तैयार की है। इन दोनों की आत्मीयता और श्रम मेरे लिए अविस्मरणीय है।

भारतीय ज्ञानपीठ के उन कर्मचारियों के प्रति, जिनके हृदय में मेरे लिए स्नेह है और जिन्होंने इस पुस्तक के प्रकाशन में विशेष रुचि ली है, आभारी हूँ।

प्रस्तुत पुस्तक कलकत्ता विश्वविद्यालय द्वारा डॉक्टरेट उपाधि के लिए स्वीकृत शोध-प्रबन्ध है। अनुसन्धान का मूल विषय था 'कलकत्ता की हिन्दी पत्रकारिता : उद्भव और विकास'। उद्देश्य था कलकत्ता की हिन्दी पत्रकारिता (सन् 1826 से 1930 तक) का अनुशीलन। प्रस्तुत प्रबन्ध चूँकि हिन्दी पत्रकारिता के पूरे परिदृश्य को स्पर्श करता है; पुनर्जागरणकालीन राष्ट्रीय चेतना, जातीय संस्कृति और खड़ी बोली-साहित्य की निर्माण-भूमि का अध्ययन प्रस्तुत करता है, इसलिए इसके मूल नाम को बदलकर पुस्तक को उपयुक्त नाम देकर प्रकाशित करना उचित प्रतीत हुआ।

पूरा प्रबन्ध पाँच खण्डों में विभाजित है। पहले खण्ड में आरम्भिक भारतीय पत्रकारिता का परिवेश-विवेचन और उपलब्ध सामग्री की वैशिष्ट्य-चर्चा है। दूसरे खण्ड में भी दो अध्याय हैं जिनमें पत्रकारिता के दूसरे चरण की पृष्ठिका-चर्चा और उस काल के प्रमुख पत्रों की विशद विवेचना जातीय चेतना के आलोक में की गयी है। तीसरे खण्ड में भी दो अध्याय हैं–(1) बीसवीं शताब्दी का आरम्भ और हिन्दी पत्रकारिता का तीसरा दौर, (2) तिलक युग की हिन्दी पत्रकारिता की विवेचना और

पत्रकारिता के कला-विकास की समीक्षा है। चौथे खण्ड में गाँधी युग की पत्रकारिता और दैनिक पत्रों का विवेचन है। पाँचवें खण्ड में तीन अध्याय हैं। पहले अध्याय में कलकत्ता के विशिष्ट हिन्दी पत्रकारों का परिचय देते हुए पुरानी आलोकवर्षी पीढ़ी की विवेचना की गयी है। दूसरे अध्याय में साम्प्रतिक पत्रकारिता की अभाव-उपलब्धि की विस्तृत समीक्षा की गयी है। तीसरा अध्याय पत्रकारिता की सन्दर्भ-सरणि से भाषा-विकास की विवेचना प्रस्तुत करता है। पुस्तक के प्रारम्भ में 'प्रस्ताविका' है और अन्त में 'उपसंहार'। शुरू में कुछ महत्त्वपूर्ण पुराने पत्रों की चित्र-लिपियाँ दी गयी हैं और 'परिशिष्ट' में पुराने पत्रों के प्रथम अंक की सम्पादकीय टिप्पणी अविकल उद्धृत की गयी है; कुछ पत्रों की वार्षिक विषय-सूची दी गयी है जिससे हिन्दी पत्रकारिता के पुराकाल का समग्र स्वरूप पाठकों के सामने स्पष्ट हो सके। अपने सहयोगियों, शुभचिन्तकों और उन तमाम लोगों के प्रति, जिनसे किसी भी रूप में कुछ भी सहायता मिली है, मेरे मन में अशेष सम्मान और कृतज्ञता का भाव है। इत्यलम्।

—कृष्णबिहारी मिश्र

वाराणसी,
कार्तिक शुक्ल सप्तमी, 2025

पुनश्च

लम्बी प्रतीक्षा के बाद पुस्तक का दूसरा संस्करण आपको उपलब्ध हो रहा है। प्रथम संस्करण 1968 में प्रकाशित हुआ था और हिन्दी जगत् में पुस्तक का अपेक्षित स्वागत हुआ था। परिणामतः कुछ ही दिनों में पुस्तक अनुपलब्ध हो गयी। पुस्तक के दूसरे संस्करण के लिए विभिन्न क्षेत्रों से आग्रह-भरे पत्र लेखक और प्रकाशक को मिलते रहे। प्रकाशक की व्यावहारिक कठिनाइयों के चलते दूसरे संस्करण के प्रकाशन में अत्यधिक विलम्ब हुआ।

दूसरे संस्करण के प्रकाशन से उन असंख्य पाठकों और विशिष्ट विद्याव्रतियों को मेरी अपेक्षा अधिक प्रसन्नता होगी, जिन्हें पुस्तक की आकुल प्रतीक्षा थी। मैं उन लोगों के प्रति हृदय से आभारी हूँ जिन्होंने पुस्तक उपलब्ध कराने के लिए मुझे बार-बार पत्र लिखा और प्रकारान्तर सें मेरे कार्य का महत्त्व स्वीकार किया। विशेष रूप से कृतज्ञ हूँ प्रसिद्ध समाजसेवी और विद्या-व्यापार के अप्रतिम शुभ-चिन्तक स्व. सीताराम सेकसरिया का, जिन्होंने महज यह सूचना पाकर कि मेरी पुस्तक की एक भी प्रति उपलब्ध नहीं है, अपनी सहज प्रेरणा से, बिना मेरे अनुरोध किये, भारतीय ज्ञानपीठ के मन्त्री श्री लक्ष्मीचन्द्र जैन को पत्र लिखकर पुस्तक के पुनर्मुद्रण के लिए आग्रह किया था। स्व. सेकसरिया जी के आग्रह, विविध क्षेत्रों के विद्याव्रतियों के बार-बार के तकाज़े और सम्मान्य श्री लक्ष्मीचन्द्र जैन के विवेकाश्रित औदार्य के ही चलते इतनी बड़ी पुस्तक का दूसरा संस्करण प्रकाशित करना सम्भव हुआ।

मेरे प्रकाशक के मन में, पुस्तक के कलेवर को देखते, दुविधा पहले भी थी। प्रथम संस्करण के प्रकाशन के समय भी संकल्प-विकल्प में ही दो वर्ष निकल गये थे। दुविधा केवल प्रकाशक के ही मन में नहीं थी, मेरे मन में भी आशंका थी कि चटक साहित्य के स्वाद में लीन लोगों को तथ्य-समृद्ध मेरी पुस्तक शायद न रुचे। पत्रकारिता का अध्ययन मेरी भी रुचि का विषय नहीं था, दूसरे ऐसे शुष्क अध्ययन में रुचि लें, ऐसी आशा का आधार, ज़माने के रुख़ और आज के आदमी की चर्या-त्वरा को देखते, मेरे पास नहीं था। लेकिन मेरी आशंका निर्मूल सिद्ध हुई और प्रीतिकर आश्वासन मिला कि गम्भीर रुचि के पाठकों की आज भी कमी नहीं है। जैसे मैंने ख़ास विवशता में, कहना चाहिए निरुपाय होकर, हिन्दी पत्रकारिता के

अतीत का अध्ययन शुरू किया था, किन्तु पत्रकारिता के पुराने पन्नों का साक्षात्कार करते ही मेरा मन प्रेरणा-स्फूर्त हो उठा था। आलोकवर्षी पीढ़ी की विद्या-साधना के अक्षर-अक्षर से फूटनेवाली रोशनी से जुड़कर अपनी लघुता से उत्तीर्ण होने के लिए, लगभग वैसे ही, मेरी आशंका के बावजूद, पूरी रुचि से मेरी पुस्तक पढ़ी गयी। सहृदयजन के प्रशंसा-पत्र और पण्डितों द्वारा की गयी पुस्तक की समीक्षा से मुझे स्वाभाविक रूप में प्रेरणा और बल मिला। मेरे लिए यह अत्यन्त प्रीतिकर और उत्साहवर्द्धक था कि विपरीत विचार-शिविरों से प्रतिबद्ध विचारकों ने पूर्वग्रहमुक्त होकर शुद्ध विवेक की भूमिका से मेरी पुस्तक की प्रशंसा की और प्रकारान्तर से मेरी विद्या-यात्रा की सही सरणि का संकेत भी किया। परिणामतः पत्रकारिता को ही मैंने अपने अगले अध्ययन का उपजीव्य बनाया। पत्रकारिता सम्बन्धी मेरी दो और पुस्तकें सद्यः प्रकाश्य हैं।

सन् 1968 में मेरी पुस्तक का प्रकाशन हुआ था। कुछ वर्षों बाद पत्रकारिता सम्बन्धी कुछ और प्रकाशन सामने आये। हिन्दी पत्रकारिता की 150वीं वर्षगाँठ के अवसर पर पूरे देश में विचार-गोष्ठी के अनेक आयोजन हुए; विभिन्न पत्रिकाओं में पत्रकारिता सम्बन्धी विपुल सामग्री छपी; कई आकलन-ग्रन्थों का प्रकाशन हुआ; एक राज्य सरकार की पत्रिका का पत्रकारिता-विशेषांक प्रकाशित हुआ। उस काल में प्रकाशित पत्रकारिता सम्बन्धी सम्पूर्ण सामग्री को मैंने उसी सजग दृष्टि से देखा-परखा जिस दृष्टि से पत्रकारिता के पुराने पन्नों को पढ़ा था या फिर जिस रुचि से लोगों ने मेरी पुस्तक पढ़ी थी। और विद्या-संस्कार तथा पत्रकारिता के स्तर के स्खलन को देखकर त्रासद अनुभव हुआ। पत्रकारिता के इतिहास से पूर्णतः अनभिज्ञ, व्यावसायिक रुचि के कायल, लोगों ने विद्या-संस्कार को ताक पर रखकर मौसम का लाभ उठाया। एक सरकारी पत्रिका ने तो मेरी पुस्तक से केवल सामग्री ही नहीं ली, बल्कि पुराने पत्रों की चित्रलिपियों तक का बिना किसी उल्लेख के उपयोग किया। ठीक इसी प्रकार एक राष्ट्रीय स्तर की संस्था से प्रकाशित पत्रकारिता सम्बन्धी पुस्तक की लेखिका ने आभार की औपचारिक भाषा तक मेरी पुस्तक से लेना ज़रूरी समझा। इसी ढीठ शैली में शोध-प्रबन्ध के कई धौरन्धरिक लेखकों ने मेरी पुस्तक का उपयोग किया है। आत्मीय सम्बन्ध के चलते मैंने केवल दो पत्रों के सम्पादकों का ध्यान इस अपकर्म की ओर आकृष्ट किया था। एक ने मेरे पत्र का जवाब नहीं दिया, दूसरे ने निहायत औपचारिक शैली में खेद प्रकट कर छुट्टी पा ली। मैंने भी यह सोचते सन्तोष कर लिया कि जब आचार्य किशोरीदास वाजपेयी और आचार्य विश्वनाथ प्रसाद मिश्र जैसे मनीषी के श्रम और साधना को हड़पते लोगों को संकोच नहीं होता तो फिर मेरे जैसे अदना लेखक के श्रम से उल्लसित खलिहान का दाना-भूसा दूसरे के आँगन में, कुटिल आयास द्वारा, पहुँच जाए तो अचरज क्या है! मेरे सन्तोष का एक कारण यह भी था कि मेरी पुस्तक को लोगों ने पढ़ा है ठीक से, भले ही उपयोग

किया हो गलत तरीक़े से। यह तरीक़ा ही कदाचित् आज का सामान्य तरीक़ा हो गया है जो विद्या-लोक में व्याप्त प्रदूषण का संकेत देता है।

दूसरे संस्करण में कुछ नयी सामग्री जोड़ने की इच्छा थी। दो व्यावहारिक कठिनाइयों के चलते यह सम्भव न हो सका। एक तो बहुत दिनों की प्रतीक्षा के बाद किन्तु इतनी त्वरा में पुस्तक के पुनर्मुद्रण का निर्णय प्रकाशक ने लिया कि पुस्तक को आद्यन्त नया स्पर्श देना सम्भव नहीं था। दीर्घ प्रतीक्षा के चलते मेरा उत्साह भी शिथिल हो गया था। दूसरी कठिनाई यह भी थी कि प्रकाशक पुस्तक की पृष्ठ-संख्या बढ़ाने के पक्ष में नहीं थे। मैंने निर्णय किया कि अपेक्षित सामग्री दूसरी पुस्तक में अलग से देकर समीक्षकों की शिकायत आंशिक रूप में दूर की जा सकती है। तथापि कुछ पृष्ठों पर कुछ पंक्तियाँ जोड़ी गयी हैं; जहाँ-तहाँ नया स्पर्श दिया गया है। कुछ वर्षों पूर्व हिन्दी पत्रकारिता के इतिहास के सम्बन्ध में प्रो. कल्याणमल लोढ़ा और डॉ. शिवनारायण खन्ना ने 'धर्मयुग' के माध्यम से एक महत्त्वपूर्ण सूचना दी थी कि हिन्दी का पहला पत्र 'उदन्तमार्त्तण्ड' नहीं, 'दिग्दर्शन' है। 'दिग्दर्शन' के सन्धान में मैं विफल रहा। अन्ततः 'धर्मयुग' के ही माध्यम से मैंने प्रो. लोढ़ा एवं डॉ. खन्ना के सामने कुछ प्रश्न रखे थे, जो अनुत्तरित रहे। अतः अपनी उपलब्धि के आधार पर अपनी मूल धारणा को ज्यों का त्यों रहने दिया है कि 30 मई, 1826 ई. को प्रकाशित 'उदन्तमार्तण्ड' हिन्दी का पहला पत्र है।

कलकत्ता जैसे भारतीय पत्रकारिता की जन्मभूमि रहा है वैसे ही हिन्दी पत्रकारिता का भित्ति-क्षेत्र रहा है। इस उत्स-भूमि को केन्द्र में रखकर हिन्दी पत्रकारिता के अतीत का विवेचन करना ही मेरा उद्देश्य था, तथापि सामान्य रूप से हिन्दी पत्रकारिता के पूरे परिदृश्य पर मेरी दृष्टि रही है। कुछेक प्रतिष्ठित विचारकों ने अपनी समीक्षा-टिप्पणी द्वारा यह संकेत किया है कि पुस्तक को नामानुकूल पूर्णता देने के लिए कुछ और विस्तार देना जरूरी है। ऐसे कृती सुझाव देनेवालों के प्रति मैं कृतज्ञ हूँ। परवर्ती संस्करण में उनके सुझाव से लाभ उठाने की कोशिश करूँगा। अभी तो पुस्तक अपने मूल रूप में ही आपके सामने है।

—कृष्णबिहारी मिश्र

7-बी, हरिमोहन राय लेन
कलकत्ता-700 015
25 फ़रवरी, 1984

आश्वस्ति

हिन्दी पत्रकारिता के व्यतीत अध्याय को अपने अध्ययन-विवेचन का उपजीव्य बनाते मेरे मन में दो तरह का असमंजस था। पहली चिन्ता अपनी अक्षमता को लेकर थी और दूसरी आशंका हिन्दी के पाठक-समाज की रुचि के प्रति थी। पत्रकारिता से मेरा समीपी परिचय नहीं था, इसलिए कलकत्ता विश्वविद्यालय की शोध-परिकल्पना से जुड़ना एक कठोर चुनौती का मुक़ाबला करना था। युवा ऊर्जा तीख़ी चुनौती से खेलने-लड़ने के लिए व्याकुल रहती है। सहज उत्साह में, अपनी अक्षमता और हर क़दम पर खड़े प्रत्यूह का ध्यान छोड़कर, गुरुतर दायित्व को स्वीकार कर लिया था। पर आस्था को कुचलकर संकल्प-च्युत कर देनेवाली परिस्थिति से जूझते यात्रा पूरी करनी पड़ी। और जब गन्तव्य-बिन्दु को स्पर्श किया तो एक प्रेरक आस्वाद का अनुभव किया। दूसरी आशंका का प्रीतिकर समाधान हिन्दी के उस पाठक-समाज की गहरी अनुशंसा ने दिया, जिसके बारे में यह भ्रम रचा गया है कि हिन्दी के पाठक अनुसन्धानमूलक गम्भीर साहित्य में रुचि नहीं लेते। गम्भीर साहित्य के सामान्य पाठकों, विशिष्ट अध्येताओं और विद्या-जगत् के कृती पुरुषों ने मेरे शोध-प्रबन्ध को सार्थक प्रयास के रूप में स्वीकार किया; इतिहास के अज्ञात और अल्पज्ञात तथ्यों की विवेचनात्मक प्रस्तुति को सारस्वत उपलब्धि के रूप में स्वीकृति दी तो पत्रकारिता के इतिहास और वर्तमान समस्याओं से जुड़ने की सहज प्रेरणा मिली।

विद्या-जगत् के प्रोत्साहन का ही विधायक परिणाम था इस क्षेत्र में मेरी गम्भीर प्रवृत्ति और इस शोध-ग्रन्थ के बाद पत्रकारिता विषयक मेरी चार पुस्तकों का प्रकाशन। मेरी पुस्तकों का जैसा स्तरीय स्वागत हुआ वह हिन्दी के पाठक-समाज के प्रति लेखक को सम्मानशील बनाता है, और गम्भीर विद्या-कर्म के लिए प्रेरित करता है।

इतने बड़े शोध-ग्रन्थ के तीसरे संस्करण का प्रकाशन लेखक के लिए कम प्रेरक नहीं है। यह इस तथ्य का प्रमाण है कि हिन्दी में गम्भीर साहित्य-संस्कार की कमी नहीं है। लेखन-कर्म को अपेक्षित प्रोत्साहन देनेवाला यह एक बड़ा आश्वासन है।

सहृदय पाठकों के आग्रह को लक्ष्य कर भारतीय ज्ञानपीठ के मानद निदेशक

श्री दिनेश मिश्र ने पुस्तक के तीसरे संस्करण के प्रकाशन में तत्परता दिखायी। मिश्रजी की जागरूकता-सदाशयता के लिए उनके प्रति आभारी हूँ। पहली बार पुस्तक सन्मति मुद्रणालय, काशी से मेरे आत्मीय बन्धु श्री पद्मधर त्रिपाठी की देखरेख में छपी थी। यह प्रीतिकर संयोग है कि सम्प्रति पद्मधरजी भारतीय ज्ञानपीठ के सम्पादक हैं। और चिरकाल के बन्धु पद्मधरजी की मेरे विद्या-कर्म में सहज रुचि है। मुद्रण-दोष को शुद्ध रूप देने और नामानुक्रमणिका तैयार करने का जटिल दायित्व कविबन्धु श्री राजदेव सिंह 'कौशल', ज्येष्ठ कुमार चि. कमलेश कृष्ण, प्रीतिभाजन छात्र आयुष्मान रामनाथ महतो के कठोर श्रम से ही पूरा हुआ। आयुष्मान श्री लखनकुमार सिंह की सक्रिय सहयोग-भूमिका ने प्रीत किया। ये मेरे स्वजन हैं। मित्र, पुत्र और शिष्य ही बुढ़ौती की लाठी हैं। लाठी मजबूत है। आश्वस्त हूँ, सान्ध्य वेला का सम्बल पुष्ट है।

जैसा संकेत किया गया है, इस शोध-ग्रन्थ के प्रकाशन के बाद पत्रकारिता के इतिहास और वर्तमान परिदृश्य से जुड़े प्रश्नों पर सहज रुचि से मैं सोचता-विचारता रहा। वह सारा अध्ययन और सोच-विचार मेरी दूसरी चार पुस्तकों में यथास्थान प्रकट/प्रकाशित हुए हैं। इसलिए यह पुस्तक, बिना परिवर्तन-परिवर्द्धन के, अपने मूल रूप में तीसरी बार प्रकाशित हो रही है। आश्वस्ति है, पहले की तरह यह संस्करण भी अविलम्ब अभीप्सित जगत् में प्रवेश कर नये संस्करण की सम्भावना रचेगा।

एवमस्तु।

— कृष्णबिहारी मिश्र

7-बी, हरिमोहन राय लेन
कलकत्ता-700 015
5 जनवरी, 2000

प्राक्कथन

मानव-जीवन में पत्रकारिता का बड़ा महत्त्व है। भारतीय पत्रकार—प्रधानतः हिन्दी व कतिपय अन्य भाषाओं के पत्रकार—अपनी देशभक्ति के लिए बड़े विख्यात थे। भारतीय स्वतन्त्रता संग्राम में उन्होंने अपूर्व त्याग व बलिदान किया था। देश की स्वाधीनता के लिए संघर्ष तथा राष्ट्रीयता का प्रचार करना वे अपना पुनीत कर्तव्य मानते थे।

प्रारम्भ से ही हिन्दी पत्रकारिता अपने ऊँचे आदर्शों का पालन करती आ रही है। सदा से ही राष्ट्रीयता उसका मुख्य स्वर रहा है और स्वरूप सार्वदेशिक। राष्ट्रीय सम्मान और मर्यादा की रक्षा के लिए पत्रकारों ने अनेक कष्ट और यातनाएँ सहीं पर वे अपने कर्तव्य से विचलित नहीं हुए। भारतीय पत्रकारों ने पत्रकारिता का मानदण्ड सदैव ऊँचा बनाये रखा है।

आज देश के कोने-कोने से हिन्दी पत्र-पत्रिकाओं का प्रकाशन हो रहा है। इस समय देश के विभिन्न भागों से हिन्दी में 174 दैनिक पत्र प्रकाशित होते हैं जिन की पाठ्य संख्या 9 लाख 60 हज़ार है। 19 द्विसाप्ताहिक व त्रैसाप्ताहिक निकल रहे हैं जिनकी पाठ्य संख्या 12 लाख 24 हज़ार है। अन्य 1055 प्रकाशन हैं जिन की संख्या क़रीब 20 लाख है। इससे स्पष्ट है कि स्वातन्त्र्योत्तर युग में हिन्दी पत्रकारिता के क्षेत्र में काफ़ी प्रगति हुई है।

इसका यह अर्थ नहीं कि हमारी पत्रकार-कला सर्वांगीण व समुन्नत हो गयी है। आधुनिक जगत् में इस कला ने जो स्तर प्राप्त कर लिया है उससे हम अभी कहीं दूर हैं। उस स्तर तक पहुँचने के लिए अभी हमें बहुत कुछ करना शेष है।

डॉ. कृष्णबिहारी मिश्र कृत 'हिन्दी पत्रकारिता : जातीय चेतना एवं खड़ी बोली साहित्य की निर्माण-भूमि' वस्तुतः इस विषय पर उपलब्ध पुस्तकों की बड़ी भारी कमी की पूर्ति करती है। प्रस्तुत पुस्तक में डॉ. मिश्र ने हिन्दी पत्रकारिता का विद्वत्तापूर्ण तथा गहरा विवेचन किया है। पुस्तक की भाषा बड़ी सरल व सुन्दर है। मुझे पूरा भरोसा है कि यह पुस्तक इस विषय में रुचि रखने वाले लोगों के लिए बड़ी उपयोगी सिद्ध होगी।

डॉ. मिश्र के इस शोध-ग्रन्थ की जिन विशेषताओं ने मुझे विशेष रूप से

आकृष्ट किया है उनमें एक यह है कि हिन्दी पत्रकारिता के अनुशीलन के माध्यम से लेखक ने राष्ट्रीयता की प्रायः सभी विकास-धाराओं का मूल्यांकन किया है। राजा राममोहन राय से लेकर आज तक जिन-जिन आलोक-शिखरों से राष्ट्रीय चेतना प्रकाशित, विकसित और उन्नत हुई है उन सबको बड़ी ईमानदारी और विवेकपूर्ण ढंग से लेखक ने प्रस्तुत किया है।

दूसरी बात जो मुझे प्रिय लगी है वह है लेखक की राष्ट्रीय दृष्टि जो अपने बीते राष्ट्रीय गौरव को इस ग्रन्थ के माध्यम से सामने रखती है। पुराने लोग अपने को नहीं बल्कि अपने देश, राष्ट्र और राष्ट्रीय संस्कृति को महत्त्व देते थे, डॉ. मिश्र का यह प्रबन्ध इसी तथ्य को पुष्ट और प्रमाणित करता है।

'देवनागर' जैसे पत्र की वस्तु-विवेचना से यह ज्ञात होता है कि उस काल में कठिन राष्ट्रीय और सांस्कृतिक समस्याओं का हल अपने अग्रज कितने सहज ढंग से ढूँढ़ लेते थे। देश की भावात्मक और सांस्कृतिक एकता को अक्षुण्ण रखने वाले उनके वे प्रयत्न आज भी महत्त्वपूर्ण जान पड़ते हैं।

उन्नीसवीं शताब्दी के हिन्दी पत्रों की तेजस्वी वाणी को देखते हुए उस युग के राष्ट्रीय जागरण का पता चलता है। डॉ. मिश्र ने बड़े विस्तार से पुनर्जागरण-कालीन भारत के मानस का सूक्ष्म विश्लेषण किया है। इस प्रबन्ध में यह एक महत्त्व की बात दिखाई पड़ी।

यद्यपि डॉ. कृष्णबिहारी मिश्र का यह प्रबन्ध पत्रकारिता का साहित्यिक अनुशीलन है, किन्तु इसमें भाषा और साहित्य के विकास के साथ ही राजनीतिक चेतना के विकास की कहानी भी एक प्रकार से आ गयी है, जिससे इस पुस्तक की महिमा और बढ़ जाती है।

इस शोध-ग्रन्थ को देखकर मुझे विशेष प्रसन्नता इसलिए भी हुई कि इसमें डॉ. मिश्र ने पत्रकारिता के अनुशीलन की एक प्रगतिशील और नयी दृष्टि दी है जो इस विषय के अध्येताओं के लिए सहायक सिद्ध होगी।

नयी दिल्ली

2 नवम्बर 1968

—रामसुभग सिंह

विषयानुक्रमणिका

प्रस्ताविका

प्रथम खण्ड

द्वितीय खण्ड

तृतीय खण्ड

पञ्चम खण्ड

परिशिष्ट : ख

प्रस्ताविका

आधुनिकता, पुनर्जागरण और पत्रकारिता

पत्रकारिता आधुनिकता की एक विशिष्ट उपलब्धि है। आधुनिकता उस सांस्कृतिक संचेतना का नाम है जिसने वैज्ञानिक आलोक से मानवीय धरातल के विभिन्न स्तरों को उजागर किया। भारत में आधुनिकता का प्रवेश नवजागरण के साथ हुआ और हमारे अन्दर एक ऐसी चेतना उत्पन्न हुई जिससे पश्चिमी जगत् को अधिकाधिक जानने-समझने के लिए हम उत्सुक हो उठे। इसके लिए अँगरेज़ी भाषा का ज्ञान आवश्यक था। सुधारवादी आन्दोलन के आदि संचालक और भारतीय नवजागरण के उन्नायक राजा राममोहन रॉय ने इस आवश्यकता को समझा और अँगरेज़ी शिक्षा-प्रचार का पक्ष-समर्थन किया। इस प्रकार आधुनिकता के मूल वैशिष्ट्य की समग्रता को पूरी तरह आत्मसात् करने की भूमिका का निर्माण शुरू हुआ।

अँगरेज़ी शिक्षा ने देश के सम्पूर्ण सांस्कृतिक परिवेश में परिवर्तन की अपेक्षा उत्पन्न की। उक्त परिवर्तन की अपेक्षा रखनेवाले भारतीयों के दो वर्ग थे : उनकी दो स्वतन्त्र दृष्टियाँ थीं। एक वह जिसने आधुनिकता को फ़ैशन के रूप में अपनाया और अँग्रेज़ियत के रंग में रँगकर भारतीयता को अन्यथा दृष्टि से देखने लगा। दूसरा वर्ग अपने देश को युरॅपीय जगत् के ज्ञानपक्ष से—उसकी शिक्षा, राजनीति, अर्थनीति और विज्ञान से—आलोकित करने का आकांक्षी था। भारतीय नवजागरण् के पुरस्कर्ता इसी वर्ग के थे। वे अँग्रेज़ियत के पीछे पागल नहीं थे बल्कि अपनी परम्परा को आधुनिक सन्दर्भ में प्रतिष्ठित करने के लिए उसे एक नयी अर्थवत्ता देना चाहते थे। इसके लिए आवश्यक था पाश्चात्य शिक्षा और संस्कृति से अपने को एक हद तक सम्पृक्त करना। इस वर्ग के ज्येष्ठ प्रतिनिधि राजा राममोहन रॉय थे। उनके साथ एक ऐसी स्वस्थ परम्परा आविर्भूत हुई जिसने आधुनिक भारत ही नहीं सम्पूर्ण मानव जाति को उपकृत किया।

भारतवासी ब्रिटिश सरकार की अनुदारता से पीड़ित थे। राममोहन रॉय ने जिस सुधारवादी आन्दोलन का सूत्रपात किया वह नये-नये सुधारकों और विचारकों

का वैचारिक अवलम्ब पाकर निरन्तर विकासमान था। इस प्रकार एक ओर सामाजिक कलुष-प्रक्षालन का महत् उपक्रम चल रहा था और दूसरी ओर हमारी राजनीतिक चेतना प्रखर हो रही थी। राममोहन रॉय और उनके सहयोगी द्वारकानाथ टैगोर ने अनुभव किया था कि सामाजिक-आर्थिक-राजनीतिक सुधार आन्दोलन की अपेक्षित सक्रियता बनाये रखने के लिए स्वतन्त्र पत्रों की प्राथमिक आवश्यकता है। इसी दृष्टि से उन्होंने अँगरेज़ी, बँगला, फ़ारसी और हिन्दी में कई पत्र प्रकाशित किये। पत्र-प्रकाशन की मूल दृष्टि को स्पष्ट करते हुए राजा राममोहन रॉय ने लिखा था, "मेरा उद्देश्य मात्र इतना ही है कि जनता के सामने ऐसे बौद्धिक निबन्ध उपस्थित करूँ जो उनके अनुभव को बढ़ाएँ और सामाजिक प्रगति में सहायक सिद्ध हों। मैं अपनी शक्ति-भर शासकों को उनकी प्रजा की परिस्थितियों का सही परिचय देना चाहता हूँ और प्रजा को उनके शासकों द्वारा स्थापित विधि-व्यवस्था से परिचित कराना चाहता हूँ ताकि शासक जनता को अधिक-से-अधिक सुविधा देने का अवसर पा सकें और जनता उन उपायों से अवगत हो सके जिनके द्वारा शासकों से सुरक्षा पायी जा सके और अपनी उचित माँगें पूरी करायी जा सकें।"[1] किन्तु सरकार समाचार-पत्रों के प्रति इतनी शंकालु थी कि मामूली-से कारणों पर भी सांघातिक प्रहार करने को उद्यत रहती।[2] इस दमन-नीति से क्षुब्ध होकर अपने पत्र 'बंगाल गज़ट' में राजा साहब ने लिखा था कि भारत के किसी निवासी के लिए, जो सरकारी भवन की देहरी लाँघने में भी समर्थ नहीं हो पाता, पत्र-प्रकाशन के लिए सरकारी आज्ञा प्राप्त करना दुस्तर कार्य हो गया है। खुली अदालत में हलफ़नामा दाख़िल करना कम अपमानजनक नहीं; फिर लाइसेंस ज़ब्त किये जाने का ख़तरा सिर पर सदा झूला करता है। ऐसी दशा में पत्र का प्रकाशन रोक देना ही उचित है।[3] इस प्रकार ब्रिटिश सरकार की आत्यन्तिक अनुदारता से भारतीय मानस पीड़ित और उन्मथित हो गया था। अँगरेज़ी-शिक्षा का पहला स्वस्थ परिणाम यह था कि आधुनिक जगत् की अधुनातन राजनीतिक और सांस्कृतिक प्रवृत्तियों को एक हद तक हम समझने लगे थे और पराधीनता से त्राण पाने की आतुरता हममें बढ़ने लगी थी।

हिन्दी पत्रकारिता की जन्मभूमि और अतीत पत्रकारिता की विशिष्ट रेखाएँ

इसी संक्रमण काल में भारतीय पत्रकारिता का जन्म और विकास हुआ था। भारतीय नवजागरण का पहला अनुभव बंगाल ने किया था; बंगाल की खाड़ी से ही

1. हेमेन्द्र प्रसाद घोष : द न्यूज़पेपर इन इण्डिया, पृ. 25-26।
2. वही, पृ. 39।
3. कमलापति त्रिपाठी : पत्र और पत्रकार, पृ. 92।

भारत में आधुनिकता का प्रवेश हुआ। स्वभावतः भारतीय पत्रकारिता की जन्मभूमि बंगाल है और हिन्दी पत्रकारिता का जन्म और विकास भी कलकत्ता में ही हुआ। कलकत्ते की नींव 1690 में पड़ी थी। प्रारम्भ से ही सुख-सुविधा के लिए इसे निरन्तर सजाया-सँवारा और आधुनिक साधन-सम्पन्न किया गया। 19वीं शती में नौकरी-धन्धे के उद्देश्य से पश्चिमोत्तर प्रदेश से अनेक हिन्दी भाषा-भाषी यहाँ आ गये थे। उनमें कुछ अँगरेज़ी पढ़े-लिखे भी थे जो आधुनिक चेतना को धीरे-धीरे ग्रहण कर रहे थे। हिन्दी समाज को आधुनिकता से सम्पृक्त करने की महत्त्वाकांक्षा उनके मन में उठ रही थी। कलकत्ते में सहज-सुलभ आधुनिक साधन-सुविधाओं ने उन्हें भीतर-भीतर और प्रेरित किया। परिणाम हुआ हिन्दी के प्रथम (साप्ताहिक) पत्र 'उदन्तमार्त्तण्ड' का प्रकाशन।

हिन्दी की यह ऐतिहासिक घटना कलकत्ते में सम्पन्न हुई जो हिन्दी-गद्य निर्माण की एक विराट् सम्भावना की सूचक थी। प्रथम स्वतन्त्रता संग्राम (1857) के पूर्व कलकत्ते से अनेक हिन्दी-पत्र प्रकाशित हुए जिनमें 'बंगदूत', 'प्रजामित्र', 'सामदन्त मार्त्तण्ड' और हिन्दी के प्रथम दैनिक 'समाचार सुधावर्षण' की अभिज्ञता है और जिन्हें लक्ष्य कर पं. विष्णुदत्त शुक्ल ने 'माधुरी' में लिखा था कि "कलकत्ते में हिन्दी-पत्रों के सम्बन्ध में जब इतना काम हो चुका था, तब तक दूसरे किसी स्थान पर हिन्दी का एक भी समाचार-पत्र प्रकाशित नहीं हो सका था। इस सन्दर्भ में यह भी द्रष्टव्य है कि कलकत्ता-स्थित फ़ोर्ट विलियम कॉलेज और ईसाई मिशनरी समितियों का हिन्दी गद्य शैली के विकास में महत्त्वपूर्ण योग रहा है। डॉ. सुनीति कुमार चट्टोपाध्याय ने तो लिखा है कि 'यदि कलकत्ते को हिन्दी की आधुनिक गद्य शैली की जन्मभूमि कहा जाए तो कुछ अत्युक्ति न होगी'।

1857 के परवर्ती काल में कलकत्ते से हिन्दी के अनेक तेजस्वी पत्र प्रकाशित हुए जिनमें 'भारतमित्र', 'सारसुधानिधि' और 'उचितवक्ता' प्रमुख हैं। इन पत्रों का हिन्दी पत्रकारिता के दूसरे दौर के पत्रों में विशिष्ट स्थान है, क्योंकि इन्होंने 19वीं शती के उत्तरार्द्ध की समग्र जातीय चेतना को आत्मसात् कर हिन्दी समाज के सांस्कृतिक और राजनीतिक उन्नयन में सक्रिय योग दिया। भाषा और शैली के निर्माण में भी इनका ऐतिहासिक महत्त्व है। हिन्दी समाज में राजनीतिक संस्कार और चेतना जगाने का दायित्व इन पत्रों पर था। तत्कालीन इतिहास को शृंखलित करनेवाले अनेक तथ्य इन पत्रों में भरे पड़े हैं। ये पत्र युगीन साहित्यिक चेतना के प्रति भी पूर्ण सचेत थे। हिन्दी आन्दोलन का सजीव आनयन और पक्ष-समर्थन इन की एक प्रमुख विशेषता है। वास्तव में हिन्दी पत्रकारिता के इसी युग में समग्र भारतीय राष्ट्रीयता के विकास की अनुकूल भूमि तैयार की गयी।

20वीं शताब्दी के आरम्भिक दो दशकों की हिन्दी पत्रकारिता का मूल स्वर उग्र राष्ट्रीयता का है। भाषा-आन्दोलन भी पत्रकारिता के माध्यम से निरन्तर सशक्त

हुआ। भाषा के साथ ही लिपि का आन्दोलन शुरू हुआ जिसे सार्वत्रिक व्याप्ति देने के लिए 1907 में कलकत्ता से ही 'देवनागर' पत्र का प्रकाशन हुआ। भारतीय पत्रकारिता के इतिहास में यह एक अभूतपूर्व और अप्रतिम प्रयोग था। बाद में गाँधी-युग की पत्रकारिता के साथ यहीं से हिन्दी के साहित्यिक पत्रकारिता का जन्म हुआ। 'मतवाला' का प्रकाशन हिन्दी पत्रकारिता की समृद्धि का संकेत था। इसी पत्र के माध्यम से हिन्दी-काव्य को 'निराला' जैसे विशिष्ट हस्ताक्षर की उपलब्धि हुई जो कालान्तर में हिन्दी का सर्वश्रेष्ठ स्वच्छन्दतावादी कवि माना गया।

स्मरणीय है कि जिस प्रकार राजा राममोहन रॉय से लेकर जवाहरलाल नेहरू और कहना चाहिए डॉ. राममनोहर लोहिया तक आधुनिक भारतीय राष्ट्रीयता का प्रायः प्रत्येक पुरस्कर्ता पत्रकार भी रहा है, उसी प्रकार आधुनिक हिन्दी साहित्य के अधिकांश श्रेष्ठ लेखक कहीं-न-कहीं और किसी-न-किसी रूप में पत्रकारिता से जुड़े रहे हैं। यह परम्परा भारतेन्दु बाबू हरिश्चन्द्र से लेकर सच्चिदानन्द वात्स्यायन तक स्पष्ट दिखाई पड़ती है। और यह कहना अनुचित न होगा कि हिन्दी गद्य के निर्माण का अधिकांश श्रेय हिन्दी पत्रकारों को है जिन्होंने पत्रों के माध्यम से भाषा को एक व्यवस्था, समृद्धि और परिनिष्ठित रूप दिया। इस दृष्टि से भी कलकत्ते के हिन्दी पत्रकारों का महत् अवदान है। दूसरे दौर की हिन्दी पत्रकारिता के पुरस्कर्ताओं में अपनी वाक्-तेजस्विता के लिए विश्रुत कई नाम यहाँ के ही पत्रकारों के हैं—पं. छोटूलाल मिश्र, पं. दुर्गाप्रसाद मिश्र और पं. सदानन्द मिश्र की प्रातिभ-शक्ति 'भारतमित्र', सारसुधानिधि' और 'उचितवक्ता' के पृष्ठों पर मुखर है। सम्पादकाचार्य पं. रुद्रदत्त शर्मा भी कलकत्ते के तपस्वी पत्रकारों में थे। परवर्ती काल के यहाँ के हिन्दी पत्रकारों में तो कुछ ऐसे नाम भी हैं जो हिन्दी के गौरव हैं। बालमुकुन्द गुप्त, अम्बिकाप्रसाद वाजपेयी, बाबूराव विष्णु पराड़कर, शिवपूजन सहाय, सूर्यकान्त त्रिपाठी 'निराला', पाण्डेय बेचन शर्मा 'उग्र', इलाचन्द्र जोशी, भगवतीचरण वर्मा, सच्चिदानन्द हीरानन्द वात्स्यायन 'अज्ञेय' आदि किसी समय कलकत्ते में हिन्दी के पत्र-सम्पादक थे। निस्सन्दिग्ध रूप से कहा जा सकता है कि हिन्दी गद्य की भाषा और शैली के साथ-साथ यहाँ के हिन्दी पत्रकारों ने हिन्दी साहित्य की जातीय भूमिका का भी निर्माण किया।

पत्रकारिता के साहित्यिक अनुशीलन का औचित्य

पत्रकारिता और साहित्य के पारस्परिक सम्बन्ध की चर्चा प्रायः की जाती है और दोनों के बीच की दूरी को स्पष्ट करते हुए कहा जाता है कि तात्कालिक यथार्थ पत्रकारिता का उपजीव्य होता है जबकि रचनाकार की प्रवृत्ति यथार्थ की सूक्ष्मता की ओर होती है। इस प्रकार श्रेष्ठ साहित्य में सामयिकता का स्पर्श ही होता है, उसकी बहुलता से साहित्य की विशिष्टता एक अंश तक खण्डित हो जाती है। अर्थात्

सामान्य तथ्यों को शाश्वत सत्य से जोड़ने के लिए कला की एक विशिष्ट रचना-शक्ति अपेक्षित होती है। पत्रकारिता में इस तरह की कोई अनिवार्य शर्त नहीं होती; यहाँ तात्कालिक प्रभाव ही प्रधान होता है।

भारतेन्दु युग के साहित्य की वैशिष्ट्य-विवेचना के प्रसंग में प्रायः कहा जाता है कि वह अधिकांश पत्रकारिता का साहित्य है जिस पर तात्कालिक प्रभाव प्रमुख है, इसलिए उसमें उस शाश्वत मूल्य की कमी है जो साहित्य को युग-सीमा से मुक्त करनेवाला और उसे युग-युग को आलोक देने की शक्ति से सम्पन्न करनेवाला अनिवार्य तत्त्व है। अर्थात् भारतेन्दु युग का साहित्य शाश्वत मानव-मूल्यों और मानवीय संवेदना की कलात्मक भूमि से उदासीन होकर युगधर्म के प्रति अधिक सचेत था, इसलिए वह युग-विशेष का साहित्य होकर रह गया, युग-युग का साहित्य न हो सका। कहना न होगा कि यह धारणा उन कलावादियों की है जो शाश्वत मूल्य की चिन्ता में युगधर्म से आँख मूँद लेते हैं। यह पलायन की दिशा है। सचाई यह है कि "समसामयिक परिवेश से किसी-न-किसी रूप में प्रत्येक लेखक प्रेरणा ग्रहण करता है, चाहे वह साहित्यकार हो या पत्रकार। दोनों ही लेखक हैं, दोनों ही सर्जनाकार हैं, दोनों के कार्य किन्हीं ऐसे गुणों की अपेक्षा करते हैं जो दोनों के लिए अपरिहार्य हैं—अनाविल दृष्टि, चिन्तन, लेखन में प्रेषणीयता की शक्ति। दोनों देश और काल के आयामों पर अपनी-अपनी विशिष्ट परम्पराओं के अतिरिक्त उस संश्लिष्ट सांस्कृतिक परम्परा, उस सामाजिक चेतना-प्रवाह से भी सम्बद्ध हैं जिससे उन्हें अपनी बात औरों के प्रति निवेदित करने की प्रेरणा और शक्ति मिलती है। प्रत्येक पत्रकार अंशतः साहित्यकार भी है, प्रत्येक साहित्यकार अनिवार्यतः पत्रकार भी।"[1] बर्नार्ड शॉ के शब्दों में : "ऐसा कुछ भी साहित्य के रूप में बहुत दिनों तक जीवित नहीं रह सकता जो पत्रकारिता भी न हो। जो व्यक्ति अपने और अपने समय के बारे में लिखता है, केवल वही सचमुच समस्त मनुष्यता और सभी युगों के लिए लिख सकता है।" पत्रकारिता का साहित्यिक महत्त्व न माननेवालों को लक्ष्य करके आचार्य शिवपूजन सहाय ने लिखा है कि "हिन्दी दैनिकों ने जहाँ देश को उद्बुद्ध करने में अथक प्रयास किया है वहाँ जनता में साहित्यिक चेतना जगाने का श्रेय भी पाया है।" भाषा का आदर्श रूप स्थिर करने, लोक-रुचि का परिष्कार करने तथा साहित्य के अभावों को दूर करने में दैनिक पत्रों का महत्त्वपूर्ण अवदान है।

इस प्रकार, जैसा कि शॉ ने कहा है, शाश्वत साहित्य के लिए पत्रकारिता अवरोध नहीं बल्कि सहायक आधार है। कलकत्ते की पत्रकारिता ने उसी साहित्यिक भित्ति का निर्माण किया है, जिसे हमने ऊपर साहित्य की जातीय भूमिका कहा है। अतः यहाँ यह बात काफ़ी साफ़ हो जाती है कि पत्रकारिता का अध्ययन साहित्येतर

---

1. बालकृष्ण राव : माध्यम, वर्ष 1, अंक 1।

उपक्रम नहीं है। साथ ही पत्रकारिता के साहित्यिक अनुशीलन का अपेक्षा-औचित्य भी स्पष्ट हो जाता है।

विभिन्न चरणों के नामकरण का प्रश्न

यह निवेदन करना यहाँ अप्रासंगिक न होगा कि भारतीय राष्ट्रीयता के विशिष्ट उन्नायक भारतीय पत्रकारिता के भी पुरस्कर्ता रहे हैं और भारतीय राष्ट्रीयता पत्रकारिता से अत्यधिक सम्पृक्त रही है। अतएव पत्रकारिता के सम्यक् अनुशीलन के लिए राष्ट्रीयता के विकास-क्रम और विभिन्न स्तरों की प्रामाणिक अभिज्ञता नितान्त आवश्यक है। और क्योंकि राष्ट्रीयता का विकास सांस्कृतिक और राजनीतिक आन्दोलनों के बीच हुआ है, इन आन्दोलनों के विभिन्न आयामों की विवेचना पत्रकारिता के अनुशीलन की एक दूसरी आवश्यक दिशा है।

पत्रकारिता के विभिन्न चरणों के नामकरण का औचित्य-विचार उक्त प्रसंग का एक महत्त्वपूर्ण विषय है। राजनीतिक युग के नाम पर पत्रकारिता के विभिन्न चरणों का नामकरण किंचित् विवादास्पद-सा प्रतीत होता है। पूर्ववर्ती वक्तव्य की आवृत्ति उचित न होते हुए भी यह निवेदन सहृदय-क्षम्य होगा कि भारतीय पत्रकारिता के विकास की कहानी भारतीय राष्ट्रीयता के विकास की कहानी है।[1] राष्ट्रीयता के पुरस्कर्ता अपने आलोकवर्षी व्यक्तित्व से समग्र युगीन-चेतना को अनायास प्रभावित करते थे। उनके नेतृत्व में पूरी चेतना का सहज संचालन होता था। पत्रकारिता का मूलस्वर उनके व्यक्तित्व से इतना प्रभावित था कि कभी-कभी वह उनकी मूल ध्वनि की प्रतिध्वनि-सा प्रतीत होता था। उपलब्धि की दृष्टि से इसका महत्त्व यह है कि उस युग के पत्रकार अपने युग-धर्म के प्रति सदैव सचेत रहते थे। पराधीनता काल की भारतीय पत्रकारिता राजनीति-प्रधान थी। पूर्ववर्ती युग की बात छोड़ भी दें तो गाँधी-युग का प्रसिद्ध पत्र 'मतवाला' तक (जो मुख्यतः साहित्यिक पत्र था) गाँधीजी के व्यक्तित्व के प्रति एक हद तक प्रतिश्रुत दिखाई पड़ता है। अस्तु, पत्रकारिता के मूल वैशिष्ट्य के अनुसार उसका नामकरण किसी भी दृष्टि से अनुचित और अप्रामाणिक नहीं प्रतीत होता।

पत्रकारिता के प्रत्येक अध्याय का अनुशीलन जातीय परिवेश और युग-धर्म के आलोक में होना चाहिए। पत्रकारिता की समग्र वैशिष्ट्य-विवेचना की यह एक स्वस्थ दिशा है, जिसके प्रति प्रबन्ध-लेखक सचेत रहा है।

हिन्दी पत्रकारिता सम्बन्धी कार्य : अभाव उपलब्धि

हिन्दी समाचारपत्रों के अनुशीलन और इतिहास-लेखन का श्रीगणेश बाबू

1. द्रष्टव्य, द इण्डियन प्रेस—मारगरिटा बर्न्स, इण्ट्रोडक्शन, पृ.13-14।

राधाकृष्णदास ने किया था। उनकी पुस्तक 'हिन्दी भाषा के सामयिक पत्रों का इतिहास' एक छोटा-सा विवरण-प्रधान इतिहास है जो नागरी प्रचारिणी सभा से 1894 ई. में प्रकाशित हुआ था। इसका महत्त्व सिर्फ़ इतना ही है कि समाचारपत्रों का यह पहला इतिहास है। उन्हें जो कुछ सूचना मिली उसे उन्होंने एक स्थान पर संकलित कर दिया है। अनुसन्धान की प्रवृत्ति का इसमें सर्वथा अभाव दिखाई पड़ता है। कदाचित् इसीलिए इसमें ऐतिहासिक तथ्यों की अनेक त्रुटियाँ दिखाई पड़ती हैं।[1]

इसी दिशा में दूसरा प्रयत्न बाबू बालमुकुन्द गुप्त ने किया। 'भारतमित्र' के माध्यम से उन्होंने हिन्दी अख़बार का इतिहास लिखा। गुप्तजी का इतिहास अपेक्षाकृत व्यवस्थित है। किन्तु उनकी व्यवस्था भी अनुसन्धानपरक नहीं है। इसका सबसे बड़ा प्रमाण यह है कि बाबू राधाकृष्णदास के आधार पर ही उन्होंने 'बनारस अख़बार' को हिन्दी का पहला समाचारपत्र मान लिया। इनके प्रबन्ध की एक दूसरी सीमा यह भी है कि यह मुख्य रूप से सूचनापरक है अर्थात् पत्रकारिता के सम्यक् अनुशीलन की जिन दिशाओं और सन्दर्भों की ऊपर चर्चा की गयी है, गुप्तजी उस ओर से एक प्रकार से उदासीन ही दिखाई पड़ते हैं।

इन प्रयत्नों के बाद हिन्दी पत्रकारिता के विकास-क्रम की चर्चा आचार्य रामचन्द्र शुक्ल के इतिहास-ग्रन्थ में की गयी है, जो हिन्दी साहित्य का प्रथम प्रामाणिक इतिहास है। शुक्लजी ने अपने इस इतिहास में साहित्य की विविध धाराओं का गम्भीर अनुशीलन प्रस्तुत किया है। पत्रकारिता के माध्यम से भाषा और साहित्य को विकास-बल मिला है, इसलिए साहित्यिक इतिहास-निर्माण के समय पत्रकारिता के विकास-क्रम तथा साहित्य के इतिहास की अन्य विकास-भूमियों पर दृष्टिपात करना आवश्यक था। शुक्लजी ने उधर दृष्टि तो डाली किन्तु प्रामाणिक यथार्थ की उपलब्धि इसलिए नहीं हो सकी क्योंकि उस दिशा में शुक्लजी की शोधवृत्ति दब-सी गयी थी। यह स्वाभाविक भी था, क्योंकि शुक्लजी के अनुशीलन की दिशा दूसरी थी, उद्देश्य दूसरा था। कदाचित् इसीलिए उनसे तथ्य-सम्बन्धी कई भूलें हो गयीं। ऐसा प्रतीत होता है कि राधाकृष्णदास के इतिहास को उन्होंने आधार बनाया और अधिकांश तथ्यों को यथावत् अपने इतिहास में रख दिया। बाबू राधाकृष्णदास के मत से कलकत्ता के प्रसिद्ध हिन्दी पत्र 'उचितवक्ता' का प्रकाशन 1878 ई. में हुआ था। बाबू साहब की यह भ्रान्ति शुक्लजी ने ज्यों-की-त्यों, प्रामाणिक मानकर, अपने इतिहास-ग्रन्थ में उद्धृत कर दी है। अर्थात् शुक्लजी ने भी 'उचितवक्ता' का

---

1. राधाकृष्णदास ने 'भारतमित्र' का प्रकाशन-काल 1877 माना है। 'सारसुधानिधि' और 'उचितवक्ता' का प्रकाशन-काल 1878 ई. माना है। (द्रष्टव्य, हिन्दी भाषा के सामयिक पत्रों का इतिहास, पृ. 19 और 22)। उपर्युक्त तीनों तथ्य ग़लत हैं। 'भारतमित्र' 1878 में, 'सारसुधानिधि' 1879 में और 'उचितवक्ता' 1880 में प्रकाशित हुए थे।

प्रकाशन-काल 1878 ई. ही माना है। यह एक दृष्टान्त है। कहीं-कहीं शुक्लजी ने नयी अभिज्ञता के आधार पर पुराने इतिहासकारों की भ्रान्तियों का निराकरण भी किया है और प्रामाणिक तथ्य भी दिये हैं, जैसे पुराने इतिहासकारों के मत से 'बनारस अख़बार' हिन्दी का पहला पत्र था, किन्तु नये अनुसन्धान ने इसका निरास किया और 'उदन्तमार्त्तण्ड' को हिन्दी के प्रथम पत्र के रूप में प्रस्तुत किया। इस अनुसन्धान का श्रेय ब्रजेन्द्रनाथ बनर्जी को है जिसे शुक्लजी ने अपने इतिहास में ग्रहण किया है। अस्तु, इतना स्पष्ट है कि शुक्लजी के इतिहास-ग्रन्थ में हिन्दी पत्रकारिता की जो चर्चा है वह पत्रकारिता के अध्ययन की दृष्टि से नितान्त अपूर्ण है। पत्रकारिता के अनुशीलन की सारी दिशाएँ अछूती रह गयी हैं। इसी प्रकार हिन्दी साहित्य के जो अन्य इतिहास लिखे गये हैं उनमें भी पत्रकारिता के सम्बन्ध में सही दृष्टि का अभाव है।[1]

हिन्दी पत्रकारिता पर पहला अनुसन्धान-कार्य डॉ. रामरतन भटनागर ने किया था जिस पर उन्हें प्रयाग विश्वविद्यालय से 'डॉक्टरेट' की उपाधि मिली थी। अँगरेज़ी में लिखा-छपा यह प्रबन्ध कलेवर की दृष्टि से बहुत बड़ा है। पं. अम्बिकाप्रसाद वाजपेयी के मतानुसार 'भटनागरजी अपनी कृति से डॉक्टर तो बन गये, पर उनसे जिस शोध और परिश्रम की अपेक्षा की जाती थी, उसका परिचय उनके ग्रन्थ से नहीं मिलता।'[2] मेरी प्रतीति यह है कि भटनागरजी ने हिन्दी पत्रकारिता के समग्र परिप्रेक्ष्य को लेकर उसे अपने प्रबन्ध में प्रस्तुति देने की जो चेष्टा की है, उसमें वे सफल नहीं हो सके। उक्त प्रबन्ध में शिथिलता, प्रौढ़ विवेचन का अभाव और अप्रामाणिक तथ्यों का प्राचुर्य स्पष्ट परिलक्षित होता है। अनुसन्धान का अभाव तो है ही, उपलब्ध सामग्री को भी सही ढंग से प्रस्तुत नहीं किया गया। प्राचीन पत्रों के प्रकाशन-काल की अनेक ग़लत सूचनाएँ हैं। बीसवीं शताब्दी के भी पत्रों तक के नाम और प्रकाशन-काल सही नहीं हैं। उदाहरण के लिए 7 अगस्त 1880 में 'उचितवक्ता' का प्रकाशन हुआ था, किन्तु भटनागरजी के मत से 'उचितवक्ता' 1878 में निकला था।[3] इसी प्रकार 'भारतमित्र' का प्रकाशन-काल 17 मई 1878 ई. है जबकि भटनागरजी इसका प्रकाशन-काल 1877 ई. मानते हैं।[4] 'सारसुधानिधि' का प्रकाशन 13 जनवरी 1879 ई. को हुआ था, किन्तु भटनागरजी का विश्वास है कि वह 1878 में निकला था।[5] इसी प्रकार 1907 में प्रकाशित 'नृसिंह' पत्र का

1. डॉ. श्रीकृष्णलाल के मत से हिन्दी के प्रथम पत्र 'उदन्तमार्त्तण्ड' का प्रकाशन 1824 ई. में हुआ था। (द्रष्टव्य, आधुनिक हिन्दी साहित्य का विकास, पृ. 382-384)।
2. पं. अम्बिकाप्रसाद वाजपेयी—समाचारपत्रों का इतिहास, भूमिका, पृ. ग।
3. डॉ. रामरतन भटनागर—'राइज़ ऐण्ड ग्रोथ ऑव हिन्दी जर्नलिज़्म, पृ. 103।
4. वही, पृ. 102।
5. वही, पृ. 103।

उल्लेख करते हुए उन्होंने लिखा है कि "नरसिंह (1909) इस शताब्दी की प्रथम महत्त्वपूर्ण राजनीतिक पत्रिका थी।"[1] ध्यान देने की बात है कि प्रकाशन-काल के साथ ही उक्त पत्र का नाम भी भटनागरजी ने ग़लत लिखा है। इस पत्र का नाम 'नरसिंह' नहीं बल्कि 'नृसिंह' था जिसके संचालक-सम्पादक पं. अम्बिकाप्रसाद वाजपेयी थे। इस प्रकार तथ्य-सम्बन्धी त्रुटियों से भटनागरजी का प्रबन्ध भरा पड़ा है। इसके अलावा पत्रकारिता के अनुशीलन का अपेक्षित दृष्टिकोण और सही दिशा भी इनके प्रबन्ध में नहीं दिखाई पड़ती। कहना न होगा कि राजनीतिक और सांस्कृतिक गतिविधियों, बल्कि कहना चाहिए, जातीय चेतना को स्पर्श कर देने से पत्रकारिता के अनुसन्धान में कोई विशिष्ट अर्थवत्ता नहीं आ जाती। भटनागरजी ने इसी मार्ग का अवलम्बन किया है। होना यह चाहिए था कि उन सम्पूर्ण सन्दर्भों को मूल्यांकित और उद्‌घाटित किया जाए जहाँ से पत्रकारिता का जन्म और विकास हुआ है। भटनागरजी की दृष्टि तो उधर गयी किन्तु उन्होंने उसे सही प्रस्तुति नहीं दी; और उनके प्रबन्ध का यह भी एक बड़ा अभाव है। पत्रकारिता की भाषा विषयक और साहित्यिक उपलब्धि की ओर भी भटनागरजी ने बड़ी हलकी दृष्टि डाली है। कुल मिलाकर भटनागरजी के पूरे प्रबन्ध में एक बिखराव आ गया है जिसे लक्ष्य कर पं. अम्बिकाप्रसादजी ने लिखा है कि 'उसमें स्वभावतः इधर-उधर की बहुत-सी सामग्री से नाहक बोझ बढ़ा लिया और फिर उसको यथास्थान रखना उनके लिए कठिन हो गया।' शोध-कार्य श्रमसाध्य बौद्धिक व्यापार है। विशिष्ट बौद्धिकता और श्रम-रुचि एकत्र सहज सुलभ नहीं होतीं।

इस दिशा में अधिक प्रामाणिक प्रयत्न 'समाचारपत्रों का इतिहास' (प्रथम संस्करण, सं. 2010) लिखकर सम्पादकाचार्य पं. अम्बिकाप्रसाद वाजपेयी ने किया। पत्रकारिता के नींव-निर्माताओं में वाजपेयीजी की गणना की जाती है। उन्होंने हिन्दी पत्रकारिता के विभिन्न चरण-स्तरों को प्रत्यक्ष देखा है और उसकी अभाव-उपलब्धियों के स्वयं निमित्त रहे हैं। बड़ी सचाई के साथ वाजपेयीजी ने अपनी पुस्तक की भूमिका में लिखा है कि "यह काम जितना श्रम, शक्ति और अर्थसाध्य है, उसका इस लेखक में अत्यन्त अभाव था और इस अभाव में जो कसर थी, वह रुग्णता ने पूरी कर दी।...चेष्टा इसलिए की गयी कि लेखक को गत 48-49 वर्षों की पत्रकारिता का जो अनुभव था और पुराने सम्पादकों के सत्संग से जो जानकारी प्राप्त हुई थी, उसका अन्त उसके साथ ही हो जाना न लेखक को अभीष्ट था और न उसके मित्रों को।" हिन्दी-पत्रकारिता को वाजपेयीजी का यह महत्त्वपूर्ण अवदान है। किन्तु अत्यन्त विनम्रतापूर्वक यह निवेदन करूँ कि हिन्दी-पत्रकारिता के इतिहास-लेखन के लिए जो श्रम अपेक्षित था वह वार्धक्य के कारण वाजपेयीजी से सम्भव नहीं हो सका।

1. डॉ. रामरतन भटनागर—राइज़ ऐण्ड ग्रोथ ऑव हिन्दी जर्नलिज़्म, पृ. 395।

कदाचित् इसीलिए वाजपेयीजी की पुस्तक में अपेक्षित पूर्णता दिखाई नहीं पड़ती। कई महत्त्वपूर्ण पत्रों की वैशिष्ट्य-चर्चा छूट गयी। हिन्दी के प्रथम दैनिक पत्र 'समाचार सुधावर्षण' की फ़ाइल वाजपेयीजी को समय पर उपलब्ध न हो सकी। इसी प्रकार 'सारसुधानिधि' की भी चर्चा संक्षिप्त ही है। जैसे भटनागरजी की पुस्तक में अनावश्यक कलेवर-भार है वैसे ही वाजपेयीजी की पुस्तक की कलेवर-लघुता इसका अभाव है, क्योंकि इसके चलते पुस्तक में कई तरह के अभाव अनिवार्य रूप से आ गये हैं।

'आज' के भूतपूर्व सम्पादक कमलापति त्रिपाठी ने 'पत्र और पत्रकार' नामक पुस्तक लिखी है। इस पुस्तक की रचना कारावास-काल में पत्रकार श्री पुरुषोत्तमदास टण्डन के सहयोग से हुई है। इसमें पत्रकारिता के विभिन्न पहलुओं पर काफ़ी विस्तार से विचार किया गया है। किन्तु इसमें भी हिन्दी पत्रकारिता के विकास-क्रम की ऐतिहासिक प्रस्तुति नहीं दिखाई पड़ती। इतना ही नहीं, पत्रकारिता के साहित्यिक और भाषा-पक्ष की ओर भी लेखक का ध्यान नहीं गया है। पत्रकारिता का स्वरूप-विवेचन ही इस पुस्तक का उद्देश्य और उपलब्धि है। पं. विष्णुदत्त शुक्ल की 'पत्रकार कला' नामक पुस्तक अपेक्षाकृत अधिक पूर्ण और उपयोगी है।

प्रस्तुत प्रबन्ध-लेखक के सामने पत्रकारिता-सम्बन्धी उपर्युक्त साहित्य का अभाव-पक्ष स्पष्ट था। इस प्रबन्ध के मुख्य उद्देश्य—कलकत्ते की हिन्दी पत्रकारिता का साहित्यिक अनुशीलन—के प्रति लेखक सदैव सचेत रहा है, किन्तु कलकत्ते की सीमा में जकड़कर प्रबन्ध की साहित्यिक महत्ता छोटी न हो जाए; यह चिन्ता भी लेखक को सदैव रही है। एक सारस्वत चिन्ता कि प्रबन्ध को अपेक्षित पूर्णता दी जा सके। कदाचित् इसीलिए इस प्रबन्ध में कलकत्ता की पत्रकारिता के विशेष अध्ययन-विवेचन के साथ ही सम्पूर्ण हिन्दी पत्रकारिता की विकास-कथा अपनी पूरी समग्रता के साथ उग आयी है और इसीलिए प्रबन्ध के मूल नाम 'कलकत्ता की हिन्दी पत्रकारिता : उद्भव और विकास' को बदलकर विषयानुरूप नये नाम के साथ इसे प्रस्तुत किया जा रहा है।

लेखक के सामने पत्रकारिता के अनुशीलन की उपर्युक्त सारी दिशाएँ साफ़ रही हैं और कदाचित् इसीलिए प्रबन्ध में उन सारे अभावों और भ्रान्त धारणाओं का निरसन हो गया है जो पूर्ववर्ती अध्ययनों की सीमा थी और जिसे उपलब्धि मान लिया गया था।

प्रथम खण्ड

भारतीय नवजागरण और हिन्दी पत्रकारिता का उदय

भारतीय नवजागरण और उसके आदि उन्नायक राजा राममोहन रॉय

आधुनिकता भारतीय नवजागरण की सबसे बड़ी उपलब्धि है। आधुनिकता अर्थात् एक वैज्ञानिक दृष्टिकोण जो पूर्व और पश्चिम के बीच सांस्कृतिक सेतु बना। चूँकि नवजागरण का अनुभव सबसे पहले बंगाल ने किया था, इसलिए स्वाभाविक था कि आधुनिकता भारत में बंगाल की खाड़ी से ही प्रवेश करती।

आधुनिकता ने हमारे अन्दर एक ऐसी चेतना उत्पन्न की जिससे पश्चिमी जगत् को अधिकाधिक जानने-समझने के लिए हम उत्सुक हो गये, किन्तु आधुनिकता के मूल वैशिष्ट्य की समग्रता को पूरी तरह आत्मसात् करने के लिए अँगरेज़ी भाषा का ज्ञान आवश्यक था। सुधारवादी आन्दोलन के आदि संचालक और भारतीय नवजागरण के उन्नायक राजा राममोहन रॉय ने इसे सही रूप में समझा और अँगरेज़ी शिक्षा-प्रचार का पक्ष-समर्थन कर अपनी प्रगतिशीलता का प्रमाण दिया।[1]

अँगरेज़ी शिक्षा ने सम्पूर्ण सांस्कृतिक परिवेश में परिवर्तन की अपेक्षा उत्पन्न की। उक्त परिवर्तन की अपेक्षा रखनेवाले भारतीयों के दो वर्ग थे जिनकी दो स्वतन्त्रत दृष्टियाँ थीं। एक वह वर्ग था जो अँगरेज़ियत के रंग में इतना रँग गया था कि भारतीयता उसे फूहड़ और विजातीय लगने लगी थी तथा इस ओर से सर्वथा उदासीन हो आचार-विचार में वह अँगरेज़ों का अनुकरण करने लगा था। इस प्रकार

1. युग-बोध के प्रति सचेत कुछ संस्कृत पण्डितों में भी अँगरेज़ी शिक्षा के प्रति रुचि बढ़ रही थी। भारत में अँगरेज़ी शिक्षा का पहला संकेत मई 1816 में कलकत्ते के एक विशिष्ट ब्राह्मण नागरिक वैद्यनाथ मुखर्जी की ओर से आया था जिसकी पुष्टि सर हाइड ईस्ट के 18 मई 1816 ई. के उस पत्र से होती है जो उसने अपने मित्र जे. हेरींगटन को लिखा था। हाइड ईस्ट ने जो उस समय कलकत्ता सुप्रीम कोर्ट का प्रधान न्यायपति था, वैद्यनाथ मुखर्जी के संकेत से प्रेरित होकर गवर्नर-जेनरल की अनुमति से 14 मई 1816 को एक विचारसभा आयोजित की थी। द्रष्टव्य—डॉ. रमेशचन्द्र मजुमदार-द्वारा लिखित एवं सम्पादित—The British PARAMOUNTENCY and Indian Renaissance—II, Page, 32-33.

इस वर्ग ने आधुनिकता को फ़ैशन के रूप में अपनाया जो भारतीय दृष्टि से आधुनिकता का अभाव पक्ष था।

अँगरेज़ी शिक्षा-प्राप्त एक दूसरा वर्ग भी था जो युरॅपीय जगत् के ज्ञानपक्ष से अर्थात् उसकी शिक्षा, राजनीति, अर्थनीति और विज्ञान से अपने देश को आलोकित करने की आकांक्षा रखता था। भारतीय नवजागरण के पुरस्कर्ता इसी वर्ग के थे। ये अपनी परम्परा की ओर से आँख मूँदकर अँगरेज़ियत के पीछे पागल नहीं थे बल्कि अपनी परम्परा को आधुनिक सन्दर्भ में प्रतिष्ठित करने के लिए उसे एक नयी अर्थवत्ता देना चाहते थे और इसके लिए आवश्यक था पाश्चात्य शिक्षा और संस्कृति से अपने को एक हद तक सम्पृक्त करना। वे सचेत और सचेष्ट थे अपने जातीय वैशिष्ट्य के उन्नयन के लिए। इसी वर्ग के ज्येष्ठ प्रतिनिधि थे राजा राममोहन रॉय, जिन्होंने सम्पूर्ण आधुनिक बोध को आत्मसात् कर लिया था और अपने विराट् व्यक्तित्व से भारतीय नवजागरण को नयी दिशा दी थी। राजा राममोहन रॉय के सम्बन्ध में जवाहरलाल नेहरू ने लिखा है कि 18वीं शताब्दी में बंगाल में एक दूसरे शलाका-पुरुष का उदय हुआ, वे हैं राजा राममोहन रॉय। यह एक नये तरह का व्यक्तित्व था जिसमें प्राचीन और नवीन का अद्भुत सम्मिश्रण था। भारतीय विचारधारा और दर्शन के वे मर्मज्ञ विद्वान् थे। संस्कृत, फ़ारसी और अरबी के अध्येता थे और वे सम्मिलित हिन्दू-मुस्लिम संस्कृति की उपज थे जो उन दिनों भारत के अभिजात वर्ग पर पूरी तरह छायी हुई थी। अँगरेज़ों के भारत में आने के बाद उनका ध्यान इस बात की ओर गया कि वे जीवन के अनेक क्षेत्रों में उनकी महत्ता का सही कारण ढूँढ़ सकें। उन्होंने अँगरेज़ी सीखी। इतना ही नहीं यूनानी, लैटिन और हिब्रू भाषा का भी ज्ञान प्राप्त किया ताकि वे पश्चिमी धर्म और संस्कृति के मूल स्रोतों को जान सकें। वे विज्ञान और पश्चिमी सभ्यता के वैज्ञानिक पहलुओं के प्रति भी कम जागरूक न थे। यद्यपि उन दिनों वैज्ञानिक परिवर्तन बहुत स्पष्ट न थे जैसा कि वे बाद में हुए। दार्शनिक स्वभाव का होने के कारण वे प्राचीन साहित्यों की ओर ज़्यादा झुके। उनके बारे में लिखते हुए मोनियर विलियम्स ने कहा है कि सम्भवतः वे पहले दृढ़ मनोवृत्ति के अन्वेषी थे जिन्होंने विश्व धर्मों के तुलनात्मक विज्ञान की खोज की।[1] इतना ही नहीं बल्कि राजा राममोहन रॉय के साथ ही एक ऐसी स्वस्थ परम्परा आविर्भूत हुई जिसने आधुनिक भारत और प्रकारान्तर से सम्पूर्ण मानव जाति को उपकृत किया। रामकृष्ण परमहंस, स्वामी विवेकानन्द, रवीन्द्रनाथ ठाकुर और श्री अरविन्द इसी परम्परा के उन्नायक मनीषी थे। इन महापुरुषों ने साम्प्रतिक जातीय चेतना को आध्यात्मिक और मानवीय भूमिका पर रूपायित किया, भारतीय सांस्कृतिक आन्दोलन को अपने महत् व्यक्तित्व से प्रेरित और प्रभावित किया। इस प्रकार आधुनिक युग ने बंगभूमि को यह अवसर दिया

1. जवाहरलाल नेहरू : दि डिस्कवरी ऑव इण्डिया, पृ. 260-61।

कि भारत के सांस्कृतिक इतिहास में वह महत्त्वपूर्ण अध्याय जोड़ सके। भावी इतिहासवेत्ताओं को उन्नीसवीं शताब्दी के बंगाल की उर्वराशक्ति पर आश्चर्य होगा। कहना न होगा कि इस प्रदेश ने हर क्षेत्र में आधुनिक भारत का नेतृत्व किया।[1]

भारत में अँगरेज़ी शिक्षा का प्रवेश

दिसम्बर सन् 1813 ई. को लार्ड अमहर्स्ट के नाम पत्र लिखकर राममोहन रॉय ने अँगरेज़ी शिक्षा के प्रचार की व्यवस्था के लिए अनुरोध किया था।[2] और 20 जनवरी 1817 ई. को हिन्दू कॉलेज की स्थापना हुई जो अँगरेज़ी शिक्षा के प्रचार में सबसे अधिक सहायक सिद्ध हुआ। सरकार यह नहीं चाहती थी कि भारतीयों के लिए अँगरेज़ी शिक्षा का प्रबन्ध हो;[3] इस सम्बन्ध में भारतीयों ने ही सशक्त प्रयत्न किये और इतिहासकारों का मत है कि भारत में अँगरेज़ी शिक्षा के चर्चित प्रवर्तक-प्रचारक मेकाले के प्रयत्नों के पूर्व ही भारतीयों ने, जिसमें परम्परावादी पण्डित भी थे, अँगरेज़ी शिक्षा के अनुकूल वातावरण तैयार कर दिया था।[4] डॉ. रमेशचन्द्र मजुमदार ने लिखा है कि यह मान्यता ऐतिहासिक दृष्टि से निराधार है कि भारतीयों को क्लर्क बनाने के लिए अँगरेज़ों ने अँगरेज़ी शिक्षा दी।[5] यह उस युग की अनिवार्यता थी अन्यथा अँगरेज़ी राज्य के हित-चिन्तकों को बड़ी चिन्ता यह थी कि भारतीयों को अँगरेज़ी शिक्षा मिली और संस्कृत की अपनी सीमा से वे मुक्त हुए कि तुरन्त उनमें मुक्ति-कामना उदित होगी। मेकाले के वक्तव्य में भी ऐसा ही संकेत था।[6] ऐसी स्थिति में जान-बूझकर बर्तानिया सरकार प्राच्य विद्या के विकास पर ही विशेष ध्यान देती थी और भारतीयों को प्राच्य विद्या की सीमा में ही बन्द करके रखना चाहती थी। किन्तु प्रबुद्ध भारतीय यूरॅपीय जगत् के नये ज्ञान से लाभ उठाने के लिए आकुल थे। और इस आकुल आकांक्षा की पूर्ति के लिए अँगरेज़ी भाषा का ज्ञान और प्रचार आवश्यक था।

भारत में पत्रकारिता : प्रारम्भिक स्थितियाँ

अँगरेज़ी शिक्षा के प्रसार से जिस प्रकार अँगरेज़ी सरकार आशंकित थी वैसे ही

---

1. द्रष्टव्य–डिस्कवरी ऑव इण्डिया, पृ. 260; ले. जवाहरलाल नेहरू।
2. राजा साहब के उक्त पत्र के विशिष्ट उद्धरण के लिए द्रष्टव्य–The British Para Mountancy and Indian Renaissance. II by—Dr. R.C. Mazumdar, p. 34-35.
3. डॉ. रमेशचन्द्र मजुमदार–द ब्रिटिश पैरामाउण्टेन्सी एण्ड इण्डियन रिनासाँ, भाग 2, पृ.34।
4. 'The ground had already been prepared long before Macaulay arrived in India.' वही, पृष्ठ 45।
5. वही, पृष्ठ 36।
6. वही, पृष्ठ 37।

मुद्रण-कला और पत्र-कला के विकास को वह एक प्रतिकूल शक्ति का अशुभ विकास समझती थी। इसलिए उसके विकास-मार्ग में नाना प्रकार के अवरोध उपस्थित करती रहती थी। किन्तु अधिक समय तक उसे दबा रखना सम्भव न था। स्वार्थ का भी आग्रह था जिसके चलते उसे कलकत्ता और मद्रास में प्रेस खोलना पड़ा। पहला प्रेस सीरामपुर (बंगाल) में बापटिस्ट मिशनरी-द्वारा खोला गया और पहला भारतीय पत्र एक अँगरेज़ के सम्पादकत्व में 29 जनवरी 1780 ई. में प्रकाशित हुआ। जेम्स अगस्टस हिकी द्वारा सम्पादित इस पत्र का नाम था 'हिकीज़ बंगाल गज़ट' अथवा 'कलकत्ता जेनरल अडवरटाइज़र'। 'इण्डिया गैज़ेट' नाम का दूसरा पत्र नवम्बर 1780 में कलकत्ते से ही निकला। तीसरा पत्र 'कैलकटा गैज़ेट' फ़रवरी 1784 में निकला। चौथा पत्र था 'बंगाल जर्नल' जो फ़रवरी 1785 में निकला। इसी वर्ष 'ओरियण्टल मैगज़ीन' और मासिक पत्र 'कैलकटा एम्यूज़मेण्ट' निकला। इस प्रकार 6 वर्षों के अन्दर कलकत्ते से ही 6 पत्र, एक मासिक और 5 साप्ताहिक—प्रकाशित हुए। सन् 1791 में विलियम हुफ्रानी नामक अमरीकी ने 'इण्डियन वर्ल्ड' प्रकाशित किया और 'बंगाल जर्नल' का भी सम्पादन करते रहे। सन् 1795 में मद्रास से 'इण्डियन हेरल्ड' निकला जिसके सम्पादक हफ़्रेस थे। सन् 1818 ई. में कलकत्ते से जेम्स सिल्क बकिंघम के सम्पादकत्व में 'कलकत्ता जर्नल' प्रकाशित हुआ। यह अर्ध-साप्ताहिक पत्र था जिसकी तेजस्विता और निर्भीक आलोचना से तत्कालीन गवर्नर, जेनरल, गवर्नर, जज और लार्ड विशप भी बच न सके।[1] इसी प्रकार मद्रास से 12 अक्टूबर 1785 को सरकारी मुद्रक रिचर्ड जान्सन ने एक पत्र निकाला था। यह एक प्रकार से सरकारी तत्त्वावधान में निकला था, इसलिए इसे सरकारी विज्ञापन सुलभ था। 'मैड्रास कूरियर' नाम का यह पत्र साप्ताहिक था और 4 पृष्ठों पर छपता था। जनवरी 1795 में 'मैड्रास गैज़ेट' प्रकाशित हुआ। ये पत्र सरकारी अनुमतिपत्र से निकलते थे, मगर 'इण्डिया हेरल्ड' बिना लाइसेंस लिये ही निकला। इसे 2 अप्रैल 1795 को हम्फ्रीज ने निकाला था। सरकार की इस पर कुदृष्टि थी। इस पर सरकारी आरोप था कि इसने शासन और प्रिंस ऑव वेल्स के विषय में अत्यन्त अपमानजनक लेख प्रकाशित किये हैं। हम्फ्रीज को वही सज़ा दी गयी जो अँगरेज़ों को दी जाती थी यानी उसे जहाज़ पर चढ़ाकर विलायत भेज दिया गया, मगर हम्फ्रीज मार्ग से ही ग़ायब हो गया। बाम्बे से 1789 में 'बाम्बे हेरल्ड' निकला। दूसरे वर्ष 'बाम्बे कूरियर' प्रकाशित हुआ। 1791 में 'बाम्बे गैज़ेट' निकला। दूसरे वर्ष सन् 1793, में 'बाम्बे हेरल्ड' और 'बाम्बे गैज़ेट' मिलकर एक हो गये।[2] इस प्रकार भारतीय पत्रकारिता की नींव अँगरेज़ों ने डाली और उसके महत्त्वपूर्ण आरम्भिक अध्याय का निर्माण किया। यह संयोग की बात थी कि

---

1. श्री बंकटलाल ओझा : भारत निर्वासित अँगरेज़ पत्रकार, नयी धारा, जनवरी, 1953 ई.।
2. अम्बिकाप्रसाद वाजपेयी : हिन्दी समाचारपत्रों का इतिहास।

अँगरेज़ी शिक्षा, पत्रकारिता और भारतीय राष्ट्रीय महासभा के त्रिकोण की रेखा अँगरेज़ों ने ही खींची जिस पर भारतीय स्वतन्त्रता की लड़ाई हुई और अन्त में यही त्रिकोण स्वतन्त्रताप्राप्ति का निमित्त सिद्ध हुआ।

युरॅपीय पत्रकार और बर्तानिया सरकार

उपर्युक्त युरॅपीय पत्रकारों को अपने वाक्-स्वातन्त्र्य के लिए बड़ी यातनाएँ सहनी पड़ीं; क्योंकि बर्तानिया सरकार इन सजातीय पत्रकारों के प्रति भी नितान्त असहिष्णु थी।[1] उस समय की स्थिति का वर्णन बंगाल के प्रसिद्ध पत्रकार स्व. हेमेन्द्र प्रसाद घोष ने इस प्रकार किया है, "तत्कालीन सरकार समाचारपत्रों के प्रति शंकालु थी और हमेशा मामूली कारणों से उन पर सांघातिक चोट करने के लिए उद्यत रहती थी। दूसरी ओर प्रेस के संचालक सर्वदा ही ऐसे आक्रमणों से बचने के लिए सावधान रहा करते थे। ऐसे संचालक प्रायः ऐंग्लोइण्डियन थे अर्थात् भारत में रहनेवाले युरॅपीय जो अधिकारियों की मर्जी पर कभी भी देश से निर्वासित किये जा सकते थे। ये संचालक उन युरॅपीयों द्वारा शिक्षित थे जो भारत में घृणित व्यापार के उद्देश्य से आये। इन्हीं दिनों अँगरेज़ भारत में अपने आधिपत्य को बढ़ा रहे थे और अपनी सम्पत्ति का संगठन साम्राज्यवादी पद्धति पर करने लगे थे। शासन के ख़ास तौर-तरीक़े तथा देशी जनता का पूरी तरह शोषण उनकी इस पद्धति के उदाहरण थे।[2] और यह बहुत बड़ा कारण था जिसके चलते पत्रों की स्वतन्त्रता पर सरकार ने सदैव अंकुश रखा। ब्रिटिश सरकार अपने अभाव और अन्याय तथा शासन सम्बन्धी कठोर नीति को अच्छी तरह समझती थी इसलिए पत्रों के प्रति वह सदैव सशंकित और आतंकित रहती थी। पत्रों की स्वतन्त्रता पर प्रहार करने के हर मौक़े का वह उपयोग करती थी। पत्रों की टिप्पणियों का सूक्ष्म निरीक्षण वह अन्याय के मार्जन के लिए नहीं बल्कि लोकमत का गला घोंटने के लिए करती।"[3]

मिशनरी पत्र

यहाँ यह भी कह देना उचित जान पड़ता है कि क्रिश्चियन मिशनरी द्वारा संचालित पत्रों को सरकारी प्रोत्साहन मिलता था जिसका परिणाम यह था कि इन पत्रों की प्रगति में कहीं अवरोध नहीं आया और अविलम्ब ही अनेक ईसाई पत्र हिन्दी केन्द्रों से भी प्रकाशित होने लगे। ये विभिन्न संस्थाओं तथा प्रमुख व्यक्तियों को भेजे

---

1. हेमेन्द्रप्रसाद घोष : द न्यूज़पेपर इन इण्डिया, पृ. 39।
2. वही, पृ. 26।
3. वही, पृ. 26।

जाते थे और मेला जैसे सार्वजनिक स्थान पर मुफ़्त में बाँटे जाते थे।[1] इनका एकमात्र उद्देश्य था ईसाई धर्म का प्रचार और इस दृष्टि से यह सौदा महँगा नहीं था। राजा राममोहन रॉय ने ईसाइयों के इस साम्प्रदायिक उपक्रम को बड़ी गम्भीरता से देखा। उन्हें चिन्ता हुई यह देखकर कि एक विजातीय धर्म भारतीय वैशिष्ट्य को सदा के लिए समाप्त कर देना चाहता है। राजा साहब ने ईसाइयों की इस साम्प्रदायिकता के वैचारिक प्रतिकार का संकल्प लेकर 'ब्रह्मैनिकल मैगज़िन' का प्रकाशन आरम्भ किया था।

भारतीय पत्रकारिता की सही शुरूआत : बंगीय परिवेश

भारतीय पत्रकारिता का दूसरा अध्याय वहाँ से शुरू होता है जब भारतीयों के संयोजकत्व और सम्पादकत्व में पत्रों का प्रकाशन आरम्भ होता है। सही अर्थों में देशी पत्रकारिता के जन्म का श्रेय भी रामोहन रॉय को ही है। राजा साहब ने दिसम्बर 1821 ई. में 'संवाद कौमुदी' नामक बँगला साप्ताहिक का प्रकाशन किया।[2] यह राजनीतिक नहीं सामाजिक समस्याओं को लेकर चलनेवाली पत्रिका थी जिसका मुख्य उद्देश्य था सती-प्रथा-जैसी रूढ़ि का खण्डन करना। इसके पहले सीरामपुर मिशनरी के तत्त्वावधान में दो बँगला पत्र 'समाचार दर्पण' और 'दिग्दर्शन' प्रकाशित हो चुके थे, किन्तु उन्हें सजातीय मानना उचित नहीं जान पड़ता। ऊपर संकेत किया जा चुका है कि इन ईसाई पत्रों का उद्देश्य था ईसाई धर्म का प्रचार। राजा साहब के 'ब्रह्मैनिकल मैगज़िन' का प्रकाशन इन्हीं पत्रों का जवाब देने के लिए हुआ था। राजा साहब इसमें शिवप्रसाद शर्मा नाम से लिखते थे। राजा साहब के दो मित्रों—हरुचन्द्र राय और गंगा किशोर भट्टाचार्य—ने 'बंगाल ग्याजेट' नाम का बँगला पत्र प्रकाशित किया था। अपने विचारों को अधिक व्यापक बनाने के उद्देश्य से राजा साहब ने फ़ारसी में 'मीरात-उल-अख़बार' निकाला जिसे अपनी तेजस्विता और प्रसिद्धि के कारण ब्रिटिश सरकार की दमन-नीति का शिकार होना पड़ा। अपने सम्पादकीय दायित्व की चर्चा करते हुए इसी अख़बार में राजा राममोहन रॉय ने लिखा था, "मेरा सिर्फ़ यही उद्देश्य है कि मैं जनता के सामने ऐसे बौद्धिक निबन्ध उपस्थित करूँ जो उनके अनुभव को बढ़ाएँ और सामाजिक प्रगति में सहायक सिद्ध हों। मैं अपनी शक्ति-भर शासकों को उनकी प्रजा की परिस्थितियों का सही परिचय देना चाहता हूँ और प्रजा को उनके शासकों द्वारा स्थापित क़ानून और तौर-तरीक़ों से परिचित कराना चाहता हूँ ताकि शासक जनता को अधिक से अधिक सुविधा देने

---

1. रामरतन भटनागर : हिन्दी पत्रकारिता का उद्भव और विकास, पृ. 21।
2. श्री सुकुमार मित्र ने लिखा है कि बँगला साप्ताहिक 'संवाद कौमुदी' के आदि संचालक ताराचन्द्र दत्त थे और सम्पादन भवानीचरण वन्द्योपाध्याय करते थे। बाद में इसे राजा साहब ने ले लिया था। शिवकुमार मित्रा : द न्यूज़पेपर प्रेस—स्टडीज़ इन द बेंगाल रेनेसाँ।

का अवसर पा सकें और जनता उन उपायों से परिचित हो सके जिनके द्वारा शासकों से सुरक्षा पायी जा सके और उचित माँगें पूरी करायी जा सकें।"[1] अपने इसी अख़बार के अन्तिम संस्करण में 4 अप्रैल 1823 को बड़े खेद के साथ राजा साहब ने लिखा था–"जो परिस्थिति उत्पन्न हो गयी है उसमें पत्र का प्रकाशन रोक देना ही एकमात्र मार्ग रह गया है। जो नियम बने हैं उनके अनुसार किसी युरॅपियन सज्जन के लिए, जिनकी पहुँच सरकार के चीफ़ सेक्रेटरी तक सरलता से हो जाती है, सरकार से लाइसेंस लेकर पत्र निकाल देना आसान है पर भारत के किसी निवासी के लिए, जो सरकारी भवन की देहरी लाँघने में भी समर्थ नहीं हो पाता, पत्र-प्रकाशन के लिए सरकारी आज्ञा प्राप्त करना दुस्तर कार्य हो गया है। फिर खुली अदालत में हलफनामा दाख़िल करना भी कम अपमानजनक नहीं है। लाइसेंस के लिये जाने का ख़तरा भी सदा सिर पर झूला करता है। ऐसी दशा में पत्र का प्रकाशन रोक देना ही उचित है।"[2] राजा साहब ने 'बंगाल हेरल्ड' के साथ देशी भाषा में भी एक पत्र निकाला था। बँगला, हिन्दी और फ़ारसी में निकलने वाले इस पत्र का नाम 'बंगदूत' था जो 9 मई 1829 को नीलरतन हालदार के सम्पादकत्व में निकला था। राजा साहब के सुधारवादी आन्दोलन का विरोध करने के लिए पुराणपन्थियों ने बँगला साप्ताहिक 'समाचार चन्द्रिका' का प्रकाशन किया था। बँगला के प्रख्यात कवि ईश्वरचन्द्र गुप्त के सम्पादकत्व में बँगला का प्रथम दैनिक 'संवाद प्रभाकर' 14 जून 1839 को प्रकाशित हुआ था। बंगीय पत्रकारिता के इतिहास में 'तत्त्वबोधिनी पत्रिका' और 'हिन्दू पैट्रियाट' का भी महत्त्वपूर्ण स्थान है।

बंगाल के बाहर के देशी पत्र

न केवल बंगाल बल्कि विभिन्न प्रदेशों में 1857 ई. के पूर्व अनेक पत्र प्रकाशित हुए। इन पत्रों में भारतीय स्वतन्त्रता संग्राम के अनेक महत्त्वपूर्ण ऐतिहासिक तथ्य छिपे हुए हैं। भारतीयों के संयोजकत्व में निकलने वाले आरम्भिक अँगरेज़ी और देशी भाषा के पत्रों का एक विशेष अभिप्राय और महत् उद्देश्य था। 'वन्दे मातरम्' को लक्ष्य कर श्री अरविन्द ने कहा था, "इसका जन्म एक सामाजिक आवश्यकता की पूर्ति और समष्टि-हित के उद्देश्य से हुआ था, न कि किसी व्यक्तिगत महत्त्वाकांक्षा से प्रेरित होकर व्यक्ति-सुख के लिए। इसका आविर्भाव उस महत् काल में हुआ था जो जातीय दृष्टि से कठिन क्षण था और इसे एक सन्देश देना था जिसे पृथ्वी पर कोई शक्ति रोक नहीं सकती थी। इसका दावा है कि इसने जनता की अभीप्सा को अभिव्यक्ति दी है और उनके आदर्शों और आकांक्षाओं को

---

1. हेमेन्द्रप्रसाद घोष : द न्यूज़पेपर इन इण्डिया, पृ. 25-26।
2. कमलापति त्रिपाठी : पत्र और पत्रकार, पृ. 92।

पूर्ण सच्चाई के साथ अंकित किया है।" यह बात भारतीय पत्रकारिता के आरम्भिक अध्याय के कुछेक पत्रों को छोड़कर[1] अधिकांश के बारे में कही जा सकती है।

भारतीय पत्रकारिता और सरकारी दमन-नीति

भारतीय पत्रकारिता के विकास के साथ ही ब्रिटिश सरकार की दमन नीति भी उग्र होती गयी। लार्ड वेलेजली के समय में भारतीय पत्रों को कुण्ठित करने के लिए ब्रिटिश सरकार ने पहला क़ानून बनाया। ब्रिटिश पार्ल्यामेण्ट में टोरियों की संख्या अधिक थी जो प्रकृत्या भारतीय पत्रों की स्वाधीनता के विरुद्ध थे। इस क़ानून के अनुसार (1) पत्र के मुद्रक के लिए पत्र के अन्त में अपना नाम प्रकाशित करना, (2) सम्पादक और संचालक के निवासस्थान का पूरा पता सरकार के सेक्रेटरी को लिख भेजना, (3) रविवार को पत्र का प्रकाशन करना तथा (4) सरकारी अधिकारी के निरीक्षण से पूर्व पत्र न प्रकाशित करना अनिवार्य नियम बना दिया गया। इस क़ानून के पीछे ब्रिटिश सरकार का एक ही मन्तव्य था जो मेटकाफ़ की जीवनी के इस उद्धरण से स्पष्ट हो जाता है कि "उन दिनों हमारी ये नीति थी कि भारत के लोगों को जहाँ तक हो सके बर्बरता और अन्धकार में रखा जाय और देशी जनता में ज्ञान फैलाने के किसी भी प्रयत्न का उन दिनों बड़ा कड़ा विरोध किया जाता था...कैप्टन सिडेनहाम ने निजाम की एक इच्छा पूरी करने के उद्देश्य से कि वे आधुनिक विज्ञान के कुछ प्रयोगों को देख सकें, कुछ चीज़ें भेंट कीं, उनमें एक एयर पम्प, एक छापाख़ाना और एक आधुनिक योद्धा का एक माडल था। चीफ़ सेक्रेटरी को भेजे गये अपने पत्रों में कैप्टन ने इस बात का उल्लेख किया था, परिणामतः उन पर आरोप लगाया गया कि उन्होंने एक देशी शासक के हाथ में छापेख़ाने-जैसी ख़तरनाक वस्तु रख दी।"[2]

लार्ड हेस्टिंग्स अपेक्षाकृत उदार माना जाता है। सेंसर के नियम को उसने कुछ

---

1. "देश में दो पार्टियाँ थीं, एक सरकार के समर्थकों की और दूसरी उसके आलोचकों की। एक में कुछ अँगरेज़ और राजा राममोहन रॉय जैसे भारतीय थे और दूसरी में सरकार के उच्च कर्मचारी थे, जो स्वेच्छाचारी शासन के पक्षपाती थे और उनके समर्थक 'जान बुल' जैसे पत्रों के सम्पादक थे। दूसरे दल के सहायतार्थ ईस्ट इण्डिया कम्पनी ने 'एशियाटिक जनरल' निकाल दिया था। पहली पार्टी सुधारकों की थी। वे राजनीति और समाजनीति दोनों में सुधार चाहते थे। पर दूसरी सुधार-विरोधियों की थी। इसी में बंगाली सुधार-विरोधी भी शामिल हो गये थे। 'समाचार चन्द्रिका' कट्टरता-प्रिय बंगालियों की पत्रिका थी। इस प्रकार एक ओर 'संवाद कौमुदी', 'कलकत्ता-जनरल' और 'मीरात-उल-अख़बार' ये तीन पत्र थे तो दूसरी ओर भी तीन पत्र 'समाचार चन्द्रिका' 'जान बुल' और 'एशियाटिक जनरल' थे।" अम्बिका प्रसाद वाजपेयी : हिन्दी समाचार-पत्रों का इतिहास।
2. रामरतन भटनागर की पुस्तक 'द राइज़ ऐण्ड ग्रोथ ऑफ़ हिन्दी जर्नलिज़्म' से उद्धृत।

शिथिल किया और प्रेस सम्बन्धी कुछ स्पष्ट निर्देश दिये : 1. किसी प्रकार की ऐसी ख़बर न प्रकाशित की जाए जो कोर्ट ऑफ़ डाइरेक्टर्स, ब्रिटिश सरकार के अधिकारियों, कौन्सिल के सदस्यों, सुप्रीम कोर्ट के जजों तथा कलकत्ते के बड़े पादरी के सार्वजनिक कार्य अथवा प्रतिष्ठा के विरुद्ध हो। 2. किसी के धार्मिक विश्वासों और भावनाओं पर चोट करनेवाली तथा भारतीय प्रजा में आतंक की सृष्टि करनेवाली बातों का प्रकाशन न किया जाय, 3. किसी के व्यक्तिगत आचरण पर आघात करनेवाली ख़बरें न छापी जाएँ। 4. किसी विदेशी पत्रिका से ऐसी बातों को उद्धृत कर पुनः प्रकाशित न किया जाय जो असन्तोष की सृष्टि का कारण बनें।

इस प्रकार हेस्टिंग्स के कार्य-काल में भारतीय पत्रों ने थोड़ी स्वतन्त्रता की साँस ली थी। तभी उसके उत्तराधिकारी के रूप में आदम का भारत में पदार्पण हुआ। वह पत्रों की स्वतन्त्रता का सर्वथा विरोधी था। सन् 1823 में सरकार ने एक नया क़ानून बनाया और यह आर्डिनेंस जारी किया कि सरकारी लाइसेंस के बिना किसी तरह का प्रकाशन न किया जाए। 14 मार्च 1823 को समाचार पत्र तथा प्रेस-सम्बन्धी जो क़ानून जारी हुए वे वेलेजली की पुरानी व्यवस्था से भी कठोर थे।[1] उस क़ानून के अनुसार–

1. बिना सरकारी स्वीकृति के फ़ोर्ट विलियम के क्षेत्र में इस प्रकार का कोई समाचार पत्र, पत्रिका, पुस्तक तथा कोई विज्ञप्ति प्रकाशित करने पर प्रतिबन्ध लगा दिया गया जिसमें सरकारी नीति या कार्यपद्धति के सम्बन्ध में कोई सूचना अथवा टीका-टिप्पणी की गयी हो।

2. प्रकाशन सम्बन्धी सरकारी लाइसेंस के लिए प्रार्थना पत्र देते समय एक हलफ़नामा देना भी आवश्यक कर दिया गया जिसमें पत्रिका, समाचार पत्र या पुस्तिका के प्रकाशक का नाम तथा पूरा पता दिया गया हो। मालिकों की संख्या यदि दो से अधिक हो तो उसमें बड़े हिस्सेदार का पूरा ब्यौरा देना ज़रूरी कर दिया गया। इसके साथ ही यह भी आवश्यक कर दिया गया कि जिस मकान में समाचार पत्र अथवा अन्य प्रकाशन होता हो उसका विस्तृत विवरण और स्वरूप अंकित किया जाय।

---

1. देशी पत्रों के प्रति सरकार की नीति दमन की नीति थी। सारसुधा, वर्ष 1, अंक 17 में इस पर आनन्दवन का लेख छपा था और सम्पादकीय टिप्पणी का भी विषय यही था। आनन्दवन ने लिखा था "जितने देशी भाषा के पत्र हैं सबके सब प्रेस ऐक्ट के चंगुल में पड़ दबी जीभ से बोलते हैं और बहुतेरे पोलिटिक्स पर लिखना ही छोड़-बैठे हैं।" सरकार को सम्बोधित कर उसी लेख में आनन्दवन ने लिखा था कि "हमारी गवर्नमेण्ट ऐसी बुद्धिमती और न्यायप्रिया होकर भी नेक विचार नहीं करती कि जितना उपकार देशी भाषा के वृत्त पत्रों से साधित है तादृश अँगरेज़ी भाषा के समाचारपत्रों से नहीं हो सकता। जो काम देशी भाषा के पत्र भारतवर्ष में करेंगे वह उनसे कदापि सम्भव नहीं। जितना प्रजा के जी का आशय इस भाषा के पत्र से विदित होगा वह उससे कभी नहीं होता है।" विशेष द्रष्टव्य 'सार सुधानिधि' के विवेचन-प्रसंग में।

3. बिना लाइसेंस के कोई समाचार पत्र प्रकाशित करने पर प्रकाशक को चार सौ रुपये का जुर्माना अथवा चार महीने क़ैद का दण्ड दिया जाएगा।

इन क़ानून के विरुद्ध हाईकोर्ट में राजा राममोहन रॉय ने 'पेटिशन' प्रस्तुत किया था जिसका अनुकूल परिणाम नहीं निकला और अन्ततः राजा साहब को अपना प्रिय पत्र 'मिरात-उल-अख़बार' 4 अप्रैल 1823 को बन्द कर देना पड़ा। अमहर्स्ट के समय में यानी दिसम्बर 1825 में प्रेस सम्बन्धी एक नया क़ानून बना जिसके अनुसार किसी पत्र से किसी सरकारी कर्मचारी का किसी प्रकार का सम्बन्ध निषिद्ध कर दिया गया। अमहर्स्ट के समय में यानी दिसम्बर 1825 में प्रेस सम्बन्धी एक नया कानून बना जिसके अनुसार किसी पत्र से किसी सरकारी कर्मचारी का किसी प्रकार का सम्बन्ध निषिद्ध कर दिया गया।

सन् 1828 में लार्ड विलियम बैण्टिक भारत के गवर्नर-जेनरल होकर आये। शुरू में विलियम बैण्टिक ने पत्रों की स्वतन्त्रता के प्रति उदारता दिखायी; किन्तु पत्रों की स्वतन्त्र टिप्पणी ने उन्हें भी विचलित कर दिया और अन्त में पत्रों की स्वतन्त्रता को नियन्त्रित कर उन्होंने आदम के ही पथ का अनुसरण किया।

मेटकाफ़ की उदार नीति

मेटकाफ़ ने भारतीय पत्रों की स्वतन्त्रता के लिए सक्रिय रुचि दिखायी।[1] डॉ. रामरतन भटनागर ने लिखा है कि, "भारतीय पत्रकारिता के पूरे इतिहास में पत्रों की स्वतन्त्रता के लिए अथक परिश्रम करनेवाला मेटकाफ़ के समान ईमानदार दूसरा कोई अँगरेज़ व्यक्ति नहीं मिलेगा। वे विधान सभा के एक सदस्य थे और उन्होंने बैण्टिक के विरुद्ध मत प्रकट किया था और उस पथ का बड़े उत्साहपूर्वक विरोध किया था जो जनमत को सरकार के विरुद्ध भड़काने वाला तथा न्याय का अवरोधक था। सन् 1832 की शुरू गरमियों में मेटकाफ़ विधान सभा के गवर्नर के कार्यवाही प्रतिनिधि नियुक्त हुए। इस हैसियत से भी मेटकाफ़ ने पत्रों की स्वतन्त्रता क़ायम रखने के लिए काफ़ी उद्योग किया। उस आत्मबल को, जिससे भारतीय पत्रों को मुक्त करनेवाले इस व्यक्ति का निर्माण हुआ था, द्योतित करनेवाला एक ही दृष्टान्त पर्याप्त है। कलकत्ते के तत्कालीन गवर्नर उस स्थानीय पत्र के विरुद्ध कार्रवाई करना चाहते थे, जिसने किसी ख़ास बात पर बाम्बे के गवर्नर की कटु आलोचना की थी। उन्होंने बैण्टिक को यह पत्र लिखा कि वे सम्पादक को क्षमा-याचना का आदेश दें

---

1. कलकत्ता के नागरिकों की एक सभा में मेटक़ाफ ने घोषणा की थी—It is salutary for the government to have the check of a press on their conduct. "Freedom of public discussion" said he, "which is nothing more than freedom of speaking aloud, is a right belonging to the people which no government has a right to withold."—The British Paramountancy and Indian Renaissance. II, p. 235.

अथवा पत्र की स्वतन्त्रता को प्रतिबन्धित करें। उक्त पत्र की स्मारिका प्रतिलिपि सर चार्ल्स मेटकाफ़ को, जो स्थानीय शासन के प्रधान थे, भेजी गयी ताकि उसे क्रियान्विति दी जा सके, किन्तु गवर्नर के बार-बार कहने पर भी उन्होंने ऐसा नहीं किया।"[1] सर चार्ल्स मेटकाफ़ की चर्चा करते हुए अपने इतिहास ग्रन्थ में डॉ. पट्टाभि सीतारमैया ने लिखा है कि "सर चार्ल्स मेटकाफ़ ने अख़बारों पर से पाबन्दियाँ उठा लीं। फिर लार्ड लिटन के वाइसराय होने तक अख़बार इसी आज़ादी में रहे—सिर्फ़ सन् 1857 ई. के गदर ज़माने को छोड़कर।"[2]

सरकार का ध्यान केवल सम्पादकीय दृष्टिकोण पर ही नहीं था बल्कि समाचारों के प्रति भी वह सतर्क थी। इस दमन की प्रतिक्रिया की ओर अधिकारियों का ध्यान नहीं गया। प्रतिक्रिया काफ़ी गहरी हुई। इस प्रकार हम देखते हैं कि भारतीय पत्रकारिता को ब्रिटिश शासन-काल में वही यातना सहनी पड़ी जो आयरलैण्ड के निवासियों को ब्रिटिश शासन-काल में झेलनी पड़ी थी, किन्तु इस पीड़ा का एक बहुत बड़ा मूल्य अँगरेज़ों को चुकाना पड़ा[3]।

देश-दशा

हिन्दी पत्रकारिता के आरम्भिक अध्याय की चर्चा करने के पूर्व आवश्यक है देश की उन सामाजिक और राजनीतिक परिस्थितियों का उल्लेख, जिनके बीच हिन्दी पत्रकारिता का निर्माण हुआ है। यहाँ बंगाल के विशेष सन्दर्भ में ही हम देश-दशा को देखेंगे। तत्कालीन भारतीय समस्याओं पर विचार करते हुए के.एस. शेल्वेंकर ने एक बड़ी बात कहीं है : "भारत पहले भी पराजित हुआ था, किन्तु उन विजेताओं से जो इसी भूमि में आकर बसे और अपने को यहाँ के जीवन का एक अंग बना लिया (इंग्लैण्ड के नॉर्मन्स या चीन की मंचू जाति की तरह) भारत कभी भी अपनी स्वतन्त्रता से वंचित नहीं हुआ, कभी गुलाम नहीं बना। मतलब यह कि वह कभी भी एक राजनीतिक और आर्थिक पद्धति का अंग नहीं बनाया गया जिसका मूल केन्द्र कहीं अन्यत्र था, कभी भी वह ऐसी जाति के द्वारा पराधीन नहीं हुआ जो मौलिक प्रकृति और व्यक्तित्व में हमेशा ही उससे भिन्न थी और बनी रही।"[4] चूँकि अँगरेज़ों के मन में भारतीय भूमि और भारतीयता के प्रति किसी प्रकार की आत्मीयता न थी इसलिए स्वाभाविक था कि इस उर्वर भूमि को वे पूरी निर्ममता से लूटते। इतिहास का साक्ष्य है कि भारतवर्ष को लूटने में अँगरेज़ों ने अपनी पूरी शक्ति लगा

---

1. रामरतन भटनागर : द राइज़ ऐण्ड ग्रोथ ऑफ़ जर्नलिज़्म।
2. डॉक्टर पट्टाभि सीतारमैया : काँग्रेस का इतिहास, भाग 1, प्र. संस्करण।
3. हेमेन्द्रप्रसाद घोष : द न्यूज़पेपर इन इण्डिया, पृ. 49।
4. जवाहरलाल नेहरू की पुस्तक 'द डिस्कवरी ऑफ़ इण्डिया' से उद्धृत।

दी थी। इस प्रकार उन्होंने अटूट धन-सम्पत्ति प्राप्त कर ली, जिसने आगे चलकर उनके लिए एक बड़ी पूँजी का काम दिया और जिसके बल पर इंग्लैण्ड स्टीम इंजिन चलाने में तथा 19वीं सदी में दुनिया में अपने औद्योगिक प्रभुत्व को स्थापित करने में सफल हो सका।"[1] दूसरी ओर भारतवर्ष का आर्थिक मेरुदण्ड ही झुक गया। जिस प्रादेशिक अंचल पर उनकी कुदृष्टि पड़ी वहीं दारिद्र्य छा गया। भारतीय समुद्री तटों पर जमने के बाद अँगरेज़ों ने भीतरी प्रदेशों में धीरे-धीरे अधिकार जमाना आरम्भ कर दिया था, तभी 1757 में प्लासी की लड़ाई के परिणामस्वरूप अँगरेज़ों के हाथ में बहुत बड़ा भू-भाग आ गया। बंगाल, बिहार, उड़ीसा और पूर्वी तट पर उनका अधिकार हो गया; और इन प्रदेशों की समृद्धि देखते-ही-देखते नष्ट हो गयी। "असल में एक ऐसा नक़्शा तैयार किया जा सकता है, जिससे ब्रिटिश राज्यकाल के फैलाव और क्रमिक निर्धनता की वृद्धि का घनिष्ठ सम्बन्ध हो।"[2] अँगरेज़ इतिहासकारों ने भी इसे पूरी ईमानदारी से स्वीकारा है। एडवर्ड टॉमसन और जी.टी. गैरट ने बड़े साफ़ शब्दों में लिखा है कि "अँगरेज़ों के दिमाग़ में दौलत के लिए इतना ज़बर्दस्त लालच भरा हुआ था कि कोर्टेज और पिजारों के युग के स्पेनवासियों के समय से लेकर आज तक उसकी मिसाल नहीं मिल सकती। ख़ास तौर से बंगाल में तो उस वक़्त तक शान्ति नहीं हो सकती थी, जब तक कि वह चूसते-चूसते खोखला न रह जाए।...कितने ही वर्षों तक अँगरेज़ी व्यवहार की भयंकर आर्थिक अनैतिकता के लिए क्लाइव ख़ास तौर से जिम्मेवार था[3]।" परिणाम था ब्रिटेन की आर्थिक उन्नति और भारत का दारिद्र्य। निस्सन्देह बंगाल एक समृद्धिशाली प्रदेश था, किन्तु अँगरेज़ों की लूट का परिणाम यह हुआ कि इसका सम्पूर्ण आर्थिक ढाँचा बिखर गया और 1770 ई. के अकाल में बंगाल-बिहार की एक तिहाई आबादी ख़त्म हो गयी। भाग्य की विडम्बना यह है कि सन् 1770 ई. में ही औद्योगिक क्रान्ति शुरू हुई। इस तथ्य की ओर संकेत करते हुए एक अमेरिकी इतिहासकार ने लिखा है कि "शायद जबसे दुनिया शुरू हुई है, किसी भी पूँजी से कभी भी इतना मुनाफ़ा नहीं हुआ, जितना कि हिन्दुस्तान की लूट से, क्योंकि क़रीब-क़रीब पचास बरस तक ग्रेट ब्रिटेन का कोई भी मुक़ाबला करनेवाला नहीं था।"[4]

साम्राज्यवाद का विकृत रूप : आर्थिक शोषण

इस लूट का सबसे विकृत रूप यह था कि "आधुनिक ढंग से आर्थिक साम्राज्यवाद से नये ढंग का आर्थिक शोषण शुरू हुआ, जो पहले युगों में प्रचलित

1. डॉ. पट्टाभि सीतारमैया : काँग्रेस का इतिहास, भाग 1, पृ.4।
2. जवाहरलाल नेहरू : हिन्दुस्तान की कहानी, पृ. 403।
3. वही, पृ. 404।
4. वही, पृ. 406।

नहीं था।" भारतीय वस्तुओं की खपत ब्रिटेन के बाज़ारों में होती थी। किन्तु ब्रिटिश उद्योगपतियों के एक नये वर्ग ने पार्ल्यामेण्ट के प्रभाव से इसमें एक विचित्र परिवर्तन उपस्थित कर दिया। भारतीय माल के लिए ब्रिटिश बाज़ार बन्द हो गये। कारबार सम्बन्धी ऐसे-ऐसे क़ानून बनाये गये जिससे व्यापारियों को बड़ा धक्का लगा। माल बाहर भेजना तो दूर रहा देश में ही उसके उत्पादन पर तरह-तरह के प्रतिबन्ध लगा दिये गये। दूसरी ओर ब्रिटिश माल को भारतीय बाज़ारों में पूरी छूट दी गयी, उस की खपत के लिए भारत के बाज़ार मुक्त कर दिये गये। भारतीय गृह-उद्योग पर यह एक ऐसा प्रहार था जिसका एक मात्र परिणाम बेकारी और दारिद्र्य ही हो सकता था। इतिहासकारों की तो बात दूर रही, हिन्दुस्तान के गवर्नर-जनरल लॉर्ड बैण्टिक ने भी इसे स्वीकार किया है कि "व्यापार के इतिहास में तकलीफ़ की ऐसी दूसरी मिसाल पाना मुश्किल है। जुलाहों की हड्डियाँ हिन्दुस्तान के मैदानों को सफ़ेद किये हुए हैं।" श्री नेहरू ने भी इसी सन्दर्भ में इस प्रकार टिप्पणी की है : "इस ढंग की मिसाल इतिहास में नहीं है। और यहाँ यह बात ध्यान में रखने की है कि यह चीज़ अलग-अलग नामों में और अलग-अलग शक्लों में कुछ वर्षों तक ही नहीं, बल्कि कई पीढ़ियों तक चलती रही। खुली और सीधी लूट-मार की जगह क़ानूनी हुलिया में शोषण ने ले ली, और हालाँकि उसकी वजह से खुलापन कम हो गया, लेकिन हालत बदतर हो गयी। हिन्दुस्तान में शुरू की पीढ़ियों में ब्रिटिश राज्य में जो हिंसा, धनलोलुपता, पक्षपात और अनैतिकता थी, उसका अन्दाज़ भी लगाना मुश्किल है। एक बात ध्यान देने की है कि हिन्दुस्तानी 'लफ़्ज़' जो अँगरेज़ी भाषा में शामिल हो गया है 'लूट' है। एडवर्ड टॉमसन ने कहा है और यह बात सिर्फ़ बंगाल के ही हवाले में नहीं कही गयी है कि ब्रिटिश हिन्दुस्तान के शुरू के इतिहास का ध्यान आता है जो शायद दुनिया-भर में राजनीतिक छल की सबसे बड़ी मिसाल है।"[1]

व्यापार नष्ट हो जाने के बाद लोगबाग खेती की ओर झुके, किन्तु उसमें भी कोई रस नहीं था। भारतीय कृषि नाना प्रकार के दोषों से ग्रस्त थी। छोटे-छोटे खेतों का सही उपयोग नहीं हो सकता था। भारतीय योग्यता और सामर्थ्य को विदेशी सरकार के प्रहारों ने कुण्ठित कर दिया था। ब्रिटिश सरकार भारतीय शक्ति से सदैव आतंकित रहती थी, इसलिए सदैव इस प्रयत्न में रहती थी कि किसी प्रकार से उसकी शक्ति संगठित न हो सके। विकास के सभी मार्गों को अवरुद्ध करती रहती थी। कहना न होगा कि यह अत्याचार की पराकाष्ठा थी।[2]

अपनी सुरक्षा और लाभ के उद्देश्य से ही उसने अपने और सामान्य कृषकों

1. जवाहरलाल नेहरू : हिन्दुस्तान की कहानी, पृ. 405।
2. Narendra Krishna Sinha : Economic Background of the Century; Studies in the Bengal Renaissance, p.5.

के बीच एक ऐसे वर्ग की सृष्टि की जिससे सामान्य कृषकों की पीड़ा और समस्याएँ और भी अधिक बढ़ गयीं। मालगुज़ारी सम्बन्धी नये-नये क़ानून बने जो भारतीय हित के सर्वथा प्रतिकूल थे।[1] इसी प्रकार फ़ौज में हिन्दुस्तानी सैनिकों को हीन दृष्टि से देखा जाता था। ख़तरे का काम हिन्दुस्तानी सैनिकों के जिम्मे रहता था और ऊँची तनख़्वाहों की जगहें युरॅपीयों के लिए सुरक्षित रहती थीं।

भारतीय प्रजा का असन्तोष और राष्ट्रीय चेतना का विकास

बर्तानिया सरकार की इस अनुदारता और अत्याचार से भारतीय पीड़ित हो गये थे। राममोहन रॉय ने जिस सुधारवादी आन्दोलन का सूत्रपात किया था वह नये-नये सुधारकों और विचारकों का वैचारिक अवलम्बन पाकर निरन्तर विकासमान था। इस प्रकार एक ओर सामाजिक कलुष-प्रक्षालन का महत् उपक्रम चल रहा था और साथ ही दूसरी ओर हमारी राजनीतिक चेतना भी प्रखर हो रही थी। राजा राममोहन रॉय और उनके सहयोगी मित्र द्वारकानाथ टैगोर ने भलीभाँति अनुभव किया था कि सामाजिक, आर्थिक और राजनीतिक सुधार-आन्दोलन को अपेक्षित रूप से सक्रिय बनाये रखने के लिए स्वतन्त्र पत्रों की प्राथमिक आवश्यकता है। इस उद्देश्य से इन्होंने अनेक पत्र अँगरेज़ी, हिन्दी, फ़ारसी और बँगला में प्रकाशित किये। हिन्दू कॉलेज के कुछ विशिष्ट विद्यार्थियों ने राजा साहब के सम्पर्क से राजनीतिक प्रेरणा प्राप्त की थी और बंगाल में राजनीतिक जागृति उत्पन्न करने में इन लोगों ने अपने ढंग से योग दिया था। इनमें ताराचन्द्र चक्रवर्ती, दक्षिणारंजन मुखर्जी, रसिक कृष्ण मलिक, रामगोपाल घोष और पियारीचन्द मित्र के नाम विशेष उल्लेख्य हैं।[2] हिन्दू कॉलेज के इन विद्यार्थियों ने भी अपने विचारों के प्रचार के लिए अनेक पत्रों का प्रकाशन किया। इनके अतिरिक्त राजा साहब के दूसरे अनुयायियों में अक्षयकुमार दत्त और प्रसन्नकुमार टैगोर विशिष्ट हैं। अक्षयकुमार दत्त उस समय विश्रुत लेखक थे जो धार्मिक, शैक्षणिक, सामाजिक और राजनीतिक समस्याओं पर लिखते थे और जिन्होंने सन् 1843 से 1855 ई. तक तत्त्वबोधिनी पत्रिका का सम्पादन किया था। प्रसन्नकुमार टैगोर 'रिफ़ॉर्मर' पत्रिका के संचालक थे। इन्होंने (प्रसन्नकुमार टैगोर ने) 'ज़मींदारी एसोसियेशन' की स्थापना (1837 ई.) में प्रमुख भाग लिया था, जो कालान्तर में 'लैण्ड होल्डर्स-सोसाइटी' के नाम से प्रसिद्ध हुआ और जिसे बंगाल का पहला राजनीतिक संगठन माना गया।[3] जार्ज थॉम्पसन के सलाह-सहयोग से अप्रैल सन् 1843 ई. में द्वारकानाथ टैगोर ने 'बंगाल ब्रिटिश इण्डिया सोसाइटी' की स्थापना

1. जवाहरलाल नेहरू : डिस्कवरी ऑफ इण्डिया।
2. स्टडीज़ इन द बंगाल रेनेशाँस, पृ. 147।
3. वही, पृ. 147।

की[1]। इन दोनों को मिलाकर 31 अक्टूबर 1851 में ब्रिटिश इण्डिया एसोसियेशन नाम की संस्था क़ायम हुई जिसमें प्रसन्नकुमार टैगोर, राधाकान्त देव, कालिकृष्ण देव, सत्यनारायण घोषाल-जैसे परम्परावादी सदस्यों के अतिरिक्त रामगोपाल घोष और पियारीचन्द मित्र-जैसे प्रगतिवादी भी थे। इसका परिवेश देशव्यापी होते हुए भी उद्देश्य किंचित् संकीर्ण था अर्थात् यह ज़मींदारों के हित को शीर्ष प्राथमिकता देती थी। इसका मुख्य कारण यह था कि बंगाल के राजनीतिज्ञ उस अभिजात-वर्ग के थे जिनकी ब्रिटिश सरकार के प्रति सहानुभूति थी। अँग्रेज़ी शिक्षा से उपकृत होकर वे देशोद्धार के लिए पूरे मनोयोग से तत्पर थे। शिक्षा और सुधार आन्दोलन के प्रति उनका विशेष आग्रह था। भारत के सांस्कृतिक उन्नयन को वे प्रमुखता देते थे। कदाचित् यही कारण है कि अँग्रेज़ी सरकार की यन्त्रणा से पीड़ित हो सम्पूर्ण देश, विशेषतः पश्चिमोत्तर प्रदेश, जब राष्ट्रीय आन्दोलन के लिए पूर्ण रूप से उद्यत था और ब्रिटिश शासन के स्थान पर जातीय सरकार को प्रतिष्ठित करने के लिए संकल्पित था, उस समय भी बंगाल के नेता प्रसन्नकुमार टैगोर ब्रिटिश सरकार की मैत्री की सम्भावना प्रकट कर रहे थे। शशिभूषण चौधुरी ने ठीक ही लिखा है कि "बंगाल की राजनीति विदेशी शासन के सोलहों आने विरुद्ध नहीं थी और न तो उसकी राष्ट्रीयता का अर्थ एक संगठित राष्ट्र की राष्ट्रीयता था। विदेशी शासन से मुक्ति पाने की कामना भी स्पष्ट नहीं हुई थी।"[2] और यही कारण है कि सन् 1857 ई. के प्रथम स्वातन्त्र्य-संग्राम से, आधुनिक भारत का नेतृत्व करने वाला प्रदेश बंगाल एक प्रकार से अप्रभावित ही रहा।[3]

सन् 1857 ई. का प्रथम स्वातन्त्र्य-संग्राम

बर्तानिया सरकार की आत्यन्तिक अनुदारता के व्यवहार ने भारतीय मानस को इतना पीड़ित और उन्मथित कर दिया था कि उसकी गहरी प्रतिक्रिया स्वाभाविक थी। राजा राममोहन रॉय के प्रयत्नों तथा मैकाले की इच्छा से भारत में अँग्रेज़ी शिक्षा की नींव पड़ी थी जिसका पहला स्वस्थ परिणाम यह हुआ था कि आधुनिक जगत् की अधुनातन राजनीतिक और सांस्कृतिक प्रवृत्तियों को एक हद तक हम समझने लगे थे और पराधीनता से त्राण पाने की आतुरता हममें बढ़ने लगी थी। बर्तानिया सरकार

1. "...The first organisation established in India for the advancement of social, economic and political interest of the rising middle class of India. The Bengal British India Society agitated for the spread of education amongst the people and a memorial was sent to the East India Company demanding Indianisation of services."—Somendra Nath Tagore : 'Studies in the Bengal Renaissance'. p. 206.
2. Somendra Nath Tagore : 'Studies in the Bengal Renaissance.'
3. जवाहरलाल नेहरू : 'द डिस्कवरी ऑफ़ इण्डिया'।

के अनौचित्य और अत्याचार को युरॅपीय भी समझने लगे थे। सन् 1818 ई. में सर टॉमस मुनरो ने कहा था, "विदेशी विजेताओं ने देशवासियों के साथ हिंसा और अकसर बहुत ज़्यादा बेरहमी का बर्ताव किया है, लेकिन किसी ने भी सारी जनता को अविश्वसनीय बताकर, ईमानदारी के लिए असमर्थ बताकर इतना कलंकित नहीं किया है जितना हमने किया है। हमने सिर्फ़ उसी जगह उनको भरती करना ठीक समझा जहाँ हमारा काम उनके बिना चल नहीं सकता था। यह बात सिर्फ़ अनुदार ही नहीं मालूम देती बल्कि अनुचित है कि हम विजित जनता के चरित्र को ही कलंकित कर दें।" सन् 1856 में लॉर्ड कैनिंग भारत का गवर्नर-जनरल होकर आया और मई 1857 ई. में मेरठ में प्रथम भारतीय स्वतन्त्रता-संग्राम का श्रीगणेश हुआ।

उक्त आन्दोलन की असफलता और असफलताजनित अवसाद की संक्षिप्त चर्चा अगले प्रसंग में की जाएगी। यहाँ इतना ही उल्लेख करना है कि इन्हीं राजनीतिक और सामाजिक परिस्थितियों में भारतीय पत्रकारिता का आरम्भिक अध्याय निर्मित हुआ है। इसी सांस्कृतिक संक्रमण के बीच हिन्दी पत्रकारिता का उदय भी हुआ है।

कलकत्ता की विशिष्टता

सन् 1690 ई. में कलकत्ते की नींव पड़ी थी। अपनी सुख-सुविधा के लिए लोग उसे निरन्तर सजाते-सँवारते और आधुनिक साधन-सम्पन्न करते गये। ऊपर हमने चर्चा की है कि मुद्रण-कला और भारतीय पत्रकारिता का विकास यहीं से हुआ है। नौकरी-धन्धा के उद्देश्य से उन्नीसवीं शताब्दी में ही पश्चिमोत्तर प्रदेश से बहुत से हिन्दीभाषी कलकत्ता में आ गये थे। उनमें कुछ अँग्रेज़ी पढ़े-लिखे भी थे जो आधुनिक चेतना को धीरे-धीरे ग्रहण कर रहे थे। आधुनिकता से हिन्दी समाज को सम्पृक्त करने की महत्त्वाकांक्षा उनके मन में उठ रही थी। कलकत्ते में सहज सुलभ आधुनिक साधन और सुविधाओं से लाभान्वित होने की इच्छा भी उन्हें भीतर-ही-भीतर प्रेरित कर रही थी। इसी बलवती प्रेरणा का परिणाम था हिन्दी के प्रथम (साप्ताहिक) पत्र 'उदन्तमार्तण्ड' का प्रकाशन।

हिन्दी का पहला पत्र : विभिन्न धारणाएँ

नवम्बर 1931 के पहले तक लोगों की यह ग़लत धारणा थी कि हिन्दी का पहला पत्र 'बनारस अख़बार' है जिसका प्रकाशन राजा शिवप्रसाद की सहायता से सन् 1845 ई. में बनारस से हुआ था।[1] बंगला के प्राचीन पत्रों के अन्वेषी और

---

1. (क) "हिन्दी में सबसे पहले सन् 1845 ई. के जनवरी में राजा शिवप्रसाद की सहायता से 'बनारस अख़बार' का जन्म हुआ। यह पत्र लिथो में बहुत ही दरिद्र काग़ज़ पर छपता था →

उद्धारक ब्रजेन्द्रनाथ वन्द्योपाध्याय को हिन्दी के भी कुछ प्राचीन पत्र मिल गये जिनसे हिन्दी पत्रकारिता के इतिहास में एक नया अध्याय जुड़ गया। नवम्बर 1931 के 'विशाल भारत' में 'हिन्दी समाचारपत्रों की आरम्भिक कथा' लिखकर श्री वन्द्योपाध्याय ने इतिहासकारों की पुरानी धारणा का निरास किया और 'उदन्तमार्तण्ड' की सूचना देकर हिन्दी का अशेष उपकार किया। हिन्दी के आरम्भिक समाचारपत्रों के बारे में और भी कई सूचनाएँ उन्होंने दीं और 'विशाल भारत' मार्च, 1931 में 'हिन्दी का प्रथम समाचारपत्र' शीर्षक लेख लिखकर 'उदन्तमार्तण्ड' की विस्तृत चर्चा की, उसके अनेक महत्त्वपूर्ण स्थल उद्धृत किये और उसके उदय-अस्त की पूरी कहानी लिखी।[1] अब तक का अनुसन्धान और इतिहासकार इसे ही हिन्दी का प्रथम पत्र मानते हैं।

उदन्तमार्तण्ड

ऊपर हमने चर्चा की है कि 4 अप्रैल सन् 1823 को ब्रिटिश सरकार ने समाचारपत्र तथा मुद्रण-सम्बन्धी नये क़ानून क्रियान्वित किये थे जो वेलेजली की पुरानी व्यवस्था से भी कठोर थे। इसके अनुसार समाचारपत्र प्रकाशित करने के पूर्व संचालक को भारत सरकार से पत्र-प्रकाशन का लाइसेंस लेना पड़ता था। "कलकत्ते में कोलू टोला नामक मुहल्ले के 37 नम्बर आगड़ातल्ला गली से श्री युगलकिशोर शुक्ल ने सन् 1826 ई. में 'उदन्तमार्तण्ड' नामक एक हिन्दी साप्ताहिक पत्र निकालने

→ और इसके सम्पादक गोविन्द रघुनाथ थत्ते राजा साहब के आदेशानुसार इसे लिखते थे। इसका मोटो यह था—

सुबनारस अख़बार यह, शिवप्रसाद आधार।
बुधि विवेक जन निपुन को, चित हित बारम्बार।
गिरिजापति नगरी जहाँ, गंग अमल जलधार।
नेत शुभाशुभ मुकुट को, लखौ विचार विचार।

'हिन्दी भाषा के सामयिक पत्रों का इतिहास', श्रीयुत् बाबू कार्तिकप्रसाद तथा बाबू श्यामसुन्दरदास की सहायता द्वारा श्री राधाकृष्णदास लिखित, सेक्रेटरी नागरी प्रचारिणी सभा, काशी द्वारा प्रकाशित, 1894।

(ख) 'भारत-मित्र' में 'हिन्दी अख़बार' का इतिहास बालमुकुन्द गुप्त ने भी लिखा था और श्री राधाकृष्णदास की बात चुपचाप मान ली थी।

1. (1) हिन्दी का प्रथम पत्र उदन्तमार्तण्ड। (2) बंगदूत (बँगला, फ़ारसी और हिन्दी) प्रथम अंक 9 मई 1829 को प्रकाशित हुआ था। हिन्दी अंक वंगीय साहित्य परिषद् के पुस्तकालय में उपलब्ध। हिन्दी प्रकाशन की विज्ञप्ति परिशिष्ट : क : में अविकल उद्धृत (3) प्रजामित्र, जून 1834 ई.। (4) बनारस अखबार—सन् 1845 में नहीं बल्कि सन् 1844 के जून मास में निकला था और उसके सम्पादक मराठा नहीं बल्कि एक बंगाली सज्जन—तारामोहन मित्र हैं। (5) साम्यदण्ड मार्तण्ड—'उदन्तमार्तण्ड' के संचालक-सम्पादक युगलकिशोर शुक्ल ने ही इसे प्रकाशित किया था 1850-51 में।

का आयोजन किया और इसके लिए भारत सरकार से लाइसेंस प्राप्त करने की दरख़्वास्त दी। 16 फ़रवरी सन् 1826 ई. को सरकार ने उनकी दरख़्वास्त मंजूर करके उन्हें अख़बार निकालने का लाइसेंस दिया।"[1]

'उदन्तमार्तण्ड' का पहला अंक 30 मई सन् 1826 ई. को प्रकाशित हुआ था[2]। फुलस्केप साइज़ के इस पत्र के मुख पृष्ठ पर 'उदन्तमार्तण्ड' शीर्षक के नीचे संस्कृत में पत्र की आदर्श-विज्ञप्ति मुद्रित रहती थी–

उ द न्त मा र्त ण्ड

अर्थात्

"दिवाकान्त कान्ति विनाध्वान्तमन्तं
न चाप्नोति तद्वज्जगत्यज्ञ लोकः।
समाचार सेवामृते ज्ञत्वमाप्तं
न शक्नोति तस्मात्करोमीति यत्नम्॥"

आरम्भ में ही प्रकाशकीय विज्ञप्ति 'इस काग़ज़ के प्रकाशक का इश्तिहार' शीर्षक के अन्तर्गत प्रकाशित हुई है, जिसे प्रस्तुत ग्रन्थ के परिशिष्ट में अविकल उद्धृत किया गया है।

स्पष्ट है कि एक महत् इच्छा और ऊँचे आदर्श को लेकर हिन्दी के इस प्रथम पत्र का प्रकाशन हुआ था। प्रति मंगलवार को प्रकाशित होने वाला यह पत्र सरकारी साहाय्य[3] के अभाव तथा पर्याप्त ग्राहकों की कमी के कारण अधिक दिनों तक प्रतिकूलता से न लड़कर 4 दिसम्बर 1827 को हमेशा के लिए अस्त हो गया। 4 दिसम्बर के अन्तिम अंक में सम्पादक ने लिखा था–

"आज दिवस लौं उग चुक्यौ मार्तण्ड उदन्त
अस्ताचल को जात है दिनकर दिन अब अन्त।"

---

1. श्री ब्रजेन्द्रनाथ बनर्जी के लेख 'हिन्दी का समाचारपत्र' से उद्धृत।
2. डॉ. श्रीकृष्णलाल ने अपने शोध-ग्रन्थ 'आधुनिक हिन्दी साहित्य का विकास' में हिन्दी के आरम्भिक पत्रों की चर्चा करते हुए पृ. 382 पर लिखा है, "हिन्दी का प्रथम पत्र 'उदन्तमार्तण्ड' था जिसे युगलकिशोर शुक्ल ने कलकत्ते से सन् 1824 में निकाला।"
3. सम्पादकाचार्य पं. अम्बिकाप्रसाद वाजपेयी ने अपनी पुस्तक 'हिन्दी समाचारपत्रों का इतिहास' में लिखा है कि "सरकार 'जामे जहानुमा' नाम के फ़ारसी पत्र और 'समाचार दर्पण' नाम के बँगला पत्र को आर्थिक सहायता देती थी। इसी के भरोसे युगलकिशोरजी ने भी 'उदन्तमार्तण्ड' निकाल दिया था। परन्तु वह न मिली और किसी धनीमानी से सहायता मिलने की आशा न रही, तब यह मार्तण्ड अस्ताचल को चला गया।"

   "30 मई 1826 (ज्येष्ठ वदि 9 सं. 1883) को निकला और पौष वदि 1 सं. 1884 ता. 11 दिसम्बर 1827 को बन्द हुआ। इस प्रकार कोई डेढ़ साल चला।" श्री अम्बिकाप्रसाद वाजपेयी।

कहना न होगा कि पं. युगलकिशोर शुक्ल ने ये पंक्तियाँ बड़ी व्यथा के साथ लिखी होंगी। यह भी कुछ विचित्र संयोग है कि हिन्दी पत्रकारिता के उदय के साथ ही आर्थिक संकट का अशुभ ग्रह उसके साथ लग गया जिसकी कुदृष्टि हिन्दी पत्रकारिता पर सदैव लगी रही।

बंगदूत

इस पत्र के मूल प्रेरक और संचालक राजा राममोहन रॉय थे। कलकत्ता की चार प्रमुख भाषाओं–अँग्रेज़ी, बँगला, फ़ारसी और हिन्दी–में यह पत्र प्रकाशित होता था। इसका प्रथम अंक 10 मई 1829 ई. को प्रकाशित हुआ था। इसके प्रकाशन के सम्बन्ध में 'समाचार दर्पण' के 27 मई 1829 ई. (17 ज्येष्ठे 1236) में इस प्रकार विज्ञप्ति है–

27 मे 1829। 17 ज्येष्ठे 1236

नूतन समाचार प्रकाश।–मो. वाशतलार गलिर मध्ये हिन्दू हेरल्ड अर्थात् बंगदूत प्रेस नामक एक नूतन इंग्रेजी, बांगला उ पारसी एवं नागरी समाचार गत रविवारावधि प्रकाश हइते आरम्भ हइयाछे इहार सम्पादक श्रीयुत् आर. एम. मार्टिन साहेब श्रीयुत् देउयान राममोहन रॉय उ श्रीयुत् देउयान द्वारकानाथ ठाकुर उ श्रीयुत् बाबू राजकृष्ण सिंह उ श्रीयुत् बाबा राधानाथ मित्र एहेक एक जने एकत्र हइयाछे न एहे कागज प्रति रविवारे प्रकाश हइते छे...

इसके प्रथम सम्पादक नीलरतन हालदार थे। यह प्रति रविवार को प्रकाशित होता था और मासिक मूल्य एक रुपया था। प्रकाशन-विज्ञप्ति के अलावा इस पत्र का हिन्दी अंश उपलब्ध नहीं है इसलिए इसकी विस्तृत चर्चा सम्भव नहीं है। अपनी पुस्तक में पं. अम्बिकाप्रसाद वाजपेयी ने इसका उल्लेख इस प्रकार किया है–

"बंगदूत के हिन्दी अंश के ऊपर यह छन्द रहता था :

> **"दूतन की यह रीति बहुत थोरे में भाषैं।**
> **लोगनि को बहुलाभ होय याही ते लाखैं।**
> **बंगाला को दूत दूतं यहि वायु को जानौ।**
> **होय विदित सब देश क्लेश को लेश न मानौ।"**

"बंगदूत की हिन्दी का एक नमूना नीचे दिया जाता है–

"जो सब ब्राह्मण सांगवेद अध्ययन नहीं करते सो सब व्रात्य हैं यह प्रमाण करने की इच्छा करके ब्राह्मण धर्म परायण श्रीसुब्रह्मण्यम शास्त्री ने जो (प्रश्न?) सांगवेदाध्ययन हीन अनेक इस देश के ब्राह्मणों के समीप उठाया (पठाया?) है, उसमें देखा जो उन्होंने लिखा है–वेदाध्ययन हीन मनुष्यों के

स्वर्ग और मोक्ष होने शक्ता नहीं।"[1]

प्रजामित्र

'हिन्दी समाचारपत्रों की आरम्भिक कथा' बताते हुए श्री ब्रजेन्द्रनाथ बन्द्योपाध्याय ने जून 1834 ई. में कलकत्ता से ही प्रकाशित होने वाले 'प्रजामित्र' का उल्लेख किया है। बँगला पत्र 'समाचार दर्पण' के 21 जून सन् 1834 के अंक में 'प्रजामित्र' के सम्बन्ध में इस प्रकार की विज्ञप्ति छपी है–

"नवीन समाचार पत्र। अन्यान्य संवादों के द्वारा ज्ञात हुआ है कि 'प्रजामित्र' नामधारी संवादपत्र अंग्रेजी और हिन्दुस्तानी में अतिशीघ्र प्रकाशित होगा। उसका मूल्य 2) रुपया मासिक अथवा 20) वार्षिक है, एवं वह सप्ताह में एक बार प्रकाशित होगा।"

इसके सम्बन्ध में डॉ. रामरतन भटनागर ने लिखा है : "It is highly probable that the paper saw the light of the day; on what date, in what form and under what editorship, we cannot guess. There is nothing available to hazard the opinion[2]."

इस प्रकार 'प्रजामित्र' का प्रकाशन सन्दिग्ध है।

पं. अम्बिकाप्रसाद वाजपेयी ने 'मार्तण्ड' नामक पत्र का उल्लेख इस प्रकार किया है। "11 जून 1846 को कलकत्ते के इण्डियनसन प्रेस से 'मार्तण्ड' नामक साप्ताहिक पत्र पाँच भाषाओं में प्रकाशित हुआ था। इण्डियनसन प्रेस पुराना मद्रसा 101 नं. बैठकखाना स्ट्रीट में था। यह पाँच भाषाओं में 10 पृष्ठों पर निकलता था। प्रत्येक पृष्ठ पर 5 कॉलम (स्तम्भ) होते थे। बीच में अँग्रेज़ी, बायीं ओर हिन्दी और फ़ारसी तथा दाहिनी ओर बँगला और उर्दू रहती थी अर्थात् चार लिपियों में यह पत्र प्रकाशित होता था क्योंकि उर्दू और फ़ारसी की लिपि एक ही है।...

इसी प्रकार 1849 में कलकत्ते से बँगला-हिन्दी में एक पत्र 'जगद्दीपक भास्कर' नाम से प्रकाशित हुआ था। बहुधा किसी बंगाली सज्जन ने ही इसे प्रकाशित किया था, परन्तु इस विषय में विशेष कुछ भी मालूम नहीं है।"[3]

सामदन्त मार्तण्ड

हिन्दी के आदि पत्रकार पं. युगलकिशोर शुक्ल ने 1850 में 'सामदन्त मार्तण्ड' प्रकाशित किया था। 23 वर्षों के बाद शुक्लजी ने पुनः यह महत् उपक्रम किया था।

---

1. 'हिन्दी समाचारपत्रों का इतिहास' : अम्बिकाप्रसाद वाजपेयी।
2. डॉ. रामरतन भटनागर : 'राइज़ ऐण्ड ग्रोथ ऑफ़ हिन्दी जर्नलिज़्म,' पृ. 70।
3. अम्बिकाप्रसाद वाजपेयी : 'हिन्दी समाचारपत्रों का इतिहास'।

हिन्दी का प्रथम दैनिक 'समाचार सुधावर्षण'

हिन्दी का प्रथम दैनिक पत्र 'समाचार सुधावर्षण' 1854 के जून में कलकत्ता से ही श्यामसुन्दर सेन नामक बंगाली सज्जन के सम्पादकत्व में निकला था। इस पत्र की एक फ़ाइल 'राष्ट्रीय पुस्तकालय' कलकत्ता में उपलब्ध है; और एक अंक बंगीय साहित्य परिषद् में है जिससे इसके 1868 तक निकलने का प्रमाण मिलता है।

सन् 1857 के पूर्व कलकत्ता से निकलने वाले पत्रों की यह सूची है जिसे लक्ष्य कर स्व. पं. विष्णुदत्त शुक्ल ने 'माधुरी' में लिखा था : "कलकत्ते में हिन्दी पत्रों के सम्बन्ध में जब इतना काम हो चुका था, तब तक दूसरे स्थान पर हिन्दी का एक भी समाचारपत्र प्रकाशित नहीं हो सका था। कलकत्ते के लिए यह गौरव की बात है कि हिन्दी जिस प्रान्त की प्रधान भाषा है, उस प्रान्त में भी जब हिन्दी के समाचार पत्र प्रकाशित नहीं हुए थे, तब उसने एक नहीं अनेक समाचारपत्र निकाले।"

अब हम हिन्दी के प्रथम साप्ताहिक 'उदन्तमार्तण्ड' और प्रथम दैनिक 'समाचार सुधावर्षण' के स्वरूप, विषय, भाषा अर्थात् इनके पूरे संघटन पक्ष का क्रमशः विवेचन करेंगे।

कलकत्ते के आरम्भिक पत्र : उपलब्ध सामग्री की विवेचना

पिछले अध्याय में देश-दशा और जातीय परिवेश के आलोक में हमने कलकत्ते की हिन्दी पत्रकारिता के आरम्भिक अध्याय की संक्षिप्त चर्चा की है, कलकत्ते से प्रकाशित होने वाले आरम्भिक पत्रों की एक सूची भी दी है जिससे इस तथ्य की पुष्टि होती है कि हिन्दी पत्रकारिता की नींव का निर्माण कलकत्ते में ही हुआ था।

उपलब्ध सामग्री की सूचना

यहाँ आरम्भिक पत्रों की उपलब्ध सामग्री के आधार पर उसकी वैशिष्ट्य चर्चा ही हमारा लक्ष्य है। यहाँ यह भी दुहराना आवश्यक है कि स्व. ब्रजेन्द्रनाथ बनर्जी ने प्राचीन पत्रों के सम्बन्ध में बड़ी प्रामाणिक सूचना दी थी। हिन्दी के प्रथम (साप्ताहिक) पत्र 'उदन्तमार्तण्ड' के सम्बन्ध में उन्होंने लिखा था कि "'उदन्तमार्तण्ड' की सम्पूर्ण फ़ाइल, केवल दूसरी संख्या को छोड़कर, मुझे राजा राधाकान्त देव की लाइब्रेरी में मिली है।" राजा साहब का यह संग्रहालय अत्यन्त उपेक्षित है। इसलिए अधिकांश सामग्री नष्ट हो गयी है। जो बच गयी है वह इतनी अव्यवस्थित है कि उसमें से काम की सामग्री ढूँढ़ पाना असम्भव हो गया है। राजा राधाकान्त देव के वंशजों में कदाचित् विद्या-व्यसन का अभाव और पैतृक सम्पत्ति के प्रति मिथ्या मोह है जिसके चलते इतना महत्त्वपूर्ण संग्रहालय नष्ट हो रहा है। वे स्वयं रुचि लेकर इसकी रक्षा करने में असमर्थ जान पड़ते हैं और अपने मोह के चलते यह संग्रहालय किसी सार्वजनिक संस्था को देना नहीं चाहते। मेरा अनुमान है कि 'उदन्तमार्तण्ड' की फ़ाइल या तो दीमकों का आहार बन गयी या कोई अनुसन्धित्सु उसे उठा ले गये। दूसरी सम्भावना शुभसूचक है क्योंकि ऐसी स्थिति में वह सुरक्षित रह सकेगी और निजी सम्पत्ति के रूप में ही सही, कालान्तर में वह प्रकाश में आ सकेगी। अस्तु, 'उदन्तमार्तण्ड' के कुछ अंक बंगीय साहित्य परिषद् में मुझे उपलब्ध हुए हैं, जो उसकी वैशिष्ट्य-चर्चा के लिए पर्याप्त हैं।

इसी प्रकार राजा राममोहन रॉय के 'बंगदूत' की प्रथम फ़ाइल बंगीय साहित्य

परिषद् में ही उपलब्ध हुई जिसमें केवल एक ही अंक ऐसा मिला जिसमें बँगला और फ़ारसी के साथ हिन्दी भी है। इसमें बंगदूत के हिन्दी संस्करण के प्रकाशन की मात्र सूचना और नियमावली है।

प्रथम हिन्दी दैनिक 'समाचार सुधावर्षण' की एक फ़ाइल नेशनल लाइब्रेरी कलकत्ता में संगृहीत है। जीर्ण होने के कारण इसके पन्ने टूट-फूट गये हैं। बंगीय साहित्य परिषद् में भी इसका एक अंक उपलब्ध है, जिससे इस बात की सूचना मिलती है कि 1868 ई. तक इस पत्र का प्रकाशन जारी रहा।

आरम्भिक पत्रकारिता के उन्नायक

स्मरणीय है कि हिन्दी-पत्रकारिता के आदि उन्नायकों का आदर्श बड़ा था, किन्तु साधन-शक्ति सीमित थी। वे नयी सभ्यता के सम्पर्क में आ चुके थे और अपने देश तथा समाज के लोगों को नवीनता से सम्पृक्त करने की आकुल आकांक्षा रखते थे। उन्हें न तो सरकारी संरक्षण और प्रोत्साहन प्राप्त था और न हिन्दी-समाज का सक्रिय सहयोग ही सुलभ था। प्रचार-प्रसार के साधन अविकसित थे। सम्पादक का दायित्व बहुत बड़ा था क्योंकि प्रकाशन-सम्बन्धी प्रायः सभी दायित्व उसी को वहन करना पड़ता था। हिन्दी में अभी समाचारपत्रों के स्वागत की भूमि नहीं तैयार हुई थी। इसलिए हर क़दम पर प्रतिकूलता से जूझना पड़ता था और प्रगति के प्रत्येक अगले चरण पर अवरोध का मुक़ाबला करना पड़ता था। तथापि इनकी निष्ठा बड़ी बलवती थी। साधन की न्यूनता से इनकी निष्ठा सदैव अप्रभावित रही। आर्थिक कठिनाइयों के कारण हिन्दी के आदि पत्रकार पं. युगलकिशोर शुक्ल ने 'उदन्तमार्तण्ड' का प्रकाशन बन्द कर दिया था किन्तु इसका अर्थ यह नहीं कि आर्थिक कठिनाइयों ने उनकी निष्ठा को ही खण्डित कर दिया था। यदि उनकी निष्ठा टूट गयी होती तो कदाचित् पुनः पत्र-प्रकाशन का साहस वे न करते। हम जानते हैं कि पं. युगलकिशोर शुक्ल ने 1850 में पुनः 'सामदन्त मार्तण्ड' नाम का एक पत्र प्रकाशित किया था। इस प्रकार हम देखते हैं कि प्रतिकूल परिस्थिति से लड़ने का उनमें अदम्य उत्साह था। उस युग के पत्रकारों की यह एक सामान्य विशेषता थी।

युगीन चेतना के प्रति ये पत्र सचेत थे और हिन्दी-समाज तथा युगीन अभिज्ञता के बीच सेतु का काम कर रहे थे। चूँकि हिन्दी गद्य का यह निर्माणकाल था इसलिए इन पत्रों की भाषा पर इतर प्रभाव और निर्माणावस्था की अपरिपक्वता स्पष्ट दिखाई पड़ती है जो स्वाभाविक है। इस युग के पत्रों में परिनिष्ठित भाषा की अपेक्षा नहीं की जा सकती।

हिन्दी का प्रथम पत्र 'उदन्तमार्तण्ड'

'हिन्दुस्तानियों के हित के हेतु' तथा उन्हें परावलम्बन से मुक्ति दिलाकर स्वतन्त्र दृष्टि प्रदान करने के निमित्त ही इस पत्र का प्रकाशन हुआ था। प्रति मंगलवार को प्रकाशित होने वाला यह साप्ताहिक पत्र आर्थिक कठिनाइयों से अधिक दिनों तक न लड़ सका और 4 दिसम्बर 1827 ई. को यह हमेशा के लिए अस्त हो गया।

'उदन्तमार्तण्ड' के पहले ही अंक में 'श्रीमान् गवरनर-जेनरल बहादुर का सभावर्णन' प्रकाशित हुआ था। उस समय लॉर्ड अमहर्स्ट भारत के गवर्नर-जनरल थे। ब्रह्मा की लड़ाई समाप्त हो चुकी थी और ईस्ट इण्डिया कम्पनी और ब्रह्मा के राजा में उसी वर्ष सन्धि हुई थी। 'उदन्तमार्तण्ड' में उक्त सन्धि का पूरा ब्योरा भी प्रकाशित हुआ था। इस सन्धि के उपलक्ष में जो दरबार हुआ था, उसी का वर्णम है 'श्री श्रीमान् गवरनर-जेनरल बहादुर का सभावर्णन'। इसे यहाँ हम अविकल उद्धृत कर रहे हैं–

श्रीमान् गवरनर जेनरल बहादुर का सभावर्णन

अंगरेजी 1826 साल 19 में को सरकार कम्पनि अंगरेज बहादुर जो ब्रह्मा के बीच में परस्पर संधि हो चुकने के प्रसंग से यह दरबार शोभनागार हो के श्रीमान लार्ड एमहसर्ट गवरनर जेनरेल बहादुर के साक्षत से मौलवि महम्मद खलिलुद्दीन खां अवधबिहारी बादशाह के ओर से वकालत के काम पावने के प्रसंग से सात पारचे की खिलअत ओ जिगा सर पेच जडाऊ मुलाहार औ पालकि झालदार ओ मृत महाराजा सुख्मपि बहादुर के संतति राजा शिवत्तंद्र रायबहादुर और राजा नृसिंह चंद्र रायबहादुर राज्य औ बहादुरी पदवी मिलने के प्रसंग से सात-सात पारचे को खिलअत जिगा सर पेच जडाऊ मुक्ता हार 'ढाल तरवार औ चार घोड़े की गाडी की सवारी की अनुमति औ राय गिरधारी लाल बहादुर औ मिर्जा महम्मद का मिलखां नवाब नाजिम बहादुर के विवाह के प्रसंग से छ छ परचे की खिलअत जिगा सरपेच जडाऊ ओ कृपाराम पण्डित नवाब फैजं महम्मद खां बहादुर के ओर से पुरी वकालत का पद होने के प्रसंग से दोशालां गोशवारा नीमे आस्तीन सरपेच जडाउ पगड़ी ओ मृत विश्म्भर पण्डित की स्त्री के एकूटिंग वकील देविप्रसाद तिवाड़ी दो शाला ओ महम्मद सओद खां साहिब ओ राजा भूप सिंह बहादुर मोटि के एक एक हार से मुवित्त ओ कृतकृत्य हुए ओ जालबन के रईस के वकील शिवराम ने श्री श्री नरवर गवरनर जेनरेल बहादुर के साक्षातकार इस संधि के बधाई की कविता भेट धरी ओ नरेः श्रेष्ठ उस कविता का भाव बूझे पर बहुत रीझे।

'उदन्तमार्तण्ड' में सरकारी अफ़सरों की नियुक्ति, पब्लिक इश्तहार, जहाज़ों के आने का समय, कलकत्ते का बाज़ार-भाव तथा देश-विदेश के समाचार भी प्रकाशित होते थे।

के पहले अंक में इस प्रकार विज्ञप्ति है :

राज-काज में नियोग।

21 एप्रिल 1826 साल

मैसूटर उलबि जेकसन साहिब Mr. Welley Jackson. सदर दिवानी ओ नेजामत् अदालत के रेजेस्टर के दूसरे सहायक हुए॥

मेसूटर एरडबलिडवेर्लो साहिब Mr. R.W. Barlow भागलपुर के इसूटेशियानर के रेजेस्टर के दूसरे सहायक हुए॥

मेसूटर अइचपि एम गार्डन साहिब Mr. H.P.M. Gardon, गोरखपुर के मैजिस्टर ओ कालेक्टर के रेजेस्टर के सहायक हुए॥

इस तरह की और सूचनाएँ दूसरे पृष्ठ पर हैं :

साधारण दप्तर॥

26 एप्रिल॥

मेसूटर कालिन लिञ्जि साहिब Mr. Colin Lindsy कलकत्ते के विलायती माल के कालेक्टर के डिप्यूटी हुए। मेसूटर डबलिऊ पिपामर साहिब Mr. W.P. Palmer कलकत्ते के परिमिट बोर्ड के लोन औ अफीम के सेक्रेटेरि के पहिले सहायक ओसलखिया के लोन के गोला के शुप्रिन्टेनटेंट हुए॥

मेसूटर जे ल्युइस् साहिब Mr. J. Lewis सुन्दरवन के कमिश्नर हुए।

1 मे 1826 साल।

मेसूटर एम.ए. ट्राटर साहीब Mr. M.A. Trotter, दक्षिण प्रदेश के बोर्ड रिविन्यु के सेकृटेरि हुए।

मेसूटर⋯टुन साहीब Mr. W.T. Toune, बिहार के कालेक्टर हुए॥

पहले अंक के पाँचवें पृष्ठ पर पब्लिक इश्तहार है जिसका ऊपरी अंश इस प्रकार है :

इश्तहार

सभों को खबर दी जाती है कि जो किसि को गंगा को मिट्टी लेनी होय तो तीर की राह वल्ली और फुट 15 के अटकल जगह छोडके खाले की भुंई खनि लेय औ जब ताईं दूसरा हुकम न होय तबतक यही हुकम बहाल रहेगा और जिसको मिट्टी की दरकार होय वह उसी ओर की राह के अमीन मेसूटर केलार्क साहब के यहाँ अरजी देवेगा।

जहाज़ के आने-जाने के समय के सम्बन्ध में एक विज्ञप्ति इस तरह है :

कलकत्ता पोलिस का आफिस् तारीख 29 मे अंगरेजी 1826 साल। कलकत्ते में 1 से 24 मे सन का 1826 ताईं जहाजों के पहुचने की सूचना—जो कोई न जहाजों कि आमदनि ओ रफतनि की तारीख अथवा जहाज वा कपतान का नाम जाना चाहै तो गिनती 38 के अमडातला की गली मार्तंड छापेखाने

में जान सकेंगे।

इसके नीचे 'कलकत्ते की अर्धवती' छपी है।

सातवें पृष्ठ के दूसरे कॉलम के उत्तरार्ध में 'इंलण्ड का समाचार' छपा है जो इस प्रकार है :

इंलण्ड का समाचार ॥

कम्पेनी का ठेमस, नाम का एक जहाज 24 जेनेवेरी को इंलण्ड से चला ओ पिछिले एतवार को यहाँ आन लगा उसमें यह समाचार भुगता।

वैद्यों की बढ़ती। श्री श्री युक्त कम्पनी बहादुर ने यही आयस की है कि वोश आदमि जो अब डाक्तर के सहायक हैं वे पूरे डाक्तर है होयगे और वही बहादुर इंलण्ड से और पचास वैद्य साहिबों को भेजते हैं ओ उस विषय में यही आयस दिई है कि वैदों की कमी देखकर श्री श्रीमान ने टुक दिनों के लिए जिन्हों को डाक्तरी काम में भरती किया है वे नयों के पहुँचने से छुटेंगे। वैदों के काम पावने का ब्यौरा बहुतेरे न जान्ने होंयगे इस हेत थोड़े में कहते हैं। काम्पेनी के और और चाकर जैसे अपने-अपने प्राचीनता के अनुसार वैद के काम पावते हैं वैसे ही वैद लोग भी कम से पाये पर पहुँचते हैं विशेषकर के उन वैदों के कम पावने की मिति लेख करके जो पुराने होते हैं वे पहिले ऊँचे पाये को पावते हैं इसी रीति से सब लटते हैं। उन डाक्तरों के चिटवे में पहिले जो तीन आदमियों का नाम है वे कलकत्ते के मेडिकेल बोर्ड में भरती हुए। उस उपरान्त जो चाल्लीस नाम हैं वे लोगाफूल सरजन वा पूरे वैद हुए। उन फूल सरजनों के बीच ईशरीर अथवा काम छोड़े तो सहायक सरजनों में जिसका नाम उस चिट्ठे में पहिले होयगा वही यह काम पावते हैं। नये वैद जैसे इंलण्ड से अबते हैं उन लोगों का नाम वै भहि उस चिट्ठ के नीचे क्लाम से लरवा जाता है और समय पायकर के रीत के अनुसार ऊँचे पद को पावते हैं ॥

'उदन्तमार्तण्ड' के तीसरे अंक में 'कलकत्ते का समाचार' छपा है। इसे यहाँ उद्धृत करते हैं—

कलकत्ते का समाचार ॥

सभों पर जाहिर है कि पिछले दो वर्ष से सरकार के खजाने में रुपये की आमदनी में कसर है और रंगून आदि की लड़ाई के कारण बहुत रुपया उठाओ थोड घने दिनों से कलकत्ते की बाजार में बेयाज बहुत बढ़ गया यह विचार के बहुतेरे हिन्दुस्तानी जो अँग्रेज सराफ जो बैपारियों ने व्याकुल हो करके एक सवाल जवाब गवरनर जेनेरल बहादुर को...सो गवरनर जेनेरेल बहादुर के साक्षात से जिसमें सब प्रकार संसार का उपकार होय जैसा हुकुम हुआ कि इन दिनों में अवध के बादशाह के भेजे हुए खजाने के पहुँचने की

अवधि आन पहुँची और 3000000) तीस लाख रुपया पिछले सतवारे के उदन्त मार्तण्ड के प्रकाश किये हुए दो जहाज पर रंगून से यहां पहुंचा है और आवा के बादशाह के भेजे हुए अहदनामे के लिखे दूसरी किस्त के मध्ये 2500000) पचीस लाख रुपया बहुत जल्द पहुँचता है जिस किसि को रुपया चाहिये वह सरकार से लेवे ॥

इसके आगे 'जोधपुर की खबर', 'भरतपुर की खबर', 'लाहौरपति महाराज रंजीत सिंह बहादुर की खबर' छपी है। प्रकाशकीय इश्तहार के नीचे व्यापारिक समाचार है। इसी अंक में हिन्दुस्तानी व्यापारियों की एक चिट्ठी भी प्रकाशित हुई है और सम्पादक ने उसका उत्तर भी दिया है। इसे यहाँ उद्धृत किया जाता है।

उदन्त मार्त्तण्डोदयकार पाश्चात्य ज्ञानोपदेशकेषु

हम सभों को अैसी रीत से उपदेश करने हारा विद्या के विषय सेवाय तुम्हारे कौन भया इससे तुमको लाख लाख बेर धन्य कहा चाहिये जो हमारे अैसे विद्यांधों के अन्तर पर खुलने पर हम सभों में किसि का दूसरा ओ किसि का तीसरा वा चौथा पण है ओ जन्म भर कोई सराफी कोई बजाजी कोई केराने का धंधा करते हैं ओ अैसे अैसे काम काजियों के वास्ते तुमने जो अपने मार्त्तण्ड अर्धवती छापते हो पर अर्धवती सब नहीं उतरती ओ खबर में भी कसर होती है इसलिए अब हम लोगों की विनती यह है कि अर्धवती सब बाने को मिले ओ महसूस ओ कच्ची पक्की तौल का ठिकाना ओ सब जहाजी बाने को अर्धवती ओ जहाज की आमदनी रफ्तनी का व्योरा जहाज कपतान के नांव ठांव समेत का पता मिले तो बड़ी बात होय इससे खबर के कागज से निकाल के अर्धवत्ति कोई दूसरे दिन एक बड़े अैसे ताव पर छापा कराया करो इसमें सहिजे में जो खरब लगेगा उसमें हम सब प्रस्तुत हैं तुमने इतना कमर बांधी है तो इतनी और भी हमलोगों की सुनके इस चिट्ठी को अपने मार्त्तण्ड के ज्योति से प्रकाश करो ओ तुम्हारे खरच के अटकल गांहक हो जाने ही से अर्धवती गुदी कृपया करो ज्यादे शुभमिति जेठवदि 13 रवै संवत 1883 ॥

हिन्दुतानि व्यापारिभि : रवं साक्षरी कृतं

इस पत्र का प्रकाशकीय उत्तर इस प्रकार है :

उदन्त मार्त्तण्ड प्रकाशकस्य उत्तरमिदं ॥

व्यापारियों की चिट्ठी पाई समाचार जाना भाईजी हमारी भी बड़ी इच्छा थी के इस कागज पढने वालों को अर्धवती के अधिकार से समाचार कम मिलते हैं और सब बाने की अर्धवती भी नहीं हो सकती पर आगे हमने अनुष्ठान पत्र में लिखा था कि सब बाने की अर्धवती भी खबर के कागज के साथ ही प्रकाश करेंगे अब उसी का निर्वाह करना पड़ता है पर अब आप

लोगों की चिट्ठी पाय करके मन को बड़ा संतोष भया अब भाई जी अर्धवती जुदी छापने में खरच बड़ा पड़ेगा पर आप लोगों का उपकार जिसमें होय ओ वह बात हमसे हो सके तो करना ही पड़ेगा इसलिये और थोरे बहुत लोग सही करें तो सहज में हो सकता है।

अर्धवती शुक्रवार...भोर को आप लोगों को मिला करेगी इस्का खरच अब जो हमारे खबर का कागज लेते हैं उनको एक रुपया महीना लगेगा और जो केवल अर्धवती लेंयगे उन्हें दो रुपये का हर माहा लगेगा पर चाहिए तो इससे आप लोगों का बड़ा काम निकले सो जान्ना ज्यादा शुभमिति ज्येष्ठ सुदी—7 सोम सं. 1883।

'उदन्तमार्तण्ड' के इसी अंक में एक ज्योतिष ग्रन्थ की विज्ञप्ति भी छपी है :

अद्भुत ज्योतिष ग्रंथ ॥

देवाधिदेव महादेव ओ सूर्य देवोक्त पामल ओ खरोदय ओ केरिल आदि नाना प्रकार के मूल ग्रंथ का आशय लेकर के और सर्वार्थ चिन्तामणि ओ वृहज्जातक आदि करके सब ग्रन्थों का सत लेकर के ओ जिस जिस राज्य में जो जो ग्रंथ चलता है वह तो इस देश का ग्रंथ दीपिका ओ ज्योतिस्तत्व आदि का तत्पर्य लेकर के सबको मिलाय के प्रमाण सहित सब हिन्दूस्तानियों के उपकार के लिए उदाहरण समेत मार्त्तण्ड छापाघर में भाषा में छापा होयगा ओ बिना प्रयास लोगों को ब्राह्मण द्वारा अथवा आप ही आप इस ग्रंथ के नियम के अनुसार यथार्थ जान सकेंगे उसमें बीच पड़ने का नहीं। जिसको ऐसी भाषा का पोथी लेने की इच्छा होय वे सही करके अपनी चिट्ठी युगुल किशोर सुकुल के यहाँ उस छापे घर में भेज देवें अथवा वही पास मंगाय करके सही कर देवें पोथी छप चुकने से पहिले उन लोगों के यहां पहुंचेगी ओ उन लोगों को पोथी पीछे दो रुपये सिक्के लगेंगे ओ उन लोगों का नाम पोथी में मेल समेत लिखा जायेगा ओ अब जो सही न करेंगे ओ पुस्तक छप चुकने से उसकी चाह करेंगे उन लोगों को दो के रुपए चार कलदार लगेंगे।

खर्च के अटकल सही होने ही से पुस्तक छपेगी ओ दिन दश पंदरह में लोगों के यहां पहुंच जायगी ॥

'उदन्तमार्तण्ड' में कभी-कभी बड़ी मनोरंजक खबरें भी छपती थीं। आषाढ़ वदी 1 संवत् 1883 को 'फरासीस देश की खबर' छपी है जो इस प्रकार है :

फरासीस देश की खबर

कहते हैं कि बादशाह गरदी के रौले में एक ठौर बहुतेरे आदमी मारे गए थे एक दिंन एक आदमी ने एक मुरदे की जोरू को उस जगह जाते देखा ओ ठंढी सांस लेके यह बोला कि परमेश्वर की इच्छा ऐसी थी तेरा स्वामी संसार से उठ गया इसमें क्षमा के सेवाय कुछ उपाय नहीं है तू अपने जी को

समझाव ऊसने उतर किया कि इसमें क्या सन्देह है जो होना था सो हो चुका मैं यह देखने आई हूँ कि घर की कुंजी उसकी खलीती में है या नहीं कुंजी न पाऊं तो घर कैसे जाऊं वह सुनकर एक टक लगा रहा।

आज की ही तरह उस ज़माने में भी वकील अपने मुवक्किलों का बड़ा शोषण करते थे। उनकी शिथिलता के कारण मामले की सुनवाई और अदालती कार्रवाई में बहुत समय लग जाता था, इससे मुक़दमेबाज़ों की बड़ी आर्थिक क्षति होतीं थी। आषाढ़ वदि 8 संवत् 1883 के 'उदन्तमार्तण्ड' में इसे ही लक्ष्य कर एक मज़ाक़ छपा है—

ठट्ठे की बात

एक यशी वकील वकालत का काम करते करते बुड्ढा होकर अपने दामाद को वह काम सौंप के आप सुचित हुआ। दामाद कई दिन वह काम करके एक दिन आया ओ प्रसन्न होकर बोला हे महाराज आपने जो फलाने का पुराना ओ संगीन मोकद्दमा हमें सौंपा था सो आज फैसला हुआ यह सुनकर वकील पछता करके बोला कि तुमने सत्यानाश किया उस मोकद्दमें से हमारे बाप बढ़े थे तिस पीछे हमारे बाप मरती समय हमै हाथ उठा के दे गए ओ हमने भी उसको बना रखा ओ अब तक भली भांति अपना दिन काटा ओ वही मोकद्दमा तुमको सौंप करके समझा था कि तुम भी अपने बेटे पोते परोतों तक पलोगे पर तुम थोड़े से दिनों में उसको खो बैठे ॥

हम जानते हैं कि अँग्रेज़ी सरकार अपने भारतीय मित्रों को खिताबें देती थी। 'उदन्तमार्तण्ड में' 'गवर्नर बहादुर की खबर' छपी है जो इस प्रकार है :

गवरनर बहादुर की खबर

16 और 17 सिप्टेंवर की पटने की चिट्ठियों से समाचार भुगते कि पटने में गवरनर के साथ सब नावें आगे पीछे पहुँचीं। ×××××16 की हिन्दुस्तानियों का दरबार हुआ उस दरबार में विहार के ओर के गिनती के जमीदार ओ पटने के रहीस सरदार लोग सब गए थे और इतने सरदारों को खिलअतें हुईं। पहले टिकरीवाले महाराज मित्रजित सिंह को ओ दूसरे तिरहुत वाले दरभंगा के महाराज छत्रसिंह को ओ चम्पारन के बेतिया वाले राजा अनंद किशोर सिंह को। और शाहाबाद के जमीदार बाबू कुमारसिंह को खिलअतें मिलीं। हम सभों के आनंद का विषय है कि यद्यपि सबेरे के पहर गरमी हुआ करती थी पर लार्ड साहिब इतने ओ और कितने अनगिनती आदमियों से मिलते थे परंत यह किसी ने न लखा कि अब भेंट भवाई से उकता उठे ॥

शाहाबाद के बाबू कुमारसिंह सम्भवतः प्रथम स्वातन्त्र्य-संग्राम के सेनानी बाबू कुँवरसिंह ही हैं जो 1857 के पहले ब्रिटिश सरकार के मित्र थे और जिन्हें सरकारी

ख़िताब मिली थी।[1]

'लाहौरादि प्रान्तपति महाराज रनूजीत सिंह बहादुर की खबर' 'उदन्तमार्तण्ड' में प्रायः छपती थी। बंगला के 'समाचार दर्पण' में भूल से महाराज रणजीत सिंह के पुत्र राजकुमार खड्गसिंह का नाम 'गोरक्षसिंह' छप गया था। 'उदन्तमार्तण्ड' के आश्विन वदि ९ के अंक में इस भूल पर सम्पादकीय टिप्पणी छपी थी जो इस प्रकार है :

एडीटोरियल रिमार्क

अशुद्धता

समाचार दर्पण में नए समाचार न मिलें इसका कुछ दुख नहीं है पर लाहौर के रनजीत सिंह के समाचार में गोरक्षसिंह जो लिखा जाता है यह जैसे श्री रामपुरा भाषा व्याकरण के विभक्ति में कुकुर शब्द साधा है वैसा ही तात्पर्य हो तो चिन्ता नहीं है। और कदाचित् जो भूल हो तो भूल इसका खड्गसिंह औ ए महाराजा के बड़े कुमार हैं। इतनी विनय और है कि अंगरेजी गवर्नमेंट गैजेट में भी शोध देवें काहे से कि सन्देह होता है कि इसी खबर की परछाहीं दर्पण में पड़ी न हो।

इस कटाक्ष की प्रतिक्रिया से 'समाचार दर्पण' ने भी इस सम्बन्ध में कुछ लिंखा था और दोनों के बीच वादविवाद भी चला था। 'उदन्तमार्तण्ड' के दूसरे अंक में भी इस सम्बन्ध में सम्पादकीय टिप्पणी है–

एडीटोरियल रिमार्क

और भी नई अशुद्धता ॥

गए शनिश्चर के समाचार दर्पण में उसके प्रकाशक ने लिखा है कि हमने प्रचार किया है कि दर्पण प्रदर्शक ने श्री श्रीयुत महाराज रणंजीत सिंह बहादुर के पुत्र का प्रकृत नाम 'खड्ग सिंह न लिखके श्लेषोक्ति करके खड्गक लिखा करते हैं' इसमें हमें यह कहना है कि हमने पिछले मार्तण्ड में लिखा है कि दर्पण प्रकाशक सदा गोरक्ष सिंह लिखा करते हैं। खड्गक सिंह लिखते हैं ऐसा हमने लिखा ही नहीं और दर्पण प्रकाशक भी अपने अपूर्व दर्पण में ऐसा शब्द नहीं लिखा। इसमें यही समझ पड़ता है कि यथार्थ जो खड्ग शब्द है उससे खड्गक प्रयोग प्रायः तुल्यता और ऐक्यता रखता है इस हेतु दर्पण प्रदर्शक ने अपनी भूल को समूल करने के लिये गोरक्ष शब्द जो आप लिखा करते हैं और हमने अपने कागज में स्पष्ट लिखा है उसका नाम न लेके अद्भुत खडगक शब्द लिख दिया। इस कारण और दर्पण प्रकाशक के ऐसा लिखने में कि बंगाल...अंगरेजी खबर के कागज से जान पड़ा। 'इसके साफ पाया

1. ब्रजेन्द्रनाथ वन्द्योपाध्याय : विशाल भारत।

जाता है कि उन्होंने 'उदन्त मार्तण्ड' को हेर के भी न हेरा।'

और दर्पण प्रदर्शक ने एक बेर खड्सिंह और दूसरी वेर खड्गक सिंह फिर खडक सिंह अपने दर्पण में लिख दिया है। इसमें कौन शब्द में उनकी अभिरुचि है यह समझ में न आया ॥

दर्पण के प्रकाशक ने लाहौर के आये हुए समाचार से या फारसी अथवा अँगरेजी अखबार को देख वह अशुद्ध नाम लिया था सो हमारे समझ में न आ सका इससे हमारे प्रति 'कल्पना' सम्भव नहीं होती बस यह प्रयोग उनको आप अंगिकार करना पहुँचता है काहे से कि उसी नाम के विषय ओ अनूठा शब्द दर्पण में देख पड़ा और भी हमने सन्देह अपना प्रकाश किया है कि समझ पड़ता है गवर्नमेन्ट गेजेट की परछांही दर्पण में पड़ी होगी जिस हेतु उस कागज में भी गोरक्ष शब्द देखने में आया इस हेत विनय की है कि उस कागज में भी शोध देंवे।

और दर्पण प्रकाशक लिखते हैं कि अब प्रकृत नाम जाना हम सभों के सन्तोष के निमित्त इस उपरांत खड्ग प्रयोग करेंगे। इसमें हम सभों ने जो भ्रांति दिखलाया था उन के उस चूक के मान लेने ही से हम लोगों का तोष हुआ पर वे भी शुद्ध शुद्ध नाम के विषय खड्ग प्रयोग न करके शुद्ध नाम का प्रयोग करने से सर्वसाधारण के तुष्टि का सम्भावना है पर और नाम की अशुद्धता से व्यक्ति को न निरूप सकने से पढ़ वैए सन्तुष्ट न होते उन्हीं के तुष्टि का विशेषकर के कारण होगा।

इसी तरह 'उदन्तमार्तण्ड' प्रत्येक अनौचित्य का ध्यान रखता था। बँगला के 'समाचार चन्द्रिका' नामक पत्र में देशी और मारवाड़ी व्यापारियों के विरुद्ध एक चिट्ठी प्रकाशित हुई। उस चिट्ठी में देशी और मारवाड़ी व्यापारियों को बहुत-कुछ बुरा-भला कहा गया था। इसके उत्तर में 'उदन्तमार्तण्ड' में दो-तीन चिट्ठियाँ प्रकाशित हुईं। उत्तरदाताओं ने तमाचे का जवाब घूँसे से और गाली का बदला गाली से चुकाया। 'चन्द्रिका' का पत्र और 'मार्तण्ड' का उत्तर दोनों में से किसी में शिष्टता का नाम नहीं है। 'मार्तण्ड' ने उत्तर छापकर एक नोट भी लिखा। इस पर 'समाचार चन्द्रिका' के सम्पादक ने 'उदन्तमार्तण्ड' के सम्पादक पर मानहानि की नालिश कर दी। 5 अप्रैल 1827 को 'उदन्तमार्तण्ड' के सम्पादक को वह नोटिस मिली थी।[1]

---

1. वह नोटिस इस प्रकार है–

To

JUGGUL KISSORE SOOKOOL
Editor and Propritor of the Nagaree News Paper
called the Odunta Martanda.

→

इस प्रकार हम देखते हैं कि हिन्दी समाज के हितों के लिए 'उदन्तमार्तण्ड' बराबर संघर्ष करता था जिसके लिए उसे बड़ी क्षति उठानी पड़ती थी। वैयक्तिक क्षति की ओर कम और अपने दायित्व के प्रति अधिक उसका ध्यान रहता था। इस पर भी वह अधिक दिनों तक न चल सका। ग्राहकों का रोना तो था ही, सरकारी साहाय्य भी इसे सुलभ न था। डॉ. रामरतन भटनागर ने लिखा है कि "उन दिनों सरकारी सहायता के बिना किसी भी पत्र का चलना असम्भव था। कम्पनी-सरकार ने मिशनरियों के पत्र को डाक आदि की सुविधा दे रखी थी, परन्तु चेष्टा करने पर भी 'उदन्तमार्तण्ड' को यह सुविधा प्राप्त नहीं हो सकी।"[1] पत्र की अन्तिम विज्ञप्ति से भी इस विषय में काफ़ी प्रकाश पड़ता है–

"इस उदन्त मार्तण्ड के नाव पड़ने के पहिले पछांहियों के चित्त का इस कागज न होने से हमारे मनोर्थ सफल होने का बड़ा उतसा था इसलिये लोग हमारे बिन कहे भी इस कागज की सही की बही पर सही करते गये, पै हमें पूछिये तो इनकी मायावी दया से सरकार अँगरेज कम्पनी महाप्रतापी की कृपा कटाक्ष जैसे औरों पर पड़ी वैसे पड़ जाने की बड़ी आशा थी और मैंने इस विषय में उपाय यथोचित किया पै करम की रेख कौन मेटे तिस पर भी सही की बही देख जी सुखी होता रहा अन्त में नटों कैसे आम दिखाई दिए इत हेत स्वारथ अकारथ जान निरे परमारथ को मान कहाँ तक वनजिए अब अपने व्यवसाई भाइयों से मन की बात बताय बिदा होते हैं। हमारे कहे सुने का

→ I have been instructed by my client. Baboo Bhowany Churn Banerjee to institute proceedings against you in the Supreme Court of indicature for the libellous matter contained in your paper the Odunta Martanda of the 27th March last affecting the character and reputation of my client.

I request you will inform me of the name of your Attorney that I may communicate with him accordingly.

Calcutta — Yours obediently

4th April 1827 — R.W. Poe

Attorney at Law.

1. 12 जून सन् 1827 के 'उदन्तमार्तण्ड' में निम्नांकित पंक्तियाँ प्रकाशित हुई थीं :
"...इस कागज के निकलने के पहले समझते थे कि यह चीज अनूठी ईजाद करने में आते तो चाहिए कि अपना ओ पराया दोनों के सुख का कारण होवेगा और चाहिये तो आगे पर सभी दुःख इससे विमुख हो जाएँगे। यही मन में ठान आज तक किसी आन बान से निबाहे जाते हैं। लेकिन इन दिनों शमसुल अखबार वाले का विलाप देख देख जिसे सुनते हैं सिरिफ अपनी कमाई का भरोसा न था क्योंकि उस कागज के जारी होने से मौकूफ होने की तारीख तक ऐसे गाहक उसके न थे कि उनके भरोसे छापेखाने के नौकरों को भी दरमाहे का खरच चलता हो साथ इसके चार पाँच बरस तक किसी के आसरे पर काम चलता था और एक ही बेर निराश होते ही एक दिन भी कागज न ठहरा।"

कुछ मन में न लाइयो जो देव और भूपर मेरी अन्तरव्यथा और इस पत्र के गुण को विचार सुध करैंगे तौ मेरे ही हैं। शुभमिति ॥"

'उदन्तमार्तण्ड' की भाषा पर पछाँहीं और यत्र-तत्र बँगला का प्रभाव स्पष्ट है। तथापि इसकी सम्पादकीय टिप्पणियों की भाषा में एक व्यंग्यात्मिका शक्ति है। विरोध की भाषा अधिक तेज़ है। 'उदन्तमार्तण्ड' की भाषा की चर्चा करते हुए पं. अम्बिकाप्रसाद वाजपेयी ने लिखा है कि "जहाँ तक 'उदन्तमार्तण्ड' की भाषा का प्रश्न है, वह उस समय लिखी जाने वाली भाषा से हीन नहीं है। उसके सम्पादक बहुभाषाज्ञ थे। यह उनका बड़ा भारी गुण था और यद्यपि उनका 'उदन्तमार्तण्ड' डेढ़ वर्ष ही निकला तथापि हमें निस्संकोच कहना पड़ता है कि 'उदन्तमार्तण्ड' हिन्दी का पहला समाचारपत्र होने पर भी भाषा और विचारों की दृष्टि से सुसम्पादित पत्र था।"

बंगदूत

आधुनिक भारत की जातीय धारा के प्रथम उन्नायक राजा राममोहन रॉय के सामने एक महान् उद्देश्य था जिसे प्राप्त करने के लिए उन्होंने विविध मार्गों का आश्रय लिया था। समाज-सुधारक, शिक्षाशास्त्री और राजनीतिवेत्ता तो वे थे ही, साथ ही उन्होंने अनेक तेजस्वी पत्रों का संचालन भी किया था। पिछले अध्याय में राजा साहब के कृतित्व की संक्षिप्त चर्चा की गयी है जिसमें उन पत्रों का भी उल्लेख किया गया है जो राजा साहब के संरक्षण और संचालन में प्रकाशित हुए थे। 'बंगदूत' भी राजा साहब का ही पत्र था। यद्यपि इस पत्र के अधिकारियों में मिस्टर आर.यम. मार्टीन साहिब, राममोहन रॉय, द्वारकानाथ ठाकुर, प्रसन्नकुमार ठाकुर, नीलरतन हालदार, राजकृष्ण सिंह और राधानाथ मित्र का नाम छपा है। पं. अम्बिकाप्रसाद वाजपेयी ने अपने इतिहास में इसकी चर्चा करते हुए लिखा है कि "इस साप्ताहिक पत्र के प्रथम वर्ष के सम्पादक नीलरतन हालदार थे और यह प्रति रविवार को बाँसतला गली के 'हिन्दू हेरल्ड' प्रेस से प्रकाशित होता था।" अस्तु।

अपने विचारों को व्यापक प्रसार और सार्वत्रिक व्याप्ति देने के लिए ही कदाचित् राजा साहब द्वारा इस पत्र में हिन्दी को भी स्थान दिया गया था। 'बंगदूत' बँगला और फ़ारसी के साथ हिन्दी में भी प्रकाशित होता था, ऐसा इतिहासकारों ने लिखा है। आचार्य पं. रामचन्द्र शुक्ल ने अपने इतिहास में राममोहन रॉय की हिन्दी-सेवा की चर्चा करते हुए इस पत्र का उल्लेख इस प्रकार किया है, "संवत् 1886 में उन्होंने 'बंगदूत' नाम का एक संवादपत्र भी हिन्दी में निकाला। राजा साहब की भाषा में एक-आध जगह कुछ बँगलापन ज़रूर मिलता है, पर उसका रूप अधिकांश में वही है जो शास्त्रज्ञ विद्वानों के व्यवहार में आता था। नमूना देखिए–

"जो सब ब्राह्मण सांग वेद अध्ययन नहीं करते सो सब व्रात्य हैं, यह प्रमाण करने की इच्छा करके ब्राह्मण-धर्म-परायण श्री सुब्रह्मण्यम् शास्त्री जी

ने जो पत्र सांगवेदाध्ययनहीन अनेक इस देश के ब्राह्मणों के समीप पठाया है, उसमें देखा जो उन्होंने लिखा है–वेदाध्ययन-हीन मनुष्यों को स्वर्ग और मोक्ष होने शक्ता नहीं।"[1]

राजा साहब की हिन्दी-सेवा की चर्चा करते हुए डॉ. लक्ष्मीसागर वार्ष्णेय ने लिखा है कि 'बंगदूत' नामक समाचारपत्र भी उन्होंने निकाला था[2]। आचार्य शुक्ल ने 'बंगदूत' की भाषा का जो नमूना दिया है वही स्थल पं. अम्बिकाप्रसाद वाजपेयी ने भी उद्धृत किया है। मेरी उपलब्ध सामग्री में 'बंगदूत' का उक्त स्थल नहीं है। इससे स्पष्ट है कि हिन्दी 'बंगदूत' की कुछ विशेष सामग्री इन पण्डितों को उपलब्ध हुई थी, जहाँ से उपर्युक्त उद्धरण दिया गया है। अस्तु। बंगदूत की उपलब्ध फ़ाइल में मुझे जो हिन्दी अंश मिला है उसे परिशिष्ट में अविकल उद्धृत किया गया है।

बंगदूत सम्बन्धी उपलब्ध हिन्दी विज्ञप्ति (परिशिष्ट में उद्धृत) से इस पत्र के सम्बन्ध में पाँच-छह मुख्य बातें स्पष्ट होती हैं। यह पत्र मूलतः बँगला का था और आवश्यकता महसूस होने पर फ़ारसी और हिन्दी में छपता था। चूँकि फ़ारसी कचहरी की भाषा थी और शिक्षित तथा अभिजात वर्ग की भी इसमें रुचि थी, इसलिए इस युग में इस भाषा का महत्त्व असन्दिग्ध था। कदाचित् यही कारण है कि बँगला के साथ फ़ारसी को इस पत्र में सदैव स्थान मिलता था। उस समय भी हिन्दी को जानने-समझने वालों की बड़ी संख्या कलकत्ता में थी, इसीलिए इस पत्र में हिन्दी को भी स्थान देना आवश्यक प्रतीत हुआ था, किन्तु बँगला और फ़ारसी वाली दृष्टि हिन्दी के प्रति नहीं थी और इसीलिए कभी-कभी ही हिन्दी को इस पत्र में स्थान देने की आवश्यकता महसूस की जाती थी जबकि फ़ारसी बंगला के साथ-साथ बराबर रहती थी।

'बंगदूत' का अँगरेज़ी संस्करण अलग से सोलह पृष्ठों का छपता था जिसका मासिक मूल्य दो रुपये था। यह ध्यान देने की बात है कि विभिन्न भाषाओं में प्रकाशित होने वाली सामग्री एक-दूसरे का रूपान्तर नहीं होती थी। प्रत्येक 'भाषा की लिखावट अपने-अपने ढब पर अलग-अलग' होती थी। वास्तव में देश-विदेश के वाङ्मय और देशी-विदेशी समाचार प्रकाशित करने तथा व्यावसायिक उन्नति के विचार से इस पत्र का प्रकाशन हुआ था। इसकी मूल प्रतिज्ञा थी कि पक्षपात रहित होकर यह औचित्य का समर्थन करेगा ताकि 'यथार्थ' स्थिति का सहज ही प्रकाशन हो सके।

कहना न होगा कि ये बातें उपलब्ध सामग्री के आधार पर ही हमने निर्धारित की हैं। स्पष्ट है कि इस पत्र का प्रकाशन एक महत् उद्देश्य के साथ हुआ था। पर्याप्त सामग्री के अभाव में इसका सम्यक् मूल्यांकन सम्भव नहीं है। जहाँ तक इस पत्र की हिन्दी भाषा का प्रश्न है उस पर बँगला का प्रभाव काफ़ी स्पष्ट है।

---

1. आचार्य रामचन्द्र शुक्ल : हिन्दी साहित्य का इतिहास, पृ. 427।
2. डॉ. लक्ष्मीसागर वार्ष्णेय : उन्नीसवीं शताब्दी, पृ. 112।

हिन्दी का प्रथम दैनिक 'समाचार सुधावर्षण'

श्यामसुन्दर सेन के सम्पादकत्व में यह प्रथम दैनिक पत्र बड़ा बाज़ार, कलकत्ता से 1854 ई. में प्रकाशित हुआ था। पं. अम्बिकाप्रसाद वाजपेयी का अनुमान है कि "इसके प्रेस के मालिक बाबू महेन्द्रनाथ सेन थे। सम्भवतः दोनों भाई थे और व्यवस्थापक भी महेन्द्र बाबू ही थे।" उपलब्ध सामग्री में कहीं ऐसी विज्ञप्ति नहीं है जिसके आधार पर इस सम्बन्ध में कुछ प्रामाणिक ढंग से कहा जा सके। प्रकाशन सम्बन्धी केवल इतनी ही सूचना है कि **"यिह समाचार सुधावर्षण पत्रिका रविवार को छोड़कर हर रोज़ प्रकाश होति है इस पत्रिका लेनेवाले लोग एक बरिस की सही पहिले लिख देंगे तो पत्रिका मिलेगी इसका दाम 1 रुपया।"** इसके सम्पादक का नाम विज्ञप्त है—श्यामसुन्दर सेन। विज्ञप्त तथ्यों पर जब पण्डित लोग अनुमान लगाने लगते हैं तभी ग़लत धारणाएँ उत्पन्न होती हैं। स्पष्ट है कि यह पत्र दैनिक था, किन्तु अपने अनुमान के बल पर एक बंगाली पण्डित ने इसकी चर्चा साप्ताहिक के रूप में की है[1]।

यह द्विभाषी पत्र था। आरम्भिक दो पृष्ठ हिन्दी के रहते थे और शेष दो बँगला के। पहले पृष्ठ पर प्रायः 'सुप्रिम कोर्ट का विज्ञापन। सरिफ सेल।' रहता था। व्यापारिक, जहाज़ी तथा देशी समाचार के साथ ही अनेक चमत्कारी सूचनाएँ भी इसमें प्रकाशित होती थीं। समाज-सुधार के प्रयत्नों पर भी इसमें टीका-टिप्पणी होती थी। सरकार को भी उसके कर्तव्य के प्रति यह पत्र प्रायः सचेत करता था। 'साडंतालों' के उपद्रवों की चर्चा से यह पत्र भरा रहता था। इस प्रकार युगीन वातावरण और देश की गतिविधि के प्रति यथासम्भव यह पत्र सचेत रहता था।

1862 साल तारीख 3, भाद्र शनिवार इंगरेज़ी 18 अगष्ट श्रावन सुदि 5, के अंक के दूसरे पृष्ठ पर, 'अयोध्या जी में युद्ध का समाचार' छपा है। इस समाचार से कई तथ्यों पर प्रकाश पड़ता है जिसे हम यहाँ अविकल उद्धृत करते हैं :

अयोध्या जी में युद्ध का समाचार।

हम लोगों ने अपने प्रिय बन्धुओं के मुख से सुना है कि अयोध्या जी में बड़ा युद्ध उपजा है इस युद्ध का कारण यही है कि अयोध्यापुरी के श्री हनुमान गढ़ी के निकट एक शिवालय है उस पर से रेल रोड की सड़क सीधी जाती है इसलिए रेल रोड के साहबों ने हनुमानगढ़ी के महन्त जी से कहा कि इस महादेव जी के उठाय के तुम लोग और जगह में रखो। इस वचन

---

1. समाचारपत्रों की चर्चा करते हुए सुकुमार मित्र ने अपने निबन्ध, 'द न्यूज़पेपर प्रेस' में 'समाचार सुधावर्षण' का उल्लेख एक साप्ताहिक के रूप में किया है, "Many Indian papers, like the Samachar Sudhabarshan (Hindi-Bengali weekly of Calcutta)," 'Studies in the Bengal Renaissance', p. 430.

को सुनते ही महन्त जी ने उत्तर दिया कि इस क्रुद्ध घट में प्रण रहने तक यिह बात कभी भी नहीं होगी अनन्तर सब मिलके युद्ध करने को प्रवृत्त भये।

हिन्दुओं का युद्ध करने का लक्षण देखकर अँगरेज़ों ने लखनौ के रेसिडेण्ट साहेब के निकट से ओ कानपुर से सेना दल मंगवा के युद्ध के लिए तैय्यार होने में दोनों से एक युद्ध हुआ इस युद्ध में दोनों ओर के चार पाँच सै आदमी मरे तो भी युद्ध के लिए बड़े साहसी भये हैं।

इस प्रकार का युद्ध देख कर उस निवासी हिन्दू, रजपूत ओ मुसलमान लोग सब कोई इकट्ठे हो कर इंग्रेज से युद्ध करने के लिए अयोध्यापुरी में आये हैं इस बखत अयोध्यापुरी को देखते ही मनुष्यों का शरीर सब एक दम भय के मारे कापने लगा है यिह युद्ध भनानक और रक्त प्रवाह का होगा इस प्रकार का उपद्रव रेलरोड के सबब से भारत वर्ष में बहुत ही उपजेगा इस व्यपार का उपद्रव देखकर भारतवर्ष निवासियों के मन में बड़ी ही शंका उपजी है कि क्या होगा ओ हम लोगों को किस-किस प्रकार का क्लेश सब भोग करना पड़ेगा सो नहीं कहा जाता है परमेश्वर हम लोगों पर अनुग्रह करके इस कष्ट से हम लोगों का उद्धार करो।

इस बख़त लखनौ के नवाब बहादुर इंग्रेजों के पक्ष में है ओ उन के मन्त्री ओर सेनापति ओ सेनादल सब महन्त जी के पक्ष में होकर इंग्रेज के विरुद्ध में देवता के बाबत से रणभूमि में आकर युद्ध करने के लिए अयोध्या में आये है इस प्रकार का प्राजा के साथ रूषीय युद्ध के समय में भारतवर्ष में युद्ध करना कोई प्रकार से भी भला नहीं पार्लियामेण्ट के आईन में भी लिखा है कि एक तरप जिस बखत महायुद्ध होता रहता है उस समय में दूसरा युद्ध कभी भी न करना सो आईन के विरुद्ध कर्म्म करने से सब कोई कहते हैं कि यिह कुछ अमंगल का चिह्न है इसलिये हमलोग के राजपुरुषों को प्रथम इस विषय की विवेचना करना अति आवश्यक है।

इसी अंक में 'चौबीस परगने के माजिस्ट्रेट साहेब का समाचार' प्रकाशित हुआ है जिस के अन्त में सम्पादक ने प्रजा के प्रति सरकार के कर्तव्य की स्पष्ट चर्चा की है :

चौबीस परगने के माजिष्ट्रेट साहेब का समाचार।

चौबीस परगने के माजिष्ट्रेट साहेब छुट्टी लेकर पश्चिम देश के तरप जाते थे सो उनको राजमहल के निकट सब सम्पत्ति समेत लूट के चोरों ने उनको नंगा करके सजीव छोड़ दिया है हमलोगों के अन्दाज में आता है कि ये लोग चोर नहीं ये लोग सांउताल नामक अत्याचारी राज्यविद्रोही पहाड़ियों ने ही माजिष्ट्रेट साहेब की ऐसी दुर्दशा कियी है इतना सेनादल राजमहल, भागलपुर औ सूरी के तरप जाके रहा है सो क्या खाली सांउतालों को नमस्कार करने के लिये गया है जब माजिष्ट्रेट को ऐसा क्लेश भया है तब औरो का क्या क्या हवाल नहीं भया होगा हमलोग के समझ में आता है कि गवर्णमेण्ट खाली भर्ड देखाते हैं कि बहुत सा सेनादल सांउतालों को दमन करने के लिये भेजा है अगर सत्य करके भेजा होता तो कधी इतना उपद्रव न

होता प्रजा के पक्ष में इतनी उपेक्षा करना गवर्णमेण्ट को उचित नहीं।

स्पष्ट है कि सांउतालों के अत्याचार से सामान्य प्रजा की शान्ति भंग हो गयी थी। उन के हिंसापरक उपद्रव से लोगों में आतंक फैल गया था। देशवासियों की रक्षा के लिए सरकारी साहाय्य की याचना की जाती थी। 13 अगस्त की मेदिनीपुर की चिट्ठी इसी अंक में प्रकाशित हुई है, जो द्रष्टव्य है :

मेदिनीपुर की चिट्ठी 13 अगष्ट

मेदिनीपुर के पत्र से मालुम भया कि आजकल मेदिनीपुर के तरप सांउताल नामक पहाड़ियों का अत्याचार बड़ा भारी भया है, दो चार दिन के भीतर उन लोगों ने मेदिनीपुर को लूटने का इरादा किया है इसके मारे मेदिनीपुर के आमले औ कालिन्द लोग सब कोई कान्पने लगे हैं औ सभों ने नगर छोड़ के भाग जाने का उद्योग किया है इस बखत राज पुरुष लोग विहां सेना दल नहीं भेजेंगे तो एकदम मेदिनीपुर उजड़ जायेगा इसलिये राजपुरुषों को ऐसे समय में मेदिनीपुर के तरप मन लगावना अति उचित है।

साउंताल अपनी शक्ति और युद्ध-कुशलता से सरकारी सिपाहियों को भी पछाड़ देते थे और उनके उपद्रव से सरकारी अधिकारी भी भयभीत रहते थे। श्रावन वदि 1 संवत् 1912 को 'समाचार सुधावर्षण' में प्रकाशित 'महेशपुर के तरप सान्तालीयों का अत्याचार' शीर्षक् टिप्पणी की अन्तिम पंक्ति इस प्रकार है, ''साउंताल लोग ऐसे डरपोकने नहीं हैं कि खाली धमकी से युद्ध भूमि को त्याग के सहज में भोगेंगे उन्हन के त्रास के मारे राज्य सब काँप रहा है।'' इस टिप्पणी की आरम्भिक पंक्तियाँ इस प्रकार हैं :

महेशपुर के महाराज ने साउंताल नामक पहाड़ियों को दमन करने के लिये कपतान स्मालपेज साहेब का साथ अपने तरप से 3000 तीन हजार सिपाही देके उनको भेज दिया वे लोग पहाड़ियों के मन्दिर में घुसकर उन्हन की कामा नामक ठाकुर की सूरत लेकर जब फिरि आवते थे सो ऐसे समय में एकदम पहाड़ों में हजारों साउंताल लोग बड़ा झुण्ड का झुण्ड बन्ध कर आये ओ तीरों की वर्षा से गवर्णमेन्ट के सेना दल, को ओ महेशपुर के राजसेना दल को भी उन्होंने भगाय दिया दोनों तरप के अनेक सिपाही लोग घायल भये और मर गये और पहाड़ियों ने अपनी ठाकुर की मूरत को लेके पहिले माफ़क मन्दिर में स्थापन किया महेशपुर के राजसिपाही लोग धरबार कुटुम्बों को त्याग के डर के मारे भागलपुर को भाग गये और जितने पहाड़ियों को इन लोगों ने पकड़ा था माजिष्ट्रेट साहेब के निकट विचार करके दण्ड देने के लिये कप्तान साहेब ने भेज दिया था माजिष्ट्रेट साहेब ने एक-एक पहाड़ियों के पीट पर छ छ छ बेत मार के उन्हन को छोड़ दिया इस प्रकार दण्ड देने का यही कारण है कि माजिष्ट्रेट साहेब को अपने मन में बड़ा भय उपजा है कि किस बखत आके पहाड़िये लोग उनका सिर काट डालेंगे इस भय के मारे वे दण्ड अत्याचारियों को नहीं दे सकते हैं।''

साउंतालों से सम्बन्धित एक चमत्कारी सूचना है श्रावन सुदि 1 संवत् 1912 के अंक में। 'आश्चर्य्य जन्म' शीर्षक टिप्पणी की आरम्भिक पंक्तियाँ इस प्रकार हैं:

ऐसा एक अपूर्व पुत्र आट वरिस की कुमारी के उदर से बिना पुरुष के प्रसंग से साउंताल नामक पहाड़ियों के कुल में जन्मा है कहिये सुनने में आया है और उस पुत्री के जन्मते ही गगन से आकाशवाणी भई कि इस पुत्र को तुम लोग सिंहासन पर बैठा के अपना राजा बनाओ और इस पुत्र की आज्ञा से राज्याधिकार करो यह पुत्र मनुष्य नहीं पृथिवी का भार उतारने के लिये परमेश्वर ने कुमारी के पेट में जन्म ग्रहण किया है इस गगन गिरा को सुनते ही साउंताल नामक पहाड़िये लोग सब एकदम मदोन्मत्त होकेअपने जातवालों को बुलाय इस संवाद को सुनाय सबके सब दल बन्ध कर राजा के विरुद्ध में उस पुत्र की आज्ञा से अस्त्रादिक लेकर युद्ध करने को प्रवृत्त भयें है—

सम्पादक ने राजपुरुषों को सलाह देते हुए लिखा है—

अगर यही गौगा सत्यंक होय तो हमलोग के राजपुरुषों को इस बात का खोज लगवाना अति आवश्यक है अनन्तर जैसा आगे समझ पड़ेगा वैसा करना और हम लोगों की बात में अविश्वास करके चुपचाप बैठ रहना ओ खाज न लगवाना यह बड़ा मूर्खता का काम है काहे से कि अज्ञानी पाषण्डी अहंकारी लोग अपने में कहते हैं कि समाचार पत्रिका वाले अपने मन से झूटी झूटी बातें कल्पना करके बैठे बैठे मनुष्यों का मन भुलाने के लिये लिखते है ऐसा समझ कर आलसी के समान चुपचाप जो लोग बैठे रहते हैं औ समाचार पत्रों के समाचार पर विश्वास नहीं रखते हैं अनन्तर वे लोग मन की काकुलात मन ही में रखकर अछताय पछताय के नाना प्रकार के कष्ट सब भोग करते हैं अगर—सावधानता के साथ समाचार पत्र पर विश्वास करके अच्छे उपाय की आलोचना करेंगे तो कधी भी क्लेश नहीं होगा।

साउंतालों के विषय में 'समाचार सुधावर्षण' से जो स्थल उद्धृत किये गये हैं उनसे साउंतालों के विद्रोही स्वभाव और अन्धविश्वासी मनोवृत्ति के साथ ही सरकार के प्रति उनकी अनास्था तथा स्वशासन और स्वेच्छाचार की बलवती इच्छा प्रकट होती है। ये वनवासी पहाड़ी मनुष्य आदिम विश्वासों के पुजारी थे इसलिए आधुनिक सभ्यता से उन्हें वैर था। चूँकि ये स्वच्छन्द जीव थे इसलिए शासकीय व्यवस्था के प्रति इनके मन में विद्रोह का भाव था।

'समाचार सुधावर्षण' में जातीय स्वाभिमान का स्वर भी काफ़ी मुखर है। आश्विन वदि 2 संवत् 1912 के अंक में 'दिल्ली' शीर्षक एक सम्पादकीय टिप्पणी प्रकाशित हुई है। उक्त टिप्पणी की आरम्भिक पंक्तियाँ इस प्रकार हैं, "**दिल्ली शहर में एक हलाल खोरिन ने हलाली की रोटी छोड़के हरामी के रोटी पर उतारू होकर कसवी का पेशा उठाय लिया और वह थी रूपवती इस लिये एक गोरे चमड़ेवाला साहेब उस हलालखोरिन पर आशक हो कर उसको अपने घर में डाल लिया बदनामियों का टोकरा सिर पर**

उठा के दिल लगाना जो है सो झक मारना और गू का खाना है।'' इसी प्रकार एक अँग्रेज़ अपराधी को जब हिन्दू सहायता कर रहे थे तो इस पर आश्चर्य प्रकट करते हुए उन हिन्दुस्तानियों को इस पत्र ने धिक्कारा था। श्रावण सुदि 11 संवत् 1912 के अंक में प्रकाशित यह प्रसंग द्रष्टव्य है, **''मष्टरष्टिबेनस साहब ने रेल रोड के गाड़ी पर श्रीयुत बाबू यादव चन्द्र शील का अपमान करने से सुप्रिम कोर्ट के प्रधान विचारपति श्रीयुत सार... पौल साहब ने ष्टिबेनस साहेब को जिस प्रकार से दण्ड किया सो हमलोगों ने पहिले पत्रिका में प्रकाश किया है अब उस साहब का अपूर्व दुर्द्दशा का वर्णन करते हैं ष्टिबेनस साहेब दण्ड के ओ दोनों तरप के खरचे के रुपए जुट्टाय के देने के लिए भीख की झोली कन्धे पर डाल के गल्ली-गल्ली दरवाजे दरवाजे फिरते हैं साहेब लोग दया करिके एक दो रुपये भिक्षा देते हैं लेकिन क्या दुःख की बात है कि मुत सद्दि बाबू हरिश्चन्द्र बस शराप वाला बाबु रमानाथ वन्द्योपाध्याय इन लोगों ने क्या विवेचना करि के साहेब को भीख दिई है सो हमलोग उस का कारण कुछ भी नहीं ठीक कर सकते हैं श्रीयुत ष्टिबेनस साहेब ने रेल रोड के गाड़ी पर एक बंगाली बाबू का अपमान करने से प्रधान विचार पति ने उनको दण्ड किया है उस दण्ड का रुपया संग्रह कराने के लिये हिन्दु लोग सहाय करना उचित नहीं काहे से कि जो बाबु लोगों का हात धर्म्म के विषय में देश के लोगों को एक पैसा खरचा करने के लिये काँपता है वे लोग इस चन्दे का रुपया दान करने में हमलोगों को बड़ा आश्चर्य मालुम देता है।''** अपने जातीय स्वर के कारण ही हिन्दी के इस प्रथम दैनिक पत्र को अँगरेज़ी सरकार का कोपभाजन बनना पड़ा था।[1]

युगीन प्रश्नों के प्रति सचेत रहते हुए भी इस पत्र की यह बहुत बड़ी दुर्बलता थी कि उस युग की वैचारिक क्रान्ति का वह साथ नहीं दे पाता था। हम जानते हैं कि संस्कृत के प्रख्यात विद्वान् पण्डित- प्रवर ईश्वरचन्द्र विद्यासागर ने विधवा-विवाह आन्दोलन का प्रवर्तन किया था। बंगाल में सुधार आन्दोलन बड़ी तेजी से चल रहा था। शिक्षित तथा श्रीमन्त वर्ग में कुछ प्रगतिशील थे जो नयी रोशनी के स्वागत के लिए हर तरह से उद्यत थे, वैचारिक क्रान्ति और सुधार आन्दोलन का वे खुलकर समर्थन करते थे। इन्हीं में कुछ प्रतिगामी थे जो किसी शर्त पर प्राचीनता को छोड़ना और नये सुधारों को अपनाना नहीं चाहते थे। इन पुराणपन्थियों के नेता थे राधाकान्त देव जिन्होंने विद्यासागर का विरोध करने और सुधार आन्दोलन के सामने अवरोध उपस्थित करने के लिए 36763 व्यक्तियों के हस्ताक्षर सहित एक प्रार्थना-पत्र सरकार के सामने प्रेषित किया था। स्मरणीय है कि विधवा-विवाह को सरकार की ओर से वैधानिक अवलम्ब दिलाने के उद्देश्य से विद्यासागर ने 987 व्यक्तियों के हस्ताक्षर सहित एक आवेदन-पत्र सरकार को दिया था। विरोधियों की बहुसंख्या और सतत प्रयत्न के बावजूद अन्ततः विद्यासागर की ही विजय हुई। 'समाचार

1. द्रष्टव्य, स्टडीज़ इन द बंगाल रेनेसाँ, पृ.-430

सुधावर्षण' ने प्रतिगामियों का साथ दिया था। कार्तिक वदि 11 संवत् 1912 के अंक की 'विधवा विवाह विषय' शीर्षक सम्पादकीय टिप्पणी में विधवा-विवाह का विरोध किया गया है। उक्त

टिप्पणी की कुछ आरम्भिक पंक्तियाँ द्रष्टव्य हैं :

''बंगदेश में विधवा का विवाह के लिये कालेज के पण्डित वर श्रीयुत ईश्वर चन्द्र विद्यासागर ने नाना प्रकार के छोटे-छोटे ग्रन्थ औ प्रमाण रचना कर बंगालियों के सभा में प्रकाश किये और बंगालियों को बड़ा प्रिय बोध भया इंगरेज लोगों को इतना प्रिय नहीं यह क्या आश्चर्य की बात है बंगदेशीय मनुष्यों में विद्या का बड़ा प्रचार है परन्तु धर्म्माधर्म्म कुछ भी विचार नहीं करते क्या महामाया का प्रभाव है क्योंकि कुमारी का विवाह सर्वशास्त्र में लिखा है लेकिन विधवा का विवाह काई शास्त्र वेद में लिखा नहीं औ शुनने में भी आया नहीं केवल इसी देश में इसी देश के पण्डितों के मुख से सुनने में आता है और कोई देश में नाम मात्र चर्चा भी होती नहीं क्या आश्चर्य की बात है पण्डित क्या और देश में होते नहीं या विधवा होती नहीं जो इस्का विधवा विवाह का विधि विचारे मगर इसी देश के आदमियों का विचार है शास्त्र का विचार नहीं क्योंकि श्री काशी जी में महामहोपाध्याय श्री काका राम पण्डित जी के घर में भी युवती विधवा बैठी है वे क्या निर्दयी अविचारी हैं कि विधवा का विवाह नहीं देते।''

इस उद्धरण से स्पष्ट है कि यह पत्र सुधार आन्दोलन का समर्थक न होकर पुरानी रीति-नीति और आचार-विचार का क़ायल था।

हमने शुरू में कहा था कि इस पत्र में अकसर चमत्कारी सूचनाएँ भी छपती थीं। साउंतालों से सम्बन्धित एक चमत्कारी घटना का ऊपर उल्लेख किया गया है। कार्तिक वदी 11 संवत् 1912 की सम्पादकीय टिप्पणी के नीचे एक छोटी-सी सूचना प्रकाशित हुई है जो इस प्रकार है—

''कल् वेला 11 घण्टे के वक्त निमतला घाट में मरा आदमी जलाने के वक्त आपसे पानी पिया औ दहि भी खाने को मागा हमारा आदमि देख आया इस्का वेवरा समेत कल् प्रकाश हेवेगा।''

1868 ई. तक 'समाचार सुधावर्षण' के प्रकाशन का प्रमाण मिलता है। जहाँ तक भाषा का प्रश्न है, बँगला का प्रभाव होते हुए भी इस पत्र की भाषा में एक विशेष प्रकार की सफ़ाई है। और बड़ी बात तो यह कि इस पत्र का ऐतिहासिक महत्त्व यह है कि यह हिन्दी का प्रथम दैनिक पत्र है।

द्वितीय खण्ड

राष्ट्रीय आन्दोलन की प्रगति—दूसरे दौर की हिन्दी पत्रकारिता : पृष्ठिका चर्चा

भारतीय पत्रकारिता और राष्ट्रीय आन्दोलन

भारतीय पत्रकारिता की कहानी भारतीय राष्ट्रीयता के विकास की कहानी है। दोनों की विकास-भूमियाँ एक-दूसरे की सहायक रही हैं। यदि पत्रकारिता को राष्ट्रीयता ने प्रवर्द्धन दिया तो पत्रकारिता ने भी राष्ट्रीयता के विकास की अनुकूल भूमि तैयार की। इस प्रकार राष्ट्रीयता के विकास के साथ ही पत्रकारिता का अपेक्षित विकास हुआ, इसलिए पत्रकारिता की चर्चा के साथ राष्ट्रीयता की विकास-भूमि का उल्लेख आवश्यक है। यहाँ हिन्दी पत्रकारिता के द्वितीय दौर की दृष्टिका के रूप में हम देश-दशा और देश के बीच की सांस्कृतिक और राजनीतिक गतिविधियों के माध्यम से विकसित राष्ट्रीयता की चर्चा आवश्यक समझते हैं।

सन् 1857 का परवर्ती जातीय परिवेश

प्रथम स्वतन्त्रता-संग्राम (1857 ई.) की असफलता के कारण हमारा जातीय उत्साह कुछ समय के लिए ठण्डा पड़ गया था और हम एक विशेष प्रकार के अवसाद और उदासी से दब गये थे। कहना न होगा कि हमारा दुर्बल संगठन ही हमारी असफलता का प्रधान कारण था। सिक्ख और गुरखों ने सरकार का साथ दिया था। देशी रजवाड़ों ने या तो अँग्रेज़ों का साथ दिया था या फिर तटस्थ थे।[1] इस प्रकार

---

1. (क) जवाहरलाल नेहरू : हिन्दुस्तान की कहानी, पृ.441।
   (ख) "जब 1857 ई. में सैन्य विद्रोह हुआ था तो कौन राजा विद्रोही होकर सामने खड़ा हुआ था? क्या इस पर भी गवर्नमेण्ट को विश्वास नहीं हुआ? उस काल गवर्नमेण्ट की कितनी सेना थी? यदि भारतवासी गवर्नमेण्ट का पक्ष न करते तो क्या वैसे शीघ्र और सहज वह विद्रोह की शान्ति होती।" 'विलायती समाचारपत्र और भारतवर्षीय राजा' शीर्षक सम्पादकीय वक्तव्य, सारसुधानिधि, प्रथम वर्ष, अंक 35।

इस आन्दोलन का दमन भारतीयों के सहयोग से ही ब्रिटिश सरकार ने बड़ी निर्ममतापूर्वक किया। इसी समय भारत का शासन कम्पनी के हाथ से ब्रिटिश पार्ल्यामेण्ट के हाथ में चला गया और अशान्त भारतीय प्रजा के परितोष के लिए महारानी विक्टोरिया ने एक घोषणा की जिसमें अनुकूल आश्वासन के शब्द थे जिससे आश्वास-बोध प्राप्त हुआ और विश्वास की एक नयी भूमिका तैयार हुई। किन्तु सरकार की व्यावहारिक नीति पूर्ववत् बनी रही। पहले ही जैसी लूट और शोषण जारी रहा। समाचार पत्रों की स्वतन्त्रता पर पुनः प्रहार हुआ और 13 जून 1857 ई. को प्रेस-सम्बन्धी एक क़ानून (गैगिंग ऐक्ट) बनाकर पत्रों की स्वाधीनता कुण्ठित कर दी गयी। श्रीमती एनीबेसेण्ट के शब्दों में उन्नीसवीं शताब्दी के भारतीय "लोग आस्तिकता और नास्तिकता के बीच झटके खा रहे थे। आधिभौतिकता की बाढ़ के मारे राष्ट्र का जीवन विशृंखलित हो गया था। अँगरेज़ी पढ़े-लिखे लोग हक्सले, मिल और स्पेंसर के अनुयायी हो रहे थे, किन्तु अपने साहित्य का उन्हें कोई ज्ञान नहीं था। वे अपने अतीत से घृणा करते थे, अतः भविष्य के विषय में उनका कोई विश्वास नहीं था। वे अन्धे होकर अँगरेज़ों के तौर-तरीक़ों की नक़ल कर रहे थे एवं अपने कला-कौशल और शिल्प का विनाश करके अँगरेज़ी असबाबों से अपना घर सजा रहे थे। राष्ट्रीय जोश का उनमें लेश भी नहीं था। राष्ट्रीय जीवन की गति बताने वाली कोई भी क्रिया दिखाई नहीं पड़ती थी एवं यह सन्दिग्ध था कि भारतीय राष्ट्र के हृदय में कोई धड़कन भी शेष है या नहीं[1]।" भारतीय राष्ट्र के हृदय की धड़कन अभी जीवित थी और बंगाल के परिवेश में राष्ट्रीय प्राणवत्ता केन्द्रित हो गयी थी जिसकी चर्चा आगे की जाएगी। यहाँ इतना ही स्वीकार्य है कि उस समय देश-दशा काफ़ी दुर्बल हो गयी थी। किंकर्त्तव्य-विमूढ़ता सार्वत्रिक व्याधि के रूप में पूरे देश में फैल गयी थी और "फिर अकालों का भी दौर दौरा होता रहा। अनाज की उतनी कमी नहीं थी जितने कि उसके खरीदने के साधन कम थे। इन अकालों से देश में हज़ारों-लाखों आदमी काल के गाल हो गये[2]।" किसानों की पीड़ा बहुत बढ़ गयी थी। इस प्रकार देश की दरिद्रता रोज़-रोज़ बढ़ रही थी[3]।

किसानों के दैन्य और अँगरेज़ों के अत्याचार से व्यथित होकर अँगरेज़ों के प्रति सहानुभूति रखने वाले ब्रह्मानन्द केशवचन्द्र सेन ने इंग्लैण्ड की एक सभा में कहा था, "तुम मैनचेस्टर के लाभ के लिए और यहाँ (इंग्लैण्ड) की किसी जाति की समृद्धि

---

1. संस्कृति के चार अध्याय, पृ. 475 से उद्धृत।
2. पट्टाभि सीतारमैया : काँग्रेस का इतिहास, प्रथम भाग।
3. अपने प्रसिद्ध लेख 'द पावर्टी ऑव इण्डिया' में दादा भाई नौरोज़ी ने अँगरेज़ों द्वारा किये गये उपकारों की चर्चा करते हुए उनके अपकारों की ओर भी संकेत किया है। द्रष्टव्य, पावर्टी ऐण्ड अन ब्रिटिश रूल इन इण्डिया, पृ. 209।

के लिए भारत को अधिकृत नहीं रख सकते, और न तो उन व्यापारियों के फ़ायदे के लिए ही जो भारत में जाकर स्थान-परिवर्तन करने वाले पक्षियों की तरह रहते हैं और कभी उस देश में स्थायी अभिरुचि नहीं लेते क्योंकि ऐसा वे कर ही नहीं सकते।...वे दिन गये और अब कभी आने वाले नहीं हैं, जब लोग संगीन के बल पर भारत को अधिकृत करने की बात सोचा करते थे। यदि इंग्लैण्ड इस देश के लाखों व्यक्तियों की जातीयता को नष्ट कर इसकी दिव्य पुरातनता की अग्नि और प्राचीन देशभक्ति के भावावेग को शमित कर, इसे दलित करने का उद्देश्य रखता है और यदि भारत पर शासन करने का इंग्लैण्ड का उद्देश्य केवल धन कमाना है तो, मैं यही कहूँगा कि ब्रिटिश राज्य को इसी क्षण ध्वस्त कर दो[1]।" यह वाणी उस भारतीय महापुरुष की है जो इंग्लैण्ड को अपना (यानी आधुनिक भारत का) राजनीतिक और बौद्धिक गुरु मानता था, पाश्चात्य भाव और विचार के प्रति जो एक हद तक सम्पृक्त था।[2] केशवचन्द्र सेन भारतीय सांस्कृतिक आन्दोलन के उन नेताओं में थे जिन्होंने भारतीय राष्ट्रीयता और राजनीति को विशिष्ट धरातल दिया था। 'भारतीय राष्ट्रीय महासभा' की स्थापना के पूर्व बंगाल में राष्ट्रीयता सांस्कृतिक और राजनीतिक आन्दोलनों के बीच विकसित हुई।[3] बंगाल के सांस्कृतिक आन्दोलन का देशव्यापी प्रभाव था। यहाँ हम संक्षेप में उन्नीसवीं शताब्दी के भारतीय सुधार-आन्दोलन की चर्चा करते हुए यह देखने का प्रयत्न करेंगे कि भारतीय राष्ट्रीयता और राजनीतिक चेतना के निर्माण में इस आन्दोलन का कितना योगदान है। निवेदन किया जा चुका है कि 1857 के आन्दोलन की पराजय ने हमारी राजनीतिक चेतना में एक गतिरोध उत्पन्न कर दिया था।

सांस्कृतिक आन्दोलन की राष्ट्रीय उपलब्धि

सांस्कृतिक आन्दोलन का सबसे प्रत्यक्ष और पहला लाभ राष्ट्रीय दृष्टि से यह हुआ कि इसने हमारी पराजयजनित निराशा और जड़ता को तोड़ा और हममें नये सिरे से जागृति उत्पन्न की। यहाँ यह भी स्मरणीय है कि अँगरेज़ी शिक्षा के परिणामस्वरूप लोग पाश्चात्य प्रभाव से दबते जा रहे थे। सन् 1857 में ही कलकत्ता विश्वविद्यालय की स्थापना हुई थी।[4] आधुनिक भारत का यह पहला विश्वविद्यालय था। स्व. राममोहन रॉय की आत्मा को इसे श्रद्धांजलि भी कहा जा सकता है, क्योंकि शिक्षा के सम्बन्ध में जो उनकी मनःकामना थी उस दिशा में उक्त विश्वविद्यालय

1. द्रष्टव्य, स्टडीज़ इन द बंगाल रेनेसाँ, पृ. 88-89।
2. द्रष्टव्य, 'Western Influence in Bengal Literature', Priyaranjan Sen, p. 93.
3. द्रष्टव्य, स्टडीज़ इन द बंगाल रेनेसाँ, पृ. 153।
4. वही, पृ. 404।

की स्थापना प्रगति का एक चरण था या कहना चाहिए कि राजा साहब की आकांक्षा-पूर्ति का एक महत् उपक्रम था, उनकी कल्पना को मूर्त करने की एक सक्रिय चेष्टा थी। और यही युग है जब राजा साहब द्वारा प्रवर्तित और सकुशल संचालित भारतीय सांस्कृतिक आन्दोलन अपनी प्रगति का चरमोत्कर्ष प्राप्त करता है। आन्दोलन का संचालन और नेतृत्व कर रहे थे रामकृष्ण परमहंस, ब्रह्मानन्द केशवचन्द्र सेन, दयानन्द सरस्वती और रामकृष्ण परमहंस के पट्टशिष्य स्वामी विवेकानन्द। ये सभी आध्यात्मिक पुरुष थे और अपने-अपने ढंग से इन्होंने जातीय उन्नयन और प्रकारान्तर से मानव-मांगल्य का उपक्रम किया है।

रामकृष्ण परमहंस की साधना

रामकृष्ण परमहंस ऋजुता की सजीव प्रतिमा थे। ब्राह्मणत्व के दम्भ से त्राण पाने के लिए उन्होंने दरिद्रनारायण की उपासना की थी। वे शाक्त थे, शैव थे, वैष्णव थे, तान्त्रिक थे। इतना ही नहीं, ईसाई और मुसलमान धर्म सम्प्रदायों में भी उन्होंने दीक्षा ली थी और उक्त सम्प्रदायानुकूल आचरण और साधना भी की थी। काली उनकी माँ थीं जिनका दर्शन और सामीप्य उनके लिए सहज हो गया था। शिव की नगरी काशी में उन्हें एक विशेष प्रकार की चिन्मयता का आभास मिला था। वृन्दावन में वे कृष्ण के पीछे पागल की तरह दौड़ पड़े थे।[1] भैरवी से उन्होंने तन्त्र की दीक्षा ली थी जिसने यह बताया था कि रामकृष्ण ने महाभाव की स्थिति प्राप्त कर ली है।

उपलब्धि

इस प्रकार विभिन्न सम्प्रदायों में दीक्षित होकर भी वे इन सम्प्रदायों से अलग और ऊँचे थे। उन्हें इस बात का ज्ञान था कि जो कुछ दृश्यमान है वही सत्य नहीं है और इस सत्य की खोज में ही उन्हें विभिन्न मार्गों और मतों का अनुसरण करना पड़ा था। इस महत् यात्रा में उन्हें जो उपलब्धि हुई वह यह कि सत्य एक है, उसे पाने के रास्ते अलग-अलग हैं।[2] इसी बोध ने उन्हें मानवीय संवेदना की भूमिका दी और यहीं उनका समन्वयवादी दृष्टिकोण बना। सर्वधर्म-समन्वय का ऐसा जीवन्त प्रमाण मानवीय इतिहास में दुर्लभ है। रामकृष्ण में समन्वय की इतनी विराट् चेष्टा यदि न होती तो कदाचित् मानवजाति को वह आलोक और शान्ति न दे पाते, और न ही भारतीय जातीय चेतना को वे प्रभावित और प्रेरित कर पाते। वे सच्चे अर्थों में एक भारतीय परमहंस थे जिन्होंने निर्विकल्प समाधि में डूबकर निराकार एक को

---

1. रोमाँ रोलाँ : द लाइफ़ ऑव रामकृष्ण, पृ. 90।
2. स्टडीज़ इन द बंगाल रेनेसाँ, पृ. 101।

समझ लिया था[1] और अब जहाँ द्विविधा की कोई स्थिति नहीं थी, सम्प्रदाय जहाँ निरर्थक बाह्याडम्बर थे। तथापि दृश्यमान जगत् की ओर से रामकृष्ण उदासीन नहीं थे।

अद्वैत की मानवीय भूमिका

अद्वैत की भूमिका उपलब्ध करने के बाद रामकृष्ण को मानव-मात्र में भगवान् दिखाई देने लगें। मनुष्य की व्यथा देखकर वे सद्यः व्यथित होने लगे। सनातन-सन्तप्त और पीड़ित मानवजाति को इतनी बड़ी प्रतिष्ठा भगवान् बुद्ध के बाद कदाचित् किसी दूसरे महात्मा ने नहीं दी थी। बहुत-कुछ भगवान् बुद्ध की ही तरह रामकृष्ण भी अपने युग के श्रीमन्तवर्ग को पीड़ित और बुभुक्षित समुदाय की सहायता के लिए सदैव प्रेरित करते रहे। काशी और वृन्दावन की तीर्थयात्रा के समय रामकृष्ण देवधर भी उतरे थे और वहाँ सन्थालों के दारिद्र्य को देखकर रो पड़े थे। उन्होंने सन्थालों की आर्थिक सहायता के लिए मथुरा बाबू से अनुरोध किया था और अपने इस अनुरोध का अनुकूल परिणाम न देखकर उन्होंने सत्याग्रह किया था।[2] इसी तरह 1870 ई. में अकाल से पीड़ित किसानों के सहयोग के लिए रामकृष्ण ने पुनः मथुरा बाबू से अनुरोध किया था।[3] रामकृष्ण के आदेश का अन्ततः मथुरा बाबू पालन करते थे।

कहना न होगा कि दरिद्रनारायण की उपासना का आयोजन उस पूरी भारतीयता की उपासना का अयोजन था जो एक दीर्घकाल से आत्यन्तिक दैन्य से पीड़ित और कुण्ठित थी। पीड़ा सम्प्रदाय, धर्म और वर्ग निरपेक्ष थी, इसलिए पीड़ा-निरसन का उपक्रम भी इन संकीर्ण सीमाओं से मुक्त होना चाहिए तभी उसका सार्वत्रिक प्रभाव हो सकता है। स्वामी दयानन्द सरस्वती में रामकृष्ण ने यही संकीर्णता देखी थी। दयानन्द के बौद्धिक अतिवाद में रामकृष्ण को विशेष आकर्षण नहीं मिला था क्योंकि उसमें एक क्षीण शक्ति थी[4]। रामकृष्ण में पाण्डित्य नहीं, सहज

1. स्टडीज़ इन द बंगाल रेनेसाँ, पृ. 101
2. रोमाँ रोलाँ : द लाइफ़ ऑव रामकृष्ण, पृ. 91।
3. वही।
4. "It must be admitted that when the two men met at the end of 1873, the Arya Samaj had not yet been founded and the reformer was still in the midst of his career. When Ram Krishna examind him, he found in him, 'a little power', by which he meant, 'real contact with the divine. But the tortured and torturing character, the bellicose athlenticism of the champion of the Vedas, his feverish insistence that he alone was in the right, and therefore had the right to impose his will, were all blots on his mission in Ramkrishna's eyes. He saw him day and night disputing coercing the scriptures, twisting their meanings, and striving at all costs to find a new sect. But such preoccupation with personal and worldly success sullied the true love of God, and so he turned away from Dayanand." Romain Rolland : The Life of Ramkrishna, p. 163-164.

ज्ञान था; आध्यात्मिक दम्भ नहीं, सरलता थी; और यही कारण है कि सर्व-धर्म-समन्वय सम्पन्न करने में उन्हें विशेष कठिनाई नहीं हुई। चूँकि वे किसी अतिवाद से सम्पृक्त नहीं थे इसीलिए उनकी शक्ति बड़ी थी। वैसे भी पाण्डित्य की अपेक्षा सहजता में अधिक बल होता है। रामकृष्ण सम्प्रदाय नहीं बल्कि व्यक्ति को शीर्ष महत्त्व देते थे। वेदान्त और अद्वैतवाद भारतवर्ष के लिए नया नहीं था किन्तु उसके सिद्धान्त पक्ष को व्यावहारिकता की भूमि पर लाकर रामकृष्ण ने उसे एक नयी अर्थवत्ता अवश्य दी। व्यक्ति में भगवान् के दर्शन कर रामकृष्ण ने व्यक्ति-माहात्म्य को एक विशिष्ट प्रतिष्ठा दी, जिसे आधुनिक भारत को और प्रकारान्तर से सम्पूर्ण मानव-जाति को रामकृष्ण का विशेष अवदान कह सकते हैं।

ब्रह्मानन्द केशवचन्द्र सेन और पाश्चात्य प्रभाव

सन् 1857 में ही ब्रह्मानन्द केशवचन्द्र सेन ने ब्राह्मसमाज में प्रवेश किया था, जब वे मात्र उन्नीस वर्ष के थे। पाश्चात्य संस्कृति और ईसाई धर्म का उन पर गहरा असर था। ईसा के चरित्र ने केशवचन्द्र को आकृष्ट किया था और क्षमा तथा आत्म-बलिदान के सिद्धान्त ने उन्हें अत्यन्त प्रभावित किया जिनके द्वारा एशिया और युरॅप के बीच आनुरूप्य और ऐक्य स्थापना की सम्भावना उन्हें दिखाई पड़ रही थी।[1] ईसाई धर्म के प्रति इनके आत्यन्तिक अनुराग का ही परिणाम था कि 1870 ई. में जब उन्होंने इंग्लैण्ड की यात्रा की थी तो पाश्चात्य जगत् के आध्यात्मिक मित्र और ईसाई धर्म प्रचारक के रूप में उनका स्वागत किया गया था, ग्लैडस्टोन से उनकी तुलना की गयी थी और अपने छह माह के प्रवास में उन्होंने 70 व्याख्यान दिये थे जिसे 40,000 व्यक्तियों ने बड़ी श्रद्धा से सुना था।[2] इतना ही नहीं केशवचन्द्र की मृत्यु का मातम ईसाइयों ने भी मनाया। तथापि इसका अर्थ यह कदापि नहीं है कि केशवचन्द्र ईसाई थे, या कि भारतीय धर्म-दर्शन के प्रति उनके मन में अनुराग नहीं था।

रामकृष्ण और केशवचन्द्र सेन

रामकृष्ण के प्रति उनके मन में भक्ति थी। रामकृष्ण के दर्शन करने वे प्रायः दक्षिणेश्वर जाया करते थे और वहाँ सत्संग में पूरे मनोयोग से सम्मिलित होते थे। केशवचन्द्र के आध्यात्मिक वैशिष्ट्य से प्रभावित होकर ही रामकृष्ण उन्हें विशेष स्नेह करते थे और केशवचन्द्र का नातिदीर्घ वियोग भी रामकृष्ण के लिए असह्य हो जाता

---

1. रोमाँ रोलाँ : द लाइफ़ ऑव रामकृष्ण, पृ. 121।
2. वही, पृ. 123।

था।[1] केशव से मिलने वे कलकत्ता पहुँच जाते थे और उनसे कुछ बातें कर कुछ विनोद कर उन्हें एक आध्यात्मिक परितोष मिलता था। रामकृष्ण के सम्पर्क का प्रत्यक्ष प्रभाव यह देखा गया कि मृत्यु के समय केशव 'माँ, माँ' की आवाज़ लगा रहे थे।[2] अस्तु! कदाचित् रामकृष्ण का ही प्रभाव था कि केशवचन्द्र ने भारत के सबसे पीड़ित वर्ग की ओर अधिक ध्यान दिया, उनके प्रति सक्रिय सहानुभूति प्रकट की, उनके उद्धार और उन्नयन के लिए अनेक योजनाएँ प्रस्तुत कीं।

शोषित वर्ग के उन्नयन की चिन्ता और उपक्रम

केशवचन्द्र सेन ने भली प्रकार समझ लिया था कि राष्ट्रीय जागरण और भारत के पुनरुत्थान के लिए देश के उस बड़े वर्ग का उन्नयन, जो हर तरह से शोषित और पीड़ित है, पहली अनिवार्य शर्त है। देश की मुक्ति असम्भव है यदि हम वर्ग-वैषम्य और भेद-दृष्टि को सर्वथा कुण्ठित नहीं कर देते।[3] जन-शिक्षा के लिए उन्होंने जो योजना प्रस्तुत की वह उनकी राष्ट्रीयता और प्रगतिशीलता को सूचित करती है। समाज-सेवा के निमित्त उन्होंने बँगला में 'सुलभ समाचार' नामक साप्ताहिक पत्र का प्रकाशन किया था जिसका मूल्य एक पैसा था जिसे दीन जनता आसानी से ख़रीदकर पढ़ लेती थी। इस पत्र-द्वारा उन्होंने निम्नवर्ग की हीन मनोवृत्ति को तोड़ने का सतत प्रयत्न किया। उनके भीतर छिपी शक्ति का उन्हें बोध कराकर उनका संस्कार उन्नत किया। वे सच्चे अर्थों में एक राष्ट्रवादी महापुरुष थे जिन्होंने अँगरेज़ों को औचित्य रक्षा के लिए बड़े तेजस्वी शब्दों में सावधान किया था।[4] वे

1. केशव के अस्वास्थ्य-समाचार से उदास होकर रामकृष्ण उन्हें देखने आये थे 28 नवम्बर, 1883 ई. बुधवार के दिन। एक लम्बी वार्ता के बाद केशव को सम्बोधित कर रामकृष्ण ने कहा "जब कभी तुम बीमार पड़ जाते हो तब मुझे बड़ी घबराहट होती है। पहली बार जब तुम बीमार पड़े थे, तब रात के पिछले पहर मैं रोया करता था। कहता था—माँ, केशव को अगर कुछ हो गया तो फिर किससे बातचीत करूँगा? तब कलकत्ता आने पर मैंने सिद्धेश्वरी को नारियल और चीनी चढ़ायी थी। माँ के पास मनौती मानी थी जिससे बीमारी अच्छी हो जाए।" श्रीरामकृष्ण वचनामृत, प्रथम भाग, पृ. 516।
2. "Keshab's disciples told Ramkrishna, when he came to see him during his last days on earth, that a great change had taken place." "Often we find him talking to the Divine Mother, waiting for Her and weeping."
   And it is said that in his death agony, Keshab's last words were : "Mother? Mother? ..." 'The Life of Ramkrishna' by Romain Rolland, p. 181, 183.
3. स्टडीज़ इन द बंगाल रेनेसाँ, पृ. 85।
4. "...Be mindful, the common people have sacrificed everythings. We are having our pleasure and enjoyment at their cost. But how many of us think of showing gratitude to them? They are providing food for us by toiling day and night and by the sweat of their brows, but how many of us think about their condition even once?" 'Studies in the Bengal Ranaissance', p. 86.

कोरे समाज-सुधारक ही नहीं बल्कि एक समाजवादी चिन्तक भी थे। आत्मरति और व्यक्तिवादी साधना उन्हें प्रिय नहीं थी। देश के बौद्धिक विकास की अपेक्षा चारित्रिक विकास को वे अधिक महत्त्व देते थे। शिक्षा और बौद्धिकता के विकास के साथ ही सामाजिक कुरीतियों और रूढ़ियों का शमन भी वे अनिवार्य मानते थे।[1]

वे आँग्ल भाषा के प्रकाण्ड पण्डित, तेजस्वी वक्ता और पाश्चात्य संस्कृति के अनन्य प्रेमी थे। उनकी वाक्शक्ति और महान् व्यक्तित्व की सबने प्रशंसा की है।[2] विराट् पाण्डित्य के बावजूद उनका झुकाव सामान्य जन की ओर ही रहता था, यह उनकी देश-भक्ति और राष्ट्रीयता का प्रमाण है।

हिन्दी के प्रति केशवचन्द्र की दृष्टि

दयानन्द सरस्वती से जब उनकी भेंट हुई थी उन्होंने स्वामीजी के सामने यह सुझाव रखा था कि आप 'हिन्दी-भाषा' में प्रवचन दें ताकि सामान्यजन भी आपकी बात समझ सकें और लाभान्वित हो सकें।[3] इतना ही नहीं केशवचन्द्र पहले राष्ट्रीय नेता थे जिन्होंने सर्वप्रथम हिन्दी को राष्ट्रभाषा घोषित किया।[4] अपने साप्ताहिक पत्र 'सुलभ समाचार' में उन्होंने भारत में राष्ट्रीय ऐक्य स्थापित करने के लिए एक राष्ट्रभाषा का प्रश्न उठाया था और हिन्दी की व्यापकता को लक्ष्य कर उसका पक्ष समर्थन किया था। 'यदि भाषा एक न होने के कारण भारतवर्ष में एकता न हो तो उसका क्या उपाय है?' उसका उपाय है समस्त भारतवर्ष में एक भाषा का व्यवहार करना। इस समय भारत में जितनी भाषाएँ प्रचलित थीं, उनमें हिन्दी भाषा प्रायः सर्वत्र प्रचलित है। इस हिन्दी भाषा को यदि भारतवर्ष की एकमात्र भाषा बनाया जाए तो यह कार्य अनायास ही शीघ्र समाप्त हो सकता है।...एक भाषा के बिना एकता नहीं हो सकती।[5] यह केशवचन्द्र सेन की वाणी है जो आँग्ल भाषा के निष्णात पण्डित थे और जिन्हें ईसाई तक समझने की कुछ लोगों ने भूल की। उन्होंने ब्राह्मसमाज के प्रचारकों के लिए हिन्दी सीखना अनिवार्य कर दिया था। उन्हीं की प्रेरणा से कुछ ब्राह्मसमाजी प्रचारकों ने हिन्दी में भजन भी लिखे थे जिनकी संख्या दो सौ के क़रीब बतायी जाती है।[6] इस प्रकार हम देखते हैं कि देशोद्धार के लिए

1. स्टडीज़ इन द बंगाल रेनेसाँ, पृ. 87।
2. ब्रह्मानन्द केशवचन्द्र सेन के बारे में विपिनचन्द्र पाल का वक्तव्य द्रष्टव्य, स्टडीज़ इन द बंगाल रेनेसाँ, पृ. 91।
3. श्रीमद्दयानन्द प्रकाश : स्वामी सत्यानन्दजी, पृ. 240।
4. अमिय चरन बनर्जी : स्टडीज़ इन द बंगाल रेनेसाँ, पृ. 92।
5. सन्मार्ग, दीपावली विशेषांक, 1960 में प्रकाशित श्री विष्णुकान्त शास्त्री के लेख 'बंगाल के हिन्दी सेवी' से उद्धृत।
6. वही, दीपावली विशेषांक, 1960, पृ. 85।

केशवचन्द्र सेन सतत प्रयत्नशील थे और देशहित के लिए बड़े से बड़ा बलिदान करने की प्रेरणा देशवासियों को देते रहे।[1]

महर्षि दयानन्द का विश्वास और उपलब्धि

इसी युग के दूसरे समाज-सुधारक थे महर्षि दयानन्द सरस्वती जिनका विश्वास था कि विदेशी शासन चाहे कितना भी अच्छा क्यों न हो वह स्वदेशी शासन से किसी भी दृष्टि से अच्छा नहीं हो सकता।

उन्नीसवीं शताब्दी का भारत वेद के इतने बड़े किसी दूसरे पण्डित को नहीं जानता। श्री अरविन्द ने लिखा है कि "वेद की व्याख्या के विषय में, मेरा पूरा विश्वास है कि (चाहे वेद की अन्तिम पूर्ण व्याख्या कोई भी हो) दयानन्द उसके सत्य सूत्रों के प्रथम आविष्कर्त्ता के तौर पर सदा आदृत किये जाएँगे। यह दयानन्द के प्रत्यक्षदर्शी चक्षु थे जिन्होंने पुराने अज्ञान और लम्बे युग से चली आती नासमझी को गोलमाल और अन्धकार के बीच में से चीरकर सत्य को सीधे देखा और अपनी दृष्टि वहाँ आबद्ध की जो कि अत्यन्त महत्त्वपूर्ण वस्तु थी। उसने उन द्वारों की कुंजी प्राप्त कर ली जिन्हें कि काल ने बन्द कर रखा था और रुके पड़े निर्झरों के मुख पर से उन्हें बन्द करने वाली सील-मोहर तोड़ फेंकी[2]।"

दयानन्द का पाण्डित्य : एक उपलब्धि–एक अभाव

स्वामी दयानन्द की यह बहुत बड़ी उपलब्धि थी और साथ ही यही उनकी सीमा थी। वैदिक वाङ्मय उन्हें सिद्ध था, किन्तु इस सिद्धि के चलते सारी दुनिया उन्हें छोटी और हीन दिखाई पड़ती थी। जो वेद-विरुद्ध था, चाहे वह भारतीय ही क्यों न हो, उसी से दयानन्द का विरोध था। वैदिक धारा को ही वे शुद्ध भारतीय मानते थे और इसकी निर्मलता तथा जातीय वैशिष्ट्य को अखण्डित और अप्रभावित रखने के लिए वे ईसाई और मुसलमान धर्म का विरोध करते थे। देशोद्धार के आन्दोलनों में भी उन्हें विजातीय गन्ध मिलती थी और उन्हें वे शंका की दृष्टि से देखते थे। ब्राह्मसमाज और प्रार्थनासमाज के विषय में उन्होंने स्पष्ट शब्दों में कहा था, "जो कुछ ब्राह्मसमाज और प्रार्थनासमाजियों ने ईसाई मत में मिलने से थोड़े मनुष्यों को बचाये और कुछ-कुछ पाषाणादि मूर्ति-पूजा को हटाया, अन्य जाल ग्रन्थों के फन्दों से भी बचाये, इत्यादि अच्छी बातें हैं। परन्तु, इन लोगों में स्वदेश-भक्ति

1. "Prepare yourselves, I say, for the time is coming when you shall be called to undergo heavy self-denials and encounter struggles of no ordinary kind Be prepared to offer even your blood, if need be, for the regeneration of your country." Studies in the Bengal Renaissance, p. 89.
2. दयानन्द : श्री अरविन्द, पृ. 54।

बहुत न्यून है। ईसाइयों के आचरण बहुत से लिये हैं। खान-पान विवाहादि के नियम भी बदल दिये हैं। अपने देश की प्रशंसा और पूर्वजों की बड़ाई करनी तो दूर रही, उसके बदले पेट-भर निन्दा करते हैं। व्याख्यानों में ईसाई आदि अँगरेज़ों की प्रशंसा भर-पेट करते हैं। ब्रह्मादि महर्षियों का नाम भी नहीं लेते। प्रत्युत, ऐसा कहते हैं कि बिना अँगरेज़ों के सृष्टि में आज पर्यन्त कोई विद्वान् नहीं हुआ। आर्यावर्ती लोग सदा से मूर्ख चले आये हैं। वेदादिकों की प्रतिष्ठा तो दूर रही, परन्तु निन्दा करने से भी पृथक् नहीं रहते। ब्राह्म-समाज की उद्देश्य-पुस्तक में साधुओं की संख्या में ईसा, मूसा, मुहम्मद, नानक और चैतन्य लिखे हैं। किसी ऋषि-महर्षि का नाम भी नहीं लिखा।" दयानन्द अपनी इसी कट्टरता के चलते कहीं समझौता नहीं कर सके। उनका व्यक्तित्व अत्यन्त पौरुषवान् था। भीरुता उनमें नाम मात्र को न थी और अपने वैदिक पाण्डित्य पर उन्हें पूरा भरोसा था। अपने विरोधी मतावलम्बियों से शास्त्रार्थ करने के लिए वे हर समय उद्यत रहते थे। तर्क और बुद्धि से उन्होंने पराशक्ति और अध्यात्म विद्या पर विचार किया था। रामकृष्ण की स्थिति सर्वथा भिन्न थी। वे प्रायः कहा करते थे, "शास्त्रार्थ को मैं नापसन्द करता हूँ। ईश्वर शास्त्रार्थ की शक्ति से परे है। मुझे तो प्रत्यक्ष दीखता है कि जो कुछ है वह ईश्वरमय है। फिर तर्कों से क्या फ़ायदा। बागीचों में तुम आम खाने जाते हो न कि पेड़ों के पत्ते गिनने। फिर मूर्ति-पूजा, पुनर्जन्म और अवतारवाद को लेकर यह विवाद क्या चलता है?"

दयानन्द की प्रगतिशीलता

वैदिक कट्टरता के बावजूद दयानन्द अत्यन्त प्रगतिशील महात्मा थे, बल्कि कहना चाहिए कि वैदिक साहित्य का नया भाष्य लिखकर और उसे नयी भूमिका देकर दयानन्द ने वैदिक धारा का प्रगतिशीलता से सीधा सम्बन्ध प्रमाणित किया। वर्ण-व्यवस्था की उन्होंने नयी व्याख्या की और ब्राह्मण-शूद्र का तात्त्विक भेद स्पष्ट किया। नारी जाति को अपेक्षित सम्मान दिया। अँगरेज़ियत उन्हें पसन्द नहीं था। इतना ही नहीं बल्कि देश को वे अँगरेज़ी वातावरण से सर्वथा मुक्त करना चाहते थे। इसलिए शिक्षा के सम्बन्ध में वे भारतीय गुरुकुल व्यवस्था के समर्थक थे।

देशोद्धार का प्रश्न और हिन्दी की महत्ता

देशोद्धार के लिए वे देश में एक भाषा की आवश्यकता का अनुभव करते थे और इसके लिए उनकी दृष्टि में हिन्दी ही एकमात्र उपयुक्त भाषा थी। हिन्दी को दयानन्द आर्यभाषा कहते थे और आर्यसमाज के सदस्यों के लिए हिन्दी सीखना उन्होंने अनिवार्य कर दिया था। हिन्दी में 'आर्य प्रकाश' नामक पत्र-प्रकाशन की प्रेरणा भी दयानन्दजी की थी। संस्कृत के प्रकाण्ड पण्डित ने संस्कृत के बाद अपनी मातृभाषा गुजराती की ओर न जाकर हिन्दी को अपनाया और अपनी देशभक्ति का

प्रमाण दिया। एक दिन हरिद्वार की एक सभा में महर्षि ने अपने एक श्रोता को सम्बोधित कर कहा था, "नागरी के अक्षर थोड़े दिनों में सीखे जा सकते हैं, आर्यभाषा का सीखना भी कोई कठिन काम नहीं है। फ़ारसी और अरबी के शब्दों को छोड़कर, ब्रह्मावर्त की सभ्य भाषा ही आर्यभाषा है। यह अति कोमल और सुगम है। जो इस देश में उत्पन्न होकर अपनी भाषा को सीखने में कुछ भी परिश्रम नहीं करता उससे और क्या आशा की जा सकती है? उसमें धर्म-लग्न है, इसका भी क्या प्रमाण है? आप तो अनुवाद की सम्मति देते हैं, परन्तु दयानन्द के नेत्र तो वह दिन देखना चाहते हैं कि, जब काश्मीर से कन्याकुमारी तक और अटक से कटक तक नागरी अक्षरों का ही प्रचार होगा। मैंने आर्यावर्त-भर में भाषा का ऐक्य सम्पादन करने के लिए ही, अपने सकल ग्रन्थ आर्यभाषा में लिखे और प्रकाशित किये हैं[1]।" यह दयानन्द की देशभक्ति और प्रगतिशीलता का प्रमाण है। यहाँ यह भी निवेदन करना अप्रासंगिक न होगा कि हिन्दी गद्य के प्रसार और विकास में स्वामी दयानन्द और आर्यसमाज ने महत्त्वपूर्ण योग दिया। दयानन्द के इस महत् उपकार को आचार्य पं. रामचन्द्र शुक्ल ने इस प्रकार स्वीकार किया है, "स्वामीजी ने अपना 'सत्यार्थप्रकाश' तो हिन्दी या आर्यभाषा में प्रकाशित किया ही, वेदों के भाष्य भी संस्कृत और हिन्दी दोनों में किये।...स्वामीजी ने संवत् 1932 में आर्यसमाज की स्थापना की और सब आर्यसमाजियों के लिए हिन्दी या आर्यभाषा का पढ़ना आवश्यक ठहराया। युक्त प्रान्त के पश्चिमी ज़िलों और पंजाब में आर्यसमाज के प्रभाव से हिन्दी-गद्य का प्रचार बड़ी तेज़ी से हुआ।...आज जो पंजाब में हिन्दी की पूरी चर्चा सुनाई देती है, इन्हीं की बदौलत है[2]।"

सर्व संघ-समन्वय की असफल चेष्टा

देश की मुक्ति के लिए दयानन्द बेचैन रहते थे। राष्ट्र की जागृति के लिए ही उन्हें कठोर मार्ग अपनाना पड़ा था जिसके पुरस्कारस्वरूप उन्हें तीव्र विरोध, अपमान और अवज्ञा के कड़वे घूँट पीने पड़े और अन्ततः प्राण भी त्यागना पड़ा। एक दिन पण्ड्या मोहनलाल जी से बात करते हुए ऋषि दयानन्द ने कहा था, "एक तो मेरा धार्मिक लक्ष्य सार्वजनिक है। उसे संकुचित नहीं किया जा सकता; दूसरे भारतवासी लम्बी तानकर ऐसी गहरी नींद में सो रहे हैं कि मीठे शब्दों से तो आँख तक खोलने को भी समुद्यत नहीं होते। सुधार का तो ये नाम तक नहीं लेते। कुरीतियों और कुनीतियों के खण्डन रूप कड़े कोड़े की तड़ातड़ ध्वनि से भी यदि ये जाग जाएँ तो, ईश्वर का कोटि कोटि धन्यवाद करूँगा।...पण्ड्याजी। कोई देश

1. श्रीमद्दयानन्द प्रकाश : स्वामी सत्यानन्द, पृ. 388।
2. आचार्य रामचन्द्र शुक्ल : हिन्दी साहित्य का इतिहास, पृ. 445।

जनशून्य नहीं हो जाया करता। लोग तो बने ही रहा करते हैं। परन्तु धर्म-गुरुओं और सामाजिक नेताओं की असावधानी, प्रमाद और आलस्य से भावना, भाव और भाषा आदि एकता के चिह्न बदल जाते हैं। जाति के आचार-विचार परिवर्तित हो जाते हैं। रहन-सहन के ढंगों में भेद आ जाता है। ठीक ऐसा ही समय अब इस देश पर उपस्थित है। यदि सँभाला न गया तो आर्य जाति परिवर्तन के चंचल चक्र पर चढ़कर अतिशय उतावली से अपने पूर्व पवित्र शरीर को परिवर्तित कर डालेगी। इसके पिछले प्रमाद के कारण करोड़ों मनुष्य मुसलमान बन गये। अब प्रतिदिन सैकड़ों ईसाई बनते चले जा रहे हैं। ऐसे समय में तो सधर्म बन्धुओं को कड़े हाथ से, उनकी चोटियाँ पकड़कर भी, जगाना होगा। भाई! यह कटु कर्तव्य मैं कोई अपने स्वार्थ के लिए तो पालन नहीं कर रहा हूँ। मुझे तो इनके कारण अवहेलना, निन्दा, कुवचन, ईंट-पत्थर और विष ही स्थान-स्थान पर मिलता है। परन्तु बन्धु-वात्सल्य की भावना, मुझे विपत्तियों के निकट और जटिल जाल में भी समाज-सुधार के लिए प्रोत्साहित कर रही है।"[1] देशोद्धार के लिए सभी मतों के नेताओं को वे एक भूमि पर लाना चाहते थे। दिल्ली में उन्होंने एक सभा बुलायी थी जिसमें कन्हैयालालजी अलखधारी, श्रीयुत नवीनचन्द्र राय, श्रीयुत हरिश्चन्द्र चिन्तामणि, सर सय्यद अहमद, श्री केशवचन्द्र सेन और श्री इन्द्रमन जी ने भाग लिया था। इस सभा में स्वामीजी ने यह प्रस्ताव उपस्थित किया था कि हम भारतवासी सब एकमत होकर एक ही रीति से देश का सुधार करें तो आशा है कि भारत देश सुधर जाएगा।[2] किन्तु समझौते की कोई भूमि कदाचित् इसलिए उपलब्ध न हो सकी क्योंकि सभी विचारक अपने-अपने सिद्धान्तों के प्रति एक हद तक कट्टर थे।

दयानन्द और केशवचन्द्र की अतिवादिता

विशेष अप्रासंगिक विस्तार में न जाकर एक ऐसे प्रसंग का उल्लेख किया जाता है जो दयानन्द सरस्वती और केशवचन्द्र सेन की अतिवादी प्रवृत्ति और उनकी सीमा को द्योतित करता है। सन् 1872 ई. में श्री दयानन्द सरस्वती ने कलकत्ता की यात्रा की थी, वहाँ के महापुरुषों ने उनसे साक्षात्कार किया था। स्वामीजी के पाण्डित्य और प्रातिभ शक्ति से प्रभावित होकर केशवचन्द्र सेन ने उनसे कहा था, "शोक है कि वेदों का अद्वितीय विद्वान् अँगरेज़ी नहीं जानता, अन्यथा इंग्लैण्ड जाते समय वह मेरा इच्छानुकूल साथी होता।" स्वामीजी ने हँसकर उत्तर दिया था, "शोक है कि ब्राह्मसमाज का नेता संस्कृत नहीं जानता और लोगों को उस भाषा में उपदेश देता है जिसे वे समझते ही नहीं[3]।" ध्वनि काफ़ी स्पष्ट है। केशवचन्द्र का विश्वास था

1. श्रीमद्दयानन्द प्रकाश, पृ. 507।
2. वही, पृ. 297।
3. वही, पृ. 239।

कि दयानन्द यदि अँगरेज़ी जानते तो पाश्चात्य जगत् की आधुनिक उपलब्धियों के साथ वैदिक ज्ञान की संगति बैठा पाते और तब उनके द्वारा आधुनिक भारत का अधिक कल्याण होता। दयानन्द का उत्तर भी सटीक था, उन्हें यह अफ़सोस था कि संस्कृत भाषा न जानने के कारण ही केशवचन्द्र स्वस्थ वैदिक परम्परा का सही अर्थ नहीं समझते और उसे अपेक्षित महत्त्व न देकर विदेशी संस्कृति पर मुग्ध हैं।

समन्वयवादी स्वामी विवेकानन्द

विवेकानन्द का व्यक्तित्व इन दोनों अतियों से मुक्त था। वे अँगरेज़ी और संस्कृत दोनों के पण्डित थे। पुरातनता और आधुनिकता की उन्हें समान अभिज्ञता थी। इतना ही नहीं वे रामकृष्ण परमहंस के पट्टशिष्य थे। स्मरणीय है कि ब्राह्म समाज का झुकाव भारतीय दर्शन की औपनिषदिक धारा के प्रति था। स्वामी दयानन्द वैदिक धारा के उन्नायक थे। किन्तु रामकृष्ण भारतीयता की समग्रता में ग़ोता लगा चुके थे। वे उस बिन्दु पर खड़े थे जिसे स्पर्श कर सारी धाराएँ प्रवाहित होती हैं। विवेकानन्द के आराध्य रामकृष्ण ही थे। उन्हीं के आदर्शों का बल उनके साथ था। और कदाचित् इसीलिए वे दो अतियों के बीच में समन्वय स्थापित कर सके।

जातीय संस्कार का आग्रह

पाश्चात्य देशों के भ्रमण से लौटकर दक्षिण भारत की एक सभा में अपने अभिनन्दन का उत्तर देते हुए देशवासियों से विवेकानन्द ने कहा था, "आजकल हम पाश्चात्य शिक्षा में शिक्षित जितने लोगों को देखते हैं उनमें से एक का भी जीवन आशाप्रद नहीं है। इस समय हमारी एक ओर प्राचीन हिन्दू और दूसरी ओर अर्वाचीन यूरोपीय सभ्यता है। इन दोनों में यदि कोई एक को पसन्द करने के लिए कहे, तो मैं प्राचीन हिन्दू समाज को ही पसन्द करूँगा, क्योंकि अज्ञ होने पर भी, कुसंस्कार से घिरे होने पर भी, हिन्दू के हृदय में एक विश्वास है—उसी विश्वास के बल पर वह अपने पैरों पर खड़ा हो सकता है। किन्तु विलायती रंग में रँगे सर्वथा मेरुदण्डविहीन बाबू लोग अपरिपक्व, शृंखलाशून्य, बेमेल विभिन्न भावों से भरे होते हैं। वे उन्हें हज़म नहीं कर सकते—उनको आत्मसात् नहीं कर सकते। अपने पैरों पर वे खड़े नहीं हो सकते—उनका सिर हमेशा चक्कर खाया करता है। वे लोग जो कुछ कहते हैं, उसका कारण जानते हो! अँगरेज़ों से थोड़ी शाबाशी पा जाना ही उनके सब कार्यों का मूल कारण है। वे लोग जो समाज-संस्कार करने के लिए अग्रसर होते हैं, हमारी कितनी ही सामाजिक प्रथाओं के विरुद्ध तीव्र आक्रमण करते हैं, उसका कारण केवल यह है कि हमारे ये सब आचार साहबों की प्रथा के विरुद्ध हैं। हमारी कितनी ही प्रथाएँ केवल इसलिए दोषपूर्ण हैं कि साहब लोग उन्हें दोषपूर्ण कहते हैं। मुझे ऐसे विचार पसन्द नहीं। बल्कि जो कुछ तुम्हारा अपना है, उसे लेकर अपने

बल पर खड़े रहो और मर जाओ। यदि जगत् में कोई पाप है, तो वह दुर्बलता है। दुर्बलता ही मृत्यु है, दुर्बलता ही पाप है, इसलिए सब प्रकार की दुर्बलता का त्याग करो।"[1] पाश्चात्य सभ्यता के प्रति अपनी धारणा को ज़रा और स्पष्ट करते हुए उन्होंने इसी भाषण में कहा था कि "पाश्चात्य सभ्यता में चाहे कितनी ही चमक-दमक क्यों न हो, वह चाहे कितना ही अद्भुत व्यापार करने में समर्थ क्यों न हो, मैं इस सभा के बीच खड़ा होकर उनसे साफ़-साफ़ कहे देता हूँ, कि यह सब केवल भ्रान्ति और मिथ्या है। एकमात्र ईश्वर ही सत्य है, एकमात्र आत्मा ही सत्य है, एकमात्र धर्म ही सत्य है। इसी सत्य को पकड़े रखो।"[2] उन्होंने सचेत किया था कि "भली भाँति स्मरण रखिए, यदि आप धर्म को छोड़कर पाश्चात्य जाति की जड़वाद-सर्वस्व सभ्यता के पीछे दौड़िएगा, तो आपका तीन ही पीढ़ियों में विनाश निश्चित है। धर्म छोड़ने से हिन्दू जाति का मेरुदण्ड ही टूट जाएगा—जिस भित्ति के ऊपर यह जातीय सुविशाल सौध खड़ा है, वह नष्ट हो जाएगा, फिर तो सर्वनाश रखा ही है।"[3]

वेदान्त और विवेकानन्द

स्मरणीय है कि विवेकानन्द जिस धर्म की बात कहते थे वह वेदान्त पर आधृत था। वही वेदान्त जो "सबसे पहले मनुष्य को अपने ऊपर विश्वास करने के लिए कहता है। जिस प्रकार संसार का कोई-कोई धर्म कहता है कि जो व्यक्ति अपने से अतिरिक्त सगुण ईश्वर का अस्तित्व स्वीकार नहीं करता वह नास्तिक है, उसी प्रकार वेदान्त भी कहता है कि जो व्यक्ति अपने-आप पर विश्वास नहीं करता वह नास्तिक है। अपनी आत्मा की महिमा में विश्वास न करने वाले को ही वेदान्त में नास्तिक कहते हैं।"[4] इसी नास्तिकता से विवेकानन्द का विरोध था। वे भली प्रकार समझ रहे थे कि अपना देश सत्त्व गुण की आड़ में धीरे-धीरे तमोगुण के समुद्र में डूब रहा है, "जहाँ महा जड़बुद्धि पराबुद्धि के अनुराग के छल से अपनी मूर्खता छिपाना चाहते हैं, जहाँ जन्म-भर आलसी वैराग्य के आवरण को अपनी अकर्मण्यता के ऊपर डालना चाहता है, जहाँ क्रूर कर्मवाले तपस्या आदि का स्वाँग करके निष्ठुरता को भी धर्म का अंग बनाते हैं, जहाँ अपनी कमज़ोरी के ऊपर किसी की भी दृष्टि नहीं है, किन्तु प्रत्येक मनुष्य दूसरों के ऊपर दोषारोपण करने को तत्पर है, जहाँ केवल कुछ पुस्तकों को कण्ठस्थ करना ही ज्ञान है, दूसरों के विचारों की टिप्पणी करना ही प्रतिभा है, और इन सबसे बढ़कर केवल पितृपुरुषों का नाम लेने में ही जिसकी

1. विवेकानन्द : स्वाधीन भारत! जय हो!, पृ. 11, 12।
2. वही, पृ. 9।
3. विवेकानन्द : भारत में विवेकानन्द, पृ. 82।
4. स्वामी विवेकानन्द : व्यावहारिक जीवन में वेदान्त, पृ. 7।

महत्ता रहती है, वह देश दिन-पर-दिन तमोगुण में डूब रहा है, यह सिद्ध करने के लिए हमें क्या और कोई प्रमाण चाहिए?"[1]

आधुनिक विज्ञान : भारत की मुख्य आवश्यकता

इस डूबते देश की रक्षा के लिए पूर्वग्रह और रूढ़िमुक्त होकर विवेकानन्द ने उस आधार-स्तम्भ को अपनाना उचित समझा जिससे वंचित होकर हम दीन हो गये हैं। बड़े आग्रहपूर्वक उन्होंने कहा था, "जो हमारे पास नहीं है, शायद जो पहले भी नहीं था, जो यवनों के पास था, जिसका स्पन्दन यूरोपीय विद्युदाधार (डाइनमों) से उस महाशक्ति को बड़े वेग से उत्पन्न कर रहा है, जिसका संचार समस्त भूमण्डल में हो रहा है—हम उसी को चाहते हैं। हम वही उद्यम, वही स्वाधीनता की प्रीति, वही आत्मावलम्बन, वही अटल धैर्य, वही कार्य-दक्षता, वही एकता और वही उन्नति-तृष्णा चाहते हैं। बीती बातों की उधेड़-बुन छोड़कर अनन्त तक विस्तारित अग्रसर दृष्टि की हम कामना करते हैं और सिर से लेकर पैर तक की सब नसों में बहने वाले रजोगुण की उत्कट इच्छा रखते हैं।[2] यही विवेकानन्द की समन्वयवादी दृष्टि है।

स्वतन्त्रता-प्रीति और शक्ति की उपासना

विवेकानन्द ने देश की अवनति का मूल कारण समझ लिया था और उसके निराकरण के लिए उनका विश्वास था कि "उन्नति की पहली शर्त है स्वाधीनता। मनुष्य को जिस प्रकार विचार और वाणी में स्वाधीनता मिलनी चाहिए, वैसे ही उसे खान-पान, रहन-सहन, विवाह आदि हर-एक बात में स्वाधीनता मिलनी चाहिए—जब तक कि उसके द्वारा दूसरों को कोई हानि नहीं पहुँचती।"[3] इस स्वाधीनता को पाने के लिए आवश्यक है शक्ति की उपासना, क्षात्र-धर्म की प्रतिष्ठा। विवेकानन्द ने अपनी हार्दिक आकांक्षा प्रकट करते हुए कहा था, "मैं भारत में लोहे की मांस-पेशियाँ और फ़ौलाद की नाड़ी तथा धमनी देखना चाहता हूँ, क्योंकि इन्हीं के भीतर वह मन निवास करता है जो शम्पाओं एवं वज्रों से निर्मित होता है। शक्ति, पौरुष, क्षात्र-वीर्य और ब्रह्मतेज इनके समन्वय से भारत की नयी मानवता का निर्माण होना चाहिए।" उन्होंने भारतवासियों को सलाह दी थी कि "मृत्यु का ध्यान करो, प्रलय को अपनी समाधि में देखो, तथा महाभैरव रुद्र को अपनी पूजा से प्रसन्न करो। जो भयानक है, उसकी अर्चना से ही भय बस में आएगा।...सम्भव हो तो जीवन को

---

1. विवेकानन्द : स्वाधीन भारत! जय हो!, पृ. 27-28।
2. वही, पृ. 26।
3. वही, पृ. 58।

छोड़कर मृत्यु की कामना करो। तलवार की धार पर अपना शरीर लगा दो और रुद्र शिव से एकाकार हो जाओ।"[1]

दृश्यमान लोक और विवेकानन्द की दृष्टि

इसी तरह ईसाइयों को धिक्कारते हुए उन्होंने शिकागो के विश्व धर्म-सम्मेलन में कहा था, "भयानक दुर्भिक्षों के समय लाखों भारतवासी निराहार मर गये, किन्तु तुम ईसाइयों से कुछ भी नहीं बन पड़ा। भारत की भूमि पर तुम गिरजों पर गिरजे बनवाते जा रहे हो, किन्तु तुम्हें यह ज्ञात नहीं कि पूर्वी जगत् की आकुल आवश्यकता रोटी है, धर्म नहीं। धर्म एशियावालों के पास अब भी बहुत है। वे दूसरों से धर्म का पाठ पढ़ना नहीं चाहते। जो जाति भूख से तड़प रही है, उसके आगे धर्म परोसना उसका अपमान है। जो जाति रोटी को तरस रही है उसके हाथ में दर्शन और धर्म-ग्रन्थ रखना उसका मज़ाक़ उड़ाना है।"[2] विवेकानन्द ख़ूब समझते थे कि "भारतवर्ष के सभी अनर्थों की जड़ है—जनसाधारण की ग़रीबी।" और इस ग़रीबी से मुक्ति पाने के लिए विवेकानन्द के अनुसार, "भौतिक सभ्यता आवश्यक है, इतना ही नहीं, आवश्यकता से अधिक चीज़ों का व्यवहार भी आवश्यक है, ताकि ग़रीबों के लिए नये-नये काम निकलते रहें। अन्न! अन्न! चाहिए! मुझे तो इस पर विश्वास नहीं होता कि जो भगवान् मुझे यहाँ पर अन्न नहीं दे सकता, वह स्वर्ग में मुझे अनन्त सुख देगा। राम कहो! भारत को उठाना होगा, ग़रीबों को दो रोटी देनी होंगी, शिक्षा का विस्तार करना होगा और पुरोहिती की बुराइयों को ऐसा धक्का देना होगा कि वे चक्कर खाती हुई एकदम अतलान्तिक महासागर में जा गिरें। ब्राह्मण हो या संन्यासी—किसी की बुराइयों को क्षमा न मिलनी चाहिए। ऐसा करना होगा, जिससे पुरोहिती की बुराइयों और सामाजिक अत्याचारों का कहीं नाम-निशान तक न रहे, सबके लिए अन्न अधिक सुलभ हो जाए और सबको अधिकाधिक सुविधा मिलती रहे।"[3]

विवेकानन्द का राष्ट्रीय अवदान

इस प्रकार हम देखते हैं कि उन्नीसवीं शती की समग्र चेतना विवेकानन्द के व्यक्तित्व में मुखर थी।[4] कदाचित् इसीलिए रवीन्द्रनाथ ने कहा था, "यदि कोई भारत को समझना चाहता है तो उसे विवेकानन्द को पढ़ना चाहिए।" प्रसिद्ध इतिहासवेत्ता

---

1. रामधारी सिंह 'दिनकर' : संस्कृति के चार अध्याय, पृ. 502।
2. वही, पृ. 501।
3. विवेकानन्द : स्वाधीन भारत! जय हो!, पृ. 59।
4. In fact the revival of Vedant in Hindu thought at the end of the nineteenth and in the first two decades of the twentieth century constitutes a religious movement of national significance."–K.M. Panikkar–The Foundation of New India, p. 32.

डॉ. रमेशचन्द्र मजुमदार ने बहुत ठीक कहा है कि सक्रिय राजनीति में न होते हुए भी विवेकानन्द ने जो चेतना उत्पन्न की उसका भारतीय राजनीति पर गहरा प्रभाव पड़ा।[1] निस्सन्देह "स्वामीजी के भीतर से हिन्दुओं में यह विश्वास उत्पन्न हुआ कि उन्हें किसी के भी सामने मस्तक झुकाने अथवा लज्जित होने की आवश्यकता नहीं है। भारत में सांस्कृतिक राष्ट्रीयता पहले उत्पन्न हुई—राजनीतिक राष्ट्रीयता बाद में जन्मी।"[2] स्वामीजी ने सुस्पष्ट रूप से राजनीति का एक भी सन्देश नहीं दिया, किन्तु जो भी उनके अथवा उनकी रचनाओं के सम्पर्क में आया, उसमें देशभक्ति और राजनीतिक मानसिकता आपसे आप उत्पन्न हो गयी।"[3]

देवेन्द्रनाथ टैगोर और तत्त्वबोधिनी सभा

यहाँ स्मरणीय है कि महर्षि देवेन्द्रनाथ टैगोर की तत्त्वबोधिनी सभा का उद्देश्य प्रत्यक्ष राजनीति और राजनीतिक नहीं था तथापि इसके तत्त्वावधान में होने वाली धार्मिक, सामाजिक गतिविधियों से शिक्षित समुदाय में राष्ट्रीय चेतना और जातीय स्वाभिमान की भावना उत्पन्न हुई थी। इस दिशा में महर्षि देवेन्द्रनाथ का दूसरा महत्त्वपूर्ण कार्य यह था कि 'ब्रिटिश इण्डियन एसोसिएशन' के प्रथम मन्त्री की हैसियत से उन्होंने मद्रास और बम्बई के प्रमुख नागरिकों से सम्बन्ध स्थापित कर इस बात की चर्चा की थी कि देश की प्रमुख माँग को सामूहिक रूप से ब्रिटिश सरकार के सम्मुख रखने के लिए देश के विभिन्न अंचलों की विभिन्न प्रमुख संस्थाओं के बीच सहयोग-सम्बन्ध अत्यन्त आवश्यक है।[4]

उपर्युक्त धार्मिक आन्दोलनों से दूर उसी युग में कुछ ऐसे दूसरे महापुरुष थे जिन्होंने अपने-अपने प्रयत्नों द्वारा राष्ट्रीय आन्दोलन की प्रगति में महत्त्वपूर्ण योग दिया था। इनमें पण्डित-प्रवर ईश्वरचन्द्र विद्यासागर और ऋषि बंकिमचन्द्र का नाम विशेष उल्लेखनीय है।

पं. ईश्वरचन्द्र विद्यासागर

ईश्वरचन्द्र विद्यासागर अपने युग के अप्रतिम पण्डित और शास्त्रज्ञ ही नहीं थे बल्कि एक प्रगतिशील समाज-सुधारक भी थे। संस्कृत वाङ्मय को उन्होंने पूरी तरह आत्मसात् कर लिया था और उसकी अभाव-उपलब्धियों को वे ख़ूब समझते

1. "Neither Bankimchandra nor Vivekananda was an active politician, but the spirit which they created had a great repercussion on Indian politics." Ramesh Chandra Mazumdar : 'Studies in Bengal Renaissance', p. 190.
2. संस्कृति के चार अध्याय, पृ. 498।
3. वही, पृ. 497 से उद्धृत।
4. द्रष्टव्य, स्टडीज़ इन द बंगाल रेनेसाँ, पृ. 45।

थे। भारतीय विद्या की जीवनी-शक्ति को संवर्द्धित करने के लिए विद्यासागर ने आवश्यक समझा कि नये आलोक में इसका अनुशीलन किया जाए। शिक्षा की पुरानी व्यवस्था में भी परिवर्तन अपेक्षित था। इस सम्बन्ध में विद्यासागर आधुनिकता के पूर्ण आग्रही थे। भारत की प्राचीन विद्या को आधुनिक रूप देना चाहते थे ताकि आधुनिक युग के लिए उसकी सार्थकता बनी रहे। इस सम्बन्ध में 1850 ई. में, जब वे संस्कृत कॉलेज के प्राध्यापक थे, सरकार की शिक्षा समिति के सामने एक रिपोर्ट प्रस्तुत की थी जिसमें उन्होंने सरकार से यह माँग की थी कि रूढ़ और मृत शिक्षा-व्यवस्था के स्थान पर जीवन्त और युगानुकूल व्यवस्था स्वीकृत और निर्दिष्ट की जाए। इस नयी शिक्षा-व्यवस्था की प्रतिष्ठा के लिए इन्होंने वैज्ञानिक और युगीन पद्धति से संस्कृत व्याकरण लिखा।

नयी शिक्षा तथा अन्य सुधार

शिक्षा-सम्बन्धी इनका दूसरा महत्त्वपूर्ण कार्य था स्त्री-शिक्षा का प्रचार। स्त्री-शिक्षा के प्रथम उन्नायक के रूप में विद्यासागर को सदैव स्मरण किया जाएगा। 1857 से 1858 के बीच पण्डित विद्यासागर ने बंगाल के विभिन्न अंचलों में 35 बालिका विद्यालयों की स्थापना की थी जिनकी छात्राओं की संख्या 1300 थी।[1]

बहुविवाह और बालविवाह के अनौचित्य की ओर भी विद्यासागर की दृष्टि पड़ी थी और इस कलुष-प्रक्षालन के लिए उन्होंने 1850, 1855 और 1866 में सरकार से पुनः-पुनः अनुरोध किया था।

निस्सन्देह इससे भी अधिक महत्त्वपूर्ण कार्य जो विद्यासागर ने किया था वह था विधवा-विवाह आन्द्रोलन। कहना न होगा कि विधवा-विवाह के औचित्य की चर्चा राजा राममोहन के ज़माने में होने लगी थी किन्तु विद्यासागर ने इसमें पूरी सक्रियता दिखलायी, इसे आन्दोलन का रूप दिया। इतना ही नहीं अनेकानेक पाण्डित्यपूर्ण लेख लिखकर इसे शास्त्रसम्मत प्रमाणित किया। 987 व्यक्तियों के हस्ताक्षर सहित उन्होंने एक प्रार्थनापत्र सरकार को दिया था जिसमें यह अनुरोध किया गया था कि हिन्दू विधवा के पुनर्विवाह को वैज्ञानिक अवलम्ब देने के लिए सरकार इस सम्बन्ध में एक क़ानून बनाए। पुरातनवादी हिन्दुओं पर इसकी गहरी प्रतिक्रिया हुई और उनके नेता राधाकान्त देव ने सरकार के सामने 36763 व्यक्तियों के हस्ताक्षर सहित एक प्रार्थना पत्र प्रस्तुत किया था जिसमें विद्यासागर के अनुरोध का प्रत्यक्ष विरोध था।[2] किन्तु पुरातनवादियों को अपने प्रयत्न में सफलता नहीं मिली और 26 जुलाई 1856 को विधवा-विवाह-सम्बन्धी क़ानून पास हो गया। विद्यासागर की सक्रियता बनी रही

1. स्टडीज़ इन द बंगाल रेनेसाँ, पृ. 52।
2. द्रष्टव्य, स्टडीज़ इन द बंगाल रेनेसाँ।

और 7 दिसम्बर 1856 ई. को उनके प्रयत्न से उन्हीं के निरीक्षण में प्रथम बार वैधानिक रीति से हिन्दू विधवा का पुनर्विवाह हुआ।[1] इतना ही नहीं अपने पूरे जीवनकाल में वे इस आन्दोलन के प्रति सचेत और सचेष्ट रहे।

एक महत् व्यक्तित्व

विद्यासागर के पाण्डित्य का प्रभाव देशव्यापी था, इसलिए स्वाभाविक था कि उनके आन्दोलन का प्रभाव पूरे देश पर पड़े। उनके पाण्डित्य के अनुरूप ही उनका व्यक्तित्व भी महान् था जिसकी प्रशंसा रामकृष्ण परमहंस भी करते थे। जितना बड़ा उनका आदर्श था उतनी ही बड़ी उनकी दृष्टि थी और उसी कोटि की उनमें उदारता थी। प्रादेशिक सीमा से वे ऊपर थे और देश की सम्पूर्ण मनीषा के साथ वे आत्मीयता अनुभव करते थे। हिन्दी की शक्ति को वे समझते थे, हिन्दी भाषा और साहित्य भी समझते थे। अपनी काशी-यात्रा में वे भारतेन्दु हरिश्चन्द्र के यहाँ ठहरे थे जिनके हाथों में उन्नीसवीं शताब्दी के हिन्दी-साहित्य का नेतृत्व था। भारतेन्दु के संग्रहालय में उन्होंने 'अभिज्ञान शाकुन्तल' की पुरानी प्रति देखी थी और उस नाटक का सम्पादन कर उसे भारतेन्दु को ही समर्पित किया था।[2] भारतेन्दु के साथ ही यह हिन्दी और हिन्दी-समाज का सम्मान था जो वस्तुतः एक बड़ी चीज़ थी जिसकी ओर आज के पूर्वग्रह-पीड़ित मूर्धन्य पण्डितों का ध्यान नहीं जाता। परिणामतः रोज़-रोज़ सांस्कृतिक ग्रन्थियाँ बनती जा रही हैं। पं. ईश्वरचन्द्र विद्यासागर और पं. द्वारिकानाथ विद्याभूषण का 'सोमप्रकाश' प्रति सोमवार को बँगला में प्रकाशित होता था। कलकत्ता से हिन्दी का कोई पत्र नहीं निकलता था। पं. युगलकिशोर शुक्ल के 'उदन्तमार्तण्ड' और 'सामदन्त मार्तण्ड' को अस्त हुए एक ज़माना हो गया था और बाबू कार्तिक प्रसाद खत्री के 'हिन्दी दीप्ति प्रकाश' को बुझे भी कई वर्ष बीत चुके थे। दुर्गाप्रसादजी के मन में विचार हुआ कि हिन्दी का पत्र भी निकलना चाहिए। उन्होंने इस विषय पर पं. छोटूलालजी मिश्र से परामर्श किया। छोटूलालजी डोगरे सारस्वत थे और जम्मू राज्य के निवासी थे। दुर्गाप्रसादजी इन्हें बड़ा भाई मानते थे। छोटूलालजी इस प्रस्ताव पर सहमत हुए और दोनों के सहयोग से 'भारतमित्र' प्रकाशित हुआ।"[3]

बंकिमचन्द्र और वन्देमातरम्

ईश्वरचन्द्र विद्यासागर मनीषी और शिक्षाविद् थे और बंकिमचन्द्र महान् साहित्यकार, इतना ही नहीं वे एक ऋषि थे क्योंकि उन्होंने एक मन्त्र दिया था।

1. श्री रामकृष्ण परमहंस ने ईश्वरचन्द्र विद्यासागर से भेंट की थी, उस समय काफ़ी देर तक दोनों में वार्ता हुई थी। द्रष्टव्य, श्री रामकृष्ण वचनामृत, भाग 2, पृष्ठ 55-56।
2. डॉ. रामविलास शर्मा : भारतेन्दु युग, पृ. 165।
3. पं. अम्बिकाप्रसाद वाजपेयी : समाचारपत्रों का इतिहास, पृ. 368-369।

यह मन्त्र था 'वन्दे मातरम्'। यह एक ऐसा उद्बोधक मन्त्र था जो नवभारत के निर्माण में मूल प्रेरक बना। बंकिमचन्द्र की यह कविता साधारण कविता नहीं थी। प्रखर राष्ट्रीयता की ध्वनि ही इसकी आत्मा थी। इस कविता में कल्पित माता कोई धार्मिक देवी नहीं बल्कि वह देश है जहाँ हम रहते हैं और यह देश-माता मात्र प्रादेशिक राशि नहीं बल्कि एक जीवन्त सत्ता है जो अपने बच्चों के साथ सदैव क्रियाशील रहकर उनके माध्यम से अपनी इच्छाएँ पूरी करती है। इस कविता-द्वारा बंकिमचन्द्र ने देशभक्ति के धर्म का आविष्कार किया और इस मन्त्र-गीत द्वारा उन्होंने अमृत प्रकाश दिया।[1]

बंकिम के पूरे कृतित्व में राष्ट्रीयता का उन्मेष है।[2] कृष्ण के चरित्र का अंकन 1896 ई. में उन्होंने 'कृष्णचरित्र' नामक कृति में राष्ट्रीय ऐक्य के प्रतीक के रूप में किया है। 'धर्मतत्त्व' (1888) में उन्होंने धर्म की एक सर्वथा नवीन और मानवीय व्याख्या प्रस्तुत की। इसी प्रकार कपालकुण्डला, दुर्गेशनन्दिनी और मृणालिनी आदि कृतियों में जातीय स्वर ही प्रमुख है। बंकिमचन्द्र अपने समकालीन महापुरुषों में प्रखर हिन्दुत्व के सबसे बड़े आग्रही थे। विदेशी साहित्य और दर्शन के स्थान पर गीता और कालिदास की कृतियाँ उन्हें अधिक आकृष्ट करती थीं।

'वन्देमातरम्' मन्त्र का स्रष्टा उस चेतना का प्रेरक था जो देश को देश की स्वतन्त्रता और मुक्ति की ओर खींच रही थी। प्रत्यक्ष रूप से राजनीति में भाग न लेते हुए भी वे राजनीतिक गुरु थे।[3] और इस मन्त्र का प्रत्यक्ष प्रभाव 7 अगस्त 1905 को कलकत्ता टाउनहाल की उस ऐतिहासिक सभा में देखा गया जो विदेशी बहिष्कार और स्वदेशी आन्दोलन के निमित्त हुई थी और जिसमें हज़ारों व्यक्तियों ने इस मन्त्र का उच्चारण किया था।[4] कहना न होगा कि स्वदेशी आन्दोलन के नेताओं को इस मन्त्र ने एक वैचारिक अवलम्ब दिया था जिसकी व्याख्या द्वारा उन्होंने अपने आन्दोलन में प्राण-प्रतिष्ठा की थी।

रानाडे और प्रार्थना-सभा

सुधार आन्दोलन और राष्ट्रीयता की धारा बंगाल के बाहर भी चल रही थी। विश्वविश्रुत वैदिक विचारधारा के उन्नायक दयानन्द सरस्वती की चर्चा हमने की है। महाराष्ट्र में इसी युग में ब्राह्म समाज की समान भूमि पर महादेव गोविन्द रानाडे

---

1. द्रष्टव्य, वन्देमातरम् ऐण्ड इण्डियन नेशनलिज़्म, पृ. 7।
2. "The religion of patriotism, this is the master idea of Bankim's writing." Shri Aurobindo-Bankim, Tilak, Dayanand, p. 11.
3. "of the new spirit which is leading the nation to resurgence and independence, he is the inspirer and political guru." Ibid, p. 12.
4. Bande Mataram and Indian Nationalism, p. 13.

के संरक्षण में 'प्रार्थना सभा' की स्थापना हुई थी। सामाजिक और राजनीतिक विषयों में रानाडे महाशय की समान रुचि थी। महाराष्ट्र की सामाजिक गतिविधि के मूल प्रेरक और संचालक रानाडे ही थे। समाज सुधार के साथ ही वे राजनीतिक सुधार पर भी बल देते थे। रानाडे ने भारतीय जनता के सम्बन्ध में अपना विश्वास इस प्रकार प्रकट किया था : "हिन्दू जनता इतनी बुरी नहीं है कि हम उसे सड़ाँध से भरा हुआ बर्बादियों का अम्बार कहें। यह जनता कुछ दूर तक कट्टर अवश्य है, किन्तु इसी कट्टरता ने इसकी रक्षा भी की है। जो जाति अपने विश्वास और नैतिकता को, अपने आचारों और सामाजिक आचरणों को फ़ैशन के समान आसानी से बदल दे, वह इतिहास में किसी बड़े उद्देश्य की प्राप्ति से वंचित रहेगी, साथ ही यह भी सच है कि हमारी कट्टरता इतनी भयानक नहीं है कि हम अपने विचारों और नूतन प्रयोगों को अपने भीतर धीरे-धीरे नहीं पचा लें।"[1] तिलक के शब्दों में "उनकी राष्ट्रहित में सच्ची आस्था, ज्ञानप्राप्ति में उत्सुकता और असाधारण कल्पना-शक्ति असन्दिग्ध थी। राज्य और प्रजा में उन्हें जो आदर मिला और उन्होंने देश की जो सेवाएँ कीं, वे साधारण नहीं थीं। रानाडे महोदय को महापुरुष की पदवी के योग्य बनाने में इतना ही पर्याप्त होता, परन्तु राष्ट्रीय जीवन की समुन्नति में उन्होंने जो भाग लिया, वह उनसे अधिक बहुमूल्य था।"[2] इस प्रकार रानाडे ने महाराष्ट्र प्रदेश में राष्ट्रीयता की वह पुष्ट भित्ति तैयार की जिस पर खड़े होकर गोखले और तिलक ने देश की राजनीति को एक नयी दिशा दी।

एनीबेसेण्ट का राष्ट्रीय महत्त्व

अप्रासंगिक न होगा उस विदेशी महिला का नामोल्लेख जिसका हमारे जातीय उत्थान में एक बड़ा अवदान है। वह थी अँगरेज़ महिला श्रीमती एनीबेसेण्ट, जिन्होंने बड़ी ईमानदारी से घोषणा की थी "चालीस वर्षों के सुगम्भीर चिन्तन के बाद मैं यह कह रही हूँ कि सभी धर्मों में हिन्दू धर्म से बढ़कर पूर्ण, वैज्ञानिक, दर्शन युक्त एवं आध्यात्मिकता से परिपूर्ण धर्म दूसरा और कोई नहीं है।"[3] हिन्दू धर्म के प्रति उनके मन में अनन्त अनुराग था। वे हिन्दुओं को सदैव सचेत करती थीं कि हिन्दू धर्म ही उनका कल्याण कर सकता है और उस धर्म के उन्नयन का दायित्व हिन्दुओं पर ही है। भारतीय दर्शन की औपनिषदिक धारा में उन्हें मानसिक अनुकूलता मिलती थी।

राष्ट्रीय शिक्षा के सम्बन्ध में श्रीमती एनीबेसेण्ट का कार्य अप्रतिम है।[4] कालान्तर में श्रीमती एनीबेसेण्ट भारतीय राजनीति में भी सक्रिय रुचि लेने लगीं।

1. रामधारी सिंह 'दिनकर' : संस्कृति के चार अध्याय, पृ. 461-2।
2. लोकमान्य तिलक और उनका युग, पृ. 8।
3. संस्कृति के चार अध्याय, पृ. 476।
4. द्रष्टव्य, स्टडीज़ इन बंगाल रेनेसाँ, पृ. 412।

1917 की कलकत्ता काँग्रेस के सभापति-पद पर वे प्रतिष्ठित हुई थीं। वे 'आल इण्डिया होमरूल लीग' की संचालिका थीं। यह संस्था उस होमरूल लीग से अलग थी जिसकी स्थापना 23 अप्रैल 1916 को तिलक ने की थी। डॉ. पट्टाभि सीतारमैया ने लिखा है कि "वैसे तो मि. बैगला के समय से ही श्रीमती बेसेण्ट का सारा जीवन ग़रीबों और भारतवासियों की सेवा में व्यतीत हुआ, लेकिन काँग्रेस में वे 1914 में ही सम्मिलित हुईं। उन्होंने अपने साथ नये विचार, नवीन योग्यता, नवीन साधन, नया दृष्टिकोण और संगठन का एक बिलकुल नूतन ढंग लेकर काँग्रेस क्षेत्र में पदार्पण किया। उनका व्यक्तित्व तो पहले से ही सारे जगत् में महान् था। पूर्व और पश्चिम के देशों में, नये और पुराने गोलार्द्ध में, लाखों की संख्या में उनके भक्त एवं अनुयायी थे। इसलिए यह कोई विशेष आश्चर्य की बात नहीं है कि अपने पीछे इतने प्रबल भक्तों और अनुयायियों और अथक कार्य-शक्ति के होते हुए उन्होंने भारतीय राजनीति को एक नवीन जीवन प्रदान किया।"[1]

इन सांस्कृतिक और सामाजिक आन्दोलनों के साथ ही 1857 ई. के परवर्ती परिवेश में प्रत्यक्ष राजनीतिक गतिविधियाँ भी चल रही थीं जो राष्ट्रीय चेतना को प्रखर कर रही थीं। यह वह युग था जब बंगाल की राजनीति प्रादेशिक भूमिका से ऊपर उठकर सार्वदेशिक सन्दर्भ पर प्रतिष्ठित हो रही थी। ब्रिटिश इण्डियन एसोसिएशन की शाखाएँ देश के विभिन्न अंचलों में स्थापित हुईं।

हिन्दू मेला और राजनारायण बोस

हिन्दू मेला, जिसका शुभारम्भ 1867 ई. में हुआ था, ने स्वतन्त्रता की संज्ञा और राष्ट्रीय भावना को पूर्ण अभिव्यक्ति दी।[2] महर्षि देवेन्द्रनाथ टैगोर इसके प्रेरक और संस्थापक थे, गणेन्द्रनाथ टैगोर मन्त्री और नव गोपाल मित्र सहायक मन्त्री थे। स्वदेशी वस्तुओं के निर्माण और प्रयोग को प्रश्रय देना तथा अपनी भाषा और शरीर-विज्ञान के विकास का प्रयत्न करना इसके विज्ञप्त उद्देश्य थे। विदेशी सत्ता के साथ सतत संघर्ष के लिए राष्ट्रीय आन्दोलन ने इसकी राजनीतिक योजना—स्वदेशी वस्तु, राष्ट्रीय भाषा और जातीय पौरुष का संवर्द्धन—को राष्ट्रीय आन्दोलन ने स्वीकार कर लिया था।[3] श्री अरविन्द के मातामह राजनारायण बोस इस युग के तेजस्वी नेता थे जिन्होंने भारतीयों को उद्‌बुद्ध करते हुए कहा था, "क्या तुम लोग इतने मन्दबुद्धि हो कि इतना भी नहीं समझते कि विजेता मानव सुहृदयों के समूह नहीं हैं और यह कि वे तुम्हारे हित के लिए नहीं बल्कि अपने स्वार्थ-साधन के लिए

1. डॉ. पट्टाभि सीतारमैया : काँग्रेस का इतिहास, भाग-1, पृ. 98।
2. द्रष्टव्य, स्टडीज़ इन द बंगाल रेनेसाँ, पृ. 157।
3. वही।

आये हैं? क्या तुम लोग यह सोचते हो कि वे अपने बकिंघम और मैनचेस्टर की ओर से उदासीन होकर तुम्हारी इच्छा के मुताबिक तुम्हारी कला और उत्पादन को प्रश्रय देंगे? पददलित जाति के लोगो, ध्यान रखो, उन्नतिकामी को स्वयं प्रयत्न करना पड़ता है।"[1] यहाँ स्मरणीय है कि 1861 में सबसे पहले राजनारायण बोस द्वारा ही उस उद्‌बोधक वाणी का उद्‌घोष हुआ था जब उन्होंने शिक्षित बंगालियों में राष्ट्रीय भावोद्रेक के लिए एक समिति-स्थापन की नियमावली प्रस्तुत की थी। अँगरेज़ी शिक्षा-प्राप्त और अँगरेज़ियत- पसन्द बंगालियों को जातीय संस्कृति की ओर उन्मुख करने का यह एक ओजस्वी उपक्रम था।[2] जो अँगरेज़ी में सोचने, अँगरेज़ी में बात करने और अँगरेज़ी में ही कल्पना करने के अभ्यासी थे उनसे बँगला में बोलने-लिखने, हैट-कोट के स्थान पर धोती-चादर धारण करने, होटल में विदेशी पद्धति से भोजन करने के अभ्यास का परित्याग करने और देशी खेल और व्यायाम को अपनाने तथा देशी औषधि विज्ञान को प्रश्रय देने का अनुरोध किया गया। राजनारायण बोस स्वयं अँगरेज़ी शिक्षा की उपज थे किन्तु बड़ी दृढ़तापूर्वक उन्होंने ईसाई धर्म और सभ्यता की अपेक्षा हिन्दू धर्म और संस्कृति की श्रेष्ठता का उद्‌घोष किया। स्मरणीय है कि राजनारायण बोस भी उसी पीढ़ी के थे जो ईसाई धर्म और पाश्चात्य बौद्धिकता का सोत्साह पक्ष-समर्थन करने वाली थी;[3] किन्तु वे हिन्दुत्व के कट्टर समर्थक थे। 'हिन्दू मेला' के चतुर्थ अधिवेशन के उपरान्त हिन्दू राष्ट्र भाव के उन्नयन के उद्देश्य से 'नेशनल सोसाइटी' नामक संघ की स्थापना हुई थी।[4]

सर सुरेन्द्रनाथ बनर्जी और तत्कालीन जातीय परिवेश

सर सुरेन्द्रनाथ बनर्जी की वाग्मिता ने देश के कोने-कोने में चैतन्य उत्पन्न कर दिया था। 1877 के दिल्ली दरबार में सम्मिलित हो देश के राजा-महाराजाओं तथा विशिष्ट लोगों से सुरेन्द्रनाथ बनर्जी ने भेंट की थी। देशव्यापी राजनीतिक संगठन की प्रेरणा उन्हें वहीं से मिली थी। इन पर ग्लैडस्टोन और मेजिनी का गहरा प्रभाव था। मेजिनी के लेखों का उन्होंने बँगला में अनुवाद किया था और अपने तेजस्वी भाषणों में उनका हवाला दिया करते थे। सुरेन्द्र बाबू ने देश की चेतना को समझने

1. द्रष्टव्य, स्टडीज़ इन द बंगाल रेनेसाँ, पृ. 157।
2. राजनारायण बोस की उग्र राष्ट्रीयता एवं हिन्दू मेला की वैशिष्ट्य-अभिज्ञता के लिए द्रष्टव्य—द ब्रिटिश पैरामाउण्टेंसी ऐण्ड इण्डियन रेनेसाँ—डॉ. आर.सी. मजुमदार, पृष्ठ 470-72।
3. द्रष्टव्य, स्टडीज़ इन द बंगाल रेनेसाँ, पृ. 188।
4. ..."The National Society arranged a monthly discourse. In one of these monthly meetings, presided over by Devendranath Tagore, Rajnarayan Bose delivered an address on the "Superiority of Hinduism" embodying his main views..."
–Dr. R.C. Mazumdar : The British Paramountancy and Indian Renaissance–II, p. 472.

और उसे अपनी बात समझाने के उद्देश्य से पूरे देश की यात्रा की थी और अनुकूल परिणाम से उत्साहित हो वे राजनीति में पूरी सक्रियता से लग गये थे। लॉर्ड लिटन के कुकृत्यों तथा इलबर्ट बिल की प्रतिक्रिया के रूप में प्रकटित अँगरेज़ों की स्वार्थपरता ने पूरे देश में असन्तोष उत्पन्न कर दिया था जिसे सुरेन्द्रनाथ बनर्जी-जैसे नेताओं ने राष्ट्रीय रूप दिया था। इसी समय लॉर्ड लिटन के प्रतिगामी शासन की शुरूआत होती है। उनके ज़माने में (1878) वर्नाक्युलर प्रेस ऐक्ट बना, अफ़गान युद्ध हुआ, बड़ा ख़र्चीला दरबार किया गया और 1877 में ही कपास-आयात-कर उठा दिया गया। लॉर्ड लिटन के बाद लॉर्ड रिपन का दौरा हुआ जिन्होंने अफ़गानिस्तान के अमीर के साथ सुलह करके, वर्नाक्युलर प्रेस ऐक्ट को रद्द करके, स्थानिक स्वराज्य का आरम्भ करके और इलबर्ट बिल को उपस्थित करके एक नये युग का श्रीगणेश किया। यह आख़िरी बिल भारत सरकार के तत्कालीन ला-मेम्बर मि. इलबर्ट ने 1883 में उपस्थित किया था जिसका उद्देश्य यह था कि हिन्दुस्तानी मजिस्ट्रेटों पर से यह रुकावट उठा ली जाए जिसके द्वारा वे युरॅपियन और अमेरिकन अपराधियों के मुक़दमे का फ़ैसला नहीं कर सकते थे। इस पर गोरे लोग इतने बिगड़े कि कुछ लोगों ने तो गवर्नमेण्ट हाउस के मन्त्रियों को मिलाकर वाइसराय को जहाज़ पर बिठाकर इंग्लैण्ड भेजने की एक साज़िश कर डाली। इस साज़िश में कलकत्ता के कई लोगों का हाथ था, जिन्होंने यह संकल्प कर लिया था कि यदि सरकार ने इस बिल को आगे बढ़ाया तो वे इस साज़िश को कामयाब बनाकर छोड़ेंगे। नतीजा यह हुआ कि असली बिल उसी साल क़रीब-क़रीब हटा लिया गया और उसकी जगह यह सिद्धान्त मान लिया गया कि सिर्फ़ ज़िला मजिस्ट्रेट और दौरा जज को ही ऐसा अधिकार रहेगा। जब लॉर्ड रिपन भारत से विदा होने लगे तो देश के एक छोर से लेकर दूसरे छोर तक के लोगों ने उन्हें हार्दिक विदाई दी। अँगरेज़ों के लिए यह बात ईर्ष्या का विषय हो गयी थी किन्तु उससे बहुतेरे लोगों की आँखें भी खुल गयी थीं।

"इस बिल के सम्बन्ध में गोरे लोगों को जो सफलता मिल गयी उससे हिन्दुस्तानी जाग उठे और उन्होंने बहुत जल्दी इस बिल के विरोध का आन्तरिक हेतु पहचान लिया। गोरे यह मनवाना चाहते थे कि हिन्दुस्तान पर गोरी जातियों का प्रभुत्व है और वह सदा रहेगा। इसने भारत के तत्कालीन देशसेवकों को संगठन के महत्त्व का पाठ पढ़ाया और उन्होंने तुरन्त ही 1883 में कलकत्ता के अलबर्ट हाल में एक राजनीतिक परिषद् की आयोजना की, जिसमें सुरेन्द्रनाथ बनर्जी और आनन्द मोहन बसु दोनों उपस्थित थे। इस सभा में सुरेन्द्रनाथ बनर्जी ने अपने आरम्भिक भाषण में इस बात का ज़िक्र किया कि किस तरह दिल्ली दरबार ने उनके सामने एक राजनीतिक संस्था, जो कि भारत के हित-साधन में तत्पर रहे, बनाने का नमूना पेश किया था।"[1]

---

1. डॉ. पट्टाभि सीतारमैया : काँग्रेस का इतिहास, प्रथम भाग, पृ. 9।

इण्डियन एसोसिएशन : 'बंगाली' नामक पत्र और उनकी वाक्शक्ति

अपने पत्र 'बंगाली' द्वारा सुरेन्द्र बाबू बड़ी तेजस्वी भाषा में सरकारी साम्राज्यवादी नीतियों का विरोध करते थे। स्मरणीय है कि इसी तेजस्विता के परिणामस्वरूप उन्हें 1883 में सरकार ने दो महीने के लिए जेल में बन्द कर दिया था।[1] इस दण्ड को सुरेन्द्रनाथ ने बड़े गौरव के साथ स्वीकार किया था।[2] और सुरेन्द्रनाथ की इस सज़ा की देश में बड़ी गहरी प्रतिक्रिया हुई थी जो राजनीतिक जागरण का प्रमाण था। सुरेन्द्रनाथ बनर्जी के प्रति सहानुभूति प्रकट करने के लिए कलकत्ता में एक विराट् सभा हुई थी जिसकी सूचना 19 मई 1883 के 'उचित वक्ता' की सम्पादकीय टिप्पणी के अन्तर्गत प्रकाशित हुई थी, **"गत बुद्धवार को और एक महती सभा विडनस्ट्रीट में हुई थी प्रायः बीस-पच्चीस हज़ार मनुष्य एकत्र थे बंगदेश के राजा महाराजा ज़मींदार बड़े-बड़े रईस और सर्दार लोग सभा में उपस्थित थे। भारतवर्ष में ऐसी कोई जाति नहीं है जिसकी हम लोगों ने इस सभा में समवेदना प्रकाश करते न देखा हो।"** सम्पूर्ण देश से संवेदना के तार आये थे। इस सम्बन्ध में पत्रों में काफ़ी चर्चा रहती थी। 'उचित वक्ता' में इस सम्बन्ध में अनेक टिप्पणियाँ प्रकाशित हुईं। 18 मई 1883 के 'उचित वक्ता' की सम्पादकीय टिप्पणी का शीर्षक है—"क्या वास्तव में सुरेन्द्र बाबू का न्याय विचार हुआ है?" इसमें सरकारी अनौचित्य की खुलकर चर्चा की गयी है। सम्पादकों को सलाह देते हुए 'उचित वक्ता'-सम्पादक ने इस टिप्पणी में लिखा था, **"...सुरेन्द्र बाबू की ऐसी दशा देखकर किसी को भी लेखनी शिथिल नहीं करनी चाहिए। इस समय यदि हम लोग किसी विषय में ढीले हो जायेंगे तो हम से फिर कभी कुछ नहीं बन पड़ेगा। और नौरिश साहब ऐसे प्रशस्त हृदय विचारक निःशंक होकर यथेष्ट अन्याय किया करेंगे। अतएव देशीय सम्पादको! सावधान! कहीं जेल का नाम सुनकर कर्त्तव्यविमूढ़ मत हो जाना, यदि धर्म की रक्षा करते हुए यदि गवर्मेण्ट को सत्परामर्श देते हुए जेल जाना पड़े तो क्या चिन्ता है इस से मानहानि नहीं होती है? हाकिमों के जिन अन्याय आचरणों से गवर्मेण्ट**

---

1. यह शोक संवाद हिन्दी के प्रसिद्ध साप्ताहिक पत्र 'उचित वक्ता' के 5 मई 1883 ई. के सम्पादकीय वक्तव्य के शीर्ष पर 'शोक' शीर्षक से प्रकाशित हुआ था।
2. अपनी प्रसिद्ध पुस्तक 'ए नेशन इन मेकिंग' में सुरेन्द्रनाथ बनर्जी ने इस दण्ड के सम्बन्ध में लिखा है—"The news of my imprisonment created a profound impression not only in Calcutta and in my own province but throughout India." आगे बड़े गर्व के साथ उन्होंने लिखा है—

   "I claim the honour (for such I deem it) of being the first Indian of my generation who suffered imprisonment in the discharge of a public duty." Surendranath Banerjee : A Nation in Making. p. 74

पर सर्वसाधारण की अश्रद्धा हो सकती है उनका प्रतिवाद करने में जेल तो क्या यदि द्वीपांतरित भी होना पड़े तो क्या बड़ी बात है? क्या इस सामान्य विभीषिका से हम लोग अपना कर्त्तव्य छोड़ बैठें।" सुरेन्द्र बाबू पूरे देश का हित सोचते थे, इसलिए पूरा देश उनके साथ था। 1876 में उन्होंने 'इण्डियन एसोसिएशन' की स्थापना की थी जिसे प्रथम अखिल भारतवर्षीय राजनीतिक संगठन माना जाता है। इसी के तत्त्वावधान में 1883 ई. में 20 दिसम्बर से 30 दिसम्बर तक कलकत्ते में अन्तर्राष्ट्रीय प्रदर्शनी के अवसर पर एक राष्ट्रीय सभा हुई थी जिसे आनन्द मोहन बोस ने राष्ट्रीय संगठन का प्रथम चरण कहा था। चूँकि सुरेन्द्रनाथ बनर्जी प्रादेशिक इकाई से ऊपर थे इसलिए राष्ट्रोत्थान के हर उचित प्रयत्न का वे खुलकर समर्थन करते थे।[1] इस प्रकार भारतीय राष्ट्रीयता का क्रमशः विकास हो रहा था, 'वन्दे मातरम्' की अर्थवत्ता निरन्तर स्पष्ट और बलवती होती जा रही थी और उस राजनीतिक भूमिका का निर्माण हो रहा था जहाँ भावी स्वदेशी आन्दोलन की अवतारणा होने वाली थी। ब्राह्मसमाजी नेता पं. शिवनाथ शास्त्री नवयुवकों के एक ऐसे वर्ग का राजनीतिक संस्कार कर रहे थे जिन्हें भारतीय राजनीति का एक बड़ा दायित्व सँभालना था। इनमें विपिनचन्द्र पाल प्रमुख थे जिन्होंने आगे चलकर स्वदेशी आन्दोलन का नेतृत्व किया।[2]

क्रान्तिकारी आतंकवाद का बीजारोपण

भावी क्रान्तिकारी आतंकवाद का बीज-वपन भी इसी युग में हुआ था जो बंगाल, पंजाब और महाराष्ट्र की धरती में पल्लवित हुआ। हिन्दू मेला का प्रत्यक्ष परिणाम यह था कि लोगों में आत्मविश्वास और स्वाभिमान की भावना उत्पन्न हुई। लॉर्ड लिटन के शासन-काल में विभिन्न विचारों के लोगों ने समान रूप से यह अनुभव किया कि भारतीय राजनीति की प्रगति सरकारी अधिकारियों के लिए असह्य है। इस प्रतीति का आधार था वर्नाक्युलर प्रेस ऐक्ट तथा आर्म ऐक्ट और सहज परिणाम था गुप्त समितियों की आविर्भूति[3]। इस ओर छात्रों का अधिक झुकाव था और उन्हें राजनारायण बोस का संरक्षण; निर्देशन और प्रोत्साहन मिल रहा था। सुरेन्द्रनाथ बनर्जी भी इसमें रुचि ले रहे थे और कहा जाता है कि इस प्रकार की अनेक

---

1. 'एक लिपि विस्तार परिषद्' के तत्त्वावधान में देवनागरी लिपि का उन्नायक पत्र 'देवनागर' का प्रकाशन शारदाचरण मित्र की प्रेरणा से 1907 में हुआ था जिसकी विस्तृत चर्चा आगे प्रसंगानुसार की जाएगी। इस पत्र के प्रति सुरेन्द्रनाथ बनर्जी ने 'बंगाली' के माध्यम से 5-12-07 को अपनी मंगलकामना प्रकट की थी। स्मरणीय है कि इस पत्र का उद्देश्य था सम्पूर्ण भारत में एक लिपि का प्रचार और वह लिपि देवनागरी थी।
2. सौमेन्द्रनाथ टैगोर : इवोल्यूशन ऑव स्वदेशी थाट, स्टडीज़ इन द बंगाल रेनेसाँ, पृ. 211।
3. वही, पृ. 228।

समितियों के वे प्रधान थे।[1] रवीन्द्रनाथ ठाकुर ने इस प्रसंग में राजनारायण बोस की 'संजीवनी सभा' का उल्लेख किया है जिसके वे और ज्योतीन्द्रनाथ टैगोर सदस्य थे। गोपाल हालधर ने लिखा है कि गम्भीर प्रकृति के लोग उक्त गुप्त संगठनों की आवश्यकता महसूस करने को परवश थे क्योंकि राष्ट्रीय प्रतिष्ठा की रक्षा के लिए कोई दूसरा विकल्प नहीं था।[2] राष्ट्रीय स्वातन्त्र्य संग्राम के अस्त्र के रूप में राजनारायण बोस द्वारा उद्भावित वैयक्तिक आतंकवाद भारतीय युयुत्सु राष्ट्रीय वर्ग द्वारा नैतिक सिद्धान्त के रूप में स्वीकार कर लिया गया था तथापि इसकी पूर्ण क्रियान्विति में अभी कुछ विलम्ब था अर्थात् अरविन्द घोष वारिन और सत्येन बोस के नेतृत्व की प्रतीक्षा करनी थी।[3]

देश-दशा

सामान्य जनता दारिद्र्य और अकाल से पीड़ित थी। सरकार के नये-नये क़ानून के चलते नयी-नयी कठिनाइयाँ उत्पन्न हो गयी थीं। उस समय का यथार्थ चित्र डॉ. बेसेण्ट के शब्दों में इस प्रकार है, "हमारे पास पशुओं की कमी नहीं है, चारागाहों की और उनकी तन्दुरुस्ती के लिए आवश्यक नमक की भी बहुतायत थी, परन्तु अब जंगलात के महकमे ने सारी ज़मीन पर क़ब्ज़ा कर लिया है, जिससे हमारे पास चरागाह नहीं रहे और यदि भूखों मरते पशु चारे की जगह अनाज के खेत में भटककर चले आते हैं तो उन्हें काँजीहाउस में बन्द करके हम पर ज़ुर्माना किया जाता है।" अपने मकानों, हलों तथा हर तरह के खेतों के सभी कामों के लिए हमारे पास लकड़ी की बहुतायत है; लेकिन अब उस सब पर जंगल विभाग का ताला पड़ा हुआ है। जहाँ हमने उसे बिला इजाज़त छुआ नहीं कि हम सरकारी शिकंजे में आये नहीं। अब तो हमें एक भी लकड़ी चाहिए तो उसके लिए हफ़्ते-भर तक एक दूसरे अफ़सर के पास भागना पड़ेगा और हर जगह ख़र्च-ही-ख़र्च करना होगा, तब कहीं जाकर वह मिलेगी।

"पहले हमारे पास हथियार थे, जिनसे खेती को नुक़सान पहुँचाने वाले जंगली जानवरों को हम मार या भगा सकते थे, पर अब हमारे सामने ऐसा शस्त्र विभाग है, जो विदेशों से यहाँ आने वाले एक हब्शी को तो हर तरह के हथियार रखने की इजाज़त देता है, पर जिन ग़रीब किसानों को अपने गुज़ारे के एकमात्र सहारे खेती की जंगली जानवरों से रक्षा करने के लिए उनकी ज़रूरत है उन्हें क़सम खाने को भी एक हथियार नहीं मिलता।[4]" स्मरणीय है कि उन्नीसवीं शताब्दी के उत्तरार्द्ध में

---

1. सौमेन्द्रनाथ टैगोर : इवोल्यूशन ऑव स्वदेशी थाट, स्टडीज़ इन द बंगाल रेनेसाँ, पृ. 228।
2. स्टडीज़ इन द बंगाल रेनेसाँ, पृ. 228।
3. वही, पृ. 210-211।
4. डॉ. पट्टाभि सीतारमैया : काँग्रेस का इतिहास, भाग-1।

देश में कई बार अकाल पड़ चुका था। सन् 1868-69 में राजपूताने में, 1873-74 में बंगाल और बिहार में, 1876-78 तक मद्रास और बम्बई प्रान्त अकाल की मार से टूट गया था। असन्तोष पराकाष्ठा पर पहुँच गया था। कई जगह किसानों के बलवे तक हो गये। किसानों की यन्त्रणा की एक प्रतिक्रिया पूर्वी बंगाल में बहावी आन्दोलन[1] के रूप में हुई जिसका प्रभाव सारे देश पर पड़ा। 1873 में पाबना ज़िला के किसानों ने अपने को विद्रोही घोषित किया और यूरोपीय शोषण का प्रतिकार करने के लिए समितियों का संगठन भी किया गया[2] सरकार के साथ ही राष्ट्रीय नेताओं का भी ध्यान इस ओर गया। चूँकि उन्नीसवीं शताब्दी के उत्तरार्ध की बंगीय राजनीति का नेतृत्व सुरेन्द्रनाथ बनर्जी के हाथ में था इसलिए उनका ध्यान प्रत्येक राष्ट्रीय समस्या की ओर समान रूप से रहता था। 'इण्डियन एसोसियेशन' के सदस्य गाँव में जाकर किसानों की समस्याओं में पूरी रुचि लेने लगे। भूमि-व्यवस्था में सद्यः सुधार की उन्होंने आवाज़ उठायी और मद्य-व्यापार के विरुद्ध आन्दोलन शुरू किया जिसके चलते उन्हें एक प्रतिकूल शक्ति से लड़ना पड़ा। स्मरणीय है कि इण्डियन एसोसियेशन के नेताओं ने प्रतिनिधि शासन-प्रणाली अथवा राष्ट्रीय शासन की भूमि तैयार करने के लिए पंचायत राज्य का आन्दोलन भी शुरू कर दिया था।[3]

राजनीतिक जागरण और काँग्रेस की स्थापना

दादाभाई नौरोजी के उद्योग से इंग्लैण्ड में 'ईस्ट इण्डिया एसोसियेशन' और 'लन्दन इण्डिया सोसायटी' नाम की संस्था 1861 में स्थापित हुई थी जिसके माध्यम से भारत के प्रति इंग्लैण्ड के राजनीतिक पुरुषों की सहानुभूति उत्पन्न करने का प्रयत्न किया जाता था। दादाभाई नौरोजी ने अपने लेखों में शिक्षित समुदाय का ध्यान देश की ग़रीबी की ओर आकृष्ट किया था। उन्होंने उसके कारण बताये थे और निवारण के उपाय भी सुझाये थे।[4] देश-दशा को सरकार भी समझ रही थी और उसके शुभचिन्तक भी सार्वत्रिक व्याप्त देश के असन्तोष से चिन्तित थे। किसानों के कष्टों

1. "आर्थिक संघर्ष के क्रम में भी, इस आन्दोलन ने निचले तबक़ों के मुसलमानों को निचले तबक़ों के हिन्दुओं के ख़िलाफ़ नहीं उभारा, न उन्हें एक होने को कहा। विशेष बात तो यह है कि इस आन्दोलन के संचालकों ने धर्म के नाम पर ग़रीब मुसलमानों को अमीर मुसलमानों से एकता स्थापित करने की भी सलाह नहीं दी। हाँ, यह कहा जा सकता है कि धार्मिक चिन्तन की प्रक्रिया में इस आन्दोलन ने साम्प्रदायिकता के उभरने के लिए राह छोड़ दी और बहुत से मुसलमानों के मन को इसने ऐसा बना डाला जिस पर आगामी साम्प्रदायिक आन्दोलनों का प्रभाव पड़ सकता था।" रामधारी सिंह 'दिनकर' : संस्कृति के चार अध्याय, पृ. 590।
2. द्रष्टव्य, स्टडीज़ इन द बंगाल रेनेसाँ, पृ. 154।
3. वही, पृ. 166-67।
4. द्रष्टव्य, दादाभाई नौरोजी : पावर्टी ऐण्ड ब्रिटिश रूल इन इण्डिया।

को वे भली प्रकार समझ रहे थे और देश में बढ़ती हुई अशान्ति की उनके पास प्रामाणिक अभिज्ञता थी।[1] यह अशान्ति ख़तरे के बिन्दु के निकट पहुँच गयी थी। इसे एक निरापद व्यवस्था देने के उद्देश्य से ही इण्डियन नेशनल काँग्रेस की स्थापना हुई जिसके मूल प्रेरक संस्थापक मि. ह्यूम थे। ह्यूम साहब के हृदय में भारतीय जनता के प्रति पूरी सहानुभूति थी। "वे भारत की सिविल सर्विस में अनेक पदों पर रहे। जब वे ज़िला मजिस्ट्रेट रहे, उन्होंने साधारण जनता में शिक्षा-प्रसार, पुलिस सुधार, मदिरा-निषेध, देशी भाषाओं के समाचारपत्रों की उन्नति, बाल-अपराधियों के सुधार एवं अन्य घरेलू आवश्यकताओं की पूर्ति के लिए परिश्रम किया। इन्हें किसी बात में रस था तो गाँव और खेती में। इन्हें किसी बात की चिन्ता थी तो जनता की।" ह्यूम साहब अँगरेज़ी सरकार के अनौचित्य को देख-समझ रहे थे और अपनी न्यायप्रियता के चलते व्यक्तिगत क्षति उठा चुके थे।[2] न्याय-व्यवस्था के सम्बन्ध में उन्हें पंचायत व्यवस्था भारतीय ग्रामीणों के लिए अधिक उपयुक्त और अनुकूल जान पड़ती थी। 1879 में दक्षिण की कष्ट-पीड़ित जनता के हितार्थ एक योजना भी बनायी गयी थी जिसे बम्बई सरकार की अनिच्छा के कारण क्रियान्वित करना सम्भव न हो सका। उनका विश्वास था कि आत्म-बलिदान और निःस्वार्थता ही सुख और स्वातन्त्र्य के अचूक पथ-प्रदर्शक हैं। "अपने इस विश्वास को एक व्यापक क्रियान्विति देने के लिए उन्होंने एक पुष्ट संगठन की आवश्यकता महसूस की और इसे लक्ष्य कर उन्होंने 1 मार्च 1883 ई. को कलकत्ता विश्वविद्यालय के स्नातकों के नाम एक उत्तेजक पत्र लिखा जिसमें 50 निःस्वार्थ और आत्म-बलिदान की महत्त्वाकांक्षा रखने वाले निष्ठावान मनुष्यों की माँग की गयी थी। अनुकूल आश्वासन से उत्साहित होकर लॉर्ड डफरिन से भी परामर्श किया और उनके सुझाव पर विशेष ध्यान भी दिया। वह यह भी चाहते थे कि जिस प्रान्त में यह सभा हो वहाँ का गवर्नर उसका सभापति हो, जिससे कि सरकारी और ग़ैरसरकारी राजनीतिज्ञों में अच्छे सम्बन्ध स्थापित हों। इन ख़यालों को लेकर वह 1885 में लॉर्ड डफरिन से शिमला में मिले। लॉर्ड डफरिन ने उनकी बातों को ध्यान से और दिलचस्पी से सुना और कुछ समय के बाद मि. ह्यूम से कहा कि मेरी समझ में यह तजवीज, कि गवर्नर

1. सर आकलैण्ड कोलविन को लिखे अपने पत्र में मि. ह्यूम ने किसानों की पीड़ा का वर्णन बड़े विस्तार से किया था—द्रष्टव्य : काँग्रेस का इतिहास, भाग-1—डॉ. पट्टाभि सीतारमैया, पृ. 6-7।
2. "1870 ई. से 1879 तक ह्यूम साहब भारत-सरकार के मन्त्री रहे, परन्तु उन्हें वहाँ से इसी अपराध पर निकाल दिया गया कि बहुत ज़्यादा ईमानदार और स्वतन्त्र प्रकृति के थे। इसकी भारतीय समाचार पत्रों ने एक स्वर से निन्दा की परन्तु कुछ सुनवाई नहीं हुई। काँग्रेस का इतिहास, भाग-1, डॉ. पट्टाभि सीतारमैया, पृ. 72।

सभापति बने, उपयोगी न होगी, क्योंकि इस देश में ऐसा कोई सार्वजनिक मण्डल नहीं है जो इंग्लैण्ड की तरह यहाँ सरकार के विरोध का काम करे—हालाँकि यहाँ अख़बार हैं और लोकमत को प्रदर्शित भी करते हैं, फिर भी उन पर आधार नहीं रखा जा सकता, और अँगरेज़ जो हैं, वे जानते ही नहीं कि लोग उनके और उनकी नीति के बारे में क्या ख़याल करते हैं। इसलिए ऐसी दशा में यह अच्छा होगा और इसमें शासक और शासित दोनों का हित है कि यहाँ के राजनीतिक प्रतिवर्ष अपना सम्मेलन किया करें और सरकार को बताया करें कि शासन में क्या-क्या त्रुटियाँ हैं और उसमें क्या-क्या सुधार किये जाएँ। उन्होंने यह भी कहा कि ऐसे सम्मेलन का सभापति स्थानीय गवर्नर न होना चाहिए, क्योंकि उसके सामने, सम्भव है, लोग अपने सही ख़यालात ज़ाहिर न करें। मि. ह्यूम को लॉर्ड डफरिन की यह दलील जँची और उसके मुताबिक कार्यवाही भी शुरू कर दी।"[1] अन्ततः 1885 में काँग्रेस की स्थापना हुई।[2] काँग्रेस के पहले अधिवेशन की चर्चा करते हुए श्रीमती बेसेण्ट ने लिखा है : "28 दिसम्बर 1885 को दिन के 12 बजे गोकुलदास तेजपाल संस्कृत कॉलेज के भवन में काँग्रेस का पहला अधिवेशन हुआ। पहली आवाज़ सुनाई पड़ी ह्यूम साहब की, माननीय एस. सुब्रह्मण्य ऐय्यर की और माननीय काशीनाथ त्र्यम्बक तैलंग की। ह्यूम साहब ने श्री उमेश बनर्जी के सभापतित्व का प्रस्ताव उपस्थित किया था और शेष दोनों सज्जनों ने उनका समर्थन और अनुमोदन। वह एक बड़ा गम्भीर और ऐतिहासिक क्षण था, जिसमें मातृभूमि के द्वारा सम्मानित अनेक व्यक्तियों में प्रथम पुरुष ने प्रथम राष्ट्रीय महासभा के अध्यक्ष का स्थान ग्रहण किया। "काँग्रेस की गुरुता की ओर प्रतिनिधियों का ध्यान दिलाते हुए अध्यक्ष महोदय ने काँग्रेस का उद्देश्य इस तरह बतलाया—

(क) साम्राज्य के भिन्न-भिन्न भागों में देश-हित के लिए लगन से काम करने वालों की आपस में घनिष्ठता और मित्रता बढ़ाना।

(ख) समस्त देश-प्रेमियों के अन्दर प्रत्यक्ष मैत्री-व्यवहार के द्वारा वंश, धर्म और प्रान्त सम्बन्धी तमाम दूषित संस्कारों को मिटाना और राष्ट्रीय ऐक्य की उन तमाम भावनाओं का, जो लॉर्ड रिपन के चिरस्मरणीय शासन-काल में उद्भूत हुईं, पोषण और परिवर्धन करना।

(ग) महत्त्वपूर्ण और आवश्यक, सामाजिक प्रश्नों पर भारत के शिक्षित लोगों में अच्छी तरह चर्चा होने के बाद जो परिपक्व सम्मतियाँ प्राप्त हों उनका प्रामाणिक संग्रह करना।

---

1. डॉ. पट्टाभि सीतारमैया : काँग्रेस का इतिहास, भाग-1, पृ. 13-14।
2. "Perhaps the main factors which influenced the press during the era which was passing were the establishment of the Indian National Congress in 1885." Margarita Barns : The Indian Press, p. 306.

(घ) उन तरीक़ों और दिशाओं का निर्णय करना जिसके द्वारा भारत के राजनीतिज्ञ देशहित के कार्य करें।"[1]

गाँधीजी के शब्दों में यदि काँग्रेस ने और कुछ नहीं किया तो कम से कम इतना ज़रूर किया है कि उसने अपना गन्तव्य स्थान खोज लिया है और राष्ट्र के विचारों और प्रवृत्तियों को एक ही बिन्दु पर लाकर ठहरा दिया है[2]। अस्तु, भारतीय राष्ट्रीयता के विकास की कहानी कहते समय काँग्रेस की चर्चा नितान्त आवश्यक थी क्योंकि काँग्रेस के विकास के साथ राष्ट्रीयता का विकास भी जुड़ा हुआ है। निवेदन किया जा चुका है कि उस पीढ़ी का भी जन्म हो चुका था जिसे स्वदेशी आन्दोलन का नेतृत्व करना था और जिसने अपना राजनीतिक कार्य शुरू कर दिया था। स्मरणीय है कि यह पीढ़ी उग्र राष्ट्रीयता को अपना धर्म मानती थी इसलिए स्वाभाविक रूप से काँग्रेस की गतिविधि इसे अपर्याप्त लगती थी। बंगाल की नयी पीढ़ी के नेताओं की यह भी प्रतीति थी कि यह अखिल भारतवर्षीय संस्था प्रादेशिक अथवा स्थानिक समस्याओं में अपेक्षित रुचि नहीं लेती। इसी धारणा का रचनात्मक परिणाम था 'बंगाल प्राविंसियल कॉन्फ्रेंस' की स्थापना जिसका पहला अधिवेशन डॉ. महेन्द्रलाल सरकार के सभापतित्व में 1887 के मध्य में हुआ था और जिसका स्पष्ट उद्देश्य था स्थानिक विषयों की चर्चा। चायबागान के मज़दूरों की समस्याओं को उसने विशेष महत्त्व दिया था और साथ ही यह घोषणा भी की गयी थी कि यह विषय शुद्ध प्रान्तीय नहीं कहा जा सकता क्योंकि चायबागान के मज़दूरों में अधिकांश, बिहार, उत्तरप्रदेश, मध्यप्रदेश और मद्रास के हैं। बंगाल के इस नये उपक्रम का अनुकरण बम्बई और मद्रास ने भी किया था।

अरविन्द और तिलक के राजनीतिक जीवन का प्रारम्भ

श्री अरविन्द ने 1894 ई. में बम्बई से निकलने वाले 'इन्दुप्रकाश' में 'न्यू लैम्प फ़ॉर ओल्ड' शीर्षक से राजनीतिक लेख लिखना शुरू कर दिया था जिसमें उग्र राष्ट्रीयता की ध्वनि और काँग्रेस के प्रति असन्तोष काफ़ी मुखर था। अन्ततः रानाडे के दबाव डालने से 'इन्दुप्रकाश' के सम्पादक ने श्री अरविन्द के लेखों को प्रकाशित करना बन्द कर दिया।

1897 ई. में पूर्वी बंगाल (बारीसाल) के अश्विनीकुमार दत्त ने अमरावती काँग्रेस को तीन दिन का तमाशा कहकर खुली निन्दा की थी। अश्विनीकुमार दत्त ने सामान्य वर्ग के, जिनमें किसान, बुनकर (जुलाहे), कारीगर तथा छोटे व्यवसायी थे, 40000 व्यक्तियों के हस्ताक्षर सहित ब्रिटिश पार्ल्यामेण्ट के सामने एक

1. काँग्रेस का इतिहास, भाग-1, पृ. 51 से उद्धृत।
2. वही, भाग-1, पृ. 18-19।

अनुरोध-पत्र प्रस्तुत किया था जिसमें मुख्य रूप से प्रतिनिधि शासन-प्रणाली द्वारा निर्मित सरकार की माँग की गयी थी।[1]

तिलक का राजनीतिक जीवन भी आरम्भ हो गया था। 'केसरी' और 'मराठा' की तेजस्विता राजनीति के नये मोड़ का पूर्वाभास दे रही थी और पूरे देश में एक नयी चेतना उत्पन्न कर रही थी। केसरी का पहला अंक 4 जनवरी 1881 को प्रकाशित हुआ था और 'मराठा' उसके दो दिन पहले निकला था। महाराष्ट्र के गणपति उत्सव को राष्ट्रीय परिवेश में तिलक की प्रेरणा से 1893 में एक नयी प्रस्तुति दी गयी थी जिससे सामाजिक ऐक्य व्यंजित होता था। तिलक के ही संरक्षण में शिवाजी उत्सव को राष्ट्रीय आन्दोलन का रूप दिया गया।[2] 1896 ई. में बम्बई के भयंकर अकाल के समय तिलक ने किसानों के निकट जा-जाकर उन्हें निर्भयता की प्रेरणा दी थी और किसी शर्त पर लगान न देने की सलाह दी थी। बुभुक्षित लोगों से उन्होंने बड़े कड़े शब्दों में कहा था, "बाज़ार में लूट-पाट क्यों? कलक्टर के यहाँ जाकर कहो कि तुम्हें काम और रोटी दें। यह उनका कर्तव्य है।"[3]

"1897 का साल हर तरह प्रतिक्रिया का साल था। लोकमान्य तिलक को राजद्रोह के अपराध में ऐसे लेख प्रकाशित करने पर सज़ा दी गयी जो ख़ुद उनके लिखे हुए नहीं थे।"[4] डॉ. रमेशचन्द्र मजुमदार के शब्दों में, "अपने भाषण और लेखन, बल्कि इससे भी अधिक सम्भवतः अपने जीवन और चरित्र से तिलक ने व्यावहारिक राजनीति के क्षेत्र में नवराष्ट्रीयता के आदर्श उपस्थित किये।"[5]

उत्तर उन्नीसवीं शताब्दी के भारतीय पत्र

राष्ट्रीयता की वह धारा जिसका विकास राजनीति के माध्यम से हो रहा था, पत्रकारिता की शक्ति से सम्पन्न थी। भारतीय दृष्टि से उन्नीसवीं शताब्दी का उत्तरार्द्ध और बीसवीं शताब्दी के आरम्भिक दो दशक तेजस्वी पत्रकारिता का युग है। उन्नीसवीं शताब्दी के उत्तरार्ध में अनेक महत्त्वपूर्ण पत्र प्रकाशित हुए।[6] सोम

---

1. स्टडीज़ इन द बंगाल रेनेसाँ, पृ. 170। स्मरणीय है कि 'सारसुधानिधि' ने भी प्रतिनिधि शासन-प्रणाली का पक्ष समर्थन करते हुए अपनी आवाज़ उठायी थी।
2. द्रष्टव्य—डॉ. रमेशचन्द्र मजुमदार का लेख—स्टडीज़ इन द बंगाल रेनेसाँ में संकलित।
3. द्रष्टव्य, "स्टडीज़ इन द बंगाल रेनेसाँ, पृ. 193।
4. डॉ. पट्टाभि सीतारमैया : काँग्रेस का इतिहास, भाग-1, पृ. 34।
5. "By his speechs and writings, and more, probably, by his life and character, Tilak brought the ideals of new nationalism in the actual field of practical politics."–Dr. Ramesh chandra Mazumdar : Studies in the Bengal Renaissance. p. 194.
6. "The press in Indian languages was growing rapidly. At this time there were about sixty-two such papers in the Bombay presidency, Marathi, Gujarati Hindustani and persian; about sixty in the North-west province, Oudh and the Central provinces; →

प्रकाश, सुलभ समाचार, अमृत बाज़ार पत्रिका, साधना, आर्यदर्शन बंगाली, मराठा, केसरी, ट्रिब्यून, इण्डियन मिरर इत्यादि प्रमुख हैं, सोमप्रकाश और हिन्दू पैट्रियट का ध्यान ग्रामीण विषयों की ओर अधिक था। 1891 ई. में पत्रकारिता के क्षेत्र में रामानन्द चटर्जी का प्रवेश हुआ। उन्होंने कई पत्र निकाले जिनमें दासी, प्रदीप, प्रवासी और मॉडर्न रिव्यू प्रमुख हैं। केवल बंगाल से 38 पत्र प्रकाशित हुए थे। 1873 की सरकारी नीति[1] के परिणामस्वरूप 38 पत्र प्रकाशित हुए। इस कालावधि में हिन्दी के अनेक पत्र निकले जिनमें प्रमुख हैं, 'हरिश्चन्द्रचन्द्रिका', 'भारतमित्र', 'हिन्दी प्रदीप', 'सारसुधानिधि' और 'उचितवक्ता'। 'हिन्दी बंगवासी' भी 1890 में प्रकाशित हुआ था।

वर्नाक्युलर प्रेस ऐक्ट

लॉर्ड लिटन के प्रतिगामी शासन की संक्षिप्त चर्चा ऊपर की गयी है। इसी के शासन-काल में वर्नाक्युलर प्रेस ऐक्ट 1878 में (The Vernacular Press Act IX of 1878) पास हुआ था, जो 14 मार्च को क़ानून बना और जो मद्रास के अलावा सभी प्रान्तों पर लागू हुआ।[2]

इस क़ानून की देश में बड़ी गहरी प्रतिक्रिया हुई। अपने कठोर शासन के लिए लॉर्ड लिटन कुख्यात था। उस सम्बन्ध में पूरे देश में एक विरोधी वातावरण बनता जा रहा था। कुछ पत्रों का अनुमान था कि इसी विरोधी स्वर के प्रकाशन को अवरुद्ध करने के लिए वर्नाक्युलर प्रेस ऐक्ट बना है। अमृत बाज़ार पत्रिका की भी यही धारणा थी। लिटन के सम्बन्ध में असन्तोष बढ़ता गया और इसी की प्रतिक्रिया के रूप में मद्रास से 'हिन्दू' का प्रकाशन हुआ।

राष्ट्रीय नेताओं के साथ ही उस समय के अनेक पत्रों ने खुलकर इस क़ानून का विरोध किया था। अगले अध्याय में दादाभाई नौरोजी के वक्तव्य का अंश उद्धृत किया गया है जो वर्नाक्युलर प्रेस ऐक्ट के विरुद्ध है। तत्कालीन हिन्दी-पत्रों ने भी अपने दायित्व का पूर्ण पालन किया था। कलकत्ता के 'सारसुधानिधि' और 'उचितवक्ता' के अनेक स्थल अगले अध्याय में उद्धृत किये गये हैं जो वर्नाक्युलर प्रेस ऐक्ट के विरोध में लिखे गये थे।

→ some twenty eight in Bengal; about nineteen in Madras, Tamil, Telegu, Malayalam and Hindustani. Their circulations were, of a necessity, restricted but they were nevertheless expanding. It was computed about this time that there were probably 100,000 readers of such papers and that the highest circulation of any one paper was in the neighbourhood of 3,000." Margarita Barns : The Indian Press, p. 276

1. वही, पृ. 272।
2. See, The full text of the original Act. The Indian Press by Margarita Barns, p. 281-288.

वर्नाक्युलर प्रेस ऐक्ट पत्रों के अस्तित्व पर प्रश्नचिह्न था, इसलिए सभी पत्रों ने इसका खुलकर विरोध किया था। कलकत्ता के विशेष सन्दर्भ में हमने अगले अध्याय में विचार किया है और हिन्दी-पत्रों की वैशिष्ट्य-चर्चा करते हुए देखा है कि इन पत्रों ने अपने अस्तित्व की चिन्ता छोड़कर औचित्य का समर्थन किया, लोकमत को वाणी दी और इस प्रकार अपने दायित्व के प्रति पूर्ण सचेत रहे।

बंगीय साहित्य परिषद् की स्थापना और रवीन्द्रनाथ की स्वच्छन्दतावादी काव्यधारा

29 अप्रैल 1894 को बंगीय साहित्य परिषद्, जो मूलतः बंगाल अकादमी ऑव लिट्रेचर के नाम से जानी जाती थी, की स्थापना हुई जिसका उद्देश्य था बँगला भाषा और साहित्य का प्रचार और विकास।[1] बँगला साहित्य में रवीन्द्रनाथ की स्वच्छन्दतावादी धारा का प्रवेश हो गया था और वह क्रमशः गत्वर हो रही थी। 1881 में रवीन्द्रनाथ के 'सन्ध्या-संगीत' के द्वारा बँगला में स्वच्छन्दतावादी काव्य का प्रवेश हुआ था। 1893 ई. की प्रसिद्ध काव्य-कृति 'सोनारतरी' प्रकाशित हो चुकी थी। इस प्रकार 33 वर्ष की अवस्था में ही अपने महत् साहित्यिक कृतित्व के बल पर बंगीय नवोत्थान-काल के सबसे बड़े साहित्यिक के रूप में रवीन्द्रनाथ ने सम्मान प्राप्त कर लिया था।[2] रवीन्द्रनाथ का झुकाव राष्ट्रीय शिक्षा की ओर भी था और कालान्तर में विपिनचन्द्र पाल, अरविन्द घोष, रामेन्द्रसुन्दर त्रिवेदी, हीरेन्द्रनाथ दत्त तथा बँगला के अन्य प्रमुख व्यक्तियों के साथ रवीन्द्रनाथ ने भी राष्ट्रीय शिक्षा-समिति की स्थापना में सक्रिय भाग लिया था। 'राष्ट्रीय संरक्षण में राष्ट्रीय पद्धति से—वैज्ञानिक, साहित्य और तकनीकी शिक्षा' को समिति ने अपना उद्देश्य घोषित किया था।[3] आगे चलकर विश्वविश्रुत शिक्षा-संस्था 'विश्वभारती' की स्थापना भी इसी उद्देश्य से हुई।

नागरीप्रचारिणी सभा की स्थापना और हिन्दी साहित्य का भारतेन्दु युग

उन्नीसवीं शताब्दी के उत्तरार्द्ध यानी 16 जुलाई 1893 ई. को हिन्दी के महापुरुषों (बाबू श्यामसुन्दर दास, पं. रामनारायण मिश्र, ठाकुर शिवकुमार सिंह) के महत् प्रयत्न से नागरी प्रचारिणी सभा की स्थापना हुई। "वह भाषा और संस्कृति के क्षेत्र में हमारे राष्ट्रीय विद्रोह की प्रथम प्रतीक थी। अपने प्राथमिक वर्षों में उसकी नीति आत्मरक्षात्मक अधिक थी। कदाचित् इसीलिए उसके नाम में हिन्दी के स्थान

---

1. प्रियारंजन सेन : वेस्टर्न इन्फ्लुएन्स इन बंगाली लिटरेचर, पृ. 67।
2. हीरेनकुमार सान्याल : स्टडीज़ इन द बंगाल रेनेसाँ, पृ. 129।
3. सोनेन्द्रनाथ टैगोर : स्टडीज़ इन द बंगाल रेनेसाँ, पृ. 213।

पर 'नागरी' शब्द रखा गया था। उन आरम्भिक वर्षों में हिन्दी प्रदेश की राष्ट्रीयता और भाषा का केन्द्र ग्रहण कर रही थी। हिन्दी, नागरी और राष्ट्रीयता अन्योन्याश्रित वस्तुएँ समझी जाती थीं। हम यह मानते हैं कि हमारा यह दृष्टिकोण सीमित और संकुचित था, किन्तु हमें यह न भूलना चाहिए कि हम एक दुर्दमनीय विदेशी सत्ता की नृशंस नीति से टक्कर लेने जा रहे थे। वैसी स्थिति में हमारे भीतर कट्टर राष्ट्रीय प्रवृत्तियाँ काम कर रही हों, तो इसमें आश्चर्य क्या है।"[1]

हिन्दी साहित्य का यह भारतेन्दु युग था जो दरबारी संस्कृति और रीतिकालीन साहित्य के प्रति राष्ट्रीय विद्रोह प्रकट कर रहा था। इस युग का नेतृत्व भारतेन्दु बाबू हरिश्चन्द्र के हाथ में था। वे स्वदेशी के आग्रही और प्रचारक थे। उन्होंने अपने देशवासियों से बड़ी साफ़ भाषा में कहा था, "जिसमें तुम्हारी भलाई हो वैसी ही किताब पढ़ो, वैसे ही खेल खेलो, वैसी ही बातचीत करो, परदेशी वस्तु और परदेशी भाषा का भरोसा मत रखो। अपने देश में अपनी भाषा में उन्नति करो।"[2] 'तदीय समाज' की स्थापना के मूल में शुद्ध राष्ट्रीयता ही थी।

---

1. आचार्य नन्ददुलारे वाजपेयी : नया साहित्य : नये प्रश्न, पृ. 207।
2. डॉ. रामविलास शर्मा : भारतेन्दुयुग, पृ. 51।

राष्ट्रीयता का विकास और हिन्दी पत्रकारिता का दूसरा दौर

भारतेन्दु युग : युगीन परिवेश और मूल प्रवृत्ति

हिन्दी पत्रकारिता के दूसरे दौर का आरम्भ 1877 ई. से माना जाता है। हिन्दी-साहित्य का यह 'भारतेन्दु युग' था। यह युग उस दरबारी संस्कृति और रीतिकालीन साहित्य पर एक प्रश्न-चिह्न था जो एक छोटी सीमा में बँधकर रुग्ण हो गया। भारतेन्दु बाबू हरिश्चन्द्र इसे ख़ूब समझते थे इसलिए श्रीमन्त होते हुए भी उन्हें बँधी हवा पसन्द नहीं थी। और ग्यारह वर्ष की अवस्था में ही वे देश-दशा का प्रत्यक्ष अनुभव प्राप्त करने निकल पड़े थे। देश की दुर्दशा देखकर हरिश्चन्द्र व्यथित हो गये थे—

> **"अब जहँ देखहु तहँ दुःखहि दुःख दिखाई।**
> **हा हा! भारत दुर्दशा न देखी जाई।"**

23 मार्च 1874 की 'कविवचन सुधा' में भारतेन्दु ने एक प्रतिज्ञा-पत्र प्रकाशित किया था : "**हम लोग सर्वान्तदासी सत्र स्थल में वर्तमान सर्वद्रष्टा और नित्य सत्य परमेश्वर को साक्षी दे कर यह नियम मानते हैं और लिखते हैं कि हम लोग आज के दिन से कोई विलायती कपड़ा नहीं पहिनेंगे और जो कपड़ा पहिले से मोल ले चुके हैं और आज की मिती तक हमारे पास है उन को तो उन के जीर्ण हो जाने तक काम में लावेंगे पर नवीन मोल ले कर किसी भाँति का विलायती कपड़ा न पहिरेंगे हिन्दुस्तान का ही बना कपड़ा पहिरेंगे हम आशा रखते हैं कि इसको बहुत ही क्या प्रायः सब लोग स्वीकार करेंगे और अपना नाम इसी श्रेणी में होने के लिए श्रीयुत बाबू हरिश्चन्द्र को अपनी मनीषा प्रकाशित करेंगे और सब देशहितैषी इस उपाय के वृद्धि में अवश्य उद्योग करेंगे।**"[1] भारतेन्दु-युगीन साहित्य के अधिकारी विद्वान् डॉ. रामविलास शर्मा ने लिखा है कि "काँग्रेस ने अभी स्वदेशी आन्दोलन विधिपूर्वक न आरम्भ किया था,

1. डॉ. रामविलास शर्मा : भारतेन्दु युग।

न बंग-भंग आन्दोलन ने जन्म लिया था। केवल हिन्दी में भारतेन्दु ने स्वदेशी आन्दोलन का सूत्रपात बहुत पहले कर दिया था।" 'तदीय समाज' के सदस्यों के लिए स्वदेशी वस्त्रों का व्यवहार उन्होंने अनिवार्य रखा था। 'देशी कपड़ा' नाम के निबन्ध का अन्तिम अंश नीचे उद्धृत किया जाता है।...स्वदेशी के लिए हिन्दी लेखकों के आन्दोलन की ओर संकेत करते हुए प्रतापनारायण ने लिखा था, "हम और हमारे सहयोगी गण लिखते हार गये कि देशोन्नति करो, पर यहाँ वालों का सिद्धान्त है कि अपना भला हो, देश चाहे चूल्हे में जाय, यद्यपि जब देश चूल्हे में जाएगा तो हम बच न रहेंगे। पर समझाना तो मुश्किल काम है ना। सो भाइयो, यह तो तुम्हारे ही मतलब की बात है। आख़िर कपड़ा पहनोगे ही, एक बेर हमारे कहने से एक-दो जोड़ा देशी कपड़ा बनवा डालो। यदि कुछ सुभीता देख पड़े तो मानना, दाम कुछ दूने न लगेंगे, चलेगा तिगुने से अधिक समय। देशी लक्ष्मी और देशी शिल्प के उद्धार का फल सेंतमेंत। यदि अब भी न चेते तो तुम से ज़्यादा भकुआ कौन? नहीं, नहीं, हम सबसे अधिक, जो ऐसों को हितोपदेश करने में व्यर्थ जीवन खोते हैं।"[1] इसी विषय को भारतेन्दु ने इस ढंग से समझाया था, "जैसे हज़ार धारा होकर गंगा समुद्र में मिली है, वैसे ही तुम्हारी लक्ष्मी हज़ार तरह से इंग्लैण्ड, जर्मनी, अमेरिका को जाती है। दियासलाई ऐसी तुच्छ वस्तु भी वहीं से आती है। ज़रा, अपने ही को देखो। तुम जिस मारकीन की धोती पहने हो, वह अमेरिका की बनी है। जिस लंकलाट का तुम्हारा अंगा है, वह इंग्लैण्ड का है। फराँसीस की बनी कंघी से तुम सिर झारते हो और जर्मनी की बनी चरबी की बत्ती तुम्हारे सामने बल रही है।" भारतेन्दु युग के लेखकों के इसी जातीय वैशिष्ट्य को लक्ष्य कर आचार्य रामचन्द्र शुक्ल ने लिखा है कि "आजकल के समान उनका जीवन देश के सामान्य जीवन से विच्छिन्न न था। विदेशी अन्धड़ों ने उनकी आँखों में इतनी धूल नहीं झोंकी थी कि अपने देश का रूप-रंग उन्हें सुनाई नहीं पड़ता। काल की गति को वे देखते थे, सुधार के मार्ग भी उन्हें सूझते थे, पर पश्चिम की एक-एक बात के अभिनय को ही वे उन्नति का पर्याय नहीं समझते थे, प्राचीन और नवीन के सन्धि-स्थल पर खड़े होकर वे दोनों का जोड़ इस प्रकार मिलाना चाहते थे कि नवीन प्राचीन का प्रवर्द्धित रूप प्रतीत हो, न कि ऊपर से लपेटी हुई वस्तु"[2]। यह कहना अनुचित न होगा कि भारतेन्दु-युग के साहित्य में उन्नीसवीं शताब्दी के सम्पूर्ण राष्ट्रीय प्रयत्न और जातीय चेतना का जीवन्त स्पर्श और यथार्थ आनयन हुआ है।

दूसरा दौर : सामान्य विशेषताएँ और प्रमुख पत्र

यहीं से हिन्दी पत्रकारिता का दूसरा दौर शुरू होता है। यह युग

1. डॉ. रामविलास शर्मा : भारतेन्दु युग।
2. आचार्य रामचन्द्र शुक्ल : हिन्दी साहित्य का इतिहास, पृ. 453।

हिन्दी-गद्य-निर्माण का युग माना जाता है। हिन्दी की अनेक महत्त्वपूर्ण पत्रिकाओं का प्रकाशन इसी युग में हुआ।[1] 'कविवचनसुधा', 'हरिश्चन्द्र-मैगज़ीन', 'हरिश्चन्द्र चन्द्रिका', 'हिन्दी प्रदीप', 'ब्राह्मण', 'हिन्दुस्तान', 'भारत मित्र', 'सारसुधानिधि' और 'उचितवक्ता' का विशेष महत्त्वपूर्ण अवदान है। साहित्य के साथ ही अन्य विषयों के लेख भी इन पत्रों में प्रकाशित होते थे। साहित्य और राजनीति की प्रमुखता रहती थी। इन पत्रों में प्रहसन, व्यंग्य तथा ललित निबन्धों की अधिक संख्या रहती थी। इन पत्रों का एकमात्र उद्देश्य था सामाजिक कलुष-प्रक्षालन और जातीय उन्नयन। कदाचित् इसीलिए सामाजिक और राजनीतिक विषयों की ओर इन पत्रों का विशेष झुकाव था। कलकत्ता से प्रकाशित होने वाले पत्रों में 'भारतमित्र' 'सारसुधानिधि' और 'उचितवक्ता' अपनी राजनीतिक तेजस्विता के लिए अत्यन्त प्रसिद्ध एवं सम्मानित थे। यहाँ ध्यान देने योग्य एक और बात है कि इस युग के अधिकांश तेजस्वी पत्रों के सम्पादक ही पत्रों के संचालक भी थे, इस प्रकार इन पत्रों के साथ एक बड़ी इच्छा-शक्ति, महत् संकल्प और ऊँचा आदर्श था। कदाचित् यही कारण है कि अत्यन्त प्रतिकूल परिस्थितियों के बीच ये पत्र खड़े हो सके और जी सके। देश-दशा का जितना यथार्थ चित्र इन पत्रों में है और ब्रिटिश सरकार के अनौचित्य का उद्घाटन जिस साहस से इस समय के तेजस्वी पत्रकारों ने किया वह वस्तुतः हर दृष्टि से असाधारण महत्त्व की बात है। अपनी राज-भक्ति का विज्ञापन करते हुए इन पत्रों ने राजकीय व्यवस्था और भ्रष्टाचार पर बड़े तीखे व्यंग्य किये। डॉ. रामविलास के शब्दों में "राजनीतिक वातावरण में जो रूढ़िप्रियता, अन्धपरम्पराप्रियता, शासकों

1. हिन्दी पत्रकारिता के इतिहास लेखक डॉ. रामरतन भटनागर के अनुसार इस युग के पत्रों का विवरण इस प्रकार है : कविवचनसुधा (1867), हरिश्चन्द्र मैगज़ीन (1874), श्री हरिश्चन्द्र चन्द्रिका (1874), 'बालबोधिनी', 'स्त्री जन की' (1874) के रूप में भारतेन्दु ने इस दिशा में पथ-प्रदर्शन किया था। हिन्दी प्रदीप (1877) और भारतजीवन (1884) का नामकरण भी भारतेन्दु बाबू ने ही किया था। भारतेन्दु के बाद इस युग के पत्रकार और पत्र ये हैं—पं. रुद्रदत्त शर्मा : 'भारतमित्र', 1877; बालकृष्ण भट्ट : 'हिन्दी प्रदीप', 1877; दुर्गाप्रसाद मिश्र : 'उचितवक्ता' 1858; पं. सदानन्द मिश्र : 'सारसुधानिधि', 1878; पं. वंशीधर : 'सज्जन कीर्ति सुधाकर', 1878; बदरीनारायण चौधरी 'प्रेमघन' : 'आनन्द कादम्बिनी', 1881; देवकीनन्दन त्रिपाठी : 'प्रयाग समाचार', 1882 : राधाचरण गोस्वामी : 'भारतेन्दु', 1882; पं. गौरीदत्त : 'देवनागरी प्रचारक', 1882; राजा रामपालसिंह : 'हिन्दुस्तान', 1883; प्रतापनारायण मिश्र : 'ब्राह्मण', 1883; अम्बिकादत्त व्यास : 'पीयूषप्रवाह'; 1884; बाबू रामकृष्ण वर्मा : 'भारत जीवन', 1884; पं. रामगुलाम अवस्थी : 'शुभ चिन्तक', 1888; योगेशचन्द्र वसु : 'हिन्दी बंगवासी' 1890; पं. कुन्दनलाल : 'कबि व चित्रकार' 1891; और बाबू देवकी नन्दन खत्री एवं बाबू जगन्नाथ दास 'साहित्य सुधानिधि'; 1894। 1895 में नागरी प्रचारिणी पत्रिका का प्रकाशन। 1900 में सरस्वती 'सुदर्शन' के प्रकाशन के साथ नये युग का आरम्भ।—डॉ. रामरतन भटनागर : आलोचना इतिहास शेषांक, पृ. 33-34।

की ख़ुशामद और अपनी सभ्यता के प्रति हीन भावना फैली हुई थी, उसे देखते हुए हिन्दी पत्रकारों की निर्भीक लेखन-शैली और भी चमक उठती है। उनमें पर्याप्त साहस था और उस साहस का उपयोग वे बेपर की बातें करने में न करते थे वरन् दिन-प्रतिदिन की देश तथा बिदेश-सम्बन्धी समस्याओं के विवेचन में उसका उपयोग करते थे। क़ाबुल युद्ध, जुलू और अँगरेज़ों की लड़ाई आदि पर जो कुछ तब लिखा गया था, उससे और साफ़-सुथरा लिखना आज के लेखक के लिए भी कठिन है। सबसे बड़ी बात उनकी सरल भाषा और मनोरंजक शैली है। वे जनता के हित का नारा बुलन्द न करके वास्तविक जन-साहित्य की सृष्टि करने में लगे थे। अकाल, महामारी, टैक्स, किसानों की निर्धनता, स्वदेशी आदि पर उन्होंने सीधे सरल ढंग से निबन्ध और कविताएँ लिखीं।"[1] इस प्रकार हम देखते हैं कि हिन्दी पत्रकारिता के द्वितीय अध्याय का निर्माण काफ़ी संघर्षों के बीच में हुआ। यह संघर्ष इसलिए भी था क्योंकि इस युग की पत्रकारिता राष्ट्रीय चेतना के विकास का सशक्त माध्यम थी।

दूसरे दौर के पत्रों की चर्चा करते हुए बालमुकुन्द गुप्त ने लिखा है : "प्रथम समय के पत्र एक तो ठीक समय पर बहुत कम निकलने पाते थे। कुछ-न-कुछ कारण उनके विलम्ब से निकलने के हो जाते थे। दूसरे उनको बहुत ग्राहक भी नहीं मिले और इसी से उनमें से अधिक बहुत दिन ठहर न सके। दूसरे समय के पत्रों ने यह त्रुटियाँ दूर करने की चेष्टा की और कुछ सफलता भी उनको प्राप्त हुई।"[2] स्मरणीय है कि 1857 के बाद के जातीय उन्नयन के प्रयत्नों का प्रत्यक्ष परिणाम यह हुआ था कि देश-दशा और सरकारी रीति-नीति के बारे में अधिकाधिक जानने और अभिज्ञता रखने की उत्सुकता लोगों में उत्पन्न हो गयी थी। पत्रों की ओर लोगों का झुकाव धीरे-धीरे बढ़ रहा था। चाहे स्वयं न पढ़ें लेकिन समाचारपत्रों में छपी ख़बरों को लोग जानने के इच्छुक हो चले थे। इस झुकाव का सबसे बड़ा प्रमाण यह है कि पत्र-प्रकाशन पर पाठक की हैसियत से लोग प्रतिक्रिया प्रकट करने लगे थे और सम्पादक के नाम पत्र लिखकर बधाई देने लगे थे। किन्तु यह सामान्य स्थिति नहीं थी, इस प्रकार के पाठकों की संख्या न्यून थी और पत्रों के ऐसे ग्राहक भी थे जो ग्राहक होकर भी पत्र स्वयं नहीं पढ़ते थे बल्कि सम्पादक को स्वयं उनके पास जाकर पढ़कर सुनाना पड़ता था। इसी शर्त पर वे ग्राहक बनते थे। 'भारत मित्र' की चर्चा करते हुए सम्पादकाचार्य पं. अम्बिकाप्रसाद वाजपेयी ने लिखा है कि "उन दिनों हिन्दी पाठक बहुत कम थे, इसलिए ग्राहक तो लोग बन जाते थे, पर पत्र पढ़ न सकते थे। यह समस्या इस तरह हल की गयी कि पं. दुर्गाप्रसाद कई गद्दियों में जाकर 'भारत मित्र' पढ़कर सुना आया करते थे।[3]" यह उस युग के पत्रकारों की

1. डॉ. रामविलास शर्मा : भारतेन्दुयुग, पृ. 41।
2. बालमुकुन्द गुप्त : गुप्त निबन्धावली, पृ. 330।
3. क. अम्बिकाप्रसाद वाजपेयी : विशाल भारत, मई, 1931। →

निष्ठा और आदर्शवादिता का प्रमाण है। सरकारी दमन नीति के बावजूद इन पत्रों में उग्र राष्ट्रीयता की झलक मिलती है। 1878 के वर्नाक्युलर प्रेस ऐक्ट की अनुकूल प्रतिक्रिया यह थी कि इस युग के पत्रों में स्वाधीनता और अस्तित्व-प्रतिष्ठा की आकांक्षा प्रत्यक्ष दिखाई पड़ने लगी। इस युग के पत्रों में पहली बार सरकारी अनौचित्य की आलोचना दिखाई पड़ी और युग के पत्रों ने पहली बार उग्र राष्ट्रीयता का पक्ष-समर्थन किया। व्यावसायिक विषयों की विज्ञप्तियाँ भी छपने लगीं देशी-विदेशी समाचारों के साथ विभिन्न विषयों पर लम्बे-लम्बे लेख छपने लगे और लोकरुचि के परिष्कार का भी कार्य इसी युग के पत्रों ने किया। यह साधारण दायित्व नहीं था। स्मरणीय है कि पूर्ववर्ती हिन्दी पत्रकारिता इस दायित्व से दूर थी। इस प्रकार परिवर्तन के बिन्दु काफ़ी स्पष्ट हैं और इन्हें ही हम हिन्दी पत्रकारिता के द्वितीय दौर के लक्षण या मूल वैशिष्ट्य मानते हैं।

कलकत्ता के प्रमुख पत्र

कलकत्ता के हिन्दी पत्रों की चर्चा करते समय दूसरे दौर की हिन्दी पत्रकारिता के वैशिष्ट्य को हम अधिक स्पष्ट कर सकेंगे। इस युग में कलकत्ता से तीन प्रमुख पत्र निकले–'भारतमित्र' (1878),[1] 'सारसुधानिधि' (1879) और 'उचितवक्ता' (1880)। इन तीनों पत्रों के मूल प्रेरक और संचालक पं. दुर्गाप्रसाद मिश्र थे। "पं. सदानन्द मिश्र, पं. गोविन्द नारायण आदि ने हिन्दी पत्र-सम्पादन और प्रकाशन का कार्य किया सही, परन्तु पं. दुर्गाप्रसाद मिश्र यदि न होते, तो उनके कामों को कोई नहीं जानता।"

'भारतमित्र' : सामान्य परिचय

बँगला पत्र 'सोमप्रकाश' से प्रभावित होकर पं. छोटूलाल मिश्र और पं. दुर्गाप्रसाद मिश्र के मन में हिन्दी पत्र-प्रकाशन की महत्त्वाकांक्षा उदित हुई जिसके परिणामस्वरूप 'भारतमित्र' का प्रकाशन 17 मई 1878 को आरम्भ हुआ। आरम्भ

ख. "उस समय हिन्दी संवाद-पत्र पढ़ने वाले थे ही नहीं। पाठक उत्पन्न करने के लिए बाबू कार्तिकप्रसाद ने बहुत दौड़-धूप की थी। लोगों के घर जा-जाकर वे पत्र सुना तक आते थे। इतना सब करने पर भी उनका पत्र थोड़े दिन चलकर बन्द हो गया।" आचार्य पं. रामचन्द्र शुक्ल : हिन्दी साहित्य का इतिहास, पृ. 457।

1. श्री राधाकृष्ण दास ने अपनी पुस्तक 'हिन्दी भाषा के सामयिक पत्रों का इतिहास' में 'भारतमित्र' की चर्चा इस प्रकार की है, "सन् 1877 में भारतवर्ष की राजधानी कलकत्ता नगर से पण्डित दुर्गाप्रसाद मिश्र, पं. छोटूलाल मिश्र, पण्डित सदानन्द मिश्र तथा बाबू जगन्नाथ खन्ना के उद्योग से 'भारतमित्र' कमिटी बनी और उसके द्वारा 'भारतमित्र' पत्र निकला।" (पृ. 19) यह धारणा ग़लत है। मुझे 1878 ई. का 'भारतमित्र' मिला है, जो प्रथम अंक है।

में यह पाक्षिक था और इसकी पहली संख्या आधे रॉयलशीट के दो पन्नों पर छपी थी। इसके सम्पादक पं. छोटूलाल मिश्र थे, प्रबन्धकर्ता थे पं. दुर्गाप्रसाद मिश्र। इसके मुख पृष्ठ पर इसका उद्देश्य मुद्रित था जो इस प्रकार है : **'जयोऽस्तु सत्यनिष्ठानां येषां सर्वे मनोरथाः'**। मूल्य था प्रति संख्या दो पैसे। अपेक्षित आर्थिक सहायता प्राप्त होने पर दसवें अंक से 'भारतमित्र' साप्ताहिक हो गया। साल-भर में ही इसे कई संवाददाता मिल गये थे। पाठकों की प्रतिक्रियाएँ भी उनके पत्रों के माध्यम से छपने लगी थीं। 22 जून सन् 1879 के 'भारत मित्र' में श्री राधाचरण गोस्वामी का वह पत्र छपा है जिसमें उन्होंने लिखा है कि स्वामी दयानन्द से वेद-विद्या का ज्ञान प्राप्त करने अमेरिका के कई पादरी बम्बई में आये हुए हैं। इसी अंक में महाराष्ट्र की (विवादास्पद और अस्थिर मति वाली) प्रसिद्ध महिला रमा बाई का भी पत्र छपा है जिसमें उन्होंने कामाख्या-यात्रा का वर्णन किया है। 1883 ई. के 'भारतमित्र' में इलबर्ट बिल और बाबू सुरेन्द्रनाथ बनर्जी के सम्बन्ध में अनेक लेख प्रकाशित हुए थे। इस समय पं. हरमुकुन्द शास्त्री इसके सम्पादक थे जिनकी योग्यता की चर्चा करते हुए पं. अम्बिकाप्रसाद वाजपेयी ने लिखा है कि "शास्त्री जी ने कई साल तक इसका बड़ी योग्यता से सम्पादन किया।" इस समय इस पत्र की स्थिति इतनी विकसित हो गयी थी कि पाठकों को इसमें ताज़ा ख़बरें भी पढ़ने को मिलने लगी थीं। इसी वर्ष यानी 1883 के 30 अक्टूबर को स्वामी दयानन्द सरस्वती का देहान्त हुआ था और 1 नवम्बर को ही 'भारतमित्र' में यह ख़बर प्रकाशित हो गयी। 1884 ई. के 'भारतमित्र' ने हिन्दी प्रचार आन्दोलन शुरू किया था। बाबू बालमुकुन्द गुप्त ने लिखा है कि "उस हिन्दी के आन्दोलन का यह फल हुआ कि मेरठ जैसे उर्दू के दास शहर में देवनागरी प्रचारिणी सभा बन गयी। इस विषय में लिखा-पढ़ी और जोश यहाँ तक बढ़ा हुआ था कि सिरसा के स्वर्गीय काशीनाथ खत्री ने इंग्लैण्ड में हिन्दी पर आन्दोलन करने की सलाह दी।"[1] 1885 के 15 जनवरी के अंक में भारतेन्दु बाबू हरिश्चन्द्र की मृत्यु का शोक समाचार और फिर बाद के कई अंकों में इसकी चर्चा रही। स्मरणीय है कि भारतेन्दु बाबू एक बहुत बड़े आन्दोलन का संचालन कर रहे थे और निर्विवाद रूप से हिन्दी के सबसे बड़े साहित्यिक और नेता थे जिनकी मृत्यु मात्र 35 वर्ष की अवस्था में हुई थी। 1889 की प्रयाग काँग्रेस और काश्मीर नरेश महाराज प्रतापसिंह की अधिकारच्युति के सम्बन्ध में 'भारतमित्र' में बहुत कुछ प्रकाशित हुआ था। 1891 में 'सहवास-सम्मति' बिल को लेकर आन्दोलन चल रहा था। इसमें 'भारतमित्र' ने भी सहयोग दिया था। 15 जून 1893 से इसका आकार बड़ा हो गया और यह सचित्र प्रकाशित होने लगा। अब सुपर रॉयल काग़ज़ के बड़े दो कवर पर छपने लगा। 7 मई 1896 ई. में 'भारतमित्र' का आकार और भी बड़ा

1. गुप्त-निबन्धावली, प्रथम भाग, सं. झावर मल्ल शर्मा, बनारसीदास चतुर्वेदी, पृ. 409।

हो गया और तब से 1897 के अन्त तक वह डबल सुपर रॉयल पर छपता रहा। 1897 में ही छोटे आकार में 'भारतमित्र' का दैनिक अंक निकला और कुछ ही महीनों के बाद बन्द हो गया। 1898 में पुनः 'भारतमित्र' का दैनिक संस्करण निकला जिसका वार्षिक मूल्य 12) था। साल-भर के बाद यह पुनः बन्द हो गया। 1899 में पुनः बड़े आकार और कम मूल्य में यह प्रकाशित हुआ।

इसके आदि सम्पादक पं. छोटूलाल मिश्र थे। इसके बाद इसके सम्पादन का भार पं. हरमुकुन्द शास्त्री के ऊपर आया। शास्त्री जी वैतनिक सम्पादक थे। 14 अप्रैल 1887 ई. से पं. जगन्नाथ चतुर्वेदी इसके सम्पादक और प्रबन्धकर्ता के पद पर आसीन हुए। इसी वर्ष 14 दिसम्बर को अमृतलाल चक्रवर्ती इसके सम्पादक हुए और प्रायः दो वर्षों तक उन्होंने ही इसका सम्पादन किया। फिर 1890 में पं. राधाकृष्ण चतुर्वेदी और 1891 में बाबू रामदास वर्मा क्रमशः इस पद पर प्रतिष्ठित हुए। इसके बाद डॉ. एस. के वर्मन इसके व्यवस्थापक हुए और पं. दुर्गाप्रसाद मिश्र ने सम्पादक का दायित्व सँभाला।[1] इसके बाद पं. रुद्रदत्त शर्मा ने अपने पत्रकार-जीवन के अनुभव का वर्णन करते हुए 'विशाल भारत' के प्रथम वर्ष के प्रथम खण्ड में 'भारतमित्र' की इस प्रकार चर्चा की है : 'भारतमित्र' के सबसे पहले वैतनिक सम्पादक पण्डित हरमुकुन्द शास्त्री जी लाहौर से बुलाये गये थे। जब यह महाशय 'भारतमित्र' से पृथक् होकर चले गये, तब सन् 1884 में मैं सहकारी सम्पादक नियत करके बुलाया गया। मैंने वहाँ जाकर देखा कि मुख्य सम्पादक कोई नहीं है और न प्रेस मैनेजर है। सन्ध्या को अपने ऑफ़िस के कामों से छुट्टी पाने पर बाबू हनुमानप्रसाद कपूर या मनोहर दास खन्ना 'भारतमित्र' ऑफ़िस आकर छापे के काम की देखभाल कर जाते हैं और सम्पादकीय लेखों के विषय में सम्मति लेने के लिए दिन में कई बार बाबू नित्यलाल मल्लिक के पास जांना पड़ता है, इन झगड़ों को देखकर मैंने इस्तीफ़ा दे दिया।...श्रीयुत बाबू जगन्नाथ दास अग्रवाल ने हरीसन रोड के मकान में लाकर जब 'भारतमित्र' को दैनिक किया तब एक वर्ष तक मैंने इसके दैनिक संस्करण का भी सम्पादन किया था। फिर कुछ काल के वास्ते 'भारतमित्र' को चलाने का भार डॉ. एस.के. वर्म्मन को सौंपा गया। उनके यहाँ कुछ दिनों तक मैंने और कुछ दिनों तक पं. दुर्गाप्रसाद जी ने इसे चलाया था। थोड़े समय तक पं. अमृतलाल चक्रवर्ती और कुछ दिनों तक बाबू ब्रह्मानन्द जी ने 'भारतमित्र' का सम्पादन कार्य किया था। बाबू ब्रह्मानन्द के

---

1. 'सारसुधानिधि' के प्रथम वर्ष के अंक-9 में एक 'सूचना' इस प्रकार प्रकाशित हुई है : "विदित हो कि हम 'भारतमित्र' के अवैतनिक कार्य-सम्पादक थे, परन्तु कई एक विशेष विषयों में अध्यक्षों से मतान्तर होने के कारण हमने 'भारतमित्र' से अपना सम्पर्क बिलकुछ छोड़ दिया अतएव कोई 'भारतमित्र' सम्बन्धीय चिट्ठी-पत्री रुपै-पैसे हमारे नाम से न भेजें।

   जिनको खास हमसे कुछ प्रयोजन होय तो सारसुधानिधि-कार्यालय में पत्रादि भेजें। दुर्गाप्रसाद मिश्र।"

बाद फिर दो-चार महीनों के लिए मैंने 'भारतमित्र' का सम्पादन-भार ग्रहण किया। इस बार मैंने एक ऐसा पत्र लिखा कि जिसके कारण एक प्रैसीडेन्सी मजिस्ट्रेट साहिब बहुत चिढ़ गये और उन्होंने बाबू जगन्नाथदास अग्रवाल से मेरी बड़ी शिकायत की, क्योंकि वह पंच एक सुप्रसिद्ध वेश्या की मार्फ़त रिश्वत लेने के विरुद्ध था। भारतवर्ष में भला यह किसकी शक्ति है कि जो मजिस्ट्रेट की शिकायत करके अपनी नौकरी पर रह सके। ख़ैर इस बार मेरे छोड़ने पर स्वर्गवासी बाबू बालमुकुन्द गुप्त इसके सम्पादक नियत हुए।" पं. राधाकृष्ण चतुर्वेदी, पं. प्यारेलाल और बाबू ब्रह्मानन्द क्रमशः इसके सम्पादक नियुक्त हुए। 1899 में बाबू बालमुकुन्द गुप्त सम्पादक हुए और 1907 के पूर्वार्द्ध तक प्रतिष्ठित रहे। गुप्त जी के देहावसान के बाद पं. अमृतलाल शर्मा, बाबू शिवनारायण सिंह, पं. अम्बिकाप्रसाद वाजपेयी, पं. बाबूराव विष्णु पराड़कर तथा पं. लक्ष्मणनारायण गर्दे ने 'भारतमित्र' का सम्पादन किया। इस परवर्ती काल की चर्चा स्वदेशी आन्दोलन के सन्दर्भ में अगले अध्याय में की जाएगी। इस अध्याय की सीमा है उन्नीसवीं शताब्दी।

सारसुधानिधि

इस युग का दूसरा तेजस्वी पत्र है 'सारसुधानिधि' जो साप्ताहिक था और जिसे कलकत्ता से ही 1879 ई. में पं. सदानन्द मिश्र के सक्रिय सहयोग से पं. दुर्गाप्रसाद मिश्र ने प्रकाशित किया था। "इसमें चार साझी थे—सदानन्द जी, गोविन्दनारायण जी और शम्भुनाथ जी। इसके सम्पादक पं. सदानन्द जी, संयुक्त सम्पादक पं. दुर्गाप्रसाद जी, सहायक सम्पादक पं. गोविन्दनारायण जी और व्यवस्थापक पं. शम्भुनाथ जी थे।...दूसरे दौर के अख़बारों में वह बड़ा तेजस्वी अख़बार था। दुःख यही है कि बहुत ग्राहक उसे नहीं मिले जो मिले वे ठीक समय पर मूल्य नहीं देते थे। लाचार पत्र बन्द करना पड़ा। 12 साल चलकर 1890 में यह पत्र बन्द हुआ।"[1]

यह रॉयल एक शीट के आठ पन्नों पर निकलता था। इसके प्रथम अंक के प्रथम पृष्ठ की पूरी सामग्री इस प्रकार है :

सारसुधानिधि

कुमुद रसिक मनमोदकर हरि दुख तम सरवत्र।
जनपथ दरसावे अचल सारसुधा निधि-पत्र ॥
काव्य रसायन यत्र तत्र सुदर्शन नृप चरित।
सार सुधानिधि-पत्र दोष व्यसन ज्वर विषय हर ॥

---

1. पं. अम्बिकाप्रसाद वाजपेयी : हिन्दी समाचारपत्रों का इतिहास।

1. भाग कलकत्ता संवत् 1935 ता. 1 माघ चन्द्रवार 13 जनवरी, सन् 1879 ई. और अंक 1

'सार सुधानिधि' सम्बन्धीय विशेष नियम।

1. 'सार सुधानिधि' दाम केवल वार्षिक नियत रहेगा एक बरस के लिए पहिले देनेवालों से 5) रूपै और विदेश वालों से डाक व्यय समेत 6॥=) छय रूपै दस आने।

और पीछे देने वालों से 7) सात रूपै और पीछे देने वाले विदेशियों से 8॥=) आठ रूपै दश आने लिये जायेंगे।

परन्तु तीन महीने के बाद देनेवालों से पीछे देनेवालों के हिसाब से लिया जायगा।

राजा-महाराजाओं के सम्मान रक्षा के निमित्त साधारण मनुष्यों की अपेक्षा उन लोगों से (राजा महाराजाओं से) दूना दाम लिया जायगा।

2. 'सारसुधानिधि' बिना दाम के नहीं दिया जायगा पर स्थल विशेष में—विशेष आवश्यक होने से दाम की न्यूनाधिकता हो सकेगी।

3. विज्ञापन का दाम प्रति पंक्ति =) दो आने परन्तु ज्यादा और बहुत दिनों के लिये देने वालों से अलग बन्दोबस्त किया जायगा।

4. दाम जिसको जिस प्रकार सुभीता होय भेजे पर स्टाम्प का टिकट केवल चिट्ठी का आध-आनेवाला लिया जायेगा और किसी प्रकार का टिकट नहीं लिया जायगा।

और जो आध आने के टिकट में दाम भेजेंगे उनको रूपै पीछे आध आना बट्टे का बेसी भेजना होगा।

और चिट्ठी पत्रि भी टिकट वाली ली जावेगी बेरिंग पत्रादि नहीं लिये जावेंगे।

5. 'सारसुधानिधि' सम्बन्धीय चिट्ठी पत्रि सार सुधा निधि कार्य्य सम्पादक शम्भुनाथ मिश्र के नाम भेजनी होवेगी।

विशेष सूचना। जिन लोगों की 'सारसुधानिधि' लेने की इच्छा होय वो लोग अपना-अपना नाम धाम और पता ठिकाना अच्छे स्पष्ट अक्षरों में मेरे पास लिख भेजें। जिसमें 'सारसुधानिधि' ठिक् ठिक पहुँच सके।

कार्य सम्पादक
शम्भुनाथ मिश्र
कलकत्ता बड़ा बाजार
सुतापट्टि नं. 65।

यह पत्र नितान्त लोकपरक था। लोकपरक इसलिए कि इसमें तत्कालीन लोकजीवन और देश-दशा का बड़ा यथार्थ चित्र है। इसमें राजनीति, समाजनीति, धर्म, स्वास्थ्य, और साहित्य के साथ ही देश-विदेश की प्रमुख ख़बरें भी रहती थीं। सम्पादकीय नीति शुद्ध राष्ट्रीय थी और सारे हिन्दी प्रदेश में इस पत्र का आदर था, दूसरी भाषा वाले भी इसके महत्त्व और जातीय स्वर से परिचित थे। कुछ ऐसे पत्र और लोग थे जो 'सारसुधानिधि' के उत्कर्ष से पीड़ित और ईर्ष्या-दग्ध होकर

इसके विरुद्ध बोलने में औचित्य की सीमा लाँघ जाते थे। 'प्रथम अब्दपूर्ति' के अवसर पर अपनी कठिनाइयों का उल्लेख करते हुए सम्पादक ने स्पष्ट घोषणा की थी कि विशेष आर्थिक सहायता के अभाव में इस पत्र का स्थायी रूप से निकलना असम्भव है। उक्त सहायता मिलने पर ही इसका प्रकाशन हो सकेगा। उक्त सहायता की प्रतीक्षा दो सप्ताह तक की जाएगी, अनुकूल परिणाम नहीं निकलने पर बन्द कर दिया जाएगा। इस पर काफ़ी संख्या में लोगों ने दुःख प्रकट करते हुए इसकी वैशिष्ट्य-चर्चा के साथ ही पुनः प्रकाशन की मंगलकामना की थी। इन सारी बातों की विस्तृत चर्चा उपलब्ध सामग्री के आधार पर आगे की जाएगी। यहाँ मात्र इतना ही कहना है कि इस पत्र में एक भी ऐसा शब्द नहीं छपता था जिसमें प्रखर राष्ट्रीयता का स्वर न हो। कदाचित् यही कारण है कि भारतेन्दु बाबू हरिश्चन्द्र का यह अत्यन्त प्रिय पत्र था।

उचितवक्ता

हिन्दी-पत्रकारिता के उन्नायक पं. दुर्गाप्रसाद मिश्र का यह अपना पत्र था जिसका प्रकाशन 7 अगस्त, 1880 ई. 65 नं. सूतापट्टी, बड़ा बाज़ार कलकत्ता से हुआ था।[1] चूँकि यह पत्र पं. दुर्गाप्रसाद मिश्र का अपना था यानी वे ही इसके सब कुछ थे इसलिए पूरी स्वेच्छा और स्वतन्त्रता से वे इसे प्रकाशित करते थे। स्वाधीनता खो उन्नति करने में गौरव नहीं है, यह 'उचितवक्ता' के पहले अंक की पहली सम्पादकीय टिप्पणी का मूल स्वर है। प्राचीन भारतीय उन्नति से अँगरेज़ी शासनकालीन उन्नति की तुलना करते हुए बड़ी स्पष्ट भाषा में सम्पादक ने लिखा

1. (क) "उचितवक्ता (1818, पं. दुर्गाप्रसाद-द्वारा सम्पादित) का प्रकाशन एक अत्यन्त लोकप्रिय उपक्रम था।...1884 में इसका पुनः प्रकाशन हुआ किन्तु सद्यः बन्द हो गया।" डॉ. रामरतन भटनागर—Rise and Growth of Hindi Journalism... p. 3.

   (ख) "सन् 1878 ईसवी में पण्डित दुर्गाप्रसाद मिश्र और पण्डित छोटूलाल मिश्र के प्रयत्न से 'भारतमित्र' प्रकाशित हुआ। यह आरम्भ में पाक्षिक रूप में निकला। इसके सम्पादक पं. छोटूलाल मिश्र और व्यवस्थापक पं. दुर्गाप्रसाद मिश्र बने। इसके एक वर्ष बाद 'सारसुधानिधि' और प्रायः एक दशक बाद प्रसिद्ध 'उचितवक्ता' ने कलकत्ते में जन्म ग्रहण किया।"—कमलापति त्रिपाठी : पत्र और पत्रकार, पृ. 115।

   अत्यन्त विनम्रतापूर्वक निवेदन करूँ कि उपर्युक्त दोनों ही धारणाएँ ग़लत हैं। 'उचितवक्ता' की 15 फ़ाइलें उपलब्ध हैं। पहला अंक 7 अगस्त 1880 को निकला था 1895 ई. की भी फ़ाइल मुझे प्राप्त हुई है। 'हिन्दी भाषा के सामयिक पत्रों का इतिहास' के लेखक श्री राधाकृष्णदास के विचारानुसार "सन् 1878 में कलकत्ता से 'उचितबक्ता' का और 'सारसुधानिधि' का प्रकाश हुआ।" इसी का समर्थन आचार्य पं. रामचन्द्र शुक्ल ने भी किया है। द्रष्टव्य : 1. हिन्दी भाषा के सामयिक पत्रों का इतिहास, पृ. 23। 2. हिन्दी साहित्य का इतिहास (ले. आचार्य रामचन्द्र शुक्ल) प्रथम संस्करण, पृ. 224। (आठवाँ संस्करण, पृ. 458)

था; "पहिली उन्नति और अबकी उन्नति में अन्तर इतना ही है कि वह स्वाधीन भारत की उन्नति थी, उस उन्नति में उन्नतिमना स्वाधीनता प्रिय भारत सन्तानों का गौरव था, और यह पराधीन भारत की उन्नति हो रही है इस उन्नति में पदानत निर्वीर्य्य हम भारत कुलतिलकों की अगौरव के सहित गर्दन नीची होती जाती है।" उक्त सम्पादकीय लेख की अन्तिम पंक्तियों में 'उचितवक्ता' के उद्देश्य की विज्ञप्ति है : "...दोष दिखाने वाले को भी उचितवक्ता और समदर्शी होना उचित है अन्यथा झूठे दोष दिखा कर अकारण ही किसी को आक्रमण करने से सिवाय झगड़ा बढ़ा कर गाली खाने के और कुछ फल नहीं होता अतएव ऐसे स्थल में यथार्थ समदर्शी उचित परामर्शदाता उचितवक्ता का अत्यन्त ही प्रयोजन है। पाठक! इस निमित्त आज यह उचितवक्ता आप लोगों के सम्मुखीन है। पूर्वोक्त दोषों का निवारण करना ही इस का एकमात्र उद्देश्य है। अपने यथार्थ दोषों को इस में अंकित देख कर भी यदि कोई इस पर क्रुद्ध होंगे तो उस विषय में इसका कुछ दोष नहीं, कारण 'हितं मनोहारि च दुर्लभं वचः'।" इसी महत् उद्देश्य को लेकर 'उचितवक्ता' का प्रकाशन हुआ था। और चूँकि हर महत् उपक्रम को नाना प्रकार के अवरोध घेर लेते हैं इसलिए 'उचितवक्ता' को भी कठिनाइयों से काफ़ी जूझना पड़ा। बाबू बालमुकुन्द गुप्त ने 'भारतमित्र' में इसकी चर्चा इस प्रकार की है, "इस पत्र में कई गुण विशेष थे। मूल्य ख़ूब कम था। एक बार रॉयल एक सीट पर छपता था और केवल एक पैसे में बेचा जाता था। फिर छपाई-सफाई काग़ज़ आदि सब बातें इसकी अच्छी होती थीं। इससे बढ़ कर इसके तीखे और चटपटे लेख और चुटकुले होते थे, जो किसी को माफ़ नहीं करते थे। एक बार इस के ग्राहक भी दो-डेढ़ हज़ार के लगभग हो गये थे। यह बात उस समय तक किसी पत्र को हासिल नहीं हुई थी।" तथापि इसके साथ आर्थिक संकट था, क्योंकि ग्राहकों से उचित समय पर मूल्य नहीं मिलता था। इसी प्रश्न को लेकर 13.1.1883 के अंक की दूसरी सम्पादकीय टिप्पणी है जिसका शीर्षक है, 'कौन कहता है कि भारतवासियों में एका नहीं है', इसका उपसंहार करते हुए लिखा गया है कि और किसी बात में चाहे एका न भी हो, पर समाचारपत्र का मूल्य न देने में तो पूरा एका है।

प्रसंगानुसार इस पत्र का समग्र विवेचन किया जाएगा। इस पत्र की मुझे 15 फ़ाइलें उपलब्ध हुई हैं और यही मेरी विवेचना का आधार है।

भारतमित्र

ऊपर कहा जा चुका है कि 'भारतमित्र' का प्रकाशन एक पाक्षिक पत्र के रूप में 17 मई 1878 ई. को हुआ था। इसके सम्पादक पं. छोटूलाल मिश्र और

दुर्गाप्रसाद मिश्र थे। इसकी छपाई बाबू खटर मोहन मुखर्जी द्वारा सरस्वती प्रेस 49 नं. मछुआ बाज़ार रोड में होती थी। मूल्य प्रति अंक 2 पैसे था। रॉयल शीट के दो पन्नों पर छपता था। 22वें अंक यानी 12 दिसम्बर 1878 ई. तक इसी आकार में छपता था। तीसरे अंक तक सम्पादक के स्थान पर (अर्थात् पत्र के अन्त में 'निवेदन' के नीचे) छोटूलाल मिश्र और दुर्गाप्रसाद मिश्र दो नाम छपते थे। चौथे अंक से उक्त स्थान पर केवल दुर्गाप्रसाद मिश्र का नाम छपने लगा—'भारतमित्र कार्य सम्पादक दुर्गाप्रसाद मिश्र'। असल में पं. छोटूलाल मिश्र पत्र के सम्पादक थे और पं. दुर्गाप्रसाद मिश्र प्रबन्धक या प्रबन्ध-सम्पादक थे[1]।

पहले अंक के अन्त में एक सम्पादकीय विज्ञप्ति है जो इस प्रकार है—

निवेदन :

विदित हो कि यह पत्र प्रतिपक्ष में एक बार प्रकाशित होगा परन्तु बिना सर्वसाधारण की सहायता के इस के चिरस्थाई होने की आशा निराशा मात्र है इस लिए सर्वसाधारण को उचित है कि इस की सहायता करे और यदि यह पत्र ईश्वर की इच्छा से समाज में प्रचलित हुआ तो और इस के 500 ग्राहक हुए तो शीघ्र ही साप्ताहिक होके प्रचारित होगा।

कलकत्ता — **छोटूलाल मिश्र**
बड़ाबाजार — **दुर्गाप्रसाद मिश्र**
सुतापट्टि

यही विज्ञप्ति दूसरे अंक में भी किंचित् परिवर्धन के साथ दी गयी है। इसमें पहली विज्ञप्ति से एक अधिक वाक्य है जो इस प्रकार है—"**इससे जिन महाशयों को इस पत्र के ग्राहक होना हो वो शीघ्र वार्षिक मूल्य ।।।) बारे आना और डाक मासुल ।।।) बारे आना भेज के बाधित करे। और अपना ठिकाना हमें लिख भेजे।**" आगे के अंकों में भी इस निवेदन की आवृत्ति हुई है। मासिक के रूप में 'भारतमित्र' के नौ अंक प्रकाशित हुए, दसवाँ अंक 19 सितम्बर 1878 ई. को साप्ताहिक निकला। इस सम्बन्ध में मुखपृष्ठ पर 'विशेष सूचना' है—

विशेष सूचना :

आज से यह पत्र प्रति गुरुवार को प्रकाशित हुआ करेगा इसका अग्रिम

---

1. "कलकत्ते के वे पूज्यजन धन्य हैं, जिन्होंने 'भारतमित्र' समाचार पत्र प्रकाशित करने की कल्पना की और बड़ी-बड़ी कठिनाइयाँ झेलकर उसे आगे बढ़ाया। आगे चलकर यह 'भारतमित्र' ही हिन्दी-जगत् की एक प्रधान संस्था बन गया। गुप्त जी के पहुँचने पर 'भारतमित्र' का प्रभाव अत्यधिक बढ़ा। गुप्त जी ने इस पत्र के द्वारा सम्पूर्ण हिन्दी-जगत् में राष्ट्रीय चेतना पैदा की, उमड़ती हुई विदेशी भावना को रोककर भारतीय संस्कृति की रक्षा की और अपने देश तथा धर्म के प्रति सम्मान की भावना पैदा की।—किशोरीदास वाजपेयी : बालमुकुन्द गुप्त स्मारक ग्रन्थ, पृ. 407-408।

वार्षिक 1॥) डाक व्यय सहित 3 निर्धारित है और आज से भारतमित्र कार्यालय सुतापट्टी नं. 60 शालग्राम खन्ना और कम्पनी की दोकान में स्थापित हुआ है जिन महाशयों को चिट्ठी-पत्रादि भेजना होय वो उपरोक्त स्थान में भेजे।

सम्पादकीय वक्तव्य में अपनी आशंका, हिन्दी पाठकों की सदाशयता और प्रोत्साहन की चर्चा करते हुए साप्ताहिक संस्करण के प्रकाशन की अनुकूल भूमिका का उल्लेख किया गया है।[1]

भारतमित्र का मोटो या शीर्षवाक्य संस्कृत में मुखपृष्ठ पर मुद्रित रहता था—"**जयोस्तु सत्यनिष्ठानां येषां सर्वे मनोरथाः।**" 14वें अंक में संस्कृत के साथ ही शीर्षवाक्य हिन्दी में भी दिया जाने लगा। 15वें अंक में संस्कृत के स्थान पर केवल हिन्दी में पहली बार शीर्षवाक्य प्रकाशित हुआ था जो इस प्रकार है—

सगुण खनित्र विचित्र अति खोले सब के चित्र।
शोधे नर चारित्र यह भारतमित्र पवित्र ॥

भारतमित्र के अपने संवाददाता भी थे जिनके पत्र 'भारतमित्र' में प्रकाशित होते थे जिनमें स्थानिक सूचनाएँ रहती थीं। 'भारतमित्र' के नौवें अंक में प्रकाशित इस प्रकार का एक पत्र उद्धृत किया जाता है—

निज संवाददाता का पत्र।

बडवाणी ष्टेट 24-8-78 ई.

वर्तमान मास की 19 तारीख को नगर पाठशाला में 'मेवाड़ ष्टुडेण्ट्स

---

1. 10 संख्या 19 सेप्टेम्बर 1878 ई.।
आजकल हम लोगों की मातृभाषा की जैसी दुरवस्था है और समाचारपत्र पढ़ने में हम लोगों को समाजस्थ अधिकांश मनुष्यों की जैसी अरुचि है उस्को देखके इस पत्र को प्रकाश करने के पहले हमको यह आशा न थी कि एक हिन्दी भाषा (मातृभाषा) के सामयिक पत्र को हिन्दुस्थानी लोग आदर से ग्रहण करेंगे और इसी भय से यह पत्र प्रति सप्ताह में प्रकाशित न हो के महीने में केवल दो वेर प्रकाशित होता था परन्तु इस पत्र की दो तीन संख्या प्रकाशित होने पर बहुत से महाशयों ने इस पत्र को आश्रय प्रदान किया और इसके बहुत देर पर आने से अत्यन्त व्यथित हुए और अत्यन्त उदारता के साथ वे लोग इसको प्रति सप्ताह में प्रकाशित करने के लिए बारम्बार अनुरोध करते रहे इन महाशयों के उदार वाक्यों से और ग्राहकों की वृद्धि होने पर हमारा पूर्वोक्त भय चित्त से दूरीभूत हुआ और उसके बदले में साहस का संचार हुआ और इस पत्र को साप्ताहिक करने की इच्छा अत्यन्त बलवती हुई परन्तु वह एक विशेष प्रतिबन्धकों से आशानुरूप फल लाभ करने में विलम्ब करना पड़ा परन्तु जगदीश्वर की कृपा से शीघ्र ही उन प्रतिबन्धकों से मुक्ति लाभ हुई और 'शुभस्य शीघ्रं' इस महावाक्य को याद करके और देरी लगाना अनुचित मालूम पड़ा इसलिए आज ही के दिन से यह पत्र प्रति सप्ताह में प्रति गुरुवार को एक बार प्रकाशित हुआ करेगा।
उपसंहार में हम ग्राहक महाशयों को अत्यन्त धन्यवाद देते हैं जिन्होंने ऐसे सामान्य पत्र पर भी दयादृष्टि करी और केवल उन्हका एकमात्र अनुग्रह इस पत्र की उन्नति का कारण हुआ आशा करते हैं कि वे लोग पूर्ववत् अपनी कृपादृष्टि इस पर सर्वदा बनाये रहेंगे।

क्लब' की पाक्षिक सभा नियत हुई थी इस सभा में श्रीमान् महम्मद नजफ खां बहादुर दीवान रियासत संकुल राजभृत्यों समेत सुशोभित थे। प्रथम श्री बाबु राम-गोपाल ज्यु प्रेसिडेण्ट क्लब ने लायब्रेरी (जो उसी क्लब के सम्मिलित है,) के लिये चन्दे की प्रार्थना की और उसी समय उक्त दीवान साहब की सहायता से अनुमान 150 रुपये का चन्दा एकत्र हो गया पश्चात् उक्त प्रेसिडेण्ट साहब ने उस सहायता का उत्तम प्रकार से धन्यवाद किया और तदुपरान्त सभा विसर्जन हुइ कोटि कोटि धन्यवाद उस सर्वशक्तिमान् जगदीश्वर को कि जिस की अपूर्व कृपा से इस प्रान्त में अच्छी वृष्टि हुई और दिन प्रति होती जाती है वर्तमान दिवस तक अनुमान 20 इंच वर्षा हो चुकी है परन्तु अन्न का भाव वैसा ही बना है—मैं बड़े खेदपूर्वक प्रकाशित करता हूँ कि आजकल यहाँ विसूचिका की बड़ी प्रबलता है ईश्वर अपना अनुग्रह करके अपनी पृय प्रजा का प्राण संरक्षण करे—

इत्यलम्। आपका शुभाकांक्षी

चुन्निलाल शर्मा

'भारतमित्र' को आरम्भ से ही विज्ञापन मिलने लगा था। पहले अंक में ही कई विज्ञापन प्रकाशित हुए हैं। प्रत्येक अंक में कुछ-न-कुछ विज्ञापन रहता था। पहले अंक में प्रकाशित विज्ञापन इस प्रकार है—

विज्ञापन।

बिना मूल्य वितरण।

दमा और पुरानी खांसी की दवा जिस्को चाहिये मगवा ले परन्तु विदेश वालों को पेड चिट्ठी में डाक मसूल दो पैसे की टिकट रखके अपना ठिकाना लिख भेजने से पहुँच जायगी।

कलकत्ता

बड़ाबाजार, निक्कामल्ल क्षत्री

सुतापट्टी ललताप्रसाद क्षत्री

विज्ञापन।

जे, सिंस टुथ पाउडर :

सब रकम दाँत के रोग की दवाई

ये दवाई वहोत दिन से बनी है वहोत आदमि निरोग हो गये हैं और इस दवाई के दाँत के रोग वालों को लगा के देखने से गुण दोष मालुम होगा

दाम 1 नंबर 1 एक रुपया 2 नंबर ॥) आना

दाद की दवाई वहोत बढिया लगा के देखने से हाल मालुम होगा एक वत्ति का दाम चार आना।

पुराने बुखार की दवाई वहोत बढिया, बुखार वाले को बिगर खिलाये हाल मालुम नहि होगा बहोत जलदि निरोग होगा।

कान की दवाई वहोत उपकारि कान का शुल, कर्णस्फीतता, कान का फोडा, कान में पीप, कान में कीडा, कान में धमका, कमाक्षि शुनुना, और कण्डु इत्यादि सब रकम कान के रोग आराम होय है। दाम एक शिशि एक रुपया।

प्रसुति प्रसन्न घटिका।

इसको व्यवहार करने से निदोष, सूतिका रोग और सब रकम के दोष न रहेंगे और भुख बढ़ेगी अन्न हजम अच्छि तरह से होयगा शरिर मोटा और जोर बढ़ेगा एक महिना खाने की दवाई का दाम 2 दो रुपया।

असली भीमसेनी कपूर

सस्ते दाम में मिलेगा

यह सब दवाई चितपुर रोड आमढातला गलि के सामने ताराचन्द दत्त इस्टरिट नंबर 8 आठ मकान में जे सिंह के पास मिलेगी।

विज्ञापन कभी-कभी बँगला (भाषा और लिपि) में भी छपता था। हिन्दी पत्रों के प्रकाशन की विज्ञप्ति भी छपती थी। अंक 9 में 'मित्र विलास' और 'कविवचनसुधा' का विज्ञापन है। अंक 19 में राधाकृष्णदास के नाटकोपन्यास का विज्ञापन है। अंक छह में 'सारसुधानिधि' का विज्ञापन इस प्रकार है–

विज्ञापन 'सारसुधानिधि'–

हम लोगों का चिरवांछित समाचारपत्र (सारसुधानिधि) अब शीघ्र ही प्रकाशित होने वाला है। ये प्रति सोमवार को (रायल 4 पेजी 3 फरमा) प्रचार होयगा।

इसमें साहित्य, दर्शन, रसायन (साइन्स) राजनीति (पॉलिटिक्स) वाणिज्य और विविध संवाद आदि अच्छे-अच्छे विषय लिखे जायेंगे अवश्य ये समाचारपत्र का कर्त्तव्य हिन्दी भाषा में सम्पादन करेगा। क्योंकि कई एक अच्छे उपयुक्त महाशय नियमित लिखने को स्वीकृत हुए हैं। इसका अग्रिम वार्षिक मूल्य 5 रुपे डाक व्यय 1॥=) रुपै निरधारित हुए हैं। परन्तु दो सौ ग्राहक होने पर प्रकाशित होयगा। जिन महाशयों को लेना होय वो अपना नाम स्पष्ट अक्षरों में मेरे पास लिख भेजें।

कलकत्ता, बड़ाबाजार

सूतापट्टी, नं. 65। दुर्गाप्रसाद मिश्र

अंक 20 में एक 'सूचना' और एक 'विज्ञापन' भारतमित्र के कार्य सम्पादक की ओर से प्रकाशित हुआ है जिससे 'भारतमित्र' के प्रकाशन-सम्बन्धी नये परिवर्तन की सूचना मिलती है–

सूचना।

प्रकट हो कि अब शीघ्र ही 'भारतमित्र' का अवयव इसी मूल्य में बढ़ाया जायगा इसलिये जिन ग्राहक महाशयों से 'भारतमित्र' का मूल्य पावना है वो कृपा कर के जल्दी भेज दें।

विज्ञापन।

काबुल की लड़ाई के समाचार जो रोज तेज तार से आते हैं हिन्दी भाषा और देवनागरी अक्षरों में छापे जायँगे, जो लोग अँगरेज़ी नहीं जानते हैं वे लोग इसको पढ़ने से काबुल की लड़ाई का सब हाल अच्छी तरह से रोज-रोज मालूम कर सकेंगे, और किसी अँगरेजी पढ़े हुए आदमी से पूछने की आवश्यकता न रहेगी।

जिन लोगों को इस तार के समाचार को नित्यप्रति लेने की इच्छा होय उनसे निवेदन है कि शीघ्र ही एक महीने का अग्रम मूल्य ॥) आठ आने भारतमित्र के आफिस में (जो बड़ाबाजार सूतापट्टी 60 नं. बाबू सालग्राम खन्ना कम्पनी की दुकान में है) जमा करा दें और अपना पता ठिकाना लिखा दें। ऐसा करने से उन लोगों के ठिकाने पर रोज-रोज तार के समाचार आवेंगे सो छपाकर भेजवा दिये जायेंगे।

जिनको लेना होय वो शीघ्र ही मूल्य भेज दें किस वास्ते कि थोड़े से ग्राहक हो चुके हैं और थोड़े से होने पर वह जल्दी छपना आरम्भ हो जायगा। विदेश के ग्राहक यदि लिया चाहें तो आठ आना मूल्य और एक रुपया डाक व्यय शीघ्र ही भेद दें।

कार्य्य सम्पादक भारतमित्र

मुद्रण सम्बन्धी त्रुटियाँ उस ज़माने में अपरिहार्य थीं। 'भारतमित्र' के मुद्रण में भी यह दोष था। कहना न होगा इस दोष के चलते आज जब हम 'भारतमित्र' की भाषा पर विचार करते हैं तो कहीं-कहीं बड़ी कठिनाई का अनुभव होता है। इस त्रुटि के प्रति सम्पादक सचेत रहता था. फिर भी कर्मचारियों की असावधानी से प्रायः त्रुटि हो जाती थी। 18वीं संख्या में इस त्रुटि के लिए सम्पादक ने पाठकों से क्षमा-निवेदन किया है—

निवेदन।

पाठक महाशयों से यह प्रार्थना है कि गत वार का भारतमित्र अत्यंत अशुद्ध और भ्रमास्पद प्रकाशित हुआ था कारण कई एक विशेष प्रतिबंधकों से और कर्मचारियों की असावधानता से प्रूफ उत्तम रीति से संशोधित नहीं हुआ था अतएव पाठक महाशय क्षमा करें।

बाबू बालमुकुन्द गुप्त ने लिखा है कि प्रथम वर्ष 26 दिसम्बर 1878 ई. तक 'भारतमित्र' की 24 संख्याएँ निकलीं। हमें (नागरी प्रचारणी सभा के आर्यभाषा

पुस्तकालय, वाराणसी में) प्रथम वर्ष के आरम्भिक 22 अंक उपलब्ध हुए हैं।[1] इसी उपलब्ध सामग्री के आधार पर 'भारतमित्र' के आरम्भिक संघटनपथ की चर्चा की गयी है। अब हम इसके दूसरे पक्षों पर विचार करेंगे।

'भारतमित्र' के प्रथम अंक (संवत् 1935 ज्येष्ठ कृष्ण प्रतिपदा शुक्रवार 17 मे 1878 ई.) में सम्पादक ने समाचारपत्र के माहात्म्य-वर्णन के साथ ही इस बात पर दुःख प्रकट किया है कि हिन्दी में एक भी अच्छा समाचारपत्र नहीं है कि जिससे हिन्दी-समाज का कल्याण हो सके। सम्पादकीय मन्तव्य को पूरी तरह समझने के लिए प्रथम अंक की सम्पादकीय टिप्पणी द्रष्टव्य है जिसे परिशिष्ट में अविकल उद्धृत किया गया है।

'भारतमित्र' का वस्तु-परिवेश और उद्देश्य

प्रथम सम्पादकीय वक्तव्य में उस परिवेश की ओर स्पष्ट संकेत है जिसे 'भारतमित्र' को स्पर्श करना था। यह राजनीतिक परिवेश है। राजा, प्रजा, राज्य-व्यवस्था, वाणिज्य, भाषा और सबके ऊपर देशहित की चर्चा करने वाला 'भारतमित्र' एक तेजस्वी राजनीतिक पत्र के रूप में चर्चित और विख्यात हुआ। यह एक शुद्ध राष्ट्रीय पत्र था जिसका 'देशी' वस्तुओं के प्रति विशेष आग्रह था। देश की राजनीति, वाणिज्य भाषा और समग्र जातीय चेतना का विकास ही इसका लक्ष्य था। इसके पहले ही अंक में अपना विश्वास स्पष्ट प्रकट किया गया था कि **'सुसभ्य प्रजा हितैषी राजा लोग समाचार पत्रों को स्वाधीनता दे के उत्साहित करते**

---

1. 1 जुलाई 1878 ई. को 'भारतमित्र' का एक 'क्रोडपत्र' प्रकाशित हुआ था जिसकी रूपरेखा इस प्रकार है–

भारतमित्र

क्रोडपत्र।

जयो स्तु सत्य निष्ठानां येषां सर्वे मनोरथाः।

1म खण्ड कलकत्तां, संवत् 1935 आषाढ़ शुक्ल प्रतिपद सोमवार 1 जुलाई 1878 ई. 4र्थ संख्या।

इउरोपीय समाचार। विलायत के वाणिज्य का संक्षेप समाचार।

इस्तहार। विज्ञापन। विज्ञापन। निवेदन।

'इउरोपीय समाचार' के अन्तर्गत केवल विदेशी ही नहीं देशी समाचार प्रकाशित हुए हैं। उदाहरणार्थ एक (अन्तिम) समाचार इस प्रकार है–

19 जून बुधवार को यहाँ पर टाउनहाल में लाईसेंस टाक्स उठा देने के लिये महाजनों और रुजगार करनेवालों की एक सभा हुई थी और जितने आदमी कि उपस्थित हुए थे उसमें हिन्दुस्तानी और मारवाड़ी अधिक थे। बाबू हरखचन्द ने सभापति का आसन ग्रहण किया था। प्रायः दो घण्टे तक और और बाबू मदनमोहन भट्ट और बाबू केशोराम भट्ट ने हिन्दी बोली में और बाबू श्यामाशारदा चरण मित्र ने बंगला में अच्छी वक्तृता की पहेली बार हिन्दी भाषा में इसकी कार्यवाही की।

हैं...क्यों कि समाचार पत्र प्रजा का प्रतिनिधि स्वरूप होती है।' स्मरणीय है कि 14 मार्च 1878 ई. को वर्नाक्युलर प्रेस ऐक्ट जारी हुआ था। उस सन्दर्भ में 17 मार्च 1878 को कहा गया 'भारतमित्र' का यह वाक्य कितना कड़ा है। उस समय राजा तक प्रजा के कष्ट, अभाव को पहुँचाने वाले माध्यम की स्वाधीनता की माँग सरकारी दृष्टि से कदाचित् सबसे बड़ा अपराध था, किन्तु राष्ट्रीयता का यही तक़ाज़ा था। 'भारतमित्र'-सम्पादक के सामने ब्रिटिश सरकार की नीति स्पष्ट थी और उसे अपनी बात जनता तक पहुँचानी थी, 'भारतमित्र' को क़ायम रखना था। शायद यही कारण है कि 'भारतमित्र' की सम्पादकीय टिप्पणी में राजभक्ति का मुलम्मा भी दिखाई पड़ता है। उदाहरण के लिए अंक 16 की टिप्पणी 'भारतवर्षीय' देशी राजागण और अँगरेज़ी गवर्नमेण्ट' देखी जा सकती है। किन्तु 'भारतमित्र' का यह सजातीय स्वर नहीं है। 'भारतमित्र' की असली प्रकृति दिखाई पड़ती है—अंक 10 की टिप्पणी, 'अपने को ठाँव नहीं पाँच पीर संग चलें में।' मि. जजंटकर ने लन्दन के टाइम्स नामक अख़बार में एक पत्र लिखकर यह अनुरोध किया कि भारत से आने वाले चावल पर से ड्यूटी उठा दी जाए। अपने इस स्वार्थ का औचित्य प्रमाणित करने के लिए उक्त महाशय ने जो तर्क दिये थे। नितान्त दुर्बल और विचारशून्य थे। उनकी स्वार्थपरता पर सम्पादकीय टिप्पणी द्रष्टव्य है :

"...दुसरे का दुःख दूर करने के पहले उसी प्रकार अपना दुःख दूर करना उचित है, इस देश में आजकल जैसी दुर्भिक्ष की बढ़ती है उस के लिए देश हितैषी सम दुःखी गणों को यह उचित है जो पहले भारत को उस कष्ट से बचाये तब उस से और का उपकार करे जो स्वयं दीन, निरीहार और मुट्ठी-भर अन्न के लिए लालायित रहते हैं उनसे साहाय्य की प्रार्थना करना और बलपूर्वक छीन लेना दोनों एक ही समान है।

"उपरोक्त पत्र लेखक लिखते हैं कि रफ्तनी का कर उठ जाने से कृषक गण उस कर से बच जायेंगे। आहा। लेखक महाशय किसानों के परम उपकारि हैं क्या आश्चर्य हैं रफ्तनी का कर कृषकों को देना पड़ता है न कि जिस जगह चावल खरच होता है वहाँ कर लगता है यदि दो कर उठा दिया जाय तो केवल विदेशीय लोगों का उपकार होता है उपर कर लगने से चाबल की दर वैसी होगा और जो लोग उसको खाते हैं उन्हीं को वह कर देना पड़ता है इस्से भारत का उपकार होना तो असम्भव है परन्तु केवल विदेशियों का उपकार होता है किन्तु इसलिये इस कर को उठा देने से राजकर की आमदनी बहुत घट जायगी और उसको पूरण करने के लिए फेर प्रजा के उपर लाइसेंस टेक्स की तरह कोई दूसरा नया टिक्स लगाना पड़ेगा इसलिए प्रधान राजपुरुषों से यह प्रार्थना है जो वे लोग उस पत्र की पोषकता न करे नहीं तो गरीब भारतवासियों को अनाहार ही प्राणत्याग करना पड़ेगा।"

'भारतमित्र' के संवाद : देश-दशा का आनयन

'भारतमित्र' में प्रकाशित संवादों से देशदशा का जीवन्त चित्र सामने आता है। कुछ संवाद यहाँ उद्धृत किये जाते हैं–

1म संख्या–विविध संवाद।

इस वर्ष इस देश में धान और पाट की आबादी बहुत हुई है, और समय समय में पानी होने से अन्न के होने की आशा जानी जाती है, ईश्वर अपनी अनुग्रह रखे तो अन्न बहुत होगा।

प्रिन्स अव ओयेलस ने ष्टेट सेक्रेटरी के द्वारा खबर भेजी है कि पेरिस की (नुमाईस गाह) के मेले में भारतवर्ष से भेजी हुयी चीन का अच्छी तरह आदर हुआ है।

एक आदमी हाल में बड़े आश्चर्य के साथ समुद्र में सोया मिला है। यह आदमी समुद्र में बहे रहा था एक जहाज ने उसको उठा लिया। जब जहाज में वो उठाया गया उस समय वो बेहोश था यह आदमी पहले मन्द्रास फेर बम्बई उसके बाद कलकत्ते में लाया गया है अब पुलिस उस्के घर की खोज कर रही है। एक आदमी ने उस्से बातचीत कर के मालुम किया जो इस्का नाम व्रजकान्त घोष और श्रीहट्ट का रहने वाला है। बचपन से वो पितृमातृ हीन होके एक सन्यासी के आश्रम में प्रतिपालित हुआ था। संन्यासी ने एक शालग्राम शिला एक राधाकृष्ण की मूर्ति उसे दी थी। एक समय वो बहोत बीमार हो गया। संन्यासी ने उस्को अच्छा किया। इसके बाद एक दिन संन्यासी ने सुना कि किसी युरोपियन के छू जाने से व्रजकान्त अपवित्र हो गया। यह सुनके वो (संन्यासी) उस्को एक नौका में चढ़ाके समुद्र में ढकेल के चला आया। इस तरह 24 दिन तक वो समुद्र में भूखा बहता रहा, इस्के पास दो ठो ज्योतिष की पोथी और वही शालग्राम शिला है।

6 म संख्या–विविध संवाद।

चटगाँव के पहाड़ी देशों में ऐसा अकाल पड़ा कि वहाँ चावल का दर रुपये में 6 सेर करके बिक रहा है। टाइमस नामा संवादपत्र के मंद्राज के संवाद देने वाले ने लिखा है कि मंद्राज के आकाल में 60 लाख आदमी मरे।

23 जुलाई को पार्लियामेंट सभा में ग्लाडष्टीन साहेब ने वर्नाक्युलर प्रेस एक्ट को उठा देने के लिये प्रस्ताव किया था अधिकांश आदमीयों के राजी नहीं होने से उन्का प्रस्ताव स्वीकृत नहीं हुआ।

हमलोग यह सुनके बड़े आनन्दित हुए जो मंद्राज गवर्नमेन्ट ने भारतवर्षीय गवर्नमेन्ट की सम्मति से मदुराके डिसट्रिक्ट जज वि. माथुस्वामी अयार को मंद्राज हाइकोर्ट का जज नियुक्त किया है यह प्रथम वार है जिस्मे एक देशी आदमी मंद्रास हाइकोर्ट का जज नियुक्त हुआ है।

एक मासिक उर्दु संवाद पत्र रोमन अक्षरों में लाहौर से निकलता है देसी

अक्षरों को एक दम से उड़ा देना इसका प्रधान उद्देश्य है। हम लोगों की भारतेश्वरी विक्टोरिया ने एक नया नियम प्रचार किया है। जिस स्त्री के नाम में अदालत में स्वामी परित्याग करने की अथवा जिसके स्वामी ने स्त्री को परित्याग करने की नालिश की होगी उनको वो (विक्टोरिया) अपने पास नहीं आने देगी। ये नियम अति उत्कृष्ट हुआ है और इस्से बहोत-सी स्त्रियों को लज्जा के भय से अपना दोष सुधारने की चेष्टा करनी पड़ेगी।

9 म संख्या—विविध संवाद।

काश्मीर में अकाल की अत्यन्त वृद्धि देखके महाराज अपनी दरिद्र प्रजा से दो महीने के लिये किसी प्रकार का कर नहीं लेंगे।

12 श संख्या—

काश्मीर में बड़ा भारी अकाल पड़ा है। सुन्ने में आया है कि काश्मीर के निवासियों में से प्राय एक तिहाइ आदमी तो देश छोड़ के भाग गये और एक तेहाइ मर चुके और बाकी भूखे मरने के लिये वहीं पर पड़े हैं।[1]

20 श संख्या—

ष्टेट्सम्यान लिखते हैं कि लार्ड लिटन ने जब से इस देश में पदार्पण किया है तभी से ये अमीर के साथ लड़ाई करने की चेष्टा में है। पंजाब में 40000 पल्टन गुप्त भाव से दो वर्ष पहिले भेजी गई। पेली साहेब का जब दौत्य कार्य्य निष्फल हुआ तब कमिसरियट विभाग को तैयार होने की आज्ञा मिली कल कौशल से क्वेटा ले लिया गया यह सब गुप्त बातें किसी ने नहीं जानी थीं। अब सब भेद खुल गया।

बाबु गिरिश चन्द्र घोष जो कलकत्ते की छोटी अदालत के जज हैं वो गया के एडिशनल जज के पद में नियुक्त होंगे। इसके पहिले यह पद केवल अंग्रेजों ही को मिलता था और यह पहिले देशी आदमी हैं जो ऐसे उच्च पद में नियुक्त हुए।

---

1. कश्मीर के दुर्भिक्ष को लक्ष्य कर कुछ विलायती समाचारपत्रों ने ब्रिटिश सरकार से यह अनुरोध किया था कि कश्मीर का शासन राजा के हाथ से सरकार ले ले क्योंकि राजा दुर्भिक्षनिवारण में असमर्थ है, इसकी चर्चा, 'सारसुधानिधि' के प्रथम वर्ष के 35वें अंक की सम्पादकीय टिप्पणी में इस प्रकार है : "कोई तो कहता है कि कश्मीर ले लेना चाहिये, क्योंकि राजा दुर्भिक्ष-निवारण में सामर्थ्य नहीं हुए, अतएव इनका तात्पर्य यह कि इसी छल से कश्मीर ले लेना चाहिये और कोई कहते हैं कि एक करोड़ रुपये जो कि लिए थे फेर कर कश्मीर ले लेना चाहिये। भला इनसे पूछिये तो जब ईश्वर दुर्निनाक से कहीं दुर्भिक्ष हो जाता है तो क्या जल्दी निवारित हो सकता है? यदि ऐसा ही होता तो दक्षिण के दुर्भिक्ष में असंख्य लक्ष मनुष्य मरने न पाते और जो इसी विषय में राजा की योग्यता जानी जाती तो क्या महात्मा लर्ड लीटन अयोग्य है? जो इनके अधिकार काल में पचास लाख से भी ऊपर प्रजा केवल दुर्भिक्ष के सताये भूखों के मारे मर गयी।"

21 श संख्या–

महाराजी क्वीन विक्टोरिया ने आनंदित होके तार से यह संवाद लाट साहब के पास भेजा है कि हमको अपनी साहसी सेना की जीत सुनके बड़ी खुशी हुई। परन्तु यही दुःख का विषय है कि कई एक आदमियों का प्राण नष्ट हुआ। और देशी राजे जिन्होंने इस लड़ाई में मित्रता के साथ हमसे व्यवहार किया है, उनकी राजभक्ति देख के हम अत्यन्त सन्तुष्ट हुए हैं।

अयोध्या के जमीदार लोग चांदा करके काबुल के युद्ध में गवर्नमेन्ट की सहाय्य करेंगे देखिये बंगाली और हिन्दुस्तानी लोग इस अवसर पर क्या करते हैं।

10 नवम्बर को हिन्दुस्तान के सेक्रेटरि अब ष्टेट ने काबुल की लड़ाई का खरचा हिन्दुस्तान ही को देना चाहिये इस बारे में कहा है कि उन अवस्थाओं को देखके जो लड़ाई के साथ सम्बन्ध रखती हैं और भारतवर्ष के खजाने की अवस्था देखके हम सोचते हैं कि विलायत से लड़ाई का खरचा लेने का कोई प्रयोजन नहीं दिखाई पड़ता। लड़ाई का खरचा बाद दे ये जो कि 1 करोड़ 22 लाख रुपया अनुमान किया जाता है सरकार को 50 लाख की बचत होगी। लाट साहब की विशेष चिट्ठी का जवाब जो अमीर काबुल ने भेजी है वो कुछ नहीं है केवल टाल-मटोल की बातें हैं। इंलण्ड काबुल में निश्चय प्रधान होके रहेगा। काबुल हिन्दुस्तान की ताली है, और उसको अंग्रेजों से मित्रता रखनी चाहिये नहीं तो अंग्रेजी गवर्नमेन्ट इस ताली को अपने हाथ में रखे थी। लार्ड हालिफाकस ने गवर्नमेन्ट की इस कार्रवाई की बड़ी निन्दा की लार्ड सारेन्स ने कहा कि अफगानों से हम लोगों को कुछ भी नहीं लेना चाहिये, और उनसे यह प्रतिज्ञा करनी चाहिये कि उन पर किसी की चढ़ाई होने से हम लोग उनकी सहायता करेंगे, और यदि विलायत से लड़ाई का खरचा नहीं दिया जायगा तो भारत-निवासी बहुत निरास और क्रुद्ध हो जायेंगे। लार्ड डर्वी और कारनावोरन साहब भी गवर्नमेन्ट की कार्य्य-प्रणाली के विपक्ष बोले। मंगलवार को फिर पार्लीयामेन्ट खुलने से इसका निश्चय होगा। कमन्स लोगों की सभा में च्यानूसेलर अव दि एक्श चेकर ने कहा कि काउन्ट शोवेलफ रशिया के वकील ने लार्ड सालिसबरी को जना दिया है कि रुस का दूत काबुल से लौट गया मिस्टर ह्वाइट ब्रेड साहब ने गवर्नमेन्ट के कार्य्य प्रणाली की निन्दा की और कहा कि जितने सरकारी निपुण आदमी हैं उन सबकी मत से विरुद्ध हैं मिस्टर टानहोप ने अमीर काबुल के साथ मित्रता टूटने का प्रधान कारण लिबरल पार्टि के मनुष्य हैं।

22 श संख्या–

हिन्दुस्तान के छोटे मन्त्री ने कहा कि काबुल की लड़ाई का खरचा

हिन्दुस्तान के राज्य से लेना उचित है, सेट साहब ने जो हिन्दुस्तान पर बड़ी दया रखते हैं, कहा कि हिन्दुस्तान से नहीं लेना चाहिये परन्तु गवर्नमेन्ट ने कहा कि इसका निश्चय सोमवार के दिन होगा।

देश-दशा और बाज़ार-भाव की परिस्थिति को द्योतित करने वाले दो और स्थल 'भारतमित्र' से उद्धृत किये जाते हैं :—

12 श संख्या—विलायत का बाजार।

गत मेल के समाचार से जाना जाता है कि सब चीज का दर आगे से दिन पर दिन घटता जाता है। खरीदार लोग माल का जो दर देते हैं उसमें माल तैयार नहीं हो सकता। इसीलिये बहुत सी कलें एक प्रकार बन्द हो गयी हैं। केवल योरोप के खरच के लिये जो कुछ थोडे थोडे प्रयोजनीय द्रव्यादि तैयार होते हैं उसी में कलवालों की गुजरात होती है। जब तक भारत देश में चावल और अन्यान्य आहारीय द्रव्य सस्ता नहीं होगा तब तक विलायती चीजों की माँग अधिक नहीं होगी क्योंकि जिस समय अन्न कष्ट उपस्थित होता है उस समय कपड़ा खरीदने की इच्छा किसी को नहीं होती। ईश्वर की कृपा से इस बरस प्रायः सब देशों में भरपूर अन्न होने का सम्भव देख के ऐसी आशा होती है कि पौष माघ महीने के बीच नये चावल की आमदनी होने से बाजार की अवस्था सुधर जा सकती है। नये बरस की आमदनी से इस बरस की आमदनी की तुलना करने से यह मालुम होता है कि इस साल 31 अगष्ट तक 84491670 रुपये का माल विलायत से कलकत्ते में आमदनी हुआ है, परन्तु नये साल उस तारीख तक 93423400 रुपये का माल आमदनी हुआ था और इस साल से गये साल कपड़े की 30541542 गज अधिक आमदनी हुई थी और सूता 664832 पाउण्ड इस साल कमती आमदनी हुआ है परन्तु अब की साल छीट की 1041032 गज अधिक आमदनी हुई है।

सामाजिक सुधार और भारतमित्र

बाल विवाह-निषेध आन्दोलन का उल्लेख ईश्वरचन्द्र विद्यासागर की वैशिष्ट्य-चर्चा के प्रसंग में किया गया है। 'भारतमित्र' की दूसरी संख्या (रविवार 2 जून 1878 ई.) की सम्पादकीय टिप्पणी का यही विषय है। इस टिप्पणी की अन्तिम पंक्तियाँ इस प्रकार हैं—

...बाल्य विवाह के कुसंस्कार में आबद्ध होने के कारण समाज की बहोत हानि होती है यह देखके भी हम लोग वह त्याग नहीं करते सांसारिक अत्यन्त अहितकर विषय एक यदि समाजस्थ मनुष्यों के द्वारा संशोधित न हो सके तब दयालु गवर्नमेण्ट के निकट साहाय्य प्रार्थना करना उचित है परन्तु धर्म संक्रान्त विषय में ऐसा करना उचित नहि है करने से अनेक व्यक्तियों के मन

में कष्ट होता है, तथापि देखिये जब गवर्नमेन्ट ने सतीदाह निषेध का नियम प्रचलित किया था उस समय में भी बहोतेरे लोग दुखी हुए थे परन्तु अब वह नियम का उपकार देखके सन्तुष्ट चित्त से पालन करते हैं इसी प्रकार कोइ कोइ अत्यन्त प्रयोजनीय विषय में गवर्नमेण्ट हस्तक्षेप करे तो किसी प्रकार की हानि नहि हो सक्ति परंच हम लोगों को ऐसी दयाशील प्रजाहितैषी नीतिपरायण गवर्नमेण्ट को अंतष्करण से धन्यवाद देना चाहिये जो हमलोगों के उपकार के लिए हमलोगों के विद्या पढ़ने और उन्नति के प्रतिबंधक बाल्यविवाह को समाज से विदूरित करने के लिए ऐसा यत्न कर रहे हैं और सब आदमियों को एकता होकर इस नियम के शीघ्र ही प्रज्वलित हो जाने की पोषकता कर्नी चाहिये।

वर्नाक्युलर प्रेस ऐक्ट

लार्ड लिटन के शासन-काल में वर्नाक्युलर प्रेस ऐक्ट पास हुआ था जिसका पूरे देश ने विरोध किया था। बाबू सुरेन्द्रनाथ बनर्जी ने इसमें बड़ी सक्रियता दिखाई थी और 'इण्डियन एसोसियेशन' ने इस सम्बन्ध में पार्ल्यामेण्ट को एक प्रार्थना-पत्र दिया था जिसे ग्लैडस्टन ने पार्ल्यामेण्ट में प्रस्तुत किया था। पार्ल्यामेण्ट में इस सम्बन्ध में वादविवाद भी हुआ था किन्तु विपक्षियों के बहुमत के कारण ग्लैडस्टन का प्रस्ताव स्वीकृत नहीं हो सका था। तथापि भारतीय जनता ग्लैडस्टन के प्रति कृतज्ञ थी। ग्लैडस्टन की उदारता और हितैषिता के लिए उन्हें धन्यवाद देने और उनके प्रति अपनी कृतज्ञता प्रकट करने के लिए 'इण्डियन एसोसियेशन' के तत्त्वावधान में 6 सितम्बर को कलकत्ता के टाउनहाल में एक जनसभा हुई थी। काफ़ी संख्या में लोग एकत्र थे। अनेक बंगाली मनीषी भी उपस्थित थे। सुरेन्द्रनाथ बनर्जी ने इस सभा में बड़ा प्रभावशाली भाषण दिया था क्योंकि 'वर्नाक्युलर प्रेस ऐक्ट' से वे अत्यन्त दुःखी और उन्मथित थे। इसी अवसर पर बड़ा बाज़ार की ज्ञानवर्द्धिनी सभा ने हिन्दी भाषा में ग्लैडस्टन के प्रति एक अभिनन्दन पत्र प्रस्तुत किया था जिसे श्री सदानन्द मिश्र ने पढ़ा था। वह पूरा पत्र 'भारतमित्र' के 9म संख्या में अविकल प्रकाशित हुआ था।

भाषा

जहाँ तक 'भारतमित्र' की भाषा का प्रश्न है यह निर्विवाद रूप से कहा जा सकता है कि हिन्दी में परिनिष्ठित गद्य का युग अभी नहीं आया था तथापि उसकी सारी सम्भावनाएँ स्पष्ट हो गयी थीं। ब्रजभाषा का प्रभाव अभी नहीं मिटा था। क्रियापदों में भी कहीं-कहीं शुद्ध खड़ी बोली की प्रकृति नहीं आ पयी थी। ह्रस्व-दीर्घ सम्बन्धी भी विचित्र प्रयोग दिखाई पड़ते हैं जो उपर्युक्त उद्धरणों में स्पष्ट है। वैसे

कुल मिलाकर भाषा सरल और उस युग के लिए सहज एवं व्यावहारिक भी थी। उस समय भाषा को लेकर 'बिहारबन्धु' और 'भारतमित्र' में एक विवाद भी चला था जिसकी विस्तृत चर्चा अंक 6 में है और जिससे 'भारतमित्र' की भाषा-सम्बन्धी नीति भी स्पष्ट हो जाती है। स्मरणीय है कि 'भारतमित्र' के माध्यम से ही 1906 में 'भाषा की अनुस्थिरता' पर ऐतिहासिक विवाद हुआ था जो काफ़ी प्रसिद्ध हुआ क्योंकि हिन्दी के दो महारथियों का वह झगड़ा था जिससे हिन्दी के अनेक धौरन्धरिक सम्बद्ध हो गये थे।

'बिहारबन्धु' की टिप्पणी और 'भारतमित्र' का उत्तर

'बिहारबन्धु' ने 19 जून को 'भारतमित्र' पर टिप्पणी करते हुए यह कहा था कि इसकी 'लिखावट अभी इतनी उमदे नहीं है लेकिन उम्मीद है कि थोड़े दिनों के बाद लिखावट अच्छी हो जाएगी।' अंक 5 में 'भारतमित्र' के सम्पादक ने इसका जवाब देते हुए 'बिहारबन्धु' की भाषा की आलोचना की और अन्त में कहा कि 'कला एक दिन कविवचन सुधा कहते तो कुछ कह भी सकते थे ये तो वो ही कहावत है कि सूप बोल तो बोले चलनी भी बोले जिसमें बहत्तर छेद।' झगड़ा यहीं से शुरू होता है। छठे अंक की इससे सम्बन्धित टिप्पणी यहाँ उद्धृत की जाती है–

"'बिहारबन्धु' कहते हैं कि 'साफ़ कहना कैसा कड़वा मालूम होता है' साफ कहने से कष्ट होता है सही परन्तु साफ़ कहने में यदि सत्य का लेशमात्र भी होय अर्थात् झूठ न होय तो कष्टदायक होना तो किनारे रहा परंच वो साफ़ कहना आनन्ददायक ही होता है परन्तु जो सत्यप्रिय नहीं है जिनको अपना दोष विन्दुमात्र भी दिखायी नहीं पड़ता अथवा जो सबसे प्रशंसा पाने की इच्छा सर्वदा करते हैं जो अपना दोष सुधारने के पहले साफ कहके दूसरों का दोष सुधारना चाहते हैं या दूसरों पर अपवाद लगाके उनका उत्तर पाने पर क्रोधांध होके ऐल फैल बक देते हैं उन्हीं को साफ कहना कड़वा मालुम होता है। बिहारबन्धु के संपादक महाशय यथार्थ विवेचना करके देखिये तो आपने अपने 17 जुलाई के पत्र में ठीक ऐसा ही अनुकरण किया है कि नहीं? आपकी यदि यथार्थ ही हमारे दोष सुधारने की इच्छा होती तो आप रागांध न होके वरंच सरल भाव और शांत भाषा में अपने जी का दुःख प्रकाश करते जैसे आप लिखते हैं कि 'सुयोग्य सम्पादक हम नहीं हैं आप हैं।' भला इस्में आपको क्या बुरा लगा? क्या अपो इस्का अर्थ बुरा समझा है? ऐसा समझना आपका भ्रममात्र है, कभी हमने आपको बुरी बात नहीं कही चाहे आप किसी से पूछ लो आगे बढ़के आप फेर भी हमसे पूछते हैं कि 'आप क्या हैं?' क्या आप नहीं जानते कि विहार और भारत का क्या सम्बन्ध है? भला ऐसा क्या?

गोदी में बैठ के दाढ़ी नोचना और फेर पूछना॥ ऐसा भूल जाना क्या उचित है?

आपने भाषा के विषय में जो सब दृष्टान्त देके विद्याप्रकाश करी है ये विषय थोड़ा समझने लायक है, इस्को समझना भी अवश्य कठिन है, क्योंकि भाषा का अच्छा बुरा सब कोइ नहीं जान सक्ते हैं। सच्च तो ये है कि जबतक संस्कृत जोकि सब भाषाओं कि माता स्वरूप है इस्को (संस्कृत को) न जाने तबतक भाषा के लक्षण और माधुर्य्य, प्रासाद, प्रांजल, सरल और ललित आदि गुणों को समझना असम्भव है। और भाषा को इन्हीं सब गुणों के साथ सम्पन्न करना पुरुषार्थ है। हम लोगों की हिन्दी भाषा है यद्यपि ये प्राकृत से उत्पन्न हुई है तथापि संस्कृत का अखंड भंडार इस्की समृद्धि वृद्धि करे है। और जो इस्में कहीं कहीं सूरसेनी, मागधी, माथुरी, फारसी, अरबी और अंगरेजी भी सरल भाव से मिल गइ है, तो इस्को विगाड़ती है? हमारी समझ में तो स्वभाव सुन्दरी हिन्दी की वरन अलंकृत करती है। परन्तु ऐसा कहने से ये नहीं, समझना कि अब हम अरबी, इरानी, तुर्की और युनानी आदी से हिन्दी को ढाँक दे और मूल को आघात करे। इन सब भाषाओं के शब्द तो वो ही रखने चाहिए जो सब कि इस्में मिल गये हैं। जैसा कि मालूम, नक्सा, तारीख, तीर, तरहां, ष्टेशन, गेश और फेशन आदि दूसरी भाषा के हैं। और भाषा को ललित करने के लिये तो एक हम क्या पहले से बड़े बड़े प्रसिद्ध कवियों ने भी दूसरी भाषा के शब्द कहीं कहीं रक्खे हैं सम्पादक जी। ये झुझलाने की बात नहीं है, आप यदि चिन्ता करके देखिये तो अवश्य आप समझेंगे कि विहारबन्धु मूल हिन्दी को बिगाड़ता है अथवा भारतमित्र? आप जरा विचार के देखिये क्या आपकी भाषा हिन्दी भाषा हुई? हिन्दी की क्या ऐसी ही लिखावट होनी चाहिये जैसा कि आपने तीन पंक्ती में दो बेर अवयार कहा, और 'नागरी हर्फों में' केवल इतना ही कहके चुप हो रहे क्या आपको 'हिन्दी' शब्द से इतनी ही चिढ़ है? जोकि लिख न सके। और 'इतनी उमदे' का क्या तात्पर्य था 'इतनी' कितनी? क्या आप जितनी? ये तो आपको पहले ही समझना था कि ये हिन्दी का पत्र और राजधानी से प्रचार होता है इसको क्या प्रयोजन है जो ये दिहातियों के लिये अपनी हिन्दी को विकृत करने लगा है। आप से हम विनयपूर्वक पूछते हैं कला आप सच्च तो कहिये? अब आपने अपने पत्र का नाम 'बिहारबन्धु' रक्खा था तब क्या आपका ठीक ऐसा ही विचार था कि जैसी भाषा अब आप लिखने लगे हैं ऐसा ही लिखेंगे? या विचारे विहारियों के अनुरोध से अपनी उदार इच्छा को बिगाड़ा है?

उपसंहार में आपने जो लिखा कि 'आप का ऐसा लिखना छोटे मुंह बड़ी बात होती है' तो क्या आपको ऐसा बुरा लगा? ये तो ईश्वर की इच्छा है

जिसपर वो प्रसन्न होते हैं उसी की बड़ी बात करते हैं, ये क्या सबके बाँटे हैं? आपका मुंह यदि डेढ़ हाथ लंबा और एक हाथ चौड़ा है परन्तु तो भी बिना ईश्वर की कृपा के 6 बरस में भी बड़ी बात न हुई, तो क्या अब आप दिन रात कुढ़ा करें ऐसा उचित नहीं है आगे आप अपने जी के मालिक हैं।"

'भारतमित्र' की भाषा का यह नमूना है। भाषा अत्यन्त साफ़ है और शैली में एक विशिष्ट कोटि की वक्रता है। अपनी भाषा के वैशिष्ट्य को क़ायम रखते हुए दूसरी भाषाओं के शब्दों को ग्रहण करने की यह उदारता आज भी वही महत्त्व रखती है और आज भी इसकी उतनी ही अपेक्षा है क्योंकि इसमें भाषा-सम्बन्धी एक सही दिशा का संकेत है, हिन्दी के संवर्द्धन का स्वस्थ उपक्रम है। बड़ा बनने के लिए बड़े परिवेश को अपनाना पड़ता है, पूर्वग्रह और संकीर्णता को छोड़कर ही ऊँचे लक्ष्य तक पहुँचा जा सकता है। हिन्दी भारतवर्ष की राष्ट्रभाषा है इसलिए उसका दायित्व महान् है और इस दायित्व के उचित निर्वाह के लिए उसमें अपेक्षित उदारता आवश्यक है, इस तथ्य को भारतेन्दु युग के लेखकों ने ख़ूब ठीक से समझा था, इसका एक प्रत्यक्ष प्रमाण 'भारतमित्र' की उपर्युक्त टिप्पणी है। यहाँ भी स्पष्ट कह देना आवश्यक है कि 'भारतमित्र' का भाषा सम्बन्धी उपर्युक्त वक्तव्य मात्र उसका सिद्धान्त पक्ष ही नहीं है बल्कि उसके व्यवहार पक्ष में भी इस नीति का पूर्ण पालन दिखाई पड़ता है। यही कारण है कि 'भारतमित्र' की भाषा-शैली में आरम्भ से ही एक विशिष्टता दिखाई पड़ती है जिसे लक्ष्य कर हिन्दी के प्रख्यात प्रगतिवादी समीक्षक डॉ. रामविलास शर्मा ने लिखा है कि "यदि अपनी रुदनशील शैली को छोड़कर अनेक प्रगतिशील लेखक 'भारतमित्र' की शैली को अपनावें तो अपनी बात जनता तक अधिक सरलता से पहुँचा सकेंगे।"[1]

'भारतमित्र' में पाठकों के पत्र भी प्रकाशित होते थे। अंक 2 में एक लम्बा पत्र 'कोइ देशहितैषि-श्री शं. मिश्र' का प्रकाशित हुआ है जिसमें 'भारतमित्र' प्रकाशन को एक बड़े अभाव की पूर्ति बताते हुए प्रसन्नता प्रकट की गयी है और अन्त में पत्र-प्रेषक ने ईश्वर से 'भारतमित्र' के दीर्घ जीवन की प्रार्थना की है।

'भारतमित्र' के बीसवें अंक में एक (कार्य सम्पादकीय) विज्ञप्ति प्रकाशित हुई है जिसमें पुराने मूल्य में ही 'भारतमित्र' के कलेवर-वृद्धि की सूचना है। इसे पढ़कर एक पाठक ने सम्पादक के नाम पत्र भेजा था जो 22वें अंक में प्रकाशित हुआ है। उस पत्र को यहाँ उद्धृत किया जाता है–

प्रेरित पत्र।

सम्पादक महाशय।

ता. २४ नवेम्बर के भा. मि. में उक्त पत्र के कलेवर वृहत् होने का

1. डॉ. रामविलास शर्मा : भारतेन्दु युग, पृ. 37।

विज्ञापन देख के हम को कितना हर्ष प्राप्त भया, इस्का वृतान्त सूचन कराने को लेखनी असमर्थ है। आहा। वह कौन सा दिन होगा जिस दिन भा. मि. अपने हृष्ट-पुष्ट कलेवर से हमारे नेत्रगोचर हो अपने सुमधुर वाक्य से हृदय को शीतल करेगा। वरंच अपने एकल पाठक वर्गों का शोक सन्ताप दूर करेगा हे पाठक वर्ग महाशय। आप सब सेवी हमारा यह निवेदन है कि सम्पादक महाशय को तनमन एवं धन से सहायता एवं उत्साह देकर संकल्पित कार्य्य की शीघ्र साधन कराइये और देश का हित करिये इत्यलम्।

पटना **आपका पत्रदर्शी एक जन**

ऊपर 'भारतमित्र' के जिस भावी परिवर्तन और परिवर्द्धन की चर्चा है उसकी समीक्षात्मक प्रस्तुति यहाँ सम्भव नहीं है क्योंकि उक्त परिवर्द्धित अंक उपलब्ध नहीं हो सके। ऊपर निवेदन किया जा चुका है कि 'भारतमित्र' के आरम्भिक 22 अंक मुझे उपलब्ध हुए हैं। इस उपलब्ध सामग्री की मेरी चर्चा यहीं समाप्त होती है।

सारसुधानिधि

'सारसुधानिधि' : संगठन पक्ष

पं. सदानन्द मिश्र के सम्पादकत्व में निकलने वाले इस साप्ताहिक पत्र का सामान्य परिचय ऊपर दिया गया है। यहाँ इसके संगठन पक्ष की किंचित् विस्तृत चर्चा अपेक्षित जान पड़ती है। इसका मुख्य पृष्ठ पहले उद्धृत किया गया है। पहले अंक का सम्पादकीय पृष्ठ परिशिष्ट (क) पर उद्धृत किया गया है। वहीं 'सारसुधानिधि' का 'प्रयोजन या उद्देश्य' तथा इसकी पूरी 'प्रतिज्ञा' भी उद्धृत की गयी है।

प्रस्तुत प्रबन्ध के परिशिष्ट में उद्धृत सारसुधानिधि के प्रथम अंक का प्रथम तथा उसकी सम्पूर्ण प्रयोजन-प्रतिज्ञा से यह स्पष्ट है कि एक महत् उद्देश्य, बलवती निष्ठा और आर्थिक साहाय्य की सम्भावना से प्रेरित होकर 'सारसुधानिधि' का प्रकाशन हुआ था। कलकत्ता-प्रवासी हिन्दी के धौरन्धरिकों का सक्रिय सहयोग इसे प्राप्त था।[1] पं. शम्भुनाथ मिश्र इसके व्यवस्थापक (या कार्य-सम्पादक) थे और 'सारसुधानिधि' के प्रकाश सम्बन्धी दायित्व के साथ ही 'सारसुधानिधि' में प्रकाशित 'समाचारावली' वे ही लिखते थे। कार्य-सम्पादक 'शम्भुनाथ मिश्र' की ओर से 'ग्राहकों के देखने योग्य अति प्रयोजनीय सूचना' प्रायः प्रकाशित की जाती थी जिसे यहाँ उद्धृत किया जाता है–

ग्राहकों के देखने योग्य अति प्रयोजनीय सूचना।

'सारसुधानिधि' का दाम प्रथम एक बरस के लिए शीघ्र ही देना चाहिये, क्योंकि इसके छपने आदि में बहुत खर्च होता है, इसलिए सहायता स्वरूप पहिले एक बरस का दाम भेजकर हम लोगों को वाधित करे।

कार्य्य सम्पादक
शम्भुनाथ मिश्र।

---

1. "इसमें चार साझी थे–सदानन्द जी, दुर्गाप्रसाद जी, गोविन्दनारायण जी और शम्भूनाथ जी। इसके सम्पादक पं. सदानन्द जी, संयुक्त सम्पादक पं. दुर्गाप्रसाद जी, सहायक सम्पादक पं. गोविन्दनारायण जी और व्यवस्थापक पं. शम्भूनाथ जी थे।–अम्बिकाप्रसाद वाजपेयी : हिन्दी समाचार पत्रों का इतिहास।

'सारसुधानिधि' की आर्थिक समस्या टेढ़ी थी, क्योंकि न तो पर्याप्त ग्राहक थे और न कोई दूसरी बड़ी आर्थिक सहायता ही उपलब्ध थी। संचालक-सम्पादकों ने ऊँचे आदर्श से प्रेरित होकर इसे प्रकाशित किया था इसलिए उन्हें यथासम्भव इसकी आर्थिक क्षति-पूर्ति भी करनी पड़ी थी। भाग दो, अंक तीन में एक सम्पादकीय नोट है जिससे इसके आर्थिक पक्ष की सूचना मिलती है।

विशेष द्रष्टव्य।

गतवर्ष में तो इतनी आशा भी थी कि कुछ अंशियों से भी घटी पूरण हो जायगी। परन्तु अब 'सारसुधानिधि' का व्यय निर्वाह करना केवल मुझी पर निर्भर है : और इसके यंत्रालय स्थापन करने में भी बहुत रुपये लग चुके हैं, अतएव मैं ऐसी आशा करता हूँ कि देशहितैषी महानुभाव ग्राहक वृन्द विवेचना और अनुग्रह करके 'सारसुधानिधि' का अग्रिम दाम शीघ्र ही देकर विशेष सहायता करें।

सारसुधानिधि सम्पादक
सदानन्द मिश्र।

'सारसुधानिधि' की प्रथम 'अब्दपूर्ति' के अवसर पर सम्पादक पं. सदानन्द मिश्र ने अपने सहायकों के प्रति इस प्रकार कृतज्ञता ज्ञापित की थी—

कृतज्ञता स्वीकार

अन्तरंग सहायक हैं श्रीमान् पं. शम्भुनाथ मिश्र, श्रीयुक्त पं. दुर्गाप्रसाद मिश्र, श्रीयुक्त पं. गोविन्दनारायण मिश्र, श्रीयुक्त पं. जीवानन्द विद्यासागर बी. ए. महाशय। शम्भुनाथ जी ने 'सारसुधानिधि' कार्य सम्पादन करने का भार लेकर इसके प्रारम्भ से ही इसके कार्य्यों की परिपाटी और यथा समय पर पाठकों के निकट भेजना आदि यथासाध्य परिश्रम द्वारा सम्पादित किया, केवल इतना ही नहीं वरन् लेख-सहायता भी इन्होंने यथोचित देशोपकारक धन के विषय में एक उत्कृष्ट प्रस्ताव लिखा और वंगविजेता उपन्यास का अनुवाद तथा समाचारावली का अधिकांश लिख कर और घटी के मध्ये कुछ रुपयों से भी यथोचित सहायता कियी। पं. दुर्गाप्रसाद मिश्र ने 'सारसुधानिधि' का प्रथम अनुष्ठान-पत्र प्रचार किया यथार्थ तो यह है कि इन्हीं के उद्योग और उत्साह से 'सारसुधानिधि' प्रचारित हुआ।

और इसके प्रकाशन की गहरी प्रतिक्रिया पूरे हिन्दी समाज में हुई थी। उस समय के पत्रों और पाठकों ने अपनी प्रसन्नता प्रकट की थी।[1] और एक वर्ष के बाद दो

1. पत्रों की प्रतिक्रिया का संक्षिप्त अंश यहाँ उद्धृत किया जाता है—
बिहार बन्धु :
हम धन्यवादपूर्वक 'सारसुधानिधि' नाम अख़बार की प्राप्ति स्वीकार करते हैं। यह अख़बार नागरी हर्फों में हर सोमवार को कलकत्ता में छपता है। यह रायल चारपेजी 12 सफ़ों →

सप्ताह के लिए जब पत्र का प्रकाशन विशेष प्रयोजन से रोक दिया गया उस समय भी पत्रों ने 'सारसुधानिधि' की वैशिष्ट्य-चर्चा करते हुए अपनी संवेदना प्रकट की थी जिससे 'सारसुधानिधि' के महत्त्व की विज्ञप्ति मिलती है।[1]

→ का है। विषय इसमें हर तरह के साहित्य-विज्ञान और राजनीति के छपते हैं। भाषा में बंगलेपन की बू के सिवा कोई ऐब नहीं है। खैर जो हो इसके पढ़ने वाले इससे बहुत-सी बातें सीखेंगे इसमें तिलभर भी शक नहीं है। ईश्वर इसे चिरंजीव रक्खें।

भारतबन्धु :

आज हम अपने भाग्य की कहाँ तक सराहना करें जिधर को अपनी मेज पर दृष्टि डालते हैं किसी न किसी नवीन पत्र के हमको दर्शन होते हैं—हमारी हिन्दी भाषा के कुछ दिन अच्छे ज्ञात होते हैं—कि इसमें अब समाचार पत्रों की दिन-दिन वृद्धि होती है—सारसुधानिधि नामक नवीन हिन्दी भाषा का पत्र हमारे सम्मुख वर्तमान है भाषा इसकी उत्तम और मधुर है विषय भी सब अच्छे हैं कलेवर भी बड़ा है मूल्य अधिक नहीं है ईश्वर इसकी दिन 2 वृद्धि करे—हम अपने भारतबन्धु को बदले में समर्पण करते हैं।

भारतमित्र :

जब तक किसी भाषा में बहुत-सी पुस्तकें और समाचारपत्र प्रकाशित नहीं होते तबतक उस भाषा की उन्नति नहीं होती। आजकल की अवस्था से जान पड़ता है कि हमारी हिन्दी भाषा भी इतने दिनों तक जिसका निरादर होता था उसका भी अब सौभाग्य सूर्य उदित होना चाहता है। आज कई सप्ताह से यहाँ पर 'सारसुधानिधि' नामक एक हिन्दी भाषा का समाचार पत्र हमारे मित्रवर श्रीयुक्त पण्डित सदानन्द मिश्र द्वारा प्रकाशित होता है। इसके प्रस्ताव अति उत्तम और उनको पढ़ने से बहुत-सा ज्ञान लाभ हो सकता है। ईश्वर करे यह पत्र दीर्घायु होकर अपना कर्तव्य साधन में बलवान होय।

मित्रविलास :

...ऐसा 2 पत्रों को देख हमारा मन आप से आप कह उठता है कि निःसन्देह इससे हमारी दीन और मलीन 'हिन्दी भाषा' का बहुत कुछ उपकार हो जाएगा। हम अपने पाठक जनों के पास निवेदन करते हैं कि वे सब मिलकर पत्र की सहायता करें कि जिससे इसके प्रकाशित करने हारे महाशय का परिश्रम वृथा न हो और यह भी चिरंजीव रहे।

अंक 7 में एक पत्र प्रकाशित है जो इस प्रकार है—

प्रेरित पत्र—महाशय! अन्नयास आप का सारसुधानिधि पत्र हमारे पास आया उसके अवलोकन से मन प्रसन्न हो यह प्रस्तुति करता है—

सार सुधानिधि पत्र,
सकल भ्रम तिमिर नसावत।
चन्द्र दिवस प्रति प्रकट,
वरण अभिनव दरसावत।
पूरण कला प्रकाश,
वचन अमृत बरसावत।

भेद सन्धि संग्राम,
नीति नृप उर सरसावत।
नाना विचित्र सत् गुण सरस
हिय अंकुर उत्पन्न कर।
विधिवत चरित्र कहिं मनुज मन
मोद बढावत अधिकतर।

1. भारत मित्र :

कलकत्ते का 'सारसुधानिधि' नामक समाचार पत्र जो एक बरस से प्रकाशित होता था, →

तत्कालीन पत्रकारों की निष्ठा और हिन्दी समाज

उस युग के पत्रकारों में उच्चकोटि की आदर्शवादिता थी। उन्हें अर्थ-चिन्ता अपने लिए नहीं बल्कि पत्रों के सकुशल संचालन के लिए थी और इसके चलते उन्हें

→अब ग्राहकों की सहायता के बिना बन्द हुआ चाहता है। 15 दिन के अन्दर अगर मदत मिले तो फिर निकल सकता है।

8 फरवरी 1887 ई. कलकत्ता

मित्रविलास (कुछ विशेष स्थल उद्धृत किया जाता है :)

'हर। हर। यह कैसे शोक का विषय है कि 'सारसुधानिधि' का सा उत्कृष्ट देश-दुर्दशाहर्ता, भारतभाषियों को ज्ञानी जन शलाका फेरने वाला, सर्व उपकारी और उत्तम विषयों से भरा भारतवासियों के हितार्थ गवर्नमेण्ट को स्पष्ट रूपेण फटकारने हाहारा, सब बातों में अग्रणी और हिन्दी पत्रों का सिरताज पत्र केवल ग्राहकों के अभाव से और उनके मूल्य न देने के कारण बन्द हो जाए। जिस पत्र ने प्रथम वर्ष ही में ऐसे 2 गम्भीर आशयों से पाठकों का मनोरंजन किया और जिसके स्थिर रहने से हम सबको अनेक लाभ की आशायें हैं ऐसा 'सारसुधानिधि' पत्र यदि बन्द हो जाए तो क्या थोड़े सन्ताप का कारण है? जिस पत्र में थोड़े ही दिनों में भारतवासियों की गवर्नमेण्ट और गवर्नमेण्ट का विचार प्रजा पर प्रकट कर देशियों को अनेक लाभ पहुँचाये ऐसा 'सारसुधानिधि' पत्र यदि बन्द हो जाए तो क्या महान दुःख का कारण नहीं है? जिसमें सर्व प्रकार के गण भरे हो जो राजा महाराजाओं के हितार्थ गवर्नमेण्ट से झगड़ता हो, जो देशियों की उन्नति में प्रसन्न और अवनति में खिन्न हो, और जिसके सम्पादक और लेख-सम्पादक ऐसे हों कि जिनके लेखों को—स्वर्णपट्टिका पर लिखना चाहिये और जो आज कल के रत्न हैं ऐसा सर्वांग सुन्दर और सर्वगुण विभूषित देशोन्नतिकारक 'सारसुधानिधि' पत्र यदि सहाय्य के अभाव से बन्द हो जाए तो धिक्। क्या यह महान लज्जा का कारण भारतवासियों और हिन्दी के रसिकों के कारण नहीं होगा?'

"हायरे। देशियों और आर्य्यभाषा रसिकों का क्या मन्द भाग्य है। और क्या ही ये लोग निर्लज्ज हैं, त्राहि। बिचारे सम्पादकगण दिन-रात परिश्रम करके इनके उन्नति साधक व्याख्यान लिखें और इन्हें उन्नति का मार्ग बतावे और इस परिश्रम के पलटे उन्हें कुछ लाभ होने के पलते उलटा घाटा पड़े। आजकल के पधाधिकारीगण इस आशा से पत्र नहीं निकालते कि उनसे कुछ लाभ उठावे किन्तु केवल देशानुराग ही इनको उस ओर साबित करता है। परन्तु जब पाठकों इतनी लज्जा भी न हो कि जिस पत्र को वह पढ़ते हैं और जो केवल उन्हीं की आशा पर और उन्हीं को उन्नति देने के अर्थ प्रकाशित किया गया है, उसके दाम की ओर कुछ भी ध्यान न दे तो सम्पादक को घाटा न पड़े तो क्या हो? जब सम्पादक को घाटा ही घाटा रहा तो देशहित साधन की उमंग जो उसके मन में उठ रही है उसको क्या करेगा जब अपना प्राणप्रिय पत्र ही उसे बन्द करना पड़ा। हम यह वाक्य 'सारसुधानिधि' पर ही नहीं कहते किन्तु सारे वर्तमान हिन्दी पत्रों की यही दशा है बिना उन एक दो के कि जो केवल 'स्वार्थलाभ करें सब प्रीत' इत्यादि के अनुयायी हो शुद्ध हिन्दी भाषा के व्यवहार से च्युत हैं।"

जगतमित्र :

'सारसुधानिधि' ने एक बरस में जो-जो विषय लिखे हैं आज तक किसी हिन्दी समाचार→

प्रायः आर्थिक क्षति उठानी पड़ती थी। उनके सामने आर्थिक लाभ का प्रश्न ही नहीं

→ पत्र में नहीं लिखे गये जिन महाशयों ने 5 तारीख के सारसुधानिधि की गतवर्ष प्रकाशित विषयों की सूची देखी है निःसन्देह अवश्य उनके नेत्रों से अजस्र अश्रुधारा बहेगी। पाठक! इससे अधिक दुःख का विषय क्या होगा के जो ऐसे उत्तमोत्तम विषयों पूर्ण संवादपत्र केवल क्षतिग्रस्त हो के अस्त हो जाएगा अन्य देशवासी जिनसे सारसुधानिधि का परिचय है वो क्या ये नहीं कहेंगे के भारतवासी अद्यावधि संवादपत्र के गुणों को नहीं जानते थे क्या अल्प लज्जा का विषय है हाय! हमारे देश में कोई इतना भी समुझने वाला नहीं रहा जिस सारसुधानिधि ने एक वर्ष तक इस देश में कृष्णपक्ष ही है इस हृदय विदारक समाचार को पाठ करके कौन दुःखी न होगा हाय अब एवम्विध राजनीति की समालोचना कौन करेगा के प्रेस एक्ट के रहते भी स्वाधीन भाव से लिखता था।"

'भारतबन्धु' तथा 'कविवचन सुधा' आदि ने भी अपनी संवेदना प्रकट की थी। इसी अवसर पर जयपुर नरेश का पत्र आया था जो वर्ष 2, अंक 4 में प्रकाशित हुआ और जिसे अविकल उद्धृत किया जाता है–

Private office
JEYPOOR PALACE
the 17th Jany. 1880.

To

PANDIT SADANAND MISRA
65 Sutapatti, Barabazar, Calcutta.

Dear Sir,

I am commanded by His Highness the Maharajah of Jaypoor to acknowledge receipt of you Hindee letter to his highness dated the 8th instant and in reply to inform you that his highness is fully sensible of the benefits which Sarasudhanidhi is like to produce and will think it a misfortune to the country if any untoward circumstances were to cut short the career of so useful and important vernacular paper.

However His Highness trusts that the intelligent portion of the Indian public well feel it their interest to respond to your appeal in behalf of so noble and disinterested an object.

I beg to enclose here with Ist halves of currency Notes for Rs. 300 (Three Hundred) as per Memo at foot, which His Highness will thank you to accept as a donation to the Sarasudhanidhi. The remaining halves will be sent as soon as His Highness hears from you in reply.

Yours faithfully
Mahadeb Mookherjee
Private Secy.

'इण्डियन मिरर' ने अपनी सहानुभूति इस प्रकार प्रकट की थी–

THE INDIAN MIRROR
9th Jany. 1880.

The publication of Calcutta Hindi weekly paper, Sarasudhanidhi, which was doing a very useful work among the Hindustani population of Calcutta, has, we very much regret to find, been suspended for a time for want of sufficient public support. It was

था।[1] पाठकों की स्थिति सर्वथा विपरीत थी। उनकी राजनीतिक चेतना पर्याप्त विकसित नहीं थी और न तो समाचार पत्रों में उन्हें कोई विशेष रुचि थी। उनकी दशा का यथार्थ वर्णन 'सारसुधानिधि' के 5 जनवरी 1880 के अंक में सम्पादक ने किया है :

जैसी अवस्था हिन्दी भाषा की है, इस पर ऐसी आशा नहीं होती है कि लोग शौक से हिन्दी भाषा के अनुरागी होकर हिन्दी पत्रों की सहायता की दृष्टी से लिया करें, और यथासम्भव दाम दिया करें कि जिसमें पत्र-सम्पादकों को केवल देशोपकार की चिन्ता के दूसरी चिन्ता न रहे।...अभी तो हमारे हिन्दुस्तानी भाइयों में बहुत तो पढ़ने-लिखने से कुछ प्रयोजन ही

→ ably edited by an educated Hindustani gentleman, whose Sanskrit learning and general attainments fully qualified him for the task he had undertaken; and he had been fortunate enough to secure the literary assistance of some distinguished graduates of Calcutta University. His Highness of Maharajah of Jaypoore and His Highness the Maharana of Udaypore, both princes well versed in the Sanskrit language and literature and excellent judge of the Hindi language not only Commended the editor for the general ability with which his paper was Conducted, and especially the remarkable purity of the style in which he wrote, but gave him liberal pecuniary support in aid of an undertaking, which both princes, enlightended and liberal minded were convinced, was calculated to effect much good among the Hindustani population whether here on in Upper India. But in the age in which we live public patronage is the breath of life to literature and literarymen, and public patronage in India is embodied in the Government. To awaken a taste of literature among the Hindustani population is a work which deserves the earliest attention. In the present dearth of information among this section of the India population, the wildest reports and rumours are often accepted as a positive truths, and such reports and rumours are as often apt to be injurious to the public interests. The Sarasudhanidhi, of which the leading articles on political subjects always stated the facts, was exercising a healthy influence on the Hindustanis by counteracting the confusion of these wild reports and rumours. But the Hindustanis, as we have said, have not yet imbibed that love of literature which has deeply imbued the other races of India. Business is their chief occupation. If the Government would only assist such journals by a grant-in-aid, they would be helping in a good work, when once a taste for literature was awakended among the Hindustanis, no such aid would be needed. A wellwritten and well conducted newspaper in Hindi would be a powerful auxiliary to the school master; and it seems to us that their subjects should be placed in possession of the most correct information on all points affecting their mutual relations.

1. 'सारसुधानिधि', वर्ष 2, अंक 7 में उन पत्रों की प्रतिक्रियाएँ प्रकाशित की गयी हैं जो 'सारसुधानिधि' के पुनः प्रचार होने पर समाचारपत्रों ने प्रकट की थीं। जयपुर गजट, सज्जनकीर्ति सुधाकर, हिन्दी प्रदीप, कविवचनसुधा, भारतबन्धु, बिहारबन्धु, मित्रविलास आदि पत्रों ने प्रसन्नता प्रकट की है।

नहीं रखते और जो लोग कुछ कुछ पढ़ते-लिखते भी हैं उनको केवल किस्से-कहानियों ही से छुट्टी नहीं मिलती फलतः अभी हमारे देशवासियों को समाचार-पत्र का प्रयोजन उसका उद्देश्य और उपयोगिता हृदयंगम नहीं हुई है। अतएव इतना बड़ा और सम्पूर्ण उपकारी विषयों से परिपूर्ण समाचार पत्र सिवाय विशेष सहायता के, केवल साधारण सहायता पर निर्भर होकर चल नहीं सकता है।" पाठकों की उदासीनता की ओर संकेत करते हुए इसी सम्पादकीय टिप्पणी में कहा गया है कि 'अनेक गाहक 'सारसुधानिधि' का दाम भेजना भूल गये, और उन लोगों ने हम लोगों को अपदस्थ करने में कसर नहीं रक्खी, क्योंकि कई सूचना और विशेष सूचना दे देकर ग्राहकों को चैतन्य किया वरन् उनमें बहुतों को चिट्ठी भेजी परन्तु उनको क्या थोड़ा-सा देना कहीं याद हो सकता है? अथवा कभी ध्यान में भी आता है कि जो पत्र केवल देशोपकार के निमित्त प्रचारित होता है जिसके हरएक लेखक का महत उद्देश्य प्रत्यक्ष ही है, और ये नहीं कि भलीभाँति देखा नहीं है कि इसमें साँप है या विच्छू भला किस प्रकार से उसकी सहायता करे। जब बराबर एक बरस उन महाशयों को घर से टिकट लगाकर भेजा जाता है, और ऐसा भी जान पड़ता है कि ग्राहक कुछ विरक्त भी नहीं है, ऐसा होने से क्या वे लोग चुपचाप लिये जाते और मन्ही भी नहीं लिखते? ऐसा सो भी नहीं क्या उन लोगों ने चिट्ठी लिखने की कसम खायी है? क्योंकि चिट्ठी लिखें तो क्या लिखें या तो दाम भेजें या मंन्हा लिखें परन्तु अब किस लज्जा से मन्हा, लिख सकते हैं, यदि मन्हा करते तो पहिले ही लिखते, इसी प्रकार दाम भेजने में भी संकोच पड़ गया, क्योंकि यदि भेजते तो पहिले ही भेज देते॥=) के बदले॥=) न देने पड़ते। हमको ऐसा जान पड़ता है कि अभी भी जिन लोगों ने दाम नहीं भेजा है वे इसी संकोच में पड़ गये हैं कि न तो उनसे दाम दिया जाता है और उधर अपनी मान इज्जत की ओदर देखकर बिना देना दिये कागज लेना बन्द भी नहीं कर सकते।...यद्यपि हमारा पावना कुछ ऊपर तीन सौ रुपये के है और घटी घर से लग चुकी है तौ भी, यदि कृपाकर वे लोग लिख भेजते कि अभी हम नहीं देंगे, अथवा दे नहीं सकते हैं तो हमको सन्तोष होता, और आगामी साल के लिये यह निश्चय हो जाता कि इतने महाशयों को इस पत्र देखने का अनुराग है और इतने विरक्त हैं और इतने ऐसे हैं कि पत्र पढ़ने में तो रुची और आग्रह है परन्तु द्रव्य खरचने की इच्छा नहीं है यदि यह भी जाना जाता तो उपयुक्त और योग्य महाशयों को जानकर उनकी संख्या से हम पड़ता फैला सकते थे कि आगामी साल में निर्वाह हो सकता है या नहीं।

समाचार पत्र केवल ग्राहकों पर निर्भर रहते हैं और उन्हीं की सहायता से चल सकते हैं। ये नहीं हो सकता कि सम्पादक घर से रुपये लगाकर रात

दिन परिश्रम करे और कागज चलावे। हे पाठक। अब हमलोग उभय संकट में पड़े हैं। यह गत प्रथम बरस तो हमलोग इस आशा और उत्साह से पत्र प्रचार किया कि क्या हुआ अभी तो पहिला बरस है तो जिस प्रकार से होय निर्वाह करना चाहिये, एक बरस में इसकी ग्राहक संख्या अवश्य बढ़ेगी और उनकी सहायता से बराबर चल सकेगा, परन्तु ग्राहकों की अवस्था देखने से वह आशा प्रायः भ्रान्त जान पड़ती है क्योंकि इस गत बरस में यदि पौने पाँच रुपये विशेष नहीं आते तो आठ सौ रुपये घटी लगती, परन्तु सर्वशक्तिमान् जगदीश्वर ने बड़ी कृपा कियी कि उतनी क्षति नहीं हुई थोड़े ही में बेड़ा पार हो गया।" पाठकों की अरुचि और असहयोग के कारण 'सारसुधानिधि' का प्रकाशन दो सप्ताह के लिए बन्द कर दिया गया था। सम्पादक ने स्पष्ट लिखा था कि 'यदि इस अवसर के भीतर पाठकों का अनुराग और महामान्य महाराजाधिराजों की कृपादृष्टि दिखायी दियी तो हम पुनरुत्साहित होकर 'सारसुधानिधि' 1880 ई. का प्रचार करेंगे। नहीं तो असमय जानकर अगत्या प्रचार करने से विरत होना पड़ेगा।' इस प्रसंग का उपसंहार करते हुए सम्पादक ने लिखा था, 'हम यह भी प्रतिज्ञा करते हैं कि यदि इस दो सप्ताह के भीतर वित बरस का जो पाउना है वह भी सब आ जायगा तो भी 'सारसुधानिधि' पुनः प्रचार कर देंगे।'

पत्रों का दायित्व : देशवासियों के राजनीतिक संस्कार के उन्नयन का प्रश्न

नितान्त प्रतिकूल परिस्थिति में भी जब मनुष्य की आस्था न टूटे तो मानना पड़ता है कि उसमें अग्नि-तत्त्व का प्राधान्य है जो सदैव उन्नयनशील होता है। कहना न होगा कि इस युग के पत्रकारों के चरित्र में इसी तत्त्व की प्रमुखता थी और कदाचित् यही कारण है कि प्रतिकूलता से वे अन्तिम क्षण तक जूझते रहे। 'सारसुधानिधि' की उपर्युक्त प्रतिज्ञा इस बात की स्पष्ट सूचना देती है कि उस युग के पत्रकार अपने गम्भीर दायित्व को सही रूप में समझते थे और उसके प्रति पूर्ण सचेत थे। 'सारसुधानिधि' का विश्वास था कि देशोन्नति का बड़ा आधार होता है देशवासियों का राजनीतिक संस्कार। अर्थात् राजनीतिक संस्कार उन्नत होने पर ही देशोन्नति सम्भव होती है। राष्ट्रीयता के विकास की चर्चा करते हुए हमने पहले निवेदन किया है कि विशिष्ट वर्ग में आधुनिक शिक्षा के परिणामस्वरूप राजनीतिक चेतना जाग्रत थी और उसका प्रभाव देशव्यापी हो रहा था, किन्तु देश में एक बड़ा वर्ग ऐसा था जहाँ राजनीतिक संस्कार के नाम पर कुछ था ही नहीं। 'सारसुधानिधि' के द्वितीय वर्ष के 16वें अंक के सम्पादकीय वक्तव्य का विषय है, 'हिन्दुस्तानियों का राजनीतिक संस्कार', जिसमें देशवासियों के पिछड़े राजनीतिक संस्कार की चर्चा

करते हुए सम्पादक ने लिखा है :

"अभी तो बहुतों का संस्कार है कि राजनीति तो उसी को कहते हैं कि जिस में बन्दर, सियार, बैल आदि की कथा है, जो कि मथुरा की बोली में छपी है। जिस देश में अभी राजनीति की उदारता और संकीर्णता समझना तो क्या स्थूल स्वरूप ही लोगों के ध्यान में नहीं आया है, उस देश के लोग जो उदार राजनीति की समालोचना से चमत्कृत होयेंगे इसमें विचित्रता क्या है?...अभी तक हमारे हिन्दुस्तानी भाइयों में से बहुतों का संस्कार ऐसा जटिल हो रहा है कि केवल अँगरेज़ी कपड़े पहरे हुए मनुष्य को अपना हाकम समझ लेते हैं। हमने कई सौदागर योरोपियन साहिबों से सुना है कि जब देवीपूजा की छुट्टी में अथवा किसी काम के लिये कलकत्ते से पछां (हिन्दुस्तान) में गये हैं तो प्रधान शासनकर्ता की भाँति हिन्दुस्तानियों ने उनका सत्कार किया है। और कहां तक कि पुलिस के अमले और कोतवाल आदि का खुदावन्द कहते मुंह सूखा है जो कि हिन्दुस्तानी रईसों को तुच्छ समझते हैं। वे योरोपियन ग्रीक या जर्म्मन जिनसे गवर्नमेन्ट का कुछ भी सम्बन्ध नहीं है वे लोग वहां की यह दशा देखकर यहां हम लोगों के साम्हने उन हिन्दुस्तानियों की नकल करते हैं, और कितने ही संकीर्ण हृदय वालों को एक प्रकार अहंकार होकर उनका संस्कार बिगड़ जाता है।" इन्हीं हिन्दुस्तानियों के राजनीतिक संस्कार तथा बौद्धिक धरातल के उन्नयन का सतत प्रयत्न ही सारसुधानिधि का संकल्प था क्योंकि इसका विश्वास था कि "राजनीति और समाजनीति का संशोधन जैसा समाचार पत्रों से होता है वैसा दूसरे उपाय से नहीं हो सकता।" हिन्दुस्तानियों के अविकसित राजनीतिक संस्कार के कारणों की चर्चा करते हुए इसी टिप्पणी में कहा गया है कि "इसके विचार में प्रवृत्त होने से युगवत् कह हेतु सम्मुख उपस्थित हो जाते हैं। प्रथम तो मुसलमानों का अत्याचार। दूसरे वर्तमान शासनकर्ताओं के चित्त में जो नेता भाव का अहंकार दृढ़ अधिकार करे हुआ है। तीसरे वर्तमान शासन प्रणाली जो कि अभी भी कई अंशों में काले गोरे के भेद से कलुषित हो रही है। चौथे उच्च शिक्षा का अभाव। पाँचवें मात्रिभाषा की अवनति। छठे समाचार पत्रों की न्यूनता। ये ही छः कारण मूल और मुख्य जान पड़ते हैं।"

'सारसुधानिधि' की उपलब्ध सामग्री के अनुशीलन से अभिज्ञात होता है कि उपर्युक्त कारणों से सम्बन्धित प्रश्नों को बड़े सन्तुलित सुविचारित और तेजस्वी ढंग से सारसुधानिधि ने उपस्थित किया था। 16वें अंक के जिस वक्तव्य की हम चर्चा कर रहे हैं उसका उपसंहार करते हुए सम्पादक ने हिन्दी पत्रकारों को उनके दायित्व के प्रति सचेत किया था—

"हम अपने सहयोगियों से सविनय निवेदन करते हैं कि कदाचित् हमारे

हिन्दुस्तानी भाइयों के राजनैतिक और समाजनैतिक संस्कारों को देख निराश हो राजनैतिक और समाजनैतिक विषयों की समालोचना छोड़ न दें। यदि विचार करके देखो तो ऊपर कहे हुए कारणों के सुधारने का एक वही छठा कारण है। जब हम सब संस्कारक कार्य्य में व्रती हुए हैं तो हम लोगों को उचित है कि यावज्जीवन हम गुरुतम कार्य्य के साधन में प्रवृत्त रहें। और यह भी ध्यान रहे कि जब-जब जो-जो राजनीति और समाजनीति के सुधारने के प्रयत्न हुए हैं, मानापमान सभी उनको सह्य करा पड़ा है। इस विषय के साक्षी इतिहास वर्तमान है। हम लोगों के प्रधान आश्रय धीरता, साहस और अध्यवसाय हैं। यदि हम इन तीनों के आश्रय से निरन्तर अपने कर्तव्य साधन में प्रवृत्त रहेंगे तो निःसन्देह ईश्वर हमारा सहायक हो हमारे हिन्दुस्तानियों के संस्कारों को सुधार हमारी बृटिश गवर्नमेन्ट द्वारा भारतवर्ष की पूर्व स्वाधीनता, पूर्व समृद्धि और पूर्वोन्नति दिखायेगा। आपाततः इसका उपाय एक आप ही सब समाचार पत्र हो, अतएव हम पुनः अनुरोध करते हैं कि कदापि किसी के कहने से शिथिल प्रयत्न न होगा। जो आपको विपरीत सुझाते हैं वह उसी भ्रष्ट संस्कार के वशवर्ती हैं। यह निश्चय है कि जो कुछ भारतवर्ष का हित होना है वह समाचार पत्रों ही से होना है।"

देशी पत्रों की स्वाधीनता का प्रश्न

पत्रकारों से ही नहीं 'सारसुधानिधि' ने सरकार से भी बड़े साफ़ शब्दों में अनुरोध किया था कि देशी समाचारपत्रों की स्वाधीनता में ही हम लोगों का कल्याण है। 'लार्ड हार्टिंटन और भारतवर्ष' (वर्ष 2, अंक 8) शीर्षक सम्पादकीय वक्तव्य की अन्तिम पंक्तियाँ इस सन्दर्भ में द्रष्टव्य हैं--

"हम लोगों का दुरवस्था जानने का मुख्य उपाय देशी समाचार पत्र है। जब तक इन पर विश्वास स्थापित करके इनको पूरी स्वाधीनता नहीं दियी जायगी तब तक प्रजा की यथार्थ प्रकृत अवस्था कभी भी जानी नहीं जायगी। परन्तु इसके साथ ही गवर्नमेन्ट का कर्तव्य है कि देशी समाचार पत्रों का अनुवाद का नियम परिवर्तन करना अब जिस प्रकार से अनुवाद होता है उस द्वारा आशानुरूप फल नहीं फलता। क्योंकि यदि सम्पूर्ण देशी समाचार पत्रों का यथार्थ अनुवाद हुआ करता तो आज यह नहीं होता कि ये दोनों विषयों की मीमांसा लार्ड राइपन के यहां आने पर बाकी रहती। अतएव एक तो देशी समाचारपत्रों को पूरी स्वाधीनता देकर उन सबों का पूरा अनुवाद कराना चाहिये। दूसरे हम भारतवासियों से अब जो राजपुरुषों से घृणा उत्पन्न हुई है उसको दूर करना चाहिये। तब कहीं राजपुरुषों को हम लोगों की अवस्था जान पड़ेगी उपसंहार काल में इतना और कहना योग्य है कि देशी मुद्रा

शासनी व्यवस्था के रहित करने में विलंब होना जितना हम भारत प्रजा के लिये अनिष्टकारी है उतना ही महामान्य ग्लाडष्टोन, हार्टिटन प्रभृति लिबरल प्रवानों के लिये बुरा है।[1] क्योंकि जिस छिद्र द्वारा कंसरवेटिवों की पराजय हुई उसी छिद्र को बनाये रहना इनके योग्य नहीं है। अतएव काबुल का युद्ध, लाइसनस टेक्स इसकी मीमांसा को चाहे किंचित काल बिलम्ब होय तो उतनी चिन्ता नहीं क्योंकि उसका जवाब तो यह भी हो सकता है कि ये दोनों यद्यपि अत्यावश्यकीय और विशेष प्रयोजनीय विषय हैं तथापि ये दोनों गुरुतर प्रश्न हैं इनकी मीमांसा होना बहुत ही कठिन है। परन्तु देशी मुद्रा यन्त्र शासनी व्यवस्था के रहित करने के विषय में यदि विलम्ब हुआ तो ऐसी कौन सी बात है कि जिसको बना के अपना पूर्वपक्ष समर्थन हो सकेगा अतएव इस जघन्य व्यवस्था के रहित करने में देरी होना उचित नहीं है।"

इस प्रकार औचित्य-रक्षा के लिए सदैव सजग, समाचारपत्र की मर्यादा और वैशिष्ट्य को भली प्रकार समझते हुए 'सारसुधानिधि' सम्पादक ने अपने दायित्व का पूर्ण पालन किया। पुरस्कार के रूप में एक बड़े वर्ग की प्रशंसा और सम्मान प्राप्त किया तो दूसरी ओर अपने उत्कर्ष के लिए उसे ईर्ष्या की चोट भी सहनी पड़ी। यहाँ एक ऐसे प्रसंग का उल्लेख आवश्यक है। 'सारसुधानिधि' के लेखों से अत्यन्त प्रभावित होकर महाराजा जयपुराधिपति ने 'सारसुधानिधि' को एक प्रशंसा-पत्र भेजा था जिसे 'सारसुधानिधि' में छाप दिया गया। उसे देखकर कई पत्र-सम्पादकों को जलन हुई और 'भारतमित्र' के माध्यम से 'सारसुधानिधि' पर कीचड़ उछालने की कोशिश की गयी। 'भारतमित्र' में एक गुमनाम पत्र छापा गया था जिसमें 'सारसुधानिधि' के सम्बन्ध में यह आपत्ति उठायी गयी थी कि दूसरे वर्ष के 14वें अंक में प्रकाशित 'भारतवर्ष में प्रतिनिधि शासन प्रणाली की आवश्यकता' शीर्षक सम्पादकीय वक्तव्य बँगला 'सोमप्रकाश' और 'नवविभाकर' पत्र में प्रकाशित लेख 'प्रतिनिधिशासन प्रणाली' का उल्था है। उसमें अपनी मौलिकता कुछ नहीं है। चूँकि यह आरोप शुद्ध ईर्ष्या-जनित था इसलिए तथ्य से इसका कोई मतलब नहीं था। इसके निराकरण के लिए काशी की पत्रिका 'कविवचन-सुधा' ने 20 सितम्बर को

1. "The English are, and justly and gloriously, the greatest champions of librty of speech. What a failing off must have taken place in their character when, after granting this boon to India, they should have been thought of withdrawing it. This act, together with that of disarming the people, is a clear confession by the rulers to the world that they have no hold as yet upon the affection and loyality of the people, though in the same breath they make every profession of their belief in the loyalty of the people. Now, which is the truth? And are gagging and disarming the outcome of a long benign rule?"–Dadabhai Naoroji : Poverty and the British Rule in India, p. 216.

एक वक्तव्य प्रकाशित किया था जिसे 'सारसुधानिधि' ने अविकल उद्धृत भी किया था।[1]

---

1. 'कविवचनसुधा' के उक्त लेख से कुछ स्थल यहाँ उद्धृत किये जाते हैं :
"शोक का स्थान है कि भारतवासी लोग अबतक इस बात से अनभिज्ञ हैं कि इस देश की अवनति का मूल यही परस्पर का द्वेष है और इसी फूट, बैर से भारत ऐसी हीन दशा को पहुँचा। इसी द्वेष के कारण बड़े-बड़े राज्य नष्ट हो गये और इसी ईर्ष्या के हाथ पड़ बड़े-बड़े लोगों ने अपना जीवन नष्ट कर दिया। हम अधिक समाचार पत्रों के प्रकाश होने से प्रसन्न होते थे कि भला जो हुआ अब भी इनके प्रचार से लोगों के हृदय का अन्धकार दूर हो जावेगा और देशोन्नति का अंकुर जमता रहेगा। परन्तु विचार कर देखता हूँ तो सबके पहले इन्हीं में यह दोष पाया जाता है, यही लोगों पर द्वेष और ईर्ष्या का प्रयोग करते हैं। और यहाँ तक बेसुध हो जाते हैं कि इसके पंजे में पड़ अपने-अपने वाक्यों को भूल जाते हैं, अर्थात् आरम्भ में तो ऐसी गर्जना करते हैं कि पढ़ने वाले प्रसन्न हो फूले नहीं समाते कि अब क्या, देखो अमुक समाचारपत्र के प्रादुर्भाव होते ही देशहितैषी विषय प्रकाश हुआ करेंगे जिससे दिनोंदिन विद्या देश और हितैषिता की वृद्धि होती जावेगी। किन्तु थोड़े ही कालोपरान्त जहाँ उन्होंने अपने किसी सहकारी भाई की उन्नति होते देखी कि बस चट से मोगली कमर कस द्वेष युक्त प्रस्ताओं की भुजाली ले उन पर आघात करने पर उत्सुक हो जाते हैं और अपने से आप बाहर जगत में हास्यास्पद होते हैं।...अधिक और क्या कहें अभी दो-तीन सप्ताह की बात है कि सारसुधानिधि-सम्पादक ने श्रीमन्महाराजाधिराज सवाई जयपुराधीश्वर का भेजा हुआ प्रशंसा पत्र अपने आमूल पत्र में प्रकाश किया था, कि उसके देखते ही अनेक दुष्टों के हृदय में जलन का फफोला पड़ गया और द्वेषानल में भस्म हो गये। अन्त में उन धूर्तों को जब कोई उपाय न मिला तो उन्होंने झट से भारतमित्र पत्र द्वारा जो द्वेषियों का एकमात्र शरण है, सारसुधानिधि को कलंकित करने का यत्न किया, और अनायास उसके सम्पादक पर यह दोषारोपण किया कि उन्होंने जो 'प्रतिनिधि शासन प्रणाली' शीर्षक प्रस्ताव प्रकाशित किया था वह सोमप्रकाश और नवविभाकर पत्र के आशय पर लिखा गया था, बल्कि पत्र प्रेरक ने उसे यह कहकर कि उसमें उपरोक्त उभय पत्र से और कोई आशय न था, अनुवाद सिद्ध किया और द्वेष के बल से जो कुछ महाशय को सूझा वह सब रोना गा गये।
प्यारे पाठकः—भारतमित्र के 'सभा में एक' पत्र प्रेरक महाशय ने तो द्वेषानल से भस्म हो अपने भरसक कुछ कहने में नहीं उठा रक्खा पर इतने पर भी सा.सु.नि. सम्पादक महाशय की सहिष्णुता को धन्य है कि उन्होंने विवाद बढ़ाने की अपेक्षा उसके उत्तर में सोमप्रकाश पत्र के उस प्रस्ताव को अपने पत्र में अविकल प्रकाश कर दिया, कि जिसमें लोगों की सफाई और साधारण लोगों पर सत्यासत्य निश्चय हो जावे, और भारतमित्र सम्पादक से प्रेरक के नाम प्रकाश करने की प्रार्थना की, परन्तु भारतमित्र ने जो अपने बराबर दूसरों को नहीं समझते इसपर कुछ भी ध्यान न दिया बल्कि झगड़े बढ़ाने पर उद्यत हैं।
हमने दोनों पत्रों को एतद विषयक लेखों को पढ़ा और निज सोमप्रकाश के पत्र के और सा.सु.नि. के "प्रतिनिधि शासन प्रणाली" शीर्षक प्रस्तावों को भी सावधानी से देखा परन्तु सोमप्रकाश और उसमें बहुत भेद पाया और जो कुछ द्वेषी पत्र प्रेरक ने लिखा था उससे कहाँ विपरीत मालूम हुआ। हमें विशेष करके इस बात का शौक है कि भारतमित्र के →

जातीय स्वर

'सारसुधानिधि' शुद्ध राष्ट्रीय पत्र था जिसमें राजनीतिक विषयों की प्रधानता रहती थी। दूसरे वर्ष के चौथे अंक की सम्पादकीय टिप्पणी का शीर्षक है, 'राजप्रतिनिधि लर्ड **लीटन** साहिब का वियोग दुःख'। सम्पादक ने बड़ी साफ़ भाषा में कहा है कि **"भारतवासियों को अब यह सूझने लगा कि उन्नति का मूल एक राजनीति की चर्चा ही है। राजनीति की चर्चा जितनी अधिक होयगी, उतनी ही भावी उन्नति भी हाथ जोड़कर सम्मुख उपस्थिति होयगी।"** ता. 23

→ सम्पादक महाशय को दो-तीन सप्ताह से हो क्या गया है जो आप प्रायः द्वेषी पत्रों को आँख मूँदे प्रकाश कर देते हैं। आपको उचित था कि अपने पत्र 'भा. मि.' के नाम को कुछ तो सार्थक करते, और भारतमित्र को तो दूर मारिये, स्वमित्र की मैत्री को स्थापित रखते। आप तो भारत मात्र के मित्र बना चाहते हैं पर देखने में आता है कि आप कोस भर की मित्रता भी नहीं निभा सकते। लज्जा का विषय है कि आप ऐसे योग्य सम्पादक ऐसे ऐसे पत्रों को स्वभारतमित्र में स्थान दें। क्या सम्पादक को यही उचित है चाहे जो जैसा लिख भेजे उसे अन्धाधुन्ध बिना सोचे विचारे छाप देना और व्यर्थ आपस के शील को तोड़ना मित्रों से मुँह फेरना इसी को उत्तम समझे। मित्रवर, भा. मि. सम्पादक आप तो सारसुधानिधि-सम्पादक के निकटवर्ती मित्र हैं फेर क्या कारण जो अपने बिना विचारे ऐसे उत्तम देशहितैषी मित्र और देशहित साधक पत्र के विरुद्ध किसी विदेशी का भेजा हुआ पत्र प्रकाश कर दिया। हम लोगों को यह उचित नहीं है कि आपस में विरोध रक्खें, किन्तु यथाशक्य सख्य भाव रखना उचित है। यदि पत्र सम्पादक लोग परस्पर वैमनस्य धारण करेंगे तो देशोन्नति हो चुकी और समाचारपत्रों का कर्तव्य भी हो चुका। आय महाशयों। हम इसे निःसन्देह मुक्तकण्ठ से कह सकते हैं कि इस समय हिन्दी वृत्त पत्रों में सारसुधानिधि सर्वोत्कृष्ट और प्रथम कक्षा का पत्र है। प्रति सप्ताह में इसके अनेक प्रस्ताव देशोन्नति सूचक होते हैं, सम्पादक के लेखक ही से उनकी देश-हितैषिता और देश कल्याण का सत्यानुराग स्पष्ट प्रतीत होता है। इससे हिन्दी भाषा के पत्रों की शोभा है और यदि ईश्वर ने दुष्टों की दुष्टता से इसकी रक्षा की तो थोड़े ही काल में इसका चमत्कार देखियेगा ......वास्तव में इस पत्र के प्रति सप्ताह के प्रस्तावों में से देश का कुछ न कुछ उपचार सूचित होता है। जो लोग इस पत्र की उन्नति नहीं देख सकते थे मूर्ख और अधम हैं।......ऐसे विशिष्ट पत्र के कलंकित करने से कोई बड़ियाई नहीं। हमारी जान तो यह इस समय सत्र पत्रों में अनूठा और अग्रगण्य है, हमारी तो यही इच्छा रहा करती है कि ईश्वर इसे चिरकाल पर्य्यन्त स्थायी कर जिसमें देश का कल्याण और जलने वालों का दाँत खट्टा होता रहे। हम सदा इसकी वृद्धि चाहते हैं और यद्यपि प्रियवर पण्डित सदानन्द मिश्र जी हमसे सब प्रकार से वृद्ध हैं तथापि मित्रता के कारण यही प्रार्थना करते हैं कि आप इन दुष्टों के कुत्सित और भ्रष्ट बुद्धियों पर ध्यान कदापि न दीजिये और सदा अपने देशहित साधना की ओर रुचि और श्रद्धा अधिक करते जाइये।

(अन्त में एक दोहा है, दोहा के ऊपर श्लोक है। दोहा नीचे उद्धृत किया जाता है

दोहा– सदानन्द जू करहु तुम सदा आनन्द विलास
सहि हैं सुख भारत हिती मरि हैं दुष्ट उसास।"

जून 1879 ई. को 'लार्ड लीटन और उनकी कौंसिल' की चर्चा करते हुए सम्पादक ने लिखा था, **"प्रजा के आवेदन पर नजर नहीं करना अति संकीर्ण राजनीति है, ऐसी नीति अवलम्बन करके ब्रिटिश गवर्नमेण्ट स्थापित नहीं हुआ है, और इस प्रकार की नीति अवलम्बन करने से राज्य भी बहुत दिन रहने का नहीं।"** यह 'सारसुधानिधि' की राजनीतिक भविष्यवाणी थी। इसी प्रकार 'भारतवर्ष में प्रतिनिधि शासन प्रणाली की आवश्यकता' का राजनीति विवेचन करते हुए दूसरे वर्ष के 14वें अंक में बड़ी निर्भीकतापूर्वक सम्पादक ने कहा था कि **"इतनी सुशिक्षा, इतनी उदारता पर भी अभी तक ब्रिटिश जाति के चित्त में जेता और जित भाव का तिरोधान नहीं हुआ। क्योंकि जेता का अहंकार क्रोध और द्वेष जित पर अभी तक रहता है कि जब तक दोनों असभ्य रहते हैं। जैसा कि हिंसक सिंह जंगल के सब पशुओं का राजा होकर भी अपने जेता-अभिमान से अपनी आश्रित प्रजा स्वरूप जित पशुओं के प्रति अपनी जिंघासावृत्त चरितार्थ करके उनको प्रतिदिन मार मार कर खाता है। यह पशु व्यवहार उन्हीं के चित्त से शीघ्र नहीं दूर होता जो कि निरे जंगली असभ्य हैं।"** कहना न होगा कि उस ज़माने में राजनीतिक दृष्टि से यह एक बहुत बड़ी बात थी। इसी टिप्पणी में आगे कहा गया है कि **"जिस राजा के चित्त में अपने जीतने का अभिमान बहुत दिनों तक आबद्ध रहता है, वह राजा कदाचित् सुशासन नहीं कर सकता और न उसके राज्य में सुख समृद्धि की वृद्धि आदि किसी प्रकार की उन्नति होती है।"** क्योंकि जिस राज्य में राजा-प्रजा का परस्पर सद्भाव और विश्वास नहीं रहता है उस राज्य का मंगल होना असम्भव है। (वर्ष 1, अंक 35 'विलायती समाचारपत्र और भारतवर्षीय राजा')। देश के प्रतिनिधि[1] की हैसियत से कही गयी 'सारसुधानिधि' की यह बात उसकी राजनीतिक दृष्टि को द्योतित करती है। यह जातीय दृष्टि थी जो राजनीतिक परिवेश के हर बिन्दु को स्पर्श करती थी। युगीन राजनीतिक चेतना का एक भी प्रश्न ऐसा नहीं था जिस ओर 'सारसुधानिधि' का ध्यान न गया हो। अपनी बात को स्पष्ट करने के लिए किंचित् विस्तार में जाना चाहूँगा अर्थात् 'सारसुधानिधि' की वैशिष्ट्य-चर्चा अधूरी रह जाएगी यदि उसकी विषय-सामग्री की विस्तृत समीक्षात्मक प्रस्तुति न की जाए। इसलिए हम यहाँ पहले राजनीतिक फिर सामाजिक और साहित्यिक दृष्टि से 'सारसुधानिधि' का मूल्यांकन करेंगे।

'सारसुधानिधि' के प्रत्येक शब्द में ब्रिटिश साम्राज्यवाद के विरोध की स्पष्ट ध्वनि है। बीच-बीच में राजभक्ति का पुट अवश्य है किन्तु साम्राज्यशाही जनित अनौचित्य के प्रतिकार का प्रयत्न ही सम्पादकीय लेख की मूल विशेषता है।

---

1. 'सारसुधानिधि' ने प्रारम्भ में ही प्रतिज्ञा की थी कि "यथासाध्य देश प्रतिनिधि स्वरूप होकर, सत्परामर्शदान द्वारा कर्तव्य साधन में नियुक्त रहेगा।"

'सारसुधानिधि' के 3 मार्च सन् 1879 ई. के अंक में प्रकाशित सम्पादकीय लेख का शीर्षक है : 'उन्नीसवीं शताब्दी और ये सभ्यता!!!' इस लेख के आरम्भ की पंक्तियाँ इस प्रकार हैं–

"क्या इसी को सभ्यता, राजनीति, धर्म्मनीति और दयावृत्ति कहते हैं? जो अपनी सभ्यता, राजनीति, धर्म्मनीति और दयावृत्ति के आगे प्राचीनों को असभ्य, मूर्ख, धर्म्मज्ञानशून्य और नृशंस कहते हैं, ये क्या उन्हीं लोगों के काम हैं। गत फरासीस और जर्म्म का युद्ध, रुस और टर्की का युद्ध, ये सब युद्धों से स्पष्ट प्रमाण होता है कि सभ्य और असभ्य, राजा और शेर इनमें कुछ भी फरक नहीं है। क्योंकि असभ्यकाल के लोग जिस प्रकार क्रोध, लोभ, हिंसा, वैर, निर्य्यातन और जिगीषा आदि पशुधर्म के वशीभूत हो निरपराधियों के रुधिर से देशप्लावित करते थे, अब के सभ्य महापुरुष भी उसी प्रकार रुधिर की नदी बहाया करते हैं। शेर को जिस प्रकार धर्म्म का ज्ञान नहीं है, जीवों के प्रति दया नहीं है, जैसे उनकी जिंघासा वृत्ति प्रबल हुई और क्षुधा उद्दीप्त हुई, वैसे ही शिकार पर जा गिरे, इसी प्रकार राजा और अब के सभ्य राजा भी वैसे ही हैं, इनके भी लोभ और जिंघासा वृत्ति के उत्तेजित होते ही ये लोग भी लोभ्य वस्तु पर शेरवत जा पड़ते हैं। यदि कोई प्रतिद्वन्द्वी हुआ तो आग दूनी भड़की। शेरवत इन लोगों को भी मनुष्य वध में अरुचि, धर्म्माधर्म्म का ज्ञान और दया तो बिलकुल ही नहीं है। क्या इसी को सभ्यता, राजनीतिज्ञता, धर्म्मनिष्ठा और दया कहते हैं? हमलोग प्राचीन काल को असभ्य कहते हैं परन्तु अबके जिगीष राजाओं का व्यवहार देखकर ये सन्देह होता है कि प्राचीनकाल असभ्य था या अब का समय असभ्य है।"

जूलू और अँगरेज़ों की लड़ाई के मूल कारण की ओर संकेत करते हुए इसी लेख में कहा गया है कि "जूलू लोगों का भी अपराध ये ही है कि वो स्वाधीन हैं। सेट लुइसा उपसागर उनके हाथ है, वो अस्त्र-शस्त्र और युद्ध की चीजों की आमदनी का एक उत्तम रास्ता है। अँगरेज़ों की ये इच्छा कि ये उपसागर को जूलू लोग छोड़ दें, हथियार रख दें और हम लोगों की अनुग्रह छाया के आसरे जीते रहें।" इस प्रकार स्पष्ट है कि "जूलू इस युद्ध में प्रथम अपराधी नहीं हैं उन लोगों ने इनके राज्य में आके कुछ उपद्रव नहीं किया था और न इनको छेड़ा था। ये युद्ध और काबुल का युद्ध ये दोनों ही इन्हीं लोगों के छेड़छाड़ से हुआ। ये दोनों युद्ध का कारण देखने से कुछ हम लोग विस्मित नहीं होते, क्योंकि इतिहासों के प्रारम्भ से ही दिखाई देता है कि सबल राजा चढ़ाई करते आये हैं। परन्तु विशेष आश्चर्य तो ये है कि अबके राजा सभ्यता पर गर्व करते हैं।" इस वक्तव्य का उपसंहार करते हुए सम्पादक ने बड़ी साफ़ भाषा में अपनी विचारणा प्रस्तुत की है, "...इस उन्नीसवीं सदी में अब ऐसी

सभ्यता से यथार्थ सभ्यता का निरादर होता है। क्योंकि गत पचीस बरस के भीतर अबके सभ्य राजाओं की एक युद्ध तृष्णा से संसार का कितना नुकसान हुआ है। इसके उदाहरण के लिये तो रशिया के एक समाचार-पत्र ने खूब हिसाब करके युद्धों में मरे हुए मनुष्यों की संख्या और रुपयों का श्राद्ध प्रकाश किया है।...इन सब युद्धों में सब मिलाके—27430000000 दो खर्व सात अर्व और तितालीस करोड़ रुपये खरच हुए। अभी भी हिन्दुस्तान का गदर इस हिसाब से जुदा है। तिसपर भी युद्ध! युद्ध! युद्ध! करके हमारे सभ्य राजा व्यस्त हो रहे हैं इधर काबुल उधर जूलू, ये ही क्या सभ्यता का स्वरूप है?"

क़ाबुल युद्ध की आर्थिक क्षति-पूर्ति का प्रश्न

लॉर्ड लिटन के ही कार्यकाल में क़ाबुल का युद्ध हुआ था जिसमें ख़र्च हुए धन की पूर्ति करना सरकार भारत से चाहती थी। इस सम्बन्ध में 10 नवम्बर 1878 ई. को ब्रिटिश पार्ल्यामिण्ट में बहस हुई थी जिसकी सूचना 'भारतमित्र' के प्रथम वर्ष की 21वीं और 22वीं संख्या में प्रकाशित हुई थी जिसे पहले उद्धृत किया गया है। 'सारसुधानिधि' के प्रथम वर्ष के 38वें अंक में इस विषय पर सम्पादकीय लेख—'क़ाबुल का व्यय कौन देगा' प्रकाशित हुआ है, जिसमें सम्पादक ने स्पष्ट रूप से कहा है कि **"काबुल का युद्ध भारतवर्ष के विशेष हित के लिए न होकर इंगलंड के हित के लिये हुआ था। अब इंगलंडीय गवर्नमेण्ट ने अपनी मर्य्यादा और गौरव वृद्धि के लिये काबुल युद्ध का सूत्रपात किया तब उसका यावतीय व्यय भार भी इंगलंडीय गवर्नमेण्ट को न्यायानुसार उठाना उचित है।"** यह तो औचित्य की बात हुई। इसी लेख में सम्पादक ने इस समस्या का एक समाधान भी प्रस्तुत किया है। वह इस प्रकार है : **"...जो रुपये भारतवर्ष से प्रतिवर्ष इंगलंड में जाते हैं वे रुपये इस तात्पर्य से जाते हैं कि भातरवर्ष की रक्षा के लिये वहाँ सेना रहती है, उसमें व्यय होते हैं, और कुछ इंगलंड में जो इण्डिया आफिस है, उसमें व्यय होते हैं, और कुछ यहाँ के भूतपूर्व राजकर्म्मचारियों को पेंशन दिये जाते हैं। इन्हीं तीन कार्य्यों के लिये अन्दाज बीस करोड़ के भारतवर्ष से प्रति वरस विलायत में रुपये भेजे जाते हैं उनमें से इन्डिया ऑफिर ओर पेनशन का व्यय देने के बाद जो रुपये सेना के लिये जो कि केवल भातरवर्ष की रक्षा के लिये नियुक्त है, उसमें व्यय होते हैं। उसमें से काबुल युद्ध का व्यय निर्वाहार्थ रुपये दे देने चाहिये। इसमें हमारे वर्तमान राजमन्त्री और इंगलंडीय इम्पीरियल गवर्नमेण्ट की मर्यादा रक्षा होती है, और इंगलंड को भी व्यय देना पड़ा, पक्षान्तर में भारतवर्ष से काबुल का व्यय लिया भी गया और भारतवर्ष को व्यय भार भी न जान पड़ा।"**

प्रथम वर्ष के 10वें अंक में 'लॉर्ड लिटन और ब्रिटिश इण्डियन एशोसियेशन'

शीर्षक सम्पादकीय वक्तव्य प्रकाशित हुआ है। बंगाल के ज़मींदारों ने लॉर्ड लिटन के सामने दर्ख़ास्त इस बात की दी थी कि "आजकल मैनचेष्टर से जो सूती माल आता है उसपर भी डिउटी अर्थात परमिट का महसूल उठा देने का जो प्रस्ताव हो रहा है, जिससे हमारे गवर्नमेण्ट कहीं मासूल उठा देने की सम्मति न दे दे।" इसके जवाब में लॉर्ड लिटन साहब ने बड़े क्रोध के साथ कहा था, "कामन्स सभा में कपड़े के महसूल सम्बन्ध में जो निश्चय हो गया है हम ठीक वैसा ही करेंगे।" इस पर सम्पादकीय टिप्पणी इस प्रकार है, "...गवर्नर जेनरल बहादुर से इन लोगों ने अति सामान्य आदमियों जैसा वर्ताव किया। हमलोग सविनय प्रार्थना करते हैं यदि लार्ड लीटन बहादुर गुस्से होने के बदले मीठी तरह से समझा देते तो क्या अच्छा नहीं होता?"

और भी एक प्रार्थना है कि लार्ड लीटन साहब जब भारत राज्य शासन का सर्वोपरि और सम्पूर्ण भार लेकर आये हैं तो इनको अवश्य इंग्लैण्ड और भारतवर्ष की अवस्था पर हमेशा ध्यान रखना चाहिए। ये नहीं कि कमनस सभा में जो निर्धारित हो गया वो ही करेंगे। अगर ऐसा ही होता है तो वे लोग इनकी मंजूरी के लिए क्यों भेजते?...गवर्नर का प्रयोजन होता है कि एक सर्वोपरि शासनकर्ता होना चाहिए कि जो कर्मभूमि की अवस्था देखकर शासित करे। हम लोग सम्पूर्ण आशा करते हैं कि हमारे गवर्नर जेनरल साहब बहादुर दरिद्र भारत पर कृपा दृष्टि रखेंगे।" यह प्रार्थना उस व्यक्ति से की गयी है कि जिसकी संकीर्णता को सम्पादक ख़ूब समझता था। इनकी राजनीति से इनके स्वभाव का परिचय एक यह होता है कि इनकी इच्छा तो भारतवर्ष की उन्नति की ओर रहती है परन्तु स्वभाव की संकीर्णता ऐसी है कि उस उत्तम इच्छा का फल विपरीत होता है। ऐसे ही 'इंग्लैण्ड के देवता' को 'सारसुधानिधि' ने भारत के लिए 'शनि देवता' कहा था जो प्रकृत्या पीड़क होते हैं। वर्ष 2 अंक 3 में लार्ड लीटन के कर्तव्य का विचार करते हुए सम्पादक ने उन्हें सलाह दी थी कि शीघ्र ही पदत्याग कर दें। 'लार्ड लीटन साहिब बहादुर का कर्तव्य' शीर्षक सम्पादकीय की कुछ पंक्तियाँ द्रष्टव्य हैं—"हम इनको परामँ देते हैं कि इनको शीघ्र ही पदत्याग करना चाहिए, इसका अवश्य कोई गुरुतर कारण है। प्रथम तो यह है कि पहिले जो सब गवर्नर जेनरल यहाँ आते थे उनको इंगलंड के राजनैतिक साम्प्रदायिक झगड़ों से कोई प्रयोजन नहीं रहता था।...साहिब ने अपने अधिकार काल में उस भाव से काम नहीं किया। इनके किये कुछ कामों से स्पष्ट प्रत्यक्ष होता है कि ये इंगलंड के लिबरल और कंसरवेटिव सम्प्रदाय के आभ्यन्तर झगड़ों में विशेष लिप्त रहे। क्योंकि इन्होंने अपने प्रभु प्रधान मन्त्री विकंसफिल्ड की आज्ञा इस प्रकार प्रतिपालन किगी कि ऐसा जान पड़ता है कि ये उनके दहने हाथ की कड़छी स्वरूप है, वे इनको उलटे सीधे जिस प्रकार से चलाते हैं ये उसी प्रकार चलते हैं। काबुल युद्ध आदि विषयों में इनको जिस प्रकार आज्ञा

हुई इन्होंने द्विरुक्तिमात्र भी नहीं करके झट उसको प्रतिपालन किया। भला यहाँ तक भी इनके पदस्थ रहने में कुछ बाधा नहीं थी। क्योंकि प्रभू की आज्ञा शिरोधार्य्य करना भृत्य का धर्म है। अब जो प्रभु होयेंगे उनकी आज्ञा उसी प्रकार प्रतिपालन करेंगे इसमें क्या चिन्ता। परन्तु इन्होंने विशेष यह किया कि जिसमें कंसरवेटिव का भविष्यत् में दल पुष्ट होय। इस अभिप्राय से मेंचेष्टर वालों को गाँठने के लिए भारतवर्ष की बीस करोड़ प्रजा के शुभाशुभ पर ध्यान न देकर भारतवर्ष की आमदनी सूती पदार्थों की परमिट घटा दियी, उस क्षति पूरण के लिए वरन इम्पीरियल लाइसेंस रक्खना पड़ा। इसके सिवाय लिबरलों के प्रश्नों का उत्तर इन्होंने कंसरवेटिव पक्ष अवलम्बन करके बड़े उग्र भाव से दिया कि दून चौगून तक पहुँच गये। अतएव जिस-जिस लिबरल सम्प्रदाय से ये कंसरवेटिव का पक्ष पुष्ट करने के लिए वाक्य युद्ध में प्रवृत्त हो चुके हैं, अब उसी लिबरन की विजय अवस्था में पराजित कंसरवेटिव सम्प्रदाय लिप्त होकर अकिंचित कर वेतन लोभ से प्रतिद्वन्द्वी की अधीनता स्वीकार करना इनके योग्य नहीं है।"

प्रगतिशीलता

'सारसुधानिधि' सम्पादक की राजनीतिक चेतना पर्याप्त विकसित थी। लिबरल और कंसरवेटिव मनोभाव का अन्तर उसके सामने स्पष्ट था और स्वभावतः वह लिबरल पक्ष का समर्थक था। 'पार्लियामेण्ट और भारतवर्ष' शीर्षक सम्पादकीय लेख की अन्तिम पंक्तियाँ इस बात की पुष्टि करती हैं :

"पाठक देखिये विगत पाँच वरस में राजनीति की जो इतनी वक्रगति हुई जिस द्वारा भारतवर्ष दुर्दशा और क्षतिग्रस्त होना पड़ा उसका क्या कारण था? क्या उसका कारण—कंसरवेटिव की एकमात्र स्वार्थपरता नहीं है कि जिसके अनुरोध से काबुल की यह प्रचण्ड भयंकर अग्नि प्रज्वलित हुई है?"

'सारसुधानिधि' आज अपनी ग्रहदशा उतरते ही भारतवर्ष की ग्रहदशा दूर होने का शुभ संवाद लेकर सहृदय पाठक महाशयों के समीप उपस्थित हुआ है। जिस कंसरवेटिव के अधीन हो भारतवर्ष की ऐसी दुर्दशा हुई थी उसका अधिकार ईश्वर की कृपा से जाता रहा। अब लिबरल का आधिपत्य हो गया, ऐसी आशा है कि अब शीघ्र ही सर्वअनर्थ का मूल काबुल युद्ध का शेष हो जाएगा। जब इस विष वृक्ष का मूल ही विनष्ट हो जाएगा तो निःसन्देह उसके अंग-प्रत्यंग शाखा पल्लवादि भी अवश्य नष्ट हो जाएँगे, जो कि हमलोगों को विशेष पीड़ित कर रहे हैं। शान्तिः शान्तिः शान्तिः।

सारसुधानिधि की उग्र राष्ट्रीयता का प्रमाण वर्ष 2, अंक 14 के सम्पादकीय वक्तव्य 'भारतवर्ष में प्रतिनिधि-शासन प्रणाली की आवश्यकता' में है। प्रतिनिधि

शासन प्रणाली की आवश्यकता पर ज़ोर देते हुए सम्पादक ने कहा था, **"अब जब तक शासन प्रणाली का मूल संशोधन नहीं होयगा कदापि सुशासन करने में गवर्नमेण्ट समर्थ नहीं होएगी।"** इसी वक्तव्य में गवर्नर जेनरल की कौंसिल के भारतीय सदस्यों को 'साक्षी गोपाल' कहा है जिन्हें बैठाकर सरकार अपनी इच्छा अनुसार राज्य शासनी व्यवस्था विधिबद्ध कर लेती है। **"जिस व्यवस्था द्वारा प्रजा का पूरा जनहित होता दिखाई देता है, साधारण समाचार पत्र, साधारण प्रजा उसके प्रतिवाद करने में प्रवृत्त हो जाते हैं। तब गवर्नमेण्ट एक लम्बा चौड़ा मन्तव्य लिखके प्रकाश कर देती है कि यह व्यवस्था देश मान्यों के सुमत से विविध-बद्ध हुई है। इसका प्रमाण देशी मुद्रा शासनी विविध और शस्त्रहारिणी व्यवस्था है। जिस दिन प्रेस ऐक्ट विधिबद्ध हुआ था उस दिन कौंसिल में महाराजा यतीन्द्र मोहन ठाकुर उपस्थित थे। परन्तु वह सिवाय साक्षी गोपाल के और क्या कर सकते थे।...यदि विचार करके देखो तो उन नाम मात्रों के साक्षीगोपाल मेम्बरों से क्या कार्य सिद्ध हो सकता है। पक्षान्तर में हमारे शासनकर्ता सब इंगलंडीय होने के कारण हमलोगों के आभ्यन्तर विषयों से सम्पूर्ण अनभिज्ञ और अपरिचित है इसलिये न तो उनका अभीष्ट सिद्ध होता है और न हमलोगों का हित साधन हो सकता है। अतएव अब भारतवर्ष में प्रतिनिधि शासन प्रणाली की अत्यन्त–आवश्यकता है। बिना इसके न तो वृटिश गवर्नमेण्ट को सवांग सुन्दर यश प्राप्त हो सकता है और न कदाचित् भातरवर्ष की सवांगीन उन्नति हो सकती है।"** दूसरे वर्ष के 45वें अंक 'लार्ड रिपन के प्रति प्रतिनिधि शासन प्रणाली विषयक स्मारक पत्र' प्रकाशित हुआ है।

लार्ड लीटन के प्रति दृष्टि

वर्ष 2, अंक 3 सारसुधानिधि-सम्पादक ने लार्ड लीटन को सलाह दी थी कि वे यथाशीघ्र अपना पद त्याग दें। अंक 4 के सम्पादकीय वक्तव्य का शीर्षक है, "राजप्रतिनिधि लर्ड लीटन साहब का वियोग दुःख' इस लेख में सम्पादक ने लार्ड लीटन के कुकृत्यों की खुलकर चर्चा की, **"इन्होंने भारतवर्ष में आकर ऐसा कोई काम नहीं किया कि जिस द्वारा भारत प्रजा सुखी होती। क्योंकि दक्षिण का महादुर्भिक्ष इनके समय उपस्थित हुआ था। परन्तु महामान्य ने उसके प्रारम्भ ही में दिल्ली के महादर्वार का ऐसा आडम्बर किया कि उस कारण इस दुर्भिक्ष का बन्दोवस्त ऐसा नहीं हो सका कि उससे प्रजा का जीवन बचता। उस दुर्भिक्ष का स्मरण होने से शरीर काँप उठता है, जीवात्मा सूख जाता है, रोंगटे खड़े हो जाते हैं। हाय आज पर्य्यन्त उस दुर्भिक्ष के सताये भारतवासी दम नहीं ले सके हैं। अद्यावधि प्रजा निरलम्ब निराश्रय हो कोई प्रिय पुत्र का कोई परम बन्धु का कोई पूजनीय-माता पिता का असहनीय वियोग दुःख सह रही**

है।...उस दुर्भिक्ष का प्रतिकार यदि समय रहते होता तो भारतवासियों की ऐसी दशा क्यों होती है?"

लीटन के कुकृत्य से भारतीय जनता इतनी पीड़ित थी कि उनकी हर गतिविधि से उसे अशुभ की आशंका होती थी। पदत्याग के बाद लीटन साहब का भारत में रहना सारसुधानिधि सम्पादक की दृष्टि से निरापद नहीं था। दूसरे वर्ष के सातवें अंक में सारसुधानिधि ने यह प्रश्न उठाया था कि—"लर्ड लीटन के रहने का क्या अभिप्राय है?" बड़े स्पष्ट शब्दों में सम्पादक ने लिखा था, **"महात्मा लर्ड लीटन को पदत्याग करके यहाँ रंहना योग्य नहीं है। इनके रहने से हमलोगों को भय होती है कि महामान्य राइपन से इनकी वहाँ की मित्रता है, और यह और भी उनसे घनिष्टता बढ़ाया चाहते हैं। क्योंकि ऐसा सुनने में आया है कि लर्ड लीटन साहिब लार्ड राइपन को नाच (बाल) देंगे। आश्चर्य का विषय है कि जो इनके साम्हने इनके सर्वोपरि समन प्राप्त होएँगे। ये उनके साम्हने अपनी खुशी प्रकाश करके उनकी दावत करेंगे। जो होय इनकी इन बातों से हमको निश्चय होता है कि इनके रहने का यह अभिप्राय है कि प्रथम तो राजस्व विभाग में गोलमाल हुआ है उसको किसी प्रकार समर्थन कर लें। दूसरे स्वाधीनता और उच्च शिक्षा के विरोधी लर्ड लीटन साहिब को विश्वास हो गया होयगा कि लर्ड राइपन साहिब आते ही हम भारत प्रजा को फिर वही स्वाधीनता दे देंगे जिसको हमने छीना है। ऐसा जान पड़ता है कि इनको यह भी निश्चय हो गया है कि ये आते ही पुनः उच्च शिक्षा का द्वार खोल देंगे कि जिसके विरुद्ध में हमने दिल्ली कालिज को उठा दिया है और लाहौर में वक्तृता भी कियी थी। इनके रहने से यह भी प्रतिपन्न होता है कि इनकी इच्छा अभी और भी काबुल में रुधिर प्लावन की है। अतएव थोड़े दिन इनके पास रहकर जहाँ तक हो सके अभिनव शासन कर्ता लर्ड राइपन को इन सब सदनुष्ठानों से विरत रक्खे। इनके स्वभाव से साधारण को ऐसा अनुमान होना आश्चर्य नहीं। अतएव इनका पदच्युत होके रहना हम भारतवासियों के पक्ष में अच्छा नहीं। इनका रहना जो एक हम भारतवासियों के पक्ष में अच्छा नहीं ऐसा नहीं इनके पक्ष में भी अच्छा नहीं। ....इससे महामान्य लर्ड लीटन साहिब बहादुर को हम सविनय सत् परामर्श देते हैं कि उनको यहाँ रहना योग्य नहीं है। महामान्य लार्ड राइपन के आते ही उनको राज्य-भार सौंप के उसी दिन यात्रा करना इनके योग्य है। जैसा इन्होंने इस्तिफा देके बुद्धिमानी का काम किया है वैसा शीघ्र चले जाना उचित है।"**

भारतबन्धु से संघर्ष

इसी प्रश्न को लेकर सारसुधानिधि ने 'भारतबन्धु की अदूरदर्शिता' का

उद्‌घाटन किया था। लार्ड लीटन के प्रेस ऐक्ट के बारे में भारतबन्धु ने लिखा था कि—"बहुत से लोग उक्त श्रीमान् को यह दोष लगाते हैं कि उन्होंने प्रेस एक्‌ट जारी किया—हमारे निकट इससे भारतवर्ष की कुछ भी हानी नहीं हुई—यह हमारे शील के सुधारने की सहज में युक्ति निकल आई—हमारे स्वदेशी समाचार पत्रों में ऐसे-ऐसे व्यद्र वचन लिखे जाते थे कि प्रदेशी महाशय हमारी विद्या और बुद्धिमानी पर आक्षेप करते थे।" इस पर सारसुधानिधि की टिप्पणी द्रष्टव्य है, "हाय रे अपूर्व खुशामद। हम उक्त सम्पादक से यह पूछते हैं कि आपने जो लिखा कि प्रेस एक्‌ट से तो हमारे निकट भारतवर्ष की कुछ भी हानी नहीं हुई।" यह क्या आपने सम्पूर्ण भारतवर्ष की ओर से कहा है या केवल अपने किसी मतलब से लिखा है? यदि कहें कि प्रेस ऐक्‌ट का अनुमोदन हमने भारतवर्ष की ओर से किया है तब इनका अपराध कदाचित् मार्जनीय नहीं है। क्योंकि जिस प्रेस एक्ट के विधिबद्ध होते ही हम सब साधारण भारतवाषियों को अपनी भावी उन्नति के सरल रस्ते में काँटे सूझने लगे। जिसके प्रतिवाद के लिये भारतवर्ष के प्रायः सभी प्रधान और प्रसिद्ध स्थानों में प्रकाश्य साधारण सभा इकट्‌ठी हुई थी किसका प्रतिवाद करने को हमलोगों ने महामान्य वर्तमान सर्वप्रधान राजमन्त्री—ग्लाडष्टोन साहिब को वरण किया था। जिस पक्षपात् दूषित आईन के विपक्ष में एक हम भारतवासी क्या वरन् इंगलण्ड के लोगों तक का शोणित उष्ण हो गया था। हाय क्या ही परिताप का विषय है कि आज उसी प्रेस एक्‌ट की स्तुतिवाद करके 'भारतबन्धु' हम सबको राजभक्ति शून्य बताते हैं।" सम्पादक के दायित्व की ओर संकेत करते हुए सारसुधानिधि-सम्पादक ने इसी वक्तव्य में कहा था कि "जब हम अपने देश के प्रतिनिधि स्वरूप हैं तो हमको केवल अपनी इच्छा के आधीन होना उचित नहीं है।..........इस गुरुतर कार्य्य में तो वही समर्थ हो सकता है कि जिसके मन को विवेक प्रतिक्षण सतर्क करता है। एक पर दया करके बीस करोड़ निरीह राजभक्त प्रजा पर निष्ठुर आचरण करना यह कौन सी दया कहलाती है? एक किसी के दोष से यदि संसार की क्षति होय तो क्या उस अपराधी पर दया प्रकाश करना यथार्थ न्याय परायण तद्वक्ता का काम है? कदापि नहीं। यथार्थ राजभक्त समाचार पत्र का मुख्य कर्तव्य है कि अपने राजा प्रजा दोनों के हित निमित्त यथार्थ न्यायपथ अवलम्बन करके जिस राजनियम द्वारा प्रजा की क्षति होय और अपने राज के अकलंकित यश में कलंक लगता होय तो उसके रहित करने का अनुरोध करना उचित है।"

'भारतबन्धु' ने एक और आपत्तिजनक बात कही थी कि "जब तक लर्ड लीटन राजपद पर रहे सब लोग कोरी चापलोसी में लीन रहे उनके जाने के समाचार सुनते ही निन्दाव्याजस्तुति करने लगे ऐसी बातों से हमारी

प्रकृति-शील राजभक्ति में अन्तर आता है हमारी कृतज्ञता को बट्टा लगता है।" इतना ही नहीं लार्ड लीटन के कुकृत्यों की समालोचना को सनातन धर्म नीति के प्रतिकूल बताते हुए भारतबन्धु ने लिखा था कि "यदि कोई हमारा स्वदेशी बन्धु इस वियोग काल में श्रीमान लर्ड लीटन के कामों पर असन्तुष्टता प्रकट करने में प्रवृत्त हो तो हम यही कहेंगे कि वह हमारे सनातननीति धर्म्म के प्रतिकूल बरताव करता है।" इस पर सारसुधानिधि की टिप्पणी द्रष्टव्य है, "भारतबन्धु के इस लेख से क्या स्पष्ट सूचित नहीं होता कि इनको न तो प्राचीन इतिहास पुराणों में व्युत्पत्ती है और न इनको वर्तमान काल का ज्ञान है जो ये ऐसी असंगत बात करते हैं।..........इनको अभी यह विदित नहीं कि पूर्वकाल में राजा और प्रजावर्ग आपस में किस प्रकार का बर्ताव रखते थे। प्रजारंजक राजा का कर्तव्य था कि प्रजा की उन्नति करना उनकी सुख समृद्धी की वृद्धि करना जिसमें प्रजा सुखी होय सो करना—राजभक्त प्रजा का कर्त्तव्य उस समय यह था कि राजा के यज्ञ की वृद्धी करना उसमें किसी प्रकार का दोष न होने देना। इसी रीति के अनुसार और किस की बात है स्वयं राजा रामचन्द्र जी के प्रति जब इस बात का दोष लक्षित होने लगा कि उन्होंने अयोनिसम्भवा जानकीजी को ग्रहण किया चाहे चाहे अपनी ओर से उन्होंने परीक्षा करके भी ग्रहण किया था तथापि मर्य्यादा लंघन का दोष होने लगा तब प्रजावर्गों ने उनसे निवेदन किया कि जब आप ही मर्य्यादालंघन करियेगा तब हमलोगों की क्या गति होयगी। इस आवेदन के उत्तर में प्रजारंजक राम को सती सीता को उसी समय निकाल देना पड़ा था। जब हमारे सनातन नीति धर्म में राजभक्ति का यहाँ तक प्रमाण मिलता है तब यदि लर्ड लीटन साहिब के किये कार्य्यों का प्रतिवाद करें कि जिस द्वारा राजा प्रजा दोनों का अहित हुआ है और होने की सम्भावना है, तो क्या हमारी सनातन राजभक्ति नष्ट हो जाएगी? और वर्तमान इस उन्नीसवीं शताब्दी में क्या इस कार्य्य द्वारा हमारी राजभक्ति विचलित हो गयी अथवा हो सकती है? जो हो ये 'भारतबन्धु' के भूत और वर्तमान जाल के ज्ञान का परिचय हुआ। अब उनकी भविष्यत् अभिज्ञता देखिये, इसी प्रस्ताव के स्थान में उन्होंने लिखा है कि "...नवीन अधिकारियों के निकट भी हमारे तुच्छ बने जाने की सम्भावना है" वाह जी अनुमान, समझ होय तो ऐसी होय। यदि एक अधिकारी ने आकर अपनी स्वेच्छाचार क्षमता को हम सब निरीह भारत प्रजा पर चरितार्थ किया और हमलोग उस पर भी उस अधिकारी को वे सब सरियन दुखदायी नियमों का अनुमोदन करेंगे तो क्या उससे हमारी भावी अवस्था के लिए कभी उपकार हो सकता है?" अपनी उक्त टिप्पणी का उपसंहार करते हुए सारसुधानिधि-सम्पादक ने लिखा है, "हम उपसंहार काल में अपने अपूर्व सद्विवेचक 'भारतबन्धु'

सम्पादक से अनुरोध करते हैं कि कृपा करके आगे को ऐसे विषयों में हाथ न डाले। क्योंकि बिना समझे गुरुतर विषयों में सम्पादकीय मत प्रकाश होना बहुत ही अनिष्टजनक होता है। यह क्या सामान्य अनिष्ट की बात है कि जिस जघन्य नियम के रहित करने के लिये हमलोगों ने जो सब उद्योग और उपाय किये हैं, वे सब अब सफल हुआ चाहते हैं ऐसे समय एक अपने किसी स्वार्थ के लिए उसमें बाधा देना क्या भारतबन्धु का काम है? यह तो परम शत्रु का काम है। यह तो हम निश्चय और सत्य कहते हैं कि भारतबन्धु ने जो प्रेस एक्ट का अनुमोदन किया है वो साधारण सम्मति के अवश्य विरुद्ध है। इसका यह कहना केवल अपने किसी स्वार्थ के लिए है। अतएव ऐसे स्वार्थवादियों के कहने पर विश्वास करना सर्वथा अनुचित है, क्योंकि 'अर्थी भद्रन्न पश्यति।"

देशवासियों को सलाह

कदाचित् ऐसे ही स्वार्थरत देशवासियों को लक्ष्य कर सारसुधानिधि, वर्ष 2, अंक 25 के सम्पादकीय वक्तव्य 'भारत के दुर्भाग्य' में सम्पादक ने कहा था, **"यही तो भारतवर्ष का दुर्भाग्य है कि जिस प्रकार प्रजा अपने-अपने विभिन्न स्वार्थ में तत्पर हो ऐसे कार्य्य नहीं करती कि जिसमें बहुतों का एक ही स्वार्थ हो।**

"हे प्रिय भारतवासियों। यह न समझो कि भारत के दुर्भाग्य हमको क्या हमारा तो एक प्रकार निर्वाह होता है। यह तो हम निश्चय कहेंगे कि इस समझ से तो कदापि सुधरना नहीं है अतएव भारत के दुर्भाग्य को अपना दुर्भाग्य और भारत के सौभाग्य को अपना सौभाग्य समझो, नहीं तो भारत का दुर्भाग्य कदापि दूर नहीं होयगा।"

हमने ऊपर कहा है कि सारसुधानिधि लिबरल पक्ष का समर्थक पत्र था। चूँकि इस पक्ष से उसे भारत-हित की आशा थी मात्र इसीलिए वह उसका समर्थक था। पीड़ित भारतवासियों के लिए पीड़ा-निरसन की थोड़ी सम्भावना भी एक बड़ी शक्ति थी। प्रथम वर्ष के 28वें अंक में 'भारतवर्ष की ग्रहदशा' पर विचार करते हुए सारसुधानिधि सम्पादक ने अपने सम्पादकीय लेख का उपसंहार इस प्रकार किया है : **"ग्रहदशा का एक यह भी नियम है कि उतरते हुए अत्यन्त दुःख देता है। और इधर भारतवर्ष की दुर्दशा की चरम सीमा भी उपस्थित हुयी है, इन सब कारणों से शायत इस मन्त्री महादशा का शेष निकटवर्ती होय तो क्या आश्चर्य है। हम ऐसी आशा करते हैं कि ग्लाटष्टोन, नर्थबुक, लरेनूस, हार्ट और फसट प्रभृति के कहने पर दयामयी महारानी भारत राजराजेश्वरी स्वयं ध्यान देगी और हमलोगों का दुःख दूर करेंगी।"** इस अशुभ ग्रहदशा के उतरने की सूचना दूसरे वर्ष के आरम्भ में ही 'पार्लियामेण्ट और भारतवर्ष' शीर्षक

सम्पादकीय लेख में प्रकाशित हुई और 'मन्त्री सम्प्रदाय परिवर्तन का शुभ समाचार' दूसरे वर्ष के चौथे अंक में प्रकाशित हुआ। ये अर्थात् लिबरल मन्त्री सम्प्रदाय के प्रति अपनी प्रसन्नता प्रकट करते हुए सारसुधानिधि के अनुकूल सम्भावना की ओर भी संकेत किया था, **"हम अतिशय प्रसन्नचित्त से प्रकाश करते हैं कि महात्मा ग्लाडष्टोन साहिब के मन्त्री होने से हमको पूरी आशा होती है कि जिन जिन विषयों में इन्होंने प्रकाश्य प्रतिवाद किया था उन विषयों के सुधारने की क्या बात है वे सब तो सुधरे ही पड़े हैं। वरन उनके आनसंगिक पब्लिक वर्क प्रभृति भी शीघ्र ही उन्नत हो जायेंगे। शिविल सर्विस का नया नियम जो कि हम भारतवासियों का एक प्रधान सत्व का नष्टकर्ता है वह भी सुधर जाएगा। और ऐसी आशा होती है कि सिविल सर्विस की परीक्षा का भी नियम शीघ्र परिवर्तित हो जाएगा। क्योंकि महात्मा ग्लाडष्टोन साहिब ने जो मन्त्री सम्प्रदाय संगठित किया है उसको देख निश्चय होता है कि भारतवर्ष का सुख सूर्य्य उदय हुआ।...इनकी योग्यता का परिचय तो इतना ही बहुत है कि महारानी ने इनको सर्वप्रधान पद देने को कहा और इन्होंने न्याय के वशवर्ती होकर उसको ग्रहण नहीं किया। इससे इनकी केवल न्यायपरता ही नहीं, वरन् निस्वार्थ-भाव का विशेष परिचय होता है। ऐसे निस्वार्थवादी-न्यायपरायण के हाथ भारतवर्ष का कर्तृत्व होना अवश्य शुभ संवाद है। हम ऐसी आशा करते हैं कि अब जैसे वानक बने हैं भारतवर्ष का मंगल तो अवश्य होयगा।"**

लार्ड रिपन के प्रति एक आश्वास-बोध

ऐसी ही आशा प्रकट की थी सारसुधानिधि-सम्पादक ने लार्ड रिपन के प्रति जब उनका गवर्नर जेनरल के रूप में भारत में पदार्पण हुआ था और जब बम्बई म्युनिसिपल कार्पोरेशन के सदस्यों के अभिनन्दन का उत्तर देते हुए उन्होंने भारतीय जनता को आश्वासन दिया था कि...**"युद्ध समाप्त करके भारतवर्ष की आभ्यन्तर उन्नति और शान्ति के लिए हम सर्वान्तःकरण से यत्न करेंगे।...यदि हमारे शासनकाल में भारतवर्ष की कुछ भी आभ्यन्तर उन्नति शिल्प और कृषी की उन्नति, भारतवासियों के सुख की उन्नति, सब जाति और सब साम्प्रदायिक साधारण भारतवासियों की समृद्धि की उन्नति हम कर सकें, तो हम अपने राजनैतिक जीवन का प्रधानतम और उच्चतम गौरव लाभ हुआ, ऐसा जानेंगे। आप लोग हमारी इस बात पर निर्भर और विश्वास लाभ प्राप्त कर सकते हैं।"** लार्ड रिपन की इस बात पर विश्वास प्रकट करते हुए सारसुधानिधि-सम्पादक ने वर्ष 2 अंक 9 के 'लर्ड राइपन का शुभागमन' शीर्षक सम्पादकीय लेख के अन्त में लिखा था कि...**"हम लोगों को पूरा विश्वास है कि आप निःसन्देह स्वाधीन भाव से अपने अवश्य कर्तव्य प्रजारंजन कायूर्य में समर्थ होईयेगा। जिस द्वारा**

धर्म्मतः आपके यश और गौरव की वृद्धी होयगी, और हमलोगों की चिर संचित शुष्क-प्राय आशा लता पुनः सजीवित होय पुष्पित और सफल होयगी। एवमस्तु। किन्तु ऐसा नहीं हुआ।"

निराशा

और जब लिबरलों द्वारा भी भारतीयों को साम्राज्यशाही जनित सांघातिक पीड़ा से त्राण पाने का कोई प्रत्यक्ष प्रयत्न नहीं दिखा जिसकी पूरी सम्भावना थी तो उनके जातीय मनोभाव पर एक गहरी चोट लगी। सारसुधानिधि के वर्ष 2, अंक 17 में 'अभी भी क्या समय की प्रतीक्षा' शीर्षक से सम्पादक ने एक बड़ा तेज़ लेख लिखा। नये शासकों को सम्बोधित कर सम्पादक ने जिनके बारे में बड़ी ऊँची सम्भावना प्रकट की थी, अपनी सहज शैली में लिखा है, **"धन्य हैं, आपको नमस्कार है। आपकी लीला अपरंपार है। आप जो कहते हैं सब सत्य है। आप लिबरल हैं, आपकी क्या बात है। आप यथार्थ परिवर्तन प्रिय है। आप कुछ टोरी थोड़े ही हैं जो नवीन सभ्यतानुसार कुछ नहीं किया चाहते। आप तो संसार के हित साधन के लिए पुरानी लीक को तुच्छ समझते हैं। टोरी मंत्रियों की स्वेच्छाचारिता दूषित राजनीति को आप ही ने सप्रमाण सिद्ध किया था। भारतवर्ष के सम्बन्ध में मुद्रण स्वाधीनतापहारी कुव्यवस्था को और शास्त्रापहारी नियम को प्रधान और मुख्य अत्याचार घोषित कर विचारे कंसरवेटिवों को अपदस्थ किया था। उनके परास्त करने की युक्ति सबसे प्रधान देशी समाचार पत्रों की स्वाधीनतापहारी कुव्यवस्था ही आपके हाथ लग गयी थी। जोकि यथार्थ में सम्पूर्ण उन्नतिशील सभ्यता के विरुद्ध है। जिस कुव्यवस्था के विधिबद्ध होने से आप ही ने वृटिश जाती को कलंकित घोषित किया था। जिसके विरुद्ध महासभा आप ही ने प्रतिवाद किया था। आपकी तत्सामयिक वक्तृता का शब्द यहाँ तक प्रतिध्वनित हुआ था, जिस द्वारा आशा पिशाची ने हमलोगों के साम्हने अपना अपूर्व सौन्दर्य दिखाके ऐसा मोहित किया था कि हम सब निरन्तर आपकी विजय अन्तःकरण से प्रार्थना करते थे।...ईश्वर की कृपा से आप पदस्थ हुए क्रम से एक दिन दो दिन बीतने लगे और हम लोगों की उत्कंठा भी उसी क्रम से बढ़ने लगी। परन्तु 'हा हस्तोस्मि'। तीन महीने बाद आपके हार्टिटन साहिब ने कहा अभी सहसा पुराने मन्त्री के किये नियम को बिना उसके दोष गुण देखे रहित नहीं कर सकते हैं!! अभी समय प्रतीक्षा करो। क्या अभी भी समय प्रतीक्षा!!!...अब हमको सूझने लगा कि इनके यहाँ का यह प्रवाद सत्य है कि 'हाकिम टले पर हुकुम नहीं टले' जो हो अब आपने कहा कि अभी भी समय की प्रतीक्षा करो तब अभी अवश्य विलम्ब है।...ईश्वर जिसको पूर्वकृत पाप का फल दे गूंगा बनाता,**

परन्तु हाथ दे देता है जिस द्वारा वह हाथ के इशारों से अथवा लिखके अपने मनोगत भाव तथा और दुक्खों को प्रकाश कर सकता है। किन्तु लार्ड लीटन का प्रताप उनसे भी बढ़के दिखायी देता है। कि निरपराधी बीस करोड़ भारतवासी को एक विध अपराधी कर सभी को एक ही दंडाज्ञा-द्वारा गूंगा और लुंजा कर बैठाया। आश्चर्य है कि इनकी इस उम्र को दण्ड विविध के अनुसार आप भी हमारी वृथा सुनने को परांगमुख हो अभी काल की प्रतीक्षा की आज्ञा देते हैं।...जब आपने इसी विषय को प्रधान आदर्श रक्खके इसी के दोष से पदस्थ विकन्सफिल्ड को अपदस्थ किया था, और दृढ़ प्रतिज्ञा कियी थी कि निःसन्देह निरपराधियों का वाक्यविरोध करना जघन्य अपराध है। तब क्या आपने बिना जाने ही डिसरेली सम्प्रदाय को दोषी किया था? ऐसा क्या किसी को स्वप्न में भी ध्यान हो सकता है कि ये सब बातें आपने केवल अपना पक्ष समर्थन करने के लिए झूठों ही विपक्षी पर दोषारोप करने को कहीं थी न यह क्या सम्मत है कि अभी इंगलैंड में इस जघन्य कुव्यवस्था के दोष गुण प्रकाश होने बाकी हैं। जो अभी भी समय प्रतीक्षा बाकी है।

"इसी से हम कहते हैं कि, आप जो कहते हैं सब सत्य है। हमारे पक्ष में तो आप जो कहते हैं सभी ठीक है, जब जो इच्छा आपकी कहिये, और जो इच्छा करिये, चाहे कहिए कुछ और करिये कुछ, आपका सब ठीक है।" कहना न होगा कि इन पंक्तियों में परवशता की एक गहरी पीड़ा है, आत्मोद्धार की प्रच्छन्न आकुल आकांक्षा है। इतनी निराशा का कारण यह है कि भारतीयों को लिबरलों पर सहज विश्वास था। स्पष्ट है कि 'सारसुधानिधि' की राजनीतिक दृष्टि शुद्ध जातीय थी और विदेशी शासन व्यवस्था उसे उस सीमा तक सह्य थी जहाँ देशोद्धार की पूरी सम्भावना हो अथवा जहाँ देश हित पूरी तरह सुरक्षित हो। उदारवादी अँगरेज़ इस दृष्टि में इसलिए अच्छे थे क्योंकि उनमें औचित्य विचार था कंसरवेटियों के कुकृत्य का उन्हें बोध था और भारतीयों के प्रति उनके हृदय में सहानुभूति थी। और जब उदारवादियों ने औचित्य का आधार छोड़ दिया, बल्कि कहना चाहिए कि अपने उदार वैशिष्ट्य से जब वे च्युत हो गये तो उनके प्रति सारसुधानिधि की दृष्टि बदल गयी। इसी प्रकार समाचार पत्रों की स्वाधीनता के औचित्य को वैचारिक प्रतिष्ठा देनेवाले सारसुधानिधि ने 'बिहारबन्धु' की स्वेच्छाचारिता का बड़े कड़े शब्दों में विरोध किया, उसकी राजनीतिक अदूरदर्शिता को जातीय उन्नयन में एक बड़ी बाधा और अशुभ उपक्रम माना था। और विदेशी समाचार पत्रों ने जब भारत विरोधी प्रचार शुरू किया था तो सारसुधानिधि ने उसका प्रतिकार करते हुए कहा था, **"भला पराये घर का बन्दोबस्त करने का आपको क्या अधिकार है?...और आप जिस अनधिकार चरचा में प्रवृत्त हुए हैं वह क्या अँगरेज़ जाती का अनुमोदित है? कभी नहीं?"** इस प्रकार सारसुधानिधि के समस्त राजनीतिक

प्रयत्नों में जातीय प्रगतिशीलता का स्वर काफ़ी स्पष्ट है। सारसुधानिधि के सम्पादकीय लेखों को लक्ष्य कर डॉ. रामविलास शर्मा ने बहुत ठीक लिखा है कि "हिन्दी के लेखकों ने देश के जागरण में कौन-सा भाग लिया, यह जानने के लिए ऐसे लेखों को पढ़ना आवश्यक है।"

सारसुधानिधि की सामाजिक दृष्टि

सामाजिक प्रश्नों को भी सारसुधानिधि ने इसी तेजस्विता और प्रगतिशीलता से उठाया था। चाहे देवोत्तर सम्पत्ति का प्रश्न हो चाहे गोवध का, चाहे किसानों के दैन्य की बात हो अथवा साम्प्रदायिकता की—सारसुधानिधि ने प्रत्येक सामाजिक प्रश्न पर समान ध्यान दिया और भारतीय समाज के उत्कर्ष के लिए सतत प्रयत्नशील रहा। समाजसुधार के विषय में सारसुधानिधि उस समन्वय का आग्रही था जो भारतीय समाजनीति के अधिक अनुकूल है। स्मरणीय है कि हरिश्चन्द्र भी समन्वयात्मक दृष्टिकोण लेकर अवतरित हुए थे, इस दृष्टि से उनका दयानन्द सरस्वती से भी मतभेद था। वे देश के परम्परागत जीवन में ही देश, काल और परिस्थिति के अनुसार आवश्यक परिवर्तन और सुधार उपस्थित करना चाहते थे। वेदों तथा वैदिक जीवन के प्रति जहाँ तक आदर और श्रद्धा से सम्बन्ध है, वे दयानन्द सरस्वती से किसी प्रकार पीछे नहीं थे। किन्तु यदि एक ओर वे देश को बिलकुल ही अतीतोन्मुख नहीं बनाना चाहते थे, तो दूसरी ओर अँगरेज़ों से देशभक्ति, समाज-सेवा, निज भाषा-ज्ञान आदि अनेक ऐसी अच्छी-अच्छी बातें लेने के पक्षपाती थे जिनसे देश अधोगति के गर्त से निकलकर उन्नति पथ की ओर गतिमान् हो सकता था और साथ ही जो बातें भारतीय चिन्ता-पद्धति और जीवन में खप सकती थीं। उन्होंने सब बातों का प्रतिपादन भारतीयता के नाते भारतीय दृष्टिकोण से किया। यदि उन्हें अपना कूप-मण्डूक समाज पसन्द नहीं था, तो साथ ही अँगरेज़ी शिक्षितों की अभारतीय बातें भी पसन्द नहीं थीं। वे चाहते थे कि अति का परित्याग कर समन्वयात्मक बुद्धि ग्रहण करते और साथ ही भारतीयता को बनाये रखते हुए देश राजनीतिक, सामाजिक, धार्मिक, साहित्यिक, औद्योगिक आदि समस्त क्षेत्रों में उन्नति प्राप्त करे। उन्हें यह पसन्द नहीं था कि :

आधे पुराने पुरानेहिं माने आधे भए किरिस्तान हो दुइ-रंगी ॥
क्या तो गदहा को चना चढ़ावें कि होइ दयानन्द जायं हो दुइ-रंगी।
क्या तो पढै कैथी कोठिवलिये कि होइ बैरिस्टर धाय हो दुइ-रंगी।
एही से भारत नास भया सब जहाँ तहाँ यही हाल हो दुइ-रंगी ॥[1]

---

1. डॉ. लक्ष्मी सागर वार्ष्णेय—उन्नीसवीं शताब्दी, पृ.138।

सुधार आन्दोलन और सारसुधानिधि

सारसुधानिधि के समन्वयात्मक सामाजिक दृष्टिकोण को स्पष्ट करने के लिए ही इस लम्बे उद्धरण की यहाँ आवश्यकता समझी गयी। सारसुधानिधि सम्पादक का सामाजिक दृष्टिकोण भारतेन्दु बाबू हरिश्चन्द्र से बहुत मिलता-जुलता था। यहाँ यह स्मरणीय है कि सारसुधानिधि भारतीयता का अधिक आग्रही था इसलिए स्वभावतः परम्परा को अपसारित करके उसके स्थान पर सर्वथा नवीन व्यवस्था को प्रतिष्ठित करने के पक्ष में वह नहीं था। इतना ही नहीं बल्कि उसके अनुसार बड़े-बड़े सामाजिक परिवर्तनों और सुधार सम्बन्धी नये निर्णयों को क्रियान्वित करने के पूर्व समाज में व्याधि के रूप में फैली हुई छोटी-छोटी कुरीतियों की ओर समाज संस्कारकों को ध्यान देना चाहिए। 'सामाजिक दशा और परिवर्तनप्रियता' शीर्षक सम्पादकीय लेख की निम्नांकित पंक्तियाँ सारसुधानिधि-सम्पादक के सामाजिक दृष्टिकोण को घोषित करती हैं : **"प्रथम चालचलन आदि ऊपरी बातें जो बहुत दिनों से बिगड़ी है और जो बातें समाज में पहिले नहीं थीं, अब नवीन प्रवेश हुई है, यह कैसी है, इनका विचार करना चाहिए। परन्तु हम देखते हैं तो इस प्रकार का विचार कोई नहीं करता है। जिस समाज को देखो उसी में मद्यपानादिक, विगर्हित चाल और योरोपीय चलन का प्रवेश होता जाता है, परन्तु जो लोग समाज संस्कार को पीट रहे हैं, वे इन विगर्हित रीतियों की ओर नहीं देखते कि यह क्या विष घुल रहा है। इसका क्या परिणाम होयगा? इसकी चिन्ता नहीं करके आजकल जिसको देखो वही स्त्री शिक्षा, बाल्य विवाह निषेध, विधवा विवाह प्रवर्तन और स्त्री स्वाधीनता दान यही चार विषयों के संस्कार में प्रवृत्त है। ...प्रिय पाठक! विचारने का स्थान है, कि जिनको इन प्रत्यक्ष दूषित चाल चलन के दोष दिखायी नहीं देते हैं, उनको भला इन गुरुतर विषयों के दोष गुण कब सूझने लगे हैं। क्या हमारे प्राचीन आर्य्यों ने इसी विज्ञता और विद्याबुद्धि से समाज परिचालित किया था? कदापि नहीं, उनके जिस नियमों को देखिये कैसे महोपकारी प्रतिपन्न होते हैं, जिनकी दूरदर्शिता देखके शरीर आनन्द से पुलकित हो जाता है। जिनकी प्रगाढ चिन्ता, देशहितैषिता, स्वजनप्रियता और समदर्शिता को देख आश्चर्य हो जाना पड़ता है। जिस भारतभूमि में इन महात्माओं ने जन्म ग्रहण किया था, जिस भारतीय समाज के ये लोग परिचालक थे। आक्षेप का विषय है कि आधुनिक स्वेच्छाचारी शिक्षितों के मुँह से उन्हीं दूरदर्शी तत्त्वज्ञ महात्माओं की निन्दा सुनायी देती है।"**

सारसुधानिधि और स्वामी दयानन्द

भारतीयता के प्रति इतनी बड़ी आस्था और आग्रह के बावजूद सारसुधानिधि का स्वामी दयानन्द सरस्वती से प्रत्यक्ष विरोध था। दूसरे वर्ष के 41वें अंक में

प्रकाशित 'आर्य्य सन्मार्ग संदर्शनी सभा' शीर्षक सम्पादकीय वक्तव्य में सम्पादक ने अनेक सनातनधर्मावलम्बी पण्डितों के मतों को उद्धृत कर काफ़ी विस्तार से दयानन्द जी का विरोध किया था। अंक 46 के सम्पादकीय लेख का शीर्षक है 'स्वामी दयानन्द सरस्वती ने भी क्या ही धूम मचा रखी है' जिसकी आरम्भिक पंक्तियाँ द्रष्टव्य हैं :

"जहाँ देखो उन्हीं की चरचा दिखायी देती है। इनकी इस चरचा का परिणाम सोचने से हमको एक प्रकार दुःख होता है कि कहाँ तो भारतवर्ष के भावी होनहार का सुलक्षण यह दिखायी देता है कि देशी सामयिक पत्रों की संख्या वृद्धि होती जाती है और क्रम से लोगों की रुचि स्वदेश के हित पर दिखायी देती है उसके साथ ही श्री महाराज स्वामी दयानन्द जी सरस्वती ने अपना एक नवीन मत का झगड़ा ऐसा फैला रक्खा है कि जो कुछ देशोपकार विषय में साधारण सम्मति भी होने लगी थी, वह इस विरुद्ध भाव से स्थायी होना असम्भव जान पड़ने लगी है। वरन दिन पर दिन और भी विरुद्ध बनके बढ़ने की सम्भावना दिखायी देती है। जिस शहर में देखिये दयानन्दी साम्प्रदायिक और प्रचलित अनेक साम्प्रदायिकों से विवाद होता दिखायी देता है। यह विवाद भी कैसा कि असभ्योक्ति से खाली नहीं। वह उनको और वह उनको मनमानी गालियाँ देते हैं। वरन यह झगड़ा ऐसा होता है कि अन्त को सिद्धान्त के बदले मूल विषय भी दोनों पक्ष के लोग भूल जाते हैं और द्वेषभाव उनका ऐसा प्रबल हो जाता है कि आपस में मरने-कटने को उपस्थित हो जाते हैं। और कहाँ तक कि स्वयं स्वामी जी से कई स्थानों में हत्थापाई भी हो गयी है। स्वामी जी की हम इस विषय में विशेष प्रशंसा करते हैं कि अब उन्होंने इसी कारण साक्षात् सम्बन्ध में वादानुवाद करना छोड़ दिया है। अब इनका वादविवाद जो कुछ होता है वह पत्रों ही द्वारा होता है। किन्तु हम देखते हैं तो इस पत्रवाद में भी असभ्योक्ति ही विशेष रहती है। अभी उस दिन जो राजा शिवप्रसाद सी.एस.आई. से इनका विवाद हुआ था उसके उत्तर में स्वामी जी ने जो वाक्य प्रयोग किये थे उनको देखने से हमको इस पत्रवाद में भी कुशल नहीं दिखायी देती है।" इस सम्बन्ध में दूसरे वर्ष के 39वें अंक में मथुरा से सम्पादक के नाम प्रेषित एक पत्र प्रकाशित हुआ था जिसका एक विशिष्ट अंश यहाँ उद्धृत किया जाता है :

"श्रीयुक्त सारसुधानिधि सम्पादकेषु

निवेदनम्।

महाशय!

इन दिनों आगरे में श्री दयानन्द सरस्वती पधारे हैं और लोगों के चित्तों में मूर्तिपूजन न करने के फिर भ्रम डालते हैं, अज्ञ लोग वाजे अपने सनातनधर्म्म को छोड़ अपने बाप दादों को पशुवत् समझ कर उनके कहने

से मूर्तियों का तिरस्कार करने लगे हैं, और उनको अपना गुरु समझ कर बहुत से सज्जनों का मानापमान कर रहे हैं। जब कोई शिष्टजन दयानन्द जी के पास जा निकलता है, और प्रश्नोत्तर करता भी है तो असभ्यता से वो उसके प्रश्नों को नहीं सुनता, परन्तु अपने असभ्य साथियों समेत खूब चिल्लाकर हँसने लग जाता है। वाहरे पंडिताई जहाँ शरम और न्याय तो आने ही नहीं पाते। वेद को अवलंबन किये हुए धूर्त्तता की कमर बाँधकर स्वामी जी वैकुण्ठ का रास्ता खोलने को लोगों को समझाते फिरते हैं। वेद भाष्य और भूमिका रची है तो ऐसी कि जिनमें अर्थ के अनर्थ, कहीं का मंत्र कहीं किया है, कहीं प्रतिमा के सिर बाट कहते हैं, कहीं मूर्ति का खंडन करते हैं, देखो जो मूर्ति होकर मूर्ति खंडन करे तो उसकी क्या मूर्ति नहीं है, स्वामी जी की मूर्ति का भी स्वामी जी को खंडन यानी कुचल कर प्रवाह करना उचित है।" आगे स्वामी जी के नाम पत्र-लेखक ने दस प्रश्न रखे हैं।

सारसुधानिधि और महाराष्ट्रीय महिला रमणी रमा

उपर्युक्त उद्धरणों से स्पष्ट है कि 'सारसुधानिधि' दयानन्द सरस्वती का विपक्षी पत्र था। 'सारसुधानिधि'—सम्पादक सनातन धर्मावलम्बी और समाज-सुधार के विषय में समन्वय का आग्रही था, इसलिए इसका विरोध उसे कदापि सह्य न था। उसकी प्रगतिशीलता अतिवाद से बहुत दूर थी और स्वेच्छाचारिता को वह सामाजिक औचित्य के प्रतिकूल एक अशुभ उपक्रम मानता था। 'सारसुधानिधि' भाग 2, अंक 28 की सम्पादकीय टिप्पणी का शीर्षक है—'रमणी रमा का स्वाधीन परिणय' महाराष्ट्र के ब्राह्मण कुल में उत्पन्न रमाबाई एक विदुषी महिला थीं। संस्कृत की वे पण्डिता थीं और अपनी वाक्शक्ति से उन्होंने पूरे देश में अपना प्रभाव जमा लिया था। वे बालविधवा थीं। उनकी प्रगतिशीलता और मेधा-शक्ति से उस युग के प्रचण्ड बुद्धिवादी दयानन्द सरस्वती भी प्रभावित थे और उन्हें वैदिक अर्थात् आर्यधर्म में दीक्षित करने को उत्सुक थे किन्तु पण्डिता रमा देवी का झुकाव पश्चिमी आधुनिकता की ओर था। महाराष्ट्र की इस ब्राह्मण-कन्या की ईसाई धर्म में अधिक रुचि थी। देश-विदेश की लम्बी यात्रा समाप्त कर रमाबाई ने 'शारदा सदन' नाम की एक संस्था स्थापित की थी जिसका विज्ञप्त उद्देश्य था नारी-उद्धार, अर्थात् स्त्री-शिक्षा और स्त्री-स्वाधीनता के प्रति इस संस्था का विशेष आग्रह था। प्रच्छन्न रूप से रमाबाई इस संस्था के माध्यम से ईसाई धर्म का प्रचार करना चाहती थीं।[1] रमाबाई ने बंगाल

---

1. "शारदा-सदन उन्होंने बालिकाओं की शिक्षा के लिए खोला था। किन्तु उनके उग्र विचारों और आचरणों के कारण बहुत से लोग उनके ख़िलाफ़ हो गये। रानाडे और आगरकर मानते थे कि हिन्दू बालिकाएँ शारदा-सदन में पढ़ें। इसमें कोई दोष नहीं है। किन्तु तिलकजी का कहना था यह संस्था हिन्दू बालिकाओं को ईसाइयत की राह पर ले जानेवाली है। अतएव इसका →

के विपिन बिहारी दास नामक शूद्र से विवाह कर लिया था। इस पर 'सारसुधानिधि' की प्रतिक्रिया द्रष्टव्य है : "...सो आज ईश्वर की कृपा से अन्तःसलिला सरस्वती का गुप्त प्रवाह तीर्थराज को प्राप्त हो प्रकट हो गया। अतएव हमको भी सरस्वती वर्णना का अवसर प्राप्त हुआ। हम अत्यन्त प्रसन्न चित्त से प्रकाश करते हैं कि, इतने दिनों तक अनेक देश-देशान्तरों में ढूँढ़ते-ढूँढ़ते अपने उपयुक्त विद्याकुलशील रूपवान् पात्र को प्राप्त हो सुशीला स्वाधीन चेता रमा अपने अनेक दिनों का संचित काव्यकला परिशोधित प्रेम समर्पण कर श्रृंगार-रसास्वादन में तत्पर हुईं। यह कुछ सामान्य दुःख का विषय नहीं था कि सर्वांग सुन्दरी असामान्य कविताशक्ति सम्पन्न होकर भी आदि रस रसानभिज्ञा रहे!! यद्यपि पहले भी कतिपय सहृदय सुविज्ञ काव्यकला-कुशल युवकों ने रमा के पाणिग्रहण की इच्छा प्रकाश की थी, परन्तु उस समय बाई जी के बड़े भाई श्रीनिवास शास्त्री वर्तमान थे, क्या जाने किस अभिप्राय से और किस प्रतिबन्धक से चाहे जाति कुल शील के अनुरोध से होय अथवा और

→ बहिष्कार होना चाहिए। आरम्भ में तो लोग तिलक जी की बातों को अनसुनी करते रहे। किन्तु जब तिलक जी ने अपने पक्ष के अनेक प्रमाण प्रकाशित कर दिये तब रानाडे और भण्डारकर ने भी शारदा सदन से अपना सम्बन्ध तोड़ लिया।"—रामधारी सिंह 'दिनकर' : संस्कृति के चार अध्याय, पृ. 459।

"प्रारम्भ से ही रमाबाई के मन में ईसाइयत की शिक्षा देने की भावना छिपी हुई थी, या इंग्लैण्ड तथा अमेरिका से प्राप्त होनेवाली आर्थिक सहायता ने उसे उद्बुद्ध कर दिया, यह कहना तो कठिन है, परन्तु कालान्तर में यह प्रसिद्ध हो गया कि शारदा-सदन में आश्रय पानेवाली अनेक स्त्रियों ने ईसाई धर्म स्वीकार कर लिया। प्रसिद्धि शायद अप्रामाणिक ही समझी जाती, यदि न्यूयॉर्क के 'क्रिश्चियन वीकली' नाम के पत्र ने यह बात प्रकट न कर दी होती कि 'शारदा-सदन' की दो नौजवान महिलाओं ने ईसाई धर्म की शरण में आने की इच्छा प्रकट की है। इस पर 'केसरी' में रमाबाई और 'शारदा-सदन' के विरुद्ध ज़ोरदार आन्दोलन जारी हो गया। जस्टिस रानाडे, डॉक्टर भण्डारकर आदि सुधारक लोग पण्डिता रमाबाई की ईसाइयत-प्रचार की नीति के समर्थक न होते हुए भी उनके स्त्री-जाति के उत्थान के प्रयत्नों के समर्थक थे। रमाबाई प्रकरण में वे लोग भी 'केसरी' की समालोचना के कुठाराघात के नीचे आ गये।

बाल-विवाह-निरोध-सम्बन्धी बिल का विरोध केवल समाचार-पत्र के पृष्ठों तक ही परिमित न रहा। उसके विरुद्ध पूना और बम्बई में सार्वजनिक सभाएँ भी हुईं, जिनमें लोकमान्य तिलक ने प्रमुख रूप से भाग लिया। वह बिल-विरोधी-दल के नेता माने जा रहे थे। आगरकर की सहानुभूति सुधारक दल के साथ थी और तिलक सुधारक दल के कट्टर विरोधी थे। स्वाभाविक ही था कि दोनों साथ-साथ नहीं चल सकते थे। मतभेद की जो खाई शिक्षा के क्षेत्र में बननी आरम्भ हुई थी, वह समाज-सुधार के क्षेत्र में पहुँचकर बहुत चौड़ी हो गयी, जिसका परिणाम यह हुआ कि 'केसरी' और 'मराठा' दोनों का सर्वाधिकार तिलक को सौंप कर आगरकर अलग हो गये। वह मुख्य रूप से शिक्षा के कार्य में लग गये। इधर तिलक बन्धनों से मुक्त होकर, सर्वात्मा महाराष्ट्र के सार्वजनिक जीवन में कूद पड़े।"—इन्द्रविद्यावाचस्पति : लोकमान्य तिलक और उनका युग, पृ. 36।

किसी कारण से होय इस शुभ अनुष्ठान के बाधक थे। अब भगवान् की इच्छा से उनका परलोक हो गया है, श्रीनिवास के बाद बाई जी यहाँ कई एक पाश्चात्य सभ्यता प्रिय तरुणों के तत्त्वावधान में रहीं।

रमा के इस आचरण से हम लोगों को हर्ष-विषाद दोनों युगपत् उपस्थित होते हैं। यद्यपि यह विषय सम्पूर्ण हर्ष ही का है, क्योंकि प्रथम तो श्रीनिवास के गत होने पर रमा सहाय-शून्य हो गयी थीं, अब सनाथा हुईं। दूसरे अपने स्वेच्छानुरूप पति प्राप्त होने के कारण संसार सुख उपभोग कर सुखी होएँगी यह भी हर्ष का विषय है। तीसरे 'न स्त्री स्वातन्त्र्यमर्हति' इत्यादि महार्घ वाक्यों की सार्थक प्रत्यक्ष होने से स्त्री स्वाधीनता प्रिय तरुणों को एक सदृष्टान्त सदुपदेश प्राप्त हुआ, यह भी कुछ सामान्य आनन्द का विषय नहीं है। चौथे स्त्री-शिक्षा से जो कहाँ तक चरित्र शोधित और धर्मज्ञान होता है यह भी रमा की कृपा से साधारण सभी को ज्ञात हो गया। अतएव ऐसा हितोपदेशक अनुष्ठान अवश्य आदरणीय और आनन्ददायक है इत्यादि। हर्ष के विषय तो कई और भी हैं, परन्तु दुःख इतना ही है कि रमा के मनोनीत पति का नाम श्री विपिन बिहारी दास है। जब इस नाम के साथ ही श्रीनिवास शास्त्री के स्वर्णित ब्राह्मण कुल का स्मरण होता है और उनके ब्रह्मण्य का ध्यान आता है तो स्वभावतः चित्त को उतना ही खेद होता है कि जितना रमा की सुशिक्षा और उपस्थित कविताशक्ति की प्रशंसा सुन के सुख होता था। क्योंकि जिस शास्त्रानुसार पूजनीय कुल को रमा सरस्वती के सहयोग से उज्ज्वल करती थी, हा! आज वही रमा दास जी के संयोग से उसी पितृकुल के अधःपतन करने में प्रवृत्त हुई।"

'सारसुधानिधि' की यह प्रतिक्रिया उसके सामाजिक दृष्टिकोण को द्योतित करने के लिए यथेष्ट है। 'सारसुधानिधि' हिन्दी, हिन्दू और हिन्दुस्तान के सनातन वैशिष्ट्य के संरक्षण और संवर्द्धन की एकान्त कामना से प्रेरित और अनुप्राणित था। इसलिए उस सामाजिक क्रान्ति से उसका समझौता सम्भव नहीं था जो हिन्दुत्व के सनातन मूल्यों पर प्रश्न-चिह्न लगाती हो। इसीलिए उसने स्वामी दयानन्द का विरोध किया और रमणी रमा के स्वाधीन परिणय के औचित्य को सन्देह की दृष्टि से देखा, मुसलमानों के साम्प्रदायिक अत्याचार पर उसकी दृष्टि पड़ी और गोवध की समस्या उसकी मुख्य विचारणा का अनेक बार विषय बनी। अपनी बात को अधिक साफ़ करने के लिए हम 'सारसुधानिधि' के कुछ अपेक्षित उद्धरण देना आवश्यक समझते हैं।

साम्प्रदायिक दृष्टि

'सारसुधानिधि' के दूसरे वर्ष के 21वें अंक का एक सम्पादकीय लेख है, 'मुसलमानों का अत्याचार'। इस लेख के कुछ विशिष्ट स्थल यहाँ उद्धृत किये जाते हैं—

"सम्प्रति हैदराबाद के निजाम की अमलदारी में मुसलमानों ने वहाँ हिन्दुओं पर ऐसा अत्याचार किया है कि जिसके सुनने से रोंगटे खड़े हो जाते हैं, शरीर काँप उठता है, और मुसलमानों पर घृणा उत्पन्न होती है। यह तो सभी जानते हैं कि मुसलमान स्वाभाविक धर्मान्ध, क्रूर और अत्याचारी होते हैं, तिस पर अमलदारी मुसलमानी होने के कारण वहाँ के मुसलमान कुछ विशेष अत्याचार करते हैं।...हमको पहले विश्वास था यदि हैदराबाद मुसलमान राज्य तो क्या हुआ सर सलारजंग बहुत उपयुक्त है उनके सुप्रबन्धों से मुसलमान अत्याचार नहीं कर सकते होएँगे। परन्तु विगत 25 अगस्ट के 'इण्डियन मिरर' के देखने से स्पष्ट प्रतीति हो गयी कि सर सलारजंग इतने शासन कुशल और कार्यदक्ष होकर भी उद्धत मुसलमानों को सुशिक्षित नहीं कर सके। वरन् वहाँ के इस हाल से तो और भी दृढ़ हो गया कि और स्थानों के मुसलमान तो चाहे आइन के वशीभूत हो राज्य शासन का कुछ मान्य तो करते होयँ। परन्तु हैदराबाद के मुसलमान तो शासन प्रणाली का मान्य करना तो क्या, उनको यह भी नहीं ज्ञान है कि हम जिसके राज्य में रहते हैं, हमारे इस असीम अत्याचार से उस राजा और राज्य की क्या दशा होयगी और वह (निज़ाम) ब्रिटिश गवर्नमेण्ट को इसका क्या जवाब देंगे।

पाठक! इनका अकारण ही द्वेष और अत्याचार देखिए। हैदराबाद के निकट गलबर्गा नामक स्थान है वहाँ हिन्दु मुसलमान सभी रहते हैं। वहाँ हिन्दुओं के संन्यासियों की समाधि देने का बराबर से एक निर्दिष्ट स्थान है, परन्तु उसी के पास एक मस्जिद भी है। वहाँ विगत 16 अगष्ट को थोड़े से हिन्दु किसी एक संन्यासी की समाधि देने गये, जब उन लोगों ने यथोरीति मुरदे को गाड़ा तब निकटवर्ती मस्जिद से मुसलमान आके अकारण ही हिन्दुओं से लड़ने लगे, इसमें यहाँ तक हुआ कि एक मनुष्य जान से मारा गया। मुसलमान लोग ज़्यादा थे इसलिए हिन्दु भाग गये। उन दुष्ट मुसलमानों ने समाधि से मुरदे को निकाल सड़क पर डाल दिया, और ईर्ष्या परवस हो उन दुष्टों ने वहाँ एक गोहत्या कर उसका रुधिर उस मृतक के शरीर में छिड़का और उसी समाधि में उस मृतक के बदले उसी गौ को डाल दिया! त्राहि!! इस पर भी उन दुष्टों की तृप्ति नहीं हुई। वहाँ से थोड़ी दूरी पर एक हनुमान जी का मन्दिर था उसको जा तोड़ा और हनुमान जी को खण्डित कर बाहर फेंक दिया वहाँ भी हत्यारों ने एक गौ-वध कर उसका सिर मूर्ति के स्थान में रख दिया और उसका कंकाल दरवाजे पर टाँग दिया। श्री हरि! त्राहि!!! त्राहि!!!

अभी भी हिन्दुस्तान में ऐसे अत्याचार होते हैं, इन मुसलमानों को दमन करने वाला कोई नहीं है? निज़ाम गवर्नमेण्ट के सुयोग्य मन्त्री सर सालारजंग ने क्या इतने दिनों में यही शासन किया? जिसकी इतनी सुख्याति हो रही है छी, छी, हम तो जानते थे कि सालारजंग हिन्दुस्तान में एक ही सुयोग्य मनुष्य है।...सम्प्रति जो अतीत दूषणीय उत्पात पशुवत् अतिजघन्य घृणाकर अत्याचार मुसलमानों ने किया है, इसका

प्रतिफल यदि उन दुष्टों को नहीं मिलेगा तो भविष्यत् के लिए एक निज़ाम राज्य ही क्या वरन् सम्पूर्ण भारतवर्ष की असीम हानि होने की सम्भावना है।...यदि इस उपद्रव का सद्विचार न हुआ तो सर सालारजंग की नीति कुशलता सब खुल जाएगी। हम लोग इस विषय में इनकी राजनीतिक प्रतीक्षा तब तक करते हैं कि जब तक इसका सद्विचार नहीं होता है।"

दूसरे वर्ष के 38वें अंक की सम्पादकीय टिप्णी का शीर्षक है 'मुसलमानों का अत्याचार और उद्धत शासकों की मदत।' "बकरीद के अवसर पर भागलपुर, मिरजापुर, जौनपुर और बनारस में मुसलमानों ने हिन्दुओं को सताने के लिए हाँका ठोक के गोवध किया। पुलिस ने साधारण आज्ञा मैजिस्ट्रेट की आज्ञा के विरुद्ध यह पाप कर्म कराया। हाकिम ने अपराधियों को दण्ड तक नहीं दिया।" उक्त सम्पादकीय वक्तव्य का एक अंश द्रष्टव्य है—"हैदराबाद के मुसलमानों का अत्याचार जब हमने सुना था तब यह ध्यान में आया था कि वह मुसलमानी अमलदारी है वहाँ हिन्दुओं की कौन सुनता है। किन्तु जब हमारी न्यायपरायण गवर्नमेण्ट के आधीन उससे भी बढ़कर अत्याचार होने लगे तो बस हो चुका। जिस गवर्नमेण्ट के न्याय विचार की प्रशंसा ने पूर्व मुसलमान बादशाहों को और भी कलंकित किया हुआ है उसी गवर्नमेण्ट के आधीन ऐसा अत्याचार होय कि उन अत्याचारी मुसलमानों के समय से भी बढ़-चढ़ के हमारी उदार गवर्नमेण्ट के पक्ष में और क्या लज्जा और घृणा की बात है। तिस पर यह कि गवर्नमेण्ट के उद्धत कर्मचारियों की मदत से। विशेष आश्चर्य तो यह है कि हमारी गवर्नमेण्ट के अपने-अपने अपदस्थ कर्मचारियों का इतना पक्ष हो जाता है कि उस अन्याय पर और भी अन्याय होता जाता है। और कोई सुनता ही नहीं कि क्या हो रहा है। यही क्या ब्रिटिश गवर्नमेण्ट का विचार है कि जिस विषय में एक जाति प्रजा के कर्म की हानि होय और दूसरे धर्म की हानी भी नहीं होय केवल उनकी दुष्टता और हरमज़दगी होय तो भी उस काम को करा दे? इसमें क्या गवर्नमेण्ट का दोष नहीं है?

हम देखते हैं तो उधर इन्द्रमणी के मामले से हिन्दू-मुसलमानों के सम्बन्ध में जो कुछ मामला उपस्थित हुआ उसी में हमारी न्यायपरायण गवर्नमेण्ट के गुप्त शत्रु विष कुम्भ पयोमुख कर्मचारियों ने मुसलमानों का पक्ष करके गवर्नमेण्ट को दूषित और कलंकित किया। क्या आश्चर्य है कि गवर्नमेण्ट इन कर्मचारियों के कृत दुष्ट और दूषित पक्षपातपूरित जघन्य कार्यों को देख के भी नहीं देखती सुन के भी नहीं सुनती? इस अवस्था में अब हम किस को अपने दुःख सुनावेंगे जब ऐसा होने लगा कि जो रक्षक वही भक्षक, तब हमारी रक्षा कौन करेगा और किस प्रकार होयगी।"

'सारसुधानिधि' के इस वक्तव्य को पूरे हिन्दू समाज की वाणी कहा जा सकता है। मुसलमानों के साम्प्रदायिक उपद्रव को जब सरकारी कर्मचारियों की उत्तेजना और सहयोग मिलने लगा तो हिन्दू जाति पर उसकी गहरी प्रतिक्रिया हुई। स्मरणीय है

कि स्वामी दयानन्द सरस्वती ने आर्य जाति में एक नये जागरण की सृष्टि कर दी थी। वैदिक धर्म और आर्यजाति की सम्भावित विपत्तियों की ओर भी उन्होंने संकेत कर दिया था। मुसलमानों के साम्प्रदायिक कुकृत्य को लोग गम्भीरता से अनुभव करने लगे थे और धार्मिक तथा जातीय संगठन के प्रति लोग सचेत हो गये थे और हिन्दुओं के उस भोले वर्ग को जगाने को आतुर थे जो अपनी नासमझी के कारण मुसलमानों के रंग में बह रहे थे। 'सारसुधानिधि' वर्ष 2, अंक 34 में चतुर्भुज मिश्र का एक पत्र छपा है जिसे यहाँ अविकल उद्धृत किया जाता है–

"श्रीयुत सारसुधानिधि सम्पादक

समीपेषु।

भाइयो, सावधान, देखियो भूलियो मत, यदि कार्तिक स्नान न भया तो कुछ चिन्ता है, अक्षयनौमी एकादशी और बैकुण्ठ चतुर्दशी आदि व्रत नहीं भया तो भी कुछ बड़ी हानी नहीं है, क्योंकि यह तो अपना धर्म, इसके तो सौम्य देवता हैं, और सनातन से चले आ आते हैं इस कारण पुराने भी पड़ गये हैं, किया चाहे न किया क्या कोई हाथ पकड़ने वाला है? रामनौमी, जन्माष्टमी आदि महोत्सव नहीं भया तो नहीं सही क्या आप आर्य्य जाति न कहलावेंगे? पर दिखिये बार-बार चैतन्य किये देते हैं मुहर्रम खाली न जाने पावे, यह परदेशी देव हैं, इनका मान होना ही चाहिये, क्योंकि इनका रंगरूप कैसा विचित्र और लम्बा चौड़ा पन्नी अब्रख से चमचमाता आकार, ऐसे भले देवता को तो पूजना ही चाहिये, वर्ष में केवल एक ही बार होता है, इसलिये थोड़ा बहुत उधार पैंचा करके यह उत्सव करना ही चाहिये, क्या जाने परसाल प्राण बचे की नहीं शरीर का कुछ भरोसा नहीं? इस कारण दुःख सुख सहकार करना ही चाहिये इसकी सीमा कैसी होती है। आहा हाहा, जिस समय हजारों ज्वान हिन्दु मुसलमान बने हुसेनी बाना बाँधे अँकड़े धर्म्म-कर्म्म की छाती पै लाती दिये निकलते हैं, उस समय क्या कहना है, जो हैं सो आप ही हैं। और सुनिये जिस समय देशी-विदेशी दोनों बन्धु बालवृन्द के सहित छाती पीट-पीटकर हाय 108 पुकारने लगते हैं यह देखकर कौन विवेकी बिना धन्यवादि दिये रहता होगा, और जब एक आदमी हाथ उठाकर उच्चःस्वर से चिल्लाता है–बोलो अहम्मदीअ तब क्या महम्मदी क्या कश्यपी सब एक ज्वर से कह उठते हैं (या हुसेन) आप ही लोग विचारिये हिन्दुओं के इस चरित्र से बड़े लोग हंसते होंगे कि रोते होंगे, मुसलमान चाहे खूँटा भी ठोंक दें, पर यहाँ के शत्रुनन्दन पुरुष कभी आह करनेवाले हैं? या लजाने वाले हैं? हा भारतभूमि तेरे सन्तान ऐसे। क्या अब ऐसे ही कापुरुष जन्म लेंगे? हा क्या तेरा ऐसा एक पुत्र भी नहीं जो इन्द्रमणि का भार अकेला उठावे, हिन्दु धर्म के पक्ष करने वाला इन्द्रमणि की सहायता को 10000) रुपये दुर्लभ जान पड़ते हैं, कितने हस्ताक्षर करके

भी चुपचाप रह गये, अब यही मुसलमानी पर्व्व के लिये हिन्दुओं के घर से लाखों रुपये खर्च होंगे, छी कितने स्त्री-पुरुष रोदन करेंगे, धिक अब विचार का स्थान है और यथाशक्ति इस विषय में विवेकी को उपाय भी करना चाहिये जिसमें यह निन्दित कर्म्म छूटे। भला देखिये, कहाँ आर्य्य वंश कहाँ यवन, कहाँ यज्ञोपवीनत कहाँ वद्धी, कहाँ वेद ध्वनि, कहाँ मरसीहा, बस बुद्धिमान मनुष्य तो इतने ही में मेरा अभिप्राय समझ लेंगे मूरखों के प्रति कुछ कह नहीं सकते।

का मरूख से कहितो का जड़ से बौसाय।
पत्थर पर के मारिबो चोखो तीर नसाय ॥

30/11/80 — आपका चिरवांछित
जोरी — चतुर्भुज मिश्र"

अंक 39 में 'उन्नीसवीं शताब्दी, ब्रिटिश राज्य ब्रिटिश न्याय' शीर्षक एक पत्र प्रकाशित हुआ है जिसका कुछ विशिष्ट अंश उद्धृत किया जाता है। आरम्भिक पंक्तियाँ इस प्रकार हैं–

"तुम सबको एक बार नमस्कार है, भाग्यहीन हिन्दुओ। देखो यद्यपि तुम्हारे अंग-भंग तराशे जाएँ तुम चूँ न कर उठना, नगर में टें टें करोगे हवालात में छोड़े जाओगे, पत्रों में चिल्लाहट मचाओगे प्रेस ऐक्ट एक ही कौर में तुम्हें खा जाएगा, तुम्हारे समय प्रभु तो तुम्हारे सुख के बढ़ाने के यत्न में प्रसिद्ध ही हैं। तब तुम्हें किस बात की चिन्ता है। ज्यों-त्यों अन्धकार में पड़े अपने अभागे जीवन के दिनों को पूरे करो, अब और तुम चाहते ही क्या हो। नेंक अपने माता-पितरों के समय का स्मरण करो, जिन्हें औरंगजेब के राज्य के सुखों को भोगना पड़ा था, तब फिर तुम तो ब्रिटिश सिंह की शरण में बसते हो, इन अनेक स्वप्न में भी दुर्लभ सुखों को पाय भी सन्तोष नहीं कर सकते। हाय! महाराणी विजयिनी। क्या आप ने हम हतभाग्यकारों को शरण में ले, अपने विमल यश में लांछन लगाया?"

अन्तिम अंश इस प्रकार है–"यह सुशासन! हा!!! बिचारे धर्मनिष्ठ हिन्दू कोतवाल और पुलिस के डर से चूँ न कर सकें और शोक के मारे दो दिन तक कारबार छोड़े रहें, सब कुछ हो, मुसलमानों के मजहब के आगे हिन्दुओं का धर्म कोई बात नहीं, सरकार क्या बुद्धिहीन है जो मुसलमानों के मज़हबी मामिले में हाथ डाल सिर पर विपत्ति बुलाए, अभागे हिन्दू तो राजद्रोही प्रसिद्ध ही हैं, इनके रोके से क्या? कहीं सैकड़ों वर्ष पुस्त दर पुस्त के राजभक्त मुसलमान लोग यदि बिगड़ खड़े हों, तो क्या होय? बस हिन्दू लोग चिल्लाया करें इनकी टें टें कौन सुनता है।

हाय ईश्वर तुम भी सोते ही रहोगे। नेक तो दीनों पर दया करो।

नेकहू अब तो नहीं सहिजाय।
एकहि बार हरो नहीं प्राणन राखहु कत कलपाय।

एक विपत्ति सों छूटे नाहिन जुग सम द्यौस बिताय।
वज्रसरिस दूजी सिर ऊपर आवत जोर जनाय॥
कछु बस नाहि रुचे सो कीजे पाथर हृदै बनाय।
जब लौं शक्ति बहत नैनन जल निकरत मुख सों हाय।

प्रयाग, पौष शुक्ल
सं. 1927

मकरन्द।"

ऊपर के उद्धरणों से स्पष्ट है कि मुसलमानों की साम्प्रदायिकता से हिन्दू पीड़ित थे और उक्त पीड़ा से त्राण पाने के लिए एक ओर वे हिन्दू संगठन को आवश्यक मानते थे तो दूसरी ओर सरकार से भी अनुरोध करते थे। हिन्दुओं की दृष्टि इस विषय में बड़ी साफ़ थी। उनकी दृढ़ प्रतीति थी कि साम्प्रदायिकता सरकारी अधिकारियों के प्रोत्साहन से बढ़ रही है और इस प्रकार साम्प्रदायिक अशान्ति का दायित्व सरकार पर है। ब्रिटिश सरकार के अन्याय की लम्बी कहानी 'सारसुधानिधि' के पृष्ठों पर अंकित है। साम्प्रदायिकता के प्रश्न को भी 'सारसुधानिधि' ने बड़े सन्तुलित ढंग से उठाया है, यद्यपि हिन्दू-समाज के शैथिल्य और छीजती शक्ति की ओर उसका पूरा ध्यान था और उसे जाग्रत करने का सदैव प्रयत्न करता रहा किन्तु उसके प्रयत्न में संकीर्ण साम्प्रदायिकता का स्पर्श नहीं था। भाग 1 अंक 6 में प्रकाशित 'हिन्दू समाज' शीर्षक एक सम्पादकीय लेख की कुछ पंक्तियाँ द्रष्टव्य हैं–

"ये क्या सामान्य दुःख का विषय है? कि इस एक लाख इक्यासी हजार सात सौ पच्चीस वर्ग योजन विस्तीर्ण भारत महा-प्रदेश में प्रायः चौबीस करोड़ मनुष्यों की बसती में अन्दाज सोले करोड़ मनुष्य सनातन आर्य-धर्मावलम्बियों का एक प्रशंसा हिन्दू समाज, केवल एक मानसिक अपकृष्ट प्रवृत्ति के प्रभाव से परमुखापेक्षित और पराधीनता स्वीकार कर के चिर प्रसिद्ध हिन्दू आर्यों का मान्य और गौरव के बदले हीनता का परिचय देता है। क्या आश्चर्य की बात है, कि हम लोग सामान्य साम्प्रदायिक समाज की उन्नति देखकर के भी उत्तेजित और उत्साहित नहीं होते। और बहुजनाकीर्ण समाज के पराक्रम और बल पर नज़र नहीं कर के प्रायः सभी विषय में शिथिलता और हीनता ही प्रकाश करते हैं। यद्यपि हम लोग अपनी उन्नति पर अध्यवसाय युक्त होके मानसिक उन्नति विधानपूर्वक दृढ़ प्रतिज्ञ नहीं होएँगे तो निःसन्देह अतीव उच्च पदवी प्राप्त हिन्दू समाज पतित होकर छिन्न-भिन्न और चूर हो जाएगा, अतएव अब हम लोगों को अपनी उन्नति के लिए अध्यवसाय और दृढ़ प्रतिज्ञ होकर कमर बाँधनी चाहिए, और सब एक मत होकर जगह-जगह साधारण सभा स्थापन करके उसमें ये विषय होने चाहिए कि सभा से शिक्षा विभाग की उन्नति विधान होयगी, और इस सभा में उपयुक्त उपदेष्टा नियुक्त होकर शास्त्र व्याख्या करा करें और उस सभा से प्राचीन आर्य ऋषि प्रणीत मानसिक उन्नति विधायक शास्त्रों का हृदय और रक्षार्थ मरम सहज देश प्रचलित भाषा में अनुवाद होकर

प्रचारित और प्रकाशित हुआ करे, और इसी प्रकार जगह-जगह उन्नति विधायिनी सभा भी स्थापन होना चाहिए उस सभा से देश की सम्पूर्ण उन्नती अर्थात् बाह्यिक और आभ्यन्तरिक प्रकृति का उत्कर्ष साधन होय और वैषयिक उन्नति अर्थात् कृषि तथा वाणिज्य शिल्प प्रभृति सांसारिक सभी उन्नती होएगी।"

कहना न होगा कि हिन्दू संगठन की इस योजना में जातीय अर्थात् राष्ट्रीय संगठन का स्वर ही प्रमुख है। साम्प्रदायिक संघर्ष के वातावरण में इतनी सन्तुलित विचारणा अपने-आप में एक बड़ी बात है, जिसे हिन्दी-समाज की उपलब्धि के रूप में कहीं प्रस्तुत किया जा सकता है।

गोरक्षा का प्रश्न

गोरक्षा का प्रश्न आज का नहीं है, हिन्दू संस्कृति के साथ इसका सनातन का सम्बन्ध है। 'सारसुधानिधि', वर्ष 2, अंक 43 में 'गोरक्षा की आवश्यकता और उपाय विधि' पर विचार करते हुए सम्पादक ने सुझाव दिया है कि—

"गो जाति की उन्नति तभी होयगी कि जब हम सब भारतवासियों को भली-भाँति यह प्रत्यक्ष हो जाएगा कि किस देश में कैसी गौ होती है उन सब देशों में गौवों की क्या अवस्था है उनको किस प्रकार अहम् प्राप्त होता है उन गौवों द्वारा कितना उपकार होता है कहाँ-कहाँ के कृषीजात द्रव्य कैसे-कैसे होते हैं। गो दुग्ध से क्या-क्या पदार्थ उत्पन्न और बनते हैं, इत्यादि सब प्रत्यक्ष होने चाहिए। इस महत् कार्य में साधनार्थ प्रथमतः आर्य। हिन्दू मात्रों को उत्साही होना कर्तव्य है। अब यह प्रश्न हो सकता है कि यह सब बातें किस प्रकार प्रत्यक्ष हो सकती हैं। यद्यपि यह कठिन है तथापि गोवंश की रक्षा और उन्नति के उद्देश्य से यह बहुत ही सहज में हो सकता है। इसका यह उपाय है कि प्रतिवर्ष गोवंश उन्नति साधक गो प्रदर्शनी मेला राजधानी कलकत्ता में हुआ करे उसमें भारतवर्ष के हर प्रदेश और प्रान्तों की गो, बैल और साँड़ एकत्रित होवें। उन सभों को यथायोग्य पुरस्कार दिया जावे। उसी के साथ ही तत्तद्देशीय कृषिजात शस्य दिखाए जावें। और गौ दुग्ध से क्या-क्या पदार्थ बनते हैं उनसे कितना और कैसा बलाधान होता है इत्यादि व्याख्यान के सहित प्रत्यक्ष दिखाया जावे। इसी प्रकार प्रतिवर्ष यह मेला हुआ करे तो निश्चय क्रम से गोवंश की उन्नति साधन की चेष्टा सब प्रदेशवासियों को होएगी। और गवर्नमेण्ट भी गोकृत उपकार प्रत्यक्ष देख के कृतज्ञ चित्त से उसकी रक्षा और उन्नति में प्रवृत्त होएगी इस में सन्देह नहीं।"

इसी प्रकार दूसरे वर्ष के 50वें अंक में सम्पादक ने लिखा है कि 'गोवंश की उन्नति करने का विशेष प्रयोजन हुआ है।' उक्त सम्पादकीय वक्तव्य में गो-जाति से होनेवाले उपकार की विस्तृत चर्चा है और उसकी रक्षा और संवर्द्धन के लिए देश-वासियों से अनुरोध है। सम्पादक ने बड़े स्पष्ट शब्दों में लिखा है कि "यद्यपि हम

जानते हैं कि यों ऐसे-ऐसे धनी वणिक् और ज़मींदार हैं कि वह अकेले ही कर दिखा सकते हैं तथापि आदर्श के अनुरोध से हम चाहते हैं कि सब लोग मिल के इस कार्य में प्रवृत्त होयँ।" स्पष्ट है कि 'सारसुधानिधि' सम्पादक की दृष्टि में गोरक्षा का प्रश्न किसी वर्ग अथवा जाति से आत्यन्तिक सम्बद्ध न होकर शुद्ध राष्ट्रीय प्रश्न है।

वर्ष 2, अंक 43 में 'गोवध' शीर्षक से श्री राधाचरण गोस्वामी का लेख प्रकाशित हुआ है जिसके अन्तिम अंश की कुछ पंक्तियाँ यहाँ उद्धृत की जाती हैं—"अस्तु इस विषय पर केवल जातीय पक्षपात का बहाना है, तो हम पूछते हैं कि योरोपियन और इण्डियन लोगों के बीच इस पक्षपात की दीवाल क्यों खड़ी है? गवर्नमेण्ट पहिले इस में अपने निर्लेपत्व दिखलावै तो इसकी भी जड़ दृढ़ हो। विशेषतः जो मुंशी इन्द्रमणि के मुकद्दमा और मुख्यकर कई गोहत्या के मुकद्दमों में गवर्नमेण्ट कर्मचारियों ने स्पष्टतः मुसलमानों का पक्ष समर्थन किया है, तो इसके निमित्त गवर्नमेण्ट ने क्या उत्तर सोच रखा है? हमारी गवर्नमेण्ट को ऐसा न्याय नहीं करना चाहिए जैसा एक पिता के दो पुत्र थे, बड़ा पुत्र साधु सुशील और शान्त था, दूसरा छोटा बदमाश, पिता को गालि प्रदान करनेवाला और भाई का द्वेषी था, एक दिन छोटे भाई ने बिना बात बड़े भाई का ऐश्वर्य देख उससे झगड़ा किया, और बहुत कुछ दुर्वाक्य कहा तो बड़े पुत्र ने निवेदन किया, पिता ने बड़े पुत्र से कहा, 'पुत्र! तुम सुशील और साधु हो, वह बदमाश है, उसकी बात पर मत जाओ क्षमा करो'।"

गौ के मारने और बचाने के जो फल हैं वह भी गवर्नमेण्ट से छिपे नहीं हैं। खेतीबारी का मूल कारण जो है, भारतवर्ष की निरीह आर्य प्रजा की बलवृद्धि करनेवाली केवल गौ है। और क्या जहाँ तक गौ हत्या बढ़ेगी, तहाँ तक प्रजा का बल वृद्धि का ह्रास होगा।

इससे अधिक ऐसा गोहत्या जो आर्य धर्म के विरुद्ध प्रकाश्य स्थान और प्रकाश्य पर्व में एकमात्र आर्य लोगों के क्लेश देने को की जाएगी। उसमें उत्तरोत्तर उपद्रव बढ़ेगा, और प्रायः गवर्नमेण्ट को भी इसमें कभी-न-कभी क्षतिग्रस्त होना पड़े तो आश्चर्य नहीं, क्योंकि दूरदृष्टि से विवेचना कीजिये तो यही प्रथम फल दीखता है। हा हन्त! क्या उत्तम न्याय है कि कोई मनुष्य किसी के घर में अग्नि लगा दे और आततायी को दण्ड न कर घरवालों को दण्ड दिया जाए कि 'बोल तुम कैसा सुस्त है? तुम्हारे घर में किस तरह आग लगा दी गयी।'

आगे लेखक ने वृन्दावन, गोकुल और गोवर्द्धन का हवाला देते हुए सरकार से अनुरोध किया है कि "बस इसी प्रकार सर्वत्र नहीं तो तीर्थस्थानों में तो अवश्य गोहत्या निवारण की आज्ञा हो जानी चाहिए।"

इसी सम्बन्ध में 'सारसुधानिधि' के 38वें अंक में पं. रामदयाल अछनेरा का एक पत्र प्रकाशित हुआ है जो इस प्रकार है—

"श्री सज्जनवर्य्य सारसुधानिधि सम्पादक समीपेषु।

गोहत्या निवारणार्थ।

मैंने आपका 36वाँ अंक देखा और पढ़ा तत्पश्चात् 425 के पृष्ठ से 426 पृष्ठ तक जो 'अर्वाचीन मिनष्टरों का अद्‌भुत विचार' है उस उल्लेख से हृदय में बड़ा दुःख हुआ कि अँगरेज़ सरीखे प्रजापति और तिन के समय में भी ऐसा अत्याचार हिन्दू धर्म के विरुद्ध ये अनार्य शासनकर्ता करते हैं। हमारे हिन्दुदेव धर्म के बर्ताव को बहुत से अनार्य्य और अँगरेज़ भी पसन्द करते हैं कि हिन्दू धार्मिक मनुष्य वृक्षादि पीपल इत्यादि और दुष्टजीव सर्पादि को भी नहीं सताते और छेड़ते हैं, क्योंकि जीव को सताना महापाप है, सबके जीव को अपने ही जीववत् समझते हैं और ये अनार्य लोग ठीक इसके विपरीत (इसका दृष्टान्त उक्त संख्या पृष्ठों के पत्र में देख लो)" हा जिन गौओं को ये निष्ठुर वध करते हैं वह सविनय यह प्रार्थना करती हैं।

गोवाक्य (छप्पय)

अरिहु दन्त तृण धरत ताहि नहिं मारि सकत कोइ। हम प्रतिदिन तृण चरहिं वचन उच्चरहिं दीन होइ ॥ अमृत पय नित श्रवहि वत्स महि धर्म जिवावहिं। हिन्दु हि मधुरम देहि कटुक तुरकहि न पियावहिं ॥ कह नरहरि सुन साहपति विनवति गो जोर करन। केहि गुनाह मोहि मारि मुए चाम सेवत चरन।

हा! ऐसी गो प्रार्थना को विचारो तो सही, क्योंकि हिन्दुस्तान का अर्थ ही हिन्दुओं का स्थान है। फिर यहाँ पर ऐसे अनार्य्य अधर्मी शासनकर्ताओं को हमारी गवर्नमेण्ट क्यों न्यायाधीश का पद देती है? ऐसी पुण्यभूमि हिन्दुस्थान में हिन्दुदेव धर्म्म के प्रबन्धकर्ता तो हिन्दू ही रखने चाहिए। इसी से हिन्दुस्थान में ईति भीति दुर्भिक्ष महामारी पड़ती है, क्योंकि जिस कर्मभूमि में ऐसा अनर्थ होने लगा कि साक्षात् मुसलमान प्रत्यक्ष ही अपना राक्षसी स्वरूप दिखलाते हैं, ऐसा नीति में भी कहा है। इसी बात को किंचित् और विस्तार से पत्र-लेखक ने लिखा है। 48वें अंक में 'गो-रक्षणी सभा' शीर्षक से एक पत्र छपा है। इस पत्र की आरम्भिक पंक्तियाँ इस प्रकार हैं—

"परमात्मने नमः।

गोरक्षणी सभा।

13 फरवरी सं. 81 रविवार से आर्यसमाज मुरादाबाद में गोरक्षा के निमित्त प्रति रविवार को व्याख्यान होता है, जिसमें गोबध होने से जगत् भर के बलवीर्य्य उत्साह आदि की हानी और दुर्भिक्ष होता और गोरक्षण से सम्पूर्ण जगत् को बलादिक का महालाभ और अकाल नाश इसको युक्तिपूर्वक वर्णन किया जाता है।"

आगे की पंक्तियों में गोरक्षा के उपाय बताये गये हैं। इस प्रकार हम देखते हैं कि गोरक्षा के प्रश्न को लेकर देश में एक सार्वत्रिक जागृति उत्पन्न हो गयी थी और इसे राष्ट्रीय महत्त्व दिया गया था।

गोरक्षा के साथ ही किसानों की समस्या सम्पृक्त है जिसकी गम्भीर विवेचना

'सारसुधानिधि' के सम्पादकीय स्तम्भों में दिखाई पड़ती है। इस विषय की चचा क पूर्व 'सारसुधानिधि' के माध्यम से देश-दशा की चर्चा आवश्यक जान पड़ती है।

सम्पादकीय गवाक्ष के अतिरिक्त 'सारसुधानिधि' में प्रकाशित विविध संवादों से भी देश-दशा का बड़ा यथार्थ द्योतन होता है। साहित्यिक रचनाओं में भी युगीन चेतना का सहज आनयन हुआ है।

देश-दशा का यथार्थ चित्र

'भारतवर्ष' की दुरवस्था की चर्चा करते हुए वर्ष 2, अंक 43 में सम्पादक ने लिखा है—

"इधर कई बरसों से ईश्वर भारतवर्ष पर कुछ विशेष अप्रसन्न जान पड़ते हैं। जिधर देखा दुःख ही दुःख दिखायी देता है। पहिले तो उधर तीन चार बरसों से चारों ओर दुर्भिक्ष फैला हुआ है। अधिकांश प्रजा को पेट भर के आहार नहीं मिलता जिस पर गवर्नमेण्ट का कोप यह कि चाहे जियो या मरो लाइसन्स देना बरसों ही होयगा। इधर अबकी बरस कुछ फसल अच्छी जान पड़ती है, परन्तु ईश्वर क्या जाने क्या करेगा, जब फसल तइयार हुई तो अब ऐसा ज्वर फैला है कि कोई काटनेवाला ही नहीं है। पंजाब, अवध पश्चिमोत्तर प्रदेश, मध्यप्रदेश, बम्बई प्रदेश, बंगाल का पश्चिम भाग और राजपुताना इत्यादि प्रायः भारतवर्ष भर में ज्वर प्रचण्ड रूप धारण कर अपना एकाधिपत्य प्रकाश कर रहा है। ऐसा कोई घर नहीं कि जो इस ज्वर के आक्रमण से बचा होय। घर की कौन पूछे आजकल तो एक घर में ही यदि 10 प्राणी हैं तो वे दशों जूड़ी से काँप रहे हैं पत्थ पानी की क्या बात है कोई पूछनेवाला भी नहीं दिखायी देता।...असहाय तो दो ही हैं। एक तो ईश्वर दूसरे गवर्नमेण्ट, परन्तु हम देखते हैं कि भारत प्रजा के पक्ष में दोनों ही नाम हो रहे हैं...राजा भारतवर्ष पर सन्तुष्ट हुए दुर्भिक्ष निवारण का उपाय खोजने लगे भारत के आरब्ध से ऐसा उपाय यह लाइसन टैक्स निकसा कि सुधारने के बदले और भी दुर्भिक्ष ने भीषण मूर्ति धारण कर लिये। पहिले प्रजा स्वाधीन भाव से अपने दुःख संवाद राजा के कर्ण गोचर कर लेती थी अब गवर्नमेण्ट की कृपा से वह स्वाधीनता भी जाती रही। तीसरे यद्यपि इंग्लैण्ड जैसा स्वाधीन प्रिय है वैसा और कोई नहीं है तथापि हमारी वर्तमान गवर्नमेण्ट दूसरे की स्वाधीनता देख नहीं सकती, यदि विचारपूर्वक देखो तो काबुल के युद्ध का अभिनय केवल अफगानिस्तान की स्वाधीनता लोप करने ही को किया गया। इसमें गवर्नमेण्ट का केवल इतना ही भला हुआ कि अफगानिस्तान की स्वाधीनता हर लियी। भारत के दुर्भाग्य से गवर्नमेण्ट की तो एक वासना चरितार्थ हुई, किन्तु बीच में भारत अकारण ही पिस गया।

"...जब जिस प्रदेश में ईश्वर की क्रूर दृष्टि पड़ती है उस प्रदेश में अराजकता अथवा राजा स्वेच्छाचारी हो जाता है। जिस कर से प्रजा पीड़ित होती है। इसी प्रकार धर्म शास्त्र अनुसार राजा के उपद्रव से ईश्वर असन्तुष्ट होकर अनेक प्रकार के अतिवृष्टि अनावृष्टि और मारी भय आदि उस राजा के राज्य में उपस्थित करते हैं।"

अंक 49 की सम्पादकीय टिप्पणी का शीर्षक है 'गवर्नमेण्ट का एक बड़ा अन्याय आया।' काँजी हाउस की समस्या पर विचार करते हुए सम्पादक ने ब्रिटिश राजपुरुषों को लक्ष्य कर कहा था, "वे तो लोभ के मारे अन्धे हो रहे हैं फेर कौन सोचता और देखता है कि यह काँजी हौस ठीका देके स्वयं गवर्नमेण्ट चोरी कर्वाती है। बाहरे लोभ! तेरी भी क्या महिमा है। हमको इस जघन्य कार्य्य से एक यह बड़ा दुःख होता है यह कि काँजी हौस नहीं है यह भारत के अधोगति चौर द्वार खोला गया है। अब तो गोमांस भक्षकों के हाथ कोई हिन्दू जानबूझ के गौ नहीं बेचता है, तब ये ही राक्षस अच्छे धर्म्मपरायण आर्य्यों के घर की गौयें भुला के काँजी हौस में ले जाया करेंगे और दुष्ट कस्साइयों के हाथ बेंचा करेंगे।"

साम्प्रदायिक दशा

ब्रिटिश सरकार की कुटिल नीति के कारण मुसलमानों और हिन्दुओं के बीच रोज़-रोज़ विरोध बढ़ रहा था। कुछ ऐसे लोग भी थे दोनों वर्गों में, जो एक-दूसरे को स्पर्श करना भी नहीं चाहते थे। 'सारसुधानिधि', वर्ष 2, अंक 34 में 'एक हिन्दू यात्री' की चिट्ठी छपी है जिसमें हिन्दू-मुसलमान की पृथक् यात्रा-व्यवस्था के लिए सरकार से अनुरोध किया गया है 'क्या गवर्नमेण्ट हमारी प्रार्थना पर कान न देगी।'—

"हमने रेलवे स्टेशनों पर देखा है कि बहुधा स्थलों में स्त्रियों के लिए पृथक गाड़ी बनी हुई रहती है, जिसमें (ओन्ली फार वीमेन) लिखा रहता है और उसमें स्त्रियों के अतिरिक्त और कोई नहीं बैठ सकता, ऐसे ही फर्स्ट, सेकण्ड, थर्ड, इण्टरमीडिएट भी लिखा रहता है यदि इसी प्रकार गाड़ियों पर (ओन्ली फार हिन्दूज), (ओन्ली फार मोहम्डन्स) भी लिखा जाय और उसमें हिन्दू मुसलमान पृथक्-पृथक् बिठाये जाएँ तो अति श्रेष्ठ हो किस वास्ते कि हिन्दू मुसलमान के पास बैठाने में एक दूसरे के चित्त में खेद होने लगता है, गवर्नमेण्ट का इसमें गाँठ का कुछ व्यय नहीं होता है, वरन् उत्तम रीति से इसका भी सुगमता से सम्बन्ध हो सकता है, इसलिए यदि गवर्नमेण्ट हमारे इस लेख पर ध्यान देगी तो असम्भव नहीं होगा।—एक हिन्दू यात्री[1]।"

---

1. एक बात और ध्यान देने की है कि साम्प्रदायिक प्रश्नों की चर्चा करने के बावजूद 'सारसुधानिधि' में किसी प्रकार का साम्प्रदायिक दोष नहीं था। यही कारण है कि पत्र की प्रशंसा हिन्दुओं के अलावे मुसलमानों ने भी की है। डॉ. रामविलास शर्मा ने लिखा है, 'सारसुधानिधि' का →

उस युग की साम्प्रदायिक दशा की बहुत-कुछ सूचना इन पंक्तियों से मिल जाती है। निःसन्देह उस युग की देश-दशा बहुत गिरी हुई थी। भारतवासी, चाहे वे किसी वर्ग के क्यों न हों, पीड़ित थे। दूसरे वर्ष के 15वें अंक में भारतीय किसानों की दुरवस्था पर विचार करते हुए सम्पादक ने लिखा है, "जिन कृषाणों को हम प्राणपोषक कहें तो अत्युक्ति नहीं हो सकती। उन्हीं कृषाणों की ऐसी दशा है कि पेट भर के आहार भी उनको नहीं मिलता। एक वस्त्र के सिवाय दूसरा वस्त्र नहीं है, यहाँ तक कि यदि कहीं वह भीज जाए तो शरीर ही पर सूख जाता है। इस पर भी ऋण सिर पर चढ़ा हुआ निरन्तर दग्ध करता रहता है। अबोध शिशु क्षुधा पीड़ित हो ख़ुद ही अपने माता-पिता के सन्मुख आहार माँगे 2 विकल होते हुए उनके वात्सल्य हृदय में सेल मारते हैं। इन कृषाणों को अवस्था देखने से निश्चय होता है कि संसार का दरिद्र इन्हीं कृषाणों के घर आ बसा है।"

बेकारी की समस्या

इसी प्रकार पढ़े-लिखे हिन्दुस्तानियों की विपन्न दशा की विस्तृत चर्चा अंक 45 की तीसरी सम्पादकीय टिप्पणी में सम्पादक ने की है। 'नौकरी की दुर्दशा' शीर्षक इस लेख की आरम्भिक पंक्तियाँ इस प्रकार हैं : "आजकल लिखे पढ़े लोग बेकार इतने हैं कि उनकी संख्या करना कठिन है। यदि किसी को एक आदमी का प्रयोजन होय तो उस काम के आकांक्षी दश उपस्थित होते हैं। उनमें जिसका भाग्य प्रसन्न होता है उसको नौकरी मिल जाती है नहीं तो इधर-उधर टकराते फिरते हैं। हाय! इनकी ऐसी दशा देखने से चित्त में ऐसी ग्लानी होती है कि भातरवर्ष की अब ऐसी दशा हो गयी है कि मध्यवित् भारत सन्तान एक मुष्टि अन्न के लिए लालायित हो रहे हैं, और उनको उसके बदले लाल जूती और गाली प्राप्त होती है। फेर भी यहाँ वालों को चेतना नहीं होती कि कुछ व्यवसाय करें, क्या इन लोगों ने एक नौकरी ही को मुख्य पुरुषार्थ समझ रखा है? राम राम, जो लोग बेकार हैं उनकी तो दुर्दशा की क्या बात है। जो लोग नौकरी करते हैं उनकी यह दशा है कि यदि किंचित् भी त्रुटि हुई नहीं कि बस साहिब अग्निरूप धार कर लगे कटु वाक्यों की लुआर से दग्ध करने। यह तो स्वाभाविक सभी के भाग्य की बात है, इन लिखे पढ़े नौकरों में ऐसे भी भाग्यवर हैं जिनको कभी-कभी सबूट चरणों की खोकरें भी खानी पड़ती हैं।"

'सारसुधानिधि' में प्रकाशित देश-दशा को द्योतित करनेवाले कुछ मुख्य संवाद यहाँ उद्धृत किये जाते हैं--

---

→उस समय ख़ूब प्रचार और आदर था, इसमें सन्देह नहीं। एक मुसलमान सज्जन गुलाम हुसेन साहब वकील ने इस पत्र के लिए चन्दा भेजते हुए सम्पादक को हिन्दी में एक प्रशंसापूर्ण पत्र लिखा था, जिसे सम्पादकीय स्तम्भ में उद्धृत भी किया गया था।"—भारतेन्दु युग, पृ. 38।

"राजा राम मोहन राय के स्मरण के निमित आगत 7 माघ श्रीयुत बाबु देवेन्द्रनाथ ठाकुर के मकान पर एक सभा होयगी।"

"पारिस नगर में एक कम्पनी हुई है जो लोग हिन्दुस्तान में विद्युत की रोशनी व्यापार करेंगे कम्पनी का मूलधन दश लाख रुपै है।"

"सुन्ने में आता है कि विद्यासागर का स्कुल कालेज में परिणत होयगा इस वर्ष तृतीय वार्षिक श्रेणी और उसके बाद बिए क्लास भी खुलेगा।"

"लन्डन में जो भारतवासी रहते हैं वो पारलियामेण्ट में एक दरख़ास्त देंगे जिसमें–अफगानिस्तान का युद्ध व्यय भारतवर्ष से न लिया जाय।" (प्रथम वर्ष, अंक 1, 'समाचारावली' से)।

"कलकत्ते में सनातन धर्म संस्थापनी सभा। विगत शनिवार तीसरे पहर यहाँ सेनेट हाल में एक महती सभा बड़े समारोह से सम्पादित हुई थी। इस सभा का मूल उद्देश्य यह है कि सम्प्रति स्वामी दयानन्द सरस्वती जो आर्य्य धर्म के नाम से विरुद्ध धर्म प्रचार कर रहे हैं और इसका प्रतिवाद कर के उनको इस असदाचरण से विरत कर अपने श्रुति स्मृति पुराणोक्त सनातन धर्म की रक्षा करना।" (वर्ष 1, अंक 40)

वर्ष 2, अंक 31 में 'पश्चिमोत्तर और अवध प्रदेश की शोचनीय अवस्था' की सूचना सम्पादक ने इस प्रकार दी है–

"इधर कई बरसों से इस प्रदेश पर ईश्वर की करोधी दिखायी देती है। कभी महामारी प्रकट होती है तो कभी दुर्भिक्ष अपना पराक्रम दिखाता है। विगत फसल की कुछ अवस्था अच्छी हुई थी तो महामारी ने अपना आधिपत्य ऐसा विस्तार किया कि एक तृतीयांश प्राणियों को विनष्ट कर डाला।...उपसंहार में हम विशेष सतर्क किये देते हैं कि अबकी कहीं इतना देख सुन के भी अच्छा बन्दोबस्त नहीं हुआ तो गवर्नमेण्ट की कार्यदक्षता का सबको खुलासा प्रत्यक्ष परिचय हो जाएगा। और राजपुरुषों को उपहसित और लज्जित होना पड़ेगा। इससे अभी भी समय है तन-मन-धन से राज कर्मचारियों को इस विषय में तत्पर होना चाहिए।"

वर्ष 1, अंक 47 की 'समाचारावली' के दो संवाद इस प्रकार हैं–

"भारतवर्ष के दुःखी प्रजा का दुःख निवेदन करने के लिए जिस प्रकार बाबूलाल मोहन घोष यहाँ से इंग्लण्ड गये थे और अँगरेजों की समाज में वक्तृता किया करते थे, उसी प्रकार लंका द्वीप का दुःख सुनाने के निमित्त लंका द्वीप निवासी एक उच्चवंशोद्भव मनुष्य गुरु गोविन्द नायक सम्प्रति लन्डन नगर में उपस्थित हुए हैं। ओएष्ट–मनिष्टर पालस नामक होटल में उन्होंने एक उत्तम वक्तृता करी थी। लंका द्वीप की व्यवस्थापक सभा में देशीय 6 मनुष्य रहा करते हैं। तामिल वंशोद्भव श्रीमत् कुमार स्वामी उस सभा के सभ्य थे। उनकी मृत्यु के बाद गवर्नमेण्ट ने तामिल जाति के और किसी मनुष्य को उक्त सभा में सभ्य नहीं किया। लंका गवर्नमेण्ट

की इस अत्याचार का विषय कहने के लिए गुरु गोविन्द विलायत गये हैं।"

"सम्प्रति पूना के कई एक गाँववालों से अँगरेज़ी पलटन के सिपाहियों से एक दंगा हुआ था। उसमें सैनिकों को बहुत चोट आयी है उन ग्रामों के निवासी पकड़े गये हैं। उस दंगे के कारण अभी कुछ प्रकाश नहीं हुआ कि किसलिए हुआ। ऐसा अनुमान होता है कि सैनिकों का अत्याचार ही उसका मुख्य कारण होयगा। कई वर्ष हुए पूना में और एक बेर भी सैनिकों से अधिवासियों से झगड़ा हो चुका है, उस दंगे में पहले सिपाहियों ने कृषाणों की स्त्रीयों का कुछ अपमान किया था इसीलिए कृषाणों ने सिपाहियों को मारपीट किया था। इसी निमित्त अनुमान होता है कि इस झगड़े में भी पहले अत्याचार किया होयगा क्योंकि सैनिकों का सुभाव भी विचित्र होता है, जो होय गवर्नमेण्ट की इस की तदारक अच्छी तरह करना उचित है।"

देश-दशा और सरकार का दायित्व

उपर्युक्त उद्धरणों से देश-दशा का एक कारुणिक चित्र उभरता है जिसका दायित्व उस समय की ब्रिटिश सरकार पर है। 'सारसुधानिधि' वर्ष 2, अंक 36 में 'भारतवर्ष की सुदशा प्रवर्त्तन का उपाय' सम्पादक की चिन्ता का विषय है। 'सारसुधानिधि-सम्पादक' ने बड़े साफ़ शब्दों में लिखा है कि "यदि कहो तो हम अपनी सामाजिक उन्नति क्यों नहीं करते? तो इसका भी मूल अनुसन्धान करने से गवर्नमेण्ट का वही स्वजातीय पक्षपात हमारी सामाजिक उन्नति का भी बाधक दिखाई देता है।" और यह कि "जब गवर्नमेण्ट का स्वजातीय पक्षपात मिट गया, तब अब जो इंग्लण्ड और भारतवर्ष की विभिन्नता दिखाई देती है, वह आप से आप जाती रहेगी। जब इंग्लण्ड और भारतवर्ष की विभिन्नता मिट गयी तब भारतवर्ष भी वैसा इंग्लण्डवत् स्वाधीन हो गया। फेर भारतवर्ष की उन्नति उन्नति करके चित्कार नहीं करना पड़ेगा।" यह सामाजिक औचित्य की बात हुई किन्तु स्मरणीय है कि परमुखापेक्षिता पर 'सारसुधानिधि' की आस्था बिलकुल नहीं थी इस लिए स्वाभाविक था कि देश-दशा के सुधार की जातीय भूमिका और स्वदेशी प्रयत्न की ओर भी 'सारसुधानिधी' संकेत करे। सेठ लक्ष्मणदास ने 'सारसुधानिधि' को दो सौ रुपये सहायता के रूप में दिये थे। इसके उत्तर में सेठजी के प्रति कृतज्ञता ज्ञापित करते हुए दूसरे वर्ष के 18वें अंक में 'प्रकृत देश-हितैषिता की शिक्षा' शीर्षक लेख लिखकर सम्पादक ने देशवासियों को देश-हितैषिता का विशद अर्थ समझाया है। "साठ साहूकारों के पक्ष में यह देश-हितैषिता है कि समाचार पत्रों की सहायता करें।...इसके सिवाय वणिक साहूकारों का एक यह भी प्रधान कर्त्तव्य है कि आपस में एका करके ऐसे बड़े कारखाने खोलें कि जैसे योरोप और अमेरिका खण्ड के साहूकारों ने खोले हैं। यह कुछ सामान्य लज्जा का विषय नहीं है कि हमारे भारतवर्ष के इतने सेठ साहूकार रहते अँगरेज़ साहूकार अपनी कम्पनी इकट्ठी कर सात समुद्र पार आके

भारतवर्ष के रेलवे आदि काम सब करते हैं, और यहाँ के वणिक बैठे मक्खी मारा करते हैं।

...जो लोग कार व्यवहार भी करते हैं उनको भी अपने देश की चिन्ता स्पर्श नहीं करती। किस प्रकार स्वदेश की श्रीवृद्धि होयगी इसको तो कौन सोचता है, अब जो क्या दुर्दशा है और होती जाती है यह भी बहुतों को ज्ञान नहीं है। उनको तो जल टिकस देना पड़ा अथवा रुजगार में घाटा हुआ तभी जान पड़ा कि समय खोटा आ गया, नहीं तो अपने काम से काम है यों चाहे अपने किसी कार्य में जहाँ यथार्थ में एक मुद्रा व्यय करने का काम है वहाँ उदारता दिखाने का दश खर्च कर डालते हैं। परन्तु जिस द्वारा साक्षात सम्बन्ध में अपना कुछ हित साधित नहीं होता दिखाई देता है यद्यपि वह देशोपकारक कार्य निश्चयपरोक्ष में उनका भी हित प्रतिपादन करता है, तथापि उस विषय में दश के स्थान में एक भी नहीं व्यय कर सकते।" अन्त में उदार सेठों का उदाहरण देते हुए सम्पादक ने श्रीमन्तों से अनुरोध किया है कि "आप लोग वृथा धन नष्ट अथवा अनुचित व्यय न कर के यदि अपने देश के अभावों को दूर करने में प्रवृत्त होइये तो निःसन्देह भारतवर्ष अपनी पूर्व समृद्धि और सर्वोन्नति को निश्चय पहुँच जाय।"

किसानों की दुर्दशा का प्रश्न

देश की दुर्दशा का एक प्रमुख कारण किसानों का दैन्य है। किसानों की दशा में जब तक सुधार नहीं होता तब तक देश-दशा उन्नत नहीं हो सकती। 'भारतवासी' कृषाणों की ऐसी दुरवस्था क्यों है?—इस प्रश्न का उत्तर 'सार-सुधानिधि' के वर्ष, 2 अंक 15 में सम्पादक ने अपनी विचारणा इस प्रकार प्रस्तुत की है, "इन की इस हीन दशा का जिसको जो इच्छा बताये परन्तु मुख्य कारण एक चिरस्थायी बन्दोबस्त का न होना है। सिवाय चिरस्थायी बन्दोबस्त के कृषाणों की अवस्था सुधरने का और कोई दूसरा उपाय नहीं है। अतएव हम अपने नवीन गवर्नर जनरल साहिब से सविनय अनुरोध करते हैं कि आप को अवश्य इस ओर ध्यान देना चाहिए।" क्योंकि "सिवाय इसके और कोई दूसरा उपाय नहीं है कि कृषाणों की दुरवस्था दूर होय और राजा को भी सुभीता होय।"

इस उपाय के साथ ही किसानों की दशा सुधारने के लिए 'वैज्ञानिक कृषि की आवश्यकता' पर भी सम्पादक ने ज़ोर दिया है। इस सम्बन्ध में वर्ष 2, अंक 26 के सम्पादकीय वक्तव्य की अन्तिम पंक्तियाँ यहाँ उद्धृत की जाती हैं—

"उपसंहार में हम अपने परम हितैषी कर्तव्यनिष्ठ महामान्य राजप्रतिनिधि लॉर्ड रिपन साहिब से सविनय प्रार्थना पूर्वक निश्चय कहते हैं कि भारतवर्ष की दुर्दशा के कारणों में पृथिवी की निवीर्य्यता उपरोक्त वैज्ञानिक कृषि के अभाव से जो होती जाती है, यही प्रधान अन्यतम कारण है। जब तक यह अभाव दूर नहीं होयगा कदापि न

तो भारत की दुर्दशा विदूरित होएगी और न कभी यह कलंक शान्तिप्रिय बृटिश गवर्नमेण्ट का दूर होयगा कि इनकी नियत खोटी होने के कारण इनकी वरक्करा जाती रही।...बंगाल के लेफ़्टिनेण्ट गवर्नर महामान्य इडन साहिब ने कृषि शिक्षा के लिए 2 छात्र वृत्तियाँ स्थापित करके इसका सूत्रपात किया है सही परन्तु जब तक यह विद्या यहाँ बहुत प्रचार नहीं होएगी तब तक यथार्थ फलोत्पन्न होने की सम्भावना नहीं है। अतएव इस विषय में तो सहल हिन्दी भाषा में छोटी-छोटी पुस्तकें बना के प्रचार कर देना चाहिए। और हर कलक्टरों को इस विषय में विशेष ध्यान देना चाहिए कि जिस खेत में जो सार और खाद देना उचित है वह दिया गया या नहीं। खाद और सार संग्रह में गवर्नमेण्ट को अर्थ सहायता करनी चाहिए। क्योंकि आयाततः पृथ्वी की क्षति पूरण का उपाय करना सर्वथा उचित है।"

'सारसुधानिधि' की इस प्रगतिशीलता का ऐतिहासिक महत्त्व असन्दिग्ध है। पहले निवेदन किया गया है कि इस पत्र में राजनीतिक और सामाजिक विषयों की प्रधानता थी और भारतेन्दु बाबू हरिश्चन्द्र को इस पत्र से बड़ा स्नेह था। और जब हिन्दी के उस युग के सबसे बड़े साहित्यकार को यह पत्र प्रिय था तो सहज ही मानना पड़ता है कि उन्नीसवीं शताब्दी के उत्तरार्द्ध का युग-धर्म राजनीति और समाजनीति के बीच अवस्थित था और इस युग-धर्म के प्रति सचेत रहनेवाला पत्र 'सारसुधानिधि' निर्विवाद रूप से हिन्दी का एक श्रेष्ठ पत्र था। साहित्यिक रचनाओं की बहुलता न होने से इसका महत्त्व किसी प्रकार कम नहीं था।

'सारसुधानिधि' में प्रकाशित साहित्य

हिन्दी साहित्य का यह भारतेन्दु युग था जिसका नेतृत्व भारतेन्दु बाबू हरिश्चन्द्र कर रहे थे और जिनके विषय में आचार्य रामचन्द्र शुक्ल ने लिखा है कि "...बड़ा काम उन्होंने यह किया कि साहित्य को नवीन मार्ग दिखाया।...हिन्दी साहित्य अपने पुराने रास्ते पर ही पड़ा था। भारतेन्दु ने उस साहित्य को दूसरी ओर मोड़कर हमारे जीवन के साथ फिर से लगा दिया। इस प्रकार हमारे जीवन और साहित्य के बीच जो विच्छेद पड़ रहा था उसे उन्होंने दूर किया। हमारे साहित्य को नये-नये विषयों की ओर प्रवृत्त करनेवाले हरिश्चन्द्र ही हुए।"[1]

इस प्रकार जीवन और इतिहास के बीच की खाई को पाटने का जो महत् उपक्रम भारतेन्दु युग में हुआ उसका साहित्य पर यह प्रभाव पड़ा कि यथार्थ जीवन और जगत् के आग्रह ने साहित्य के कला पक्ष को एक प्रकार से छोड़ दिया या उसकी उपेक्षा कर दी और सर्वथा अनलंकृत होकर वह अपनी प्राणवत्ता का प्रदर्शन करने लगा। "भारतेन्दु युग के एक ओर मध्यकालीन दरबारी संस्कृति थी। तो दूसरी ओर

1. हिन्दी साहित्य का इतिहास, पृ. 449-450।

आम जनता में एक सामाजिक और राजनीतिक आन्दोलन के लिए वातावरण तैयार करना था। साहित्य में देश के एक बढ़ते असन्तोष को प्रकट करना-भर न था—सदियों से चले आते समाज की हड्डियों में बसे हुए सामन्ती कुसंस्कारों से भी मोरचा लेना था।" कहना न होगा कि इतने बड़े दायित्व का निर्वाह धरती की सोंधी गन्ध से कतरा कर अप्सरा-लोक में विचरण करने वाले साहित्यकारों के वश का नहीं होता। भारतेन्दु कालीन साहित्य का पथ राज-पथ से दूर भारत का सामान्य पथ था जो अपनी विरूपताओं के बावजूद सहज था, जन-जीवन के निकट था। ध्यान रखने की बात है कि नितान्त यथार्थपरक और कलात्मक सुरुचि से रहित होकर भी इस युग के साहित्य में गहरी साहित्यिक व्यंजना थी जो सहज थी इसलिए स्वभावतः अधिक प्राणवान् थी। इतना और कहूँ कि समाज के इन यथार्थ चित्रांकनों में चूँकि व्यंजना थी इसलिए वह साहित्य की वस्तु थी। 'सारसुधानिधि' में प्रकाशित ऐसी साहित्य सामग्री बहुत नहीं है; लेकिन जो है वह काफ़ी महत्त्वपूर्ण है और साहित्य-प्रवृत्ति की पूरी सूचना देती है।

'सारसुधानिधि' के प्रथम वर्ष के 8वें अंक (अर्थात् ता. 3 मार्च सन् 1879 ई. को) में 'मार्जार मूषक' शीर्षक एक व्यंग्य लेख प्रकाशित हुआ है। मार्जार और मूषक की वार्ता-द्वारा सामयिक राजनीति पर लेखक ने बड़ा ही तेज़ व्यंग्य किया है। डॉ. रामविलास शर्मा ने लिखा है कि सन् 1879 के बदले यदि इस व्यंग्य-लेख पर सन् 1942 लिख दिया जाए तो भी इसका सामयिक राजनीति से सम्बन्ध सहज ही समझ लिया जाएगा। इस लेख का अन्तिम अंश इस प्रकार है—मूषक। प्रभो! आप चाहे मारो चाहे खा जाओ सच्ची बात तो यह है कि हमारी आपकी प्रीति कैसी। आपके डर के मारे जो कहो सो हम हाँ कर दें।

मार्जार। (अत्यन्त क्रोध से) तो दुष्ट पाषंड क्यों हमारा सिर नाहक को खाली किया? देख अभी इस कृतघ्नता का फल तुझ को चखाता हूँ। (दन्तावली विदारित मुख को खोल कर नेत्रों से स्फुलिंग निकालते हुए मूषक को भक्षण को दौड़ाता है और मूषक पलायन करता है।)

इसी अंक में एक और निबन्ध है—'जहाँ लखी वहाँ होरी'; जिसमें होली के माध्यम से देश-काल दशा का जीवन्त चित्र प्रस्तुत किया गया है। कुछ स्थल द्रष्टव्य हैं—

"हिन्दुस्तान में आगे क्या था? होली, वह आनन्द से चन्दन केशर कपूरों की बौछार पड़ा करती थी गाने बजाने का ठाट जुड़ता जमता था, जहाँ देखिये वहाँ आनन्द बरसता था, युद्धों के सहारे पूर्व पुरुषगण केसरिया सजे, हाथों में कंगन बाँधे, मतवाले झूमझूम कर बन्दूकों की पिचकारी और गोले के कुमकुमे चलाते थे और सब शत्रुओं को स्वाहा कर के कहते थे होली है।

और भारतवर्ष नाश भी इसी से हुआ, लोगों में फूट हुई मुसलमान बुलाये गये

जयचन्द्र के मुँह में चोआ चन्दन पोता गया होली है।.........और भला काबुल में क्या हो रहा है? होली, रंग की नदी बहती है, बारूद की गुलाल उड़ती है, सरकारी सेना बेखटके घुसी चली जाती है। होली है।

और भारतवर्ष की क्या दशा है? होली। पतझार हो गयी, लोगों के मुँह पर सरसों फूली है। खास आम सब बौराए हैं, काफिर हवशी इत्यादि गलियों की पुकार है गुलाल के बदले धूल उड़ रही है, वसन्त बने हैं, लाज सब छोड़ दी है, धन बल विद्या सब होली में जला दिया है, बस धुरहड़ी और जमघण्ट मना रहे हैं, होली है। और भला भारतवर्ष की अब क्या दशा होगी? होली। अब क्या आशा है जो कुछ होनी थी होली!"

बात भारत की सामान्य जनता से कहनी थी इसलिए ज़रूरी था उस भाषा और साहित्य विधा को अपनाना जो जनजीवन की अपनी हो। विरहा, होली, चैती, कजली, ठुमरी, लावनी और जाँत के गीत की विधा को अपनाने का अनुरोध भारतेन्दु ने अपने सहधर्मियों से किया था जिसका अनुकूल प्रभाव पड़ा था।

इसी अंक में दो होली-गीत भी छपे हैं। एक श्री राधाचरण गोस्वामी कृत और दूसरा 'हरिश्चन्द्र चन्द्रिका' से उद्धृत। 'हरिश्चन्द्र चन्द्रिका' से उद्धृत होली गीत लम्बा है जिसकी कुछ पंक्तियाँ यहाँ उद्धृत की जाती हैं–

होली।
भारत में मची है होरी ॥
इक ओर भाग अभाग एक दिसि होय रही झकझोरी।
अपनी-अपनी जय सब चाहत होड़ परी दुँहुँ ओरी ॥
दुंद सखि बहुत कठोरी ॥1॥
उठो-उठो भैया क्यों हारो अपुनो रूप सुमिरो री।
राम युधिष्ठिर विक्रम की तुम झटपट सुरत करोरी ॥
दीनता दूर धरोरी ॥7॥
कहाँ गये छत्री किन उनके पुरुषारथ हि हरोरी।
चूड़ी पहिरी स्वांग बनि आए धिकधिक सबन कह्योरी ॥
भेस यह क्यों पकरोरी ॥8॥
धिक वह माता पिता जिन तुमसो कायर पुत्र जन्योरी।
धिक वह घरी जनम भयो जामे यह कलंक प्रगटोरी ॥
जनमतहिं क्यों न मरोरी ॥9॥
खान पियन अरु लिखन पढ़न सो काम न कछू चलोरी।
आलस छोड़ि एक मत है के साँचे वृद्धि करोरी ॥
समय नहीं नेकु बचो री ॥10॥
आलस में कुछ काम न चलि है सब कछु तो विनसोरी।

कित गयो फन बल राजपाट सब कोरो नाम बचोरी ॥
तऊ नहिं सुरत करोरी ॥11॥

दूसरा गीत इस प्रकार है–

"होली।
है दुर्दशा न थोरी, कहा खेलें हम होरी?
रह्यो न राज हमारो तिल भर करत चाकरी कोरी।
पराधीनता में सुख मानत, तानत लम्बी चोरी।
बात पुरखन की बोरी ॥1॥
छोड दई विद्या निज घर की ह्वे अँग्रेजी ओरी।
ताही की गति मति लै बरतत धरम धीर को छोरी।
मान मरजादा तोरी ॥2॥
इत अकाल उत टिकस लगायो कर सब पै बर जोरी।
तेज अनाज ठीक कहुँ नाही परत प्रजा सब ठोरी।
भीख माँगत लै झोरी ॥3॥
फिर काबुल की कलह कठिन ह्वैगे भाइन की जोरी।
या दुख में सुख कैसे उपजै जियरा जात उडोरी।
विपद आई अति घोरी ॥4॥
या उपरन्त खरच वो वोझा हमरे ही हाथ धरोरी।
दैहै कहाँ? कहाँ से लेहैं? नाम हि नाम बचोरी।
न कछु सोचो समझोरी ॥5॥
है अभाग भारत सन्तति गन क्यों सबकी बुद्धि बोरी।
भूल काल वे दुख की बाते ये उनमादल गोरी।
कहा करिहै कहनोरी ॥6॥
अब विद्या रंग रंगोचित में गुण गुलाल प्रघटोरी।
अकल अवीर कुरीति कुंकुमा देहु भूमि में फोरी।
निडरता डफ धुधुकोरी ॥7॥
कर उत्साह राह में आओ मैं भ्रम सब बिसरोरी।
स्वाधीनता करो सम्पादन भारत जै उचरोरी।
राधिका चरन चहोरी ॥8॥

वृन्दावन श्री राधाचरण गोस्वामी कृत।"

ऊपर देश-दशा की चर्चा हमने की है। इन होली गीतों में देश-दशा की बड़ी सहज और यथार्थ अभिव्यक्ति हुई है, इन रचनाओं से स्पष्ट है कि इस युग के साहित्यकार देश और अपने दायित्व के प्रति पूर्ण सचेत थे।

राधाचरण गोस्वामी के निबन्ध

श्री राधाचरण गोस्वामी के दो श्रेष्ठ निबन्ध भी 'सारसुधानिधि' में प्रकाशित हुए हैं। इन निबन्धों को पढ़ने से देश-दशा की अभिज्ञता तो होती ही है, हाथ ही हास्य और व्यंग्य के माध्यम से बड़ी बात कहने की कला भी चमत्कृत कर देती है। प्रथम वर्ष के 36वें अंक में प्रकाशित 'तुम्हें क्या?' शीर्षक लेख की कुछ पंक्तियाँ द्रष्टव्य हैं—

"हमने अपनी उन्नति का कुछ उपाय नहीं किया, केवल आलस्य के चरितार्थ करने में समय व्यतीत किया, अपना परम्परागत धन, धाम सब नष्ट कर दिया, अब हमारी बड़ी दुर्दशा है, यहाँ तक कि भोजनाच्छादन तक का संकोच है, पर तुम्हें क्या? तुम से तो एक वरारिका नहीं माँगते, तुम्हारे तो एक चावल के प्रत्याशी नहीं।

हम हिन्दुस्तानी हैं, तुम्हारी अपेक्षा बुद्धि बल में बहुत कम हैं, तुम से अत्यन्त ही पराजित हैं, तुम हमारे ऊपर अन्याय करते हो, पर तुम्हें क्या? क्या तुम्हारी इससे भद्र समाज में प्रतिष्ठा है? क्या तुम्हें इसका प्रतिफल नहीं भोगना पड़ता?

हम देशीय पत्र सम्पादक हैं, हमारा सत्य कहना तुम्हें बुरा लगा, हमसे खुशामद कराने के लिए प्रेस ऐक्ट की घुड़की दिखलायी, हमारे ऊपर अपना आधिपत्य जतलाया, पर तुम्हें क्या? हम झूठ तो नहीं बोलते, तुम्हारी वृथा खुशामद तो नहीं करते? और अँगरेजी अखबार तो तुम्हें सीधी सुना ही देते हैं, वह तो तुम्हारी संकीर्ण राजनीति पर सन्तोष नहीं करते, फिर तुम्हें क्या?"

हम गरीब हैं, हमारा सांसारिक व्यवहार बड़ी कठिनाई से चलता है। पर तुम्हें क्या? वह लाभ हानि जनित घोर चिन्ता तो हमें नहीं घेरे रहती। हम अहर्निश द्रव्य की भावना में तो नहीं मग्न रहते 'यथा लाभ सन्तोष' इस नीति पर तो स्थित हैं। अन्तिम पंक्तियाँ इस प्रकार हैं, "हमने यह प्रस्ताव लिखा, केवल 'तुम्हें क्या, तुम्हें क्या' की झड़ी बाँध दी, पर तुम्हें क्या? वास्तव में तुम से तो कुछ नहीं कहते, तुम क्यों वृथा बुरा मानते हो? जो ऐसे हैं : उनसे कहते हैं, तुम्हें क्या?"

इसी अंक में पहली किस्त है श्री राधाचरण गोस्वामी के प्रसिद्ध निबन्ध 'यमलोक की यात्रा' की। डॉ. रामविलास शर्मा ने लिखा है कि "राधाचरण गोस्वामी अपने युग के सबसे उग्र विचारों के लेखक मालूम पड़ते हैं और अपने उग्र विचारों को प्रकट करने के लिए नये-नये ढंग खोज निकालने की प्रतिभा भी उनमें खूब दिखाई देती है। 'यमलोक की यात्रा' जन-साहित्य का एक सुन्दर उदाहरण है।[1] कुछ स्थल यहाँ द्रष्टव्य हैं—

"खैर एक घण्टे भर ही यह दुर्दशा रही कि इतने ही में शीतज्वर के महाराजाधिराज महाकाल भी अपने दल बल के साथ आ पहुँचे। सीने तक काली

---

1. डॉ. रामविलास शर्मा : भारतेन्दु युग, पृष्ठ 96।

दाढ़ी, घेरदार पाजामा, ख़ाकी आयाम्मा, लम्बी चपकन, काला बदन, चण्ड मुछण्ड, शुम्भ, निशुम्भ का भाई, नादिर शाह की सूरत, गीदड़ पर सवार मानो शेर अली। देखते ही एक बार तो मुझे संज्ञा जाती रही, फिर जो तनक आँख खोलकर देखा तो उसके हाथ में अपना सिर पाया। मैं ने झुककर सलाम की, पर उसने नहीं ली, वरन् मेरी गर्दन में ज़ोर से उमेठा दिया। मैं ने तोतले स्वर से कहा, 'अजी मियाँ छाहब। ख़ुदा के वास्ते माफ फलमाइये, बन्दा! बन्दा!' मुझे ज्वर की धुन में यह मालूम पड़ा कि हिन्दुस्तान में रूसी आ गये। या अफगान लोग यहाँ चढ़ आये, पर फिर जो देखा तो पैरों में बेड़ी, हाथ में हथकड़ी, सिर पर गठरी, सब शरीर खुला, एक चिथड़ा कटि से लिपटा। शायद काबुल के कैदियों में से अभी चले आते हैं। मैं ने कहा 'खूब! कपड़े भी गाँठ के गये, घर भी छूटा, कैदी भी बने, बोझ भी ढोया।' हक्का-बक्का-सा इधर-उधर देखने लगा हाय! अमी मर गये! कुछ भी तो जिन्दगी का मजा न देखा। ऊनविंशति शताब्दी में केवल 25 वर्ष ही जिए! हाँ! न सारे हिन्दुस्तान में नागरी का दफ़्तर और हिन्दी भाषा का प्रचार देखा। न विधवा विवाह प्रचलित हुआ। न विलायत जाने की रोक उठी। न जाति-पाति का झगड़ा मिटा! न सिविल सर्विस में भर्ती होकर हिन्दुस्तानियों को उच्च पद मिले। न हमारे जीते प्रेस एक्ट उठा। न लाइसेन्स टेक्स का काला मूँह हुआ। न लिबरलों की दयादृष्टि देखी। और हाय! न काबुल की लड़ाई का शुभाशुभ परिणाम मालूम हुआ।"

कहना न होगा कि इन पंक्तियों में जाग्रत हिन्दी समाज की आकुल आकांक्षा अभिव्यक्त हुई।

'सारसुधानिधि' की साहित्यिक सामग्री : एक मूल्यांकन

इस निबन्ध को लक्ष्य कर डॉ. रामविलास शर्मा ने लिखा है कि 'जो लोग समझते हैं कि प्रचार के लिए उच्च कोटि का साहित्य नहीं रचा जा सकता, या हिन्दी के लिए प्रगति की परम्परा अनोखी है, या हिन्दी वालों को प्रगतिशील साहित्य लिखने के लिए विदेश का मुँह ताकने के बदले अपने देश में कुछ है ही नहीं, वे एक बार 'यमलोक की यात्रा' पढ़ें तो उनकी सभी शंकाएँ दूर हो जाएँगी[1]।' अत्यन्त विनम्रता-पूर्वक निवेदन करूँ कि जिस शंका की बात डॉक्टर साहब ने कही है उसका समाधान तब तक नहीं होता जब तक आज के प्रगतिवादी हिन्दी लेखक अपने कृतित्व और आचरण-द्वारा अपनी जातीय निष्ठा का परिचय नहीं देते, जैसा कि भारतेन्दु युग के साहित्यकारों ने दिया था। आचार्य नन्ददुलारे वाजपेयी ने प्रगतिवादी लेखकों के सामने आज से त्रयालीस वर्ष पूर्व जो प्रश्न रखे थे उनकी सार्थकता आज भी ज्यों की त्यों है। वाजपेयी जी ने बड़ी साफ़ भाषा में पूछा था, "क्या ये प्रोफ़ेसर

1. डॉ. रामविलास शर्मा, भारतेन्दु युग, पृष्ठ 96।

और डॉक्टर, मज़दूर और किसान की दृष्टि से दुनिया को देखते हैं : क्या ये अपने वर्गगत और जातिगत संस्कारों का परित्याग कर चुके हैं? यदि नहीं तो कोरी विवेचना से क्या होगा? एक नया पन्थ भले ही खुल जाए, राष्ट्र और साहित्य का कोई वास्तविक हित न हो सकेगा[1]।" भारतेन्दुकाल के हिन्दी साहित्यकारों के आचरण के प्रति किसी विचारक ने ऐसी शंका नहीं की थी और न तो उनके सामने ऐसे प्रश्न ही उपस्थित हुए थे क्योंकि उनके आचार और विचार अथवा उनके व्यक्तित्व और कृतित्व में किसी प्रकार की असंगति नहीं थी। उनका प्रचार-कार्य किसी सम्प्रदाय से सम्बद्ध न था और न तो किसी मतवाद से उनकी मनोभूमि शासित थी। और यही कारण है कि उनकी सहजता कहीं खण्डित नहीं हुई, जातीय स्वर मद्धिम नहीं पड़ा। भारतेन्दु-युगीन हिन्दी साहित्य के अधिकारी विद्वान् को यह समझाने की धृष्टता कौन करे कि भारतेन्दु युग का जातीय वैशिष्ट्य इतना पुष्ट और ठोस था कि उस पर किसी विदेशी सम्प्रदाय की मुहर नहीं उग सकती थी। इस वैशिष्ट्य के सम्बन्ध में ऊपर हमने आचार्य पं. रामचन्द्र शुक्ल का वक्तव्य उद्धृत किया है जिसमें भारतेन्दु युग के लेखकों के बारे में शुक्ल जी ने कहा है कि—"उन्हें सूझते थे, पर पश्चिम की एक-एक बात के अभिनय को ही वे उन्नति का पर्य्याय नहीं समझते थे, प्राचीन और नवीन के सन्धि-स्थल पर खड़े होकर वे दोनों का जोड़ इस प्रकार मिलाना चाहते थे कि नवीन-प्राचीन का प्रवर्द्धित रूप प्रतीत हो, न कि ऊपर से लपेटी हुई वस्तु[2]।" डॉ. रामविलास शर्मा हिन्दी के तेजस्वी समीक्षक हैं और 'ऊपर से लपेटी हुई वस्तु' की उन्हें पूरी परख है साथ ही वे ख़ूब समझते हैं कि स्वतन्त्र भारत में 'पश्चिमी चाल-ढाल की ओर मुँह के बल गिरनेवाले फ़ैशन के गुलाम' बड़ी तेज़ी से बढ़ रहे हैं जिन पर भारतेन्दु युग ने बहुत पहले व्यंग्य-प्रहार किया था। राधाचरण गोस्वामी के व्यंग्य-प्रहार को लक्ष्य कर डॉ. रामविलास शर्मा ने लिखा है कि "अन्धे से अन्धा पाठक भी देख सकता है कि वार भरपूर बैठा है। उनके व्यंग्य और हास्य पर पाठक मुस्कराकर न रह जाएगा, वह ज़ोर से खिलखिलाकर हँस पड़ेगा क्योंकि उस गुदगुदी से हँसी रोक लेना असम्भव है। हँसी से उनके आक्षेपों की कटुता कम नहीं हो जाती। नरक में गोरे-काले जीवों के लिए मेज़, कुर्सी और टूटी खाट का प्रबन्ध करके उन्होंने अपने दिल की आग को थोड़े से शब्दों में भली प्रकार प्रकट कर दिया है[3]।"

इस युग के साहित्य के बारे में कुछ लोगों की यह धारणा है कि चूँकि इस युग का साहित्य एक विशेष प्रयोजन से विशेष सामाजिक परिवेश में लिखा गया था, इसलिए उस परिवेश और प्रयोजन के साथ ही इसकी सार्थकता भी शेष हो गयी।

---

1. हिन्दी साहित्य : बीसवीं शताब्दी, विज्ञप्ति, पृ. 25।
2. आचार्य रामचन्द्र शुक्ल : हिन्दी साहित्य का इतिहास, पृ. 453।
3. डॉ. रामविलास शर्मा : भारतेन्दु युग, पृ. 97।

अर्थात् भारतेन्दु युग का साहित्य शाश्वत मानव मूल्यों से उदासीन होकर युगधर्म के प्रति अधिक सचेत था इसलिए वह युग-विशेष का साहित्य होकर रह गया, युग-युग को आलोक देने की शक्ति उसमें न आ सकी। कहना न होगा कि यह धारणा उन कलावादियों की है जो शाश्वत मूल्य की चिन्ता में पड़कर युग-धर्म से आँख मूँद लेते हैं। यह पलायन की भूमिका है। कालिदास किंवा तुलसीदास यदि अपनी युग-चेतना के प्रति सचेत न होते तो कदाचित् उनके साहित्य में आज हमें उतना रस न मिलता। बर्नार्ड शॉ ने बहुत ठीक लिखा है कि "जो व्यक्ति अपने और अपने समय के बारे में लिखता है, केवल वही सचमुच समस्त मनुष्यता और सभी युगों के लिए लिख सकता है।" यहाँ यह भी स्मरणीय है कि हर युग में 'मेघदूत' और 'रामचरितमानस' की रचना नहीं होती और न तो सभी युग में भारतेन्दु, प्रसाद, निराला और प्रेमचन्द पैदा होते हैं।

यहाँ मुझे आचार्य नन्ददुलारे वाजपेयी की उक्ति याद आ रही है, "परिश्रम के द्वारा कलापूर्ण और सुरुचिपूर्ण साहित्य का निर्माण हो सकता है, प्राणपूर्ण और जीवनप्रद साहित्य का नहीं[1]।" रीतिकाल का साहित्य निःसन्देह कलापूर्ण है क्योंकि उसकी रचना आयासजनित है। भारतेन्दु युग के साहित्यकारों को इतनी फ़ुरसत नहीं थी कि वे अपनी रचना के साज-शृंगार में परिश्रम करते; इसलिए वहाँ कला का अभाव है और इसीलिए वह प्राणपूर्ण और जीवनप्रद साहित्य है। इस प्राणपूर्ण साहित्य के निर्माण में पत्रिकाओं का कितना योगदान है यह भारतेन्दु युग की पत्रिकाओं की फ़ाइलों के अनुशीलन से देखा जा सकता है।

भाषा और भाषा का प्रश्न

साहित्य के साथ ही भाषा का प्रश्न भी जुड़ा हुआ है। ऊपर के अनेक उद्धरणों में 'सारसुधानिधि' की भाषा का स्वरूप स्पष्ट हो गया है। संस्कृत शब्दावली का प्रयोग होते हुए भी भाषा सहज और वेगवती है। हरिश्चन्द्र-काल की भाषा प्रवृत्ति की चर्चा करते हुए आचार्य पं. रामचन्द्र शुक्ल ने लिखा है कि "उस काल में हिन्दी का शुद्ध साहित्योपयोगी रूप ही नहीं, व्यवहारोपयोगी रूप भी निखरा[2]।" 'सारसुधानिधि' की भाषा पर भी यही बात लागू होती है। ऊपर 'सारसुधानिधि' के उद्धरणों से स्पष्ट है कि भाषा पर विशेषतः क्रियापदों में कहीं संस्कृत का पण्डिताऊ प्रभाव और कहीं पछाहीं प्रभाव है। तथापि भाषा कहीं लत्थड़ नहीं हुई है और न तो कहीं सहजता टूटी है।

हिन्दी भाषा का आन्दोलन भी इस युग में चल रहा था और उसे राष्ट्रीय

1. आचार्य नन्ददुलारे वाजपेयी : हिन्दी साहित्य : बीसवीं शताब्दी, विज्ञप्ति, पृ. 4।
2. आचार्य रामचन्द्र शुक्ल : हिन्दी साहित्य का इतिहास, पृ. 452।

आन्दोलन की ही एक सम्पृक्त धारा के रूप में देखा जाता था। इस आन्दोलन में 'सारसुधानिधि' ने खुलकर भाग लिया क्योंकि उसने आरम्भ में ही 'प्रतिज्ञा' की थी कि 'यथासाध्य देश प्रतिनिधि स्वरूप होकर' कर्तव्य साधन में नियुक्त रहेगा और उसकी निश्चित प्रतीति थी कि 'आर्य्यावर्त में हिन्दी भाषा का भी ऐसा कार्य-कारण सम्बन्ध है कि बिना मातृभाषा की उन्नति के साधारण देशोन्नति होना असम्भव है।' और वर्ष 2, अंक 35 के सम्पादकीय लेख 'विलायती वर्णमाला और देशी भाषा' में सम्पादक ने देवनागरी लिपि के सम्बन्ध में बड़े साफ़ शब्दों में लिखा है कि "...आर्य्यावर्त के पक्ष में जैसी उपयुक्त देवनागरी वर्णमाला है ऐसी और कोई दूसरी वर्णमाला आज तक किसी सुसभ्य देश में नहीं थी और न बन सकती है। ऐसी सम्पन्न वर्णमाला को छोड़ के जो व्यर्थ कल्पना करता है, यह केवल वातुलता का काम है।"

हिन्दी शिक्षा

हिन्दी शिक्षा के प्रचार के लिए 'सारसुधानिधि' में कई टिप्पणियाँ प्रकाशित हुईं। वर्ष 2, अंक 22 के सम्पादकीय लेख 'कलकत्ते में हिन्दी शिक्षा की आवश्यकता' की कुछ पंक्तियाँ द्रष्टव्य हैं—"दुःख का विषय यह कि मुसलमानों की अँगरेज़ी शिक्षा और अरबी फ़ारसी की शिक्षा के लिए स्वतन्त्र एक बड़ी कालिज रहते भी मुसलमान और एक स्वतन्त्र कालिज स्थापना का प्रस्ताव कर रहे हैं और उसका आन्दोलन भी हो रहा है। परन्तु कलकत्ते में हिन्दी शिक्षा की जो इतनी आवश्यकता रहते भी इस विषय में कोई कुछ नहीं कहता, यही दुःख और आश्चर्य का विषय है।

उपसंहार की पंक्तियाँ इस प्रकार हैं—

"उपसंहार काल में हम अपनी उदार बंगाल गवर्नमेण्ट से तो यह प्रार्थना करते हैं कि जिस प्रकार बिहार में नागरी प्रवर्तित करके चिरकाल के लिए हम सब भारतवासी मात्र के कृतज्ञता और धन्यवाद के योग्य हो सर आसली ईडन चिरस्मरणीय हुए हैं। उसी प्रकार कलकत्ते में हिन्दी शिक्षा का प्रचार कर द्विगुणित श्रद्धास्पद होय यही हम लोगों की प्रार्थना है। दूसरे प्रकृत देश हितैषी धनाधिपतियों से यह प्रार्थना है कि आप लोग हिन्दी के परीक्षोत्तीर्ण छात्रों की छात्रवृत्तियों के लिए बंगाल गवर्नमेण्ट के निकट रुपये जमा कर धन की सार्थकता सम्पादन करें। जिस द्वारा गवर्नमेण्ट भी स्वयं अनुरुद्ध होकर इस महोपकारी प्रस्तावानुसार हिन्दी शिक्षा दान में स्वतः प्रवृत्त होय। हम को ऐसी आशा है कि सबसे पहिले इस विषय में महाराजा दरभंगा और महारानी स्वर्णमयी दृष्टान्त स्वरूप अपनी प्रकृत देश हितैषिता, और उदारता दिखा कर अन्यान्य धनी जिमीदारों का उत्साह बढ़ाएँगे।"

इस सम्बन्ध में वर्ष 2, अंक 12 की सम्पादकीय टिप्पणी की अन्तिम पंक्तियाँ द्रष्टव्य हैं :

"शिक्षा विभाग में हिन्दी भाषा का परिशुद्ध रूप से प्रचार होना बहुत आवश्यक है। दूसरे कलकत्ते में हमारा प्रस्तावित हिन्दी स्कूल होना भी बहुत ही आवश्यक है। जब फारसी के अनुरोध से यहाँ एक मदर्सा कालिज ही स्वतन्त्र है तो हिन्दुस्तान की प्रधान भाषा हिन्दी के लिए स्वतन्त्र विद्यालय क्यों नहीं होयगा? अवश्य होना चाहिए।" यहाँ ध्यान देने की बात है कि 'सारसुधानिधि' का आग्रह हिन्दी के परिशुद्ध रूप के प्रति था और उपर्युक्त टिप्पणी में मुख्य रूप से इसी प्रश्न पर विचार किया गया है। कुछ पंक्तियाँ यहाँ उद्धृत की जाती हैं–

"एक विशुद्ध साधु हिन्दी भाषा की सर्वत्र एक ही पुस्तक पढ़ायी जाना उचित है। किन्तु विशेष दुःख का विषय है कि जिस हिन्दी भाषा का अधिकार इतना बड़ा है कि भारतवर्ष के प्रायः आधे दूर तक परिव्याप्त है। उस भाषा के विषय में विश्वविद्यालय की सिनेट सभा ऐसी उदासीन रहे कि उस ओर भ्रम से भी कभी न देखे !!! जहाँ के जिस स्थानीय शासनकर्ता की जैसी इच्छा वैसी ही इसको विकृत कर डाले जो इच्छा पाठ्य-पुस्तक स्थिर कर देवे। कोई पूछने वाला नहीं कि इस विषय में क्या होता है।...एक सिनेट सभा के उदासीन रहने के कारण हिन्दी भाषा का अभी तक एक स्वरूप ही स्थिर नहीं हो सका है। इस दशा में भाषा का सुधरना और उन्नत होना निःसन्देह असम्भव है। और यह तो निश्चय है कि जब तक हिन्दुस्तान प्रधान हिन्दी भाषा विशुद्ध और साधु रूप धारण नहीं करेगी साधारण उन्नति कदापि नहीं हो सकेगी। अतएव हिन्दुस्तान की उन्नति का मूल जब यह ठहरा कि हिन्दुस्तान की प्रधान भाषा हिन्दी परिशुद्ध होकर सर्वत्र एक ही रूप से प्रचार होय। तब अवश्य गवर्नमेण्ट की सहायता आवश्यक है। क्योंकि सम्प्रति भारतवासियों की सर्व प्रकार की शिक्षा एक मात्र गवर्नमेण्ट के आधीन है।"

हिन्दी भाषा

इन उद्धरणों से हिन्दी भाषा के सम्बन्ध में 'सारसुधानिधि' का दृष्टिकोण काफ़ी स्पष्ट हो जाता है। हिन्दी-लेखकों की धारणा थी कि देशोन्नति के लिए देश में एक सामान्य भाषा की उन्नति होनी चाहिए और उस पद पर हिन्दी ही प्रतिष्ठित हो सकती है क्योंकि भारतवर्ष की यही प्रधान भाषा है। स्मरणीय है कि हिन्दी-लेखकों की यह धारणा पक्षपातपूर्ण नहीं थी। यह जातीय दृष्टि थी जिसका समर्थन उस युग के अनेक समाज-सुधारकों ने किया था। हमने समाज-सुधार-आन्दोलन की चर्चा करते हुए देखा है कि केशवचन्द्र सेन और दयानन्द सरस्वती अहिन्दी भाषी प्रदेश के होकर भी हिन्दी के समर्थक थे। दयानन्द जी ने तो हिन्दी प्रचार के विविध प्रयत्न भी किये थे। अस्तु।

'हिन्दी भाषा' शीर्षक लेख 'सारसुधानिधि' में प्रकाशित हुआ था, जिसकी अन्तिम पंक्तियाँ वर्ष 1, अंक 14 से यहाँ उद्धृत की जाती हैं–

"हम लोगों को मुनासब है जिसमें देश की उन्नति होय और निष्कपट और निर्दोष सभ्यता की वृद्धि होय, ऐसे उद्यम उपाय और यत्न करें। इसलिए जब हम सोचते हैं तो प्रथम दृष्टी हमारी भाषा पर पड़ती है, क्योंकि जब तक निस्कपट विशुद्ध भाषा की उन्नति नहीं होयगी तब तक निस्कपट सभ्यता और देश की उन्नति भी नहीं होयगी, इससे उचित है कि पहिले भारतवर्ष की प्रधान और प्रसिद्ध चाँद वे गहन हिन्दी की उन्नति करें, और राजपुरुषों को दिखावें कि जिन्होंने वे जाने पहिचाने उर्दू को अपने घर इतना अधिकार दे दिया है कि जिस कारण कपट आदि कितनि ही बातों की वृद्धि और प्रजा की विशेष क्षति और हानि होती है और सुसभ्य जाति को तो सरलता और अंगीकर करना उचित है, क्योंकि सीधी चाल-चलन, बोल-चाल और सीधा व्यौहार सभ्यता का प्रधान लक्षण है इसलिए हम अपने पाठकों से अनुरोध और प्रार्थना करते हैं कि जो भाषा सरल-कोमल और प्रांजल भारत भूमि की चिर परिचिता है और जिसकी सहचरी और सहेली ऊपर कही हुई बँगला आदि निष्कण्ट प्रचलित है उसी अपूर्व सुन्दरी हिन्दी चित्त से सहायता और उन्नति करे।"

उपलब्धि

हमने ऊपर एक जगह लिखा है कि 'सारसुधानिधि' में जातीय उन्नयन के हर प्रयत्न का समर्थन दिखाई पड़ता है। ऊपर के उद्धरण हमारी बात की पुष्टि के लिए पर्याप्त हैं।

'सारसुधानिधि' वर्ष 2, अंक 17 में आनन्दवन का हिन्दी भाषा समाचार-पत्र-सम्पादकों की वर्तमान दशा शीर्षक लेख प्रकाशित हुआ है। विषय-विवेचना के प्रसंग में लेखक ने एक जगह लिखा है, "समाचार-पत्रों के प्रचारित और विदित होने का प्रधान और मुख्य कारण यही है कि वह पिष्टपेषण के प्रकरण से स्थान पूर्ति करने की अपेक्षा देशोपकारक विषयों से भूषित किया जावे और गवर्नमेण्ट को न्याय विवेचना से वंचित न रखे और जो बात नीति विरुद्ध हो उसे गवर्नमेण्ट के सम्मुख उपस्थित कर देवे, जिससे अन्याय का संचार और बुराई का अंकुर न फैलने पावे।" यदि यही समाचार-पत्र का दायित्व है तो मानना पड़ेगा कि 'सारसुधानिधि' ने अपने दायित्व का पूर्ण पालन किया।

उचितवक्ता

हिन्दी पत्रकारिता के द्वितीय दौर के सन्दर्भ में कलकत्ते के विशिष्ट पत्रों की सामान्य चर्चा करते हुए हमने निवेदन किया है कि 'उचितवक्ता' के नामानुसार ही इसका आदर्श और उद्देश्य था। उत्तर उन्नीसवीं शताब्दी का यह एक अत्यन्त तेजस्वी पत्र था जिसने 12 मई 1883 ई. को देशी पत्रकारों को सलाह दी थी, **"देशीय सम्पादको! सावधान!! कहीं जेल का नाम सुनकर कर्त्तव्य विमूढ़ मत हो जाना, यदि धर्म की रक्षा करते हुए यदि गवर्नमेण्ट को सत्परामर्श देते हुए जेल जाना पड़े तो क्या चिन्ता है। इससे मान हानि नहीं होती है। हाकिमों के जिन अन्याय आचरणों से गवर्नमेण्ट पर सर्वसाधारण की अश्रद्धा हो सकती है उनका यथार्थ प्रतिवाद करने में जेल तो क्या यदि द्वीपांतरित भी होना पड़े तो क्या बड़ी बात है? क्या इस सामान्य विभीषिका से हमलोग अपना कर्तव्य छोड़ बैठें?"**

'उचितवक्ता' का संगठन पक्ष

इस पत्र का आदर्श-वाक्य था, 'हितं मनोहारि च दुर्लभं वचः।' पं. दुर्गाप्रसाद मिश्र का यह साप्ताहिक पत्र सरस्वती प्रेस में छपता था। दुर्गापूजा के अवसर पर प्रेस बन्द हो जाता था इसलिए तीन सप्ताह के लिए 'उचितवक्ता' का प्रकाशन भी स्थगित हो जाता था। इसकी सूचना पाठकों को पहले दी जाती थी। वर्ष 1, अंक 9 की सम्पादकीय टिप्पणी के नीचे यह सूचना पहली बार प्रकाशित हुई थी जो इस प्रकार है–

सूचना!

विदित हो कि इस बंगदेश में सबसे बड़ा उत्सव दुर्गापूजा का होता है इस समय सभी मनुष्य छुट्टी लेकर अपने-अपने घर बालबच्चों में जा मिलते हैं, इसलिये सरस्वती यन्त्र के कर्म्मचारी समूह भी छुट्टी लेकर अपने-अपने मकानों में जाएँगे इससे 'उचितवक्ता' तीन सप्ताह तक प्रकाशित नहीं होगा। आशा है कि प्रिय पाठकों से तीन सप्ताह के बाद पुनः सम्भाषण करेंगे।

इसका वार्षिक मूल्य 1॥) वार्षिक और डाक व्यय सहित 3=) था।[1] मूल्य कम होने के कारण ग्राहक-संख्या बड़ी थी तथापि आर्थिक कठिनाई से मुक्ति नहीं थी बल्कि कहना चाहिए कि अर्थ-संकट इसके मार्ग में बड़ा अवरोध था। आर्थिक संकट का मुख्य कारण था ग्राहकों की दायित्वहीनता और उदासीनता। ग्राहक बनकर भी समय से मूल्य चुकाना वे आवश्यक नहीं समझते थे। हिन्दी पत्रकारिता की यह एक सार्वत्रिक व्याधि थी जिसका पं. दुर्गाप्रसाद मिश्र को बड़ा कटु अनुभव था। 'उचितवक्ता' के 13वें वर्ष के प्रथम अंक यानी 26 मई 1894 ई. को पं. दुर्गाप्रसाद जी ने लिखा कि, "जिस समय मैंने 'भारतमित्र' को जन्म दिया था, जिस समय 'सारसुधानिधि' का अनुष्ठान पत्र प्रचार किया था और जन्म देने का उद्योग किया था तथा अंशीदार बनकर रुपये घाटे दिये थे, उस समय हिन्दी की इस राजधानी में बड़ी ही आवश्यकता थी।" इसी वक्तव्य की पहली पंक्ति इस प्रकार है—"कई वर्षों तक प्रथम 'उचितवक्ता' सुनियम और सुदृढ़ता से चलता रहा, यद्यपि ग्राहकों की नादेहन्दी आरम्भ ही से बनी रही तथापि उद्योग और अध्यवसाय के बल से चलाया गया।" इस प्रकार पाठकों की उदासीनता और शिथिलता से खीझकर 13 जनवरी 1883 ई. की सम्पादकीय टिप्पणी लिखी गयी थी जिसका शीर्षक है—"कौन कहता है कि भारतवासियों में एका नहीं है?" इस सम्पादकीय वक्तव्य का एक स्थल द्रष्टव्य है—

"पाठको ! हमारी इस बात से आपलोग आश्चर्य में न आ जाइयेगा? शायद आपलोगों को इस बात का अनुभव न हो तो न हो परन्तु हिन्दी पत्रों के सम्पादक (केवल हिन्दी ही के नहीं वरन् देशीय समस्त भाषा के) सम्पादक तो इस बात को खूब अच्छी रीति से जानते हैं। वे लोग मुक्त कण्ठ से स्वीकार कर लेंगे कि संवाद पत्रों के दाम न देने में भारतवासियों का ऐसा एका है कि दूसरे 2 देशों में ढूँढ़ने पर न मिले पर कसर इतनी ही रह जाती है कि थोड़े से ओछी बुद्धि के मनुष्य सम्पादकों को यथा समय पर दाम भेजकर

---

1. 'उचितवक्ता' के प्रथम वर्ष के अंक के अन्त में 'सूचना' शीर्षक से एक व्यवस्थापकीय सूचना प्रकाशित हुई जिसे अविकल उद्धृत किया जाता है :

   "सूचना।

   विदित हो कि 'उचितवक्ता' का मूल्य आगामि वार्षिक1॥) और डाकव्यय सहित 3=) है पश्चात् मूल्य का नियम नहीं है और हमलोग अग्रिम दाम बिना पाये पत्र कहीं नहीं भेजेंगे जिन महाशयों को इस पत्र के ग्राहक होना होवे कृपाकर चिट्ठी पत्री मनीआर्डर आदि कार्याध्यक्ष कालीप्रसाद मिश्र के नाम से बड़ा बाजार सूतापट्टी नं. 60 इस पते पर भेजें। बेयरिंग पत्रादि गृहीत नहीं होंगे।"

   इस सूचना के नीचे यानी एकदम अन्त में है—"सरस्वती यन्त्र में छपकर कलकत्ता बड़ा बाजार सूतापट्टी नं. 60 से दुर्गाप्रसाद मिश्र द्वारा प्रति शनिवार को प्रकाशित होगा।"

अपनी नालायकी जाहिर कर बैठते हैं और उनके एके को सर्वांगसुन्दर नहीं होने देते। और भारत की भावी उन्नति के रास्ते में काँटे बोते हैं। नहीं तो आजतक क्या उन्नति करने में अपनी ओर से ये लोग कुछ कसर करते? निस्सन्देह अबतक तो ये ऐसी उन्नति दिखाते कि देशहितैषी सम्पादकों की आँखें पथरा जातीं और मुँह हाथ और कलम का चलना बन्द हो जाता। पर क्या हुआ अभी भी इनमें जैसी चेष्टा और अध्यवसाय है यदि कुछ दिनों तक इनमें ऐसी ही दृढ़ता रही तो देश दशा के परिवर्तन में जरा भी सन्देह नहीं रहेगा।" निस्सन्देह यह एक जले हृदय की उद्भावना है जो उस समय के हिन्दी पाठकों की दशा को द्योतित करती है। अस्तु।

'उचितवक्ता' का जब कलेवर बढ़ा तो 11 अक्टूबर 1884 ई. को "'उचितवक्ता' के कलेवर बढ़ाने का क्या कारण है?" शीर्षक सम्पादकीय स्पष्टीकरण प्रकाशित हुआ था जिससे 'उचितवक्ता' के संगठन-पक्ष और नीति पर प्रकाश पड़ता है। उक्त वक्तव्य के कुछ स्थल उद्धरण सहृदय-क्षम्य होगा। "आज हमारे समस्त सहयोगी पत्र-सम्पादक पाठक तथा ग्राहक अकस्मात् 'उचितवक्ता' का कलेवर देख चौंक पड़ेंगे और इस सोच में आ जाएँगे कि, आज सहसा इसके आकार की ऐसी वृद्धि किस प्रकार से हुई? कोई महाशय समझेंगे कि, इस का दूना कलेवर अन्य किसी सहयोगी के मुकाबिले में ईर्षावश बढ़ाया गया है, कोई समझेंगे कि, ग्राहक बढ़ाने के आशय से और अर्थ की लालच से इसका कलेवर बढ़ाया है। कोई-कोई कुटिल हृदय ऐसा भी सिद्धान्त करेंगे कि, किसी सहयोगी विशेष को क्षतिग्रस्त करने के लिए इसे उन्नत कलेवर किया है। परन्तु ऐसा समझना सम्पूर्ण भ्रम का कार्य है।...प्रथम यह पत्र दो फर्मों पर प्रकाशित होता रहा जब इसे कई तरह का सुवीता प्राप्त होने लगा तब इसका मूल्य स्कूल और लाइब्रेरियों के लिए आधा कर दिया गया और जब इससे भी बढ़कर सुवीता हुआ जब सर्वसाधारण के लिए वार्षिक ।॥) कर दिया गया और अब विशेष सुवीता हुआ विज्ञापन की विशेष आमदनी के सहित ग्राहकों की भी संख्या आशातिरिक्त बढ़ गयी। इसी से आज इस का दूना कलेवर पाठकों के समीप उपस्थित है। हम लोगों ने कभी भी कोई ऐसे प्रवंचना सूचक वाक्य नहीं लिखे, 'जो नफा होता है वह अच्छे कामों में लगा दिया जाता है, मालिकों से कुछ सरोकार नहीं।' हम लोग ऐसे ठगपने की बातों के प्रकाश करने में आन्तरिक घृणा रखते हैं। हम लोग कभी इस की उन्नति के लिए द्वार-द्वार पर हाथ में ठीकरा लिये 'भवतु भिक्षां देहि' कहते नहीं भटकते फिरे और न कभी चन्दा संग्रह करते समय यही कहा कि 'अजी साहब हमारी इज्जत को देखिए, और इस दो रुपये महीने 'डोनेसन को देखिए' और न कभी हम लोगों ने इसकी उन्नति के लिए कोठड़ी में बन्द हो आँखें मीच परम पिता परमेश्वर के समीप रोना-पीटना और सिर धुनकर झीखना मचाया, इसपर भी 'उचितवक्ता' अपने सच्चे सहायकों की सहायता और

उत्साह से उन्नत होने लगा और इसी से आज इस का कलेवर बढ़ गया और दाम न बढ़ा।" इस वक्तव्य के अन्त में कृतज्ञता ज्ञापित की गयी है 'उचितवक्ता' के सक्रिय सहयोगियों के प्रति, जिनमें "हमारे परम प्रिय श्रीमान् पण्डित गोविन्दनारायण मिश्र विशेष धन्यवादार्ह हैं, जिनों ने सम्पादक के अनुपस्थिति और अस्वस्थ शरीर होने पर इस पत्र के सम्पादन में यत्परोनास्ति सहायता की और सम्पादक को समय-समय पर सुपरामर्श दे कर्तव्य सूचित कराया, सच्च तो ये है कि, ये इसकी उन्नति के प्रधान कारण हैं, आरम्भ से आज पर्यन्त हम लोगों का जैसा यत्न और स्नेह उचितवक्ता पर है, इसका भी हम लोगों से किसी प्रकार कम नहीं है।" इसके आगे पं. अम्बिकाप्रसाद व्यास, बाबू राधाकृष्णदास, सदानन्द मिश्र, शम्भूनाथ मिश्र, प्रतापनारायण मिश्र, छोटूलाल मिश्र, पं. हरमुकुन्द शास्त्री इत्यादि के नाम हैं, जिनके प्रति सम्पादक ने कृतज्ञता ज्ञापित की है।

संचालक-सम्पादक पं. दुर्गाप्रसाद मिश्र

पं. दुर्गाप्रसाद जी बहुधन्धी व्यक्ति थे। राजकीय कार्य में भी इनकी विशेष रुचि थी। कश्मीर-नरेश का इन्हें स्नेह प्राप्त था। मूलतः ये कश्मीर के ही थे। कश्मीराधिपति महाराज सर प्रताप सिंह जी के सिंहासनारोहण महोत्सव के अवसर पर आमन्त्रित होकर पं. दुर्गाप्रसाद जी को कश्मीर जाना पड़ा था। समारोह के बाद महाराज ने मिश्र जी को कश्मीर राज-सेवा में रहने का अनुरोध किया और उन्हें विद्या विभाग के परिदर्शक (इन्स्पेक्टर) के पद पर प्रतिष्ठित कर दिया।[1] और उनकी अनुपस्थिति के कारण 'उचितवक्ता' बन्द हो गया। (द्रष्टव्य 26 मई 1894 ई. की सम्पादकीय टिप्पणी)। डोंगरे भाई तथा अन्य मित्रों के पुनः पुनः अनुरोध करने पर भी पं. दुर्गाप्रसाद जी 'उचितवक्ता' के पुनः प्रकाशन की ओर प्रवृत्त नहीं हो रहे थे क्योंकि पत्रकारिता के कटु अनुभव से उनकी इच्छा-शक्ति शिथिल हो गयी थी। परन्तु हिन्दी के सौभाग्य से हिन्दी के परम हितैषी महाराजकुमार रामदीन सिंह 30 अप्रैल 1894 को कलकत्ता पधारे और पं. दुर्गाप्रसाद मिश्र को 'उचितवक्ता' निकालने के लिए उत्साहित किया। अपनी कलकत्ता यात्रा का उद्देश्य बताते हुए उन्होंने कहा था कि 'उचितवक्ता' का पुनः प्रकाश कराना अन्यतम उद्देश्य है। दुर्गाप्रसाद जी को सम्बोधित कर उन्होंने कहा था, "आप कुछ नहीं लिखते, आलसी हो गये हैं।" मिश्र जी ने विवशता प्रकट करते हुए कहा था कि "पत्र निकालने से पुनः हज़ारों का घाटा लगेगा।" इस पर बाबूसाहब ने वचन दिया था कि, "कुछ चिन्ता नहीं, आप निकालिए। पत्र निकलता रहेगा तो इसके अनुरोध से आप बहुत कुछ लिखते रहेंगे,

1. पं. दुर्गाप्रसाद मिश्र की अनुपस्थिति के कारण 'उचितवक्ता' के प्रकाशन में बड़ी कठिनाई आ गयी थी जिसका उल्लेख 1 जनवरी 1887 ई. के अंक में 'विशेष प्रयोजनीय सूचना' शीर्षक से किया गया है।

अन्यथा आप अब बहुत कम लिखते हैं। आप सरीखे सुलेखकों को आलस्य में कालक्षय नहीं करना चाहिए। रुपयों का जो कुछ घाटा होगा, उसके सब उपाय मैं करूँगा।" बाबूसाहब ने कार्यारम्भ के लिए दो सौ रुपये दिये और साथ ही यह आश्वास-बोध भी दिया कि "मैं कदापि बन्द न होने दूँगा।" इस प्रकार बाबूसाहब की सहृदयता से उत्साहित हो मिश्र जी ने 26 मई 1894 ई. को पुनः 'उचितवक्ता' का प्रकाशन आरम्भ किया। 1895 ई. तक की फ़ाइल मुझे उपलब्ध हुई है। इसके आगे का इतिहास मेरे लिए अज्ञात है।

असल में मिश्र जी, सामाजिक कार्यों में अतिरिक्त रुचि लेने के कारण, सदैव व्यस्त और अस्थिर रहते थे, साथ ही पारिवारिक संकटों की मार भी उन्हें बर्दाश्त करनी पड़ती थी। माता, पितातुल्य अग्रज तथा परमप्रिय भतीजे की अकाल मृत्यु का आघात उन्हें लगा था। उक्त मानसिक आघात के साथ ही बंगाल की रुग्ण जलवायु ने मिश्र जी को शारीरिक रूप से अस्वस्थ बना दिया। उनकी पाचन शक्ति क्षीण हो गयी और विवश होकर उन्हें कलकत्ता छोड़ देना पड़ा। इस प्रकार 'उचितवक्ता' का प्रकाशन बन्द हो गया। बाबू बालमुकुन्द गुप्त ने 'भारतमित्र' में समाचार-पत्रों का इतिहास लिखते हुए 'उचितवक्ता' की चर्चा की है और उसके बन्द होने के मुख्य कारण का उल्लेख करते हुए उन्होंने लिखा है–

"...पण्डित दुर्गाप्रसाद जी ने लिखने-पढ़ने से एकदम हाथ खेंच लिया। कुछ दिन बाद प्रेस भी बेच दिया। इसके बाद उनपर विपद का समय आया। उनके कुटुम्ब के कितने ही अच्छे लोगों का देहान्त हो गया।...इस देश में अखबार खास-खास आदमियों के शौक पर चलते हैं जब उनका शौक कम हो जाता है या वह नहीं रहते तो अखबार भी लीला संवरण कर जाते हैं। विलायत आदि में ऐसा नहीं है। वहाँ के अखबार किसी व्यक्ति विशेष के भरोसे नहीं हैं। वरंच उनका मजबूत स्टाफ होता है, पूरा प्रबन्ध होता है, किसी एडीटर या मैनेजर के न रहने से वह बन्द नहीं हो सकते, भारतवर्ष में अभी भी इस बात के होने का दिन दूर है।"[1] गुप्तजी की ये पंक्तियाँ 'उचितवक्ता' के साथ ही प्राचीन पत्रकारिता के एक बहुत बड़े तथ्य की ओर संकेत करती हैं।

मुद्रण की दृष्टि से 'उचितवक्ता' बहुत दिनों तक परावलम्बी था और सरस्वती प्रेस में छपा करता था। जब प्रेस बन्द रहता था तो 'उचितवक्ता' का प्रकाशन भी बन्द हो जाता था। ऊपर एक ऐसी सूचना उद्धृत की गयी है जो 'उचितवक्ता' में उस समय प्रकाशित हुई थी जंब पूजा की छुट्टी के उपलक्ष में प्रेस के बन्द रहने के कारण उसका प्रकाशन भी तीन सप्ताह के लिए अवरुद्ध होनेवाला था। वर्ष 4, अंक 1 के मुख्य पृष्ठ पर अन्य विज्ञापनों के साथ 'उचितवक्ता' यन्त्र का भी

1. बाबू बालमुकुन्द गुप्त : 'गुप्तनिबन्धावली', पृष्ठ 335-336।

विज्ञापन है। हिन्दी, संस्कृत, अँगरेज़ी और बँगला की छपाई हो सकती है, ऐसी विज्ञप्ति है। इस विज्ञापन के नीचे 'यन्त्राध्यक्ष' के रूप में दुर्गाप्रसाद मिश्र का नाम विज्ञप्त है। इसी अंक से पत्र का अपेक्षाकृत आकार बढ़ा दिया गया है।

विषय-वस्तु

'उचितवक्ता' में पाठकों के और देश-हितैषी लेखकों के पत्र प्रायः प्रकाशित होते थे। पत्रों का कभी-कभी उत्तर दिया जाता था और कभी-कभी उसे प्रकाशित न करने के कारण भी विज्ञप्त किये जाते थे। उदाहरणार्थ–

16 अप्रैल सन् 1881 ई.

उचितवक्ता

"'भवदीय हिताभिलाषी' आपका यह प्रस्ताव नहीं छप सकता क्योंकि, ऐसे-ऐसे प्रबन्धों ही के लिए सरकार ने 'प्रेस एक्ट' बनाया है। इसके छापने से हित के बदले अहित हो जाएगा।"

"'एक क.व.सु. का पाठक' आपका पत्र बहुत देरी में आने के कारण नहीं छप सका, आप तुलसीदास जी के इस महावाक्य पर ध्यान दीजिये,

"'मूरख हृदय न चेत जो गुरु मिले विरंचि सम'।"

"'आपका दास इलाहाबाद' यह प्रस्ताव कई बेर हिन्दी पत्रों में छप चुका है कोई नयी बात इसमें नहीं पायी गयी सुतरां चर्वित-चर्वण करना अच्छा नहीं परन्तु आपकी भाषा अच्छी है कोई और लेख लिखिये।"

"'एक ब्रास' आप लोगों का यह झगड़ा कदापि मिटने का नहीं चाहे जितना तर्क कीजिये क्योंकि, यह झगड़ा ईर्षावस है। इस झगड़े के वास्ते 'उचितवक्ता' में स्थान नहीं है।"

वर्ष 3, अंक 1 में 'विशेष नियम' शीर्षक एक सम्पादकीय सूचना छपी है जो इस प्रकार है–"प्राप्त और प्रेरित स्तम्भों के मतामत के निमित्त सम्पादक उत्तरदाता नहीं।" सम्पादकीय दायित्व और औचित्य का सम्पादक को बड़ा ध्यान रहता था। 10 फ़रवरी 1883 ई. के अंक में–पत्र प्रेरकों के प्रति–स्तम्भ के अन्तर्गत एक पत्र का सम्पादकीय उत्तर प्रकाशित हुआ है जो द्रष्टव्य है : "एक दीनजन, जम्मू (काश्मीर) आपने बाबू महेशचन्द्र विश्वास और बाबू योगेन्द्रचन्द्र विश्वास के विषय में बहुत कुछ निन्दा स्तुति पुनश्च लिख भेजी है परन्तु इसका पूरा पता लगाये बिना हम लोग इसे नहीं छाप सकते।" इसी सम्पादकीय विवेक के चलते 'उचितवक्ता'–सम्पादक ने 'उचितवक्ता' के क्रोड़-पत्र में 'भारतमित्र' को ख़ूब खरी-खोटी सुनायी थी और 'भारतमित्र' सम्पादक को सम्पादकीय धर्म और नैतिकता समझायी थी। 15 जुलाई 1881 के 'भारतमित्र' में एक पत्र प्रकाशित हुआ था जिसमें 'स्वच्छ वेद निन्दा' थी। इस पर 'उचितवक्ता' का क्रोड़पत्र निकला जिसमें एक ही

लेख था—'भारतमित्र की नीचता'। कुछ पंक्तियाँ द्रष्टव्य हैं—

"...'भारतमित्र' के सम्पादक को ऐसा छापने का ही क्या अधिकार है? क्या पत्र सम्पादक का यही कर्तव्य है कि जो आवे सो छापना वाह जी वाह! सम्पादक क्या ठहरे मानो सिन्धूरिया पट्टी की सुरैतिन है कि जो चाहे चला आवे सबकी समायी हो जाती है। हिन्दु मुसलमान यिहूदी पारसी नास्तिक डोम चण्डाल बौद्ध जैनी जिसका कहीं ठिकाना न लगा वह अन्त को भारतमित्र का पल्ला पकड़ कर पार हो जाता है। ...हम उनसे यह पूछते हैं कि आप क्या सब का भेजा पत्र छाप सकते हैं यदि कोई किसी व्यक्ति विशेष को अथवा आप ही की निन्दा लिखकर भेज दे वा उनको वृथा गालियाँ दे अपमान सूचक वाक्य लिख भेजे तो छाप देंगे? हमारी समझ में तो कभी-कभी भी आपसे यह काम न होयगा क्योंकि आप ऐसे पत्रों को तो क्या लिख छापोगे जिनमें निन्दा वा गालियों का लेश भी नहीं रहता है समय-समय पर आप उनको भी नहीं छापते और साफ़ जवाब दे देते हैं। तो फेर ऐसी अवस्था में आपने इस वेद निन्दामूलक नीचाशय सारहीन पत्र को छापकर क्यों अपनी नीचता प्रकाश की है इसका कोई कारण हमको नहीं दिखता। क्या कुछ लोभवश होकर ऐसे नीच कर्म में प्रवृत्त हो गये हैं सम्पादक जी जरा होश में आ जाओ और इन नीच प्रवृत्तियों को चित्त से विदूरित कर डालो नहीं तो किसी दिन सम्पादकी का पूरा मजा चक्खोगे।"

वर्ष 1, अंक 5 के आरम्भिक दो पृष्ठों पर विज्ञापन है। इस पत्र में विज्ञापन की बहुलता रहती थी। हिन्दी समाचार पत्रों का भी विज्ञापन इस पत्र में प्रायः छपता रहता था। प्रथम वर्ष के पाँचवें अंक के दूसरे पृष्ठ पर मित्रविलास, भारतबन्धु, सारसुधानिधि, और जयपुर गेजट का विज्ञापन है। विद्यार्थी, बिहार बन्धु, कविवचन सुधा, हिन्दी प्रदीप, क्षत्रिय पत्रिका, सज्जनकीर्ति सुधाकर और भारतमित्र का भी विज्ञापन है।[1]

---

1. यहाँ कुछ विज्ञापन उद्धृत किये जाते हैं—

मित्र विलास।

नामक शुद्ध हिन्दी भाषा का साप्ताहिक पत्र जिसमें नित्यमेव उत्कृष्टोत्कृष्ट व्याख्यान नूतन 2 उपन्यास, सुशिक्षक और हितकारी वार्ताएँ उत्तमोत्तम ग्रन्थों का 'मातृभाषा' में अनुवाद देश हितैषिक इतिहास और विचित्र संक्षिप्त जगत् वृत्तान्त प्रकाशित होते रहते हैं, वार्षिक मूल्य डाक, व्यय सहित 3॥

जिन्हें लेना हो इस पते पर पत्र भेजें। श्री पण्डित मुकुन्द राम

'मित्र विलास' कार्य्याध्यक्ष, सैदमिट्ठा बाजार, लाहौर

भारतबन्धु।

यह साप्ताहिक पत्र प्रति शुक्रवार को उत्तमोत्तम प्रबन्धों से पूर्ण प्रकाशित होता है जिन्हें इसके ग्राहक होना हो निम्नलिखित महाशय को लिखें—

बाबू तोताराम

वकील हाईकोर्ट, अलीगढ़ →

समाचार

इस पत्र में लेख, पत्र और टिप्पणी के साथ ही देशी-विदेशी समाचार भी छपता था। 'समाचारावली' एक स्थायी स्तम्भ था जिसके अन्तर्गत समाचार प्रत्येक अंक में प्रकाशित होता था। स्मरणीय है कि कुछ समाचार के साथ एकाध वाक्यों में सम्पादकीय टिप्पणी भी रहती थी। समाचारावली के अन्तर्गत प्रकाशित समाचार से देश-दशा का बड़ा जीवन्त चित्र उभरता है। यहाँ कुछ समाचार उद्धृत करना प्रासंगिक जान पड़ता है–

वर्ष 1, अंक 1–

भारतीय अँग्रेजी सेनाओं के स्वास्थ्य रक्षा का प्रकृष्ट उपाय विषयक प्रस्ताव लिखकर 1881 साल के 31 मार्च के पहिले गवर्नमेण्ट के सामरिक विभाग के सेक्रेटरी के पास आदर्श भेजने से यदि स्वीकृत होगा तो लेखक को 1000 रुपये पुरस्कार मिलेंगे उक्त ग्रन्थ सरल और सहज अँगरेजी भाषा में लिखित होना चाहिये। सचराचर जिन कारणों से अँगरेजी सेनाओं का स्वास्थ्य भंग होता है उसका स्वरूप और जिन उपायों के अवलम्बन करने से स्वास्थ्य अच्छा रहेगा गे बातें उत्तम रीति से लिखनी होंगी।

'पशुप्रति अत्याचार निवारिणी' सभा में एक देशीय मनुष्य को 60 रुपये

→ सारसुधानिधि।

नामक हिन्दी साधुभाषा का साप्ताहिक सामयिक पत्र श्रेष्ठ विषयों से पूर्ण कलकत्ता बड़ा-बाजार सूतापट्टी नं. 51 से प्रति चन्द्रवार को प्रकाशित होता है दाम आगामि वार्षिक डाकव्यय सहित 6।) है जिन्हें ग्राहक होना होवे निम्नलिखित महाशय को लिखें।

शम्भूनाथ मिश्र

जयपुर गेजट।

यह अतवार हर शनिवार और बुधवार को : राजपूताना : जयपुर में अँगरेज़ी और हिन्दी ज़ुबानों में छपता है जिन साहिबों को ज़रूरत हो मैनेजर को लिखें। कीमत बरस की मुशगी मैडाक महसूल 15।) है।

हिन्दी प्रदीप।

यह सर्वोत्कृष्ट मासिक पत्र प्रति अँगरेज़ी मास की पहिली तारीख को प्रकाशित होता है मूल्य आगामी वार्षिक डाकव्यय सहित 3=जिन्हें इसके ग्राहक होना हो इस पते पर पत्र लिखें।

पण्डित बालकृष्ण भट्ट
अहियापुर इलाहाबाद

भारतमित्र।

नामक साप्ताहिक सरल हिन्दी भाषा का पत्र उपयुक्त विषयों से पूर्ण प्रति गुरुवार को कलकत्ता बड़ा बाजार सूता पट्टी नं. 60 से प्रकाशित होता है दाम बरस की पेशगी डाक महसूल समेत 3=जिन्हें इसके ग्राहक होना हो निम्नलिखित को लिखें–

छोटूलाल मिश्र।

महीने पर नौकर रक्खा है, ग्वाले गौओं को फूँका देकर दूध न लिया करें ये इस विषय का अनुसन्धान किया करेंगे।

शिक्षा विभाग के कर्मचारी होने से गवर्नमेण्ट बिना मूल्य औषधि देती थी। डाक्तार पेइन साहिब के आपत्ति करने से गवर्नमेण्ट अब औषधि नहीं देगी।

व्यभिचारिणियों को व्यभिचार दोष से निवृत्त कर सत्पथ में प्रवृत्त कराने के लिए विलायत में एक चरित्र शोधक गृह प्रतिष्ठित है। इस बरस 885 व्यभिचारिणी स्त्रियों में से 752 स्त्रियाँ वेश्यावृत्ति त्यागकर अपने-अपने घर फिर आयी हैं, अवशिष्ट 133 आज तक अपने घर नहीं आने पायीं। 1857 साल से आजतक 10252 स्त्रियाँ शुद्ध चरित्र हुई हैं।

ग्लैडस्टोन पीड़ित थे पर अब कुछ अच्छे होते जाते हैं।

बिहार प्रान्त में उर्दू और नागरी का झगड़ा अभी तक नहीं निपटा बहुत से आदमियों ने मिलकर नागरी प्रचलित न होने पावे इस विषय का आवेदन किया परन्तु हम लोगों की समझ में गवर्नमेण्ट कदाचित् इस अन्याय युक्ति विरुद्ध दरख्वास्त पर ध्यान न देगी और हिन्दी प्रचलित होने के बद्ध परिकर रहेगी।

1 जनवरी से 31 जुलाई तक कलकत्ते से 1842 मन चा विलायत चलान हुई।

वर्ष 1, अंक 2–

नैनीताल के हत्या-सम्बन्ध में एक पत्र प्रेरक ने लिखा है कि 'जो स्त्री हत हुई वह पार्वत्य जाति की थी। हत्याकारी गोरे ने उसके सतीत्व नष्ट की चेष्टा की थी पर उसका यत्न किसी तरह सिद्ध नहीं हुआ। वह स्त्री किसी प्रकार से राजी नहीं हुई, इसी अपराध से गोरे ने उसे मार डाला। उस स्त्री के साथ और एक रमणी थी। गोरे को देखकर वह जंगल में जा छिपी, और वहाँ से उसने हत्या करते देखा इसी के द्वारा वह हत्या प्रकाश हुई है।

काबुल युद्ध में जो सब देशीय सैनिक पुरुष हत हुए हैं उनके साहाय्यार्थ देशीय राजाओं ने तीन लाख रुपये चन्दा इकट्ठा किया है।

चीन की आमय नगरस्थ अमेरिकान कौनूसिल ने कहा है कि आमय में, विलायती कपड़े का प्रचलन करना मैनचेष्टर का कर्त्तव्य है। परन्तु उस नगर के 20 हजार निवासियों ने यह आपत्ति की है कि विलायती कपड़े से देशी मजबूत और गरम होता है। यह हिन्दुस्तान नहीं है कि खाली सस्ता देख भूल जाए।

वर्ष 1, अंक 4–

ष्टेट्समैन का एक पत्र प्रेरक लिखता है कि, हिन्दुस्तानी लोग अँग्रेजों

के प्रति आन्तरिक अश्रद्धा प्रकाश करते हैं। जब कभी अँग्रेजों का अनिष्ट होता है तो उनके आनन्द की सीमा नहीं रहती। गत कन्दहार की दुर्घटना की बात सुन कर अधिकांश लोगों ने हर्ष प्रकाश किया है धन्य है सच्चे पत्र प्रेरक।

वर्ष 1, अंक 5–

हजारीबाग में एक चाकर साहब किसी की दुकान पर बैठा था इस समय गवर्नमेण्ट अँग्रेजी स्कूल के द्वितीय शिक्षक जूता पहिने हुए दुकान में चले आये इस लिए साहब ने उन्हें खूब मारा शिक्षक महाशय ने डिपुटी मैजिस्ट्रेट के पास नालिश की है।

वर्ष 1, अंक 6–

ट्रूथ समाचार पत्र लिखता है कि "यदि लोर्ड लिटन और सर जोष्ट्रची साहब चीन या टर्की के होते तो अब तक उनका सिर धड़ से अलग कर दिया गया होता, यदि रशिया के होते तो उनको बहुत सा समय साइबीरिया की खानों में काटना पड़ता, अगर जर्मनी के होते तो किले में बन्द कर दिये जाते, पर हम लोग तो सब काम बूरारी बजट से करते हैं।"

वर्ष 1, अंक 7–

1881 साल के 1 जनवरी से पश्चिमोत्तर प्रदेश की अदालतों में नागरी जारी करने का संकल्प हो रहा है।

3 सितम्बर 1881–

बंगाल गवर्नमेण्ट के असिस्टेण्ट सेक्रेटरी बाबू राजेन्द्रनाथ मित्र के छुट्टी लेने पर बाबू बंकिमचन्द्र चट्टोपाध्याय नियुक्त हुए अगर इस काम में यही नियुक्त रहें तो अच्छा है।

उन दिनों काबुल में युद्ध चल रहा था। उसका समाचार उस समय के प्रायः सभी पत्रों में छपता था। 'समाचारावली' के नीचे 'काबुल' शीर्षक के अन्तर्गत यह समाचार छपता था। पहले वर्ष के पहले अंक में प्रकाशित काबुल का समाचार यहाँ अविकल उद्धृत किया जाता है–

काबुल।

बम्बई 3 अगष्ट। कर्नैल सेण्ट जौन सेनापति वरोज और नटाल को साथ लेकर कन्दहार में उपस्थित हैं। 27 जुलाई को जो युद्ध हुआ था वह 9॥ से 3 बजे तक होता रहा इसमें 1221 मनुष्य मरे। इन में नं. 66 रेजिमेण्ट के 400, ग्रिनोडियर के 357, जेकव राइफल विभाग के 350, गोलन्दाज 400, खनक : सफरमैना : 21, अश्वारोही 60 और 19 मनुष्यों का पता नहीं लगता है।

क्वेटा 2 अगष्ट। कन्दहार से समाचार आया है कि सेनापति वरोज के

20 नायक और 1200 सैनिक योद्धा हत हुए हैं, तोवा और खोराव जाति के पार्वतीय लोग अँग्रेजी से विपक्षताचरण का उद्योग कर रहे हैं।

सिमला 4 अगष्ट जेनरल खट बहुत सी सेना लेकर कन्दहार जाते हैं। अमीर अब्दुल रहमान के नाम का सिक्का टकशाल में बनाया जाता है। ऐसा सुनायी दिया है कि 1 ही लड़ाई जीतने में आयूब खाँ के इतने आदमी मारे गये कि वह ढीला हो गया है और अभी तक उसने आगे बढ़ने या पीछे हटने का कोई विचार नहीं किया है। महाराणी भारतेश्वरी ने इस हार पर लाट साहिब से बहुत दुःख प्रकाश किया है।

उन्नीसवीं शताब्दी की जातीय चेतना और 'उचितवक्ता' का सम्पादकीय स्वर

'उचितवक्ता' की सबसे बड़ी उपलब्धि उसकी सम्पादकीय टिप्पणियाँ हैं। यह एक अत्यन्त तेजस्वी पत्र था जिसने जातीय प्रश्न को बड़ी निर्भीकता से उठाया था। विदेशी शोषण के परिणामस्वरूप देश-दशा रोज़-रोज़ दुर्बल होती जा रही थी। इस प्रश्न पर प्रथम वर्ष के 15वें अंक में सम्पादकीय टिप्पणी है—'भारत दिनोंदिन क्यों दरिद्र हुआ जाता है।' इस प्रश्न का उत्तर देते हुए बड़ी निर्भीकतापूर्वक सम्पादक ने लिखा है, **"चाहे जिस तरह देखिए प्रजा की अपेक्षा राजा भारत की दुर्दशा के विषय कहीं ज्यादा दोषी है। एकमात्र स्वार्थ की विभिन्नता ही गवर्नमेण्ट को दोषी बनाये हुई है और इसी विभिन्नता ने भारत का रुधिर शोषण करना प्रारम्भ कर दिया है इसी से नो 'आइन शस्त्र' सम्बन्धीय आइन इम्पीरियल आदि लहू पीनेवाले टैक्स और समस्त दुःखदायी कर्मों की उत्पत्ति है अतएव जब तक राजा और प्रजा के स्वार्थ का अन्तर नहीं जाएगा तब तक राजा प्रजा सब कामों में एक न होयँगे जब तक राजा को प्रजा का विश्वास न होयगा और श्वेत कृष्ण का अन्तर तिरोहित न होयगा तब तक भारत के सुख समृद्धि और धन की वृद्धि होना सम्पूर्ण असम्भव है।**

स्मरणीय है, राष्ट्रीयता के विकास की पृष्ठिका-चर्चा करते हुए हमने देखा है कि उन्नीसवीं शताब्दी के भारत की राष्ट्रीय चेतना बहुत कुछ वही थी जो 'उचितवक्ता' की उपर्युक्त पंक्तियों में अभिव्यक्त हुई है। केशवचन्द्र सेन से लेकर दादाभाई नौरोज़ी तक ने अँगरेज़ी सरकार को भारत के दारिद्र्य का उत्तरदायी ठहराया है। केशवचन्द्र सेन अँगरेज़ी के हिमायती और अँगरेज़ों के अच्छे मित्र थे, किन्तु अँगरेज़ों की ज़्यादती और अन्याय उनसे भी बर्दाश्त न हो सका। इंग्लैण्ड की एक सभा में ही उन्होंने कहा था कि भारत का शोषण उन अँगरेज़ व्यवसायियों के सुख के लिए होता है जो शोषण करने अथवा ऋतु-परिवर्तन के लिए भारत जाते हैं और

इसलिए इस देश के विकास के लिए कभी सक्रिय रुचि नहीं लेते।[1] उक्त अरुचि के कारण अँगरेज़ गवर्नमेण्ट भारतीयों के साथ न्याय नहीं कर पाती थी, बल्कि यह कहें कि अपनी स्वाभाविक उदासीनता के कारण अँगरेज़ सरकार भारतीयों के दुःख-दर्द को भी सही रूप में नहीं समझ पाती थी और न तो यूरॅपीय शासन प्रणाली की त्रुटियाँ ही उनके सामने स्पष्ट हो पाती थीं। इसका एकमात्र समाधान था स्वदेशी शासन अथवा शासन विभाग में स्वदेशी व्यक्तियों का प्रवेश। इस प्रश्न की चर्चा 'उचितवक्ता' के 25 फ़रवरी 1882 की सम्पादकीय टिप्पणी में की गयी है। उक्त सम्पादकीय टिप्पणी का शीर्षक है : 'अँगरेज़ी शासन की अपेक्षा देशीय राजाओं के शासन में प्रजाओं की अवस्था उत्तम होने का क्या कारण है?' इस प्रश्न की विस्तृत विवेचना के बाद सम्पादक ने लिखा है, "देशियों को उच्चतर राजकार्य में नियुक्त करने से, उनलोग पर गुरुतर शासन कार्य का भार अर्पित होने से वे लोग गवर्नमेण्ट को सब विषयों में यूरोपीय प्रणालियों के बरताव की अनुपयोगिता हृदयंगम करा देते। यूरोपीय प्रणालि इस देश के निमित्त कहाँ तक उपयोगी है यह भली-भाँति बिना विचारे अथवा अनभिज्ञतावशतः उनके फलाफल न समझने के कारण ही शासन कार्य्य में इतने द्रेष हो गये हैं। देशियों के हाथ में शासन भार न्यस्त रहने से इन सब दोषों के होने की सम्भावना नहीं थी।"

11 सितम्बर 1880 के अंक की सम्पादकीय टिप्पणी कां शीर्षक है 'भारत-वर्ष से इंग्लैण्ड को लाभ होता है या नहीं।' अँगरेज़ी शासन-प्रणाली की कुरीतियों की आलोचना बड़ी तेज़ भाषा में सम्पादक ने की है और देश की दयनीय दशा का एकमात्र कारण सरकारी शोषण बताया है : **"भारतवर्ष को अँग्रेज राज-पुरुषों ने शोषण कर लिया है। इसे ऐसा दुहा है कि, यह अब अस्थिचर्म्म विशिष्ट हो गयी है इसके शरीर में रक्त मांस का लेशमात्र भी नहीं रहा वस्तुतः भारतवर्ष की न्यायीं दीन देश आजकल पृथिवी में अति विरल है। परन्तु भारतवर्ष को इस प्रकार दुर्दशापन्न कर अँग्रेजं महाशय लोग महा शंकट में पड़ गये हैं। अँग्रेजों को अब ऐसी आशंका हो गयी है कि भविष्य में भारतवर्ष से किसी प्रकार का लाभ तो दूर रहा, वरन् इसे घर से रुपये देकर पोषण करना होगा।"**

विदेशी सरकार का खुला विरोध

"अँग्रेज़ लोग जिस प्रणाली से भारतवर्ष शासन करते हैं यदि और पचास वर्ष यही प्रणाली प्रचलित रही तो यथार्थ भारतवर्ष के साथ-ही-साथ इंग्लैण्ड की अति दुरवस्था होगी। इंग्लैण्ड में जितनी जमीदारी हैं भारतवर्ष के न्याय लाभजनक एक

1. द्रष्टव्य : Studies in the Bengal Renaissance, Page 88-89.

भी नहीं परन्तु राजपुरुषों की अतिरिक्त अर्थ पिपासा और नबाबी चाल चलने के कारण ऐसी सुन्दर जमीदारी भी कछु सहाय नहीं हो सकती वाणिज्य, व्यापार पर टिकस पर टिकस और मोटी मोटी वेतन ग्रहण करके राजपुरुषगण यहाँ के सब रुपये देश देशान्तर ले गये हैं, यहाँ इतना अर्थ नहीं है कि देश के सामान्य कार्यों का खर्च सम्हाल सकें, इस पर भी भारतवर्ष शासन करने में अँग्रेज़ लोग जितने रुपये व्यय करते हैं ऐसा कहीं नहीं देख पड़ता। इंग्लैण्ड के राजमन्त्री जो वेतन पाते हैं, हमलोगों के गवर्नर जेनरल उसकी अपेक्षा प्रायः पाँच गुनी अधिक वेतन लेते हैं। वस्तुतः इंग्लैण्ड यदि भारतीय राज शासन का परिवर्तन नहीं करेंगे तो उन्हें ये परित्याग करना होगा। यदि भारतवर्ष प्रकृत कामधेनु होती तो अँग्रेज लोग अपनी इच्छानुसार भारतवर्ष के रुपये अपव्यय कर सकते थे, परन्तु भारतवर्ष तो कामधेनु नहीं है, यह अब अँग्रेजों ने जान लिया होगा। प्रति पाँचों वर्ष भारतवर्ष में दुर्भिक्ष होता है। पहले बारह बरस वर्षा न होने से भी अकाल नहीं होता था पर अब एक बरस वर्षा न होने से त्राहि! त्राहि!! होने लगती है। इसकी अपेक्षा और देश की क्या दुर्दशा हो सकती है?"[1]

इस जातीय समस्या का समाधान देते हुए इसी टिप्पणी में सम्पादक ने लिखा है : "भारतवर्ष की वर्तमान शोचनीय अवस्था विमोचन करने की एकमात्र औषधि मितव्ययिता है। राज पुरुषगण यदि अभी भी मितव्ययी हों और भारतवर्ष का अर्थ यहाँ ही व्यय करें तो भारतवर्ष फिर से धनधान्य से पूर्ण हो सकता है।"

अँगरेज़ों के भारत में आगमन के साथ ही देश में दरिद्रता व्याप्त हो गयी। श्री जवाहरलाल नेहरू ने 'डिस्कवरी ऑव इण्डिया' में लिखा है कि भारतवर्ष के जिन-जिन अंचलों में अँगरेज़ों का प्रभुत्व स्थापित हुआ उन सब स्थानों में क्रमशः दरिद्रता छाती गयी।[2] इस तथ्य की ओर 'उचितवक्ता' के चौथे वर्ष के प्रथम अंक की सम्पादकीय टिप्पणी 'एक अत्याचार का विचार' में सशक्त संकेत है। बड़ी निर्भीकतापूर्वक सम्पादक ने लिखा है कि "जबसे भारतवर्ष में अँगरेज़ों का अधिकार हुआ, जबसे यहाँ विदेशीय श्वेतांग महापुरुषों ने पदार्पण करना आरम्भ किया, जब से इन लोगों ने अपना आधिपत्य यहाँ विस्तार किया तभी से इन लोगों के अत्याचार का स्रोत क्रमशः प्रवाहित होना आरम्भ हो गया।...जब हम ब्रिटिश शासन में अनेकानेक छोटे-छोटे सिराजुद्दौलाओं को देखते हैं तो यही प्रतिपन्न होता है कि, मुसलमानों में जितने अत्याचारी मनुष्य होते थे उनकी अपेक्षा सहस्रगुण अत्याचारी मनुष्य ब्रिटिश सिंह के कल्यान से भारतवर्ष में वर्तमान हैं।"

'उचितवक्ता' ने यह आवाज़ उठायी थी कि विलायत में भारतीय प्रतिनिधि का रहना नितान्त आवश्यक है। अनेक जातीय समस्याएँ खटाई में पड़ी रह जाती

---

1. Poverty and un-British Rule in India, by Dadabhai Naoroji. p. 209.
2. Discovery of India, by Jawaharlal Nehru.

हैं क्योंकि पार्लामेण्ट का ध्यान उनकी ओर आकृष्ट करनेवाला कोई भारतीय प्रतिनिधि विलायत में नहीं है। 2 जून 1883 ई. के सम्पादकीय लेख—'अब भारतवासियों का सर्वप्रथम प्रधान कर्तव्य क्या है?' का एक स्थल द्रष्टव्य है—"विलायत में हमलोगों की ओर से प्रतिनिधि न रहने के कारण जो कितनी क्षति हो रही है। उसके समझाने की कुछ आवश्यकता नहीं है, देखिए आज यदि हमारी ओर से विलायत में कोई प्रतिनिधि होता तो क्या सुरेन्द्र बाबू को अन्याय विचार के द्वारा आज तक जेल में पड़े सड़ना पड़ता? कदापि नहीं। यहाँ से प्रतिनिधि के पास टेलीग्राफ़ के पहुँचते ही हमारा प्रतिनिधि अपील करता और अपील के मंज़ूर होते ही सुरेन्द्र बाबू कारामुक्त हो जाते, आज हमारा प्रतिनिधि विलायत में नहीं है, इसी से हम भारतवासी अंध एवं पंगु की न्यायीं बैठे मुँह निहार रहे हैं और कुछ बस नहीं चलता, पिंजरे के पंछी की तरह फड़फड़ा रहे हैं।"

नाना प्रकार के सरकारी टैक्स से प्रजा पीड़ित थी जिसका उल्लेख इतिहासकारों ने किया है। इन टैक्सों की कड़ी आलोचना 'उचितवक्ता' की सम्पादकीय टिप्पणियों में होती थी। 17 जून, 1882 ई. की सम्पादकीय टिप्पणी 'लाइसेंस टैक्स' में बड़ी व्यथा के साथ सम्पादक ने लिखा था—"इस दुःखद टैक्स से गवर्णेण्ट को सामान्य ही आमदनी है, परन्तु बेचारी प्रजा को जितने अत्याचार सहने पड़ते हैं हम लिख नहीं सकते।"

स्वदेशी के प्रति आग्रह

इस प्रकार हम देखते हैं कि प्रत्येक जातीय प्रश्न के प्रति 'उचितवक्ता' सचेत था। भारतेन्दु युग की चर्चा करते हुए हमने भारतेन्दु बाबू हरिश्चन्द्र के 'तदीय समाज' का उल्लेख किया है जो स्वदेशी का प्रेरणा केन्द्र था। 'उचितवक्ता' भी स्वदेशी का आग्रही था। 25 जून 1881 ई. के सम्पादकीय वक्तव्य का शीर्षक है—'देशी वस्तु क्यों नहीं प्रसन्न आती?' उक्त सम्पादकीय टिप्पणी में देशी राजा-महाराजा और बिगड़े रईसों की विदेशी वस्तु-प्रियता की कटु आलोचना और निन्दा की गयी है साथ ही स्वदेशी को ग्रहण करने और उसे अपेक्षित प्रवर्द्धन देने का उनसे अनुरोध किया गया है। उक्त लेख का एक स्थल इस प्रकार है, "...किसी को भी भारतखण्ड की बनी कोई वस्तु नहीं प्रसन्न आती, किन्तु विलायती वस्तु ऐसी प्रसन्न आती है कि मानो श्री श्री जगदीश्वर ने अपने निजधाम से बनाकर भेजी हो, आजकल कौन-सा राजा व मनुष्य सभ्य कहा जाता है वा वह अपने को आप सभ्य समझता है, जो अपनी स्वदेशी रीति और चाल-ढाल छोड़ विलायती ग्रहण करे—क्यों न हो जो बुद्धि के चौबच्चे का पापड़ा न फुट गया है? सर्वसाधारण को कौन कहे बड़े-बड़े महाशय जिनसे आर्य देश की उन्नति की आशा करने में आती है, उन्हीं को राजभोग ने ग्रस रक्खा है, कितने को इस राजभोग ने ऐसा अपने रंग से रँग

दिया है कि जैसे पीलिये का रोग अपने गुण से मनुष्य को सर्वांग पीला कर देता है, तात्पर्य यह कि इन महाशयों को कोट बूट पतलून और भी अँग्रेजी हैट आदि पहिरना और क्षत्री हो कर चुटिया नदारद इत्यादि आचरण करने से गवर्नमेण्ट ऑफ इण्डिया जी.सी. आदि की टाइटिल न देगी, और विद्वान् अँग्रेज़ लोग भी कभी प्रशंसा न करेंगे, परन्तु इस आचरण को देखकर निन्दा करते हैं और करेंगे, बिटिश सरकार ने जो हमको सभ्यता की प्रणाली दिखाई है वह अच्छी बातों के उपार्जन करने के लिए ही प्रदर्शन की है, न कि दूसरे की नकल करने और अन्य व्यवहार ग्रहण करने को।..........गरीब बिचारे तो इस विषय पर कुछ ध्यान देते हैं और प्रतिदिण कुछ-न-कुछ हाथ पैर हिलाते हैं, परन्तु इन धनाढ्यों ने तो धोती खोल दी है—ये इसी में प्रसन्न होते हुए अपने देश सहित कुएँ में गिरते हैं, क्योंकि इन बड़ों को देखकर फिर गरीब भी उनके पीछे गिरते हैं।" देश की दरिद्रता के कारणों पर भी 'उचितवक्ता' ने काफ़ी गम्भीर विचार किया था और बड़े विश्वासपूर्वक उचितवक्ता-सम्पादक ने 19 जनवरी 1895 ई. को लिखा था : "....देशी वस्तुओं का देश में आदर की आवश्यकता है। यदि देशवासी विशेष कर बाबू लोग देशी वस्तुओं का समाकार करने लग जाएँ और विलायती कल की बनी सस्ती वस्तु की प्रतियोगिता में देशी हाथ की घनी वस्तुओं को बर्ताव में लाने लग जाएँ तो अनायास देश की हीन दशा का परिवर्तन हो सकता है। विदेशी वस्तुओं के बर्ताव से देशों के शिल्पों (कारीगर) लोग निकम्मे होते जाते हैं और विलायती वस्तुओं के पलटे में देश का धन विदेश ढोया जाता है और भारतवर्ष की दरिद्रता का मूल कारण यही है।"

स्वदेशी के साथ ही 'देशीय एकता' पर भी 'उचितवक्ता' ज़ोर देता था। अँगरेज़ों का हवाला देते हुए 23 जुलाई सन् 1881 ई. के सम्पादकीय लेख में सम्पादक ने लिखा था, "'एकता' जिसके अभाव से यह अगण्य भारतवासी मुष्टि-प्रमाण लोगों के पददलित हो रहे हैं और जिनसे वे यथेच्छा वरत रहे हैं।"

उचितवक्ता की जातीय दृष्टि

"आज कल जो अँगरेज लोग भारतवर्षीयों पर यथेच्छाचार बरत रहे हैं और सभ्यता का अभिमान कर सेखी भी मारते हैं इसका क्या कारण है वही 'एकता' पर कुछ हम यह नहीं कहते कि इंग्लैण्ड में एक दूसरे का शत्रु नहीं है और उनमें आपस में मार-पीट दंगा-फिसाद नहीं होता। इसमें तो वे हम से भी एक काँटे बढ़कर हैं। तो उनके बीच में क्या है? 'जातीय एकता', इंग्लैण्ड का कोई साधारण शत्रु के उपस्थित होने से भारतवासियों की न्याईं उन्होंने संकीर्ण हृदय के परिचय नहीं दिये हैं। इनके बीच एक दल शत्रु के पक्ष में दूसरा दल विपक्ष में नहीं खड़े होते। उस समय वे लोग इंग्लैण्ड के शत्रु को साधारण शत्रु जान क्या शत्रु, क्या मित्र सभी

एकत्र बद्धपरिकर ही इंग्लैण्ड के साधारण शत्रु के विरुद्ध में हस्तोत्तलन करते हैं और शेष में कृतकार्य भी होते हैं।" हमारी स्थिति इससे सर्वथा विपरीत है। कहना न होगा कि इसी जातीय एकता के अभाव में प्रथम स्वातन्त्र्य संग्राम में हम पराजित हो गये।[1] और आज भी हमारे राष्ट्रीय संकट का एकमात्र कारण जातीय एकता का अभाव ही है। आज जब हमारी धरती पर एक ऐसे देश ने हमला किया जिससे हमने मित्रता की सन्धि भगवान् बुद्ध के वचन के साक्ष्य के साथ की थी, तो क्षण-भर को हम आश्चर्य में पड़ गये और फिर उसके प्रतिकार के लिए उद्यत हो गये। इस सन्दर्भ में यह एक अविस्मरणीय प्रसंग था कि हमारे ही बीच एक ऐसा वर्ग था जो इस आक्रमण के औचित्य का प्रचार करता था और प्रच्छन्न रूप से वह आक्रमणकारी के साथ था क्योंकि वह राष्ट्रीय सीमा से अपने को ऊपर मानता है। विडम्बना यह है कि राष्ट्रीय सीमा से ऊपर उठकर भी उनके सारे राष्ट्रद्रोही उपक्रम राष्ट्रीय परिवेश के भीतर ही होते हैं। यह सब कुछ हमारी आँखों के सामने होता है और उसका खुलकर विरोध इसलिए नहीं कर पाते कि लोग कहीं प्रतिगामी न समझें। राष्ट्रीयता का नाम लेने में हम इसलिए डरते हैं कि हमें संकीर्ण और साम्प्रदायिक घोषित कर दिया जाएगा। प्रगतिशीलता की इतनी विकृत भूख पुराने लोगों में नहीं थी। पराधीन भारत में, हम सब जानते हैं, एक ऐसा वर्ग था जो अपनी सुख-सुविधा के लिए सरकारी अनुकूलता आवश्यक समझता था, इसलिए सरकार को बहुविध प्रयत्नों-द्वारा प्रीत रखना ही उनका एकमात्र उद्देश्य था। इस वर्ग में अधिकांश राजे-महराजे और बिगड़े रईस ही थे जिन्हें सरकारी साहाय्य उपलब्ध था और ऊँची-ऊँची सरकारी ख़िताबें भी सहज ही प्राप्त होती थीं। किन्तु इनसे देश-हित में बड़ी बाधा पड़ती थी क्योंकि ये प्रत्येक जातीय उपक्रम का विरोध करते थे। इन देश-द्रोहियों से लड़ने वाला वर्ग बहुत पुष्ट था और अपनी सीमित शक्ति के ही बल पर यह वर्ग उन राजभक्तों का कड़ा विरोध करता था। राजा शिवप्रसाद अँगरेज़ी सरकार के चाटुकारों में अग्रणी थे और 'उचितवक्ता' चाटुकारवर्ग के विरोधियों का सशक्त माध्यम था। राजा साहब ने 'सरकार की चाटुकारिता' के नशे में भारतवासियों को बहुत कुछ भला-बुरा कह दिया था। 17 मार्च सन् 1883 के 'उचितवक्ता' के सम्पादकीय वक्तव्य का शीर्षक है, 'अपरिणामदर्शी भेंड़ प्रतिनिधि राजा शिवप्रसाद सी. एस. आई. की चाटुता-पूर्ण अनूठी उपजें।' राजा साहब ने भारतवासियों को भेंड़ तक कह डाला था। उक्त सम्पादकीय वक्तव्य में उनकी राजभक्ति की खुलकर निन्दा की गयी है : **"ख़ुशामद से हमारे राजा साहब को भी बहुत दिनों से अपना चेला बना रक्खा है और उसी खुसामद के प्रसाद से आज राजा साहब का ऐसा सम्मान है और**

---

1. सिक्ख और गुरखों ने सरकार का साथ दिया था। देशी रजवाड़ों ने या तो अँगरेज़ों का साथ दिया था या फिर तटस्थ थे। जवाहरलाल नेहरू : हिन्दुस्तान की कहानी, पृष्ठ 441।

अँगरेजी वर्णमाला के कतिपय अक्षरों (सी. एस. आई.) का पुछल्ला नाम के पीछे फहरा रहा है इस में सन्देह नहीं और आज राजा जी भेंड़ प्रतिनिधि होने में समर्थ हुए हैं और आज समग्र भारतवासियों को भेंड़ बनाकर आप उनमें श्रेष्ठ बन गालियों की बौछाड़ प्रकाश्य काउन्सिल में करते हैं। आप ने इलवर्ट विल के विषय में बहुत सी बातें बे सिर पैर की कहीं और चिर अभ्यस्त खुशामद की गढ़इया में पड़ इनो ने इतने गोते खाये कि इनका कहना कुछ समझ नहीं आया और इनो ने क्या कहा? और उसका अर्थ क्या है? कुछ समझ नहीं आता। आप खुशामद के अनुरोध से बहुत कुछ उलट-पुलट थक गये। पाठक इनकी खुशामदपूर्ण बकवादों को प्रकाश करने का स्थान इस उचितवक्ता में नहीं है नहीं तो भेंड़ प्रतिनिधि महाशय की सम्पूर्ण वक्तृताविद्या का परिचय हम आज अपने पाठकों को देते और खुशामद के प्रबल प्रवाह का आदर्श दिखलाते।...

राजा साहब ने राजभक्ति का पक्ष लेकर राजा को हम ईश्वर मानते हैं यह कह एक उदाहरण दिखलाया कि, हमलोंगों की राजभक्ति कैसी अटल है और हम कैसे राजभक्त हैं इसके विषय में आपने कहा कि जगत सेठ महतावराय जो कि, दीन के पुरुखों में थे और उन तीनों में एक वह भी थे जिनो ने क्लाइव को मुर्शिदाबाद में आह्वान किया था, और बंग देश में ब्रिटिश शासन स्थापन किया था। भला राजा साहब से हम यह पूछते हैं कि, आप सोच विचार कर यह तो बतलाइये कि यह आपने अपनी पुस्तैनी राजभक्ति के लक्षण दिखलाये अथवा आपने अपने पुरखों की उत्कृष्ट विश्वासघातकता का वर्णन किया? भला पहला राजा यहाँ का कौन था और उसको आपके पुरखों ने कैसे च्युत करा कर अँगरेज़ों को घुसाया वाह! वाह!! क्या अच्छी राजभक्ति दिखलायी!! पाठक राजभक्ति किसे कहते हैं राजा जी से सीखो, यह औसर आप लोगों के चूकने का नहीं है!!!"

उक्त सम्पादकीय वक्तव्य का उपसंहार करते हुए सम्पादक ने सर्वसाधारण से प्रार्थना की है कि राजा साहब के स्थान पर किसी और को अपना प्रतिनिधि चुने अन्यथा बड़ी क्षति की आशंका है–"हम सर्वसाधारण से यह प्रार्थना करते हैं कि इनके स्थानापन्न करने के निमित्त एक प्रतिनिधि निर्वाचन करें और इण्डिया गवर्नमेण्ट से प्रार्थना करके इनकी बदली करा दें नहीं तो किसी दिन इनके द्वारा बड़ी क्षति होगी। कुशल तो इतनी हुई कि, ये महापुरुष रिपन के समय काउन्सिल के सभ्य हुए यदि कहीं लिटन के समय होते तो सोना सुगन्ध हो जाता और अभी कौन कह सकता है कि, रिपन के बाद एक महालिटन नहीं आ सकते हैं यदि ये काउन्सिल के मेम्बर रहे और कोई लिटन सदृश अप्रशस्त हृदय शासनकर्ता आ गया तो इनो ने खुशामद के वशवर्ती

हो भलीभाँति मनमानता चौंका लिपवा देना है, इसमें सन्देह नहीं। अतएव इनको पदच्युत कर शीघ्र ही कोई प्रजा प्रतिनिधि नियोग करना चाहिये जिससे कि प्रवृत्त पक्ष में उपकार होगा और नहीं तो ऐसे खुशामदी मनुष्यों से जो हमलोगों का कुछ उपकार होगा उसका नमूना हम लोगों को राजा साहब हर हाथ दिखलाते आये हैं अतएव शीघ्र ही इसका आन्दोलन करके उपयुक्त प्रतिनिधि नियुक्त करना चाहिये। कविवचन सुधा सम्पादक। भारतवासी मात्र आपके राजा जी का कैसा यश गा रहे हैं? क्या आप इस समय राजा जी के प्रसन्न करने को कोई स्तुति पाठ न करेंगे? भला ऐसा क्या?"

इसी प्रकार 24 मार्च, 1883 ई. के अंक में भी सम्पादकीय टिप्पणी के अन्तर्गत राजा शिवप्रसाद की आलोचना की गयी है। राजा शिवप्रसाद की वह अँगरेज़ी वक्तृता भी उद्धृत की गयी है जिसमें उन्होंने भारतवासियों को भेंड़ और अँगरेज़ों को सिंह कहा था।[1] टिप्पणी के अन्त में सम्पादक ने आशा प्रकट की है—**"हम ऐसी आशा करते हैं कि, बाबू हरिश्चन्द्र वा लाला श्रीनिवासदास इनमें से किसी महाशय को राजा साहब के स्थानापन्न करने के निमित्त सर्व-साधारण समाज महामान्य रिपन महोदय से प्रार्थना करेंगी।"**

इलवर्ट बिल, जिसकी चर्चा पिछले अध्याय में की गयी है, के प्रश्न पर सारे देश के राजनीतिक वातावरण में एक नयी लहर दौड़ गयी थी। राजा शिवप्रसाद ने अँगरेज़ों का पक्ष-समर्थन किया था। 'उचितवक्ता' के 28 अप्रैल सन् 1883 की एक सम्पादकीय टिप्पणी का शीर्षक है, 'इलवर्ट बिल के आन्दोलन से कौन से लाभ हुए?' उक्त टिप्पणी के शेषांश की कुछ आरम्भिक पंक्तियाँ द्रष्टव्य हैं : "राजा शिवप्रसाद का भँड़ेरियापन और नीचता प्रकट हुई। इनकी ख़ुशामद-प्रियता जो जघन्य रूप में परिणत है उसकी उत्तम प्रकार परीक्षा हुई। हम लोग यह जानते थे कि, ये केवल ख़ुशामद के वशवर्ती हैं परन्तु जब इनोने लॉर्ड रिपन सरीखे महाशय व्यक्ति के समीप ऐसी उल्टी-सीधी बातें कहीं तो यह मालूम हुआ कि, ये केवल ख़ुशामदी नहीं हैं बल्कि प्रधान देश के वैरी और नीचनामी हैं।" ऐसे देश-द्रोहियों पर 'उचितवक्ता' की कड़ी निगाह रहती थी। औचित्य का पक्ष समर्थन और देशोन्नति की सतत चिन्ता ही 'उचितवक्ता' का एकमात्र लक्ष्य था। देशोन्नति के प्रश्न पर उचितवक्ता सम्पादक ने काफ़ी गहराई से विचार किया था। प्रथम वर्ष के सातवें अंक की सम्पादकीय टिप्पणी की कुछ पंक्तियाँ द्रष्टव्य हैं—

"प्रधानतः तीन तरह से देश की उन्नति हो सकती है। पहिला कृषिकार्य, दूसरा

1. "...my countrymen will call me a traitor to my country, the native newspaper will vilify me; but if the Hon'ble Law member is not afraid of the British lion, wagging his tail and roaring, why I am to care for the hollow wings of a few Indian sheep" ? उचितवक्ता, 24 मार्च, 1883 ई. से उद्धृत।

वाणिज्य, तीसरा राजनैतिक क्षमता, भला हो या बुरा हो हम लोग कृषिकार्य एक प्रकार जानते हैं। दूसरा (वाणिज्य) अच्छी तरह नहीं जानते।...हमलोगों के वाणिज्य व्यवसाय सीखने से अँग्रेज जाति का अनिष्ट हो सकता है, ये सब सोच विचार कर इडेन साहब का इस विषय में साहाय्य करना असम्भव है। हम लोगों के राजनैतिक उन्नति के विषय में इडेन जो कभी भी किसी प्रकार की सहायता करेंगे, हम लोगों को ऐसी आशा नहीं होती। कलकत्ते की म्युनिसिपालिटी को टेम्पल साहब थोड़ी सी क्षमता दे गये हैं इस कष्ट से इडेन साहब को नींद नहीं आती। देशीय अखबारों के सम्पादकों को स्वाधीनता थी, इस देश में पाँव धरते ही इडेन साहब ने उसका नाश किया, हम लोगों के लिए राजनैतिक विषय में उन्नति का होना ही असम्भव है। सुतरां इडेन साहब ने जो किया है, उससे उपकार न होगा, वरना अपकार हो सकता है।"

अँगरेजी सरकार की स्वार्थपरता और पक्षपातपूर्ण व्यवहार के चलते जातीय उन्नयन में अनेक अवरोध उपस्थित हो गये थे। साम्प्रदायिक संघर्ष जोर पकड़ रहा था। सरकार इस ओर से एक हद तक उदासीन थी और कभी मुसलमानों का पक्ष लेकर हिन्दुओं के प्रति होने वाले साम्प्रदायिक अन्याय-अत्याचार को प्रश्रय देती थी। दूसरे वर्ष के 21 वें (21 मे 1881) अंक के सम्पादकीय वक्तव्य का शीर्षक है–'फेर वही हिन्दु मुसलमान का रगड़ा। वा पक्षपात का दूसरा नमूना।' मुसलमानों के अत्याचार से हिन्दू परेशान हो गये थे और सरकार इस ओर ध्यान नहीं दे रही थी। हिन्दुओं के मनोभाव का ज़रा भी ख़याल न कर हिन्दुओं के मुहल्ले में गो-मांस की बिक्री होती थी। उक्त सम्पादकीय वक्तव्य में सरकार से इस अनौचित्य को बन्द करने का अनुरोध किया गया है। उक्त लेख की कुछ पंक्तियाँ द्रष्टव्य हैं–"कोई भी अपने मत के विपरीत काम नहीं देख सकता है। यदि कोई हिन्दु अँगरेजों के गिरजे के बगल में देवमूर्ति स्थापन कर के उसकी पूजा के हेतु शंख, घण्टा, घड़ियाल, नगारा आदि वाद्योद्यम करे, तो क्या खृष्ट धर्मोपासकगण कभी भी यह सह सकते हैं? और क्या वे ऐसा करने दे सकते हैं? कदापि नहीं। और क्या मुसलमान लोग उसी प्रकार से हमारी देवमूर्ति नव प्रतिष्ठित देख अथवा उनके धर्म विरुद्ध शूकर मांस को विक्रय होते देख कभी भी चुपचाप रह सकते हैं? वे जो इस काम को देख इसके बन्द करने की चेष्टा नहीं करेंगे ऐसा तो हमको नहीं जान पड़ता। अतएव हिन्दू लोग अपने महल्ले के बीच अपने मत के विपरीत काम देखकर दुःखित हो-होकर वह मांस विक्रय निषेध करने की चेष्टा करे, यह कुछ अन्याय नहीं जान पड़ता।...ऐसे स्थल राजपुरुषगण ऐसे हमारे धर्म विरुद्ध काम के बन्द करने की चेष्टा जो नहीं करते यह शोक का विषय है, अतएव हे राज-पुरुषगण आप पक्षपात-शून्य हो जरा धर्म को चेत शीघ्र इस काम का निपटारा करिये।"

इस साम्प्रदायिक विषय के सम्बन्ध में वर्ष 1, अंक 4 की 'समाचारावली' में

एक समाचार प्रकाशित हुआ है जिससे उस समय की साम्प्रदायिक स्थिति पर प्रकाश पड़ता है। समाचार इस प्रकार है—**"हैदराबाद में हिन्दू और मुसलमानों का आपस में विवाद हो गया है। गुलवर्गा से टाइम्स आफ इण्डिया को एक पत्र प्रेरक ने लिखा है कि दो हजार मुसलमानों ने मिलकर हिन्दुओं का एक मन्दिर और मूर्तियों को तोड़ डाला, एक सन्यासी जो एक महीना पहिले मरने के बाद गाड़ दिया गया था उसका शव समाधि से निकाल कर रस्ते में फेंक दिया और कई एक गौवों को मार डाला। पुलिस वाले दंगा रोकने गये कुछ न कर सके। इसका विचार करने के लिये कमिसन बैठा था पर कुछ विचार न हो सका। हिन्दू सब अपनी दूकानें बन्द कर के भाग गये हैं। वे लोग कहते हैं कि उनका कुछ विचार नहीं होता, और मुसलमान कारिन्दे पक्षपात करते हैं।"**

इसी प्रकार अन्य धार्मिक प्रश्नों को लेकर भी 'उचितवक्ता' में लेख प्रकाशित होते थे। गोबध पर भी टिप्पणियाँ हैं और आर्यसमाज और सनातन धर्म के बारे में भी लेख हैं। 24 सितम्बर 1881 के सम्पादकीय स्तम्भ के अन्तर्गत शारदाचरण पाण्डे का 'धर्म' शीर्षक लेख प्रकाशित हुआ था। इसी प्रकार 2 जुलाई 1881 के अंक में गोबध पर पत्र-शैली में एक लम्बा लेख प्रकाशित हुआ था। काश्मीर विषयक लेखों से यह पत्र भरा रहता है। सम्पादक काश्मीरी थे और काश्मीर की धरती के साथ ही वहाँ की राजनीति में भी उनकी रुचि थी। व्यापारिक समाचार यानी अरधोती और बाज़ार भाव भी 'उचितवक्ता' में छपता था। पुस्तकों की समीक्षा भी छपती थी। चौथे वर्ष के अंक में श्रीनिवास दास के 'परीक्षागुरु' की समीक्षा छपी थी।

उस समय के दूसरे-दूसरे पत्रों से भी 'उचितवक्ता' में लेख और कविताएँ उद्धृत की जाती थीं। मुख्य रूप से हिन्दी प्रदीप और कविवचन सुधा से। वर्ष 2, अंक 2 में 'कविवचन सुधा' से 'सभ्यता' शीर्षक लेख उद्धृत किया गया है। इस लेख की अन्तिम पंक्तियाँ इस प्रकार हैं, "यह यदि है तो कम्बल में भी है, न कि निरे दुशाले में और यदि यहै तो कुरूप में भी है न कि सुरूप में ही में हो, और यदि यह है तो न निरी अँगरेजी और फारसी में, वरन् हिन्दी संस्कृत में भी है, क्योंकि यह स्वभाव प्रकृति चाल-चलन रीति और व्यवहार ही में सभ्यता रहती है तो इसके निकट धनी और दरिद्री दोनों समान हैं, ठीक इसी से समदर्शित्व ही इसका एक महान् गुण है और स्वदेशी का अन्तर इस दृष्टि में रहता ही नहीं इससे जिसमें यह हो उसी का आज बड़ा पुण्य है। क.व.सु."

इसी प्रकार 18 दिसम्बर 1880 के सम्पादकीय वक्तव्य के नीचे—'नयी-नयी लब्ज़ों के नये-नये माने' शीर्षक लेख हिन्दी प्रदीप से उद्धृत किया गया है। एक स्थल द्रष्टव्य है—

"प्रत्यक्ष लक्ष्मी. महाराणी विक्टोरिया। लायक होने की पहचान. गोरा चमड़ा।

लायक. सभ्यता के आगार बड़े ईमानदार अँगरेज़ ओहदेदार।

नालायक. हम सब, इसलिये कि हिन्दुस्तानी हैं।

सभ्यता का निचोड़ खड़े हो कर मूतना।

शाइस्तगी की नाक. हमारे यहाँ के दलाल, या तरकारी बाजार के कुँजड़े।

बड़े सच्चे ईमानदार. मियाँ भाई, न मानो इन्द्रमणि के मुकद्दमें में जज साहब का फैसला मिल सके तो मँगा कर देख लो उसमें अभी इस घात की मक्खन सी हीर और ताज़ी छान की गयी है।

बुद्धिमान. अँगरेज या काले कोइला से केरानी या युरेशियन।

बेवकूफ करम के फूटे. हिन्दू, हिन्दुओं में भी ब्राह्मण।

खूसट सुकाल के शत्रु सदा मँहगी मनानेवाले अन्न के रोजगारी या बनिए।

पतिव्रता. इमानदारी, दियानतदारी, अर्थशौच तथा च मनु "सवेक्षामेव शौचनामर्थाशौचं परं स्मृतिम्। योऽर्थे शुचि हिंसशुचिनं मृद्वारिशुचिः शुचिः।"

शिष्ट. जो बड़ा मुँहजोर कल्लेदराज जाहिरदारी में अच्छी तरह कुशल हो।

गाउदी. सब कुछ पढ़ा लिखा पर दुनियासाजी जिसने न सीखा।"

'उचितवक्ता' में पत्र भी छपते थे। कुछ तो पत्र रूप में लेख छपते थे और कुछ पाठकों के पत्र होते थे जिनमें एक-न-एक समस्या रहती थी। वर्ष 1, अंक 4 में सम्पादक के नाम प्रकाशित एक पत्र यहाँ उद्धृत किया जाता है—

प्रेरित पत्र

मान्यवर श्रीयुत उचितवक्ता सम्पादक महाशय समीपेषु निवेदनम्।

महाशय?

विगत 16 अगष्ट के सारसुधानिधि में अपूर्व विद्या का प्रभाव देखने में आया, सम्पादक महाशय 'सारसुधानिधि' के एक पत्र प्रेरक ने अमरकोष का ये श्लोक लिखा है के, "आचण्डलासु संकीर्णा विम्बष्ठा कर्णादयाः" ये महा अशुद्ध है इस श्लोक का पाठ इस प्रकार से है—"आचण्डलात्तु संकीर्णा अम्बष्ठ करणाद यः।" महाशय प्रथमतः विम्बष्ठा, द्वितीयतः कर्णा, तृतीयतः आदयाः ये तीनों शब्द महा अशुद्ध हैं।

एक शोधक।

इसी प्रकार 25 सितम्बर 1880 ई. में एक लम्बा पत्र प्रकाशित हुआ है जो तत्कालीन कई तथ्यों पर प्रकाश डालता है इसलिए उसे अविकल उद्धृत किया जाता है—

प्रेरित पत्र।

उचितवक्ता सम्पादक।

बिना तर्क के किसी बात का निश्चय नहीं होता, बिना दोनों तरफ का प्रमाण सुने कोई बात स्थिर नहीं हो सकती। इसीलिये सुसभ्य गवर्नमेण्टों में विचार करने के समय तर्क-वितर्क करने की रीति प्रचलित है, जिससे हर एक आदमी अपनी बात का प्रमाण अच्छी तरह दे सकता है। हमारे हिन्दी अखबारों में भी कुछ तर्क वितर्क छेड़ छोड़ होने लगी है। परन्तु दुःख का विषय है कि, अधिकांश लेखक प्रतिवादी का उत्तर देने में असमर्थ हो के मूल विषय को छोड़ देते हैं और गाली या झूठी निन्दा की सहायता से दूसरी उपज लेने लग जाते हैं। हाल में 'सारसुधानिधि' सम्पादक और भारतमित्र के एक पत्र प्रेरक का जो झगड़ा चला आता है उसकी भी शेष में वही अवस्था हुई है। 'सारसुधानिधि' सम्पादक तो शुरू ही से जामे से बाहर हो गये और लगे हाथ पैर पटकने परन्तु अब देखा कि अब तो कलई खुलने लगी चट वह प्रसंग छोड़ दिया और 'भारतमित्र' सम्पादक को लगे आक्रमण करने। पत्र प्रेरक के लिये एक कृत्रिम परसराम खड़ा कर दिया और उस (परसराम) के मुँह से स्वीकार करा दिया कि भाई हमने बँगला से अनुवाद किया तो क्या हुआ? और जहाँ से तर्जुमा किया उसका नाम न दिया तो इसी में क्या दोष हुआ? अब देखिये इसी पर सब झगड़ा मौकूफ है। हम परसराम जी से यह पूछते हैं कि क्या कालिदासादि महाकवि ऐसे अकृतज्ञ थे कि जिन ग्रन्थों में से प्रसंग लेते थे उनका नाम न देते थे? यह लिखने कि पहले उनको रघुवंश का वह श्लोक तो पढ़ लेना चाहिए था जिसमें ग्रन्थारम्भ में कालिदास ने वाल्मीकि आदि महाऋषियों से कृतज्ञता स्वीकार की है। परन्तु सम्पादक यह न करेंगे, वे तो दूसरे के सिक्के पर अपनी कलई चढ़ा के उसको अपने स्वाधीन चित्त का नमूना बतावेंगे जब आपको लिखने की सामर्थ्य नहीं थी तो क्यों वृथा पत्र निकाला और फिर जब निकाला और बँगला पत्रों का उच्छिष्ट ग्रहण किया तब क्यों न पाठकों को जना दिया कि यह प्रस्ताव अमुक पत्र का उलूथा मात्र है. ....जब बँगला सम्पादक और ग्रन्थकर्ताओं को मालूम दे जाएगा तो क्या वे यह न समझेंगे कि हिन्दी के सब लेखक ऐसे ही अकृतज्ञ हैं। और इससे क्या आप सब सम्पादकों को कलंक न लगेगा। इसी तरह उसी पत्र में एक महाशय ने वंग-दर्शन से चोरी कर के अपना नाम दे दिया है, परन्तु वाह चोरी क्या सीनेजोरी है कबूल भी करते जाएँ और फिर सच्चे भी बने रहें। परसराम जी से इतना ही कहना बहुत है कि आप लिखने पढ़ने के विषय में बिना समझे फर्सा चलाने के बदले लकड़ियों पर हाथ सफाई कीजिये क्योंकि इसमें दखल दे के यह अपने पक्ष को आप ही कमजोर किये डालते हैं।—रा.रा. मिश्र।

इसी प्रकार 18 मई के 'बिहार बन्धु' में 'पंजाबियों की वद अख्लाकी' शीर्षक एक पत्र छपा था, जिस पर 'उचितवक्ता' के 24 जून 1882 के अंक में लाहौर से प्रेषित एक प्रतिवाद पत्र छपा है।

विभिन्न हिन्दी पत्रों से 'उचितवक्ता' का वाद-विवाद

बाबू बालमुकुन्द गुप्त ने 'भारतमित्र' में 'उचितवक्ता' की चर्चा करते हुए लिखा था, "उस समय के नामी लेखक इसमें बराबर लेख लिखा करते थे। स्वर्गीय बाबू हरिश्चन्द्र भी कभी-कभी लिखा करते थे। फिर पण्डित दुर्गाप्रसाद जी स्वयं एक तेज़ सम्पादक और ज़बरदस्त लेखक थे। उनके धुआँधार लेख कभी-कभी गजब किया करते थे। दिल्लगी की फुलझड़ियाँ और छेड़छाड़ के पटाके छोड़ने में वह किसी उत्सव या पर्व का ख्याल न रखते थे। 'भारत जीवन' से 'उचितवक्ता' की वैसी ही छेड़छाड़ चली थी जैसी लखनऊ के उर्दू अखबार 'अवध पंच' से मेरठ के 'तूतिये हिन्द' की। मीठी-मीठी छेड़ करने, व्यंग विद्रूप करने मुँह चिढ़ाने में उचितवक्ता पंच का काम करता था। किस-किस से उसकी न छिड़ी? भारतमित्र से चली, सारसुधानिधि से खटपट हुई। कितने ही अखबारों से जब तब चखचख चली।" असल में औचित्य का आग्रही होने के कारण 'उचितवक्ता' बिना किसी दुविधा के उचित बात कह देता था और चूँकि उचित बात सुनने और सहने का सबको अभ्यास नहीं होता इसलिए सद्यः विवाद और झगड़ा खड़ा हो जाता था। प्रथम वर्ष के पाँचवें अंक की दूसरी सम्पादकीय टिप्पणी–'प्रिय सम्पादक मित्र विलास के प्रति'–की कुछ पंक्तियाँ इस प्रकार हैं–

प्रिय सम्पादक–मित्र विलास के प्रति

समालोचना में सम्पादक ने बहुत से मनमानते उपदेश दिये हैं। इस स्थल में सम्पादक महाशय से दो एक बातें जिज्ञास्य हैं, प्रथम तो यह कि समाचार-पत्रों का आपस में 'द्वेष' क्या? समाचारपत्रों में जब विवाद होगा तभी साधारण विषय के आन्दोलन पर ही तर्क होगा, इससे देश का उपकार होता है वा अपकार? दूसरे आपस में 'उन्नत करने में यत्न करें' यह आपने किस तरह जाना कि उन्नत करने में यत्न नहीं करते? तीसरे 'एक दूसरे को देख के जलें' इसका क्या मतलब है? कृपा कर समझा दीजिये।...अनुग्रह कर वह कौन-सी बात (उचितवक्ता में) है जिसे त्याग करने से आपका आनन्द वर्द्धित हो? परन्तु आक्षेप का विषय है कि मित्रविलास सम्पादक यह नहीं समझे कि समाचारपत्र किसकी सम्पत्ति है। साधारण या सम्पादक की, परन्तु आपकी बातों से यह मालूम होता है कि समाचारपत्र सम्पादक की सम्पत्ति है, नहीं तो कदाचित आप ऐसी भ्रमपूरित समालोचना नहीं लिखते।...कृपा कर उस बात को बता दें जिस पर आपको आनन्द नहीं हुआ, हम आपके आनन्द

वर्द्धनार्थ अवश्य चेष्टा करेंगे आप दुःखी नहीं होइये पर उस बात को आप बताइये शीघ्र ही आपके दुःख दूर करने का उपाय किया जावे।

इसी प्रकार 19 मार्च, सन् 1881 के अंक में 'कविवचन सुधा' की आलोचना का 'सम्पादकीय प्रतिवाद' छपा है। 'उचितवक्ता' का 'एक क्रोड़पत्र' निकला था जिसमें मात्र 'भारतमित्र की नीचता' की निन्दा है। 15 जुलाई 1881 के 'भारतमित्र' के अंक में एक पत्र छपा था जिसमें कोरी वेद-निन्दा थी। 'उचितवक्ता' की दृष्टि से यह सर्वथा अनुचित था, जिसके प्रतिकार के लिए 'उचितवक्ता' का क्रोड़पत्र प्रकाशित हुआ था। उचितवक्ता के क्रोड़पत्र का जवाब 'भारतमित्र' ने 21 जुलाई को प्रकाशित किया था। इसका उत्तर 'उचितवक्ता' में 30 जुलाई 1881 के अंक में 'भारतमित्र की नासमझी' शीर्षक से छपा था। और फिर 13 अगस्त 1881 के 'उचितवक्ता' की सम्पादकीय टिप्पणी का शीर्षक है—'भारतमित्र सम्पादक की जिद्द'। सम्पादकीय लेख का अन्तिम अंश यहाँ उद्धृत किया जाता है—

"भारतमित्र के सम्पादक जो सम्पादकों का कर्तव्य नहीं जानते इस विषय को प्रत्यक्ष दिखाने में हमको कोई दूसरा प्रमाण नहीं देना होयगा यह तो जिसने उनके पत्र में 'सम्पादकों का कर्तव्य' शीर्षक प्रबन्ध पढ़ा होगा उसको आपसे आप प्रत्यक्ष हो गया होयगा। उसके एक स्थान में आप कहते हैं कि राजनीति के विरुद्ध मत विशिष्ट लेख सों सम्पादक की सब कलई खुल गयी। जिस राजनीति के आन्दोलन के निमित्त संवादपत्रों का जन्म है जिस राजनीति की समालोचना करना सम्पादकों का मुख्य कर्तव्य है जिसके विषय में समालोचना कर यथार्थ मत प्रकाश न करने से देश भर का अमंगल होता है प्रजा मात्र को दुःख भोगना पड़ता है। उस राजनीति के विषय में उदारबुद्धि भारतमित्र सम्पादक ने क्या ही उत्तम मत प्रकाश किया है। भारतमित्र सम्पादक क्या उस समय आपने प्रेम में आँखें बन्द कर ली थीं अथवा चश्मा खो गया था? कि जिस समय भारतवर्ष भर के समाचारपत्रों ने 'प्रेस एक्ट' और 'आर्म्स एक्ट' के विरुद्ध मत प्रकाश किया था और उस समय ऐसा कौन सा देशहित-चिन्तक पत्र प्रेरक था जिसने इस संकीर्ण राजनीतिक विषयों के विरुद्ध न लिखा हो और ऐसा कौन-सा समाचार पत्र था जिसमें ऐसे पत्र मुद्रित न हुए होयँ? जब आपको इतना देखने पर भी न सूझा और अब तक आपका भ्रम दूर न हुआ तो अब क्या होता है...भारतमित्र के सम्पादक भी अब निरुत्तर हो गये तो कहने लगे कि "'हिन्दी प्रदीप' आदि भी तो लिखते हैं हमने ही लिखा तो क्या हुआ?" वाह! वाह!! वाह!!! क्या ही उपयुक्त उत्तर दिया है बुद्धिमानी इसको कहते हैं। अन्त को हम भारतमित्र के सम्पादक को यही परामर्श देते हैं कि अब आप अपनी इस अपूर्व विद्या का अधिक प्रकाश न कीजिये और जैसी जिद्द आप को इस उजड्ड लेखों के प्रकाश करने

में है वैसी जिद्द ज्ञानोपार्जन में कीजिये। हमको आशा है कि हमारे सहयोगी आगे ऐसी मूर्खता न प्रकाश करेंगे और कुछ सोच विचार कर लिखेंगे।[1]

राजा शिवप्रसाद की राजभक्ति और चाटुकारिता को लक्ष्य कर 'उचितवक्ता' की सम्पादकीय टिप्पणी में बहुत कड़ी बातें कही गयी थीं जैसे पहले उद्धृत किया गया है। काशी के पत्र 'कविवचन सुधा' ने राजा साहब का पक्ष लेकर 'उचितवक्ता' ने 24 मार्च 1883 ई. को दिया था। उक्त सम्पादकीय वक्तव्य के कुछ विशिष्ट स्थल द्रष्टव्य हैं–

'जो कविवचन सुधा सदैव देशहितैषियों का परम सहायक था आज वही एक प्रथा देश विरोधी अप्रशस्त हृदय अनुदार का पक्ष अवलम्बन कर समस्त समाचार पत्रों को बेवकूफ बनाता है। जिस राजा शिवप्रसाद के वाक्यों के प्रतिवाद भारतीय सब समाचार पत्रों ने किये आज उन ही की स्तुति पाठ करने में कवि सम्पादक वद्ध परिकर देख पड़ते हैं उक्त सम्पादक ने राजा साहब के कथनों को इलवर्ट विल के पक्ष में ठहराया है और अपनी अगाध विद्या का पूर्ण परिचय दिया है।' अन्तिम दो स्थल इस प्रकार हैं, 'आपने कहा 'भेंड़' शब्द से लोग बहुत अप्रसन्न हो गये हैं, इस स्थल में हम आपसे यही कहते हैं कि, क्या आप प्रसन्न हुए हैं? अच्छा यों सही, यदि आपको लोग श्रीयुत पण्डित चिन्तामणि राव बालकृष्ण धड़कते 'भेंड़' कविवचन सुधा सम्पादक लिखा करें तो आप बुरा तो नहीं मानिये? सम्पादक, क्या कहते हैं? कहिये, 'लोग अप्रसन्न हैं' आप तो प्रसन्न हैं लीजिये यों ही सही आज से आपको ऐसे ही पुकारा करेंगे। 'शुद्धाशुद्ध' के विषय में जो लिखा सो हम तो यह कहते हैं कि उसे तो पीछे छपवायिएगा पहिले आपने यह 'कविवचन सुधा' की पूर्ति में जो चौंका लीपा है इसे सम्हालिये और हम आपसे कुछ नहीं कहा चाहते आप अच्छे समझदार हैं, और यह आपकी समझ की खूबी

---

1. उचितवक्ता के 10 सितम्बर के अंक में 'भारतमित्र' के ख़िलाफ़ दो पत्र प्रकाशित हुए हैं। एक पत्र का अन्तिम अंश इस प्रकार है : "मित्रवर–भारतमित्र सम्पादक महाशय : आपने अपने सविख्यात पत्र को देशोन्नति एवं स्वदेशजन हितसाधन के निमित्त जन्म दान दिया है तो आपको उचित है कि अपने उद्देश्य पर स्थित रहें। और सम्पादक आपको गम्भीर और धीर होना चाहिए बिना विचारे किसी विषय में द्वेषवश मतामत न प्रकाश करना चाहिए, क्योंकि आप तो भारतमित्र ठहरे, जब आप भारत के मित्र हैं तो फिर आपका शत्रु कौन रह गया। आपको उचित है कि लोगों के हितावह कार्य को करें, वैमनस्य छोड़ दें, और आग्रह को अपने हृदय में वास न दें। यदि आप मेरी इस विनती को स्वीकार करेंगे तो मैं आपका सदा के लिए चिर बाधित रहूँगा।

काशी 1 से. 1881
आपका
समझ जाइए।"

है। हम को तो बाबू हरिश्चन्द्र पर आक्षेप है कि, जिनों ने 'कविवचन सुधा' की आज यह दशा करवायी कि जो 'कविवचन सुधा' अन्याय व्यवहारों को प्रतिवाद करता था आज वही चाटुता की बातें कर बेहया की भाँति निज खुशामद प्रियता का उत्कृष्ट उदाहरण दिखला हरिश्चन्द्र तथा समस्त हिन्दी पत्र सम्पादकों को नीचा दिखला रहा है। अतएव सुयोग्य हरिश्चन्द्र आदि काशी के प्रधान-प्रधान मनुष्यों को उचित है कि 'कविवचन सुधा' का सम्पादकत्व किसी उपयुक्त मनुष्य के सिर सौंप दे जिससे कि भविष्यत् में भारतवासी मात्र को लज्जित न होना पड़े।'

12 मे सन् 1883 ई. को एक सम्पादकीय टिप्पणी का शीर्षक है, "'कविवचनसुधा'-सम्पादक की नीचता।" उक्त टिप्पणी की आरम्भिक पंक्तियाँ द्रष्टव्य हैं—**'हाय! हाय!! कैसे आपेक्ष का विषय है कि, सम्पादक प्रवर बार-बार अपनी अयोग्यता का परिचय देते हैं। आप लोगों ने पहिले कहा था कि इस अक्षम नीचमना मनुष्य को शीघ्र ही पदच्युत करना चाहिये, परन्तु आक्षेप है कि, काशी निवासी मनुष्यों ने इनका कुछ बन्दोबस्त नहीं किया। अपने सात 'में' के पत्र में फिर अपनी अपूर्व विद्या का परिचय दिया है और लिखते हैं कि—"जिन कृपालु अँगरेजों ने हम लोगों को योग्य बनाया अब हम कृताघ्न होकर बिना कारण कटु वचन कहें। क्या इस गुरुदक्षिणा से भावी मंगल की आशा हो सकती है?" इत्यादि बहुत-सी बातें कहकर अपनी नीचता की उच्चतम पराकाष्ठा दिखलायी है...हम आप से एक और भी प्रार्थना करते हैं कि, यदि एकान्त आपने जी में यही ठान रक्खा है कि, 'चाहे संसार के लोग हमारे नीच कर्मों के लिए कितनी ही निन्दा करें हम सम्पादकीय पद को नहीं त्यागेंगे' तो हम लोग हाथ जोड़कर प्रार्थना करते हैं कि आप अपने पत्र को चौबे जी का वैगन बना डालिये और कमर से बाँधकर भारत के अहित साधन में तत्पर होयिये नहीं तो वृथा ऐसे सुन्दर नाम को कलंकित करते हैं।**

स्मरणीय है कि उस समय विभिन्न पात्रों में प्रायः कहा-सुनी होती रहती थी। यद्यपि पत्रों की यह लड़ाई नयी नहीं थी, हमने हिन्दी के पहले पत्र 'उदन्त-मार्तण्ड' की वैशिष्ट्य चर्चा करते हुए लिखा है कि बँगला पत्र में उसका विवाद हुआ था, किन्तु द्वितीय दौर के हिन्दी पत्रों में यह विवाद और एक-दूसरे पर प्रहार करने की प्रवृत्ति अधिक बढ़ गयी थी। इस सम्बन्ध में 'उचितवक्ता' के 24 सितम्बर 1881 में अंक में 'संवाद पत्रों का परस्पर विरोध' शीर्षक एक लम्बा पत्र प्रकाशित हुआ था। उक्त पत्र का अन्तिम अंश युगीन पत्रकारिता के एक बड़े तथ्य पर प्रकाश डालता है इसलिए उसे यहाँ उद्धृत करना प्रासंगिक जान पड़ता है : **"प्रिय मित्र—मैं देखता हूँ कि इधर दो वर्ष से जितनी ही समाचारपत्रों की वृद्धि होती गयी है उतना ही परस्पर वैमनस्य होता गया है। देखिये विगतवर्ष के पूर्ववर्ष प्रथम**

मित्रविलास क.व. सुधा और बिहारबन्धु में कहासुनी हुई, तदनन्तर भारतमित्र का सारसुधानिधि और कविवचनसुधा से झगड़ा हुआ और इधर आपसे और भारतमित्र से खटपट हो गयी और अब जो देखता हूँ, तो बिहारबन्धु और क्षत्री पत्रिका में तुमुल वाद विसंवाद मच रहा है, और इन लोगों का द्वेष यहाँ लों बढ़ चला कि इनके लेख से प्रतीत होता है कि वे लोग एक दूसरे को नहीं देख सकते शोचिए तो यह कितना बड़ा दोष है कि जिससे सब लोग हँसते हैं, यह वह दोष है कि जिसके कारण समाचारपत्र तिरस्कृत और रद्दी समझे जाते हैं। निःसन्देह समाचारपत्र से केवल इतना ही लाभ है कि बुद्धि की तीव्रता, देशोन्नति के उपाय, परस्पर की प्रीतिवर्द्धन होती रहे, एक दूसरे की सहायता करते रहें। भाषा की वृद्धि हो न कि परस्पर में विरोध के प्रचार का आधिक्य अभिप्रेत है। और जब इसके अतिरिक्त समाचार पत्र पृष्ठ के पृष्ठ आपस ही के विरोध से रंगा करेंगे तो फिर कोई निष्प्रयोजन पत्रों को लेकर क्या करेगा क्योंकि जिस हेतु से लोग लेते हैं वह तो उससे सिद्ध होता ही नहीं है तो व्यर्थ मूल्य कौन फेंकेगा। अतएव यदि समाचारपत्र सम्पादक लोग अपने पत्र में सदा उत्तमोत्तम विषयों की मीमांसा करते रहें और परस्पर के द्वेष को छोड़ मित्रतापूर्वक वर्ताव करें तो निश्चय है कि उनको यश और हमलोगों का अनन्त उपकार हो। आशा तो है कि आप लोग मुझ दीन की इस विनती पर ध्यान देकर इससे पूर्ण मनोरथता को पहुँचावेंगे। यदि आप अपने अनुपम पत्र में इस कृत्रिम लेख का अनुमोदन करेंगे तो मैं कृतकृत्य हुँगा। बिहार बन्धु सम्पादक से भी यही प्रार्थना है कि वह नम्रता ग्रहण करें, क्योंकि वह अभी अत्यल्प कन्या और क्षत्रीयों की पत्रिका ठहरी इससे ताल ठोककर कभी नहीं जीत सकते। क्षत्री पत्रिका सम्पादक से भी प्रार्थी होता हूँ कि ये परोपकारार्थ सम्बद्ध हुए हैं तो उपकार छोड़ अपकार न करें क्योंकि–"अपमानं पुरस्कृत्येत्यादि' से यह बात सूचित होती है कि विद्वान् वही है जो अपने कार्य्य साधन में न चूकें मानापमान पर ध्यान न दें किन्तु अपने काम से काम रक्खें।

इतिशम्

आपका ऐक्याभिलाषी, वही, समझ जाइए।

काशी 14।9।81।"

पत्रकार की निष्ठा और 'उचितवक्ता' की दृष्टि

हिन्दी पत्रों के आपसी कहा-सुनी और वादविवाद में सक्रिय रुचि लेने के बावजूद 'उचितवक्ता' की देशीय पत्रों और पत्र-सम्पादकों की सही स्थिति का ज्ञान था। उचित बात करने के लिए जब 'बंगाली' के सम्पादक सुरेन्द्रनाथ बनर्जी को दो

महीने की जेल की सज़ा मिली तो 'उचितवक्ता' ने खुलकर इसका विरोध किया था। 12 मई 1883 ई. को 'उचितवक्ता' सम्पादक ने लिखा था,...कर्तव्य के अनुरोध से धर्म के भय से एवं अत्याचार प्रपीड़ित हो सत्यवार्ता के प्रकाश करने में वाध्य होना ही पड़ता है। इसी सत्यवार्ता के प्रकाश करने में हमारे सहयोगी सुरेन्द्र बाबू ऐसे विपदापन्न हो रहे हैं। इनका दोष केवल इतना ही है कि, अदालत में विष्णु प्रतिमा के उपस्थित कराने से हिन्दु समाज जैसी क्षुब्ध अवमानित और मर्माहत हुई थी इसी को सुरेन्द्र बाबु ने गवर्नमेण्ट की शुभ चिन्ता कर अपने पत्र में प्रकाश कर दिया है। इसी को कहते हैं कि 'हवन करते हाथ जले'।[1] देशी सम्पादकों को सलाह देते हुए सम्पादक ने इसी टिप्पणी में लिखा था, 'और सुरेन्द्र बाबू की ऐसी दशा देखकर किसी को भी लेखनी शिथिल नहीं करनी चाहिए। इस समय यदि हम लोग किसी विषय में ढीले हो जाएँगे, तो हम से फिर कभी कुछ नहीं बन पड़ेगा।' सर्वसाधारण को भी सम्पादक ने जागृत किया था, "उपसंहार काल में हम सर्वसाधारण से यही कहते हैं, कि भारतवासी तुम लोग यदि प्राचीन आर्य धर्म का अभिमान करते हो, यदि वास्तव में अपने धर्म में रत हो और धर्म का झूठा घमण्ड नहीं करते हो, तो जो सुरेन्द्र तुम्हारी धर्म रक्षा के निमित्त आज जेल-यंत्रणा सह्य कर रहा है उसके उद्धार निमित्त न्यायशील प्रजावत्सल लार्ड रिपन से प्रार्थना करो और जो व्यक्ति सदा से तुम्हारा यथार्थ शुभचिन्तक है उसे अन्याय विचार के हस्त से बचाओ और अपनी सहृदयता का परिचय देओ नहीं तो यही समझने में आवेगा कि तुम्हारी धमनी में आर्य रक्त एक विन्दु

---

1. "In 1883 a contempt case was instituted against Surendranath. On 2 April 1883 a leaderette had been published in the Bengalee. Strongly criticising the action of justice Noeris who forced a Saligram to be brought to the court thus wounding deeply the feeling of the orthodox Hindus. Surendranath was sentenced to two months imprisonment. An upheaval of feeling swept through Bengal. Big demonstration were held in Calcutta. Hartal was observed. The students went into mourning." Studies in the Bengal Renaissance, p. 432.

'उचितवक्ता' में 5 मई सन् 1883 ई. के सम्पादकीय स्तम्भ के अन्तर्गत 'शोक' शीर्षक से यह समाचार छपा था। 19 मई 1883 की सम्पादकीय टिप्पणी का शीर्षक है–'बाबू सुरेन्द्रनाथ बनर्जी पर सहानुभूति प्रकट करने के निमित्त कलकत्ते की विराट सभा।' एक स्थल द्रष्टव्य है–"गत बुधवार को और एक महती सभा विडनष्ट्रीट में हुई थी प्रायः बीस पचीस हजार मनुष्य एकत्र थे बग देश के राजा महाराजा जमीदार, बड़े-बड़े रईस और सरदार लोग सभा में उपस्थिता थे। भारतवर्ष में ऐसी कोई जाति नहीं है जिसकी, हम लोगों ने इस सभा में समवेदना प्रकाश करते न देखा हो।" सम्पूर्ण देश से संवाद-तार आये थे। उचितवक्ता में इस प्रश्न को लेकर कई वक्तव्य लिखे गये थे।

मात्र भी नहीं है और तुम केवल निर्वीर्य और निकम्मे हो और अपने यथार्थ मित्र को धोखा देनेवाले लम्पट तथा झूठे सिट्टू हो और अपने मुँह से केवल मिया मिट्ठू बनने में बड़े निपुण और सुचतुर हो।" देशी पत्रकारों को जो यंत्रणा झेलनी पड़ती थी उसका 'उचितवक्ता'-सम्पादक को यथार्थ ज्ञान था। 18 नवम्बर 1882 ई. की एक सम्पादकीय टिप्पणी का शीर्षक है—'देशीय पत्रों के सम्पादक क्या पूर्व जन्म के पापी नहीं हैं?' उक्त टिप्पणी की कुछ आरम्भिक पंक्तियाँ द्रष्टव्य हैं—भारतवर्ष में जितने देशीय समाचार पत्र प्रकाशित होते हैं उनके सम्पादक कौन हैं और कैसे हैं तो हम केवल यही उत्तर देंगे कि पूर्व जन्म में जिनों ने महापातक किये हैं समग्र पृथ्वी का जिनों ने अनिष्ट साधन किया है और मारे पाप के जिने इस संसार भर में कहीं ठिकाना नहीं लगा उनी दीन जनों ने चिर पराधीन अति मलीन मुख विहीन भारत भूमि में जन्म लेकर अत्यन्त जघन्य नीच तथा पामर का कार्य देशीय सम्पादकत्व का भार उठाया है। ये हजारों दुर्दशायें झेलते हैं तो भी श्वेतांश राजपुरुषों की निन्दा करने से बाज नहीं आते सैकड़ों षड्यन्त्र में झोंके जाते हैं तो भी राजपुरुषों के प्रकृत रहस्य प्रगट करने में परांमुख नहीं होते सैकड़ों विपदें पड़ती हैं तो भी ये इस दुष्कर्म से मुँह नहीं मोड़ते। सैकड़ों बेर राजपुरुषों की तीव्र दृष्टि में पड़ते हैं तो भी इस नीच कर्म को परित्याग नहीं किया चाहते और छोड़े भी क्यों कर? इनके सिर तो पूर्व जन्म का पाप सवार है कि जिस की कृपा से ये देशीय पत्र के सम्पादक तथा स्वयं आप भी देशी भये उसी पाप के प्रबल प्रताप से ये लोग इस काम से विमुख नहीं होते और न समाचार पत्र का सम्पादकत्व ही इनका पीछा छोड़ता है।" इसी प्रकार 'उचितवक्ता' के 23 दिसम्बर 1882 ई. के अंक में 'सम्पादक समाज की आवश्यकता' पर विचार किया गया है : "हम भारतीय सम्पादकों की जैसी हीन और मलीन दशा है वह किसी को अविदित नहीं है। ये लोग सदा अपने देश की भलाई के लिये उद्यत रहते हैं इसी से सदैव गवर्मेण्ट के समीप राजभक्तिविहीन और अधम गिने जाते हैं, क्षुद्र हाकिमों से लगाकर उच्चतर विचारपतियों तक का इन पर आक्रोश बना रहता है। ये लोग क्षुद्र हाकिमों से गुप्त रहस्य प्रगट करने के कारण अधिकांश हजूरों के चक्षुःशूल हो जाते हैं और औसर पाने पर इनको हजूर लोग भी भलीभाँति धर चपेटते हैं।" समाचार पत्रों के प्रति देशवासियों की सामान्य दृष्टि का उल्लेख करते हुए इसी टिप्पणी में आगे सम्पादक ने लिखा है—"हमारे देशवासी मनुष्यों की ऐसी रुचि नहीं है कि समाचार पत्रों से किसी प्रकार का सम्बन्ध रक्खें वा उसके सहायक हों और उसकी विपद में सहानुभूति प्रगट करें। यहाँ के धनी सम्प्रदाय रंग राग ही से छुट्टी नहीं पाते फिर करें क्या?" आगे सम्पादकों के कर्त्तव्य

की ओर संकेत किया गया है, **"अब हम लोगों का प्रधान कर्त्तव्य यह है कि सब समाचार पत्र के सम्पादक एक उत्तम सभा स्थापन करें जिसमें कि सब पत्रों के सम्पादक सभ्य नियुक्त रहें और अपनी अपनी अवस्थानुसार मासिक चान्दा दिया करें जब किसी देशीय पत्र के सम्पादक पर किसी हाकिम महाशय का अनर्थक क्रोध होय तो उसके निवारणार्थ वह संचित द्रव्य व्यय हुआ करे और सम्पादक समाज उसकी सब प्रकार से सहायता में तत्पर रहे।"** स्मरणीय है, 1882 ई. में 'उचितवक्ता'-सम्पादक ने सम्पादक समाज की स्थापना का प्रस्ताव रखा था। कहना न होगा कि मौलिक योजना का कोई महत्त्व नहीं होता जब तक उसे ठोस क्रियान्विति नहीं मिलती। 'उचितवक्ता'-सम्पादक पं. दुर्गाप्रसाद मिश्र ने सम्पादक-समाज की स्थापना भी की थी, केवल प्रस्ताव रख कर ही चुप नहीं लगा गये थे। वे ही सम्पादक-समाज के संचालक थे।

प्रेस ऐक्ट और 'उचितवक्ता'

'सारसुधानिधि' की विवेचना करते हुए हमने 'प्रेस ऐक्ट' के सम्बन्ध में हिन्दी-पत्रों का उल्लेख किया है। 'उचितवक्ता' ने भी इस प्रश्न को उठाया था। 3 सितम्बर 1881 ई. के अंक की सम्पादकीय टिप्पणी का शीर्षक है—'मुद्रा यन्त्र आइन'। उक्त टिप्पणी का अन्तिम अंश उद्धृत किया जाता है, **"मुद्रा यन्त्र आइन जो सम्पूर्ण न्याय विरुद्ध है यह कहने की कुछ आवश्यकता नहीं है, आज दिन जिन महात्माओं के निकट हम अपना दुःख जना रहे हैं यह वही है कि जिन्होंने यह दूषनीय आइन के होती समय अनुदार चरित शासन-कलाओं की बहुत सी निन्दा की थी, और बहुत से दोष दिखाये थे, आज ब्राइट वो ग्लाडष्टोन धर्ता कर्ता ही ठहरे, अतः उन्हीं से हमको कुछ विशेष कहने की आवश्यकता नहीं है, अब हमारी लौर्ड रीपन हार्टिंटन ग्लाडष्टोन प्रभृति महात्मायों के निकट यही प्रार्थना है कि आप लोग यह निन्दनीय आईन को शीघ्रता से उठाकर अपने निर्मल यश से यह कलंक का टीका निकाल हमारी वह निर्म्मूल आशा को सजीव करे।"[1] 28 जनवरी सन् 1882 ई. (अर्थात् वर्ष 3 अंक 4) के सम्पादकीय वक्तव्य 'प्रेस ऐक्ट के मुँह में धूर'** की आरम्भिक पंक्तियाँ इस प्रकार

1. "The English are justly and gloriously, the greatest champions of liberty of speech. What a falling off must have taken place in their character when, after granting this boon to India, they should have even thought of withdrawing it? This act, together with that of disarming the people, is a clear confession by the rulers to the world that they have no hold yet upon the affection and loyalty of the people, though in the same breath they make every profession of their belief in the loyalty of the people. Now, which is the truth? And are gagging and disarming the outcome of a long benign rule?"—Dadabhai Naoroji. The Poverty and Un-British Rule in India', p. 217.

हैं—"19 जनवरी बृहस्पतिवार के दिवस 11 बजे 'भारतीय व्यवस्थापक सभा' का एक विशेष अधिवेशन हुआ था जिसमें लौर्ड रीपन ने सभापति का आसन ग्रहण किया था, असली इडेन, जेनरल ष्टुअर्ट, व्यवस्था-सचिव हुइटलीष्टोक्स, भावी वंगेश्वर रिमार्सटोमसन 9 आइन के संहारकर्त्ता माननीय जिवस, राजस्वसचिव मेजर वेयरिंग, समर सचिव मेजनर जेनरल विलसन, माननीय रेन लूड्स, महाराजा ज्योतिन्द्र मोहन, माननीय फवर्स, एर्मास, फ्रांसथोएट, इंग्लिस राजा शिवप्रसाद, माननीय प्लाइडेन, माननीय हण्टर, सैयद अहमद खाँ बहादुर और दुर्गाचरण ला आदि महाशयगण चारों ओर बैठे हैं। आज दुरन्त 9 आइन की अत्येष्ठि क्रिया और भारतवासियों के उत्सव का दिन है। इसी से देशीय समाचार पत्रों के परममित्र वंगबन्धु अकलंक-वंशधर चुपचाप बैठे हैं, कुछ बस नहीं चलता। प्यारी मुद्रन विधि को इतने दिनों के बाद समाधि होगी इससे वे मुख मलिन अति दीन भाव से पुराने लगघड़ की न्यायी टक लगाये मुँह विचकाये देख रहे हैं।" इसी सन्दर्भ में 4 फ़रवरी 1882 के सम्पादकीय स्तम्भ के अन्तर्गत एक विज्ञप्ति है जिसे यहाँ अविकल उद्धृत किया जाता है, " 'प्रेस ऐक्ट' उठ जाने का आनन्द। 'प्रेस ऐक्ट' के उठ जाने से देशीय सम्पादकों को जो कितना आनन्द हुआ वह अकथनीय है इससे आज हम सब लौर्ड रिपन महोदय को आह्लाद के सहित धन्यवाद देते हुए 'उचितवक्ता' का एक नया नियम करते हैं कि स्कूल और लाइब्रेरी समूहों से आधा दाम लिया करेंगे, अर्थात् डाक व्यय सहित वार्षिक 1॥ डेढ़ ही रुपये लिये जाएँगे।"

उपर्युक्त उद्धरणों से स्पष्ट है कि 'उचितवक्ता' पत्रकारिता सम्बन्धी दायित्व के प्रति पूर्ण सचेत था। विभिन्न पत्रों से वाद-विवाद करते हुए, देशीय पत्र और पत्रकारों की दुर्दशा का वर्णन करते हुए, पत्रों के प्रति देशवासियों की सामान्य दृष्टि यानी उदासीनता का रोना रोते हुए और सरकारी नीति की आलोचना करते हुए 'उचितवक्ता' अपने दायित्व का ही पालन कर रहा था।

हिन्दी आन्दोलन और 'उचितवक्ता'

उस समय हिन्दी आन्दोलन भी उत्तरी भारत में ज़ोर पकड़ रहा था। इस जातीय आन्दोलन को 'उचितवक्ता' ने काफ़ी प्रवर्द्धन दिया था। 1 जुलाई 1882 ई. की सम्पादकीय टिप्पणी का शीर्षक है—'पंजाब में हिन्दी'। आरम्भिक स्थल द्रष्टव्य है—"पंजाब में साधारण शिक्षा कौन-सी भाषा में प्रचलित होनी चाहिये आजकल इस विषय का आन्दोलन हो रहा है। समस्त हिन्दी पत्र तथा अन्यान्य पत्रों का यही मत है कि, हिन्दी भाषा ही प्रचलित होनी चाहिये, इस विषय का आज कल बंगदेश में भी आन्दोलन हो रहा है, यहाँ के बंगला पत्रों का भी यही मत है कि, हिन्दी भाषा ही प्रचलित होनी चाहिये। इससे

उर्दू के पक्षपातियों को समझना चाहिए कि केवल हम हिन्दी पत्र वाले ही नहीं वरन् जो कोई क्षण भर पक्षपात रहित होकर इस विषय की चिन्ता करेगा वही कहेगा कि यदि भाषा प्रचलित हो तो हिन्दी हो और यदि किसी समय में हिन्दुस्तान भर की एक भाषा होगी तो हिन्दी ही होगी।" आगे बँगला दैनिक पत्र 'प्रभाती' का (हिन्दी के सम्बन्ध में) लेख उद्धृत किया गया है। 'प्रभाती' के उक्त लेख का एक स्थल द्रष्टव्य है—**"भारत में बँगला, उड़िया, हिन्दी, उर्दू, महाराष्ट्रीय, सिन्धी, प्रभृति बहुत-सी भाषाएँ प्रचलित हैं। परन्तु सभों के आभ्यन्तर में कौन सी भाषा का प्राधान्य परिदृष्ट होता है, वही जो अवलम्बनीय है, यह कौन नहीं स्वीकार करेगा? इन सब भाषाओं के बीच हिन्दी का प्राधान्य विशेष रूप से दिव्यदृष्टि से परिलक्षित होता है। ऐसी अवस्था में हिन्दी जो भारत की प्रधान भाषा है यह कोई अस्वीकार नहीं करेगा, अतएव हिन्दी ही जब भारत की प्रधान भाषा प्रतिपन्न हुई, तो इसकी अधिक चर्चा जो समग्र देश की मंगलकर होगी, इसमें कुछ भी सन्देह नहीं। पंजाब के शिक्षा संक्रान्त कर्तृपक्ष यदि यह बूझ सकें तो उनको वर्तमान प्रश्न की मीमांसा के लिये बहुत आयास स्वीकार नहीं करना पड़ेगा। पंजाब के प्रधान प्रधान मुसलमान लोग उर्दू प्रिय हैं, साधारण शिक्षा उर्दू में दी जाए इसलिए गवर्मेण्ट से अनुरोध कर रहे हैं, परन्तु जिसके द्वारा समग्र देश का मंगल साधित होगा, कतिपय मुसलमानों के अनुरोध से उस भाषा का परित्याग करना कदापि उचित नहीं है। उर्दू में शिक्षोपयोगी पुस्तकें नहीं हैं, पुस्तकों का अनुवाद जिस प्रकार हिन्दी में अनायास हो सकता वैसा उर्दू में नहीं हो सकता। अतएव इस निमित्त भी हमलोग हिन्दी का आश्रय ग्रहण करना श्रेयकल्प समझते हैं। हम लोग आशा करते हैं कि, पंजाब के शिक्षा संक्रान्त कर्तृपक्षगण इन सब बातों को मनोयोग के सहित विचार करके वर्तमान प्रश्न की मीमांसा करेंगे। अन्यथा यदि वे लोग सम्प्रदाय विशेष के प्राधान्य से पक्षपाती होकर कार्य करेंगे तो महा अनिष्ट की सम्भावना है।"**

हिन्दी भाषा के सम्बन्ध में एक अहिन्दी-भाषी पत्र का यह दृष्टिकोण 1882 ई. में प्रकट किया गया था जिसकी अर्थवत्ता साम्प्रतिक युग में भी अक्षुण्ण है। विडम्बना यह है कि उन्नीसवी शताब्दी के जिस बंगाल ने हिन्दी के माहात्म्य को समझकर जिस उदारता से इसका पक्ष-समर्थन किया वही बंगाल आज हिन्दी-विरोधियों में अग्रणी है। बंगालियों की हिन्दी-हित-कामना और हिन्दी-सेवा की चर्चा अन्यत्र की गयी है, साथ ही हमने सांकेतिक ढंग से उन बंगीय पण्डितों का भी उल्लेख किया है जो गिरगिटधर्मी हैं और हर क्षण-रंग-रूप बदलते रहते हैं यानी कल जो हिन्दी के सबसे बड़े समर्थक थे आज वे ही सबसे बड़े विरोधी हैं। राजनीतिक परिवेश के साथ ही जिनकी वैचारिक भूमिका बदलती रहती है और सत्य को जो स्वार्थ की दृष्टि

से देखने के अभ्यासी हैं उनसे देश, राष्ट्र और कहना चाहिए पूरी जातीय मनीषा को ख़तरा है। अस्तु, उन्नीसवीं शताब्दी के विचारक पूर्वग्रह-मुक्त होकर किसी बड़े प्रश्न पर विचार करते थे, क्योंकि वे सत्य और औचित्य के आग्रही थे और इसी लिए वे सत्य का खुलकर पक्ष-समर्थन करते थे। 'उचितवक्ता' के 7 अप्रैल सन् 1883 ई. के अंक में सम्पादक ने एक ऐसे ही महापुरुष की चर्चा की है। ये हैं 'औनरेब्ल श्रीयुत बाबू भूदेव मुखोपाध्याय सी. आई. ई.,' जो बिहार में शिक्षा-विभाग के एक ऊँचे सरकारी अधिकारी थे और जिन्होंने हिन्दी-प्रचार के लिए महत् प्रयत्न किया था। इनके द्वारा निर्मित हिन्दी पुस्तकें बिहार में पढ़ायी जाने लगी थीं। और इन्हीं के प्रयत्न के परिणामस्वरूप हिन्दी को अदालत तक में प्रवेश मिला था। 'उचितवक्ता' सम्पादक ने बड़े विश्वासपूर्वक लिखा है कि **"हम निश्चय कह सकते हैं कि, ये महाशय बिहार प्रान्त में न आते तो कदापि हिन्दी का ऐसा प्रचार नहीं होता अब उक्त महाशय अपना पद स्वेच्छा प्रवृत्त हो त्यागा चाहते हैं इससे जितनी हानि बिहार की होगी इतनी किसी स्थान की न होगी क्योंकि, अभी थोड़े ही दिनों से यहाँ हिन्दी का प्रचार हुआ है अर्थात् अभी हिन्दी की शैशवावस्था है।"** आगे भूदेव बाबू से सम्पादक ने अनुरोध किया है, **"यदि माननीय भूदेव बाबू और थोड़े दिन के बाद कार्य्य त्याग करते तो अच्छा था क्योंकि, आपने जिस हिन्दी वृक्ष को आरोपण किया है और जिसकी अब शैशवावस्था है, अपनी आँखों उसकी पुष्ट अवस्था देख लेनी चाहिये और जब तक ये (हिन्दी) सबल न होले तक इनको अवश्य रक्षणावेक्षण करना चाहिये नहीं तो न मालूम इस हिन्दी वृक्ष की दशा दूसरे के हाथ जाने से कैसी हो जाएगी। हम तो भूदेव बाबू से यही प्रार्थना करते हैं कि, जिस प्रकार आपने हिन्दी को जीवन दान दिया है, उसी प्रकार उसको स्थायी करने के निमित्त भी यत्नवान रहिये नहीं तो अभी आपके पद त्यागने पर इसकी अधूरी दशा किसी से भी न सुधरेगी वरन् किसी अनाड़ी के हाथ में पड़ जाएगी तो अधूरी से पूरी होने के बदले सम्पूर्ण नष्ट होने की आशंका है अतएव हम भूदेव बाबू से यही प्रार्थना करते हैं कि, यहाँ आपने इतने दिनों इसको जीवित करने के लिए इतना यत्न किया है तो इसे पुष्ट करने के लिए भी कुछ दिनों तक और अपेक्षा कीजिये नहीं तो हमलोगों के चित्त में यह आशंका है कि कहीं बिहार की हिन्दी शैशवावस्था ही में कालकवलित न हो जाए।"** एक भिन्न भाषी व्यक्ति पर इतना बड़ा भरोसा इस बात का प्रमाण है कि वह हिन्दी का परम हितैषी और महान् उन्नायक था। 12 अगस्त सन् 1882 ई. के 'उचितवक्ता' में एक सम्पादकीय है जो इस प्रकार है—

"ऑनरेबूल श्रीयुत बाबू भूदेव मुखोपाध्याय सी.आई.ई.। हम अतीव आनन्द के सहित प्रगट करते हैं कि, डायरेक्टर क्रॉफ्ट साहब के अनुपस्थित

काल तक उपरोक्त महोदय को गवर्मेण्ट ने उनके स्थानापन्न किया है यह पद देशीय मनुष्य को प्रथम दिया गया है। निस्सन्देह उक्त महात्मा की योग्यता ऐसी ही है जितने स्थान विद्या विभाग के उक्त महाशय के अधीन हैं सभी स्थानों की इनके यत्न परिश्रम और अध्यवसाय से आशातीत उन्नति हुई है उक्त महोदय जिस प्रकार अपने कर्त्तव्य में दत्तचित रहते हैं ऐसी सावधानता के कोई योरोपीय कर्मचारी नहीं रहता होगा।"

इस प्रकार हम देखते हैं कि हिन्दी-हितैषियों और हिन्दी सम्बन्धी होनेवाले कार्यों पर 'उचितवक्ता' का सदैव ध्यान रहता था।

29 जनवरी 1881 के 'उचितवक्ता' में अम्बिकादत्त व्यास का एक लेख प्रकाशित हुआ था जिसकी कुछ पंक्तियाँ द्रष्टव्य हैं। लेख का शीर्षक है 'अब कहिए क्या कहा जाय?' इसके बीच का एक स्थल उद्धृत किया जाता है–

"संस्कृत तो जहाँ तहाँ हिन्दी की यह दशा है कि सहस्रों में कोई ऐसा मिले तो मिले कि हिन्दी में भाषण और लेख कर सके। और यदि शुद्ध हिन्दी के प्रचार के लिये कुछ प्रयत्न किया जाए तो हमी लोगों में से बड़ी-बड़ी पदवीवाले महाशय कहने लगते हैं कि 'चनानचे अगर उर्दू ही के लफ़्ज इस जबान में आते रहें तो क्या हर्ज़ है' इनों से अब कहिये क्या कहा जाय?"

"भला टूटी, फूटी, सड़ी, बूड़ी बिगड़ी बासी जैसी कुछ हिन्दी भाषा है दो चार वृतान्त पत्रों को तो चलाये हैं परन्तु हा! बड़े आश्चर्य और खेद की बात है कि हम लोगों की इस भाषा को भी स्वतन्त्रता नहीं है कि इंगलिश की भाँति निर्भय लेख में तत्पर हो, अब कहिये क्या कहा जाय?"

अम्बिकादत्त व्यास की ये पक्तियाँ हिन्दी की तत्कालीन स्थिति के साथ ही भारतवासियों की पराधीनता जनित विवशता और व्यथा की ओर भी संकेत करती हैं। विदेशी सरकार का साहाय्य हिन्दी को दुर्लभ था। पराधीन देश की भाषा की यही नियति थी जिसे हिन्दी को झेलना था। विडम्बना यह है कि हिन्दी की ओर से देशी रजवाड़े भी उदासीन थे। 10 नवम्बर 1883 के 'उचितवक्ता' की सम्पादकीय टिप्पणी है–"देशी रजवाड़े हिन्दी प्रचार क्यों नहीं करते?" इसका अन्तिम अंश इस प्रकार है–"परन्तु हाय! देशी रजवाड़ों को देखो तो उनके राज्य और राज्यों के चीजों को देखो सभी विदेशी जान पड़ती हैं। वर्तमान समय में उदयपुर आदि दो एक राज्यों को छोड़कर जहाँ देखो वहाँ ही महा-अनिष्टकारी पार्सी अक्षरों का प्रचार और विदेशीय वस्तुओं का व्यवहार अधिकाई से देख पड़ता है, जिससे भारतवासी मात्र को महती लज्जा प्राप्त होती है और सिर नीचा करना पड़ता है,...देशी रजवाड़ों से सानुनय विनय पूर्वक यही प्रार्थना करते हैं कि आप लोग शीघ्र ही अपने-अपने राज्यों से उर्दू राक्षसी को विदूरित कर हिन्दी देवी को स्थान दें और कलंक राशि को धोकर विमल यश राशि संचय करें।"

भाषा सम्बन्धी आदर्श

इस प्रकार हिन्दी की प्रतिष्ठा के लिए 'उचितवक्ता' सदैव सचेत और सक्रिय रहता था। इतना ही नहीं हिन्दी भाषा के स्वरूप पर भी उसका ध्यान था। हिन्दी साहित्य में भाषा-सम्बन्धी प्रयोगों की शिथिलता उसे सह्य न थी। 'हिन्दी साहित्य' पर विचार करते हुए 12 जनवरी सन् 1895 ई. को 'उचितवक्ता' की सम्पादकीय टिप्पणी में सम्पादक ने लिखा था कि, **"आज कल हिन्दी साहित्य की विचित्र दशा वर्तमान है। इस की कुछ स्थिरता ही नहीं देख पड़ती। विविध प्रकार के रंग-बिरंगे लेख प्रकाशित होते हैं। कोई तो आज संस्कृत शब्दों पर झुक रहे हैं और ज्यों ही किसी ने कह दिया कि, आपकी भाषा कठिन होती है, कुछ सरल कीजिये कि, चट पलट कर उर्दू की खिचड़ी पकाने लग गये, फिर ज्यों ही किसी ने कह दिया कि, केवल संस्कृत के शब्दों के मिलाने से वा उर्दू शब्दों के प्रयोग से भाषा पुष्ट न होगी, बस चट बदल गये और दोनों प्रकार के शब्दों को मिलाने में उतारू हो गये। सारांश यह कि ग्राहकों की खोज में भाषा को भी भटकाते रहते हैं और लेख प्रणाली को स्थिर नहीं रख सकते। हिन्दी के वर्तमान लेखकों में यही दोष वर्तमान है।...अधिकांश लेखनदास लोग घर से सतुआ बाँधकर हिन्दी लिखने का व्यापार करने को निकले हैं। ये लेखक क्या हैं, मानो बहुरूपी स्वाँग है। इनको जब जैसा मालिक मिल जाय और जिस प्रकार लिखने से पैसा प्राप्त हो, ये लोग वैसा ही लिखने में उद्यत हो जाते हैं। सुतरां ऐसे लेखकों के लेखों से भी हिन्दी की यथेष्ट हानि हो रही है।"** स्पष्ट है कि यह पत्र सहज भाषा का आग्रही था। सहज भाषा यानी ऐसी भाषा जिस पर विजातीय भार न हो और जो वेगवती हो इतनी कि पाठक के हृदय को छूकर निकल जाए। 13 जनवरी 1883 ई. के 'उचितवक्ता' में 'हिन्दी पत्र-सम्पादक और उनकी भाषा' शीर्षक लेख प्रकाशित हुआ था। 'भारतमित्र' के भाषा-दोष की चर्चा करते हुए सम्पादकों की भाषा सम्बन्धी एक सामान्य आदर्श का उल्लेख किया, **"भाषा के विषय में सम्पादक का उद्देश्य यह दिखता है कि जिसमें सब लोगों की समझ में आया करे ऐसी सहज शैली पर भाषा लिखना योग्य है...निस्सन्देह प्रचलित शब्दों में हिन्दी का यथार्थ सौन्दर्य रक्ख कर सहज रीति से अपने मन की बातों का प्रकाश करना ही समस्त सम्पादकों को उचित है।"**

'उचितवक्ता' की भाषा

'उचितवक्ता' की उपर्युक्त वैशिष्ट्य-चर्चा में आये उद्धरणों से उसकी भाषा का स्वरूप स्पष्ट हो गया है और बिना दुविधा के यह कहा जा सकता है कि 'उचितवक्ता' ने भाषा के सम्बन्ध में उसी आदर्श का पालन किया जिसकी ऊपर

की पंक्तियों में चर्चा की गयी है अर्थात् इसकी भाषा नितान्त सहज थी। विजातीय भाषा-भार से इसकी भाषा मुक्त थी और 12 जनवरी 1895 के 'उचितवक्ता' में सम्पादक ने हिन्दी लेखकों की भाषा-विषयक जिन त्रुटियों का उल्लेख किया था उनसे भी इस पत्र की भाषा रहित थी। "पण्डित दुर्गाप्रसाद जी एक तेज़ सम्पादक और जबरदस्त लेखक थे।" उनकी लेखन-शक्ति और भाषा की प्रशंसा सबने की है। इनके सामने भारतेन्दु बाबू हरिश्चन्द्र का भाषा-सम्बन्धी आदर्श था। जब हिन्दी लेखकों और सम्पादकों की भाषा बिगड़ने लगी तो 'उचितवक्ता'-सम्पादक ने भारतेन्दु को बड़े दर्द के साथ स्मरण किया था, **"जब से हम लोगों के परम प्रिय हिन्दी-हृदय भारतेन्दु हरिश्चन्द्र जी का स्वर्गवास हो गया है, तब से हिन्दी की उन्नति तो नहीं वरन् यथेष्ट अवनति हो रही है। भारतेन्दु जी के समय में सब कोई एक ढर्रे की हिन्दी लिखने में प्रवृत्त हो गये थे और भारतेन्दु जी के अभीष्टानुसार हिन्दी लिखी जाती थी, परन्तु जबसे इनका गोलोकवास हो गया है, तब से सारे के सारे लेखक एक प्रकार नियम बन्धन विहीन और स्वतन्त्र हो गये हैं जो लोग वास्तव में हिन्दी की उन्नति के अभिप्राय से लेखनी परिचालन करते थे, वे तो अब भी उसी सदुद्देश्य से लेखनी परिचालित करते हैं। परन्तु अधिकांश लेखक स्वार्थ की ओर ध्यान देते और जीविका निर्वाह के लिए हिन्दी लिखते हैं। इन लोगों के द्वारा ही हिन्दी रसातल को धसती जाती है। भारतेन्दु जी सच्चे चित्त से तन-मन-धन अर्पण कर हिन्दी की उन्नति करने के प्रयासी थे, सुतरां हिन्दी की यथाक्रम उन्नति होती जाती थी।"** भारतेन्दु की हिन्दी सेवा की चर्चा 'उचितवक्ता'-सम्पादक ने बड़े सम्मान के साथ की है। भारतेन्दु बाबू के व्यक्तित्व के प्रति भी उनके मन में बड़ा सम्मान था।[1]

1. भारतेन्दु बाबू हरिश्चन्द्र का सम्मान पूरे हिन्दी प्रदेश में था। 6 नवम्बर 1880 के 'उचितवक्ता' में एक सम्पादकीय टिप्पणी प्रकाशित हुई थी जिसे अविकल उद्धृत किया जाता है–

बाबू हरिश्चन्द्र

"आजकल उक्त महाशय को गवर्मेण्ट से सम्मानसूचक उपाधि प्राप्त होने के लिये कई एक हिन्दी के पत्रों ने सम्मति प्रकाश की है। हम लोगों को भी तीन चार योग्य महाशयों के प्रेरित पत्र आये हैं, जिनको स्थानाभाव से छाप नहीं सके, उन पत्रों का आशय भी यही है कि उक्त बाबू साहब को गवर्नमेण्ट से योग्य उपाधि मिलनी चाहिए।

हम लोग भी इस बात को सम्पूर्ण रूप से अनुमोदन करते हैं, और आशा करते हैं कि गवर्नमेण्ट इस विषय में शीघ्र ध्यान देगी इस समय सभी हिन्दी के पत्र सम्पादकों को उचित है कि इस विषय को गवर्नमेण्ट के निकट सूचित करें कि जिससे शीघ्र ही यह सत्कार्य सम्पन्न हो।"

इसी प्रकार राजा शिवप्रसाद के स्थानापन्न के रूप में भारतेन्दु बाबू को अपना प्रतिनिधि बनाने का अनुरोध 'उचितवक्ता'-सम्पादक ने 24 मार्च 1883 ई. को किया था, "हम ऐसी आशा करते हैं कि, बाबू हरिश्चन्द्र वा लाला श्री निवासदास इनमें से किसी महाशय को राजा साहब के स्थानापन्न करने के निमित्त सर्वसाधारण समाज महामान्य रिपन महोदय से प्रार्थना करेंगी।"

सामाजिक विषयों के प्रति 'उचितवक्ता' की दृष्टि

'उचितवक्ता' में सामाजिक विषयों की भी चर्चा रहती थी। 'उचितवक्ता' की इस सम्बन्ध में स्पष्ट दृष्टि यह थी कि सामाजिक विषयों में सरकार को हस्तक्षेप नहीं करना चाहिए और न तो हम उसे इस विषय में दखल देने के लिए आमन्त्रित ही करें। 28 जुलाई 1883 ई. की सम्पादकीय टिप्पणी इसी विषय को लेकर लिखी गयी है। 'ऐसा होना उचित नहीं है'—शीर्षक उक्त सम्पादकीय टिप्पणी यहाँ अविकल उद्धृत है—**"हम लोग यह देख अतीव दुखी हुए कि, कई समाचार पत्रों में लोग गवर्मेण्ट से यह प्रार्थना कर रहे हैं कि, गवर्मेण्ट को सामाजिक विषय में हस्तक्षेप पूर्वक विधवा विवाह की प्रथा को प्रवर्तित करने के लिए यत्नवान होना चाहिए, उन महाशयों से प्रार्थना करते हैं कि कदापि गवर्मेण्ट को किसी सामाजिक विषय में हस्तक्षेप करने के लिए अनुरोध नहीं करना चाहिए, जब गवर्मेण्ट को हम एक सामाजिक भार आप सौंप देंगे तो उस के बल से अन्य सामाजिक विषय में हस्तक्षेप करने का अधिकार हो जाएगा। विधवा विवाह करो वा मत करो इस विषय में कुछ नहीं कहा चाहते जिसकी जैसी रुची हो वह वैसा करो परन्तु समग्र भारत की विधवाओं पर तरस खाकर गवर्मेण्ट को सामाजिक विषय में हस्तक्षेप करने के लिये कहना परम मूढ़ता है और इसका परिणाम अच्छा नहीं है। यह सामाजिक विषय है इसका बन्दोबस्त समाज ही को करना चाहिए गवर्मेण्ट से क्या सरोकार?"** इस वक्तव्य का आशय यह नहीं कि 'उचितवक्ता' विधवा विवाह का विरोधी था किंवा सामाजिक प्रश्नों पर पुरातन विचार रखता था। 25 जून सन् 1881 के 'उचितवक्ता' में रामकृष्ण वर्मा का एक लम्बा पत्र प्रकाशित हुआ था जिसमें विधवा और बाल-विवाह के प्रश्न की गम्भीर विवेचना की गयी थी। भारतीय विधवाओं के प्रति संवेदना प्रकट करते हुए लेखक ने लिखा था, "एक दिन यह विधवाओं की आह आपत्ति लावेगी और फिर लावेगी क्या वो आ ही चुकी, देखिये कौन-सी दशा इस भारत की हुई है यह इन्हीं विधवाओं के शाप का प्रतिफल है।" बालविधवा का कारण बेमेल और बाल-विवाह है जो एक अभिशाप है। 'भारतमित्र' कार्यालय, कलकत्ता में उन दिनों इस विषय पर एक विचार-बैठक भी हुई थी और यह निश्चय किया गया था कि इसी प्रश्न को लेकर एक पत्र का प्रकाशन हो जिसमें बाल-विवाह की हानि दिखाई जावे और लोगों से अनुरोध किया जाए कि यह सामाजिक नियम बना दिया जाए कि कोई अपने लड़के और लड़कियों का विवाह उनकी बाल्यावस्था में न करे। अस्तु। ऊपर चर्चा की गयी है कि 'उचितवक्ता' में गो-रक्षा आदि सामाजिक विषयों पर भी टिप्पणियाँ और लेख प्रकाशित होते थे।

राजभक्ति और उसका स्वरूप

द्वितीय दौर की हिन्दी पत्रकारिता की विवेचना करते हुए हमने निवेदन किया था कि इस युग की पत्रकारिता का मूल स्वर राष्ट्रीय था किन्तु उसमें किसी-न-किसी रूप में राजभक्ति का पुट अवश्य रहता था। 'उचितवक्ता' में भी राजभक्ति का स्वर काफ़ी स्पष्ट है। 25 जून 1881 ई. की सम्पादकीय टिप्पणी की कुछ पंक्तियाँ द्रष्टव्य हैं, **"...हम भले प्रकार से यह निश्चय कर कहते हैं कि अँग्रेज सरकार हम लोगों को सर्व प्रकार से सभ्य करने चाहती है और जो जो परम सभ्यता की बातें अन्य विलायतों में हैं वह सिखाना चाहती है परन्तु हम न सीखें और अन्धकार के भीतर ही पड़े व्यर्थ बड़बड़ाते रहें तो इसका वे क्या करें? हम लोगों की दशा ऊँट की-सी है कि लदते जाएँ और बड़बड़ाते जाएँ, परन्तु पुरुषार्थ के काम कुछ भी न करें, दूसरों के दोष निकालें। अपने पर कुछ ध्यान न दें, अनार्यों का तो समय सिर पक्ष करें परन्तु आर्य को कुएँ में धक्का दे देवें इत्यादि, हम लोग आर्मस ऐक्ट और आइन 9 के लिये गवर्मेण्ट को व्यर्थ दोष देते हैं, यदि हम देशी ही कपड़ा पहिरें और शनैः शनैः कोई भी अन्य देश की वस्तु अपने उपभोग में न लावें, एवं आर्यबन्धुओं में सर्वसाधारण बन्धुत्व जिस प्रकार से बने उस प्रकार से उत्पन्न करें तो कौन रोकता है?"** स्पष्ट है कि **"यह राजभक्ति रायबहादुरों वाली न थी कि सब देश सुखी हैं और ब्रिटिश राज में भारतवर्ष बस नरक से स्वर्ग हो गया है।"**[1] सरकारी अन्याय-अत्याचार और पक्षपात से 'उचितवक्ता' परिचित था और इसके विरुद्ध उसने आवाज़ उठायी थी। 13 नवम्बर 1880 ई. के सम्पादकीय लेख का शीर्षक है—'गवर्नमेण्ट के पक्षपतित्व का एक उत्कृष्ट उदाहरण।' सरकारी पक्षपातपूर्ण व्यवहार के अनौचित्य की विस्तृत चर्चा कर के सम्पादक ने अन्त में लिखा है—

"हम लोगों की इच्छा है कि गवर्नमेण्ट ने सिविलिअनों के लिये जैसा सुवीता कर दिया है, अचिह्नित कर्मचारियों के लिये भी वैसा ही सुवीता कर दें। हम लोग इतना ही कहते हैं कि सिविलिअनों के निमित्त जो सब अधिकार हैं, उनमें से अचिह्नित कर्मचारियों को एक बार ही वंचित करना योग्य नहीं, किंचित परिमाण भी उन लोगों को ये अधिकार देने उचित है।" इस औचित्य की ओर सरकार का तनिक ध्यान नहीं था और वह निरन्तर भारतवासियों के प्रति अन्याय-अत्याचार कर रही थी। भारतीयों के लिए न्यायालय निरर्थक थे क्योंकि न्यायाधीश तथा अन्य अधिकारी अँगरेज़ थे जो न्यायपति होकर भी न्याय का साथ नहीं देते थे हमेशा भारतीयों के विरुद्ध निर्णय होता था। 'उचितवक्ता' के प्रथम वर्ष के नौवें अंक में अँगरेज़ सरकार, अँगरेज़ न्यायपति तथा जूरी को सम्बोधित कर

---

1. डॉ. रामविलास शर्मा, भारतेन्दु युग, पृष्ठ 13।

सम्पादक ने बड़ी साफ़ भाषा में कहा था, **"ब्रिटिश जाति के प्रति हिन्दुस्तानियों की अगर आप लोग भक्ति चाहते हैं, तो विचार काल में वर्ण, जाति, धर्म्म पर दृष्टि न रखिएगा। आप लोग सदा यह ध्यान रखिएगा कि, ब्रिटिश राज्य में जितनी प्रजाएँ बसती हैं विचार काल में विचार पति के साम्हने सभी बराबर हैं।"**

इस प्रकार हम देखते हैं कि 'उचितवक्ता' ने आरम्भ में औचित्य के पक्ष-समर्थन का जो संकल्प किया था उसका विधिवत् पालन किया।

हिन्दी बंगवासी

हिन्दी के प्रसिद्ध पत्रकार पं. अमृतलाल चक्रवर्ती की प्रेरणा से इस पत्र का प्रकाशन 1890 ई. में हुआ था। इसका सम्पादन दस वर्षों तक स्वयं चक्रवर्ती जी ने ही किया।[1] इसके सम्बन्ध में बाबू बालमुकुन्द गुप्त ने लिखा है, **"हिन्दी बंगवासी एक दम नये ढंग का अखबा़र निकला। हिन्दी में उससे पहले वैसा अखबार कभी न निकला था। वह डबल रायल आकार के दो बड़े-बड़े पन्नों पर निकला। दो रुपये साल उसकी कीमत हुई। प्रति सप्ताह कम-से-कम एक चित्र उसमें प्रकाशित होने लगा। खबरें ताजा-ताजा निकलने लगीं। लेख भी अच्छे होते थे। एक-आध लेख हँसी-दिल्लगी का भी होता। जिनके चित्र छपते थे, उनके चरित्र भी बहुधा निकला करते थे। बहुत-सी ऐसी बातें उनमें छपने लगीं, जो किसी और हिन्दी अखबार में न होती थीं। केवल एक ही दोष उसमें था कि उसकी भाषा बँगला ढंग की होती थी। इसका कारण यही था कि उसका सम्पादक बंगाली या, उस समय वह बहुत साफ हिन्दी नहीं लिख सकता था और हिन्दी के अदब कायदे भी कम जानता था। थोड़े ही दिनों में उसकी ग्राहक संख्या दो हजार तक हो गयी। इतने ग्राहक कभी नहीं हुए थे। 'उचितवक्ता' के उसके पहले एक बार पन्द्रह सौ तक ग्राहक हुए थे।"**[2]

'हिन्दी बंगवासी' के परवर्ती सम्पादक पं. अम्बिकाप्रसाद वाजपेयी ने इसका वस्तु-विवरण इस प्रकार प्रस्तुत किया है—**"हिन्दी बंग़वासी में पहले दो कालम टिप्पणियाँ रहती थीं। बाद को कम-से-कम दो लेख बंगवासी से भाषान्तरित कर के दिये जाते थे। इसके उपरान्त किसी प्रख्यात पुरुष का चित्र वा चरित्र रहता था। कभी-कभी युद्ध हुआ तो युद्ध के समाचार दिये जाते थे अथवा बंगवासी में युद्ध पर कोई लेख हुआ तो उसका उल्था रख दिया जाता था। तीसरे पृष्ठ पर समाचार कलकत्ता और मुफस्सिल आदि शीर्षक दे कर फुटकर**

---

1. पं. बनारसीदास चतुर्वेदी : रेखाचित्र, पृ. 324।
2. बाबू बालमुकुन्द गुप्त : गुप्त-निबन्धावली, पृ. 393-394।

सामग्री छापी जाती थी। कलकत्ता शीर्षक के नीचे पहला समाचार होता था 'कम्पनी कागज। गत बृहस्पतिवार को 3॥ टकिया कम्पनी कागज भाव 97॥ (या ऐसा ही कुछ) रहा।'...'समाचार' शीर्षक के नीचे देश-विदेश के समाचार रहते थे। पर कोई विरला ही समाचार 10 पंक्तियों का होता था। नियम था कि पाँच-छह पंक्तियों में समाप्त कर दिया जाए। इसके बाद 'मुफस्सिल' शीर्षक के नीचे मुफस्सिल से आयी चिट्ठियों के समाचार सम्पादित कर छाप दिये जाते थे। जब चिट्ठियाँ कम आती थीं, तब मुफस्सिल शीर्षक के नीचे छापने को समाचार हिन्दी बंगवासी ऑफ़िस में ही गढ़ लिये जाते थे। यह इसलिए किया जाता था कि गाँववाले अपने गाँव के समाचार पढ़कर पत्र से अनुराग करने लगे। जो पत्र बाहर आते थे, उनके अन्त में लेखक का नाम भी छाप दिया जाता था, जिससे वह अपना नाम छपा देख प्रसन्न ही नहीं होता था, गाँववालों को दिखाता फिरता था, जिससे 'हिन्दी बंगवासी' में अपना नाम छपाने की लालसा अन्य लोगों में बढ़ती थी और इस प्रकार पत्र का प्रचार भी बढ़ता था। यह ढंग किसी अन्य पत्र में नहीं अपनाया था। अवश्य ही पत्रप्रेरक अधिकतर मूर्ख ही होते थे, जो 'समय साधारण है' अवश्य लिखते थे। इसके बाद चाहे सर्वनाश का ही समाचार क्यों न लिख दें।"[1]

"हिन्दी बंगवासी के निकलने से दो ही साल के अन्दर कई एक हिन्दी अख़बार बन्द हो गये, कई एक की कमर टूट गयी। जब 2 रुपये साल में एक बड़ा और अच्छा अख़बार मिलने लगा तो छोटे-छोटे अधिक दामों के अख़बार कौन लेता? यही कारण दूसरे हिन्दी अख़बारों के बन्द हो जाने या दब जाने का हुआ। हिन्दी अख़बार वालों में इस बात का किसी को ध्यान भी न था कि 2 रुपये साल में एक बहुत बड़ा अख़बार चल सकता है। हिन्दी वाले क्या बँगला वाले भी कई साल पहले नहीं जानते थे कि इतने थोड़े दाम में एक इतना बड़ा अख़बार चल सकता है। केवल बंगवासी वालों को ही इस बात का अनुभव था।"[2]

इन विशेषताओं के अलावे 'हिन्दी बंगवासी' का ऐतिहासिक महत्त्व यह है कि कलकत्ते की हिन्दी पत्रकारिता को तीसरे दौर के सभी श्रेष्ठ पत्रकारों ने पहले इसी में सम्पादन-कार्य किया था। पं. अमृतलाल चक्रवर्ती के अलावे बालमुकुन्द गुप्त, बाबूराव विष्णु पराड़कर, अम्बिकाप्रसाद वाजपेयी तथा लक्ष्मण नारायण गर्दे ने 'भारतमित्र' के पहले 'बंगवासी' में ही सम्पादकीय-कार्य किया था। यद्यपि पं. अम्बिकाप्रसाद वाजपेयी ने लिखा है कि "हिन्दी बंगवासी में पत्रकारी का विशेष ज्ञान कोई प्राप्त नहीं कर सकता था, क्योंकि जो प्रधान सम्पादक थे, उन्हीं को विशेष ज्ञान न था। 'स्वयं असिद्धः कथं परान् साधयते समर्थः' वाली बात थी। फिर भी

1. अम्बिकाप्रसाद वाजपेयी : समाचारपत्रों का इतिहास, पृ. 217।
2. बालमुकुन्द गुप्त : गुप्त-निबन्धावली, पृ. 395।

पत्रकारी का वह प्राथमिक विद्यालय अवश्य था।"[1] यह भी एक ऐतिहासिक महत्त्व की बात है।

'हिन्दी बंगवासी' दीर्घजीवी पत्र था। मुझे इसके कुछ दैनिक अंक स्व. पं. गांगेय नरोत्तम शास्त्री के संग्रहालय में भी मिले हैं जिससे दो बातों की सूचना मिलती है—1. कि इसका दैनिक संस्करण भी निकलता था और 2. यह कि सन् 1933 ई. में भी यह निकलता रहा। 25 सितम्बर सन् 1933 ई. के अंक में दुर्गा-पूजा के लिए दो सप्ताह की छुट्टी की विज्ञप्ति है। हिन्दी बंगवासी के कार्याध्यक्ष महेन्द्रकुमार वसु ने यह विज्ञप्ति दी है। इसी अंक में स्वामी सहजानन्द जी का 'दुर्गापूजा की विशेषता' शीर्षक लेख प्रकाशित हुआ है। पं. भवानीदत्त पन्त शास्त्री महाशय के लेख का शीर्षक है, 'सुधारवादियों का दुराग्रह तथा शूद्र भाइयों की चेतावनी'। इस लेख में सुधारवादियों का विरोध और कट्टर सनातनधर्मियों की नीति का समर्थन किया गया है। इस अंक में सम्पादक के नाम प्रकाशित पत्रों की भी यही ध्वनि है। स्मरणीय है कि 'हिन्दी बंगवासी' की नीति आरम्भ से ही प्रतिक्रियावादी रही है। बाबू बालमुकुन्द गुप्त इसीलिए इससे अलग हुए थे। पराड़कर जी और अम्बिकाप्रसाद वाजपेयी-जैसे उग्र राष्ट्रवादी और प्रगतिशील पत्रकारों को इसीलिए उस पत्र में अनुकूलता नहीं मिली थी।

जिस दैनिक अंक की चर्चा ऊपर की पंक्तियों में की गयी है, उसमें कई व्यंग्य-चित्र हैं। इसके साथ ही श्री श्रीदुर्गा, स्वामी सहजानन्द जी के अलावा पण्डित जवाहरलाल नेहरू, सुभाषचन्द्र बोस और 'प्रेसिडेण्ट पटेल' का भी चित्र प्रकाशित हुआ है। देशी-विदेशी समाचार के साथ ही लेख भी कई हैं। कुछ की ऊपर चर्चा की गयी है। 'प्रगतिशील बाबू' शीर्षक श्रीयुत बाबू गुरुगोविन्दलाल श्रीवास्तव की कहानी है। इसमें प्रगतिशीलता पर व्यंग्य है।

अस्तु, अपने युग का यह चर्चित पत्र था जिससे हिन्दी-समाज के एक विशेष प्रयोजन की पूर्ति हुई। इतना ही नहीं कलकत्ते के अनेक तेजस्वी पत्रकारों को लेखनी माँजने का इसने अवसर दिया था। यह भी इसका एक ऐतिहासिक अवदान है।

"ऊपर जिन पत्रों का उल्लेख किया गया है, वे प्रायः सबके सब एक-न-एक विशेषता लेकर अवतरित हुए थे और सबने पत्रकार-कला की एक-न-एक दिशा को उन्नत किया। पत्रों की आजकल जो दशा है उसको लाने में इन समाचारपत्रों का बड़ा हाथ था, और चूँकि ये समाचारपत्र कलकत्ते से प्रकाशित हुए थे, इसलिए कलकत्ता इस बात का वास्तविक गर्व कर सकता है कि हिन्दी में पत्रकार-कला को उन्नत करने में उसका सबसे बड़ा हाथ है।"[2]

---

1. अम्बिकाप्रसाद वाजपेयी : समाचारपत्रों का इतिहास, पृ. 215।
2. पं. विष्णुदत्त शुक्ल : कलकत्ते के प्राचीन हिन्दी पत्र, माधुरी, वर्ष 11, खण्ड 2, संख्या 3।

भारतेन्दु युग की पत्रकारिता अर्थात् हिन्दी के दूसरे दौर की पत्रकारिता की विवेचना करते हुए डॉ. रामविलास शर्मा ने लिखा है कि "पत्र साहित्य की परम्परा न होते हुए भी उसने थोड़े ही वर्षों में जो उन्नति की, उसका एकमात्र कारण लेखकों की धुन थी। परिस्थितियाँ कठोर थीं परन्तु उन्होंने अपने-आप को दृढ़तर सिद्ध किया। यदि उस युग के साहित्यिकों ने यह लगन और फक्कड़पन न प्रकट किया होता तो निश्चय ही वह परिस्थितियों के नीचे कुचल दिये गये होते।"[1]

कलकत्ते के व्यापारी वातावरण में पत्र निकलना ऐसा सुकर न था। इसलिए जिन लोगों ने वहाँ कार्य किया वे और भी सराहनीय हैं।[2]

---

1. डॉ. रामविलास शर्मा : भारतेन्दु युग, पृ. 3।
2. वही, पृ. 23।

तृतीय खण्ड

बीसवीं शताब्दी का आरम्भ और हिन्दी पत्रकारिता का तीसरा दौर

देश-दशा और बर्तानिया शासन

राष्ट्रीय आन्दोलन के विकास की विस्तृत चर्चा पिछले अध्याय में की गयी है। हमने देखा है कि उन्नीसवीं शताब्दी के उत्तरार्द्ध में देश हर दृष्टि से जाग्रत हो गया था। स्वदेशी के प्रति आग्रह बढ़ रहा था, स्वराज्य का अर्थ प्रगतिशील राष्ट्रीय नेताओं के सामने स्पष्टतर होता जा रहा था और जातीय उन्नयन के बहुविध प्रयत्न आरम्भ हो गये थे। बंगाल नेतृत्व कर रहा था और विदेशी शासन के प्रति असन्तोष बढ़ता जा रहा था।[1]

बीसवीं शताब्दी के आरम्भिक वर्ष लॉर्ड कर्जन के कुकृत्यों के लिए काफ़ी प्रसिद्ध हैं। भारतीय जातीय शक्ति को विघटित करने के लिए कर्जन ने नाना प्रकार के कुकृत्यों का आश्रय लिया। कर्जन के दमनपूर्ण शासन की चर्चा करते हुए डॉ. पट्टाभि सीतारमैया ने लिखा है कि "बीसवीं सदी के पहले पाँच साल लॉर्ड कर्जन के दमनपूर्ण शासन के थे। कलकत्ता-कॉरपोरेशन के अधिकारों में कभी सरकारी गुप्त

---

1. बर्तानिया शासन के प्रति भारतीय असन्तोष के कारणों की चर्चा करते हुए श्री अरविन्द ने लिखा था–

(*a*) "We are dissatisfied with the fiscal and economic conditions of British rule in India, with the foreign exploitation of the country, the continual bleeding of its resources, the chronic famine and rapid impoverishment which result..."

(*b*) " We are dissatisfied with the conditions under which education is imparted in this country, calculated poverty and insufficiency, its subordination to the Government..."

(*c*) "We are dissatisfied with the administration of justice, the ruinous costliness of the civil side, the brutal rigour of its criminal penalties and procedure, ...its frequent subordination to political objects."

(*d*) "We disapprove of the executive administration, its arbitrariness, its meddling and inquisitorial character its thoroughness of repression, its misuse of police for the repression instead of the protection of the people."—'The Newspaper in India' by Hemendra Prasad Ghose, p. 83-84.

समितियों का क़ानून, विश्वविद्यालयों को सरकारी नियन्त्रण में लाना जिससे शिक्षा महँगी हो गयी, भारतीयों के चरित्र को असत्यमय बताना, बारह सुधारों का बजट, तिब्बत-आक्रमण (जिसे पीछे तिब्बत मिशन का नाम दिया गया) और अन्त में बंगविच्छेद—सब लॉर्ड कर्जन के ऐसे कार्य थे, जिनसे राजभक्त भारत की कमर टूट गयी और सारे देश में एक नयी स्पिरिट पैदा हो गयी।"[1]

बंगाल की शक्ति का उसे सही ज्ञान था और बर्तानिया साम्राज्य-रक्षा का उस पर दायित्व था; उसे इसकी चिन्ता थी। इसलिए ज़रूरी था बंगाल की शक्ति को विच्छिन्न करना और इसी उद्देश्य से अर्थात् बंगाल की राष्ट्रीय शक्ति को तोड़ने के लिए उसने बंगाल को ही तोड़ दिया। बीसवीं शताब्दी के प्रथम दशक की यह सबसे बड़ी राजनीतिक दुर्घटना थी जिस पर टिप्पणी करते हुए लोकमान्य तिलक ने लिखा था कि "लॉर्ड कर्जन बंगालियों की संघ शक्ति को कुचलना चाहता है क्योंकि उसे डर है कि कहीं वे अँगरेज़ी सरकार पर हावी न हो जाएँ।" स्मरणीय है कि बंगीय जातीय चेतना इतनी बलवती और उग्र थी कि उससे कर्जन आतंकित हो गया था; किन्तु इस आतंक से त्राण पाने के लिए उसने जिस मार्ग का अवलम्बन लिया वह उसके उद्देश्य के प्रतिकूल पड़ा। "सरकार की उत्तरोत्तर उग्र और नग्न रूप धारण करनेवाली दमन नीति के कारण नवजाग्रत् चेतना भी सचमुच व्यापक, विस्तृत और गहरी होती गयी। देश के एक कोने में जो घटना होती थी वह सारे देश में फैल जाती थी। सरकार का प्रत्येक दमन-कार्य देश में उलटा असर करता था। सम्पूर्ण भारत ने बंगाल के प्रश्न के साथ अपनी समस्याओं को और जोड़कर आन्दोलन को ज्यादा गहरा रंग दे दिया।"[2]

बंग-भंग की प्रतिक्रिया और राष्ट्रीय आन्दोलन का नया नेतृत्व

बंग-भंग की प्रतिक्रिया गहरी और देशव्यापी हुई क्योंकि लॉर्ड कर्जन के कुकृत्यों की यह पराकाष्ठा थी। पूरे देश में उत्तेजना की लहर दौड़ गयी। पिछले अध्याय में विकसित और विकसनशील जातीय चेतना की चर्चा की गयी है। उस की पुनरावृत्ति आवश्यक नहीं है। रूस पर जापान की विजय ने पूरे एशिया में एक नयी आशा और उत्साह की सृष्टि कर दी थी। भारत और विशेष रूप से बंगाल ने जापान की शक्ति से प्रेरणा ग्रहण की। एशिया की महान् शक्ति का उद्घाटन करने के लिए जापान के कला-मर्मज्ञ और साहित्यिक राजकुमार ने एक पुस्तक भी लिखी।

बंगाल के नेतृत्व का दायित्व उन नयी पीढ़ी के हाथों में आ गया जिनकी

---

1. डॉ. पट्टाभि सीतारमैया : काँग्रेस का इतिहास, पहला खण्ड, पृ. 64।
2. वही, पृ. 64-65।

शिक्षा और राजनीतिक संस्कार पण्डित शिवनाथ शास्त्री और राजनारायण बोस के निर्देशन में हुआ था और जिनकी आस्था भाषण में कम और कार्य में अधिक थी। स्वावलम्बन इनका मन्त्र था और पूर्ण स्वराज्य इनका एकमात्र लक्ष्य था। इस प्रकार बीसवीं शताब्दी के प्रथम दशक में उस नयी राष्ट्रीय चिन्तना को क्रियान्विति मिली जिसका निर्माण उन्नीसवीं शताब्दी के उत्तरार्द्ध में हुआ था।

स्वदेशी-आन्दोलन

स्वदेशी आन्दोलन कोरी राजनीतिक प्रतिक्रिया नहीं बल्कि विकसित राष्ट्रीयता की सहज परिणति था। इसी प्रकार विदेशी वस्तुओं का बहिष्कार और सत्याग्रह (पैसिव रेजिस्टेंस) के सिद्धान्त की क्रियान्विति कोई आकस्मिक घटना नहीं थी बल्कि राष्ट्रीय आन्दोलन का एक नया चरण था।

स्वदेशी आन्दोलन की गति निरन्तर तेज़ होती गयी। स्थान-स्थान पर सभाएँ होने लगीं। स्वदेशी वस्तु और वस्त्र-भण्डार खुलने लगे। अपने भतीजे बालेन्द्रनाथ टैगोर के सहयोग से रवीन्द्रनाथ टैगोर ने भी कलकत्ता में एक स्वदेशी कपड़े की दुकान खोली थी। रवीन्द्रनाथ ने अँगरेज़ी शिक्षा-पद्धति का भी खुलकर विरोध किया था और कालान्तर में जातीय शिक्षा-संस्थान के रूप में 'विश्वभारती' की स्थापना की थी। ब्रह्म बान्धव उपाध्याय ने भी कलकत्ते में एक स्वदेशी विद्यालय की स्थापना की थी। **"राजनैतिक सभाओं व प्रदर्शनों में विद्यार्थियों को सम्मिलित होने से रोकने के फलस्वरूप स्कूलों और कॉलेजों का बहिष्कार तथा राष्ट्रीय शिक्षा का आन्दोलन शुरू हुआ। केवल पूर्वी बंगाल में 24 राष्ट्रीय हाईस्कूल खुल गये और भूतपूर्व जस्टिस सर गुरुदास बनर्जी के नेतृत्व में राष्ट्रीय शिक्षा के प्रसार के लिए 'बंग जातीय विद्या परिषद्' की स्थापना की गयी। बाबू विपिनचन्द्र पाल सम्पूर्ण देश में घूम-घूमकर राष्ट्रीयता, राष्ट्रीय शिक्षा और नवचैतन्य का जोर-शोर से प्रचार करने लगे। 1907 ई. में आन्ध्र देश में उनका दौरा बहुत ही शानदार और सफल रहा। राज महेन्द्री के निवासियों ने उनके आने पर एक राष्ट्रीय हाई स्कूल खोलने का निश्चय किया। ट्रेनिंग कॉलेज के विद्यार्थियों ने कॉलेज से उन्हें मान-पत्र दिया था इस कारण कुछ विद्यार्थियों को सरकारी अधिकारियों ने कॉलेज से निकाल दिया था। वे विद्यार्थी राष्ट्रीय संग्राम के सिपाही हो गये। इस तरह की बेरोक दमन-नीति ने देश-भक्तों और वीर सिपाहियों को पैदा किया।"**[1] बारिस्टर पी. मित्र की 'अनुशीलन समिति ने स्वास्थ्य-शिक्षा और व्यक्तिगत बौद्धिक विकास के लिए अनेक नवयुवकों को आकृष्ट किया जिनमें प्रमुख थे यतीन्द्रनाथ बनर्जी और वारीन्द्र कुमार

---

1. डॉ. पट्टाभि सीतारमैया : काँग्रेस का इतिहास, भाग-1, पृ. 65।

घोष।'[1] वीर भाव की संवर्द्धना में सरला देवी ने भी महत्त्वपूर्ण कार्य किया था। गणपति और शिवाजी महोत्सव से प्रभावित होकर बहुत-कुछ इसी प्रकार उन्होंने बंगाल में प्रतापादित्य और उदयादित्य उत्सव का प्रचार किया इतना ही नहीं सरला देवी ने दुर्गापूजा महाष्टमी व्रत को वीराष्टमी व्रत नाम से नयी प्रस्तुति दी।[2] स्वदेशी आन्दोलन की व्याप्ति सार्वत्रिक थी। अश्विनी कुमार दत्त की जन्मभूमि बारीसाल श्री अरविन्द के शब्दों में 'जातीय चेतना का पवित्र पीठ-स्थान बन गया था।'

स्वदेशी आन्दोलन और 'वन्दे मातरम्'

7 अगस्त 1905 ई. को कलकत्ता के टाउनहाल में ऐतिहासिक सभा हुई थी[3] जिसमें हज़ारों व्यक्तियों ने विदेशी बहिष्कार और स्वदेशी-प्रचार की शपथ ली थी और 'वन्दे मातरम्' का मन्त्रवत् उच्चारण किया था। उक्त सभा की चर्चा करते हुए डॉ. राजेन्द्रप्रसाद ने अपनी आत्मकथा में लिखा है, "7 अगस्त, 1905 की बड़ी सभा में, जिसमें विदेशी वस्तुओं का बॉयकाट और स्वदेशी के प्रचार का निश्चय हुआ, मैं शरीक था। उसमें बहुत उत्साह था। लोगों ने व्रत लिया कि स्वदेशी का ही वे व्यवहार करेंगे। मेरे लिए इसमें कोई कठिनाई थी नहीं, क्योंकि मैं बहुत पहले ही से स्वदेशी वस्तुओं का ही व्यवहार किया करता था। आन्दोलन ख़ूब ज़ोरों से चला। प्रायः प्रतिदिन कहीं-न-कहीं सार्वजनिक सभाएँ होतीं। हम सब जाते। कहीं सुरेन्द्र बाबू, कहीं विपिनचन्द्र पाल, कहीं ए. चौधरी, कहीं अरविन्द घोष के भाषण होते ...बड़ों की तो मुझे ख़बर नहीं, पर विद्यार्थियों में नया जोश और नया उत्साह पैदा हो गया।"[4]

---

1. "कुछ दिनों बाद मेरा सम्बन्ध बंगाल और महाराष्ट्र के कुछ केन्द्रों से हो गया जहाँ लोगों को शारीरिक शिक्षा दी जाती थी। बंगाल के केन्द्र प्रधानतया पी. मित्र की 'अनुशीलन समिति' की उपसमितियाँ थे। इस समिति में जो शिक्षा दी जाती थी वह बहुत ही उच्चकोटि की थी और किसी समय इस समिति में भाग लेनेवाले युवकों की संख्या बहुत बड़ी थी। पी. मित्र ने कभी यह दावा नहीं किया कि वह अरविन्द बाबू के अधीन नहीं हैं, पर मैं यह साहसपूर्वक कह सकता हूँ कि अनुशीलन समिति के युवकों तथा वारीन के नेतृत्व में काम करनेवाले युवकों में परस्पर ईर्ष्या-द्वेष और प्रतियोगिता की भावना थी और ये दोनों दल अपने को अनुशीलन और युगान्तर दल कहा करते थे।...आगे चलकर इन दलों की प्रतिद्वन्द्विता के कारण बंगाल के राजनीतिक कार्य को बहुत अधिक धक्का पहुँचा था।...वास्तव में अरविन्द बाबू के समय में और बाद में चित्तरंजन के समय में इन्होंने कोई हानि नहीं पहुँचायी।"—श्री चारुचन्द्र दत्त : 'अर्चना', पाँचवीं पुस्तक, प्रथम भाग, पृ. 126।
2. स्टडीज़ इन द बंगाल रेनेसाँ (काँग्रेस इन द बेंगाल : जगदीशचन्द्र बैजल), पृ. 175।
3. Jogesh Chandra Bagal : 'Studies in the Bengal Renaissance', p. 176.
4. डॉ. राजेन्द्रप्रसाद : आत्मकथा, पृ. 53।

स्वदेशी आन्दोलन की भावात्मक पीठिका

स्वतन्त्रता संग्राम के सेनानियों का 'वन्दे मातरम्' युद्ध-नाद बन गया। देश-भक्ति की नयी धारणा मूर्त्त हुई—**"स्वदेश माता है, स्वदेश भगवान् है, यही वेदान्त शिक्षान्तर्गत महती शिक्षा जातीय अभ्युत्थान का बीज है। जैसे जीव भगवान् का अंश है, उसकी शक्ति भगवान् की शक्ति का अंश है, वैसे ही यह सात कोटि बंगवासियों का, तीस कोटि भारतवासियों का समुदाय सर्वव्यापी वासुदेव का अंश है, इन तीस कोटि मनुष्यों की आश्रयदायिनी, शक्तिस्वरूपिणी, बहुभुजान्विता, बहुबलधारिणी भारतजननी भगवान् की एक शक्ति है, माता, देवी-जगज्जननी काली की देह विशेष है।"**[1] उक्त धारणा को ज़रा और स्पष्ट करते हुए श्री अरविन्द ने अपनी पत्नी के नाम लिखे पत्र में कहा था कि **"अन्य लोग स्वदेश को एक जड़ पदार्थ, कुछ मैदान, खेत, वन, पर्वत, नदी भर समझते हैं, मैं स्वदेश को माँ मानता हूँ, उसकी छाती पर बैठकर यदि कोई राक्षस रक्तपान करने के लिए उद्यत हो तो लड़का क्या करता है? निश्चित होकर भोजन करने, स्त्री-पुत्र के साथ आमोद-प्रमोद करने के लिए बैठ जाता है** या माँ का उद्धार करने के लिए दौड़ पड़ता है? मैं जानता हूँ कि इस पतित जाति का उद्धार करने का बल मेरे अन्दर है, शारीरिक बल नहीं, तलवार या बन्दूक़ लेकर मैं युद्ध करने नहीं जा रहा हूँ, ज्ञान का बल है। क्षात्र तेज एकमात्र तेज नहीं है, ब्रह्मतेज भी है, वह तेज ज्ञान के ऊपर प्रतिष्ठित होता है।"[2] स्वदेशी आन्दोलन की यह भावात्मक पृष्ठिका है।

स्वदेशी आन्दोलन की वैचारिक भूमिका

उक्त आन्दोलन को वैचारिक अवलम्ब देनेवालों में विपिनचन्द्र पाल, अरविन्द और रवीन्द्रनाथ ठाकुर का नाम विशेष उल्लेखनीय है। सुरेन्द्रनाथ बनर्जी का नेतृत्व क़ायम ही था। विपिनचन्द्र, अरविन्द और रवीन्द्र की बृहत्त्रयी मात्र राजनीतिक स्वातन्त्र्य आन्दोलन के पक्ष में नहीं थी बल्कि इसका महत् उद्देश्य था—राष्ट्र का आध्यात्मिक पुनर्जागरण। इनके सक्रिय सहयोगियों में—बंगाल में ब्रह्म बान्धव उपाध्याय, अश्विनी कुमार दत्त, मनोरंजन गुहा थाउर्ता और भगिनी निवेदिता प्रमुख थीं। अन्य बंगाली समर्थकों में आशुतोष चौधरी, अब्दुल रसूल, हीरेन्द्रनाथ दत्त और चित्तरंजन दास थे।[3]

स्वदेशी आन्दोलन के आदर्श की चर्चा करते हुए 'न्यू इण्डिया' में विपिनचन्द्र

---

1. श्री अरविन्द : धर्म और जातीयता, पृ. 84।
2. वही, श्री अरविन्द के पत्र (पत्नी के नाम), पृ. 12।
3. स्टडीज़ इन द बंगाल रेनेसाँ, पृ. 566-567

पाल ने 25 फ़रवरी 1905 ई. को लिखा था—हमारा आदर्श, जिसे हम स्पष्ट रूप से स्वीकार करते हैं, क्रान्तिकारी हो सकता है और है भी, किन्तु इसे हम न तो क्रान्तिकारी तरीक़ों से पा सकते हैं और न तो इस आदर्श को प्राप्त करने की आशा ही कर सकते हैं। हमारी देशभक्ति केवल इसी अर्थ में राजभक्ति के निकट है कि हम विधि-पालक हैं, हमारे साथ राजभक्ति का दूसरा कोई आधार नहीं।[1] 'वन्दे मातरम्' के माध्यम से 1906 में विपिनचन्द्र पाल ने घोषणा की थी कि अब समय आ गया है जब नागरिकता सम्बन्धी उन्नति तथा सत्य और व्यक्ति-स्वातन्त्र्य की दृष्टि से हम अपने अँगरेज़ मित्रों को बता दें कि उनके उपकार के प्रति हम आभारी हैं किन्तु अब हम अपनी राजनीतिक प्रगति और मुक्ति के प्रयत्न में उनके निर्देशन से और अधिक पीड़ित होना नहीं चाहते। उनके और हमारे दृष्टिकोण में स्पष्ट अन्तर है, वे ब्रिटिश सरकार को क़ायम रखकर यश प्राप्त करना चाहते हैं। हम भारत को ब्रिटिश पराधीनता से पूर्ण स्वतन्त्र करना चाहते हैं।[2]

स्वदेशी आन्दोलन के सन्दर्भ में सत्याग्रह

पूर्ण स्वराज्य-प्राप्ति के लिए स्वदेशी आन्दोलन के पुरस्कर्ताओं ने सत्याग्रह (पैसिव रैसिस्टैन्स) के मार्ग को अपनाया। इस शब्द की व्याख्या करते हुए मद्रास की एक सभा में विपिनचन्द्र पाल ने कहा था, "इसका अर्थ निष्क्रिय प्रतिरोध नहीं बल्कि अनाक्रामक और अहिंसात्मक प्रतिरोध है। सत्याग्रह निष्क्रिय प्रतिरोध नहीं बल्कि अनाक्रामक प्रतिरोध है। इसी सभा में विपिनचन्द्र पाल ने कहा था कि देश-भक्ति की भावना मानवता प्रेम की अभिवृद्धि के साथ संवर्द्धित होनी चाहिए।"[3]

श्री अरविन्द और प्रच्छन्न हिंसापरक राजनीतिक संगठन

और विदेशी-बहिष्कार के आचार पक्ष की चर्चा करते हुए श्री अरविन्द ने बड़े साफ़ शब्दों में कहा था कि विदेशियों के प्रति घृणा नहीं बल्कि विदेशी शोषण के कुकृत्य के प्रति सहज विरोध ही बहिष्कार की मूल भित्ति है। इसी लेख में श्री अरविन्द ने राजनीतिक घृणा और प्रेम के प्रश्न पर अपना विचार प्रकट किया जिससे विपिनचन्द्र पाल और इनके विचारों का अन्तर स्पष्ट हो जाता है। राजनीति में प्रेम का स्थान स्वीकारते हुए श्री अरविन्द ने उसे समष्टि मानव-प्रेम की भूमिका से पृथक् देखा है। राजनीति में प्रेम और मैत्री का अर्थ है एक देश का देशवासियों के प्रति प्रेम अथवा देश-भक्ति का देश के प्रति प्रेम, अपनी जातीय परम्परा और अपनी धरती

---

1. स्टडीज़ इन द बंगाल रेनेसाँ, पृ. 217।
2. वही, पृ. 218।
3. वही, पृ. 219।

के प्रति प्रेम। इससे भिन्न प्रकार का प्रेम राजनीति की प्रकृति के लिए विजातीय होता है। राष्ट्र और राष्ट्र के बीच न्याय, कार्यावधि पक्षपात, वीरत्व, सीमा शुल्क होता है, प्रेम नहीं होता...एक जाति का किसी दूसरी जाति के लिए प्रेम अप्राकृतिक है। इसलिए जब, अँगरेज़ों के प्रति भारतीयों द्वारा संचालित विदेशी बहिष्कार आन्दोलन की निन्दा प्रेम के लिए की जाती है, तो यह दोषारोपण एक निकृष्ट मनोवृत्ति और गन्दी नीति है। प्रतिकूल जातीय हितों का संघर्ष है, और वस्तुतः घृणा जाति के प्रति नहीं बल्कि प्रतिकूल स्वत्व के प्रति है। यदि ब्रिटिश शोषण कल से बन्द हो जाए तो क्षण-भर में अँगरेज़ों के प्रति घृणा समाप्त हो जाएगी।[1] तामस से राष्ट्र को उबारने के लिए राजशक्ति (राजस) की आवश्यकता पड़ती है और राजस का सबसे सशक्त रूप घृणा है। राजस के द्वारा हमें सत्त्वस्थ होना है।[2] इतना ही नहीं अरविन्द ने यहाँ तक कहा कि न्याय और औचित्य की रक्षा के लिए योद्धा की तलवार उतनी ही आवश्यक है जितनी सन्त की पवित्रता। शिवाजी के बिना रामदास अपूर्ण थे। न्याय को क़ायम रखने के लिए तथा शक्तिशाली से दुर्बल की रक्षा करने के लिए क्षत्रियों का निर्माण हुआ है।[3]

इस प्रकार हम देखते हैं कि अरविन्द का झुकाव क्षात्र धर्म की ओर भी कम न था और शक्ति की उपासना में उनकी अधिक आस्था थी। प्रत्यक्ष राजनीतिक गतिविधियों के साथ ही प्रच्छन्न हिंसापरक राजनीतिक संगठनों में भी उनकी रुचि थी।[4] श्री चारुचन्द्र दत्त ने स्वाधीनता-संग्राम के सन्दर्भ में श्री अरविन्द के संस्मरण लिखे हैं जिनसे अरविन्द के गुप्त कार्यों पर किंचित् प्रकाश पड़ता है : "कर्ज़न इंग्लैण्ड वापस जा रहे थे। उनकी स्पेशल ट्रेन बम्बई में 'रिवर्सिंग स्टेशन' नामक स्थान में ठहरने वाली थी। इसी समय कोई साहसी मनुष्य सहज ही उनके सैलून तक जाकर उन्हें दो गोली मार सकता था। एक बंगाली युवक ने इस कार्य का भार लिया। मैंने अपनी छोटी रायफल पर उसे दो-एक दिन गोली चलाने की शिक्षा दी और उसके लिए बैगनी रंग का लाइनमैन का युनिफ़ॉर्म बनवा दिया। युवक उत्साही मालूम हुआ और मुझे सफलता में कोई सन्देह नहीं था। परन्तु न जाने क्यों, मेरा मन कुछ हिचकिचा रहा था। अतएव मैंने उसे बड़ौदा श्री अरविन्द (उन दिनों अरविन्द बाबू) के पास भेज दिया कि वह भी उसे देख लें और अपनी राय दें। परन्तु वह युवक

---

1. श्री अरविन्द : 'द डॉक्टरिन ऑव पैसिव रेसिस्टेन्स', पृ. 84।
2. वही, पृ. 85।
3. वही, पृ. 88।
4. We should have the bow of the Kshatriya ready for use, though in the background. Politics is specially the business of the Kshatriya, and without Kshatriya strength at its bach, all political struggle is unavailing.—The Doctrine of Passive Resistance, p. 78.

उसके बाद कभी मेरे पास वापस नहीं आया। दो-एक दिन बाद अरविन्द बाबू का पत्र आया—तुम्हारा युवक विश्वास योग्य नहीं है। अतएव अन्य बहुतेरे अँगरेज़ों की तरह लॉर्ड कर्ज़न भी राजी-ख़ुशी स्वदेश वापस चले गये।"

बड़ौदा-प्रवास के एक-दूसरे प्रसंग की चर्चा श्री चारुचन्द्र दत्त ने इस प्रकार की है—

"श्री अरविन्द ने मुझे बिलकुल स्पष्ट शब्दों में बतला दिया था कि वह भारत की पूर्ण स्वाधीनता के ही पक्ष में हैं और उन्हें इस बात का कोई आग्रह नहीं कि उसकी प्राप्ति के लिए किसी एक पथ को ही अपनाना होगा। परन्तु कुछ समय के लिए उनकी इच्छा यही थी कि मैं भवानी मन्दिर योजना के तथा स्वदेशी आन्दोलन के अन्दर कार्य करूँ।...उनकी आज्ञा से वारीन ने उस समय बंगाल में चलने वाले कार्य की अवस्था का वर्णन किया और बतलाया कि किस प्रकार अद्भुत ढंग से बंग-भंग-विरोधी आन्दोलन ने उस प्रान्त में क्रान्तिकारी कार्य को आगे बढ़ाने में सहायता की है। श्री अरविन्द ने निश्चित रूप में ही यह घोषणा की कि पूर्ण स्वाधीनता ही उनका और उनके साथ काम करनेवाले लोगों का लक्ष्य है और इससे मुझे बहुत सन्तोष हुआ क्योंकि उस समय शायद मैं अपने महान् लक्ष्य को तनिक भी क्षुण्ण होने देना स्वीकार न करता। एक लड़कपन-जैसी बात अभी भी मुझे याद है। मैं उत्तेजित होकर चिल्ला पड़ा, 'परंतु रक्तहीन क्रान्ति करने की चेष्टा मत कीजिए।' चीफ़ ने मुसकराते हुए कहा—'ओ! तुम सब रक्त के भूखे हो।' वारीन का चेहरा चमचमा उठा और उन्होंने कहा—'बस यही हम चाहते हैं।'

जब से अरविन्द बाबू ने बड़ौदा छोड़ा और गुप्त कार्य का भार ग्रहण किया, तब से बराबर ही उन्होंने अपना काम अपने ढंग से ही किया, पर अन्य प्रान्तीय नेताओं का बराबर ही उन्हें सहयोग मिलता रहा। पर एक बात सबसे अधिक महत्त्व की थी जो इन नेताओं से भिन्न हमारे 'चीफ़' की विशेषता सूचित करती थी। यद्यपि उस समय के अरविन्द बाबू कोई महान् धार्मिक नेता नहीं माने जाते थे, फिर भी उनकी राजनीतिक शिक्षा का सारा आधार ही आध्यात्मिक था और इस बात का सबूत हमें उस समय के सभी पत्रों में प्रकाशित उनके लेखों में मिलता है—चाहे उनके जेल जाने के पहले के लेख 'वन्दे मातरम्' और 'युगान्तर' में देखिए अथवा जेल से मुक्त होने के बाद के लेख 'कर्म योगिन' और 'धर्म' में देखिए। उन्होंने अपने मित्र देशपाण्डे के साथ मिलकर नर्मदा के तीर पर गंगानाथ आश्रम में जो एक छोटा-सा स्कूल खोला था, उसमें तथा कलकत्ता के पास के उनके प्रसिद्ध बगीचे में बालकों को अन्य चीज़ों के साथ-साथ योग की भी शिक्षा दी जाती थी।"[1]

---

1. श्री चारुचन्द्र दत्त : अर्चना, पाँचवीं पुस्तक, प्रथम भाग।

कालान्तर में इसी बिन्दु पर श्री अरविन्द से विपिनचन्द्र पाल का मतभेद हुआ। परिणामतः विपिनचन्द्र पाल ने 'वन्दे मातरम्' के सम्पादन से अपने को पृथक् कर लिया।[1]

स्वदेशी आन्दोलन का रचनात्मक पक्ष और रवीन्द्रनाथ का जातीय अवदान

हमने ऊपर चर्चा की है कि स्वदेशी आन्दोलन के साथ एक रचनात्मक जातीय योजना भी थी। विदेशी बहिष्कार के अन्तर्गत विदेशी शिक्षा-पद्धति का प्रतिरोध भी सम्मिलित था। 11 मार्च 1906 ई. को राष्ट्रीय शिक्षा-समिति की स्थापना हुई। उसी वर्ष कलकत्ता में 'बंगाल नेशनल कॉलेज और स्कूल' की स्थापना हुई जिसके प्रधानाचार्य श्री अरविन्द बने।[2] श्री अरविन्द और रवीन्द्रनाथ टैगोर ने राष्ट्रीय शिक्षा-विषयक बहुत साहित्य लिखा।

रवीन्द्रनाथ विश्वविख्यात साहित्यिक थे। राजनीति उनका विषय नहीं था : तथापि स्वदेशी आन्दोलन में उन्होंने सक्रिय भाग लिया था। अपने भतीजे के सहयोग से उन्होंने एक स्वदेशी वस्त्र-भण्डार तो खोला ही था; और विज्ञप्त तथ्य है कि राष्ट्रीय शिक्षा को प्रायोगिक रूप देने के लिए वे सतत प्रयत्न करते रहे।[3] याचना-वृत्ति को वे घृणा की दृष्टि से देखते थे और स्वदेशी आन्दोलन के संचालकों के प्रति उनके मन में सम्मान की भावना थी क्योंकि वे अपने पुरुषार्थ और कठोर तपस्या-द्वारा पूर्ण स्वराज्य की कामना रखते थे। रवीन्द्रनाथ ने श्री अरविन्द के व्यक्तित्व को नमस्य मानकर उनके प्रति एक लम्बी कविता[4] लिखी थी। अनावश्यक राजनीतिक

---

1. 'Bande Mataram and Indian Nationalism'—by Haridas Mukherjee and Uma Mukherjee.
2. स्टडीज़ इन द बंगाल, रिनेसाँ, पृ. 421।
3. द्रष्टव्य—Bandemataram and Indian Nationalism, p. 15.
4. रवीन्द्रनाथ की उक्त कविता की कुछ आरम्भिक पंक्तियाँ इस प्रकार हैं—

   "अरविन्द, रविन्द्रेर लहो नमस्कार।
   हे बन्धु, हे देशबन्धु, स्वदेश आत्मार।
   वाणी-मूर्ति तुमि! तोमा लागि नहे मान,
   न हे धन, न हे सुख, कोनो क्षुद्र दान
   चाहो नाई, कोनो क्षुद्र कृपा, भिक्षा लागि
   बाड़ाओनि आतुर अंजलि ! आछो जागि
   परिपूर्णतार तरे सर्व बाधाहीन,
   जार लागि नर-देव चिर रात्रि दिन
   तपोमग्न, जार लागि कवि वज्ररवे
   गेयेछेन महागीत, महावीर सवे

भार से जब स्वदेशी आन्दोलन की रचनात्मक शक्ति क्षीण होने लगी तो रवीन्द्रनाथ ने उससे अपना सम्बन्ध तोड़ लिया। अपनी पुस्तक 'द डिस्कवरी ऑव इण्डिया' में श्री जवाहरलाल नेहरू ने रवीन्द्रनाथ के जातीय अवदान की चर्चा करते हुए लिखा है कि "वह राजनीतिज्ञ नहीं थे, लेकिन वह हिन्दुस्तानी जनता की आज़ादी के प्रति इतने सचेत और इतने आसक्त थे कि वह हमेशा ही अपने काव्य और संगीत के ऐन्द्रजालिक सौन्दर्य में नहीं रह सकते थे। राजनीतिक घटना-चक्रों से उन्मथित होकर उन्होंने प्रायः भारतीयों और ब्रिटिश सरकार को देवदूत-जैसी भाषा में चेतावनी दी। बीसवीं शताब्दी के आरम्भिक वर्षों में जो बंगाल में स्वदेशी आन्दोलन चला उसमें उन्होंने भाग लिया।"

पिछले अध्याय में हमने चर्चा की है कि उन्नीसवीं शताब्दी के अन्तिम वर्षों में रवीन्द्रनाथ ठाकुर की जातीय चेतना पुष्ट हो गयी थी। और यह विश्व का महान् स्वच्छन्दतावादी कवि कल्पना-लोक से वितृष्ण हो अपनी धरती के प्रति अनुरक्त हो गया था। धरती के अभाव और दारिद्र्य से पीड़ित होकर (6 मार्च 1894 को) उसने आह्वान किया था :

"कवि, तब उठे एसो–यदि थाके प्राण
तबे ताइ लहो साथे, तबे ताइ करो आजि दान।
बड़ो दुःख, बड़ो व्यथा–सम्मुखेते कष्टे रे संसार
बड़ोइ दरिद्र, शून्य, बड़ो क्षुद्र, बद्ध, अन्धकार।
अन्न चाइ, प्राण चाइ, आलो चाइ, चाइ मुक्त वायु
चाइ बल, चाइ स्वास्थ्य, आनन्द-उज्ज्वल परमायु,
साहस विस्तृत वक्षपट। ए दैन्य माझारे कवि,
एक बार निये एसो स्वर्ग हते विश्वासेर छवि ॥
एक बार फिराओ मोरे, लये याओ संसारेर तीरे
हे कल्पने, रंगमयी! दुलायो ना समीरे समीरे
तरंगे तरंगे आर, भुलायो ना मोहिनी मायाय।"

× × ×

गियेछेन संकट यात्रा, जार काछे
आराम लज्जित शिर नत करियाछे,
मृत्यु भूलियाछे भय, सेइ विधातार
श्रेष्ठ दान–आपनार पूर्ण अधिकार–
चेयेछो देशेर हाये अंकुट आशाय
सत्येर गौरव दृप्त प्रदीप्त भाषाय,
अखण्ड विश्वासे।"

(सम्पूर्ण कविता द्रष्टव्य, अर्चना, तीसरी पुस्तक; 15 अगस्त, 1949।)

एइ-सब मूढ़ म्लान मूक मुखे
दिते हबे भाषा, एइ-सब श्रान्त शुष्क भग्न बुके
ध्वनिया तुलिते हबे आशा, डाकिया बलिते हबे–
"मुहूर्त तुलिया शिर एकत्र दाँड़ाओ देखि सबे,
जार भये तुमि भीत से अन्याय भीरु तो मा-चेये,
जखनि जानिबे तुमि तखनि से पलाइबे धेये।
जखनि दाँड़ाइबे तुमि सम्मुखे ताहार तखनि से
पथकुक्कुरेर मतो संकोचे संत्रासे जाबे मिशे।
देवता विमुख तारे, केह नाहि सहाय ताहार,
मुखे करे आस्फालन, जाने से हीनता आपनार
मने मने।"

और 1901 में रवीन्द्रनाथ ने 'त्राण' शीर्षक कविता लिखी थी–

"ए दुर्भाग्य देश हते हे मंगलमय,
दूर करे दाओ तुमि सर्व तुच्छ भय–
लोकभय, राजभय, मृत्युभय आर।
दीन प्राण दुर्बलेर ए पाषाण भार,
एइ चिरपेषण यन्त्रणा, धूलितले
एइ नित्य अवनति, दण्डे पले-पले
एइ आत्म-अवमान, अन्तरे बाहिरे
एइ दासत्वेर रज्जु, त्रस्त नतशिरे
सहस्रेर पदप्रान्ततले बारम्बार,
मनुष्य मार्यादा गर्व चिरपरिहार–
ए बृहत् लज्जाराशि चरण-आघाते
चूर्ण करि दूर करो।"

बंगभंग की उनपर गहरी प्रतिक्रिया हुई थी, स्वदेशी आन्दोलन के समय उनका जातीय स्वर और ओजस्वी हो गया था और उनके राष्ट्रीय गान ने पूरे बंगाल में नयी जागृति उत्पन्न कर दी थी।[1]

इस युग के बंगाली पत्र और उनका मुख्य स्वर

इस युग के बंगीय पत्रों में 'युगान्तर', 'सन्ध्या' और 'वन्दे मातरम्' तेजस्वी पत्र थे जो युगचेतना के अधिक समीप थे। 'वन्दे मातरम्' अरविन्द घोष और

1. स्टडीज़ इन द बंगाल रिनेसाँ, पृ. 133।

विपिनचन्द्र पाल के सम्पादकत्व में प्रकाशित होता था। इसका विश्वास (किंवा आदर्श) था कि प्रत्येक राष्ट्र को स्वेच्छया विकास करने और क़ायम रहने का अधिकार है और यह कि जनराज्य अथवा राजशक्ति का अभिग्रहण भारतीय पुनर्जागरण के लिए पहली शर्त है और इसलिए समग्र जातीय चेतना को इस आदर्श की ओर केन्द्रित करने का वन्दे मातरम् आग्रह करता था।[1]

यही भारतीय जातीय परिवेश था बीसवीं शताब्दी के आरम्भिक वर्षों का जिसने हिन्दी पत्रकारिता को बहुत प्रभावित किया, या यों कहना चाहिए कि हिन्दी[2] पत्रकारिता इस जातीय आन्दोलन के प्रति पूरी सचेत रही और अपने दायित्व का उसने पूर्ण पालन किया।

हिन्दी पत्रकारिता का तीसरा दौर और उसकी मुख्य विशेषताएँ

इस युग के पत्रों की गणना इतिहासकारों ने हिन्दी पत्रकारिता के तीसरे दौर के अन्तर्गत की है और इस तीसरे दौर के कलकत्ता से प्रकाशित होने वाले हिन्दी पत्रों में सबसे तेजस्वी पत्र था 'भारत-मित्र' जिसके सम्पादक बाबू बालमुकुन्द गुप्त थे। वैसे तृतीय दौर के पत्रों में 'हिन्दी बंगवासी' की भी गणना की जाती है जो 1890 ई. में प्रकाशित हुआ था।

तीसरे दौर की हिन्दी पत्रकारिता दूसरे दौर की पत्रकारिता से कई बिन्दुओं पर आगे थी। कदाचित् इसीलिए उसकी चर्चा प्रगति के अगले चरण के साथ की गयी। "बीसवीं शताब्दी की पत्रकारिता हमारे लिए अपेक्षाकृत निकट है और उसमें बहुत-कुछ पिछले युग की पत्रकारिता की ही विविधता और बहुरूपता मिलती है। वास्तव में विकास-शृंखला कुछ आगे बढ़ी है और पत्रकारिता की अनेक दिशाएँ अधिक स्पष्ट हो गयी हैं। 19वीं शती के पत्रकारों को भाषा-शैली के क्षेत्र में अव्यवस्था का सामना करना पड़ा था। उन्हें एक ओर अँगरेज़ी, दूसरी ओर उर्दू के पत्रों के सामने अपनी वस्तु रखनी थी। अभी हिन्दी में रुचि रखनेवाली जनता बहुत छोटी थी। धीरे-धीरे परिस्थिति बदली और हम हिन्दी पत्रों को साहित्य और राजनीति के क्षेत्र में नेतृत्व करते पाते हैं। इस शताब्दी में धर्म और समाज-सुधार के आन्दोलन कुछ पीछे पड़ गये और जातीय चेतना ने धीरे-धीरे राष्ट्रीय चेतना का रूप ग्रहण कर लिया। फलतः अधिकांश पत्र साहित्य और राजनीति को ही लेकर चले।... उन्नीसवीं शताब्दी में कलकत्ता के 'भारतमित्र', 'बंगवासी', 'सार सुधानिधि' और 'उचितवक्ता' ही हिन्दी प्रदेश की राजनीतिक भावना का प्रतिनिधित्व करते थे। इनमें

---

1. प्रो. हरिदास मुखर्जी और प्रो. उमा मुखर्जी : 'वन्दे मातरम् एण्ड इण्डियन नेशनलिज़्म', पृ. 21।
2. डॉ. रामरतन भटनागर : आलोचना, इतिहास विशेषांक, पृ. 34-35।

कदाचित् 'भारतमित्र' ही सबसे स्थायी और शक्तिशाली था। उन्नीसवीं शताब्दी में बंगाल और महाराष्ट्र लोक-जागृति के केन्द्र थे और उग्र राष्ट्रीय पत्रकारिता में भी ये ही प्रान्त अग्रणी थे। हिन्दी-प्रदेश के पत्रकारों ने इन प्रान्तों के नेतृत्व को स्वीकार कर लिया और बहुत दिनों तक उनका स्वतन्त्र राजनीतिक व्यक्तित्व विकसित नहीं हो सका।"[1]

द्वितीय दौर के पत्रों में जातीय चेतना मुखर हो गयी थी और हमने 'सार सुधानिधि' की विवेचना करते हुए देखा है कि भारतेन्दु युग की हिन्दी पत्रकारिता का धरातल कितना ऊँचा उठ गया था और राजनीतिक चेतना कितनी विकसित हो गयी थी। जातीय उन्नयन के लिए ब्रिटिश सरकार के अनौचित्य पर पत्रों ने प्रहार शुरू कर दिया था, किन्तु स्मरणीय है कि सारे प्रतिरोधी उपक्रम के बावजूद इस युग के पत्रकारों को अपनी राजभक्ति को प्रमाणित करने की चेष्टा करनी पड़ती थी। इस विषय में वे पूरे सतर्क रहते थे। वे अपनी स्थिति निरापद बनाये रखना चाहते थे क्योंकि उनके सामने एक महत् आदर्श था जिसे प्राप्त करने की उनमें आतुरता थी। यह प्रतीति भी सच जान पड़ती है कि जनता में नव-चेतना फैलाने के लिए ही राजभक्ति की आड़ ली गयी थी।[2] एक और बात थी, सरकार के मिथ्या आश्वासनों पर भी लोगों को कुछ समय के लिए भरोसा हो जाता था और सही स्थिति का ज्ञान होने पर किंचित् झुँझलाहट और निराशा होती थी। अस्तु, द्वितीय दौर की पत्रकारिता के सम्बन्ध में यह प्रामाणिक तथ्य है कि राष्ट्रीय चेतना के बीच में राजभक्ति का पुट देना आवश्यक समझा जाता था। निःसन्देह, "वह राजभक्ति राजबहादुरों वाली न थी कि सब देश सुखी हैं और ब्रिटिश राज में भारतवर्ष बस नरक से स्वर्ग हो गया है।"

तृतीय दौर की हिन्दी पत्रकारिता अपनी राजभक्ति के विज्ञापन तक से पूर्णतया विरत हो गयी। इस युग के तेजस्वी राजनीतिज्ञ विपिनचन्द्र पाल के वक्तव्य का एक अंश ऊपर उद्धृत किया गया है जिसमें उन्होंने साफ़ शब्दों में घोषणा की है कि हमारी राजभक्ति मात्र इतनी ही है कि हम विधि-पालक हैं, वैसे हमारा उद्देश्य है भारत को ब्रिटिश पराधीनता से पूर्ण स्वतन्त्र करना। भारतीय राष्ट्रीय महासभा ने भी 1906 के कलकत्ता अधिवेशन में पहले-पहल 'स्वराज्य' शब्द का प्रयोग किया था। कलकत्ता काँग्रेस (1906) के सभापति श्री दादाभाई नौराज़ी ने 'औपनिवेशिक शासन' के स्थान पर 'स्वराज्य शब्द' की घोषणा की थी। बंगभंग ने पूरे राजनीतिक परिवेश को बदल दिया था जिसकी चर्चा ऊपर की गयी है और जिसने हिन्दी पत्रकारिता को नयी गति और नया स्वर दिया था।

1. डॉ. रामविलास शर्मा : भारतेन्दु युग, पृ. 14।

2. वही, पृ. 13।

हिन्दी साहित्य का यह द्विवेदी युग था जो अपनी साहित्यिक आदर्शवादिता के लिए प्रसिद्ध हुआ। इस युग की सबसे बड़ी विशेषता है, 'कट्टर प्रादेशिक राष्ट्रीयता (नेशनलिज़्म)।' इस युग का नेतृत्व आचार्य पं. महावीरप्रसाद द्विवेदी कर रहे थे। "द्विवेदी जी का व्यक्तित्व मूलतः सुधारक और प्रवर्तक का व्यक्तित्व था। उन्होंने समस्त प्राचीन को ताख पर रखकर नवीन अभ्यास और नये अनुभवों का रास्ता पकड़ा। हिन्दी की किसी भी प्राचीन परम्परा के वे क़ायल न थे। संस्कृत से उनका प्रेम अवश्य था, पर वह भी उतना ही जितना नवीन हिन्दी के स्वरूप देने के लिए आवश्यक था। इसीलिए द्विवेदी जी की शैली में सम्पूर्ण नवीनता के दर्शन होते हैं, उतनी नवीनता जितनी उनके पीछे आनेवाले रामचन्द्र शुक्ल-जैसे प्रशस्त लेखकों में भी नहीं दिखाई देती। नवीन निर्माण का नेतृत्व करनेवाले द्विवेदी जी के उपयुक्त ही यह था। नव-निर्माण का कार्य हाथ में लेकर उन्होंने भाषा और व्याकरण की नींव मज़बूत की। इस कार्य को उन्होंने स्वतः किया और अपनी 'स्कीम' के अनुसार उन्होंने दूसरे के हाथ दूसरे काम दिये।" आचार्य नन्ददुलारे वाजपेयी ने 'हिन्दी साहित्य : बीसवीं शताब्दी' की भूमिका में लिखा है कि "द्विवेदी युग के साहित्य को देखने से यह बात स्पष्ट हो जाती है कि ऊँचे से ऊँचे आदर्श भी महान् काव्य के निर्माण में सब समय सहायक नहीं होते। यह बात साहित्य के अन्य अंगों के सम्बन्ध में उतनी चरितार्थ चाहे न हो, पर काव्य के सम्बन्ध में पूरी तरह लागू होती है। द्विवेदी युग की बौद्धिकता और नीतिमत्ता सृजनात्मक मन के समस्त द्वारों का उद्‌घाटन न कर सकी, काव्य-विकास के बहुत से कपाट अवरुद्ध ही रहे। एक कपाट खोलने का उपक्रम श्री श्रीधर पाठक के प्राकृतिक वर्णनों और उनके अँगरेज़ी के अनुवादों ने किया। दूसरा कपाट प्रसाद जी के प्रयत्नों द्वारा खुला।"[1]

हमने पिछले अध्याय में चर्चा की है कि स्वदेशी आन्दोलन शुरू होने के बहुत पहले 'तदीय समाज' तथा अपने अन्य कृतित्व के माध्यम से भारतेन्दु बाबू हरिश्चन्द्र ने स्वदेशी का प्रचार आरम्भ कर दिया था। अपने देशवासियों से उन्होंने कहा था, **"जिसमें तुम्हारी भलाई हो वैसी ही किताब पढ़ो, वैसे ही खेल खेलो, वैसी ही बातचीत करो, परदेशी वस्तु और परदेशी भाषा का भरोसा मत रक्खो। अपने देश में अपनी भाषा में उन्नति करो।"** कहना न होगा कि भारतेन्दु बाबू की इस प्रगतिशीलता और राष्ट्रीयता को स्वीकारने के लिए न तो देश की राजनीतिक भूमि तैयार थी और न तो राजनीतिक चेतना ही इतनी विकसित थी। इस प्रकार हम देखते हैं कि विदेशी बहिष्कार और स्वेदशी-प्रचार के आन्दोलन को हिन्दी पत्रकारिता के तृतीय दौर ने अनुकूल भूमिका दी।

नयी चेतना के साथ भाषा में भी एक नया परिष्कार दिखाई पड़ा। डॉ.

1. आचार्य नन्ददुलारे वाजपेयी : हिन्दी साहित्य : बीसवीं शताब्दी, विज्ञप्ति, 6, 8, 9।

रामविलास शर्मा ने बिलकुल ठीक लिखा है कि, "बालमुकुन्द गुप्त स्वर्गीय महावीरप्रसाद द्विवेदी के समसामयिक थे ही परन्तु उनकी निबन्ध-रचना की शैली भारतेन्दु युग की है। भाषा में पहले से अब परिष्कार हो चुका है। वाक्य-विन्यास एकदम सधा हुआ है, गति और यति का वैसे ही ध्यान रखा गया है जैसे मुक्त छन्द में।"[1]

कलकत्ता की पत्रकारिता और बाबू बालमुकुन्द गुप्त

कलकत्ते के तीसरे दौर की हिन्दी पत्रकारिता का नेतृत्व बालमुकुन्द गुप्त के ही हाथों में था जिन्हें अपनी जातीय निष्ठा और उग्र राष्ट्रीयता के कारण कालाकाँकर के राजा रामपाल सिंह के 'हिन्दोस्थान' पत्र की नौकरी से हाथ धोना पड़ा था। हिन्दोस्थान पत्र के गुप्त जी के सहयोगी मित्र रामलाल मिश्र के 2 फ़रवरी 1891 ई. के पत्र की ये पंक्तियाँ उक्त घटना पर प्रकाश डालती हैं—

"...कल्ह तिथि 1 के मध्यान काल में राजा साहब ने आज्ञापत्र मँगा के लिख दिया कि आज मुं. जी को आना चाहिए था सो अपने नियत समय पर नहीं आये इसलिये और हमारे चले जाने पर हिन्दोस्थान में उनका लेख जाने योग्य न होगा, कारण गवर्नमेण्ट विरुद्ध बहुत कड़ा लिखते हैं, अतएव इस स्थान के योग्य नहीं हैं, च्युत कर दिए जाएँ।" इस पर टिप्पणी करते हुए पं. बनारसीदास चतुर्वेदी ने लिखा है कि "हिन्दी पत्रकार-कला के इतिहास में यह शायद पहला ही मौका था जबकि गवर्नमेण्ट के विरुद्ध बहुत कड़ा लेख लिखने के कारण किसी पत्रकार को च्युत किया गया हो।"[2]

"हिन्दी बंगवासी से अलग होने के लिए जिस स्थिति ने बालमुकुन्द गुप्त को विवश कर दिया उसकी चर्चा उन्हीं के शब्दों में इस प्रकार है : 31 अगस्त 1898 ई. को व्याख्यान-वाचस्पति पं. दीनदयालु जी शर्मा कलकत्ता पधारे थे और तीन महीने तक यहाँ ठहरे थे। वक्तृताएँ आपकी होती रहीं। पाँच-पाँच हज़ार आदमी एकत्र होते थे। बड़ा प्रभाव पड़ा। सात बजे (शाम) से 10 बजे तक बड़ा बाज़ार के कामकाजी लोग काम छोड़कर व्याख्यान सुनने जाते थे। धर्मोत्साह जाग उठा। एक दिन सर्वसाधारण के चन्दे से 15 हज़ार रुपये एकत्र हो गये। अब तक यह चन्दा मारवाड़ियों के यहाँ ही जमा था। उन दिनों स्थानीय 'बंगवासी' धर्म-भवन के लिए दान माँग रहा था। उस चन्दे से वह ऐसा चिढ़ा कि वर्षों से प्रशंसा करते-करते यकायक पण्डित दीनदयालु जी को गालियाँ देने लगा।" गुप्त जी ने पत्र के प्रधान सम्पादक श्री अमृतलाल चक्रवर्ती को समझाया कि "आप आठ वर्ष से जिसका पक्ष

---

1. डॉ. रामविलास शर्मा : भारतेन्दु युग, पृ. 112-13।
2. बालकुमुन्द गुप्त स्मारक ग्रन्थ, पृ. 226।

करते आये आज उसका विरोध न करें। क्योंकि ऐसा करने में आपकी निन्दा है। लोग आपको साफ़ स्वार्थी कहेंगे।" किन्तु चक्रवर्ती जी मालिक की नीति से लाचार थे। गुप्त जी ने पद त्यागकर अपनी तेजस्विता का परिचय दिया जिसकी चर्चा करते हुए श्री अमृतलाल चक्रवर्ती ने लिखा है, "गुप्त जी की तेजस्विता के कार्य का दूसरा परिचय उनके 'हिन्दी बंगवासी' से अलग होने में है। उन दिनों सुप्रसिद्ध हिन्दी वक्ताशिरोमणि पण्डित दीनदयालु जी से कुछ अनबन हो जाने से 'हिन्दी बंगवासी' में उनका विरोध करना निश्चय हुआ था, उस समय बाबू बालमुकुन्द गुप्त को 'हिन्दी बंगवासी' से जो आर्थिक सहायता दी जाती थी, वह हिन्दी पत्रों की उस प्रारम्भिक दशा में अल्प ही हिन्दी लेखकों को मिलती होगी। बाबू बालमुकुन्द के परिवार पालन के लिए उस धन की बड़ी भारी आवश्यकता रहने पर भी उन्होंने उसकी कुछ भी परवा नहीं की और स्पष्टतया कह दिया कि पण्डित जी से मेरी मित्रता बड़ी घनी है, 'हिन्दी बंगवासी' में उनकी विरुद्धता होने से मुझे उसकी सेवा से अलग होना पड़ेगा। उस तेजस्वी पुरुष ने ऐसा ही किया। 'हिन्दी बंगवासी' में पण्डित जी के विरोध में लेख लिखे जाने के दिन ही 'बंगवासी' के कार्यकर्ताओं को चकित करके 'हिन्दी बंगवासी' के कार्य से वे अलग हो गये।"[1]

'भारतमित्र' में बालमुकुन्द गुप्त ने राजभक्तों पर एक गहरा व्यंग्य लिखा था। 'पंजाब में लायल्टी' शीर्षक कविता में पंजाब के राजभक्तों के माध्यम से राजभक्ति पर करारा व्यंग्य किया गया है,[2] जिसे गुप्त जी ने अपने जीवन के अन्तिम काल में लिखी थी। अँगरेज़ के पिट्ठू पंजाबियों को लक्ष्य कर यह कविता लिखी गयी जो अपनी राजभक्ति का प्रमाण देने के लिए बड़े गन्दे स्तर पर उतर गये थे। उक्त कविता की कुछ पंक्तियाँ इस प्रकार हैं—

"सबके सब पंजाबी अब हैं, लायलटी में चकनाचूर,
सारा ही पंजाब देश बन जाने को है लायलपुर।
लायल हैं सब सिक्ख, अरोड़े, खतरी भी सब लायल हैं,
मेढ़ रहति ये, बनिये, धुनिये, लायलटी के कायल हैं
× × ×
लायल सब वकील बारिस्टर जमींदार और लाला हैं,
म्युनिसिपालिटी वाले तो लायलटी का परनाला हैं।
खान बहादुर, राव बहादुर, कितने ही सरदार नवाब,
सब मिल-जुलकर लूट रहे हैं लायलटी का खूब शबाब।

1. बालमुकुन्द गुप्त स्मारक ग्रन्थ, पृ. 277-278।
2. वही, पृ. 229।

ऐरा गैरा नत्थू खैरा सब पर इनकी मस्ती है,
लायलटी लाहौर में अब भूसे से भी सस्ती है।
केवल दो डिसलायल थे वां, एक लाजपत एक अजीत
दोनों गये निकाले उनसे नहीं किसी को है कुछ प्रीत।
× × ×
सुनते हैं पंजाब देश सीधा सुरपुर को जावेगा,
डिसलायल भारत में रहकर इज्जत नहीं गँवाएगा।"

गुप्त जी का 'भारतमित्र' में प्रवेश

16 जनवरी सन् 1899 ई. को गुप्त जी ने 'भारतमित्र' का सम्पादन भार सँभाला। इसके संचालन का दायित्व भी इन्हीं पर था। इसलिए पत्र को उन्होंने अपने अनुसार एक नयी व्यवस्था दी। आकार बढ़ा दिया गया और वार्षिक मूल्य 3 रु. के स्थान पर 2 रु. निर्धारित किया गया। गुप्त जी चूँकि युग-चेतना के प्रति सचेत थे और उनकी जातीय निष्ठा बलवती थी इसलिए स्वाभाविक था कि उग्र राष्ट्रीयता ही पत्र की नीति बने। दुर्भाग्यवश उस समय के भारतमित्र के अंक उपलब्ध न हो सके इसलिए उसकी समग्र और व्यवस्थित विवेचना सम्भव नहीं है। इसलिए गुप्त जी के कृतित्व के आधार पर ही उस पत्र के जातीय स्वर की चर्चा करेंगे।

'भारतमित्र' के सम्बन्ध में गुप्त जी का मत

'भारतमित्र' में 'हिन्दी अख़बार' का इतिहास लिखते हुए बाबू बालमुकुन्द गुप्त ने भारतमित्र के सम्बन्ध में लिखा था, 'भारतमित्र' राजनीतिक पत्र है। आदि र. इसकी यही पालिसी है। हिन्दी का प्रचार और राजनीतिक चर्चा इसके प्रधान उद्देश्य हैं। धर्म का आन्दोलन करना इसकी पालिसी नहीं है। पर ज़रूरत पड़ने पर उसी में शरीक होना वह अपना कर्तव्य समझता है। सदा से पुरानी चाल के हिन्दू इसके परिचालक हैं, इससे उनके धर्म की इसे काम पड़ने पर तरफदारी करनी पड़ती है। यही चाल इसकी आरम्भ से अब तक है। केवल बीच में एक दो आर्यसमाज के सम्पादकों ने इसकी चाल बिगाड़ी थी। उनसे इसको बड़ी हानि भी पहुँची। जिसकी जो चाल है, उसी पर चलने से उसकी उन्नति होती है। उसके बिगड़ने से बहुत भारी हानि होती है। यह एक अटल सिद्धान्त है। पर दुःख है कि हिन्दुओं में कुछ लोग इस सिद्धान्त से विचलित होकर अपने को कमजोर बना रहे हैं। क्या मुसलमान, क्या कृस्तान, सब अपनी-अपनी चाल पर चलते हैं, अपने-अपने धर्म का आदर करते हैं, अपनी-अपनी धर्म-सम्बन्धी बातों पर दृढ़ हैं। केवल हिन्दू ही भटकते हैं, यह कैसे दुःख की बात है। गुप्त जी के पूरे कार्य-काल में यह जातीय पीड़ा उनके साथ लगी रही कदाचित् यही कारण है कि वे सदैव जाग्रत रहे।

लॉर्ड कर्ज़न के कुकृत्य और शिवशम्भु के चिट्ठे की पहली किश्त—समाहूत

शुरू में ही हमने चर्चा की है कि बीसवीं शताब्दी के आरम्भिक वर्ष लॉर्ड कर्ज़न के दिल्ली दरबार में अँगरेज़ी समाचार पत्र-सम्पादकों के साथ भारतमित्र-सम्पादक बाबू बालमुकुन्द गुप्त भी सम्मिलित हुए थे। 11 अप्रैल 1903 ई. के 'भारतमित्र' में शिवशम्भु के चिट्ठे और ख़त की पहली किश्त (बनाम लॉर्ड कर्ज़न (?)) प्रकाशित हुई। सम्पादक श्री गुप्त जी ने मानो लॉर्ड कर्ज़न को ललकारते हुए बड़ी साफ़ भाषा में उनके कुकृत्यों का उद्घाटन किया, "आपने माई लार्ड! जब से भारतवर्ष में पधारे हैं, बुलबुलों का स्वप्न ही देखा है या सचमुच कोई करने के योग्य काम भी किया है? खाली अपना खयाल ही पूरा किया है या यहाँ की प्रजा के लिए भी कुछ कर्तव्य पालन किया। एक बार यह बातें बड़ी धीरता से मन में विचारिये। आपकी भारत में स्थिति की अवधि के पाँच वर्ष पूरे हो गये। अब यदि आप कुछ दिन रहेंगे तो सूद में मूलधन समाप्त हो चुका। हिसाब कीजिये नुमायशी कामों के सिवा काम की बात आप कौन सी कर चले हैं और भड़कबाजी के सिवा ड्यूटी और कर्तव्य की ओर आपका इस देश में आकर कब ध्यान रहा है? इस बार के बजट की वक्तृता ही आपके कर्तव्य काल की अन्तिम वक्तृता थी। जरा उसे पढ़ तो जाइये फिर उसमें आपकी पाँच साल की किस अच्छी करतूत का वर्णन है? आप बारम्बार अपने दो अति तुमतराक से भरे कामों का वर्णन करते हैं। एक विक्टोरिया मिमोरियल हाल और दूसरा दिल्ली-दरबार। पर जरा विचारिये तो यह दोनों काम 'शो' हुए या 'ड्यूटी'? विक्टोरिया मिमोरियल हाल चन्द पेट भरे अमीरों के एक दो बार देख आने की चीज होगा। उससे दरिद्रों का कुछ दुःख घट जावेगा या भारतीय प्रजा की कुछ दशा उन्नत हो जावेगी, ऐसा तो आप भी न समझते होंगे।

"अब दरबार की बात सुनिये कि क्या था? आपके खयाल से वह बहुत बड़ी चीज था। पर भारतवासियों की दृष्टि में वह बुलबुलों के स्वप्न से बढ़ कर कुछ न था। जहाँ-जहाँ से वह जुलूस के हाथी आये, वहीं-वहीं सब लौट गये। जिस हाथी पर आप सुनहरी झूले और सोने का हौदा लगवाकर छत्र-धारण-पूर्वक सवार हुए थे, वह अपने कीमती असबाब सहित जिसका था, उसके पास चला गया। आप भी जानते थे कि वह आपका नहीं और दर्शक भी जानते थे कि आपका नहीं। दरबार में जिस सुनहरी सिंहासन पर विराजमान होकर आपने भारत के सब राजा-महराजाओं की सलामी ली थी वह भी वहीं तक था और आप स्वयं भलीभाँति जानते हैं कि वह आपका न था।...यह सब चीजें नुमायशी थीं।" आगे इसी लेख में गुप्त जी ने लार्ड कर्ज़न

को उनके कर्तव्य का ज्ञान कराते हुए कहा कि **"जिस पद पर आप आरूढ़ हुए, वह आपका मौरूसी नहीं—नदी नाँव संयोग की भाँति है। आगे भी कुछ आशा नहीं कि इस बार छोड़ने के बाद आपका इससे कुछ सम्बन्ध रहे। किन्तु जितने दिन आपके हाथ में शक्ति है, उतने दिन कुछ करने की शक्ति भी है। जो कुछ आपने दिल्ली आदि में कर दिखाया उसमें आपका कुछ भी न था, पर वह सब कर दिखाने की शक्ति आपमें थी। इसी प्रकार जाने से पहले, इस देश के लिए कोई असली काम कर जाने की शक्ति आप में है। इस देश की प्रजा के हृदय में कोई स्मृति-मन्दिर बना जाने की शक्ति आप में है। पर यह सब तब हो सकता है कि वैसी स्मृति की कुछ कदर आपके हृदय में भी हो। स्मरण रहे धातु की मूर्तियों के स्मृति चिह्न से एक दिन किले का मैदान भर जाएगा। महारानी का स्मृति मन्दिर मैदान की हवा रोकता था या न रोकता था, पर दूसरों की मूर्तियाँ इतनी हो जावेंगी कि पचास-पचास हाथ पर हवा को टकराकर चलना पड़ेगा। जिस देश में लार्ड लैंसडौन की मूर्ति बन सकती है उसमें और किस किसकी मूर्ति नहीं बन सकती। माई लार्ड! क्या आप चाहते हैं कि उसके आसपास आपकी एक वैसी ही मूर्ति खड़ी हो?**

"यह मूर्तियाँ किस प्रकार की स्मृति चिह्न हैं? इस दरिद्र देश के बहुत से धन की एक ढेरी है, जो किसी काम नहीं आ सकती।..."

"खुलासा बात यह है कि एक बार 'शो' और ड्यूटी का मुकाबिला कीजिये। 'शो' को 'शो' समझिए। 'शो' ड्यूटी नहीं है। माई लार्ड! आपके दिल्ली दरबार की याद कुछ दिन बाद उतनी ही रह जावेगी जितनी शिव शम्भु शर्मा के सिर में बालकपन के उस सुख स्वप्न की है।"

लार्ड कर्ज़न के दूसरी बार भारत के गवर्नर जेनरल होकर आने पर 'भारतमित्र' द्वारा उनका स्वागत

लार्ड कर्ज़न जब दूसरी बार गवर्नर जेनरल बनकर भारत आये तो उनके स्वागत में भारतमित्र ने 26 नवम्बर 1904 ई. को 'श्रीमान का स्वागत' शीर्षक सम्पादकीय लेख प्रकाशित किया था। कर्ज़न के पुनः आगमन पर भारतवासियों की जो प्रतिक्रिया हुई उसको भारतमित्र ने यों प्रस्तुत किया, "इस समय भारतवासी यह सोच रहे हैं कि आप क्यों आते हैं और आप यह जानते भी हैं कि आप क्यों आते हैं। यदि भारतवासियों का वश चलता तो आपको न आने देते और आपका वश चलता तो और भी कई सप्ताह पहले आ विराजते। पर दोनों ओर की बाग किसी और ही के हाथ में है। निरे अवश भारतवासियों का कुछ वश नहीं है और बहुत बातों पर वश रखनेवाले लार्ड कर्ज़न को भी बहुत बातों में बेबस होना पड़ता है।" इसी टिप्पणी का उपसंहार करते हुए सम्पादक ने लिखा है कि "हिन्दुस्तान को श्रीमान्

स्वयं ही समझते हैं। विलायत वाले समझते तो क्या समझते? विलायत में उतना बड़ा हाथी कहाँ जिस पर वह चँवर छत्र लगाकर चढ़े थे? फिर कैसे समझा सकते कि वह किस उच्च श्रेणी के शासक हैं?" इस क्रम में 'शिव शम्भु के चिट्ठे और खत' की तीसरी किश्त 'भारतमित्र' के 17 सितम्बर 1904 के अंक में 'वैसराय के कर्तव्य' शीर्षक से प्रकाशित हुई। वैसराय कर्ज़न के कार्यों और कर्तव्यों का विवेचन करते हुए सम्पादक ने बड़ी स्पष्ट भाषा में लिखा था, "यहाँ की अधिक प्रजा ऐसी है जो अब तक भी नहीं जानती कि आप यहाँ के वैसराय और राज प्रतिनिधि हैं और आप एक बार विलायत जाकर फिर से भारत में आये हैं। आपने गरीब प्रजा की ओर न कभी दृष्टि खोलकर देखा न गरीबों ने आपको जाना। अब भी आपकी बातों से आपकी वह चेष्टा नहीं पायी जाती। इससे स्मरण रहे कि जब अपने पद को त्याग कर आप फिर स्वदेश में जावेंगे तो चाहे आपको अपने कितने ही गुण कीर्तन करने का अवसर मिले, यह तो कभी न कह सकेंगे कि कभी भारत की प्रजा का मन भी अपने हाथ में किया था।"

भारत के चारित्र्य पर कर्ज़न का आरोप और 'भारतमित्र' द्वारा उसका उत्तर

कर्ज़न ने कलकत्ता विश्वविद्यालय के अपने भाषण में पूर्व के लोगों को मिथ्यावादी तथा सत्य का अनादर करनेवाला कहा था। यह भारत की नैतिकता पर प्रहार था जिसका 'शिव शम्भु के चिट्ठे और ख़त' के माध्यम से 'भारतमित्र' ने उत्तर दिया था, "जो सत्यप्रियता इस देश को सृष्टि के आदि से मिली है, जिस देश का ईश्वर 'सत्यं ज्ञानमनन्तं ब्रह्म' है, वहाँ के लोगों को सभा में बुला के ज्ञानी और विद्वान् का चोला पहनकर उनके मुँह पर झूठा और मक्कार कहने लगे। विचारिए तो यह कैसे अधःपतन की बात है? जिस स्वदेश को श्रीमान् ने आदर्श सत्य का देश कहा और वहाँ के लोगों को सत्यवादी कहा है, उसका आला नमूना क्या श्रीमान् ही हैं? यदि सचमुच विलायत वैसा ही देश हो, जैसा आप फरमाते हैं और भारत भी आपके कथनानुसार मिथ्यावादी और धूर्त देश हो, तो भी तो क्या कोई इस प्रकार कहता है?...अपनी सत्यवादिता प्रकाश करने के लिए दूसरे को मिथ्यावादी कहना ही क्या सत्यवादिता का सबूत है?

"माई लार्ड! जब आपने अपने शासक होने के विचार को भूलकर इस देश की प्रजा के हृदय में चोट पहुँचायी है तो दो-एक बातें पूछ लेने में शायद कुछ गुस्ताख़ी न होगी।...यह देश भी यदि विलायत की भाँति स्वाधीन होता और यहाँ के लोग ही यहाँ के राजा होते तब यदि अपने देश के लोगों को यहाँ के लोगों से अधिक सच्चा साबित कर सकते तो आपकी अवश्य कुछ बहादुरी होती। स्मरण रखिये उन दिनों को कि जब अँगरेज़ों के देश पर विदेशियों का अधिकार था। उस

समय आपके स्वदेशियों की नैतिक दशा कैसी थी, उसका विचार तो कीजिये। यह वह देश है कि हजार साल पराये पाँव के नीचे रहकर भी एकदम सत्यता से च्युत नहीं हुआ है।...यदि आपका युरोप या इंग्लैण्ड दस साल भी पराधीन हो जाते तो आपको मालूम पड़े कि श्रीमान् के स्वदेशीय कैसे सत्यवादी और नीतिपरायण हैं। ...भारत आपके लिए भोग्य भूमि है। किन्तु इस देश के लाखों आदमी, इसी देश में पैदा होकर आवारा कुत्तों की भाँति भटक-भटककर मरते हैं। उनको दो हाथ भूमि बैठने को नहीं, पेट भरकर खाने को नहीं, मैले चिथड़े पहनकर उमरें बिता देते हैं और एक दिन कहीं पड़ चुपचाप प्राण दे देते हैं।...कभी इस देश में आकर आपने गरीबों की ओर ध्यान नहीं दिया। कभी यहाँ की दीन भूखी प्रजा की दशा का विचार न किया। कभी दस मीठे शब्द सुनाकर यहाँ के लोगों को उत्साहित नहीं किया—फिर विचारिए तो गालियाँ यहाँ के लोगों को आपने किस कृपा के बदले में दीं? पराधीनता की सबके जी में बड़ी भारी चोट होती है।...माई लार्ड! इस देश की प्रजा को आप नहीं चाहते और वह प्रजा आपको नहीं चाहती, फिर भी आप इस देश के शासक हैं और एक बार नहीं दूसरी बार शासक हुए हैं, यही विचार कर इस अधबूढ़े भंगड़ ब्राह्मण का नशा किरकिरा हो-हो जाता है।"

'भारतमित्र'-सम्पादक का आदर्श

साम्राज्यशाही के विरुद्ध इतनी कड़ी बात केवल वही कह सकता है जो देश के लिए, देशोत्थान के लिए प्राणोत्सर्ग करने को हर क्षण उद्यत रहता हो। कहने की आवश्यकता नहीं कि उस युग के हिन्दी पत्रकार जो कुछ लिखते थे वह सुविचारित होता था अर्थात् उन्हें उसका परिणाम ज्ञात रहता था और देश के लिए भारी से भारी यन्त्रणा झेलने-सहने को सदैव उनकी मानसिक तैयारी थी। उनकी कथनी और करनी में कहीं खाई नहीं थी। जिन दरिद्र भारतीय जनता का गुप्त जी ने ऊपर उल्लेख किया है उनके दुःख-दर्द में गुप्त जी सक्रिय रुचि लेते थे। पं. लोचनप्रसाद पाण्डेय ने एक ऐसे प्रसंग की चर्चा की है जिससे इस बात की पुष्टि हो जाती है। पाण्डेय जी के लेख 'भारत के सच्चे मित्र गुप्त जी' के उपसंहार की पंक्तियाँ इस प्रकार हैं—

"उनके सम्पादन काल में 'भारतमित्र' का प्रचार मध्यप्रदेश जैसे सुदूर प्रान्त के ग्रामों में भी था। इसका कारण था ग्रामीण जनता के दुःख-दर्द, अभाव अभियोग के समाचार गुप्त जी बड़ी सहानुभूतिपूर्वक प्रकाशित करते थे। एक घटना सुन लीजिए रायगढ़ नामक छोटी-सी रिंगासत में 'टपरदा' नामक एक गाँव दक्षिण सीमा पर है। वहाँ मेरे फुफेरे भाई एवं सहाध्यायी पं. दक्षिणधर बड़गैया मालगुजार थे। एक बार गर्मी के दिनों में ग्राम के तालाब सूख गये और पीने, नहाने तथा ढोरों के लिए जल का दुर्भिक्ष पड़ गया। टपरदा से तीन मील पर महानदी तथा ढाई मील पर

'मान्द' नदी की शरण ग्रामवासियों को लेनी पड़ी थी।

"जलाभाव एवं ग्रीष्म की भीषणता से बीमारी की भी शंका थी। देहात के गाँवों में इधर उस समय कुएँ कहीं नहीं थे। सर्वत्र तालाब, पोखर तथा नदी या नाले के पानी से लोगों का निर्वाह हुआ करता था। जल-कष्ट का समाचार पं. दक्षिणधर ने 'भारतमित्र' में प्रकाशनार्थ भेजा था। वे 'भारतमित्र' के ग्राहक थे। देहात से आये हुए समाचारों पर गुप्त जी विशेष ध्यान रखा करते थे। समाचार छपकर आया तो उसके साथ-साथ सम्पादक द्वारा लिखित एक टिप्पणी भी छपी हुई देखने में आयी। टिप्पणी में सम्पादक ने लिखा था कि रियासती सरकार ऐसे गाँवों में कुआँ खुदवा कर जलकष्ट निवारण क्यों नहीं करती? कहने का अभिप्राय यह कि वे भारत के नगरों और ग्रामों के सुधार एवं उत्थान के हेतु एक सच्चे मित्र की भाँति अपने कर्तव्य-पालन में निरन्तर तत्पर रहा करते थे।"[1]

लार्ड कर्ज़न के उस आरोप का जवाब देने के लिए भारतमित्र में गुप्त जी ने 'सच्चाई' शीर्षक एक कविता भी लिखी थी। कविता की अन्तिम पंक्तियाँ इस प्रकार हैं–

"औरों का झूठा बतलाना, अपने सच की डींग उड़ाना।
ये ही पक्का सच्चापन है, सच कहना तो कच्चापन है।
बोले और, करे कुछ और, यही सभ्य सच्चे के तौर।
मन में कुछ मुँह पे कुछ और, यही सत्य है कर लो गौर।
झूठ को सच कर दिखलावे, सो ही सच्चा साधु कहावे।
मुँह जिसका हो सके न बन्द, समझो इसे सच्चिदानन्द॥"

'भारतमित्र' और लार्ड कर्ज़न की विदाई

अपने कार्यकाल की अवधि समाप्त कर लार्ड कर्ज़न जब इंग्लैण्ड लौटने की तैयारी कर रहे थे तभी 2 सितम्बर 1905 के भारतमित्र में सम्पादक श्री गुप्त जी ने अपना 'विदाई सम्भाषण' छापा था। लार्ड कर्ज़न के कुकृत्यों का स्मरण दिलाते हुए सम्पादक ने बड़े साहसपूर्वक पूछा था, "क्या आँख बन्द करके मनमाने हुक्म चलाना और किसी की कुछ न सुनने का नाम ही शासन है? क्या प्रजा की बात पर कभी कान न देना और उसको दबाकर उसकी मर्जी के विरुद्ध जिद्द से सब काम किये चले जाना ही शासन कहलाता है? एक काम तो ऐसा बताइये जिसमें आपने जिद्द छोड़कर प्रजा की बात पर ध्यान दिया हो। कैसर और जार भी घेरने-घोटने से प्रजा की बात सुन लेते हैं, पर आप एक मौका तो ऐसा बताइये जिसमें किसी अनुरोध या प्रार्थना सुनने के लिए प्रजा के लोगों को आपने अपने निकट फटकने

---

1. बालमुकुन्द गुप्त-स्मारक-ग्रन्थ, पृ. 348-49।"

दिया हो और उनकी बात सुनी हो। नादिरशाह ने जब दिल्ली में कतलेआम किया तो आसिफजाह के तलवार गले में डालकर प्रार्थना करने पर उसने कतलेआम उसी दम रोक दिया। पर आठ करोड़ प्रजा के गिड़गिड़ाकर बंगविच्छेद न करने की प्रार्थना पर आपने जरा भी ध्यान नहीं दिया। इस समय आपकी शासन अवधि पूरी हो गयी है, तथापि बंगविच्छेद किये बिना घर जाना आपको पसन्द नहीं है। नादिर से भी बढ़कर आपकी जिद्द है।" और इस ज़िद्द के चलते 16 अक्टूबर 1905 ई. को बंगविच्छेद होकर रहा जिसकी विश्वव्यापी गहरी प्रतिक्रया हुई और भारतीय राजनीति ने एक नया मोड़ लिया जिसकी चर्चा इस अध्याय के आरम्भ में ही की गयी है।

बंग-भंग और 'भारतमित्र'

21 अक्टूबर 1905 को 'भारतमित्र' में 'बंगविच्छेद' शीर्षक लेख प्रकाशित हुआ। **"आपके शासन-काल में बंगविच्छेद इस देश के लिए अन्तिम विषाद और आपके लिए अन्तिम हर्ष है।...यह बंगविच्छेद बंग का विच्छेद नहीं। बंग निवासी इससे विच्छिन्न नहीं हुए, वरंच और युक्त हो गये। जिन्होंने गत 16 अक्टूबर का दृश्य देखा है, वह समझ सकते हैं कि बंग देश या भारतवर्ष में नहीं, पृथिवी भर में वह अपूर्व दृश्य था। आर्य्य सन्तान उस दिन अपने प्राचीन देश में विचरण करती थी। बंगभूमि ऋषि-मुनियों के समय की आर्य-भूमि बनी हुई थी। किसी अपूर्व शक्ति ने उसको उस दिन एक राखी से बाँध दिया था। बहुत काल के पश्चात् भारत सन्तान को होश हुआ कि भारत की मट्टी वन्दना के योग्य है। इसी से वह एक स्वर से 'वन्देमातरम्' कहकर चिल्ला उठे। बंगाल के टुकड़े नहीं हुए, वरंच भारत के अन्यान्य टुकड़े भी बंग देश से आकर चिमटे जाते हैं।"** इस टिप्पणी का उपसंहार करते हुए सम्पादक ने घोषणा की थी कि "भारतवासियों के जी में यह बात जम गयी कि अँग्रेज़ों से भक्तिभाव करना वृथा है, प्रार्थना करना वृथा है और उनके आगे रोना गाना वृथा है। दुर्बल की वह नहीं सुनते।"

अपने दौर्बल्य-निरसन के लिए भारतवासियों ने शक्ति की उपासना शुरू की। उग्र जातीय चेतना की चर्चा शुरू में की गयी है जिससे आतंकित होकर पूर्वी बंगाल के लेफ़्टिनेण्ट गवर्नर सर वैमूफील्ड फुलर ने विशिष्ट नागरिकों को धमकी दी थी कि "सम्भव है खून-खराबी करनी पड़े।" सरकार की दमन नीति की प्रतिक्रिया कितनी गहरी होती थी और जातीय जागृति को उससे कैसे नया संचार मिल जाता था, इसका उल्लेख इसी अध्याय के आरम्भ में किया गया है। फुलर साहब की धमकी का जवाब देने के लिए बालमुकुन्द गुप्त ने 'शाइस्ता खाँ का ख़त—फुलर साहब के नाम' लिखा था, **"गर्जे के मैंने खूब गौर करके देखा बंगाले में या हिन्दुस्तान में नवाबी जमाना फिर होने की कुछ जरूरत नहीं है। इन दो सौ**

साल में कितनी ही बातें मैंने जान ली हैं, जमाने के कितने ही उलट-पलट देखे और समझे, उसकी चाल पर खूब निगाह जमाकर देखा, मगर कहीं नवाबी को खड़ा होने की गुंजाइश न पायी। लेकिन देखा जाता है कि तुम्हारे जी में नवाबी ख्वाहिश है। तुम बंगाल के हिन्दुओं को धमकाते हो कि उनके लिये फिर शाइस्ता खाँ का जमाना ला दिया जाएगा। भई वल्लह! मैंने जबसे यह ख़बर अपने दोस्त नवाब अब्दुल्लतीफ खाँ से सुनी है तब से हँसते-हँसते मेरे पेट में बल पड़-पड़ जाते हैं। अकेला मैं ही नहीं हँसा, बल्कि जितने मुझसे पहले और पीछे के नवाब यहाँ बहिश्त में मौजूद हैं सब एक बार हँसे, यहाँ तक कि हमारे सिका सूरत बादशाह औरंगजेब भी जो उस दुनिया में कभी न हँसे थे, इस वक्त अपनी हँसी को रोक न सके। हँसी इस बात की थी कि बेसमझे ही तुमने मेरे जमाने का नाम लिखा है। मालूम होता है कि तुम्हें तवारीख से बहुत कम मस है।...भाई फुलर जंग! कितने ही इलजाम चाहे मुझ पर हों, एक बार मैंने इस मुल्क की रैयत को जरूर खुश किया था। मगर तुमने हुकूमत की बाग हाथ में लेते ही गुरखों को अपने वहदे पर मुकर्रर किया है। बच्चों के मुँह से 'वन्दये मातरम्' सुनकर तुम जामे से बाहर होते हो, इतने पर भी तुम मेरी या किसी दूसरे नवाब की हुकूमत से अपनी हुकूमत को अच्छा समझते हो! तुम्हें आफरी है।" और आख़िर में फुलर को एक दोस्ताना सलाह देते हुए सम्पादक ने लिखा था, "रैयत के दिल में इन्साफ का सिक्का बैठता है, जुल्म का नहीं। जुल्म के लिये हम लोग बदनाम हो चुके, तुम क्यों बदनाम होते हो, जुल्म का नतीजा हम भोग चुके हैं, पर तुम्हें उससे खबरदार करते हैं। अपने कामों से साबित कर दो कि तुम इन्सान हो, खुदातर्स हो, यहाँ की रैयत को, पालने आये हो, लोगों को गिरी हालत से उठाने आये हो। लोग यह न समझें कि मतलबी हो, ना खुदातर्स हो अपने मतलब के लिए इस मुल्क के लड़कों को वन्दयेमातरम्' कहने से भी बन्द करते हो।"

स्वदेशी आन्दोलन पर सरकारी कुदृष्टि और 'भारतमित्र' की टिप्पणी

शाइस्ता खाँ का मत—फुलर साहब के नाम की दूसरी किश्त 18 अगस्त 1906 को भारतमित्र में प्रकाशित हुई थी जिसके कुछ स्थल यहाँ उद्धृत किये जाते हैं। स्वदेशी आन्दोलन को दबाने के लिए फुलर ने बड़ी सख़्ती दिखायी थी किन्तु परिणाम उल्टा ही हुआ था। उसकी चर्चा इस 'खत' में इस प्रकार है, "अपनी जबरदस्ती से तुमने उस जोश को रोकना चाहा, जो अपने मुल्क की बनी चीजों के रोकने के लिये बंगाले में बड़ी तेजी से फैल रहा था। तुम ने इस बात पर ख्याल न किया कि जो जोश तुम्हारे अफसरे आला की सख्ती से पैदा हुआ है, वह

सख्ती और जबरदस्ती से कैसे दब सकता है...तुम्हारे आला अफसर ने यह ओहदा तुम्हारी बेहतरी के लिये तुम्हें नहीं दिया था, बल्कि अपनी जिद्द पूरी कराने या अपना उल्लू सीधा कराने के लिये।...तुम सच जानो तुम्हारे ओहदे पर बैठने के लिए तुम से बढ़कर लायक और हकदार लोग कई मौजूद थे। मगर वह लोग थे अपनी अक्ल से काम लेते और इस बात पर खूब गौर करते कि सख्ती करके जब हमारे आला अफसर ने शकस्त खाई है तो हमें उसमें फतह कैसे हासिल होगी।" किन्तु फुलर ने इस ओर ज़रा भी ध्यान न दिया और अपनी सख़्ती और दमननीति से भारतीय जनता और जनचेतना को रौंद डालने की निरन्तर असफल और अविचारित चेष्टा करते रहे और इसी में उनके शासन काल का अन्त हो गया। इसे लक्ष्य कर इसी 'खत' (लेख) में भारतमित्र-सम्पादक श्री गुप्त जी ने लिखा था, "रिआया और मदरसे के तुलबा से लड़ते-लड़ते तुम ने नवाबी खत्म की। लोगों को आम जलसे करने और कौमी नारे मारने से रोका। लड़कों को अपने मुल्की माल की तरफ मुतवज्जह देखकर तुम ने उनको जेल में भिजवाया, स्कूलों से निकलवाया और पिटवाया। तुम्हारे इलाके बारीसाल में तुम्हारे मातहतों ने इस मुल्क की रिआया के सबसे आला इज्जतदार और तालीगयाफ़्ता अशखास को बेइज्जत करने की निहायत खफीक हरकत की। तुमने अपने मातहतों का इसमें साथ दिया। नतीजा यह हुआ कि हाईकोर्ट से तुम्हारे कामों की मलामत हुयी।...तुम्हारी होशियारी और लियाकत का इसी से पता लगता है कि तुम्हारे अफसर का हुक्म पहुँचने के पहले तुम्हारे सूबे में एक बन्दये खुदा को बेवक्त फाँसी हो गयी।" इस 'खत' की आख़िरी पंक्तियाँ इस प्रकार हैं, "तुम चले, अब कहने से ही क्या है? पर जो तुम्हारे जानशीन होते हैं, वह सुन रखें कि जमाने के बहते दरया को लाठी मार के कोई नहीं रोक सकता। दूसरे को तंग करके कोई खुश नहीं रह सकता। अपने मुल्क को जाओ और तौकीफ दे तो हिन्दुस्तान के लोगों को कभी-कभी दुआये खैर से याद करना।"

'भारतमित्र' के टेसू

भारतमित्र में प्रकाशित शिवशम्भु के चिट्ठे और शाइस्ता ख़ाँ के खत-जैसी ही चर्चा गुप्त जी द्वारा लिखित और भारतमित्र में प्रकाशित 'टेसू' की भी होती थी। ऊपर की पंक्तियों में जिस प्रसंग की चर्चा की गयी है उसे ही लक्ष्य कर गुप्त जी ने 'कर्ज़न-फुलर' शीर्षक टेसू लिखा था जो इस प्रकार है :—

"नानी बोली टेसू लाल। कहती हूँ तुझसे सब हाल।
मास नवम्बर कर्जन लाट। उलट चले शासन का ठाट।
फुलरजंग को गद्दी देकर। चल दिये अपना सा मुँह लेकर।

लड़कों से की खूब लड़ाई। गुरखों की पलटन बुलवाई।
किया मातरम् बन्दे बन्द। और सभाएँ रोकी चन्द।
जोर स्वदेशी का दबवाया। जगह-जगह पर लठ चलवाया।
बरीसाल में की वह करनी। जिसकी महिमा जाय न बरनी।
अन्त तलक लड़कों से लड़े। आखिर को उल्टे मुँह पड़े।
पकड़ा पूरा एक न साल। आप गये रह गया अकाल।
खूब वचन गुरुवर का पाला। पर आखिर को हुआ दिवाला।"

इसी तरह 'पोलिटिकल होली' की ये पंक्तियाँ द्रष्टव्य हैं :–

"करते फुलर विदेशी बर्जन। सब गोरे करते हैं गर्जन।
जैसे मिण्टो जैसे कर्जन। होली है भई होली है।
बराडरिक ने हुक्म चलाया। कर्जन ने दो टूक कराया।
मर्ली ने अफसोस सुनाया। होली है भई होली है।"

जब लॉर्ड कर्ज़न दूसरी बार भारत के गवर्नर जेनरल बनकर आये तो उस समय बालमुकुन्द गुप्त ने शिवशम्भु के चिट्ठे के साथ ही भारतमित्र में टेसू भी लिखा था। 'बड़े लाट कर्ज़न' शीर्षक टेसू की कुछ पंक्तियाँ देखिए :–

"बार दूसरी कर्जन आये, सनद साल दो की फिर लाये।
आप बम्बई में यों बोले, कौन बुद्धि मेरी को तोले।
... ...
भारत की रग मैंने पायी, तुम क्या समझोगे मेरे भाई।
देखो मेरे ये दो साल, कैसा सब को करूँ निहाल।
मेरे पीछे जो कोई आवे, बैठे सोवे मौज उड़ावे।
करना पड़े न कुछ भी काम, बैठे-बैठे मिले सलाम ॥"

इसी प्रकार गुप्त जी के 'कर्जननामा' की कुछ पंक्तियाँ यहाँ उद्धृत की जाती हैं :–

"झाँझ झमाझम ढोल धमाधम कौन बजाता आया,
सब कुछ उलट-पलट कर डाला सब संसार कपाया?
'वह मैं ही हूँ' झट से यों श्री कर्जन ने फरमाया,
'आलीशान पुरुष हूँ मुझसा कोई कभी न आया।'
... ...
किस ने बंग-भूमि को दो टुकड़े कर के दिखलाया,
किस ने बेरहमी से भाई-भाई को बिछड़ाया?
बोले कर्जन 'इस का कर्त्ता हूँ बस मैं ही अकेला,
हाथ हैं मेरे लोहे के, दिल है पत्थर का ढेला।'

... ...
किसने देशी चीजों में फिर संचय प्राण कराया,
किसने सब तूफान बखेड़ों को यहाँ से भगवाया।
किसने सब बाबू लोगों का नेशन एक बनाया?
'किया तो है पर इच्छा से नहिं'—कर्जन ने फरमाया ॥"

बंग-भंग ने स्वदेशी आन्दोलन को उत्थित किया और सरकार की दमन नीति ने उसके विकास का अनुकूल वातावरण तैयार किया। स्वदेशी आन्दोलन के माध्यम से समग्र जातीय चेतना को अभिव्यक्ति मिली। भारतमित्र में 'स्वदेशी आन्दोलन' शीर्षक कविता प्रकाशित हुई थी जो इस प्रकार है :—

"देख देश को अपने ख्वार, बंगनिवासी उठे पुकार।
आँगन में दीवार बनाई, अलग किये भाई से भाई।
भाई से किये भाई दूर, बिना बिचारे बिना कुसूर।
आओ एक प्रतिज्ञा करें, एक साथ सब जीवें मरें।
चाहे बंग होय सौ भाग, पर न छुटे अपना अनुराग।
भोग विलास सभी को छोड़, बाबूपन से मुँह लो मोड़।
छोड़ो सभी विदेशी माल, अपने घर का करो खयाल।
अपनी चीजें आप बनाओ, उनसे अपना अंग सजाओ।
भजो बंग माता का नाम, जिससे भला होय अंजाम।"

इस प्रकार हम देखते हैं कि भारतमित्र युग-धर्म और जातीय चेतना के प्रति पूर्ण सचेत था। कहना न होगा कि राजनीति ही उस समय का युग-धर्म था और हिन्दी समाज का राजनीतिक संस्कार उन्नत करने में भारतमित्र ने महत्त्वपूर्ण कार्य किया। भारत मित्र-सम्पादक बाबू बालमुकुन्द गुप्त के जातीय अवदान की चर्चा करते हुए पण्डित श्रीराम शर्मा ने लिखा है कि "लार्ड कर्ज़न के नाम जो चिट्ठे लिखे हैं, उनका स्थान पत्र-लेखन कला और राजनीतिक पत्रों में बहुत ऊँचा है। हिन्दी पत्रकारिता उनसे गौरवान्वित होती है। कितनों में साहस था उन दिनों जो लार्ड कर्ज़न की आलोचना उस प्रकार कर सकते?"

'भारतमित्र' का जातीय अवदान

निःसन्देह 'भारतमित्र' राजनीति-प्रधान पत्र था, किन्तु गुप्त जी ने उसे एकांगिता से बचाया और स्वयं भाषा, साहित्य, व्याकरण, साहित्यिक संस्मरण, धर्म इत्यादि विषयों पर लेख लिखकर भारतमित्र में प्रकाशित किया और उसे एक पूर्णता दी। एक बार 'आर्यावर्त' ने भारतमित्र के नाम और उद्देश्य में असंगति दिखलाते हुए ग़लत आरोप लगाया था जिसके उत्तर में बाबू बालमुकुन्द गुप्त ने एक लम्बी

कैफ़ियत दी थी–भारतमित्र भारतवर्ष का कागज है। भारतवर्ष हिन्दुओं का देश है। हिन्दुओं की इसमें प्रधानता है। हिन्दुओं ने भारतमित्र को जन्म दिया है। जिन लोगों ने इसे चलाया है, वह हिन्दू हैं और जो लिखते हैं, वह भी हिन्दू हैं, इसी से भारतमित्र हिन्दुओं का तरफदार है और वह तरफदारी किसी मज़हब वाले से लड़ाई कर के नहीं, दूसरे मजहब को अपने मजहब में मिलाने के लिए नहीं, केवल हिन्दुओं की मुल्की, माली और राजनीतिक तरफदारी है।'...हिन्दुस्तान में ही 'पायनीयर' और 'इंगलिशमैन' आदि पत्रों को देखिये–वह अगरेज जाति के किस प्रकार तरफदार हैं। पोलिटिकल रीति से जो कुछ तरफदारी स्वजाति की करनी चाहिये सो वह करते हैं। कहिये हम उनको किस बात में क्या दोष दे सकते हैं? स्वजाति प्रेम, स्वदेशानुराग मनुष्य का धर्म है। हम एक बात अपने सहयोगी 'आर्यावर्त' से कहते हैं। वह यह है कि यदि आपके भी कोई धर्म हो और उस धर्म में कुछ भी श्रद्धा भक्ति की बात हो तो उसका पालन कीजिए, उसकी तरफदारी कीजिए हम उसकी प्रशंसा करेंगे और हमारे लिये भी आशीर्वाद कीजिए कि हम अपने धर्म में सदा पक्के रहें। इस तरह की लिखा-पढ़ी और कहा-सुनी प्रायः भारतमित्र के माध्यम से होती रही। इसी पत्र के माध्यम से 'अनस्थिरता' शब्द को लेकर व्याकरण सम्बन्धी विवाद हुआ था जिसमें एक ओर आचार्य पं. महावीर प्रसाद द्विवेदी और दूसरी ओर भारतमित्र-सम्पादक बाबू बालमुकुन्द गुप्त। भारतमित्र ने लिपि के प्रश्न को भी बड़े वैचारिक ढंग से उठाया था, और भारतवर्ष की सामान्य लिपि के रूप में देवनागरी लिपि की प्रतिष्ठा के आकांक्षी और उद्योगी जस्टिस सारदाचरण मित्र के महत् उपक्रम की बालमुकुन्द गुप्त ने प्रशंसा की थी। इस सम्बन्ध में गुप्त जी ने अलग से भी हिन्दुस्तान में 'एक रस्मुलखत' शीर्षक से 'ज़माना' के अप्रैल-मई 1907 ई. के अंक में एक बड़ा लेख लिखा था। दिवंगत साहित्यकारों का श्राद्ध-अनुष्ठान भी भारतमित्र के ही माध्यम से सम्पन्न हुआ था। अपने समकालीन अनेक देशी-विदेशी हिन्दी के उन्नायकों और हिन्दी-हित-चिन्तकों के बारे में भारतमित्र-सम्पादक बाबू बालमुकुन्द गुप्त ने लेख लिखे थे जो 'बालमुकुन्द गुप्त निबन्धावली' में संकलित हैं। ये निबन्ध इस बात के प्रमाण हैं कि हिन्दी का उन्नायक पत्रकार अपने दायित्व के प्रति कितना सचेत था। भारतमित्र में सन् 1905 में उर्दू अख़बारों का इतिहास और 1906 ई. में हिन्दी संवादपत्रों का इतिहास प्रकाशित हुआ था। दोनों के लेखक भारतमित्र-सम्पादक बाबू बालमुकुन्द गुप्त ही थे जो हिन्दी के साथ ही उर्दू के भी पत्रकार रह चुके थे और जिनका उर्दू और हिन्दी भाषा पर समान अधिकार था। वस्तुतः संवादपत्रों का इतिहास-प्रकाशन 'भारतमित्र' का एक महत्त्वपूर्ण साहित्यिक अवदान है।

इसी प्रकार 'भारतमित्र' के माध्यम से भाषा और व्याकरण सम्बन्धी जो विवाद

शुरू हुआ था उसका भी ऐतिहासिक महत्त्व है। यद्यपि इस वाद-विवाद में व्यक्तिगत आक्रोश भी दिखाई पड़ता है और एक-दूसरे ने एक-दूसरे के व्यक्तित्व पर भी आक्रमण किये, किन्तु इस संघर्ष की सबसे बड़ी उपलब्धि यह है कि व्याकरण-व्यवस्था को नया आयाम मिला जो समृद्धिसूचक है।

आचार्य महावीरप्रसाद द्विवेदी और 'भारतमित्र'-सम्पादक बालमुकुन्द गुप्त का व्याकरण सम्बन्धी संघर्ष

'अनस्थिरता' शब्द को लेकर द्विवेदी जी और गुप्त जी में जो वादविवाद हुआ वह हिन्दी साहित्य का ऐतिहासिक वादविवाद है, जिसकी शुरुआत द्विवेदी के 'भाषा और व्याकरण' शीर्षक उस लेख से हुई जो सरस्वती के 11 नवम्बर 1905 ई. के अंक में प्रकाशित हुआ था। इस लेख में द्विवेदी जी ने भारतेन्दु तथा भारतेन्दु-मण्डल के अनेक लेखकों की भाषा की अशुद्धियाँ दिखायीं। द्विवेदी जी का यह उपक्रम कुछ लोगों को बिलकुल पसन्द नहीं आया। बालमुकुन्द गुप्त ने आत्माराम के नाम से भारतमित्र में कई लेख लिखकर द्विवेदी जी का विरोध किया। गुप्त जी के इस विरोध ने ही इस वादविवाद को जन्म दिया। भाषा सम्बन्धी जो शंका और प्रश्न गुप्त जी ने उठाये उससे द्विवेदी जी के भक्त चिढ़ गये। पं. गोविन्दनारायण मिश्र ने 'आत्माराम की टें टें' शीर्षक निबन्ध हिन्दी बंगवासी में प्रकाशित कराये और गुप्तजी के वर्ण-वंश तक पर आक्रमण कर दिया। द्विवेदी जी हिन्दी बंगवासी की टिप्पणी से अत्यन्त प्रीत हुए थे और स्वयं उसी अन्दाज़ में 'कल्लू अल्हइत' के नाम से 'सरगौ नरक ठिकानो नाहिं' शीर्षक आल्हा सरस्वती में प्रकाशित किया था जिसमें द्विवेदी जी का क्षोभ मुखर है। द्विवेदी जी के मत से "उत्तर समालोचनाओं का दिया जाता है, प्रलापों का नहीं जिसे जुबाँदानी, कवायददानी और जुबाँदानी की सोहबत से मिले हुए ज्ञानीपन का त्रिदोष ज्वर चढ़ा हुआ है, उसकी कल्पनाओं का उत्तर ही क्या? कुत्सापूर्ण-निस्सार बर्राने का भी क्या कोई उत्तर होता है।" गुप्त जी के समर्थकों में कई पण्डित थे जिनमें पं. चन्द्रधर शर्मा गुलेरी, पं. माधवप्रसाद मिश्र तथा पं. जगन्नाथ प्रसाद चतुर्वेदी प्रमुख हैं। द्विवेदी जी के जवाब में चतुर्वेदी जी ने लिखा था कि "यदि कोई दूसरा विद्वान् आपके निर्दिष्ट पथ का अनुसरण करता हुआ आपके लेख की और प्रसंगतः प्राचीन आलंकारिकों की उक्तियों की समालोचना करे, तो आपको चिढ़ जाना उचित नहीं है।" पं. माधवप्रसाद मिश्र ने लिखा था कि "सत्य को स्वीकार करने में जिन्हें इतना संकोच हो, न्याय के लिए दुहाई देना उनका काम नहीं है।" पं. गिरिधर शर्मा चतुर्वेदी ने गुप्त जी का पक्षसमर्थन करते हुए द्विवेदी जी को लक्ष्य कर लिखा था—**"अनस्थिरता आदि के कोलाहल से यह निश्चित हो चुका है कि हिन्दी साहित्य में आपके 'जी हजूर', 'जो आज्ञा' वाले भक्तों**

की कमी नहीं है। उनके समाज में आप जो फरमावें, वह बावन तोला पाव रत्ती ही माना जाएगा। जिसकी चाहें प्रतिष्ठा और जिसकी चाहें अप्रतिष्ठा आपके ही हाथ में तो रह गया है।" अस्तु! इस वाद-विवाद में भाग लेनेवाले पत्रों में सरस्वती, भारतमित्र, हिन्दी बंगवासी, समालोचक और वैश्योपकारक प्रमुख थे। इस वाद-विवाद से भाषा और व्याकरण को तो एक नयी व्यवस्था मिली ही साथ ही यह संघर्ष उस युग की साहित्यिक जागृति और तेजस्वी पत्रकारिता को भी द्योतित करता है। उस युग के पत्रकार औचित्य के आग्रही थे और उन्हें अपने दायित्व का ज्ञान था, इसके प्रति वे सदैव सचेत रहते थे। भाषा और व्याकरण का विवाद जब व्यक्तिगत भूमिका पर पहुँचा और एक-दूसरे के जाति-वर्ण पर आक्षेप करने लगे तो उस समय के प्रायः सभी मान्य विद्वानों ने इसका विरोध किया था। वे सभी विद्वान् प्रायः पत्रकार थे या फिर पत्रों के माध्यम से ही उन्होंने अपनी बात कही थी। स्मरणीय है कि उनमें पूर्वग्रह और पक्षपात का रोग नहीं था। गुप्त जी के विरोध का उत्तर देते हुए पं. गोविन्दनारायण मिश्र ने गुप्त जी के जाति-कुल-शील तक का स्मरण किया था। इस अनौचित्य का उत्तर देनेवाले पण्डितों में अधिकांश ब्राह्मण थे और जिनके मन में आचार्य श्री द्विवेदी जी के व्यक्तित्व के प्रति भी अपेक्षित श्रद्धा और स्नेह था। स्पष्ट है कि यह व्यक्तिगत और जातिगत लड़ाई नहीं थी, भाषा और व्याकरण का विवाद था जो उस युग के पत्रों के माध्यम से सम्पन्न हुआ था और जिसका ऐतिहासिक महत्त्व है। इस तरह के अनेक ऐतिहासिक महत्त्व के कार्यों का श्रेय 'भारतमित्र' को है।

पण्डित अम्बिकाप्रसाद वाजपेयी ने लिखा है कि "पहले सम्पादक अध्ययनशील होते थे और अपने पाठकों को अधिक-से-अधिक जानकारी देने का यत्न करते थे। भाषा शुद्ध और मुहावरेदार लिखते थे। 1910 ई. तक भाषाविषयक विवाद भी पत्रों में दिखने लगे। इन विवादों से पाठकों की संख्या भी बढ़ती थी और पाठकों की जानकारी भी।"

बीसवीं शताब्दी के आरम्भिक वर्षों के अन्य हिन्दी पत्र

'हितवार्ता' सन् 1903 में प्रकाशित हुई थी जिसकी चर्चा करते हुए अपने इतिहास में पं. अम्बिकाप्रसाद वाजपेयी ने लिखा है कि इस वर्ष की पत्र-पत्रिकाओं में 'हितवार्ता' नामी हुई। यह पत्रिका बंगाल के प्रसिद्ध साप्ताहिक पत्र 'हितवार्ता' के सम्पादक पं. कालीप्रसन्न काव्य-विशारद ने हिन्दी में निकाली थी। इसके आदि सम्पादक डॉ. प्राणतोष दत्त थे अथवा पं. रुद्रदत्त शर्मा थे यह अनिर्णीत है, पर इसमें सन्देह नहीं कि रुद्रदत्त जी इसके सम्पादक नहीं थे। इसके बाद कुछ समय तक श्री पं. जगन्नाथप्रसाद चतुर्वेदी रहे। सन् 1907 ई. में हितवादी के सम्पादक सखाराम

गणेश देउस्कर के कारण पं. बाबूराम विष्णु हितवार्ता के सम्पादक हुए।[1] पं. उमापति शर्मा और पं. अम्बिकाप्रसाद वाजपेयी भी इस पत्र में लिखा करते थे। दुर्भाग्यवश इस पत्र के अंक उपलब्ध नहीं हैं, इसलिए सम्यक् विवेचना सम्भव नहीं है। प्रामाणिक सूचनाओं के आधार पर इतना कहा जा सकता है कि यह पत्र राजनीतिक था।

सारस्वत सर्वस्व

सन् 1903 ई. में ही पं. गोविन्दनारायण मिश्र के सम्पादकत्व में सारस्वत सर्वस्व नाम का मासिक पत्र प्रकाशित हुआ था। किन्तु इस सम्बन्ध में कुछ भी कहना इसलिए कठिन है क्योंकि न तो कोई सूचना है और न तो इसका कोई अंक ही उपलब्ध है। इसी नाम की एक पुस्तक भी मिश्र जी ने लिखी थी जिसमें सारस्वत ब्राह्मणों के गोत्र-वंश का विवरण है। यह पुस्तक कलकत्ता के बड़ा बाज़ार पुस्तकालय में है जिसे लेखक ने पं. केशवप्रसाद मिश्र की स्मृति में पुस्तकालय को भेंट की थी।

वैश्योपकारक

सन् 1904 ई. में शिवचन्द्र जी भरतिया के सम्पादकत्व में कलकत्ता के राम प्रेस की ओर से मासिक वैश्योपकारक प्रकाशित हुआ था जिसके संचालक थे रामलाल नेमाणी। इस पत्र के प्रथम अंक में प्रकाशित 'आत्म-परिचय' शीर्षक लेख में 'वैश्योपकारक' का पूरा परिचय दिया गया है। इसके आविर्भाव की चर्चा इस प्रकार है : "अजमेर में जब अग्रवाल सभा का जन्म हुआ तो उसके उद्योग से 'अग्रवाल उपकारक' नाम के एक मासिक पत्र ने भी जन्म लिया था। आरम्भ में वह हिन्दी और उर्दू दोनों भाषाओं में निकलता रहा, परन्तु पीछे ख़ाली हिन्दी की ही उसने शरण ली। इधर 'वैश्यहितकारी' के नाम से एक उर्दू पत्र भी महासभा की ओर से मेरठ से निकला। इसने तो कुछ उन्नति भी की परन्तु अपने आयु के 16

---

1. इस सम्बन्ध में पराड़कर जी की जीवनी 'पराड़कर जी और पत्रकारिता' में इस प्रकार चर्चा है, "हिन्दी बंगवासी से पृथक् होने पर सन् 1906 में ही पराड़कर जी को साप्ताहिक 'हितवार्ता' के सम्पादक पद पर आमन्त्रित किया गया। हितवादी बँगला के सम्पादक श्री सखाराम गणेश देउस्कर थे। उन्हीं की प्रेरणा से हिन्दी 'हितवार्ता' का प्रकाशन आरम्भ हुआ। 'हिन्दी बंगवासी' में सहायक सम्पादक के पद पर पराड़कर जी को पच्चीस रुपये मासिक वेतन मिलता था। 'हितवार्ता' में सम्पादक के पद पर अब उनकी नियुक्ति चालीस रुपये मासिक वेतन पर हुई। 'हितवार्ता' के सम्पादन के साथ ही बंगाल नेशनल कॉलेज में अध्यापन-कार्य भी चलता रहा। 'हितवार्ता' को आपने राजनीतिक प्रधान पत्र बनाया। इसमें गम्भीर राजनीति विषयक लेख प्रकाशित होते थे। उस समय के हिन्दी पत्रों की परम्परा में यह सर्वथा नवीन प्रयोग था। आपने 1907 में इस पत्र का भार सँभाला और लगभग चार वर्षों तक इसका सम्पादन किया।" —पराड़कर जी और पत्रकारिता : पृ. 30

वर्ष व्यतीत कर देने पर भी 'उपकारक' की यथेष्ट उन्नति नहीं हुई। जान पड़ता है यह मातृ भाषा 'हिन्दी' में पत्र प्रकाश करने का महाप्रसाद है। न तो उसकी कुछ ग्राहक संख्या ही बढ़ी और न जाति-हितैषियों का उसकी ओर कुछ विशेष लक्ष्य ही हुआ। हमारे अजमेर जाने पर उक्त पत्र के सुयोग्य सम्पादक लाला रामचन्द्र जी से इस विषय की चर्चा चली तो कहा कि इस पत्र का नाम और स्थान परिवर्तन कर इसे नये ढंग से सम्पादित किया जाय तो कैसा? उत्तर मिला कि बहुत उत्तम। इधर कलकत्ता आने पर राम प्रेस के स्वामी श्रीयुक्त बाबू रामलाल जी नेमाणी से वैश्य जाति के लिए एक सर्वांग सुन्दर मासिक पत्र निकालने के लिए कहा गया तो उन्होंने सहर्ष स्वीकार किया। तब निश्चय हुआ कि अजमेर का 'अग्रवाल उपकारक' भी इस पत्र में मिला दिया जाए। लाला रामचन्द्र जी को लिखा गया तो उन्होंने सभा की ओर से उसका सब स्वत्व इस 'वैश्योपकारक' को दे दिया जिसके लिए हम कृतज्ञतापूर्वक उक्त महोदय को धन्यवाद करते हैं। अब यह 'वैश्योपकारक' अपने बड़े भाई के साथ–(साथ नहीं उसकी स्नेहभरी गोद में बैठकर) प्रति मास आया करेगा।"

उद्देश्य

इसी वक्तव्य में 'वैश्योपकारक' के उद्देश्य की भी चर्चा की गयी है, **"वैश्य जाति का उचित महत्त्व दिखलाना, वैश्यों के कर्तव्य का प्रकाश कर उनकी भलाई करना, यह तो इसकी आन्तरिक इच्छा है ही, परन्तु सामान्यतः अन्य सभी वर्णों की यथासमय सेवा करने से यह पीछे भी न हटेगा। इसमें धर्म्म, नीति, समाज आदि सब विषयों पर लेख लिखे जाएँगे परन्तु सम्प्रदाय विशेष और व्यक्ति विशेष पर अनुचित कटाक्ष न होगा। अपने वैश्य बन्धुओं का सहायक और उन्नायक होने पर भी यह पत्र उनके दुराचारों का पक्षपाती न होगा। इसका मुख्य उद्देश्य समाज का सुधार करना है जिसके लिए यह प्राणपण से चेष्टा करेगा।**

"वेद प्रसिद्ध वैश्य जाति कृषि, गोरक्षा और वाणिज्य रूप अपने शास्त्रोक्त एवं युक्तियुक्त धर्म्म को छोड़कर इधर-उधर मन ललचाती है। वह धनाढ्य होने पर भी कुछ ऐसे लक्षण दिखा रही है जो उसके भविष्य को चिन्तायुक्त कर रहे हैं। पुराने उत्तम गुणों का विजर्सन हो रहा है और नये दुर्गुणों का उनकी जगह अधिकार हो रहा है। यह 'वैश्योपकारक' इस बात की चेष्टा करेगा जिसमें ऐसा न हो सके।"

'वैश्योपकारक' के संकल्प की भी इसी लेख में इस प्रकार विज्ञप्ति दी गयी है–**"चाहे जैसा हो, धनाढ्य लोग हमारी ओर घृणा ही से क्यों न देखें, पर हम उनके हित की ही कहेंगे। किसी धनाढ्य सेठ की झूठी खुशामद कर**

आकार बढ़ाने की अपेक्षा, हम इसी स्वरूप में रहना उचित समझेंगे। अपने वंश इष्टदेव 'गो ब्राह्मण' की सेवा के लिए सर्वदा सन्नद्ध रहेंगे। इसके लिए किसी भी टेढ़ी भ्रकुटी का वा नयी शिक्षा की परवाह न होगी।

"इसकी भाषा सरल हिन्दी रहेगी परन्तु कुछ पन्ने मारवाड़ी भाषा के भी दिये जावेंगे कारण अभी मारवाड़ी समाज बिल्कुल विद्या-विमुख है, और विशुद्ध भाषा की पुस्तकें बाँचने सुनने में निरुत्साह है, अतः उसके लिए इसकी आवश्यकता समझी गयी है।"

ऊपर के सम्पादकीय उद्धरणों से स्पष्ट है कि 'वैश्योपकारक' का एकान्त उद्देश्य था वैश्य जाति में व्याप्त कुरीति और कलुष का प्रक्षालन। पुराने मानव-मूल्यों में इसकी आस्था थी और पुरातन जातीय वैशिष्ट्य का आग्रह इतना प्रबल था कि ब्राह्मण और गौ के प्रति अकुण्ठित भक्ति थी। कदाचित् इसी पुरातन-प्रियता के कारण यह पत्र, कम-से-कम इसके आरम्भिक अंक, नयी रोशनी से कुछ दूर प्रतीत होते हैं। नये सामाजिक परिवर्तनों को स्वीकारने की बात तो दूर रहे उसके प्रति एक हद तक यह असहिष्णु भी था। प्रथम वर्ष के तीसरे अंक के 'मासिक-समाचार' के अन्तर्गत एक समाचार प्रकाशित हुआ था जो इस प्रकार है :

"हम अपने एक प्रतिष्ठित मित्र से यह सुनकर बड़े प्रसन्न हुए हैं कि वैश्य महासभा के जनरल सेक्रेटरी राय बहादुर लाला बैजनाथ साहब ने विधवा विवाह का पक्ष परित्याग कर दिया है। हमारे विचार में उन्होंने ऐसा करके योग्यता ही का परिचय दिया है। जो पुरुष अपने समाज का अग्रसर हो उसको ऐसे कार्य्य में कदापि हाथ न डालना चाहिये जिससे समाज की क्षति हो और धार्मिक हिन्दु भाइयों के चित्त को वेदना पहुँचे।"

विधवा विवाह के विरोध का एकमात्र कारण धार्मिक आग्रह ही नहीं है बल्कि इससे सम्पादक की अविकसित चेतना की भी विज्ञप्ति मिलती है। यह एक असंगत बात है कि जिसका उद्देश्य ही सामाजिक कुरीतियों का परिमार्जन करना हो वह विधवा विवाह में सामाजिक अनौचित्य देखे। अस्तु, पत्रकार का बहुत बड़ा दायित्व होता है युग चेतना को समझना और उसका साथ देना, उसे नयी दिशा देना। हमने 'वैश्योपकारक'-सम्पादक की अपर्याप्त विकसित चेतना की बात कही। इसे ज़रा और साफ़ करने के लिए हम दो-एक और उदाहरण देना उचित समझते हैं। वर्ष 1 अंक 2 के मासिक समाचार के अन्तर्गत एक समाचार प्रकाशित हुआ था, **"श्रीमान् बड़े लाट कर्जन महोदय बड़ी प्रसन्नता से विलायत को सिधारे। आपके शासन के विषय में किसका कुछ भी अभिप्राय हो परन्तु हम हार्दिक भाव से श्रीमानों के पुनरागमन की इच्छा करके कहते हैं कि आपके शासन काल में अकाल समय प्रजा के प्राण बचे हैं। यूरोपियनों के अत्याचार से हमको छुड़ाने की चेष्टा हुई है। अन्त में प्लेग के अत्याचार से हमारा रक्षण किया गया है।**

ऐसे कितने ही अच्छे काम हुए हैं। चिरस्मरणीय, अतुलनीय और प्रशंसनीय दिल्ली दरबार करके आपने दिग्विजय किया है। लवणकर और इन्कमटेक्स कम करके गरीब प्रजा का आशीर्वाद लिया है। हम भारतवासी सदा के राजभक्त हैं। थोड़े से ही उपकार में अनेक अपकारों को भूल जानेवाले हैं और समय पर भारतवासी अपकार का भी बदला उपकार ही करते हैं।"

जातीय स्वर

इतिहास का साक्ष्य है कि लार्ड कर्ज़न के हृदय में भारत-हित-कामना का एक कण भी न था और भारतवासियों को उसने बहुविध पीड़ित किया था। उसके कुकृत्यों की कहानी 'भारतमित्र' के शब्द-शब्द में भरी है जिसकी चर्चा अभी हमने की है। हमने यह भी देखा है कि लार्ड कर्ज़न के अनेक कुकृत्यों के साथ ही दिल्ली दरबार के अनौचित्य का भी भारतमित्र-सम्पादक बाबू बालमुकुन्द गुप्त ने बड़े साहस और तेजस्विता के साथ पर्दाफ़ाश किया था। वैश्योपकारक की दृष्टि से लार्ड कर्ज़न के सारे कुकृत्य भारत-हित-कामना से प्रेरित थे जिन्हें वह पुनीत उपक्रम मानता था और उसकी प्रशंसा करता था। इस प्रसंग में केवल इतना ही कहा जा सकता है कि नीयत साफ़ होते हुए भी जब कोई अनुचित-उचित का विचार न कर सके और बिना समझे ही अनौचित्य का समर्थन करने लगे तो निश्चित रूप से उसके बौद्धिक धरातल पर सन्देह होने लगता है। यहाँ निवेदन करूँ कि हमारी इस धारणा का आधार वैश्योपकारक के कुछ आरम्भिक अंक ही हैं। बाद के अंकों में इसका स्वर बिल्कुल बदल गया। जिस लार्ड कर्ज़न की स्तुति कर उनके पुनरागमन की कामना की गयी थी उन्हीं के सम्बन्ध में वर्ष 2, अंक 9 में एक कविता प्रकाशित हुई है जिसकी ध्वनि सर्वथा भिन्न है। उक्त कविता की कुछ पंक्तियाँ द्रष्टव्य हैं—

लार्ड कर्ज़न की विदाई

करजन दरजन दिन रहे समय नियराया।
अब पीछा छोड़हु नाथ बहुत कलपाया।
क्या करहि पहुनई जाती बार न बरियो।
जैसी दीन्हों सुख हमें नाथ तस करियो।
हम हैं अजान गुण औगुण हिये न धरियो।
अरु इत आवन को कष्ट फेरि जनि करियो।
झट कढ़हु बढ़हु क्या डरहु दूसरा आया।
अब पीछा छोड़हु नाथ बहुत कलपाया ॥1॥
साँची पूछो तुम जिस दिन भारत आये।
लखि तरुन अवस्था लोग बहुत घभराये।

जब सुने मधुर प्रिय बोल अधिक सुख छाये।
सब कियो बहुत गुणगान लाट कल पाये।
कछु दिन ही में तुम अद्‌भुत रूप दिखाया।
अब पीछा छोड़हु नाथ बहुत कलपाया ॥2॥

....

है लाट बाट किसकी क्या देर बताओ।
यह बोट खड़ा तैयार कूद चढ़ जाओ।
क्या कहैं और जैसा दिये तैसा पाओ।
लो गुडबाई राम सलाम जहाज बढ़ाओ।
प्रभु गुणकर गान यह रामदीन दिन गाया।
अब पीछा छोड़हु नाथ बहुत कलपाया ॥20॥

कहना न होगा कि इन पंक्तियों से लार्ड कर्ज़न के शासन से त्राण पाने की आतुरता प्रकट होती है जो भारतवासियों की सामान्य पीड़ा से सम्पृक्त है। वैश्योपकारक का यह परिवर्तित स्वर है जो जातीय चेतना के अधिक निकट है।

इस अध्याय के आरम्भ में ही हमने निवेदन किया है कि रूस पर जापान की विजय ने पूरे एशिया में नयी जागृति उत्पन्न कर दी थी। वैश्योपकारक के प्रथम वर्ष की नौवीं संख्या में राधाकृष्ण मिश्र की एक कविता प्रकाशित हुई है–'जापान के प्रति भारतभूमि'। इसकी आरम्भिक चार पंक्तियाँ द्रष्टव्य हैं :–

"हे धर्म्मपुत्र! सुखकारक सुप्रजा के।
आनन्दवर्द्धन! बृहद बल एसिया के।
प्रख्यात् रूस बल दर्प विनाशकारी!
जापान! हो, जय सदा रण में तुम्हारी ॥"

लोकमान्य तिलक की महत् प्रेरणा से महाराष्ट्र में शिवाजी जयन्ती के साथ महोत्सव होता था जो प्रकारान्तर से नयी जातीय चेतना को एक नया आलोक देता था। महाराष्ट्र के प्रभाव के परिणामस्वरूप बंगाल में भी शिवाजी महोत्सव का आयोजन शुरू हुआ था। इस सम्बन्ध में वैश्योपकारक के प्रथम वर्ष, अंक 6 में एक समाचार प्रकाशित हुआ था जो इस प्रकार है :–

"शिवाजी का उत्सव–महाराष्ट्र वीर शिवाजी का जन्मोत्सव तीन साल से यहाँ होता है। इस वर्ष का उत्सव गत शुक्रवार को बड़ी धूमधाम से टौनहाल में हुआ। आनरेबल बाबू सुरेन्द्रनाथ बनर्जी ने सभापति का आसन ग्रहण किया था। और कई नामी वक्ताओं के व्याख्यान हुए थे। संस्कृत, हिन्दी, बँगला आदि में कविताएँ पढ़ी गयी थीं और 'वन्देमातरम्' का जातीय गीत गाया गया था। टौनहाल में भीड़ इतनी थी कि सहस्रों मनुष्यों को स्थानाभाव से लौटना पड़ा परन्तु शान्ति

यहाँ तक थी कि चुपचाप वक्ता की बात को सब लोग ध्यान से सुनते थे। यह सब हमारे उद्योग परायण मित्र महाराष्ट्र ब्राह्मण कुमार पण्डित सखाराम गणेश देउस्कर महाशय के परिश्रम का फल है। इस उत्सव में उक्त महाशय की 'शिवाजी दीक्षा' नामक पुस्तक की दश हजार प्रतियाँ वितरण की गयी थीं।"

अंक 7 में **'छत्रपति श्री शिवाजी महाराज!'** शीर्षक राधाकृष्ण मिश्र की कविता प्रकाशित हुई है जिसमें हिन्दुत्व के रक्षक और जातीय नेता के रूप में शिवाजी के वीरत्व की स्तुति की गयी है :–

"साहू सुत शिवराज, छत्रपति!
जो तुम नहिं लेते अवतार
आर्य्यवंश की विजय पताका
नहिं उड़ती फिर किसी प्रकार?"

इस प्रकार की कविताएँ पं. राधाकृष्ण मिश्र प्रायः लिखा करते थे जिसके लिए उन्हें वैश्योपकारक की ओर से एक पदक देने का प्रस्ताव उनके सामने रखा गया था जिसे उन्होंने अस्वीकार कर दिया था।

स्वदेशी आन्दोलन और वैश्योपकारक

स्वदेशी आन्दोलन से 'वैश्योपकारक' उदासीन नहीं था, परवर्ती अंकों में प्रकाशित सामग्री को देखने से इसकी अभिज्ञता होती है। वर्ष दो अंक 12 में प्रकाशित 'स्वदेशी आन्दोलन' शीर्षक लेख की कुछ पंक्तियाँ द्रष्टव्य हैं :–

"यह सच है कि बंगालियों के साथ प्रत्यक्ष में हम लोगों का अभी सम्बन्ध दिखलाई नहीं देता, पर भीतर ही भीतर जो प्रेम भाव आपसे आप हो रहा है, वह निरपेक्ष और अनिवार्य है। चाहे कभी सुरेन्द्रनाथ और विपिनचन्द्र पाल की अग्निमयी वक्तृता का निर्माण हो जाए और चाहे पत्रिका और हितवादी की सुतीव्र लेखनी कोमलता ग्रहण कर ले, पर यह कभी सम्भव नहीं है कि इस प्रतिदिन वर्द्धमान भाव की गति कोई रोक सके। जब हम अपने अन्तःकरण से यह प्रश्न करते हैं कि क्यों अब हम लोगों को बंगाली इतने प्यारे लगने लगे तो उत्तर यही मिलता है कि उनके स्वदेश प्रेम स्वार्थ त्याग और निडरपन से बंगाल कौन्सल के मेम्बरों ने निडरता के साथ जैसे मर्मस्पर्शी शब्द कहे थे वैसे कोई स्वार्थी पुरुष नहीं कह सकता। अपनी मातृभूमि के शोक में उन्मत्त होकर उन्होंने जो-जो अनुष्ठान किये हम लोगों के लिये वे नये होने पर भी प्यारे हैं।"

इसी विषय पर 'सुदर्शन'-सम्पादक पं. माधव प्रसाद मिश्र का 'बुराई में भलाई' शीर्षक लेख 'वैश्योपकारक' के वर्ष 2, अंक 6 में प्रकाशित हुआ है। बंगविच्छेद को

लक्ष्य कर तेजस्वी लेखक ने लिखा है, "लार्ड कर्ज़न ने सोचा था कि अपने द्विरागमन से वे अपने प्रताप को दुचन्द करेंगे और बंगालियों ने आशंका की थी कि उनके पुनरागमन से बंगाल की भलाई नहीं है परन्तु फल विपरीत हो रहा है। तेजस्वी कर्ज़न यहाँ आकर अस्तोन्मुख दिवाकर की तरह निस्तेज हो गये और बंगविच्छेद के कार्य से बंगाली अलग-अलग होने के बदले एक हो गये।" इसे एक अभूतपूर्व ऐतिहासिक घटना मानते हुए लेखक ने कहा है कि **"इस देश में धर्म्म के नाम से चाहे जो हो सकता है किन्तु राजनीतिगत स्वार्थ को लेकर आन्दोलन और एकता होना एक नयी और विलक्षण बात है। जिस दिन लार्ड कर्जन ने विद्यार्थियों को उपदेश देने के मिष एशिया निवासियों को मिथ्यावादी और अनादर्श कहा था उसी दिन से इस आन्दोलन ने जोर पकड़ा है। बंगालियों की ध्वनि के साथ उसी दिन से सब प्रान्तों की प्रतिध्वनि होने लगी है। देखते हैं, धीरे-धीरे आन्दोलन का आकार बढ़ रहा है। कलकत्ते में प्रतिदिन इस विषय की सभा होती है और दूसरे प्रान्त एवं नगर भी इससे खाली नहीं हैं।"**

स्वदेशी आन्दोलन की परिणति और व्याप्ति की चर्चा करते हुए इसी लेख में कहा गया है कि "ऐसा बिरला दिन होता है जबकि बिलायती सिगरेट वा चुरट घृणा के साथ फेंके न जाते हों। बंगाली थियेटरों के पात्र अभिनय के समय इसी विषय पर दर्शकों का ध्यान खेंचते हैं और कई बंग रमणी इस विषय पर ललित कविता प्रकाशित कर पुरुषों के उत्साह को बढ़ा रही हैं।"

स्वदेशी आन्दोलन पर पं. माधव प्रसाद मिश्र ने 'स्वदेशी आन्दोलन' शीर्षक एक और लेख लिखा था जो 'माधव मिश्र निबन्ध-माला' में संकलित है। इस जातीय आन्दोलन के देशव्यापी प्रभाव की चर्चा करते हुए उन्होंने राजस्थान की एक घटना का उल्लेख किया है जो इस प्रकार है :–

"पिछले दिनों किसी कारणवश इस निबन्ध का लेखक उदयपुर गया था। मार्ग में मुझे वीरभूमि चित्तौड़ के दर्शन करने की लालसा हुई। जब मैं वहाँ के भग्नप्राय राजमन्दिरों का अवलोकन करने गया तब प्रसिद्ध राठौड़ वीर जयमल्ल के हृदयभेदी टूटे महल में तीन-चार चारण कवियों को बंगालियों की चर्चा करते देखा। उनके हाथ में बम्बई का प्रसिद्ध हिन्दी संवादपत्र 'श्रीवेंकटेश्वर समाचार' था। उसमें बरीसाल के लोगों के सताये जाने का करुण दृश्य था। उसी पर वे लोग कविता कर रहे थे। एक की कविता का आशय था कि **"बंगभूमि! कम्पित मत हो, कलंक गया, तेरी सन्तान का इतिवृत्त चित्तौड़ की वीर सन्तति के साथ लिखा जाएगा।"** दूसरे ने जो रचना की थी उसका आशय था कि **"यहाँ की अधिष्ठातृ देवी की भाँति बंगदेवी भी कह रही है कि 'मैं भूखी हूँ।' उसके लिए वीर और माननीय बालकों का प्रयोजन है, देखना इस बलिदान के समय विचलित न होना।"** इसी तरह तीसरे के काव्य का भी आशय विलक्षण था। उसका कहना था कि

"बरिसाल ! तेरे नाम से शत्रुओं को डरना चाहिए न कि दयालु राजा को। मुझसे दुःखित नगर धन्य हैं जो सत्कार्य्य के लिए सताये जाएँ।"

"यद्यपि मैं बंगाली नहीं था, पर तो भी भारतवर्ष की सर्व प्रधान वीर-भूमि में उनकी प्रशंसा सुनकर आनन्दित हुआ। स्वदेशी आन्दोलन की संक्रामक शक्ति ने बंगालियों को कहाँ तक बढ़ा दिया है, इस बात को प्रत्येक पर्यटक बता सकता है, जिसने अपने नेत्रों से बड़ी-बड़ी सभाओं में उनका आदर देखा हो। इस समय सब प्रान्तों के सुलेखक, सुवक्ता और सुकवियों की प्रतिभा का विषय बंगाल हो रहा है, बोध होता है, इस बात को समझाने की आवश्यकता नहीं।"[1]

इस लेख के उपसंहार की पंक्तियों में मारवाड़ी जाति से अनुरोध करते हुए कहा गया है कि "यदि इस समय मारवाड़ी भी इस बात का प्रचार अपने भाइयों में करें तो विलायती वस्तुओं का प्रवाह जो उनमें प्रबल रूप से चल रहा है बहुत कुछ रुक जाय। वैश्यों का यह धर्म भी है कि देशजात वस्तुओं की वे भरसक रक्षा करें।"

इन निबन्धों के अतिरिक्त 'वैश्योपकारक' में ऐसे अनेक समाचार प्रकाशित हुए थे जिनसे उस समय की देश-दशा और जातीय चेतना की सूचना मिलती है। साथ ही जातीय चेतना के प्रति वैश्योपकारक की अभिरुचि और उदारता का भी ज्ञान होता है और इस तथ्य की पुष्टि होती है कि हिन्दी पत्र जातीय चेतना के प्रति अतिशय सचेत थे और इस प्रकार देश तथा विशेषतः हिन्दी समाज के प्रति इन पत्रों ने अपने दायित्व का पूर्ण पालन किया। वैश्योपकारक में प्रकाशित कुछ विशिष्ट संवाद यहाँ उद्धृत किये जाते हैं :–

वर्ष 2, अंक 5, "बिलायत समाचार–**लाला लाजपतराय वकील, जाति के अग्रवाल, वैश्य काँग्रेस के मुखिया और पंजाब के एक नामी स्पीकर हैं। उनके भाषण और लेख में एक प्रकार की मस्ती है जिसके प्रत्येक अक्षर में हित भरा होता है। इस समय आप राजनीतिक आन्दोलन के लिए पंजाब की ओर से विलायत पधारे हैं। ईश्वर आपको सफल मनोरथ करें। यद्यपि हम अन्धाधुन्ध विलायत यात्रा के पक्षपाती नहीं हैं, परन्तु किसी बड़े उद्देश्य की सिद्धि के लिये व्यक्ति विशेष के जाने को हम अनुचित नहीं समझते। बहुत से भ्रष्टाचारी यहाँ भी विलायत के कान काटते हैं और विलायत में जाने पर भी स्वामी रामतीर्थ जैसे सत्पुरुषों की कुछ हानि नहीं हुई वरंच उनके गमन से दूसरों का उपकार हुआ।"**

वर्ष 2, अंक 10, "वन्देमातरम् की शक्ति–**बरीसाल के सतानेवाली गोरखी पलटन ढाके में गयी है। उन्हीं में दो गोरखे हैं जो व्याकुल पड़े थे 'वन्दे**

---

1. माधव मिश्र-निबन्ध-माला, पंचम खण्ड, पृ. 11।

मातरम्' की मण्डलीवाले लड़के उपस्थित हो समझाया कि तुम 'वन्दे मातरम्' इस मन्त्र का जप करो। संकट दूर होगा। परन्तु उन अभागियों ने न माना। और जब बेमार हुए तब 'वन्देमातरम्' को जपा बस, झटपट आरोग्य लाभ किया। इससे गोरखे भी क्रोध छोड़ इस मन्त्र के प्रेमी बन बैठे। धन्य विधाता।"...

"स्वदेशी चीनी पर प्रेम—प्रायः आजकल मोंरस चीनी से हिन्दू सन्तान का चित्त हट स्वदेशी चीनी की तरफ चला है। इसकी विशेषता देश-देशान्तर में फैली जा रही है।"

"देशी दियासलाई—सुनने में आया है कि अहमदाबाद में सलाइयों के बनने का एक कार्य्यालय खोला गया है। हमको यह जानकर अति प्रसन्नता हुई है कि उक्त कार्यालय की सलाइयाँ विदेशी सलाइयों से किसी अंश में न्यून नहीं होती हैं। सहायता के अभाव से भारत के लोग शिल्पादि शिक्षा में कुछ नहीं कर सकते हैं, यदि उन्हें पर्याप्त सहायता दी जावे तो क्या इस में अथवा किसी विषय में भारत की प्रतिद्वन्द्विता कोई कर सकता है। हर्ष का विषय है कि अब दिनों-दिन शिल्प शिक्षा की ओर लोगों की प्रवृत्ति हो रही है।"

यहाँ तक हमने 'वैश्योपकारक' को युगीन चेतना के आलोक में रखकर उसकी अभाव उपलब्धियों की चर्चा की। स्मरणीय है कि इसके उद्देश्य का उल्लेख करते हुए आरम्भ में ही कहा गया है कि "अपने वैश्यबन्धुओं का सहायक और उन्नायक होने पर भी यह पत्र उनके दुराचारों का पक्षपाती न होगा। इसका मुख्य उद्देश्य समाज का सुधार करना है जिसके लिए यह प्राणपण से चेष्टा करेगा।" इस दृष्टि से विचार करने पर ज्ञात होता है कि अपने दायित्व के प्रति यह पत्र पूर्ण सजग था और इसे अपने महत् उद्देश्य में पूरी सफलता मिली है।

वैश्योपकारक और सामाजिक सुधार

वर्ष 1, अंक 4 में 'जाति सुधार' शीर्षक रामचन्द्र गुप्त की एक अपील प्रकाशित हुई थी। वैश्य जाति को कुसंस्कार और जड़ता से मुक्ति दिलाने की कामना इस लेख की मूल विशेषता है। अपनी रूढ़ि-प्रिय जाति को सम्बोधित कर श्री गुप्त ने अपील की है कि "आपको जो कोई भाई शिक्षारूपी कड़वी औषधि दे उसको आप अपना सच्चा भाई समझकर उसके साथ प्रेम करो और अपनी भूल को सुधार उन्नति के मार्ग पर चलो। जरा आप यह भी विचार लें कि समय की हालत सदा एकसी नहीं रहती। परमात्मा ने सृष्टि की रचना ऐसी की है कि उसकी दशा समय-समय पर बदलती रहती है जिसके कई कारण हैं। अतएव यह ज़रूरी समझा गया है कि मनुष्य भी जैसी-जैसी समय की अदल-बदल होवे अपना तरीक़ा बदलता

रहे, यह हठ कभी न करे कि मेरे बाप ने तो यह किया था, मुझे यह क्यों न करना चाहिए। चाहे वैसा करने में हानि ही हो। बहुधा देखा जाता है हमारे भाई ज़रूरत को न देख केवल एक-दूसरे की नक़ल करने लगते हैं।"

सीठने की प्रथा के विरुद्ध वैश्योपकारक का आन्दोलन

मारवाड़ी जाति में बद्धमूल सीठने की कुप्रथा के उच्छेद का सफल प्रयत्न वैश्योपकारक के माध्यम से हुआ था। विवाह के अवसर पर गाली देने की रीति बहुत पुरानी थी जिसने विकृत रूप धारण कर लिया था। इसका रूप यहाँ तक बिगड़ गया था कि जिन शब्दों को पति-पत्नी एकान्त में भी उच्चारण नहीं कर सकते, उनको खुली सड़कों में सब लोगों के सम्मुख भरद्वाज गौतम आदि जगत्पूज्य महर्षियों के वंश में उत्पन्न होनेवाली ब्राह्मणी और सेठानी कहती हुई नहीं लजाती थीं। वर्ष 1, अंक 6 'वैश्योपकारक' में प्रकाशित 'मारवाड़ियों के सीठने' का एक स्थल यहाँ उद्धृत किया जाता है : **"इसी सप्ताह की बात है कि चौरस्ते पर भले घरों की स्त्रियों का गोल सीठने गा रहा था, पास ही खड़े हुए दो तीन मुसल्मान और कुछ बंगाली हँस रहे थे। एक अदना मुसल्मान मुसकरा कर कह रहा था कि "वाह! सेठानी जी वाह, खूब गाया और गावो" देखकर बड़ा दुःख हुआ। यही खयाल हुआ कि जिनकी बहू-बेटियों की यह दशा है, उनका जीना ही क्या है?"**

इस लेख की अन्तिम पंक्तियों में सीठने की कुप्रथा को उठाने की अपील की गयी है : "कुछ लोगों का यह प्रस्ताव है, कि "बाजार में सेठानी सीठने गाती न निकलें, परन्तु ब्राह्मणी गावें, तो कुछ हर्ज नहीं।" परन्तु यह प्रस्ताव टहनी की रक्षा के लिए पेड़ काटने के समान है। प्रथम तो सच्चे वैश्यों का यह परम धर्म है कि ब्रह्मकुल को पूज्य बुद्धि से अवलोकन करें और यदि समय के प्रभाव से ऐसा न भी कर सकें तो उनसे नीच कार्य करवाना तो किसी प्रकार उचित नहीं, दूसरे नीति यह बतलाती है कि जो दोष पड़ोसी के घर में होंगे उनका प्रभाव पासवाले घर पर भी पड़ता है। तब पुरोहित कुल के दोषों का प्रभाव यजमानों पर न होगा, इसे कौन अस्वीकार कर सकता है? जिन्होंने अपने पुरोहितों की मर्यादा बढ़ायी उनके वंश की मर्यादा भी बढ़ती ही गयी और जिनके पुरोहित कुल का अधःपतन हुआ उनका प्रताप भी स्थिर नहीं रहा। जो हो, सीठने की उक्त रीति ब्राह्मण वैश्य सब लोगों को मिलकर उठा ही देनी चाहिए, यही हमारी प्रार्थना है।"

सीठने-जैसी कुप्रथा को उखाड़ने के लिए वैश्योपकारक का निरन्तर प्रयत्न चलता रहा। वर्ष 1, अंक 8 के सम्पादकीय वक्तव्य 'मारवाड़ियों के सीठने (3)' की कुछ पंक्तियाँ द्रष्टव्य हैं, **"हमारा सिद्धान्त तो यह है कि पुरुषों की अपेक्षा हमारे समाज की स्त्रियों का चरित्र बहुत निर्मल और उत्कृष्ट है। यदि मारवाड़ी भाई,**

अपने समाज की बहू-बेटियों पर कृपा कर सीठनों से घृणा करने लगें, यदि वे हर्षोत्फुल्ल नेत्रों और उत्तेजक शब्दों से गाते समय उन्हें प्रोत्साहित न किया करें तो आपसे आप सीठनों की गति रुक जाय। धर्म्मशीला स्त्रियों को फिर पापपूर्ण शब्द उच्चारण करने की आवश्यकता ही न रहे। जब लड़की देखती है कि उसके गन्दे गीतों को सुनकर उसके बूढ़े पिता और युवा भ्राता क्रुद्ध होने के बदले हर्षित हो रहे हैं तो उसके अन्तःकरण में यह बात आप से आप जम जाती है कि सम्बन्धियों को प्रसन्न करने के लिये यह मार्ग सबसे उत्तम है।...हमें यह जानकर बहुत सन्तोष हुआ कि कलकत्ते की ब्राह्मण सभा इस कार्य में आगे बढ़ी है और मारवाड़ी एसोशिएशन के कुछ सत् साहसी सभ्यों ने उसका सहायक और अनुगामी होना स्वीकार किया है।" इस सम्पादकीय वक्तव्य से स्पष्ट है कि सीठने की प्रथा को पुरुषों का प्रोत्साहन न मिले तो वह अपने आप टूट जाएगी। अंक 12 में "मारवाड़ी लेडी एसोशिएशन की अपील छपी है जिसमें लेडी एसोशिएसन ने पंचायत और सभाओं से कई प्रश्न किये हैं। पहला प्रश्न इस प्रकार है :

"सब लोग पंचायत में सीठने गाने का दोष हम अबला स्त्रियों पर लगाते हैं, परन्तु यदि पंचायत में कोई स्त्री प्रतिनिधि होती तो इस बात को सिद्ध कर देती कि इस विषय में स्त्रियों का कुछ भी दोष नहीं है। दोष उनका यही है कि उनको पुरुषों के कार्य्यों का प्रतिवाद करने का कोई अधिकार नहीं है। पुरुष पंचायत के एक प्रपंची पुरुष ने इस एसोशिएशन की कई सभ्यताओं को गन्दे गीत न गाने के कारण बहुत से लोगों के साम्हने धमका अपनी नामर्दी प्रकट की है, क्या इस भले मानुस का मारवाड़ी कुछ इलाज नहीं कर सकते?"

मारवाड़ी लेडी एसोसिएशन के इस प्रश्न से दो बातें स्पष्ट होती हैं। पहली यह कि सीठने गाने के दोष स्त्रियों पर नहीं बल्कि पुरुषों पर आरोपित करना चाहिए, इस प्रकार वैश्योपकारक-सम्पादक के वक्तव्य का इससे पूर्ण समर्थन होता है। इस प्रश्न से दूसरी बात यह ज्ञात होती है कि मारवाड़ी नारी समाज में एक ओर सीठने-जैसी कुप्रथा का प्रचलन था दूसरी ओर युगीन जागृति का स्पर्श भी उसे हो गया था और वह अपने अधिकारों के प्रति सचेत हो गया था।

वर्ष 1, अंक 10 में 'मारवाड़ियों में सुधार। सीठने गाने और मेहँदी लगवाने की बन्दी" शीर्षक एक लेख प्रकाशित हुआ था जिसकी आरम्भिक पंक्तियाँ इस प्रकार हैं : **"परमात्मा का धन्यवाद है कि जिन गन्दी रीतियों के कारण मारवाड़ी समाज बदनाम हो रहा था उनमें से दो प्रधान रीतियों की कमर टूट गयी। वैश्योपकारक के लिये यह बड़े गौरव की बात है कि इसके आन्दोलन करने पर कलकत्ते के मारवाड़ियों का इधर ध्यान हुआ और इन्होंने बड़े साहस के**

साथ पंचायत कर के विवाह आदि में गन्दे सीठने गाने और ब्राह्मणियों से पैरों में मेहँदी लगवाने की खोटी रीति एकदम बन्द कर दी। इस कलिकाल की राजधानी में जिस बात का होना लोग असम्भव नहीं तो, महा कठिन समझते थे, उसका इस प्रकार से हो जाना मारवाड़ियों के किसी पुण्य विशेष का ही फल है।"

इस प्रकार हम देखते हैं कि युगीन चेतना के प्रति सचेत रहते हुए 'वैश्योपकारक' अपने उद्देश्य के प्रति सतत सक्रिय था। अविलम्ब ही उसने बहुतों का ध्यान अपनी ओर आकृष्ट कर लिया और शुभ कामनाएँ प्राप्त कर लीं। हिन्दी के प्रमुख पत्रों (भारत जीवन, हितवार्ता, सुधारक, हिन्दी प्रदीप, सरस्वती इत्यादि) ने वैश्योपकारक के प्रति अपनी शुभ कामना प्रकट की थी, जो वर्ष 1, अंक 6 में 'समाचारपत्रों की सम्मति' शीर्षक से प्रकाशित हुई है।

राजनीतिक और सामाजिक विषयों के अतिरिक्त उस युग की अन्य गतिविधियों में भी वैश्योपकारक रुचि लेता था। हिन्दी साहित्य के उन्नायक महत् उपक्रमों में इसकी सक्रिय रुचि थी। वर्ष 1, संख्या 3 के 'समालोचना की आलोचना' स्तम्भ के अन्तर्गत एक सूचना है, "इस बात को जानकर प्रत्येक हिन्दी रसिक को आनन्द होगा कि गत ता. 26 मई को हमारे श्रद्धास्पद 'सुदर्शन' सम्पादक पण्डित माधवप्रसाद मिश्र जी के उद्योग से यहाँ 'हिन्दी साहित्य सभा' की स्थापना हो गयी। उस दिन बड़े बाजार के अनेक प्रतिष्ठित मारवाड़ी रईस और साहित्य-सेवी सज्जन मिश्र जी के निमन्त्रण करने पर गणेशदास जयरामदास की कोठी पर एकत्रित हुए थे। बड़े बाजार के प्रसिद्ध विद्यानुरागी रईस बाबू रूडमल्लजी गोयेनका के सभापतित्व में मिश्र जी ने एक सारगर्भ, सुमिष्ट वक्तृता द्वारा सभा स्थापन की आवश्यकता दिखायी थी। अनन्तर पदाधिकारी और प्रबन्धकारिणी सभा के सभ्यों का चुनाव होने पर निश्चय हुआ कि—'सुदर्शन' सम्पादक 'भारतमित्र' उत्पादक पण्डित छोटूलाल मिश्र, बाबू रूडमल्ल गोयेनका और वैश्योपकारक सम्पादक बाबू शिवचन्द्र भरतिया, सभा के नियम बनाकर आगामी अधिवेशन में उपस्थित करें।" अंक 4 में मासिक समाचार के अन्तर्गत एक समाचार प्रकाशित हुआ है जो इस प्रकार है : **"हिन्दी साहित्य सभा**—कलकत्ते की हिन्दी साहित्य सभा भी अपनी कीर्ति से लोगों के चित्त को शीघ्र ही आकर्षित करेगी, यह लक्षणों से प्रतीत हो रहा है। अब नियमावली विधिबद्ध हो गयी है, शीघ्र ही सभ्यों के पास छपकर पहुँच जाएगी तिसपर भी उसकी सभ्य श्रेणी में सैकड़ों सज्जनों का नाम लिखा जा चुका। बाहर से भी बहुत से महाशयों के सभ्य होने के लिए पत्र आ रहे हैं। ईश्वर करे कि सब हिन्दु भाई मद, मात्सर्य और अहंकार को छोड़कर प्रेमपूर्वक आकर इसमें मिलें और मातृभाषा के पूजा स्थान को भारत के भविष्य सौभाग्य का केन्द्र बनावें।"

देवनागरी के सम्बन्ध में उन दिनों एक आन्दोलन चल रहा था। भारतमित्र

के सन्दर्भ में हमने इसका उल्लेख किया है और अगले अध्याय में देवनागरी लिपि का उन्नायक पत्र देवनागर की विवेचना करते हुए इस प्रश्न की विस्तृत चर्चा की जाएगी। यहाँ इतना ही निवेदन करना है कि लिपि के प्रश्न पर भी वैश्योपकारक में छोटी-छोटी टिप्पणियाँ प्रकाशित होती थीं। वर्ष 2, संख्या 7 में प्रकाशित 'एक लिपि किस प्रकार होगी' शीर्षक लेख की कुछ विशिष्ट पंक्तियाँ द्रष्टव्य हैं : "इस समय वैश्य जाति-द्वारा भारतवर्ष के प्राणस्वरूप देशी व्यापार की बहुत कुछ रक्षा हो रही है परन्तु उनके मुडिया अक्षरों के बही खाते से नागरी की शिक्षा का द्वार रुक रहा है और देशोन्नति में एक प्रकार की रोक हो रही है, इसे सभी स्वीकार करेंगे।

"जब तक वैश्य जाति के वाणिज्य-व्यापार आदि का विशेष सम्बन्ध मुडिया अक्षरों के साथ रहेगा तब तक एक विस्तृत और कार्यक्षम जनसमूह से नागरी देवी अलग रहेगी, इसमें कुछ सन्देह नहीं। आज यदि सब वाणिज्य व्यवसायी वैश्य नागरी लिखना-पढ़ना जानते तो उनका बहुत कुछ उपकार होता और नर-पशु के तुल्य उन्हें अपना जीवन व्यतीत करना नहीं पड़ता।"

इसी अंक में 'मासिक व विविध समाचार के अन्तर्गत एक समाचार है—"एक लिपि—कलकत्ते के हैरीसन रोड में एक लिपि प्रचार की एक स्थायी सभा खोली गयी है इससे देश का सुधार अतिशीघ्र होवेगा क्योंकि वाणी ही सर्वसुखों की मूल है...हम परमात्मा से प्रार्थना करते हैं कि सभा की आप रक्षा करें जिसमें एक लिपि का अति झटित प्रकाश होवे।"

भिवानी के राधाकृष्ण मिश्र और झाँसी के मैथिलीशरण गुप्त (रसिकेश) की कविताएँ प्रायः वैश्योपकारक में प्रकाशित होती थीं। इन दोनों कवियों के प्रति वर्ष दो, अंक एक के सम्पादकीय वक्तव्य में कृतज्ञता प्रकट की गयी है। इनके अलावे विभिन्न पत्रिकाओं से होली के गीत उद्धृत किये जाते थे जो राष्ट्रीय भावना से पूर्ण होते थे। वर्ष 2, अंक 12 से एक 'फाग' उद्धृत किया जाता है :

फाग

अब तो चेत करो रे भाई।
जब सरबसु कढ़ि गयो हाथ तैं, तब न उचित हरिहाई ॥अब.॥
उपज घटै धरती की दिन-दिन नाज नितहिं महँगाई।
कहा खाय त्यौहार मनावें, भूखे लोग लुगाई ॥अब.॥
सब धन ढोयो जात विलायत, रह्यो दलिद्दर छाई।
अन्न-वस्त्र कहँ सब जन तरसैं, होरी कहाँ सुहाई ॥अब.॥

इसी अंक में है—'चैती ठेका होरी'

खुलिहैं नैन तिहारे हो रामा कौने दिनवाँ खुलि हैं
बहुत काल सोवत ही बितायो,

अब जागहु पिय प्यारे हो रामा, कौने दिन.॥
कैसी कहूँ कछु कहत न आवे
बने हो अजब मतवारे हो रामा, कौने दिन.॥
को हौ कौन काज है तुमको,
कछु हू न हीय विचारे हो रामा, कौने दिन.॥
जागहु अजहुँ सुकवि कविता सुनि,
तजहु पलक झपकारे हो रामा, कौने दिन.॥

इस पत्रिका को साहित्यिक पत्रकारिता का स्पर्श मिला था पं. माधवप्रसाद मिश्र के सम्पादन से। नेमाणी जी और भरतिया जी का सम्बन्ध जब निभ न सका तो अन्ततः सेठ रूडमल्ल जी गोयेनका और भरतिया जी के विशेष अनुरोध से पं. माधवप्रसाद मिश्र ने 'वैश्योपकारक' का सम्पादन-भार सँभाला था। मिश्र जी के सम्पादन काल में इस पत्रिका का स्तर बहुत ऊँचा उठ गया था। अपनी सशक्त लेखनी और गत्वर शैली द्वारा मिश्रजी ने इस पत्रिका को बहुचर्चा का विषय बना दिया था। भारतमित्र के द्वारा उन्हें श्रद्धांजलि देते हुए सन् 1907 ई. में बाबू बालमुकुन्द गुप्त ने लिखा कि "कड़ी आलोचना लिखने में वह बड़े ही कुशल-हस्त थे। अति तीव्र और जहर में बुझे लेख लिखने पर भी वह हँसी के लेख लिखकर पाठकों के चेहरे पर खुशी ला सकते थे। लिखने में वह बड़े ही निडर और निर्भीक थे। हिन्दी इतनी अच्छी लिखते थे कि दूसरा कोई उनके जोड़ का लिखनेवाला नहीं दिखाई देता। इतनी बड़ी शक्ति की सहज उपलब्धि 'वैश्योपकारक' के लिए बड़े सौभाग्य की बात थी। प्रायः पौने दो वर्ष 'वैश्योपकारक' के साथ मिश्र जी का सम्बन्ध रहा।"[1] मिश्र जी की सम्पादन कला की उपलब्धि और उनके साहित्यिक अवदान का स्वतन्त्र अध्ययन अपेक्षित है। निस्सन्देह यह अध्ययन ऐतिहासिक महत्त्व का होगा यदि उसे प्रामाणिक तथ्यों के आलोक में शोध और विवेचन का स्पर्श देकर प्रस्तुत किया जाए।

1. माधव मिश्र-निबन्ध-माला, प्रथम खण्ड, पृ. 4।

हिन्दी पत्रकारिता का तिलक युग

बीसवीं शताब्दी के आरम्भिक दो दशक और लोकमान्य तिलक का व्यक्तित्व

बीसवीं शताब्दी के आरम्भिक दो दशक की भारतीय राजनीति का नेतृत्व लोकमान्य बाल गंगाधर तिलक के हाथों में था। इसी अवधि को इतिहासकारों ने भारतीय स्वातन्त्र्य-संग्राम का तिलक युग कहा है। 1905 से 1918 तक की कालावधि को रेखांकित कर इस युग की सीमा निर्धारित की गयी है।

पिछले अध्याय में स्वदेशी आन्दोलन और उसके पुरस्कर्ताओं का उल्लेख किया गया है, साथ ही बीसवीं शताब्दी के प्रथम दशक के भारतीय परिवेश की वैशिष्ट्य-चर्चा भी की गयी है। इस युग के सच्चे प्रतीक थे बाल गंगाधर तिलक[1], जिन्होंने बड़े तेजस्वी स्वर में घोषणा की थी कि 'स्वराज्य हमारा जन्मसिद्ध अधिकार है' और पूरे देश में पूर्ण स्वराज्य की भूख उत्पन्न की थी, जिसके चलते अँगरेज़ों की सत्ता भी लोगों को असह्य हो गयी।[2] वैधानिकता की सवारी पर चलनेवाली राजनीतिक भिक्षा-वृत्ति का अन्त हुआ। पूर्ण स्वराज्य की कामना को मानवीय नैतिकता के आधार पर वैचारिक अवलम्ब दिया गया। लोकमान्य तिलक के सक्रिय सहयोगियों में विपिनचन्द्र पाल, अरविन्द घोष और लाला लाजपतराय थे। उनके अनुगामियों में नयी पीढ़ी के वे सभी नवयुवक थे जिन्होंने परवर्ती राजनीतिक परिवेश को नयी दिशा दी, नेतृत्व दिया और कालान्तर में स्वातन्त्र्य-संग्राम के प्रमुख सेनानी बने। स्मरणीय है कि उनके मन में तिलक के ओजस्वी व्यक्तित्व के प्रति पूज्य और

1. "...the real symbol of the new age was Bal Gangadhar Tilak from Maharastra."—Jawaharlal Nehru : 'The Discovery of India', p. 295.
2. "Tilak was the guiding spirit of the new type of nationalism that emerged towards the close of the nineteenth and the beginning of the twentieth century, and the Kesare and Mahratta became the chief organs of this new movement. It would be difficult to exaggerate the importance and significance of the role played by these two papers in the development of nationalism in India." Dr. R. C. Majumdar. The British Paramountancy and Indian Renaissance, II, Page 250.

उपास्य-भाव था। श्री नेहरू ने अपनी आत्मकथा में लिखा है :

"1906 और 1907 भर हिन्दुस्तान से जो ख़बरें आती थीं उनसे मैं बहुत बेचैन रहता था। अँगरेज़ी अख़बारों में बहुत ही कम ख़बरें मिलती थीं लेकिन जितनी मिलती थीं उनसे ही यह मालूम हो जाता था कि देश में बंगाल, पंजाब और महाराष्ट्र में, बड़ी-बड़ी बातें हो रही हैं। लाल लाजपतराय और अजीत सिंह को देश-निकाला दिया गया था, बंगाल में हाहाकार-सा मचा हुआ मालूम पड़ता था। पूना से तिलक का नाम बिजली की तरह चमकता था और स्वदेशी तथा बहिष्कार की आवाज गूँज रही थी। इन बातों का मुझ पर भारी असर पड़ा। 1907 से कई साल तक हिन्दुस्तान बेचैनी और कष्टों से मानो उबलता रहा। 1857 के ग़दर के बाद पहली मरतबा हिन्दुस्तान फिर लड़ने पर आमादा हुआ था। वह विदेशी शासन के सामने चुपचाप सिर झुकाने को तैयार न था। तिलक की हलचलों और उनके कारावास की तथा अरविन्द घोष की ख़बरों से और बंगाल की जनता जिस ढंग से स्वदेशी और बहिष्कार की प्रतिज्ञाएँ ले रही थी, उनसे इंग्लैण्ड में रहनेवाले तमाम हिन्दुस्तानियों में खलबली मच जाती थी। हम सब लोग बिना किसी अपवाद के तिलक-दल या गरम-दल के थे। हिन्दुस्तान में यह नया दल उन दिनों इन्हीं नामों से पुकारा जाता था।"[1]

आचार्य नरेन्द्रदेव के संस्मरणों में इसका उल्लेख इस प्रकार है—**"बंग-भंग के कारण एक नये दल का जन्म हुआ था जिसके नेता लोकमान्य तिलक, श्री विपिनचन्द्र पाल आदि थे।...मैं बहुत जल्द गरम दल के विचार का हो गया। हममें से कुछ लोग कलकत्ते के अधिवेशन में शरीक हुए। रिपन कॉलेज में हम लोग ठहराये गये। नरम-गरम दल का संघर्ष चल रहा था और यदि श्री दादाभाई नौरोजी सभापति न होते तो वहीं दो टुकड़े हो गये होते। उनके कारण यह संकट टला। इस नवीन दल के प्रधान अंग स्वदेशी, ब्रिटिश माल का बहिष्कार और राष्ट्रीय शिक्षा थे।...अँगरेज़ी शिक्षित वर्ग समझता था कि अँगरेज़ हमारे कल्याण के लिए भारत आया है और जब हमको शासन के कार्य में दक्ष बना देगा तब वह स्वेच्छा से राज्य सौंप कर चला जाएगा। बिना इस विश्वास को दूर किये राजनीति में प्रगति आ नहीं सकती थी। लोकमान्य ने यही काम किया। इस नये दल की स्थापना की घोषणा कलकत्ते में की गयी। इसकी ओर से कलकत्ते में दो सभाएँ हुई थीं। इसमें मैं भी मौजूद था। इस सभा की विशेषता यह थी कि इनमें सब भाषण हिन्दी में हुए थे। श्री विपिनचन्द्र पाल और लोकमान्य भी हिन्दी में बोले थे।...बंगाल में इस**

---

1. जवाहरलाल नेहरू : मेरी कहानी, पृ. 23, 324।

दल का अच्छा प्रभाव था। कलकत्ते की काँग्रेस के बाद संयुक्त प्रान्त को सर करने के लिए दोनों दलों के बड़े-बड़े नेता आये और उनके व्याख्यानों को सुनने का मुझको अवसर मिला। सबसे पहले लोकमान्य आये। उनके स्वागत के लिए हम लोग स्टेशन गये। उनकी सभा का आयोजन थोड़े-से विद्यार्थियों ने किया था। शहर के नेताओं में से कोई भी उनके स्वागत के लिए नहीं गया। उनकी सवारी के लिए एक सज्जन घोड़ा-गाड़ी लाये थे। हम लोगों ने घोड़ा खोलकर स्वयं गाड़ी खींचने का आग्रह किया किन्तु उन्होंने इसे स्वीकार नहीं किया। लोकमान्य के शब्द थे 'Reserve that enthusiasm for a better cause' **इस उत्साह को किसी और अच्छे काम के लिए सुरक्षित रखिए...हम लोंगों ने स्वदेशी का व्रत लिया और गरम दल के अख़बार मँगाने लगे। कलकत्ते से दैनिक 'वन्दे मातरम्' आता था जिसे हम बड़े चाव से पढ़ा करते थे। इसके लेख बड़े प्रभावशाली होते थे। श्री अरविन्द घोष इसमें प्रायः लिखा करते थे।"**[1]

इस तथ्य का समर्थन प्रख्यात इतिहासवेत्ताओं ने किया है कि भारत में राजनीति दर्शन को तिलक ने स्वर्ग से धरती पर उतारा, विधान सभा अथवा काँग्रेस के मण्डप से उबार कर उसे सड़क और बाज़ार में पहुँचाया।[2]

शास्त्रज्ञ और गणितज्ञ होने के कारण उनमें गलदश्रु भावुकता का सर्वथा अभाव था और उनकी वैचारिक भित्ति काफ़ी पुष्ट थी। उनके व्यक्तित्व में पाण्डित्य और व्यावहारिक राजनीति का सहज समन्वय था। उनके पाण्डित्य का प्रभाव पश्चिमी जगत् की मनीषा पर भी था।[3]

---

1. आचार्य नरेन्द्र देव : संघर्ष, वर्ष 20, अंक 26 (नरेन्द्र देव अंक)।
2. आर.सी. मजुमदार : स्टडीज़ इन द बंगाल रेनेसाँ, पृ. 194।
3. "राजद्रोह के अपराध में तिलक को कारावास की सज़ा मिली थी। उनकी पुस्तक 'ओरियन' को पढ़कर प्रो. मैक्समूलर उनकी प्रतिभा और योग्यता के क़ायल हो गये थे। उन्होंने यह जान कर कि तिलक जेल में ऋग्वेद के अनुशीलन को जारी रखना चाहते हैं, अपने ऋग्वेद के अँगरेज़ी अनुवाद की एक प्रति जेल के अँगरेज़ सुपरिण्टेण्डेण्ट की मार्फ़त उनके पास भेजी। ... मैक्समूलर-द्वारा पुस्तक भेजे जाने से अँगरेज अफ़सर को यह पता चला कि उनकी जेल में कोई भारतीय विद्वान् रहता है। वह स्वयं लोकमान्य से मिला और उनके साथ व्यवहार में कुछ नरमी लाने की सिफ़ारिश की।

   लोकमान्य को राहत दिलाने के शुभ-संकल्प को प्रो. मैक्समूलर ने केवल ऋग्वेद का अनुवाद भेजकर ही समाप्त नहीं कर दिया। उन्होंने भारत मन्त्री के पास एक आवेदन पत्र भेजा, जिसमें तिलक को जेल से छोड़ने की प्रार्थना की गयी थी। आवेदन पत्र पर मि. विलियमकेन, मि. ए.ए. मैक्डानल, सर विलियम हण्टर आदि अँगरेज़ तथा मि. दादा भाई और श्री.आर.सी. दत्त आदि विद्वानों के भी हस्ताक्षर थे। उसमें तिलक को छोड़ने के पक्ष में मुख्य रूप से दो युक्तियाँ दी गयी थीं। एक युक्ति तो यह थी कि तिलक-जैसे विद्वान् को जेल में रखना अँगरेज़ी सरकार के लिए अपयश का कारण है, और दूसरी युक्ति यह थी कि यह सिद्ध हो गया था कि →

तिलक के पास लेखनी का बहुत बड़ा बल था। वे एक तेजस्वी पत्रकार थे जिनके हाथ में 'केसरी' और 'मराठा' दो अपने पत्र थे। 'केसरी' का उद्देश्य था जनता में राजनीतिक जागृति उत्पन्न करना। 'मराठा' ऐंग्लो इण्डियन पत्रों द्वारा फैलायी हुई ग़लत बातों का निरास करता था। 'केसरी' के लेखों की ध्वनि यह थी कि केवल माँगने या प्रस्ताव पास करने से कुछ पढ़े-लिखे भारतवासी राजनीतिक अधिकारों को प्राप्त नहीं कर सकेंगे। उनको प्राप्त करने के लिए नरमेध-यज्ञ तक करना पड़ेगा। उस नरमेध-यज्ञ में बहिष्कार, असहयोग, क़ानून-भंग और आवश्यक हो तो विद्रोह—सभी कुछ अन्तर्निहित था। 'मराठा' 'केसरी' का नर्म संस्करण था। 'केसरी' उकसाता था, 'मराठा' समझाता था। केवल सप्तक का भेद था, राग एक ही था।" 'केसरी' के एक सम्पादकीय लेख में आयरलैण्ड की चर्चा करते हुए कहा गया था—"स्वातन्त्र्य-रूपी अमूल्य रत्न की प्राप्ति के लिए नरमेध-यज्ञ को छोड़कर अन्य समस्त लौकिक साधन व्यर्थ सिद्ध होते हैं। इस ऐतिहासिक सिद्धान्त को मिथ्या कौन कर सकता है?"[1] 'केसरी' के लेखों की उग्र राष्ट्रीयता का परिणाम यह हुआ कि तिलक पर राजद्रोह का मुक़दमा चलाया गया और 1908 में उन्हें सज़ा मिली। सज़ा की घोषणा करते हुए जज ने जब तिलक से पूछा कि अपने पक्ष में कुछ कहना है तो तिलक ने कहा था, "जूरी के इस फ़ैसले के बावजूद मैं कहता हूँ कि मैं निरपराध हूँ। संसार में ऐसी बड़ी शक्तियाँ भी हैं जो सारे जगत् का व्यवहार चलाती हैं और

→ चाफटेकर-अभियोग से लोकमान्य का कोई सम्बन्ध नहीं था। ऐंग्लो इण्डियन समाचारपत्रों को भी यह स्वीकार करना पड़ा था कि रैण्ड की हत्या से तिलक का किसी प्रकार का भी सम्बन्ध प्रमाणित नहीं हुआ, इस कारण यदि सम्भव हो तो तिलक को कुछ शर्तों पर रिहा कर देना चाहिए।"—लोकमान्य तिलक और उनका युग, पृ. 112।

इंग्लैण्ड के प्रसिद्ध संस्कृतान्वेषक विद्वान् प्रो. ब्लूमफील्ड ने 'ओरियन' को पढ़कर अपनी प्रतिक्रिया प्रकट की थी—"साहित्य-जगत् में पिछले दो-तीन महीनों में एक सबसे बढ़कर महत्त्वपूर्ण घटना हुई है, जिससे शास्त्री और विद्वान् समाज में बहुत खलबली मच जाएगी। कोई दस सप्ताह पहले बाल गंगाधर तिलक की लिखी हुई एक नयी पुस्तक मेरे पास आयी थी। ...तिलक का नाम पहले कभी नहीं सुना था।...वेद तथा तत्सम्बन्धी साहित्य पर लेखक का कितना अधिकार है, यह बात मुझे पहली बार ज्ञात हुई।...मुझे प्रतीत होने लगा कि इस वर्ष के साहित्य में यह पुस्तक सर्वश्रेष्ठ कही जा सकती है।" —वही, पृ. 63।

1905 के बनारस काँग्रेस-अधिवेशन में सम्मिलित होने तिलक महाराज बनारस गये थे। बनारस स्टेशन पर उनसे हाथ मिलाते हुए भगिनी निवेदिता ने उच्छ्वसित होकर कहा था, "मि. तिलक, हम अब तक अमेरिका में आपको वेदसम्बन्धी 'ओरियन' तथा 'आर्कटिक होम इन द वेदाज' नाम की जगत्-प्रसिद्ध पुस्तकों-द्वारा जानते थे, परन्तु आज व्यक्तिगत रूप से आपसे भेंट कर के बहुत हर्ष हुआ है। आज का दिन अवश्यमेव स्मरणीय और मेरे लिए एक हर्षपूर्ण दिन है, जिसे मैं जीवन में कभी नहीं भूलूँगी।" —वही, पृ. 132।

1. लोकमान्य तिलक और उनका युग, पृ. 23।

सम्भव है ईश्वरीय इच्छा यही हो कि जो कार्य मुझसे प्रिय है वह मेरे आजाद रहने की अपेक्षा मेरे कष्ट सहन से अधिक फूले-फले।"[1] जिन लेखों के आधार पर उन्हें सज़ा मिली थी कोर्ट के कहने पर भी उन्होंने उन्हें अपना न मानने से इनकार कर दिया, "हमारे जीवन में ऐसी भी एक अवस्था आती है जब कि हम अकेले अपने मालिक नहीं हुआ करते। बल्कि हमें साथियों के प्रतिनिधि के रूप में काम करना पड़ता है।"[2] कहना न होगा कि जीवन-भर तिलक महाराज इसी हैसियत से कार्य करते रहे और देश की मुक्ति के लिए निरन्तर प्रतिकूल परिस्थितियों से लड़ते रहे, यन्त्रणा झेलते रहे। अपने लिए उनके पास कुछ नहीं रह गया था, उन्होंने पूर्ण रूप से अपने को देश के लिए उत्सर्ग कर दिया था। माण्डले जेल की यन्त्रणा झेल ही रहे थे तभी जून मास में उनकी पत्नी का देहान्त हो गया। इस शोक-संवाद से तिलक को गहरा धक्का लगा, किन्तु उनकी आँखों से आँसू नहीं निकले। एक मित्र के पूछने पर उन्होंने कहा था, "क्या करूँ? मैं देश के लिए आँसू बहा चुका हूँ। आँखों में आँसू नहीं रहे।" ऐसी ही थी तिलक की देश-भक्ति जिसके चलते गार्हस्थिक सुख-दुःख में हँसने-रोने की भी फुरसत उन्हें नहीं थी। तिलक की उत्सर्ग-भावना का देश में गहरा प्रभाव था। "देश के युवक उन्हें अपनी आशाओं का केन्द्र मानने लगे थे। बंगाल, मद्रास और उत्तर भारत के घरों में उनके मराठा लाल पगड़ी और अँगरखे वाले चित्र लटकते दिखाई देते थे। 'केसरी' के लेख अँगरेज़ी तथा देशी भाषाओं के अनेक पत्रों में अनूदित करके प्रकाशित किये जाते थे। देश में अन्य सब भाषाओं से अधिक समझी जानेवाली हिन्दी भाषा में तो नागपुर से 'हिन्दी केसरी' नाम का साप्ताहिक पत्र प्रकाशित होने लगा था, जो हिन्दी-प्रधान प्रान्तों में राजनीति की गीता के समान उत्सुकता और भक्ति से पढ़ा जाता था। उस पत्र का सम्पादन हिन्दी के लब्ध-प्रतिष्ठ लेखक श्री माधवराव सप्रे करते थे। उस पत्र ने विशेषतः उत्तर भारत के नवयुवक मण्डल में ओजस्विनी देशभक्ति को जाग्रत करने का अद्भुत कार्य किया था।"[3]

तिलक की नेतृत्व-शक्ति का उल्लेख करते हुए श्री अरविन्द ने लिखा है कि सभी वर्गों के लोगों को अपने निर्देशन द्वारा संगठित करने की उनमें क्षमता थी। वे शिक्षितों के ही नेता नहीं थे बल्कि व्यापारियों, उद्योगपतियों, ग्रामीणों और किसानों के नेता थे—जनता के नेता थे। सम्पूर्ण महाराष्ट्र उनके लेख और वक्तृता के मर्म को समझता था और अपने अनुकूल आचरण द्वारा उनके कार्यों का सक्रिय समर्थन

1. काँग्रेस का इतिहास, भाग-1, पृ. 83-84।
   "There are higher powers which rule the destiny of things and it may be the will of Providence that the cause which I represent may prosper more by my suffering than by my remaining free."—The Newspaper in India, p.73.
2. काँग्रेस का इतिहास, भाग-1, पृ. 84।
3. इन्द्र विद्यावाचस्पति : लोकमान्य तिलक और उनका युग, पृ. 129-30।

देने को सम्पूर्ण महाराष्ट्र सदैव उद्यत रहता था। स्वदेशी आन्दोलन के ज़माने में उनकी लोकतान्त्रिक नेतृत्व-शक्ति एक व्यापक परिवेश में दिखाई पड़ी।[1]

तिलक युग की हिंसापरक राजनीतिक धारा और तिलक का दृष्टिकोण

तिलक युग में उग्र राष्ट्रीयता की एक हिंसापरक राजनीतिक धारा चल रही थी जिसे आतंकवादी आन्दोलन के रूप में हम जानते हैं। 'युगान्तर' के माध्यम से भूपेन्द्रनाथ दत्त ने हिंसावाद का प्रचार किया था जिसके चलते उन्हें लम्बी सज़ा मिली थी। अपने पुत्र की इस देश-भक्ति से प्रसन्न होकर भूपेन्द्रनाथ दत्त की माता ने हर्ष प्रकट किया था और बंगाल की 500 महिलाओं ने उनके घर जाकर उन्हें बधाई दी थी। मुज़फ़्फ़रपुर के ज़िला-जज को मारने के लिए दो बम तैयार किये गये थे वे दो महिलाओं पर जा गिरे और इस अपराध में खुदीराम बोस को, जिनकी अवस्था मात्र 18 वर्ष की थी, फाँसी की सज़ा मिली। पूरे देश में इस नवयुवक शहीद की आत्माहुति ने आग भड़का दी थी। कई राजनीतिक ख़ून हो गये। बंगाल, महाराष्ट्र और पंजाब में आन्दोलन अधिक तेज़ था। गीता के निष्काम कर्मयोग की प्रेरणा लेकर दैन्य का परित्याग कर युवक-मण्डली युद्ध को ही अपना एकमात्र धर्म नहीं मान रही थी। हिन्दू राष्ट्रीयता और हिन्दुत्व के जातीय भाव ने एक नया जोश उत्पन्न कर दिया था। आत्माहुति की आतुरता प्रत्यक्ष दिखाई पड़ रही थी। बंगाल में प्रच्छन्न रूप से अरविन्द दिशा-निर्देश कर रहे थे। बम्बई के 'इन्दुप्रकाश' और पूना के 'केसरी' में हिन्दू राष्ट्रीयता को प्रतिष्ठित करने का नया उपक्रम ही चल रहा था। बंकिम, तिलक और अरविन्द ने स्वातन्त्र्य-संग्राम को गीता के आधार पर धर्मयुद्ध घोषित किया था। हिंसावादी आन्दोलन के अगुआ इससे अपने अनुकूल अर्थ निकाल कर अपने हिंसात्मक कार्यों का औचित्य प्रमाणित कर सकते थे, कर रहे थे। बंगाल के पी. मित्र की अनुशीलन समिति की चर्चा पिछले अध्याय में की गयी है। यत्र-तत्र राजनीतिक ख़ून होने लगा था। मदनलाल ढींगरा ने लन्दन की एक सभा में 1907 में सर कर्ज़न वाहली की साहसपूर्ण हत्या की थी[2] जिन्हें बाद में फाँसी हुई और उन्हें बचाने का प्रयत्न करनेवाले डॉ. लाल काका नामक एक दूसरे भारतीय को भी फाँसी दी गयी।

---

1. Sri Aurobindo-Bankim-Tilak-Dayananda, p. 24.
2. कलकत्ता से प्रकाशित होनेवाले 'हिन्दू पंच' के बलिदान अंक में श्री मदनलाल ढींगरा का अन्तिम हृदयोद्गार प्रकाशित हुआ है जिसे यहाँ अविकल उद्धृत किया जाता है :
अदालत में अपना अपराध स्वीकार करते हुए मदनलाल ढींगरा ने कहा, "मैं यह स्वीकार करता हूँ कि उस दिन मैंने अँगरेज़ का रक्त बहाने की चेष्टा की थी, पर यह इसलिए कि →

स्मरणीय है कि उग्र राष्ट्रीयता के प्रबल समर्थक होते हुए भी तिलक इस हिंसावादी आन्दोलन के विरुद्ध थे। मुज़फ़्फ़रपुर बम-काण्ड की निन्दा करते हुए उन्होंने 'केसरी' में 'देश का दुर्भाग्य' शीर्षक लिखा था जिसकी कुछ पंक्तियाँ द्रष्टव्य हैं—

"मुज़फ़्फ़रपुर-काण्ड एक बहुत गम्भीर दुर्घटना है। हम इसकी निन्दा करते हैं और उसके विरुद्ध अपना मत प्रकट करते हैं। परन्तु हम यह नहीं समझते कि सरकार तक केवल इतने भाव प्रकाशित करने से हमारे कर्तव्य का पूरा पालन हो जाता है। इस विषय में सब एकमत हैं कि ऐसी घटनाएँ घटित न हों और हमारे देश का कोई निवासी ऐसे दुःसाहसपूर्ण कार्य करने के लिए मजबूर न हो। किन्तु ऐसे अवसरों पर यह सोचना आवश्यक हो जाता है कि अधिकार-सम्पन्न लोग देशवासियों की अभिलाषाओं की कहाँ तक उपेक्षा कर सकते हैं और किस सीमा के आगे प्रजा के धैर्य की प्रतीक्षा न करनी चाहिए। यदि इन बातों पर ध्यान दिया जाए तो शासकों और प्रजा में प्रेम-सम्बन्धों का क़ायम रहना असम्भव है।" लोकमान्य तिलक भली प्रकार समझते थे कि आतंकवाद का जन्म सरकारी दमन और अत्याचार का अनिवार्य परिणाम होता है। 'केसरी' ने सरकार को पुनः-पुनः चेतावनी दी थी कि दमन की नीति का परित्याग कर न्यायोचित अधिकार देकर भारतीयों को सन्तुष्ट और भारत को शान्त करें। इसी प्रकार तिलक ने स्वतन्त्रता-संग्राम के सेनानियों को मन्त्र दिया था—'ये यथा मां प्रपद्यन्ते तांस्तथैव

अँगरेज़ सरकार अमानुषिक रूप से जो हिन्दुस्तानी देश-भक्तों को फाँसी देती और कालेपानी भेजती है, उसका मैं एक साधारण बदला ले सकूँ। इस काम में मैंने किसी की भी सलाह नहीं ली है बल्कि मैं ने केवल अपनी अन्तरात्मा से पूछा और अपने कर्तव्य का पालन किया है। मेरा विश्वास है कि संगीनों की मदद से जब कोई जाति किसी जाति को परतन्त्र करती है, तब वह परतन्त्र जाति उस जाति से एक स्थायी युद्ध की दशा में रहती है। और चूँकि हमें बन्दूक़ें नहीं दी गयी हैं, इसलिए मैंने अपना तमंचा निकाला और शत्रु पर अचानक हमला किया। एक हिन्दू के नाते मेरा विश्वास है कि मेरे देश का अपमान करना साक्षात् ईश्वर का अपमान करना है। मेरे देश की पूजा श्री रामचन्द्र की पूजा है। देश की सेवा श्री कृष्ण की सेवा है। मेरे-जैसा निर्धन और मतिमन्द पुत्र माता की आराधना के लिए अपने रक्त के अतिरिक्त और क्या दे सकता है! आज मैं अपना वही रक्त अपनी माता की बलिवेदी पर चढ़ा रहा हूँ। इस समय भारतवासियों को केवल वही एक शिक्षा ग्रहण करनी है कि मरना कैसे चाहिए, और वह शिक्षा हम स्वयं मरकर दे सकते हैं इसलिए मैं मरता हूँ।

यह युद्ध भारत और इंग्लैण्ड के बीच उस समय तक बराबर जारी रहेगा, जब तक कि इंग्लैण्ड और भारत के वर्तमान अप्राकृतिक सम्बन्ध न रुकेंगे।

ईश्वर से मेरी यही प्रार्थना है कि मैं तब तक उसी माता से जन्मता रहूँ और फिर उसी उद्देश्य के लिए मरूँ, जब तक कि माता स्वतन्त्र न हो जाए, जिसमें मानवता की सेवा हो और ईश्वर की विभूति सिद्ध हो।"

भजाम्यहम्'—लोग मेरे साथ जैसा बरताव करते हैं, मैं उनके साथ वैसा ही बरतता हूँ। इतना ही नहीं बल्कि तिलक ने बड़े साफ़ शब्दों में 'केसरी' की सम्पादकीय टिप्पणी में लिखा था कि "चाहे कितनी ही बहादुरी और दृढ़ इच्छाशक्ति से काम लें तब तक सफलता नहीं मिल सकती, जब तक हमें यह विश्वास न हो कि हम जो कार्य कर रहे हैं, वह अच्छा काम है और भगवान् हमारी उसमें सहायता कर रहे हैं और धार्मिक भावना महात्माओं के आशीर्वाद हमारे साथ हैं।" इस प्रकार जातीय मुक्ति के लिए किये जानेवाले उपक्रम के औचित्य के प्रति पूर्ण विश्वस्त होकर कार्य करने की प्रेरणा वे अपने त्यागमय जीवन से बराबर देते रहते थे। परिणाम यह था कि सम्पूर्ण देश में जागृति आ गयी थी और तिलक का नेतृत्व पूरे देश ने स्वीकार कर लिया था।

तिलक युग की मूल चेतना : कलकत्ते के हिन्दी पत्र

तिलक युग की मूल चेतना को ध्वनित करनेवाले कलकत्ते के हिन्दी पत्रों में 'भारतमित्र', 'मारवाड़ी बन्धु' और 'नृसिंह' प्रमुख थे। और तेजस्वी पत्रकार थे दुर्गाप्रसाद मिश्र, अम्बिकाप्रसाद वाजपेयी और बाबूराव विष्णु पराड़कर। पत्रकारिता को इस युग के पत्रकारों ने पेशा के रूप में नहीं बल्कि धर्म के रूप में अपनाया। इनके लिए पत्रकारिता देश-सेवा का एक माध्यम था। इस युग के तेजस्वी पत्रकार लक्ष्मण नारायण गर्दे ने 'सम्पादकीय आत्म परीक्षण' करते हुए लिखा था, **"पत्र-सम्पादन के कार्य-क्षेत्र में प्रवेश करने का मेरे लिए, प्रत्यक्ष कारण 'स्वदेशी आन्दोलन' हुआ। सन् 1906-07 में मैं मराठी समाचार पत्र (विशेषकर 'केसरी', 'काल' और 'भाला') बहुत पढ़ा करता था। समाचारों की अपेक्षा अग्रलेखादि पढ़ने में अधिक रुचि थी, जो विचार पढ़ता था, उन विचारों को प्रकट करने की भी बड़ी प्रबल इच्छा होती थी।"**[1] पराड़कर जी ने स्वयं स्वीकारा था कि "कलकत्ता जाने का मेरा मुख्य उद्देश्य पत्रकारिता न थी। प्रत्युत क्रान्तिकारी दल में सम्मिलित होकर देश-सेवा का कार्य करना था। परिवार का ख़र्च चलाने तथा पुलिस की नज़रों से बचने के लिए मैंने 'हिन्दी बंगवासी' में सहायक सम्पादक का कार्य स्वीकार किया था। 'हितवार्ता' और 'भारतमित्र' के सम्पादन के साथ-साथ चन्द्रनगर की गुप्त समिति का कार्य भी मैं कर रहा था।" पराड़कर जी इस युग के नेता लोकमान्य तिलक के निकट सम्पर्क में भी पहुँचे थे और तिलक उन्हें प्रत्यक्ष राजनीति में खींचना चाहते थे। उनके मामा सखाराम गणेश देउस्कर ने उनके हाथों में गीता और पिस्तौल थमाकर उनका राजनीतिक संस्कार किया था। "उस समय राष्ट्रभक्तों की सेवा-साधना की कसौटी यह थी कि कौन

---

1. विशाल भारत, अक्टूबर, 1931।

कहाँ तक सशस्त्र राजनीतिक क्रान्ति के साथ संलग्न है। उस समय का राजनीतिक आदर्श था—हाथ में गीता लिये फाँसी के तख़्ते पर हँसते हुए चढ़ जाना।" नेशनल कॉलेज, जिसके प्रधानाचार्य श्री अरविन्द थे, उग्र राष्ट्रवादियों और क्रान्तिकारियों का केन्द्र था। देउस्कर जी वहाँ अध्यापन-कार्य करते थे। उन्हीं के प्रेरणा-प्रयत्न से पराड़कर जी और अम्बिकाप्रसाद वाजपेयी भी उस कॉलेज में अध्यापक के रूप में आ गये। अपने पत्र-सम्पादन के दायित्व के साथ-साथ ये लोग अध्यापन-कार्य करते थे। उद्देश्य था एक मात्र देश की मुक्ति—देश की सेवा। उद्देश्य की पूर्ति के लिए वे किसी भी मार्ग को अपनाने के लिए उद्यत थे। अपने अध्यापन-द्वारा वे विभिन्न देशों की मुक्ति की कहानी बताते हुए अपने देश की परवशता की चर्चा कर इसकी मुक्ति के लिए विद्यार्थियों में प्रेरणा और आत्मबल का संचार करते थे। बड़े उत्साह से वे अपने महत् दायित्व का निर्वाह कर रहे थे, किन्तु जब उन्हें अपनी उद्देश्य-पूर्ति में व्यवधान दिखाई पड़ा तो इन लोगों ने नेशनल कॉलेज से अपने को अलग कर लिया। सम्पादकाचार्य पं. अम्बिकाप्रसाद वाजपेयी ने अपने संस्मरण लिखते हुए इस प्रसंग की चर्चा इस प्रकार की है, "नेशनल कॉलेज की स्थापना हो चुकी थी और मेरे मित्र स्व. सखाराम गणेश देउस्कर तथा पं. बाबूराव विष्णु पराड़कर उसमें अध्यापन कार्य करते थे। देउस्कर जी 'हितवादी' छोड़कर वहाँ गये थे और पराड़कर जी 'हितवार्ता' के सम्पादन के साथ-साथ वहाँ हिन्दी और मराठी पढ़ाते थे। उन्होंने यह प्रयत्न किया कि हिन्दी पढ़ाने का कार्य मैं करूँ।...मैंने यह स्वीकार कर लिया। कुछ ही महीनों के बाद पराड़कर जी दो महीने की छुट्टी पर चले गये, इसलिए 'हितवार्ता' का सम्पादन-भार भी मेरे ही ऊपर आ पड़ा। 'श्री सनातन धर्म' तो छोटे आकार का पत्र था, पर 'हितवार्ता' का आकार बड़ा था। फिर भी दोनों के सम्पादन के साथ ही कॉलेज का काम अनायास ही हो जाता था। क्योंकि जवानी की उम्र थी, और अधिक परिश्रम से भी शरीर नहीं थकता था। यही नहीं 'हितवार्ता' के काम में अधिक आनन्द मिलता था क्योंकि उसकी नीति सर्वथा अपने अनुकूल थी।

1910 में कॉलेज के अधिकारियों की नयी नीति हमलोगों को पसन्द न थी इसलिए देउस्कर जी, पराड़कर जी और मैंने बिना कारण निर्देश किये हुए एक साथ पद-त्याग कर दिया।...गवर्नमेण्ट का दबाव नेशनल कॉलेज पर भी हो गया अस्तु, हम लोग नेशनल कॉलेज से चले आये।"[1]

1. पं. अम्बिकाप्रसाद वाजपेयी : विशाल भारत, सितम्बर 1931।

कलकत्ते का राजनीतिक हिन्दी मासिक पत्र 'नृसिंह'

'श्री सनातन धर्म' का सम्पादन और नेशनल कॉलेज का अध्यापन-कार्य करने के पहले सन् 1907 में पं. अम्बिकाप्रसाद वाजपेयी ने 'नृसिंह' नामक साप्ताहिक पत्र प्रकाशित किया था और जिसके सम्पादक-संचालक सब-कुछ वाजपेयी जी ही थे। अपने संस्मरण में वाजपेयी जी ने अपने इस पत्र के आविर्भाव की चर्चा इस प्रकार की है, "मेरे पास कुछ रुपये हो गये थे, इसलिए मुझे मासिक पत्र निकालने की सूझी। अनेक मासिक पत्र हिन्दी में निकलते थे परन्तु उनमें कोई राजनीतिक पत्र न था, इसलिए इस अभाव की पूर्त्ति का ठेकेदार मैं बना। पत्र का नाम 'नृसिंह' रखा। 1907 के नवम्बर में पहली संख्या निकली। मैं ही लेखक, सम्पादक, मुद्रक, प्रकाशक, क्लर्क और दफ्तरी सब-कुछ था। बड़े आग्रह और प्रार्थना पर पं. गोविन्दनारायण मिश्र ने 'अवतरणिका' और पं. दुर्गाप्रसाद मिश्र ने 'उद्देश्य' लिखवा दिया था। पं. दुर्गाप्रसाद जी का वीरभद्र देव शर्मा के नाम से एक लेख पण्डितों की चाटुकारिता के सम्बन्ध में बाद को छपा, पर पं. गोविन्दनारायण जी ने फिर कुछ लिखा-लिखाया नहीं।"

प्रकाशन-सम्बन्धी कठिनाइयों का उल्लेख करते हुए इसी लेख में वाजपेयी जी ने लिखा है, "रुपये का प्रबन्ध करना, पत्र के लिए काग़ज़ लाना, छपाना, प्रूफ़ देखना और डिस्पैच करना मेरा ही काम था। इन सब कार्यों से मुझे जितना कष्ट नहीं हुआ, उससे कहीं अधिक आर्थिक चिन्ता से रहा और आफ़त की मार कि आगे भी इस चिन्ता ने मेरा पिण्ड नहीं छोड़ा। पूँजी तो नहीं के बराबर ही थी इसलिए यह दो-तीन अंकों के लिए भी यथेष्ट नहीं हुई।...ग्राहक 200 भी नहीं थे और विज्ञापन का प्रायः अभाव ही था और काग़ज़ नदारद। कहाँ से रुपया आवे, जो काग़ज़ लाया जाए? मेरे तथाकथित साझी महाशय ने कुछ भी देना स्वीकार न किया, इसलिए मुझे वह कार्य करना पड़ा जो पहले कभी नहीं किया था।...एक परिचित सज्जन के पास गया, जो मेरे निकट के सम्बन्धी की सहायता किया करते थे। बड़ी देर तक उनके पास बैठा रहा और अन्त में साहस कर के 30) उधार माँगे। उन्होंने 20) की एक चेक दी और इसे लेकर मैं काग़ज़ वाले के यहाँ गया और तुड़ाकर काग़ज़ ले आया।

राम-राम करके एक साल पूरा किया और पत्र बन्द कर दिया। एक मित्र ने 100) सहायतार्थ दिये, पर मैंने सर गुरुदास बनर्जी की बँगला पुस्तिका 'शिक्षा' के हिन्दी भाषान्तर में ख़र्च कर दिये और 'नृसिंह' सदा के लिए बन्द कर दिया।"

स्पष्ट है कि 'नृसिंह' का प्रकाशन एक वर्ष तक ही हुआ। कहना न होगा कि इसकी अल्पायु का एकमात्र कारण था हिन्दी पत्रकारिता के सभी प्रतिकूल और अशुभ ग्रहों का इस पर एक साथ प्रकोप। स्मरणीय है कि हिन्दी पत्रकारिता को अपने जन्मकाल से ही प्रतिकूल ग्रह और कठिन परिस्थिति से लड़ना पड़ा है।

'नृसिंह' के प्रथम अंक के प्रथम पृष्ठ की सामग्री इस प्रकार है :

श्री गणेशाय नमः।

नृसिंह

मासिक पत्र

यदा यदा हि धर्म्मस्य ग्लानिर्भवति भारत।
अभ्युत्थानमधर्मस्य तदात्मानं सृजाम्यहम् ॥
परित्राणाय साधूनां विनाशाय च दुष्कृताम्।
धर्मसंस्थापनार्थाय सम्भवामि युगे युगे ॥

(श्री मद्भगवद्गीता)

भाग 1) कलकत्ता, विजयदशमी संवत् 1964 (संख्या 1

प्रथम पृष्ठ पर ही 'अवतरणिका' शीर्षक लेख है, जिसे सम्पादक के अनुरोध पर गोविन्दनारायण मिश्र ने लिखा है। हिरण्यकशिपु और भक्तशिरोमणि प्रह्लाद की कथा वर्णित कर लेखक ने 'अवतरणिका' का उपसंहार इस प्रकार किया है, "इसमें सन्देह नहीं कि अत्याचार का विशेष बढ़ना, राजा-प्रजा सबके लिए ही परम दुःखदायी होता है। परिणाम में असम्भव भी सम्भव हो जाता है और भगवान् की विचित्र लीला प्रत्यक्ष देखने में आ जाया करती है। जैसे बाह्य दृश्यों में स्वार्थपरायण प्रबल राजा से सामान्य पशु-पक्षी कीट पतंग तक में अपने स्वार्थ के लिए दुर्बल को सताना हर घड़ी प्रत्यक्ष दिखता, वैसे ही प्रत्येक मनुष्य के अन्तःकरण में कुमति और सुमति, धर्म्म और अधर्म्म के राज्य पर चढ़ाई करने को अपनी-अपनी सेना सहित दिन-रात धावा करती ही रहती हैं। जिसके शरीर में जिस प्रकार की वृत्तियाँ विशेष बलवती रहती हैं, उसके अन्तःकरण में उनके अनुसार ही धर्म्म वा अधर्म्म का अविचल राज्य स्थापित हो जाया करता है। अटल विश्वास, भक्ति, साधना और उद्यम वा तपस्या से ही राज्य की भित्ति भी सुदृढ़ रूप से स्थापित होती है। अन्तःकरण से सच्चा अनुराग और सच्ची भक्ति के बिना स्वराज्य वा परराज्य दोनों में एक की प्रतिष्ठा नहीं हो सकती है। सुप्रतिष्ठित प्रबल पराक्रान्त राज्य का विनाश भी

अदूरदर्शिता, पाशव अत्याचार और विशेष रूप से मदान्ध होने के कारण से ही होता है।"

'नृसिंह' का उद्देश्य

'अवतरणिका' के नीचे 'नृसिंह' के 'उद्देश्य' की विज्ञप्ति है, "यों तो सब ही हिन्दी पत्र राजनीतिक आलोचना के अभिप्राय से प्रकाशित होते हैं, परन्तु वास्तव में इनमें इने-गिने ही हिन्दी पत्र यथाविधि इस उद्देश्य के साधन में तत्पर दिखते हैं। मासिक पत्रों का तो कोई निर्धारित लक्ष्य ही स्थिर नहीं दिखता और न इनके सम्पादक ही निज कर्तव्य पालन में यथायोग्य दत्तचित्त देख पड़ते हैं। एक ही पत्र के किसी अंक में तो राजनीति की भरमार परवर्ती अंक में उपन्यासों का चमत्कार वा 'ऐयारी' का खिलवाड़ साथ ही समाज सुधार का विचार, पुनः विज्ञान का प्रचार साथ ही व्याकरण का संस्कार कभी-कभी वाग्वितण्डा का उपचार और आपस में जूती पैजार का व्यभिचार देखने में आता है। सारांश यह है कि जो नियम उठाया जाता, उसका निर्वाह अन्त तक देखने में नहीं आता। प्रत्येक विषय अधूरा रह जाता और पूरा होने नहीं पाता। हिन्दी पत्रों की ऐसी विचलित विशृंखल आलोचनाओं की यथाविधि सांगोपांग समालोचना करना और धीर गम्भीर भाव से आलोचित विषयों की गूढ़ गवेषणापूर्वक मीमांसा करना ही 'नृसिंह' का अन्यतम वा प्रधान पुरुषार्थ है।"

विशेष नियम

'नृसिंह' के विशेष नियम अन्तिम पृष्ठ पर इस प्रकार हैं :

'नृसिंह' के विशेष नियम।

(1) इसका अग्रिम वार्षिक मूल्य 2) रुपये है। जिनको नमूने की आवश्यकता हो वे कृपापूर्वक चार आने भेज कर मँगा लें।

(2) सम्पादक लेखकों की सम्मति के उत्तरदाता नहीं हैं।

(3) चिट्ठी-पत्री, रुपया पैसा आदि मनेजर के नाम नीचे लिखे पते पर भेजना चाहिए।

मनेजर, 'नृसिंह',
नं. 72।3 चासा धोबा पाड़ा स्ट्रीट,
कलकत्ता।

कलकत्ता—नं. 80।1 मुक्ताराम बाबू स्ट्रीट, गोबर्द्धन प्रेस छापकर नं. 72।3 चासा धोबा पाड़ा स्ट्रीट से ए.पी. वाजपेयी ने प्रकाशित किया।"

प्रकाशन की उन कठिनाइयों का उल्लेख प्रकाशक-सम्पादक के ही शब्दों में

ऊपर किया गया है जिनके चलते किसी तरह 'नृसिंह' एक वर्ष जीवित रह सका। संख्या 11,12 श्रावण, भाद्र संवत् 1965 को संयुक्तांक के रूप में प्रकाशित हुआ था। इस संयुक्तांक की सम्पादकीय टिप्पणी–'हमारा वक्तव्य' में हिन्दी पत्र-पाठकों की रुचि और बौद्धिक धरातल की चर्चा करते हुए पत्र-प्रकाशन-सम्बन्धी अन्य कठिनाइयों का भी सम्पादक ने उल्लेख किया है। उक्त सम्पादकीय वक्तव्य की अन्तिम पंक्तियाँ इस प्रकार हैं : **"हिन्दी पत्रों के पाठकों के मन में पढ़ने-लिखने का चाव बहुत कम रहता है। साधारणतः उन्हें भले-बुरे का ज्ञान नहीं होता, तड़क-भड़क पर ही लोटपोट हो जाते हैं। चित्रों के प्रेमी और समाचारों के पाठक ही हिन्दी में अधिक हैं। विषय की उत्कृष्टता देखकर बहुत ही कम लोग ग्राहक होते हैं। इसी से साप्ताहिक समाचारपत्रों के ही प्रेमी अधिक मिलते हैं। हिन्दी में अच्छे मासिक के अभाव का यह एक प्रधान कारण है। जब तक किसी प्रेस से ठीक समय पर 'नृसिंह' निकालने का प्रबन्ध न कर लिया जाएगा, तब तक इसे बन्द रखना पड़ेगा। हम नहीं चाहते थे कि एक दिन भी यह बन्द रहे, परन्तु ग्राहकों के तकाजों से हम को ऐसा करना पड़ा। दो ही चार दिन की देर से ग्राहक घबरा जाते हैं और दो-दो तीन-तीन महीने वे कैसे चुप रह सकते हैं? प्रेस का प्रबन्ध होने में भी देर न लगती, पर जब नये प्रेस ऐक्ट से मालवीय जी जैसे आईन के पण्डित डरते हैं, तब साधारण लोगों की क्या बात है? जिस प्रेस में अभी तक 'नृसिंह' छपता था, उसके अध्यक्ष को भी लोगों ने भड़काया परन्तु हमारे बहुत समझाने-बुझाने पर किसी प्रकार उन्होंने वर्ष पूरा कर दिया। यदि इससे पाठकों वा देश का कुछ लाभ हुआ हो तो, वा भविष्यत् में होने की सम्भावना हिन्दी भाषियों को समझ पड़ेगी, तो नृसिंह भगवान की कृपा से किसी प्रकार हम पुनः कार्य्य क्षेत्र में अवतीर्ण होने की चेष्टा करेंगे।"**

'नृसिंह' शब्द का विशिष्ट अर्थ

युगीन परिवेश के आलोक में देखने पर स्पष्ट हो जाता है कि 'नृसिंह' के नाम, उद्देश्य और इसके समग्र वैशिष्ट्य में तिलक-युग मुखर है। 'नृसिंह' एक व्यापक अर्थवाची शब्द है। 'नृसिंह' एक नाम है न्याय और औचित्य के रक्षक का। नृसिंहावतार का एक बड़ा प्रयोजन था। अधर्म का, अन्याय और अनौचित्य का निरसन तथा धर्म और सत्य की प्रतिष्ठा के महत् उद्देश्य से नृसिंहावतार सम्भव हुआ था। और तभी से नृसिंह शब्द प्रतीक बन गया औचित्य विधायिनी शक्ति का, जिसे देखते ही न्याय और औचित्य-रक्षा का हमें आश्वास-बोध होता है।

'नृसिंह' का प्रकाशन भी एक बड़े उद्देश्य को लेकर हुआ था। अनेक

कठिनाइयों और नाना प्रकार की प्रतिकूलताओं से जूझते हुए भी इसने अपने दायित्व का निर्वाह किया।

'स्वराज्य की आवश्यकता' : तिलक युग के भारत की राजनीतिक क्षुधा

हमने ऊपर चर्चा की है कि लोकमान्य तिलक ने स्वराज्य को जन्मसिद्ध अधिकार घोषित किया था और पूरे देश में स्वराज्य की भूख उत्पन्न की थी। 'नृसिंह' अंक 4 का पहला लेख है, 'स्वराज्य की आवश्यकता'। इस लेख की कुछ पंक्तियाँ द्रष्टव्य हैं :

"स्वराज्य की आवश्यकता भारतवासियों को इसलिये है कि विदेशी सरकार उनके अभाव-अभियोगों के समझने में असमर्थ है। यदि आज यहाँ स्वराज्य होता, तो लाखों हिन्दुस्तानी दुर्भिक्ष के कारण दाने-दाने को तरस कर प्राण न गँवाते...स्वराज्य के अभाव से ही प्रतिवर्ष 45 करोड़ रुपये इस दरिद्र देश से इंगलैण्ड चले जाते हैं! और इसके बदले भारत में एक कानी कौड़ी तक नहीं आती; जहाँ पाँच करोड़ मनुष्यों को साल भर में एक समय भी पेट भरकर भोजन नहीं मिलता, जिसके पास जाड़े में रात को ओढ़ने के लिये कम्बल तक नहीं है, जहाँ के करोड़ों किसान अरहर, उड़द, चना और मूँग बोते हैं पर उसके स्वाद से नितान्त अनभिज्ञ रहते हैं, जिन्हें टैक्स देने के लिये बाध्य होकर अन्न बेचना पड़ता है, जहाँ के शासक शासितों से सहानुभूति नहीं रखते; उस देश की विपत्तियों की तुलना किस से हो सकती है...ऐसी स्थिति में स्वराज्य के बिना भारत की गति ही नहीं है। जिस प्रकार रोगी को औषधि की, भूखे को अन्न की और दरिद्र को धन की आवश्यकता होती है, उसी प्रकार भारत को स्वराज्य की आवश्यकता है। भारतवासियों के लिये दो ही मार्ग हैं। चाहे वे स्वराज्य लाभ कर अपना मनुष्यत्व बनाये रक्खें अथवा जंगली मनुष्यों की भाँति पशुओं की श्रेणी में सम्मिलित हो जाएँ। दोनों बातें भारतवासियों के अधीन हैं।"

इसी अंक के दूसरे लेख 'परदेशी भारतवासी' में सम्पादक श्री पं. अम्बिकाप्रसाद वाजपेयी ने देशवासियों का आह्वान किया है : **"आओ समस्त देशवासियो हम लोग—उपनिवेश और उसके पिट्ठू इंग्लैण्ड की वस्तुओं का बहिष्कार करें, जिससे उन्हें जान पड़े कि हिन्दुस्तानी निरे मुर्दे नहीं हैं। हम लोग दिखा दें कि हम आत्माभिमानी हैं और तुम्हें तुम्हारे पाप कर्मों का फल चखाने को बद्ध परिकर हैं। मद्राज ने इस विषय का श्री गणेश किया है। जो प्रान्त वा प्रदेश इस समय अपने कर्तव्य से च्युत होगा, इसका नाम सदा के लिये कलंकित हो जाएगा।"**

1906 की कलकत्ता काँग्रेस में पं. मदनमोहन मालवीय ने देश की ग़रीबी और देशी उद्योग-धन्धों के पिछड़े होने का कारण बताते हुए कहा था कि **"हमारे देश का कच्चा माल देश से बाहर चला जाता है और विदेशों से तैयार होकर उसका माल हमारे पास आता है। अगर हम स्वतन्त्र होते तो ऐसा न होने देते। उस हालत में हम भी उसी प्रकार अपने उद्योगों का संरक्षण करते, जिस प्रकार कि सब देश अपने उद्योगों की शैशवावस्था में करते हैं।"** श्री तिलक ने कहा था कि "हमारे अन्दर स्वावलम्बन, दृढ़-निश्चय और त्याग की भावना होनी चाहिए।" और नृसिंह' के अंक 4 में प्रकाशित सम्पादकीय लेख की एक पंक्ति इस प्रकार है : **"स्वराज्य होने का पहला लाभ यही है कि स्वराज्य प्राप्त जाति अपनी सुविधा से वाणिज्य, व्यापार के लिये आईन कानून बना सकती है और इस प्रकार देश की आर्थिक उन्नति का मार्ग उन्मुक्त कर सकती है।"**

काँग्रेस का गरम दल और 'नृसिंह' की नीति

सन् 1907 में सूरत अधिवेशन के समय काँग्रेस में प्रकट रूप से दो दल हो गये। दोनों की प्रवृत्ति और प्रकृति के अनुसार उन्हें गरम दल और नरम दल नाम दिया गया। एक के नेता तिलक, विपिनचन्द्र पाल, अरविन्द घोष, लाला लाजपत राय आदि थे, दूसरे के अर्थात् नरम दल के थे गोखले, फ़िरोजशाह मेहता, सुरेन्द्रनाथ बनर्जी और डॉ. रासबिहारी घोष इत्यादि। निवेदन किया जा चुका है कि 'नृसिंह' की नीति गरम दल के निकट थी। अंक 3 में 'राष्ट्रीय और धृतराष्ट्रीय' शीर्षक एक लेख प्रकाशित हुआ था जिसमें गरम दल को राष्ट्रीय और नरम दल को 'धृतराष्ट्रीय' कहा गया है। दोनों के अन्तर की चर्चा करते हुए पं. अम्बिकाप्रसाद वाजपेयी ने लिखा है, **"संक्षेप में 'धृतराष्ट्रीय' पक्ष का सिद्धान्त यह है, कि ये बिनती करने के सिवा कुछ न करेंगे। 'राष्ट्रीय' पक्ष स्वदेशी बहिष्कार द्वारा देश की आर्थिक उन्नति करेगा और सरकार के आँख कान करने के लिये अप्रत्यक्ष वा परोक्ष प्रतिकार का अवलम्बन करेगा, परोक्ष प्रतिकार में गला घोटू आईन न मानेगा। स्वावलम्बन इसका मूल मन्त्र है।...हमारा विश्वास है कि प्रत्येक कार्य्य में दो पक्ष होने से हानि के बदले लाभ ही होता है। दो पक्ष होने से कार्य्य नष्ट होने का विचार जिनके मस्तिष्क में समाया है, वे विचारे संसार के राजनीतिक इतिहास के विषय में घोंघावसंत ही हैं... जिस प्रकार किसी मनुष्य की आँख में फूली वा माड़ा पड़ जाता है और बिना दूसरे के बताये उसे अपनी आँख की दशा का ज्ञान नहीं होता, उसी प्रकार प्रत्येक मनुष्य को अपने कार्य्य का दोष न दिखना भी स्वाभाविक है। इसके अतिरिक्त ये तो धृतराष्ट्रीय ही ठहरे, इन्हें आँखवाले की सदा ही आवश्यकता बनी रहती है। उन्नति के लिये दो वा अधिक पक्षों का होना अत्यानन्द का विषय है।"**

'नृसिंह' की जातीय दृष्टि

श्री तिलक ने अपने देशवासियों से कहा था कि प्रत्येक जातीय प्रयत्न के औचित्य के प्रति आश्वस्त रहना अत्यन्त आवश्यक है। कोई राष्ट्रीय कार्य सम्पन्न कर उसके औचित्य के प्रश्न को लेकर द्विविधा अथवा विकल्प में पड़ना दुर्बल इच्छा-शक्ति का सूचक है। कलकत्ता के बैरिस्टर मि.ए.सी. बनर्जी की ऐसी ही दुर्बलता को लक्ष्य कर अंक 2 में एक सम्पादकीय टिप्पणी इस प्रकार है—**"आज कल जिन लोगों ने 'येनकेन प्रकारेण' प्रसिद्धि प्राप्त करना ही अपना मुख्य उद्देश्य मान रक्खा है, उनमें यदि कलकत्ते के बारिष्टर मि.ए.सी. बनर्जी की भी गणना कर ली जाए तो कुछ अनुचित नहीं है। अपनी व्याख्यान रत्नमाला के कारण उन्हें सर्वसाधारण की दृष्टि में जितना हेठा लालची और स्वार्थी प्रमाणित होना पड़ा है उसे लोग भलीभाँति जान गये हैं।...यदि वे चुपचाप बारिष्टरी करते रहते और राष्ट्रीय पक्ष में सम्मिलित होकर ओजस्विनी वक्तृता देने में सीमातिरिक्त छलाँग न मारते, तो कदाचित् उन्हें इस प्रकार लांछित और अपमानित भी न होना पड़ता। हम नहीं चाहते कि कोई राजद्रोही वक्तृता दे फिर क्षमा प्रार्थना कर अपने देशवासियों के सत्कार्य को असत् सिद्ध करे। इस प्रकार राष्ट्रीय आन्दोलन को कलंकित करना अच्छा नहीं। मि. बनर्जी बारिष्टर हैं। वक्तृता के समय उन्होंने अवश्य उसका परिणाम समझ लिया होगा। पर फिर थूककर क्यों चाटा? जो लोग राष्ट्रीय आन्दोलन के निमित्त कष्ट उठाने से भागते हैं उन्हें उससे दूर रहना चाहिए। क्योंकि मि. मौर्ली स्वयं कहते हैं कि इसमें बहुत दुःख झेलने पड़ेंगे। जो लोग इस आन्दोलन का कार्य्य किया चाहें, उनसे हम प्रार्थना करते हैं कि पहले तो अपना जी तौल लें तब इस समुद्र मन्थन में सम्मिलित हों, क्योंकि उसमें किसी-न-किसी दिन अवश्य विष निकलेगा और उसे देख, डरकर मैदान छोड़ भागना पुरुष का कार्य्य नहीं है।"**

'मराठा' के सम्बन्ध में हमने ऊपर लिखा है कि ऐंग्लो इण्डियन पत्रों के भारत और हिन्दू-विरोधी प्रचार का निरास करना 'मराठा' अपना दायित्व समझता था। 'नृसिंह' भी ऐंग्लो इण्डियन पत्रों की विषैली टिप्पणियों पर दृष्टि रखता था। 'नृसिंह' के प्रथम अंक में ही इस विषय को लक्ष्य कर एक सम्पादकीय टिप्पणी है जिसे यहाँ अविकल उद्धृत किया जाता है :

"अँग्रेज कुत्तों के प्रेमी होते हैं पर हिन्दुस्तानी उनसे घृणा करते हैं। हिन्दू मुसलमानों के यहाँ कुत्ते से छू जाने पर केवल स्नान ही नहीं वरन् कपड़े तक धोने की विधि है, पर अँग्रेज कुत्तों के मुँह से मुँह मिलाने में भी तनिक नहीं हिचकते। अँगरेजी सभ्यता के रक्षक कुत्तों ने आजकल बहुत तंग कर रखा है; क्योंकि अभी तक तो निष्प्रयोजन दिन रात ये भूँका ही करते थे,

पर अब काटने को भी मुँह खोलने लगे हैं। हाल में 'लण्डन टाइम्स' और 'इंगलिश मैन' ने इसका आभास दिया है। हम इस विषय में कुछ कहना नहीं चाहते थे पर ज्यों-ज्यों हम लोग तरह देते जाते हैं, त्यों-त्यों ये नरी चबाने दौड़ते हैं। यह कहने की आवश्यकता नहीं है कि इंगलिश मैन का न्यू मैन टाइम्स का संवाददाता है। इसने टाइम्स में एक पत्र छपाया, जिसमें लिखा है कि जिन हिन्दू विधवाओं से मुसलमानों ने निकाह कर लिया था, वे इससे बड़ी प्रसन्न हुई थीं। क्योंकि हिन्दू विधवाओं की बड़ी दुर्दशा होती है; उन्हें अनेक प्रकार के कष्ट दिये जाते हैं। 'इंगलिश मैन' ने भी मि. हार्डी को उपदेश देते हुए ऐसी ही बातें कही हैं, पर उन्होंने इसका विचार नहीं किया कि हिन्दू और अँग्रेज स्त्रियों में आकाश-पाताल का अन्तर है। अँग्रेज स्त्री के लिये पातिव्रत वैसा ही है जैसे बन्दर के लिये अदरक का स्वाद। पति के मरते ही उसे पुनर्विवाह की पड़ जाती है। लोग उसके पीछे दौड़ने लगते हैं, और शीघ्र ही उसका विवाह हो जाता है। अँग्रेज स्त्रियों का विवाह रोटी-कपड़े के लिये और हिन्दू स्त्रियों का विवाह परलोक सुधारने के लिये होता है। विधवा हो जाने पर ये निज इच्छा से विलासिता के पदार्थ त्याग देती हैं। पर अँग्रेज़ स्त्रियाँ पुनर्विवाह की अभिलाषा से विशेष बन ठन कर निकलती हैं। हम अँग्रेजों को चिताये देते हैं, कि यदि वे इन कुत्तों को न बाधेंगे, तो अन्त में पछतावे के सिवा कुछ हाथ न लगेगा।"

युग के नेता के आदर्शों का 'नृसिंह' में आनयन

कहना न होगा कि इस युग के सम्पादक युग के नेता के आदर्शों के आधार पर ही अपनी नीति का निर्धारण करते थे। इस युग के लोकनायक अपनी प्राचीन परम्परा और हिन्दू धर्म के प्रति आस्थावान् थे। अरविन्द ने कहा था, "पराधीनता का प्रधान आधार है जाति का स्वधर्म नाश और परधर्म सेवा, यदि पराधीन अवस्था में हम स्वधर्म की रक्षा कर सकें या स्वधर्म को पुनरुज्जीवित कर सकें तो फिर पराधीनता का बन्धन अपने-आप खुल जाएगा—यह प्रकृति का अलंघनीय नियम है। अतएव यदि कोई जाति अपने दोष से पराधीनता में जा पड़े तो अविकल और पूर्णांग स्वराज्य ही उसका प्रथम उद्देश्य और राजनीतिक आदर्श होना चाहिए।"[1] नये राष्ट्रोद्धारकों की चर्चा करते हुए श्री अरविन्द ने एक दूसरे स्थल पर विश्वास प्रकट किया था कि "यह नवीन सन्तति जो कुछ करने के लिए अभी है वह पूरा किये बिना नहीं जा सकती। अवश्य ही इस नवीन के अन्दर भी पुरातन का प्रभाव विद्यमान है।...नवीन लोगों

1. श्री अरविन्द : 'धर्म और जातीयता', पृ. 88-89।

के भीतर सत्य युग के प्राकट्य का एक अपूर्व लक्षण दिखाई दे रहा है और वह यह है कि उनकी धर्म में मति है, और बहुतों के हृदय में योगलिप्सा और धर्म-विकसित योग शक्ति विद्यमान है।"[1] नये लोगों को सुझाव देते हुए श्री अरविन्द ने कहा था, "हमारे लिए जैसा समय और जैसी अवस्था उपस्थित हुई है उसको देखते हुए हमारा इस समय प्रधान कर्तव्य हो गया है—रजः और सत्वयानी प्रवृत्ति और ज्ञान को जगा कर, तम का वर्जन कर के देश की सेवा और जगत की सेवा के लिए अपनी जाति की आध्यात्मिक शक्ति और नैतिक बल को पुनरुज्जीवित करना।"[2] प्राचीन भारतीय सांस्कृतिक मान्यताओं के प्रति श्री तिलक ने अपनी धारणा इस प्रकार प्रकट की थी, "हमारी धर्म और ज्ञान की परम्पराएँ अत्यन्त प्राचीन हैं। धर्म और ज्ञान के सम्बन्ध में हमारी परम्पराएँ अन्य किसी भी देश से घटिया नहीं, अपितु उत्कृष्ट ही होंगी। यदि हम उन परम्पराओं को छोड़ दें तो हमारी जाति को परस्पर जोड़ने का कोई साधन न रहेगा। प्राचीन मान्यताओं को तोड़ने का परिणाम यह होगा कि जाति का शीराजा बिखर जाएगा। हमें सदा यह बातें याद रखनी चाहिए।"[3] 'नृसिंह' की मूल ध्वनि इन्हीं उपरोक्त स्वरों की प्रतिध्वनि है।

औचित्य का विचार छोड़कर ब्रिटिश सरकार राष्ट्रीय नेताओं पर तरह-तरह के आरोप लगाकर उन्हें यन्त्रणा देती और उनकी जातीय शक्ति को कुण्ठित करने की कुटिल चेष्टा करती रहती थी। तिलक, लाला लाजपत राय और श्री अरविन्द पर ग़लत आरोप लगाकर उन्हें कड़ी सज़ा दी गयी थी। पराधीनता की सबसे बड़ी यन्त्रणा यह थी कि ब्रिटिश सरकार न्याय का गला घोंटकर भारतीयों को तरह-तरह से पीड़ित करती थी ताकि उनकी शक्ति टूट जाए और परवशता-मुक्ति की कामना उनके मन में कभी न उठने पाये। कहना न होगा कि सरकारी दमन-नीति का परिणाम भारत के हक़ में अच्छा हुआ। तिलक पर लगाये गये आरोपों की असत्यता विज्ञप्त थी। मोतीलाल घोष महाशय, जो तिलक के विश्वासपात्र व्यक्तियों में थे, ने तिलक को सुझाव दिया था कि सरकार से समझौता कर मामले को आगे न बढ़ने देने में ही बुद्धिमानी है। घोष महाशय के पत्र का उत्तर देते हुए श्री तिलक ने लिखा था, "लोगों में मेरी जो प्रतिष्ठा है, उसका आधार मेरा चरित्र है। इस राजनीतिक अभियोग में डर जाना, मेरे लिए लज्जास्पद होगा। यदि मैं दब गया तो मेरे लिए पूना में रहूँ या अण्डमान में दोनों एक ही-से होंगे। यदि हमें राजनीति में भाग लेना है तो ऐसे संकटों के लिए सदा उद्यत रहना चाहिए। सरकार का उद्देश्य हमें जनता की दृष्टि में गिराना है, परन्तु मुझे विश्वास है कि वह झुकाने में सफल नहीं होगी।

---

1. श्री अरविन्द : धर्म और जातीयता', पृ. 63।
2. वही, पृ. 12।
3. इन्द्र विद्यावाचस्पति : 'लोकमान्य तिलक और उनका युग', पृ. 141।

वह हमें ऐसा कच्चा बाँस न पाएगी कि ज़रा से बोझ से टूट जाए। हमें यह भी तो याद रखना चाहिए कि अन्त में हम किसी हद तक जनता के सेवक ही तो हैं। यदि नाज़ुक समय आने पर हम लोग भाग निकलेंगे तो यह जनता के साथ विश्वासघात और द्रोह ही तो माना जाएगा। यदि मुझे सज़ा हुई तो देशवासियों की जो सहानुभूति मुझे प्राप्त होगी, वही मुझे सहारा देगी।" तिलक की इस आस्था का परिणाम था पूरे देश का सक्रिय सहयोग। 'सन्ध्या'-सम्पादक ब्रह्मबान्धव उपाध्याय पर भी राजद्रोह का आरोप लगाया गया था। 'सन्ध्या' के प्रकाशकीय, संचालकीय, और व्यवस्थापकीय सम्पूर्ण दायित्व उपाध्याय महाशय ने स्वीकार कर लिया था। अरविन्द घोष पर राजद्रोह का अभियोग लगाया गया था जिसकी चर्चा 'नृसिंह' के अंक 4 में 'श्रीयुत अरविन्द घोष' शीर्षक लेख में इस प्रकार है–

"गत अगस्त महीने में जब कलकत्ते के 'वन्दे मातरम्' पत्र पर राजद्रोह का अभियोग चला, तब पुलिस ने अरविन्द बाबू को सम्पादक बता कर अदालत में धर घसीटा। ज्योंही इन्होंने सुना कि इनको पकड़ने के लिये वारंट निकला है, त्योंही ये चुपचाप थाने चले गये। जिस प्रकार चिड़िया फँसाने के लिए चिड़ीमार के बड़े-बड़े यत्न निष्फल हो जाते हैं, वैसे ही पुलिस और मैजिस्ट्रेट के सब यत्न निष्फल हुए और पुलिस अपना-सा मुँह लिए रह गयी। इस देश में जितने राजद्रोह के मामले हुए प्रायः सब में अभियुक्त अपराधी प्रमाणित करके जेल में ठेल दिये गये हैं। पर जिस प्रकार घोष महाशय के मामले में पुलिस फिट्टी पड़ी और मजिस्ट्रेट को हाथ मलने पड़े, वैसा पहले कभी नहीं हुआ था।"

इसी प्रकार जब लाला लाजपत राय और सरदार अजीत सिंह जेल से मुक्त हुए उस समय 'नृसिंह' ने टिप्पणी करते हुए लिखा था कि "जिन्होंने रावलपिण्डी के हंगामे का ब्योरा ध्यान देकर पढ़ा है, उन्हें स्मरण होगा कि उसमें लाला लाजपत राय और सरदार अजीत सिंह को बलवाई प्रमाणित करने की लेशमात्र भी कसर नहीं की गयी थी। यदि अधिकारी लोग स्वीकार कर लेते कि ये निर्दोष हैं तो उनके प्रताप अर्थात्, 'प्रेष्टिज' घट जाने की सोलहो आने सम्भावना थी। इससे सम्राट् के जन्मोत्सव के बहाने वे छोड़े गये।"

अँगरेज़ों की संकीर्ण न्याय-व्यवस्था

अँगरेज़ों की न्याय-व्यवस्था कितनी संकीर्ण और पक्षपातपूर्ण थी; यह सभी जानते हैं। 'नृसिंह' के अंक-2 की एक सम्पादकीय टिप्पणी इस सन्दर्भ में द्रष्टव्य है–"रावलपिण्डी में एक हिन्दू अबला पर बलात्कार करके जिस प्रकार गोरा अपराधी मूर बेदाग छूट गया, तथा हिन्दुस्तानी नौकर की हत्या करके जिस प्रकार मि. ष्टर्लिंग को केवल छः महीने की सपरिश्रम जेल के साथ दो सौ रुपये देकर ही प्राण बचाने

की आज्ञा मिल गयी, उससे भारतवासियों के चित्त में दृढ़ विश्वास हो गया है कि आईन कानून की कड़ाई भारतवासियों के लिए ही है। यदि अँग्रेज़ी सरकार काले-गोरे के लिए एक ही ढंग की विचार-व्यवस्था रक्खेगी, तो असन्तोष घटेगा। इसका क्या कारण है कि विलायती मनुष्यों का विचार उनके भाई-बन्धु करें और साधारण प्रजा की भाँति मजिस्ट्रेट उनका विचार न कर सके? फिर जेल में यूरपियनों के रहने के लिए ससुराल-सा प्रबन्ध क्यों किया जाए? हिन्दुस्तानी अपराधियों की भाँति उनसे तेल क्यों न पिरवाया जाए? या मक्का क्यों न पिसवायी जाए? क्या ही अच्छा होता कि सरकार इन दोनों प्रकार के अपराधियों के लिए एक ही आईन क्यों न कर देती? कितने ही विदेशियों का भी विश्वास है कि जूरी के कारण ही गोरे निर्दोष प्रमाणित हो जाते हैं।"[1]

इसी गोरे-काले भेद को लक्ष्य कर पण्डित ब्रह्मबान्धव उपाध्याय के सम्बन्ध में 'नृसिंह' के पहले ही अंक में एक टिप्पणी इस प्रकार है—"प्रारब्ध से ससुराल भी अच्छी मिलती है। आजकल सन्ध्या के पण्डित ब्रह्मबान्धव उपाध्याय की प्रारब्ध अच्छी नहीं जान पड़ती। क्योंकि उनकी ससुराल से सिविल मिलिटरी गजट के मि. ष्टर्लिंग की ससुराल में बड़ा अन्तर है। ससुराल में उपाध्याय जी के 'हाथ में खुरपी, बगल में खारा' होगा, पर ष्टर्लिंग की ससुराल तो निःसन्देह 'सुख की सार' ही होगी। पुलिस कोर्ट के 'वेटिंग रूम' में उपाध्याय को न बैठने देना तथा काले लड़के के खून का अपराध लगने पर भी ष्टर्लिंग का फ़िटन पर चढ़कर जेल जाना इसका पक्का प्रमाण है। यद्यपि गोरे जूरियों की सहायता से यदि ष्टर्लिंग निर्दोष प्रमाणित हो जाएँ तो किसी को आश्चर्य नहीं हो सकता। यदि दण्ड भी हुआ, तो ससुराल में मि. ष्टर्लिंग अपने सुख के दिन बितावेंगे।"

इस प्रकार अँगरेज़ों की स्वार्थपरक न्यायव्यवस्था से क्षुब्ध होकर 'नृसिंह'-सम्पादक पं. अम्बिकाप्रसाद वाजपेयी ने लिखा था, "जिस देश में लिखने और बोलने की स्वतन्त्रता नहीं है, जहाँ देशभक्त राजद्रोही समझे जाते हैं और बिना अपराध ही निर्वासित कर दिये जाते हैं, जहाँ विचारक शासक बन बैठते हैं, जहाँ भलेमानस देशनायक चोर-डाकुओं से भी गये बीते समझे जाते हैं, वहाँ जो न हो वही आश्चर्य है।" जबकि लिखने और बोलने की स्वतन्त्रता नहीं थी तब औचित्य के आग्रह के चलते इतनी कड़ी बात कहना निरापद न था, किन्तु ऊपर निवेदन किया जा चुका है कि इन पत्रकारों के लिए पत्रकारिता पेशा नहीं बल्कि देश-सेवा का एक माध्यम थी।

1. "अमरावती काँग्रेस के अध्यक्ष श्री शंकर नायर बहुत बड़े वकील थे। उन्होंने अपने अध्यक्षीय भाषण में तिलक-अभियोग के सम्बन्ध में दो दोष बतलाये। एक दोष तो यह था कि सभ्य जगत् के नियम के अनुसार जूरी के सब सदस्य भारतीय होने चाहिए थे, जो नहीं रखे गये। दूसरा दोष यह था कि यदि विलायत में तिलक को सज़ा मिली होती तो उनके साथ साधारण कैदियों-जैसा सलूक न किया जाता।"—लोकमान्य तिलक और उनका युग, पृ. 110-111।

चूँकि 'नृसिंह' एक राजनीतिक पत्र था, इसलिए इसमें अन्य विषयों का समावेश किंवा चर्चा सम्भव न थी। छबीलदास (मधुर) की कविताएँ प्रायः इसमें छपती थीं। अंक 3 में एक कविता है—'जननी की पुकार', जिसकी कुछ पंक्तियाँ द्रष्टव्य हैं—

"सम्पत्ति मेरे घर से अपार।
हैं ले गये लूट अनेक बार ॥
रोती न हूँ मैं इस बात से भी।
वो हैं मुझे ख्याल न स्वप्न में भी ॥
ये बाल मेरे मरते अकाल।
होता मुझे है इनका ही ख्याल ॥
आलस्य मेरा घर हो गया है ॥
होता मुझे कष्ट वही सदा है ॥
ये पुत्र मेरे अति ही मलीन।
हा! हो गये हैं पुरुषार्थ हीन ॥
× × ×

हा! हा! इन्होंने सब खो दिया है। तो भी न आती इनको हया है।
भिक्षाटनों से निज तृप्त धार। 'दे दान दाता' कहते पुकार।
है वृत्ति ऐसी नित ही जिन्हों की। हो मुक्ति कैसे दुःख से उन्हों की।
आत्माभित्यागी जब लों न होंगे। स्वातंत्र्य भोगी तब लों न होंगे।
होंगे जभी ये निज स्वत्वधारी। होगा तभी दुःख विनाश भारी ॥
ये आँसु मेरे तब ही थमेंगे। मेरे जभी पुत्र 'स्वराज्य' लेंगे ॥"

इनकी एक दूसरी कविता अंक 5 में प्रकाशित हुई है—'परामर्श', इसकी बीच की पंक्तियाँ इस प्रकार हैं—

"दासत्व को दो अब छोड़ भाई। जानो इसी में अपनी भलाई ॥
आर्य्यत्व का नाम नहीं लजाओ। श्वेतांग पैरों पड़ना भुलाओ ॥
छोड़ो अभी तो इस पालसी को। झूठे हितैषी बनना न सीखो ॥
सच्चे हितार्थी जब ही बनोगे। देशी जनों का तब मान लोगे ॥
'दाता दिला दो' यह मंत्र छोड़ो। गौरांग चेले बनने न दौड़ो ॥
जोड़ो न मित्रों निज नाम साथ। सी. आइ. ई. की दुम तीन हाथ ॥"

काव्य गर्गज्ञ निश्चय ही इसे श्रेष्ठ कोटि की कविता नहीं मानेंगे तथापि इसमें सन्देह नहीं कि युगीन चेतना की दृष्टि से देखने पर इसका अपना एक महत्त्व है। बात चाहे पद्य में कही गयी हो या गद्य में, उस ज़माने के लिए यह एक कड़ी बात तो

थी ही और ज़ाहिर है कि कड़ी बात कहने का साहस सबमें नहीं होता, इसलिए भी इनका महत्त्व असन्दिग्ध है।

ऐंग्लो इण्डियन पत्रों के अनौचित्य का निरास

ऐंग्लो इण्डियन और अँगरेज़ी पत्रों का जवाब देने में 'नृसिंह' कितना सचेत था, इसे दिखाने के लिए पहले एक सम्पादकीय टिप्पणी उद्धृत की गयी है। देशी पत्रों के अराष्ट्रीय स्वर का भी विरोध वह खुलकर करता था। अंक 3 की टिप्पणी की कुछ पंक्तियाँ द्रष्टव्य हैं :

"आजकल देश में जितने उपद्रव होते हैं, ऐंग्लो इण्डियन पत्र सम्पादकों की कृपा से वे सब राजनीतिक साँचे में ढल जाते हैं। पर इन सबसे अधिक हम को इस बात से दुःख होता है कि कभी कभी हमारे देशवासी भी उन्हीं की हाँ में हाँ मिलाने लगते हैं। यदि गोरे पत्र सम्पादक नित नयी आविष्क्रियाओं में अपने चिर अभ्यस्त अस्त्र प्रयोग करें, तो किसी को आश्चर्य करने का स्थल नहीं है। पर जब मेल की दुन्दुभि बजा कर देशी सम्पादक ऐसा घृणित कर्म्म करते हैं तब हमें हतभाग्या जन्मभूमि के भाग्य में सुख के दिन बहुत दूर जान पड़ते हैं। क्यों कि गोरों और कालों का विपरीत स्वार्थ है, जिस में हमारी हानि है उस में उन का लाभ है। ऐसी दशा में हमारे देशवासियों का कर्त्तव्य है कि अपनी जलन मिटाने के लिये वे अपने भाई को शत्रु के हवाले करके गंगदत्त मेंढक का अनुसरण न करें।"

राष्ट्रभाषा का प्रश्न

देश की एकता को क़ायम रखने के लिए एक सामान्य भाषा के रूप में किसी देशी भाषा की प्रतिष्ठा का प्रश्न स्वातन्त्र्य-संग्राम के साथ हो उठा था। राष्ट्र के सच्चे उन्नायकों ने हिन्दी का पक्ष-समर्थन किया था। राष्ट्रभाषा का प्रश्न चूँकि राजनीति के साथ सम्पृक्त हो गया था इसलिए प्रत्येक राजनीतिक उपक्रम के साथ ही इस प्रश्न की ओर भी ध्यान दिया जाता रहा है। 'नृसिंह' ने भी इस प्रश्न को उठाया था। पहले ही अंक में प्रकाशित 'राष्ट्रभाषा' शीर्षक सम्पादकीय लेख के उपसंहार का एक स्थल इस प्रकार है–

"जो लोग अँग्रेजी नहीं जानते, वे न तो काँग्रेस में जाते हैं और न उस के उद्देश्यों को ही भलीभाँति समझते हैं। गत दिसम्बर में जो काँग्रेस कलकत्ता में हुई थी, उस की बैठकों में अँग्रेजी न जानने वाले अनेक मारवाड़ी भी उपस्थित थे। पर अँग्रेजी की उपयुक्त योग्यता न होने के कारण, उन्हें वहाँ कुछ आनन्द न मिलता था। अन्त को हिन्दी समाचार पत्रों द्वारा जो थोड़े बहुत समाचार मिले, उन पर ही उन्हें संतोष करना पड़ा। यदि आज समस्त

भारत के लिए सार्व्वजनिक अथवा राष्ट्रभाषा होती, तो विदेशी व्यापार में लिप्त मारवाड़ी भी देश की दुर्दशा का समस्त वर्णन अपने कानों सुन कर परिणाम में सत्यानाशी विदेशी वाणिज्य को तिलांजलि दे देते। इस के सिवाय समस्त देश में एकता उत्पन्न करने के लिये जिन तीन बातों की आवश्यकता होती है, उन में सार्व्वजनिक भाषा ही प्रधान है। हमारा यह सिद्धान्त कदापि नहीं है कि इन तीन बातों के बिना एकता सम्पादित नहीं हो सकती। वरंच यदि किसी प्रकार से समस्त देश में सार्व्वजनिक भाषा कर सकें तो हमारा कार्य्य बहुत ही सरल हो जाए। भिन्न-भिन्न प्रान्तों में परस्पर प्रेम और सहानुभूति के जो अंकुर उगे हैं वे विशेषतः विद्वन्मण्डली से ही परिविष्ट हैं। अब समय आ गया है, कि समस्त भारतवासी विद्वान अथवा मूर्ख तन, मन, धन से स्वदेशोन्नति के लिए कमर कस कर खड़े हो जाएँ। पर सर्व्वसाधारण को जगाने का काम विदेशी भाषा से कभी सम्पन्न नहीं हो सकता, उस के लिए राष्ट्रभाषा का प्रयोजन है।.....पर 'राष्ट्रभाषा' की गद्दी सब को नहीं दी जा सकती, वह एक को मिलेगी। समस्त भारत के 30 करोड़ मनुष्यों में 6 करोड़ मनुष्यों की मातृभाषा हिन्दी है। यदि इस में मुसलमानी हिन्दी बोलने वालों की संख्या भी जोड़ दी जाय, तो आठ करोड़ मनुष्यों की मातृभाषा हिन्दी हो जाती है। शेष 22 करोड़ मनुष्य मिल कर 10 भाषाएँ बोलते हैं। पंजाबी और गुजराती भाषाएँ हिन्दी से बहुत मिलती जुलती हैं, दोनों प्रान्तों के निवासी हिन्दी भली भाँति समझते हैं।"

इसी प्रश्न के दूसरे पक्ष की चर्चा की गयी है अंक 3 में। 'राष्ट्रभाषा' शीर्षक लेख का एक स्थल इस प्रकार है : "कलकत्ता विश्वविद्यालय के छात्र संस्कृत प्रश्नों का उत्तर बंगाक्षर में लिखते हैं और बंग देश के पण्डित भी संस्कृत पुस्तकों को बंगाक्षर में ही छपाते हैं। चाहे समस्त भारतवासी राष्ट्रभाषा की उपयोगिता स्वीकार कर लें, पर कुछ बंगालियों की डेढ़ चावल की खिचड़ी अलग ही पकेगी। कुछ दिन हुए, महामहोपाध्याय हर प्रसाद शास्त्री ने इसका प्रत्यक्ष उदाहरण दिखाया था। देवनागराक्षर के विस्तार के निमित्त विश्वविद्यालय की बैठक में हाईकोर्ट के विज्ञ विचारपति श्रीयुत शारदाचरण मित्र महाशय ने जब प्रस्ताव किया था कि छात्र संस्कृत प्रश्नों का उत्तर बंगाक्षर में न लिखकर देवनागराक्षर में लिखा करें, तब उक्त शास्त्री जी की ही कृपा से यह प्रस्ताव अस्वीकृत हुआ था। पन्द्रहवीं शताब्दी में श्री चैतन्य महाप्रभु ने बंग साहित्य को जीवन प्रदान किया था। जिन 'कीर्तनों' को उन्होंने सर्व्वसाधारण में आदरणीय बनाया था, वे उनके पहले भी विद्यमान थे। इनके रचयिता विद्यापति आदि मैथिल कवि थे, जिनको बंगाली लोग अपने कवि बताते हैं।" बंगालियों का यह दावा एक विषयान्तर चर्चा का विषय है। यहाँ तो इतना ही निवेदन करना है कि ज्ञान के आधुनिक आलोक को जितनी त्वरित गति से

बंगालियों ने अपनाया और राष्ट्रीय प्रश्नों का जितना सहज समाधान इन्होंने प्रस्तुत किया वह एक साधारण महत्त्व की बात है। हिन्दी का पक्ष-समर्थन भी सबसे पहले बंगाल ने ही किया था। कहना न होगा कि देश में एकता लाने और देशोत्थान के लिए एक सामान्य भाषा की आवश्यकता को सबने महसूस किया था। हिन्दी की शक्ति से वे परिचित थे। आधुनिक भारत के पिता राजा राममोहन राय से लेकर श्री अरविन्द तक जितने महापुरुष हुए सबने खुलकर हिन्दी का समर्थन किया।[1] इन्हीं

---

1. (क) राजा राममोहन राय हिन्दी की शक्ति से भली प्रकार परिचित थे और उसे उन्होंने अपेक्षित महत्त्व दिया था। बँगला, फारसी और अँगरेज़ी में निकलनेवाले राजा साहब के पत्र 'बंगदूत' में हिन्दी को भी स्थान प्राप्त था। राजा साहब द्वारा हिन्दी के पक्ष-समर्थन का बंगालियों पर गहरा असर पड़ा।

(ख) ब्रह्मानन्द केशव चन्द्रसेन ने स्पष्ट कहा था कि "यदि भारतवर्ष के एक हुए बिना भारत में एकता नहीं हो सकती, तो उसका उपाय क्या है? उपाय है सारे भारत में एक ही भाषा का व्यवहार। अभी जितनी भाषाएँ भारत में प्रचलित हैं, उनमें हिन्दी भाषा लगभग सभी जगह प्रचलित है। इस हिन्दी भाषा को अगर भारतवर्ष की एकमात्र भाषा बनाया जाए, तो यह काम सहज ही शीघ्र सम्पन्न हो सकता है।"

(ग) बंकिम बाबू ने 'बंगदर्शन' में 'भारते एकता' शीर्षक लेख लिखा था जिसे 'भारतमित्र' में बाबू बालमुकुन्द गुप्त ने 1904 में उद्धृत किया था। उस लेख के अन्त में बड़े साफ़ शब्दों में बंकिम बाबू ने लिखा था, "अँगरेज़ी भाषा से चाहे जो हो, लेकिन हिन्दी सीखे बिना हर्गिज नहीं चल सकता। हिन्दी भाषा में किताब और भाषण से भारत के अधिकांश का मंगल होगा। केवल बँगला और अँगरेज़ी की चर्चा से नहीं होने का...बंगला-जैसी हिन्दी की जो उन्नति नहीं हो रही है, यह देश के लिए दुर्भाग्य की बात है। हिन्दी भाषा के सहारे जो लोग विभिन्न प्रदेशों में एकता कायम कर सकेंगे, वही वास्तव में भारत बन्धु के नाम से पुकारे जाएँगे।"

—साप्ताहिक हिन्दुस्तान (26 जुलाई 1964) में प्रकाशित श्री हंसकुमार तिवारी के 'बंगाल कहाँ है हिन्दी के विरुद्ध' से साभार उद्धृत।

(घ) बंगाल के प्रख्यात मनीषी, अर्थशास्त्रवेत्ता रमेशचन्द्र दत्त ने बड़ौदा साहित्य सम्मेलन के 'हिन्दी कान्फरेन्स' में हिन्दी की राष्ट्रीय शक्ति का उल्लेख करते हुए कहा था, "भिन्न-भिन्न प्रदेशों के अधिवासी परस्पर से हिन्दी में ही बोलते हैं। अन्य भाषा-भाषियों में हिन्दी समझ सकते हैं बहुत, पर बोल सकते हैं कम। जब मैं पहले-पहल गुजरात में आया तब गुजरातियों से हिन्दी में बोलता था तथा वे भी मेरी बातें समझ जाया करते थे। यदि ऐसी कोई भाषा हो जो भारत के अधिकांश स्थानों में चल सकती है, तो यह भाषा हिन्दी ही हो।"—देवनागर, वत्सर 3, अंक 2 से उद्धृत।

(ङ) 'देश और जातीयता' के प्रश्न का विवेचन करते हुए श्री अरविन्द ने लिखा है, "जिस दिन हम अखण्ड स्वरूप मातृमूर्ति के दर्शन करेंगे, उसके रूप लावण्य से मुग्ध होकर उसके कार्य में जीवन उत्सर्ग करने के लिए उन्मत्त हो जाएँगे, उस दिन यह बाधा तिरोहित हो जाएगी, भारत की एकता, स्वाधीनता और उन्नति सहज-साध्य हो जाएगी। उस समय भाषा-भेद के कारण कोई बाधा उपस्थित नहीं होगी, सब लोग अपनी-अपनी →

में एक महापुरुष थे जस्टिस शारदाचरण मित्र जिन्होंने बंगाक्षर के स्थान पर देवनागराक्षर के पक्ष में विश्वविद्यालय की बैठक में प्रस्ताव प्रस्तुत किया था जिसकी चर्चा ऊपर 'नृसिंह' की एक सम्पादकीय टिप्पणी में है। इस प्रश्न को उन्होंने इतना महत्त्व दिया था कि इसी प्रश्न को लेकर उन्होंने आन्दोलन खड़ा कर दिया था। 'एक लिपि विस्तार परिषद्' की स्थापना और 'देवनागर' पत्र का प्रकाशन भारतीय सांस्कृतिक इतिहास की एक महत्त्वपूर्ण घटना है जिसका सम्पूर्ण श्रेय न्यायपति स्व. शारदाचरण मित्र को है। 1907 में ही 'देवनागर' का भी प्रकाशन हुआ था। आगे इसकी विस्तृत चर्चा करेंगे।

जिस उद्देश्य को लेकर 'नृसिंह' का आविर्भाव हुआ था और आरम्भ में ही जो संकल्प इसने लिया था, हमने देखा कि अल्पायु और निरन्तर नाना प्रकार की प्रतिकूलताओं से जूझते रहने के बावजूद इसने अपने दायित्व का पूर्ण निर्वाह किया। यदि दुर्बल इच्छा-शक्ति का सम्पादक होता तो अपनी प्रतिकूल परिस्थिति से वह एक वर्ष भी न लड़ सकता। हमने ऊपर संकेत किया है कि उस युग के पत्रकार निज बाहु-बल पर ही महत् अनुष्ठान का सूत्रपात करते थे। उन्हें औचित्य का पूरा ध्यान रहता था और आत्माहुति की आकुलता ने उन्हें निर्भीक बना दिया था। 'क्षणं प्रज्वलितं श्रेयः न च धूमायितं चिरम्' का आदर्श उनके सामने था। तथापि पत्र के अल्पायु से उन्हें पीड़ा होती थी लेकिन उस पीड़ा से वे कुण्ठित न होकर, नये उत्साह और नयी योजना के अनुसार नये पत्र का प्रकाशन करते थे। चाहे हिन्दी के आदि-पत्रकार पं. युगलकिशोर शुक्ल हों, पं. दुर्गाप्रसाद मिश्र हों अथवा पं. अम्बिकाप्रसाद वाजपेयी हों—सबमें यह प्रवृत्ति दिखाई पड़ती है जो उनके महत् आदर्श और बलवती निष्ठा को द्योतित करती है।

→ मातृभाषा की रक्षा करते हुए साधारण भाषा के रूप में हिन्दी भाषा को ग्रहण करेंगे और वह बाधा दूर हो जाएगी।"—धर्म और जातीयता, पृ. 94 से उद्धृत।

(त) प्रख्यात भाषाविद् डॉ. सुनीति कुमार चट्टोपाध्याय ने हिन्दी की अभाव-उपलब्धियों का उल्लेख करते हुए 'विशाल भारत' के जून, 1931 के अंक में लिखा था कि "हिन्दी में जो गुण और कठिनाइयाँ हों, सो हों, पर यह सबको मानना पड़ेगा कि दुनिया के अव्वल दरजे की अन्तर्जातीय भाषा में हिन्दी का स्थान है। अँगरेज़ी, उत्तर चीनी, जर्मन, रूस, स्पैनिश, फरांसी, अरबी, फ़ारसी, मालय आदि भाषाओं में हिन्दी का नाम करना चाहिए। संख्या के विचार से अँगरेज़ी और उत्तर चीनी के नीचे हिन्दी का स्थान है, श्रुतिमाधुर्य, जोर, कार्यशक्ति आदि में हिन्दी एक अनोखी भाषा है। ऐसी भाषा हमारा गौरवस्थल है।

देवनागरी लिपि का उन्नायक पत्र 'देवनागर'

उन्नीसवीं शताब्दी का बंगीय सांस्कृतिक परिवेश और जस्टिस सारदाचरण मित्र

उन्नीसवीं शताब्दी में राजा राममोहन राय, स्वामी दयानन्द सरस्वती और रामकृष्ण परमहंस के महत् प्रयत्नों से भारतवर्ष में सांस्कृतिक जागरण आया जिसे स्थिरता मिली परवर्ती अनेक महापुरुषों के वैचारिक अवलम्ब से। इस सांस्कृतिक चेतना को अक्षत रखने और क्रमशः संवर्द्धित करने का स्तुत्य प्रयत्न अपने-अपने ढंग से अनेक लोगों ने किया। इन्हीं महापुरुषों की शृंखला की एक महत्त्वपूर्ण कड़ी का नाम है—जस्टिस सारदाचरण मित्र। कहना न होगा कि आधुनिक भारत के निर्माण में बंगाल ने अप्रतिम वैचारिक और व्यावहारिक भूमिका प्रस्तुत की है।

बंग-पुत्र स्व. सारदाचरण मित्र ने भली प्रकार समझ लिया था कि जातीय उत्थान के लिए भावात्मक एकता अनिवार्य शर्त है और इस एकता को प्राप्त करने के लिए एक-दूसरे की भावाभिव्यक्ति को समझना ज़रूरी है। एक-दूसरे की भावाभिव्यक्ति समझने के लिए एक-दूसरे की भाषा और लिपि का ज्ञान ज़रूरी है। विभिन्न भाषा-भाषी प्रदेशों के इस महादेश में यह एक विकट समस्या है। इसी समस्या का समाधान ढूँढ़ने के उद्देश्य से सारदाचरण मित्र ने 'एक लिपि-विस्तार परिषद्' की स्थापना की थी। भारतीय सांस्कृतिक इतिहास की यह एक महत्त्वपूर्ण घटना है जिसकी ओर पण्डितों और विचारकों का ध्यान नहीं जाता, परिणामतः इसका अपेक्षित मूल्यांकन नहीं हो पाता।

एक लिपि विस्तार परिषद् और 'देवनागर' का आविर्भाव

'एक लिपि विस्तार परिषद्' का एकमात्र उद्देश्य था भारतीय भाषाओं के लिए एक लिपि को प्रचलित और प्रतिष्ठित करना। देवनागरी लिपि की वैज्ञानिकता, व्यापकता और व्यावहारिकता को भली प्रकार समझकर उसे ही 'एक लिपि विस्तार परिषद्' के आदि संचालक जस्टिस सारदाचरण मित्र ने भारतीय भाषाओं की सामान्य

लिपि बनाने का व्रत लिया था और इस महत् उद्देश्य की सिद्धि के लिए ही 'देवनागर' का आविर्भाव हुआ था। इस पत्र का विज्ञप्त उद्देश्य था भारत में एक सामान्य लिपि—देवनागरी लिपि—का प्रचार बढ़ाना और प्रच्छन्न थी भारतीय एकता को पुष्ट करने की सतत सक्रिय चेष्टा।

देवनागर का प्रकाशन-काल : एक विवाद

देवनागर का प्रकाशन संवत् 1964 (5009 कल्पाब्द) में 'एक लिपि विस्तार परिषद्' के तत्त्वावधान में यशोदानन्दन अखौरी के सम्पादकत्व में हुआ था। इसके मुखपृष्ठ पर पत्रिका की मुख्य विशेषता का परिचय देनेवाला एक वाक्य है—"भारतीय चित्र-विचित्र भाषाओं के लेखों से विभूषित एक अद्वितीय सचित्र मासिक पत्रिका"—अपनी इसी अद्वितीय रूपरेखा और वैशिष्ट्य के चलते एक ओर इसने लोगों का ध्यान अपनी ओर आकृष्ट किया और इसी अनन्यता के चलते यह उपेक्षित भी रहा। यह उपेक्षा इस हद तक रही कि किसी ने इसका मूल्यांकन नहीं किया। कुछ लोगों ने इसकी ओर ध्यान भी दिया तो ग़लत अनुमान लगाकर रह गये। जो तथ्य बिलकुल स्पष्ट है उसके बारे में भी ग़लत अनुमान लगाना वस्तुतः आश्चर्य की बात है। देवनागर के जितने अंक उपलब्ध हैं उनसे यही ज्ञात होता है कि यशोदानन्दन अखौरी ही इसके सम्पादक थे। इस तथ्य को भी तरह-तरह के अनुमान लगाकर उलझा दिया गया है।[1] मेरा अनुमान यह है कि 'एक लिपि विस्तार

---

1. अपनी पुस्तक 'समाचार पत्रों का इतिहास' में सम्पादकाचार्य पं. अम्बिकाप्रसाद वाजपेयी ने 'देवनागर' की चर्चा की है, "देवनागर विचित्र था। भारत भर में एक लिपि हो जाए, इसका आन्दोलन करने के अभिप्राय से हाईकोर्ट के जज बाबू सारदाचरण मित्र की प्रेरणा से 'एक लिपि विस्तार परिषद्' की स्थापना हुई थी जिसने नागरी वा देवनागरी को भारत की लिपि बनाने का संकल्प किया था। कारण यह है कि यह समग्र भारत में प्रचलित और परिचित लिपि है। इसका उद्देश्य भारत की सभी भाषाओं को तमिल, तेलुगु आदि द्रविड़ भाषाओं को भी हिन्दी अक्षरों में प्रकाशित करना था। सारदा बाबू परिषद् के मन्त्री और प्रथम सम्पादक बनाये गये। सारदा बाबू के बाद उमापति दत्त शर्मा और उनके बाद बाबू यशोदानन्दन अखौरी ही वास्तविक सम्पादक रहे।"

   इस सम्बन्ध में 'देवनागर' के (स्थायी) लेखक स्व. पं. अक्षयवट मिश्र ने भी अपने लेख, 'पाण्डेय उमापति दत्त शर्मा' में एक विवादास्पद बात कही है। मिश्र जी का यह लेख 'देवनागर' के तीसरे अंक के 11-12 संयुक्तांक में प्रकाशित हुआ है। पं. उमापति दत्त शर्मा के कृतित्व का उल्लेख करते हुए एक स्थल पर कहा गया है, " 'देवनागर' के तो आप जन्मदाता ही थे। आपने उसको अपनी सम्पादकता में 1 वर्ष रखकर भलीभाँति चलाया। उनके समय में 'देवनागर'-जैसा सुन्दर, उत्तमोत्तम लेखों से विभूषित, अनेक गुण सम्पन्न तथा बड़ा होता था, वह किसी से छिपा नहीं है। यदि हम देवनागर को पाण्डेय जी का स्मारक कहें तो भी अतिशयोक्ति नहीं हो सकती।" →

परिषद्' के संचालक जस्टिस सारदाचरण मित्र का सम्बन्ध कलकत्ता के विशिष्ट हिन्दी साहित्यकारों, पण्डितों और समाज-सेवियों से था।[1] पं. उमापति दत्त शर्मा असाधारण कोटि के पण्डित थे। जस्टिस मित्र के द्वितीय पुत्र श्री सरतकुमार मित्र ने मुझे बताया कि पं. उमापति दत्त शर्मा से 'एक लिपि विस्तार परिषद्' के संचालक का घनिष्ठ सम्बन्ध था। 'देवनागर' सम्पादक के रूप में यशोदानन्दन अखौरी के साथ

→ चौथे वर्ष के 'देवनागर' के अंक 2 में सम्पादक के नाम 'जीवनी में भ्रम' शीर्षक एक पत्र छपा है जो पं. अक्षयवट मिश्र द्वारा लिखित स्व. पं. उमापति दत्त शर्मा की तीन भूलों की ओर संकेत करता है। दूसरी भूल इस प्रकार है—उसी पृष्ठ पर दूसरे स्थान पर लिखा है, "एक वर्ष तक आपने स्वयं इसका (देवनागर का) सम्पादन भी किया था।" वास्तव में पं. उमापति दत्त जी ही 'देवनागर' के सृष्टिकर्ता थे। पर पण्डित जी कदापि देवनागर के सम्पादक नहीं हुए। वैसे तो इसका सभी कार्य आपके हाथ में था। आपके ही उत्साह और परिश्रम से यह पत्र उस समय बड़े ज़ोर-शोर से चला। प्रथम वर्ष में व्यय कुछ अधिक हो जाने के कारण दूसरे वर्ष से कार्य्य श्रीमान् सारदाचरण मित्र ने अपने हाथ में ले लिया। सन् 1907 ई. के मई में 'देवनागर' का प्रथम अंक निकला। उस समय से बराबर 26वें अंक तक श्रीयुत् यशोदानन्दन अखौरी उसके सम्पादक रहे। अखौरी जी तथा स्व. पण्डित जी दोनों की योग्यता और कार्य-क्षमता के परिचायक 'देवनागर' पत्र के वे अंक हैं।

आश्चर्य यह है कि 'देवनागर' में बराबर लिखनेवाले पं. श्री अक्षयवट मिश्र से यह भूल कैसे हो गयी और फिर इस भूल को 'देवनागर' के सम्पादक श्री यशोदानन्दन अखौरी ने सुधार क्यों नहीं दिया? यह और भी आश्चर्य की बात है। दोनों प्रकार की धारणाओं को बिना किसी टिप्पणी के यथावत् प्रकाशित कर उन्होंने इस विवाद को और पुष्ट कर दिया है। यह सम्पादकीय दुर्बलता ध्यान देने योग्य है।

1. (क) "सन् 1905 ई, ता. 11 जुलाई

.....आज सन्ध्या को 8॥ बजे ग्राण्ड थियेटर में 'एक लिपि' पर पं. दीन दयालू जी का व्याख्यान सफलता से हुआ। जस्टिस सारदाचरण मित्र सभापति थे।....

ता. 22 जुलाई

....तीसरे पहर श्री विशुद्धानन्द विद्यालय में गये। वहाँ जस्टिस सारदाचरण मित्र आये। एक लिपि विस्तार परिषद् के लिए कोई पौन घण्टे विचार हुआ।...

ता. 10 सितम्बर

.....विद्यालय में जस्टिस मित्र मिले। 'एक लिपि विस्तार परिषद्' के नियम पढ़े गये।

ता. 13 सितम्बर

...पाण्डेय जी के साथ जस्टिस सारदाचरण मित्र के मकान पर गये। वहाँ 'पूर्णिमा' नाम की अद्भुत सभा देखी।"—'बालमुकुन्द गुप्त की डायरी के पृष्ठों से'—बालमुकुन्द गुप्त स्मारक ग्रन्थ से उद्धृत।

(ख) "गुप्त जी का देहान्त होने के पश्चात् उनकी पहली वार्षिक स्मृति सभा ता. 7 सितम्बर रविवार, सन् 19C8 को सायंकाल 7 बजे स्थानीय श्री विशुद्धानन्द सरस्वती विद्यालय में कलकत्ता हाईकोर्ट के माननीय न्यायाधीश श्री सारदाचरण मित्र महोदय के सभापतित्व में हुई थी। →

ही उमापति दत्त शर्मा का भी नामोल्लेख श्री सरतकुमार मित्र कर रहे थे। देवनागर के प्रकाशन में निश्चित रूप से शर्मा जी की प्रेरणा थी। मेरा अनुमान है कि श्री यशोदानन्दन अखौरी को 'देवनागर' के सम्पादक के रूप में शर्मा जी ही लाये थे। 'एक लिपि विस्तार परिषद्' से आत्यन्तिक सम्पृक्त होने के कारण 'देवनागर' के प्रति शर्मा जी अपना दायित्व महसूस करते रहे होंगे और 'देवनागर' को इनका सक्रिय सहयोग सदैव मिलता रहा होगा। आश्चर्य नहीं कि शर्मा जी के प्रयत्न से ही उस समय के कुछ विश्रुत पण्डितों और लेखकों का सहयोग 'देवनागर' को सुलभ हो सका। कदाचित् शर्मा जी की इस सक्रियता को देखकर यह सहज ही मान लिया गया कि शर्मा जी ही 'देवनागर' के वास्तविक सम्पादक थे। यह मान्यता भी उन लोगों की है जो 'देवनागर' के अत्यन्त निकट थे।[1] इसलिए इसे कोरा अनुमान मान लेना उचित नहीं जान पड़ता। सम्भव है, शर्मा जी सम्पादकीय दायित्व भी निभाते रहे हों किन्तु सम्पादक के रूप में अपने नाम की विज्ञप्ति देना उन्हें उचित न जान पड़ा हो। जैसे उसी समय के हिन्दी पत्र 'मारवाड़ी बन्धु' का सम्पादन करते थे पं. दुर्गाप्रसाद मिश्र किन्तु सम्पादक के रूप में उनके चचेरे छोटे भाई पं. वासुदेव मिश्र का नाम छपता था।[2] अस्तु। जस्टिस मित्र का भी 'देवनागर' सम्पादक के रूप में उल्लेख किया गया है। इस सम्बन्ध में इतना ही निवेदन करना है कि संचालक होने के कारण तथा अपने महत् उपक्रम की सफलता के लिए 'देवनागर' के उन्नयन और दीर्घ जीवन की उन्हें सदैव चिन्ता रहती थी। सम्पादकीय व्यवस्था की भी उन्हें चिन्ता रहती थी। देशी-विदेशी अनेक विख्यात पण्डितों से उनकी मैत्री थी जिनसे वे पत्रव्यवहार किया करते थे और 'देवनागर' के लिए सहयोग माँगा करते थे। इस

→ जस्टिस मित्र ने गुप्त जी की स्मृति को श्रद्धा ज्ञापित करते हुए कहा था, "मैं भारतमित्र में गुप्त जी के 'शिवशम्भू के चिट्ठे' बड़ी उत्सुकता से मन लगाकर पढ़ता था। उनका भाषा पर अधिकार, स्वदेशानुराग एवं हास्योद्रेक में क्षमता आदि गुण संस्मरणीय हैं। उनके प्रति सादर मैं अपनी श्रद्धा अर्पित करता हूँ।"

—बालमुकुन्द स्मारक ग्रन्थ

(ग) "1905 की ही एक घटना चोखानी जी के जीवन में और भी अमिट छाप दे गयी। जस्टिस सारदाचरण मित्र के उद्योग से एक लिपि विस्तार परिषद् बनी थी। बाबू बालमुकुन्द गुप्त, पं. जगन्नाथप्रसाद चतुर्वेदी, बाबू ईश्वरीप्रसाद जी वर्मा आदि इस संस्था के सदस्य रहे। चोखानी जी ने भी इस परिषद् के कार्यों में हाथ बँटाया।"—श्री रामदेव चोखानी स्मृति ग्रन्थ, पृ. 67।

1. पं. अक्षयवट मिश्र 'देवनागर' में बराबर लिखा करते थे। पं. अम्बिकाप्रसाद वाजपेयी का कार्य-क्षेत्र कलकत्ता था और उसी वर्ष उनके राजनीतिक पत्र 'नृसिंह' का प्रकाशन हुआ था। स्व. जस्टिस मित्र के द्वितीय पुत्र 90 वर्षीय सरतकुमार मित्र की स्मृति अभी ठीक है, इसलिए उनकी बात का भी विशेष मूल्य है।
2. द्रष्टव्य—समाचार पत्रों का इतिहास—ले. पं. अम्बिकाप्रसाद वाजपेयी।

प्रकार वास्तविक सम्पादक न होते हुए भी उन्होंने सम्पादकीय दायित्व अपने कन्धों पर ले लिया था। स्मरणीय है कि 'देवनागर' एक संस्था का पत्र था जिसका अपना एक विशेष उद्देश्य था और अपने उद्देश्य के प्रति अटूट विश्वास था, "पाँच वर्ष में न हो, दस वर्ष में न हो, किन्तु किसी न किसी समय सम्पूर्ण भारतवर्ष में एक लिपि प्रचलित होगी ही। धीरे-धीरे प्रादेशिक लिपि के भक्त क्षुद्र हृदय लोगों की संख्या घटती जाएगी, भारतमाता के देश-प्रिय सपूत लोगों की संख्या क्रमशः बढ़ती जाएगी एवं थोड़ी ही देर में भिन्न-भिन्न प्रदेशों में एक लिपि व्यवहृत होकर भाषा और साहित्य को एक कर देगी।"[1] तो चूँकि 'देवनागर' एक संस्था का पत्र था इसलिए उक्त संस्था के संचालक और सक्रिय सहयोगी मन्त्री को सर्वेसर्वा मान लेने की भूल हो गयी हो तो कोई आश्चर्य नहीं। अस्तु, यह निर्विवाद है कि यशोदानन्दन अखौरी ही 'देवनागर' के सम्पादक थे क्योंकि 'देवनागर' की उपलब्ध फ़ाइलें इसी का समर्थन करती हैं।

यह तो स्पष्ट है कि देवनागर अल्पजीवी रहा किन्तु कब तक इसका प्रकाशन होता रहा, यह एक विचारणीय विषय है। जस्टिस सारदाचरण मित्र के द्वितीय पुत्र वयोवृद्ध श्री सरतकुमार मित्र ने मुझे बताया कि 'देवनागर' का प्रकाशन सात वर्षों तक होता रहा। नब्बे वर्षीय[2] श्री सरतकुमार मित्र साल भर से रोगग्रस्त हो शैया पर पड़ गये हैं तथापि काफ़ी रुचि के साथ बात करते हैं और उनकी स्मृति अभी ठीक है। इसलिए उनके वक्तव्य पर सन्देह करने का कोई आधार नहीं है। दिक़्क़त यह है कि सात वर्षों की फ़ाइल कहीं उपलब्ध नहीं है। और इस प्रकार जिसको जितने अंक उपलब्ध होते हैं उसे ही वह सम्पूर्ण मान लेता है और इस दिशा में अनुसन्धान की चेष्टा नहीं की जाती। श्री सुधाकर पाण्डेय को तीन वर्ष की फ़ाइल मिली तो उन्होंने सन्तोष कर लिया और घोषणा कर दी कि "इस पत्रिका के तीन वर्षों के अंकों का मैंने दर्शन किया है। इसके बाद यह पत्रिका अकाल कवलित हो गयी।" मुझे तीन वर्ष और और पाँच माह के अंक मिले हैं, लेकिन मुझमें इतना साहस नहीं है कि घोषणा कर दूँ कि 'देवनागर' नामक पत्रिका तीन वर्ष पाँच माह के बाद काल-कवलित हो गयी। मैं इसे अनुसन्धान सापेक्ष मानता हूँ। यद्यपि कलकत्ते की पुरानी संस्थाओं में तथा स्व. जस्टिस सारदाचरण मित्र के निजी पुस्तकालय में मैंने काफ़ी छान-बीन की है और बाहर के लोगों से भी पत्र-व्यवहार किया है। मुझे पूरी सामग्री नहीं मिली, इसे मैं अनुभव करता हूँ। 'श्री रामदेव चोखानी स्मृति ग्रन्थ' में 'देवनागर' की चर्चा इस प्रकार की गयी है, "परिषद् की ओर से कुछ समय तक

1. देवनागर, वत्सर 2, अंक 1—एक लिपि विस्तार परिषद् के मन्त्री जस्टिस सारदाचरण मित्र के बँगला लेख अनुवाद से उद्धृत।
2. सद्यः स्वर्गीय।

'देवनागर' नामक मासिक पत्र भी प्रकाशित हुआ। सर जस्टिस साहब की अकाल मृत्यु ने इस परिषद् के कार्य को आगे बढ़ने से रोक दिया।" जस्टिस मित्र का देहान्त 4 सितम्बर 1917 ई. को हुआ था। 1907 ई. में देवनागर का प्रकाशन आरम्भ हुआ था। लगातार तीन वर्ष निकलने के बाद अनेक कठिनाइयों के कारण डेढ़ वर्ष के लिए उसका प्रकाशन बन्द हो गया था। देवनागर का नव पर्याय 'नवीन व्यवस्था' के अन्तर्गत कार्त्तिक 1833 शकाब्द को पुनः प्रकाशित हुआ। 'नवीन व्यवस्था' शीर्षक की सम्पादकीय टिप्पणी का कुछ अंश द्रष्टव्य है, "कई अनिवार्य कारणों से देवनागर के प्रकाश होने में आज तक इतना अधिक विलम्ब होता रहा कि वह प्रायः डेढ़ वर्ष पीछे पड़ गया था। इस देर के कारण देवनागर के संचालकों को जो क्षति हुई है, उसका उल्लेख कर हम अपने पाठकों का समय वृथा नष्ट करना नहीं चाहते। पर हमें उनसे इस बात की दृढ़ आशा है कि आज तक उन्होंने हमें जिस प्रकार आश्रय दिया है वैसा ही भविष्यत् में भी देंगे। जिसमें भविष्य में देवनागर ठीक समय पर प्रति मास प्रकाश होता रहे, इसकी पूर्ण व्यवस्था की गयी है। परमात्मा की कृपा और पाठकों का आश्रय पाकर देवनागर द्विगुण उत्साह के साथ एक लिपि प्रचार के लिए प्रयत्न करेगा। इस अंक में पाठक कई नयी बातें पाएँगे। प्रथमतः इसका आकार पहले से घटा दिया गया है, पर साथ ही पृष्ठ संख्या बढ़ा दी गयी है। पहले प्रति अंक में डेमाई चार पेजी पाँच फर्मा रहा करते थे पर भविष्यत् में क्राउन चार पेजी छः फर्मा रहेंगे। पहला आकार बड़ा होने के कारण अनेक पाठक उनसे असन्तुष्ट थे। इसी से अब तक का आकार घटाकर हिन्दी के अन्यान्य मासिक पुस्तकों की बराबरी का कर दिया गया है। द्वितीय और बड़े महत्त्व का परिवर्तन यह किया गया है कि अब से इसके प्रत्येक अंक में चार फर्मा भारतीय भाषाओं के दो अँग्रेजी के रहेंगे।" उक्त टिप्पणी का उपसंहार इस प्रकार किया गया है, "अन्त में हम यह कहकर यह लेख समाप्त करते हैं कि देवनागर के लिए स्वतन्त्र प्रेस की व्यवस्था की गयी है तथा इसके लिए निर्णय सागर के उत्तम टाइप भी मँगाये गये हैं। इसे समय पर प्रकाश करने और सर्व्वांग सुन्दर बनाने में हमारी ओर से कोई भी बात उठा नहीं रक्खी जाएगी। परमात्मा हमारे सहायक हों।" इस लम्बे उद्धरण से यह विज्ञप्ति मिलती है कि अनेक कठिनाइयों को झेलते हुए भी देवनागर-संचालक के संकल्प शिथिल नहीं हुए और 'देवनागर' का प्रकाशन बन्द करने की दुर्बल इच्छा उनके मन में नहीं उठी। यह बात और है कि जस्टिस सारदाचरण मित्र के साथ ही 'एक लिपि विस्तार परिषद्' का सारा आयोजन ही शेष हो गया, तथापि 'देवनागर' के सात वर्षों की फ़ाइल का अनुसन्धान अपेक्षित है।

भारतीय पत्रकारिता का सशक्त और नवीन प्रयोग

'देवनागर' का प्रकाशन भारतीय पत्रकारिता में एक सशक्त नवीन प्रयोग था।

यह पत्रिका मूलतः सांस्कृतिक थी। भाषा, साहित्य, धर्म, राजनीति, इतिहास, विज्ञान, गणित आदि प्रायः सभी विषयों पर लेख प्रकाशित होते थे। इसमें प्रत्येक भारतीय भाषाओं की रचनाएँ देवनागरी लिपि में छपती थीं। इसका उद्देश्य था एक लिपि के प्रचार द्वारा जातीय एकता की प्रतिष्ठा और सांस्कृतिक उन्नयन। एक वर्ष की विषय सूची देखकर इसका वैशिष्ट्य आसानी से समझा जा सकता है।[1] अपने विराट् परिप्रेक्ष्य से 'देवनागर' ने अनेक लोगों का ध्यान अपनी ओर आकृष्ट किया।[2] इसके बहिरंग का चित्र दिया जाता है ताकि इसके बाहरी रूप को देखा जा सके। 'देवनागर' के प्रथम पृष्ठ पर 'आविर्भाव' शीर्षक सम्पादकीय वक्तव्य है जो 'देवनागर' के आविर्भाव के कारणों और उद्देश्य पर प्रकाश डालता है। 'देवनागर' का पहला पृष्ठ और सम्पादकीय वक्तव्य का कुछ अंश यहाँ उद्धृत करना आवश्यक प्रतीत होता है :

॥ श्रीः ॥

दे व ना ग र

श्री मद्भारतवर्ष भूति भरितैर्नाना विधैर्भाविणैः।
पूर्णं भारतभव्य मानव मनोबन्ध्याय सूत्रं दृढम् ॥
श्री देवाक्षर दक्ष मेक लिपि विस्तारैकवीरं नवं।
पत्रं राजति 'देवनागर' मही। गृह्णन्तु तत्कोविदः ॥

वत्सर 1) मेष, 5009 कल्पाब्द अंक 1

हिन्दी) आविर्भाव

"मनुष्य स्वभाव से ही एकता प्रेमी है। अद्वितीय परमात्मा का अंश होने के कारण चित्र-विचित्र पटावलम्बित संसार को एकता के सूत्र में गूँथने की इच्छा उसे सदा बनी रहती है। वह यह चाहता है कि अपना मण्डल दूर तक फैले, इसी में विविध वस्तुओं का समागम हो, उच्च, नीच, सम तथा बाल, युवा, वृद्ध आदि अपने स्थान पर इसी मण्डल में सुशोभित हों और सब भेदभावों को भूल कर परस्पर के प्रेम से प्रेमानन्द स्वरूप अद्वैत ईश्वर में एक हो जाएँ। मनुष्य की यही स्वभाव-जात अभिलाषा भाषाओं को एक करने के विषय में भी चरितार्थ होती है।

"जगद्विख्यात भारतवर्ष ऐसे महाप्रदेश में जहाँ जाति, पाँति, रीति, नीति, मत आदि के अनेक भेद दृष्टिगोचर हो रहे हैं, भाव की एकता रहते भी भिन्न-भिन्न भाषाओं के कारण एक प्रान्तवासियों के विचारों से दूसरे

---

1. अलग से परिशिष्ट में 'देवनागर' के एक वर्ष की विषय सूची दी गयी है जो द्रष्टव्य है।
2. विषय सूची के साथ ही 'देवनागर' के सम्बन्ध में, कहना चाहिए प्रशंसा में, प्राप्त अनेक विशिष्ट लोगों की सम्मतियाँ भी उद्धृत की गयी हैं।

प्रान्त वालों का उपकार नहीं होता। इसमें सन्देह नहीं कि भाषा का मुख्य उद्देश्य अपने भावों को दूसरे पर प्रकट करना है इससे परमार्थ ही नहीं समझना चाहिये अर्थात् मनुष्य को अपना विचार दूसरों पर इसीलिये प्रगट करना पड़ता है कि इससे दूसरे का भी लाभ हो किन्तु स्वार्थ साधन के लिए भी भाषा की बड़ी आवश्यकता है। इस समय भारतवर्ष में अनेक भाषाओं का प्रचार होने के कारण प्रान्तिक भाषाओं से सर्वसाधारण का लाभ नहीं हो सकता। भाषाओं को शीघ्र एक कर देना तो परमावश्यक होने पर भी दुस्साध्य सा प्रतीत होता है। परन्तु इस अवस्था में भी जब यह देखा जाता है कि अधिकांश लोग काश्मीर से कुमारिका अन्तरीप और ब्रह्म देश से गान्धार पर्यन्त हिन्दी या इसके रूपान्तर का व्यवहार करते हैं तब आशा है कि सब की चेष्टा तथा अभिरुचि होने से कालान्तर में प्रान्तिक भाषाओं के सम्मिलन से एक सार्वजनिक नूतन भाषा का आविर्भाव हो जायगा। कारण यह है कि भारत की सभी प्रान्तिक भाषाएँ एक ही जननी संस्कृत से उत्पन्न हैं। यह कार्य थोड़े समय में सिद्ध नहीं हो सकता इसके लिए प्रत्येक प्रान्त के निवासियों को तन मन धन से चेष्टा करनी होगी। इसे प्रारम्भ में ही असम्भव या हास्यास्पद कह कर त्याग देना बुद्धिमत्ता का काम नहीं है।

"इस पत्र का मुख्य उद्देश्य है भारत में एक लिपि का प्रचार बढ़ाना और वह एक लिपि देवनागराक्षर है।...देवनागर का व्यवहार चलाने में किसी प्रान्त के निवासी का अपनी लिपि वां भाषा के साथ स्नेह कम नहीं पड़ सकता। हाँ, यह अवश्य है कि अपने परिमित मण्डल को बढ़ाना होगा।

"इस पत्र में साहित्य विषयक रोचक लेख तथा विज्ञान आदि विषय के भी उत्तम लेख प्रकाशित किये जायँगे। कालान्तर में उन का भाषान्तर भी कर दिया जायेगा। प्रत्येक अंक में किसी न किसी प्रान्तिक भाषा के व्याकरण सम्बन्धी लेख अवश्य रहेंगे। और कुछ शब्दकोश भी। जिन से अन्य भाषाओं को समझने में सरलता हो और इस पत्र के पढ़ने में पाठकों का चित्त लगे। पहले इस पत्र को पढ़ने में पाठकों को बड़ी नीरसता जान पड़ेगी किन्तु इस दूरदर्शिता, उपयोगिता तथा आवश्यकता का विचार कर सहृदय पाठकगण अनन्त भविष्यत् के गर्भ में पड़े हुए पचास वर्ष के अनन्तर उत्पन्न होने के शुभ फल की आशा से इस क्षुद्र भेंट को अंगीकार करेंगे।

"इस देश की वर्तमान दशा में जब मनुष्य अपनी ही मातृभाषा का यथाविध ज्ञान तथा व्यवहार नहीं रखता, बहुभाषी पत्र का निकालना दुष्कर जान पड़ता है। बहुभाषी पुरुष का मिलना तो दूर रहे उत्तरीय भारत की भाषा के साथ-साथ दक्षिणी भाषा का जाननेवाला भी मिलना कठिन है। प्रायः दो

वर्ष से इस की चेष्टा की गयी, अच्छे-अच्छे भारत-हितैषियों के साथ पत्र-व्यवहार किया गया, कई समाचार पत्रों में विज्ञापन दिये गये और स्वयं मिल कर आज कल के शिक्षितों से सहायता माँगी गयी किन्तु प्रयत्न निष्फल हुए। निदान अपने ही पुरुषार्थ पर भरोसा कर अपने इस देवनागर को सर्वसाधारण के सन्मुख रखा है जिस के लिये कतिपय देश-हितैषियों की आँखें उत्सुकता से लगी हुई थीं और जिन्हों ने यथाशक्ति धन द्वारा सहायता भी की है।"

'आविर्भाव' शीर्षक यह वक्तव्य विभिन्न प्रान्तीय भाषाओं यथा गुजराती, तैलंगी, तामिल, मराठी, बँगला, कनाड़ी, सिन्धी, संस्कृत, पाली, मलयालम, उड़िया में अनूदित होकर क्रमशः प्रकाशित होता रहा। अनेक प्रकार की कठिनाइयों के बावजूद 'देवनागर' के सम्बन्ध में किया हुआ संकल्प कभी टूटा नहीं। 'देवनागर' के पाठकों और लेखकों की सम्मतियों, प्रतिक्रियाओं और सुझावों का ध्यान रखते हुए इसकी रूपरेखा में समय-समय पर परिवर्तन होते रहे। इस सम्बन्ध में देवनागर, वत्सर-1, अंक दो की सम्पादकीय टिप्पणी 'व्याकरण निबन्ध का अप्रकाशन' द्रष्टव्य है[1]। यह एक दृष्टान्त है। आगामी अंकों में प्रायः इस तरह के छोटे-मोटे परिवर्तन होते रहे हैं। किन्तु 'देवनागर' के संकल्प और उद्देश्य में कभी कोई परिवर्तन नहीं हुआ। परिणामतः एक अनुकूल वातावरण का निर्माण तो हुआ किन्तु भारी आर्थिक क्षति उठानी पड़ी।

प्रकाशन सम्बन्धी कठिनाइयाँ

बड़े उद्देश्य के साथ बड़ी-बड़ी कठिनाइयाँ भी लग जाती हैं और महत् आयोजन में पग-पग पर विघ्न उत्पन्न होता है। 'देवनागर' जैसी विलक्षण और अप्रतिम पत्रिका का प्रकाशन दुर्बल इच्छा शक्तिवाले के वश का नहीं था। इसके प्रकाशन सम्बन्धी कठिनाइयों का उल्लेख वत्सर-6, अंक-1 के सिंहावलोकन शीर्षक सम्पादकीय टिप्पणी में किया गया है। "परिषद् की आर्थिक अवस्था अब तक ऐसी नहीं हुई है कि देवनागर के सम्पादन के लिए भिन्न-भिन्न भाषा के भिज्ञ अनेक

---

1. 'देवनागर' के प्रत्येक अंक में किसी न किसी भारतीय भाषा का व्याकरण देना स्थिर किया गया है। पहले यह विचार था कि जो व्याकरण जिस भाषा का हो वह उसी भाषा में छपे। इसी विचार के अनुसार गतांक में कनाड़ी का व्याकरण छापा गया था। 'देवनागर' के प्रेमी कतिपय सज्जनों का अनुरोध है कि शब्दबोध और व्याकरण के लिए हिन्दी भाषा का साहाय्य लेने से पाठकों को अधिक लाभ होगा क्योंकि शब्दबोध और व्याकरण हिन्दी में देने से हिन्दी भाषी तो समझेंगे ही अन्य प्रान्तवाले अधिकांश समझ लेंगे पर और भाषाओं में छपने से केवल उसी भाषा के जाननेवाले समझेंगे। उनका यह अनुरोध मान्य है। आगे से व्याकरण निबन्ध हिन्दी भाषा में छपा करेंगे। इस बार हिन्दी में यह निबन्ध प्रस्तुत न होने के कारण प्रकाशित न हो सका।

सम्पादक नियत किये जाएँ। ऐसी दशा में भिन्न-भिन्न भाषाओं के लेखकों की सहायता के बिना 'देवनागर' का कलेवर पूर्ण करना अत्यन्त कठिन वरन् असम्भव है। यदि आरम्भ से अब तक इन उत्साही लेखकों का सहारा न मिलता तो हम मुक्तकण्ठ से कह सकते हैं कि देवनागर ने अब तक जितना कर दिखाया है उतना वह कदाचित् न करता। अतएव लेखकों के इस साहाय्य प्रदान के लिए हम उनके अत्यन्त अनुगृहीत हैं।

'देवनागर' के समय पर प्रकाशित न होने का दोष आरम्भ से ही चला आता है। इसके लिए हम अत्यन्त लज्जित हैं। इसका मुख्य कारण प्रेस की कठिनाइयाँ हैं। परिषद् का अपना कोई प्रेस नहीं है। अपना प्रेस रहने से मनमाने कम्पोजिटर रखकर उन्हें देवनागर के उपयुक्त शिक्षा दी जा सकती थी। किन्तु दूसरे प्रेस में मनमानी बात सर्वथा नहीं चल सकती। जिस प्रेस में आरम्भ से आज तक देवनागर का काम होता चला आता है उस प्रेस के कम्पोजिटरों को यद्यपि देवनागर सम्बन्धी कुछ विशेष शिक्षा दे दी जाती है। परन्तु तथापि देवनागरी में लिखे भिन्न-भिन्न भाषाओं के लेख कम्पोज करना ठट्ठा नहीं है। कम्पोजिटर जो भाषा समझ सकता है उस भाषा के लेख वह बहुत शीघ्रता और शुद्धता से कम्पोज कर सकता है। यहाँ के प्रायः सब प्रेसों में अधिकतर बंगाली कम्पोजिटर हैं। यह देवनागरी में हाथ से लिखी कापी शुद्ध और स्पष्ट रीति से नहीं पढ़ सकते। ऐसी दशा में जिन भाषाओं के विषय में यह कम्पोजिटर श्वेतकृष्ण कुछ भी नहीं जानते उन भाषाओं के हस्तलिखित लेख वह कहाँ तक शुद्धता और शीघ्रता से कम्पोज कर सकते हैं, यह बात किसी अनुभवी के निकट परोक्ष नहीं रह सकती। साधारणतः देवनागरी का प्रूफ—हिन्दी और बँगला के अतिरिक्त—पाँच-पाँच छः-छः बार संशोधित करने पर कहीं छपने के योग्य होता है। कभी-कभी किसी विशेष लेख वा चित्र की आशा में भी विलम्ब हो जाया करता है। निदान देवनागर के प्रकाशन में यथासाध्य शीघ्रता की जाती है, किन्तु अनिवार्य कारणों से विवश होकर ही इस विलम्ब की लांछना सहनी पड़ती है।

"हम ऊपर ही लक्ष्य मात्र कह आये हैं कि देवनागर की आर्थिक अवस्था इतनी सन्तोषजनक नहीं है जितनी इसके लिए आवश्यक है। देवनागर सम्बन्धी व्यय का प्रायः दो-तिहाई अंश तो इसके वार्षिक मूल्यादि से चलता है और एक-तिहाई परिषद् के प्रधान संचालक और वर्तमान मन्त्री श्रीयुक्त बाबू सारदाचरण मित्र महोदय (कलकत्ता हाईकोर्ट के पूर्व जज) अपने पास से देते हैं। हाँ, बीच-बीच में और कतिपय उदार महानुभावों ने भी आर्थिक साहाय्य किया है जिसका उल्लेख परिषद् के वार्षिक विवरणों में समय-समय पर किया गया है। किन्तु व्यय की ओर दृष्टि डालने से वह सब साहाय्य दाल में नमक के समान है। 'परिषद्' के वार्षिकोत्सव में प्रस्तुत परिषद् की प्रगति-रिपोर्ट में भी इन कठिनाइयों का ज़िक्र किया गया है

उसी वार्षिकोत्सव के अवसर पर व्याख्यान वाचस्पति पं. दीनदयालु शर्मा का व्याख्यान हुआ था। उन्होंने सबल तर्कों के आधार पर देवनागराक्षर का पक्ष-समर्थन और देवनागर पत्रिका के लिए आर्थिक सहायता का अनुरोध श्रीमन्तों से किया था।[1] इस अवसर पर 'देवनागर' के सम्बन्ध में भारतवर्ष के विभिन्न प्रान्तों के अधिकांश विद्वानों ने प्रशंसापत्र भेजा था। अमेरिका और योरप के भी न्यायप्रिय महोदयों ने इस पत्र की उपकारिता पर मुग्ध होकर प्रशंसापत्र भेजा है।"[2]

'देवनागर' की अप्रतिम रूपरेखा और सुधी जनों की उदासीनता

आरम्भ में निवेदन किया गया है कि अपनी अप्रतिम रूपरेखा और वैशिष्ट्य से 'देवनागर' ने सुधीजनों का ध्यान अपनी ओर आकृष्ट किया, साथ ही अपनी विलक्षणता के कारण ही वह उपेक्षित भी रहा। चूँकि वह किसी एक भाषा का पत्र

---

1. "हिन्दी साहित्य के प्रेमियों को इसके प्रचार करने की विशेष चेष्टा करनी चाहिए। इसके प्रचार का भार आज तक सरस्वती देवी के वरद पुत्रों के ही सिर पर रहा और उन्हीं का इसमें विशेष व्यय भी हुआ है, पर संसार में किसी कार्य की पूर्ण सफलता तभी होती है जब लक्ष्मी और सरस्वती दोनों का ऐक्य होता है, अतएव देश के धनवान लोगों से मेरा अनुरोध है कि वे यथाशक्ति इसकी सहायता करें क्योंकि इसकी उद्देश्य-सिद्धि पर भारत की भावी उन्नति निर्भर है।"

   अन्त में पण्डित जी ने प्रस्ताव किया कि इसकी सहायता के लिए देश-देशान्तर में पत्र द्वारा प्रार्थना की जानी चाहिए और एक फण्ड आज ही सभा में खोल दिया जाय।

2. अमेरिका सम्मिलित राज्य के मैसेचुसेट्स, कैम्ब्रिज, 9 फ़रार स्ट्रीट के प्रसिद्ध लोकोपकारी विद्वान् चार्ल्स आर. लैनमैन ने अपने प्रशंसा-पत्र द्वारा 'देवनागर'-संचालकों को प्रोत्साहित किया है :

   Haward University
   February 29, 1908

   Dear sir,

   I thank you for your kindness in sending me your monthly Journal intended to bring the Devanagari character in to use in India. I do not doubt that it would be of very great use, if you could get people to unite upon one common script. The same would be true in this country of an improvement of our very bad English spelling, the only difficulty is that we can not start people to adopting the reform. It is going to be, apparently, the result of a long and very slowly proceeding movement; so I think perhaps you ought not to be discouraged if you do not see great result at first. I have been toiling all my life to make what is good in the religions of your country known to my countrymen in order that they may be less narrow-minded and begoted in this matter. I am not discouraged because the results are slow, believing that what I am doing is of fundamental importance and will tell in the long run. If I do not, I should have given up, I fear, long ago.

   With best wishes for your success
   very truely yours'
   C.R. Lanman

नहीं माना जाता था। इसलिए इसके सम्यक् मूल्यांकन की चेष्टा किसी ने नहीं की। देवनागरी हिन्दी की अपनी लिपि है, इसलिए अन्य प्रान्तीय भाषा-भाषियों ने 'देवनागर' को हिन्दी का पत्र समझकर इसमें विशेष रुचि नहीं ली। हिन्दीवालों के लिए यह सजातीय इसलिए नहीं हो सका क्योंकि इसमें केवल हिन्दी की ही रचनाएँ नहीं छपती थीं बल्कि विभिन्न भाषाओं के लेख छपा करते थे।[1] तथापि इसे विवाद का विषय न बनाकर यदि तटस्थ दृष्टि से विचार किया जाए तो यह स्पष्ट हो जाएगा कि भारतीय पत्रकारिता के इतिहास में एक सर्वथा नवीन प्रयोग होते हुए भी 'देवनागर' हिन्दी का पत्र था और इसलिए इसे हिन्दी पत्रकारिता के इतिहास में उचित स्थान मिलना चाहिए। सम्भव है, मेरी यह विचारणा किसी हिन्दी भक्त (?) को अच्छी न लगे और इस विभिन्न भाषाओं के पत्र के प्रति वे उदासीनता प्रकट करें, उनसे मेरा निवेदन है कि इस पत्र के बारे में किसी प्रकार की अन्यथा धारणा बनाने के पूर्व पत्र के उपलब्ध अंकों का अनुशीलन आवश्यक है।

हिन्दी भाषा का पक्ष-समर्थन

इस पत्र का प्रकाशन 'एक लिपि विस्तार परिषद्' के तत्त्वावधान में हुआ था।

---

1. एक व्यक्तिगत बातचीत में कलकत्ता के भूतपूर्व हिन्दी पत्रकार और श्रेष्ठ साहित्यकार श्री इलाचन्द्र जोशी ने 'देवनागर' के सम्बन्ध में मुझसे कहा था, "वह इक फालतू पत्र था।" 'हिन्दी समाचार पत्रों का इतिहास' के लेखक पं. अम्बिका प्रसाद वाजपेयी ने 'देवनागर' और 'एक लिपि विस्तार परिषद्' के आन्दोलन पर यों रिमार्क दिया है, 'देवनागर' विचित्र था। ....कुछ अन्य प्रान्तवासी उच्च पदस्थ सज्जनों ने इस आन्दोलन का समर्थन भी किया था। बँगला की कई पुस्तकें नागरी लिपि में छपीं भी पर वास्तविक बंगालियों में इस आन्दोलन का कुछ भी प्रभाव न पड़ा।

   वाजपेयी जी के वक्तव्य की पुष्टि बंगीय साहित्य परिषद् की ओर से प्रकाशित त्रैमासिक 'साहित्य परिषद् पत्रिका' के पंचदश भाग की अतिरिक्त संख्या में प्रकाशित 'राढ़ेर भाषा' शीर्षक प्रबन्ध से होती है। इसके लेखक बाबू योगेशचन्द्र राय एम.ए. ने देवनागरी वर्णमाला और हिन्दी भाषा पर बड़ी तीव्रता से कटाक्ष किया था जिस पर 'देवनागर' सम्पादक ने वर्ष 2, अंक 12 में 'साहित्य परिषद् पत्रिका के लेख' शीर्षक से टिप्पणी दी है। उक्त टिप्पणी का शेषांश इस प्रकार है—"बंग भाषा एवं बंग लिपि की उत्कृष्टता सिद्ध करते हुए आपने हिन्दी भाषा और देवनागरी लिपि की धूल उड़ाने में यथासम्भव कोर-कसर नहीं की है।....आपने अपनी भाषा और अपनी लिपि की उत्तमता सिद्ध करने में हिन्दी भाषा और देवनागरी लिपि की उत्तमता, सार्वजनीनता आदि अनुपम गुणों को मिटाने की चेष्टा की है। लेखक महाशय अपनी बंग भाषा और बंग लिपि की जितनी श्लाघा कर डालते सो सब अच्छा था, किन्तु हिन्दी और देवनागरी की उपयोगिता, सार्वजनीनता, सुष्ठुता आदि गुणों को मिटाने की चेष्टा करते हुए 'देवनागर' पर कटाक्ष न करते तो हमें उस पर कुछ भी बोलने का काम न था।....लेखक महाशय से हमारी प्रार्थना है कि वह इस विषय पर विचार करें कि बंग के विख्यात विद्वान् डॉक्टर राजेन्द्र लाल मित्र तथा बंकिमचन्द्र चट्टोपाध्याय प्रभृति ने किस निष्पक्षता से अपनी सम्मति इस विषय पर दी है।"

परिषद् के संचालक थे—बंगभूमि के यशस्वी पुत्र जस्टिस सारदा चरण मित्र जिन्हें मातृभूमि, मातृभाषा और जातीय संस्कृति के प्रति अनुराग था और जो बंगीय साहित्य परिषद् के अध्यक्ष भी बनाये गये थे। स्व. सारदा बाबू ने 'देवनागर' के सम्पादन का भार किसी बंगाली को न देकर हिन्दी भाषा-भाषी श्री यशोदानन्दन अखौरी को सम्पादक बनाया था। 'देवनागर' की प्रकाशन-विज्ञप्ति 'आविर्भाव' शीर्षक से (वत्सर 1, अंक 1 में) हिन्दी में प्रकाशित हुई थी। 'एक लिपि विस्तार परिषद्' के इस पत्र की लिपि देवनागरी थी जो हिन्दी भाषा की लिपि है और जिसे सम्पूर्ण देश की सामान्य लिपि बनाने के उद्देश्य से ही उक्त संस्था और पत्र 'देवनागर' का आविर्भाव हुआ था। सम्पादकीय नीति हिन्दी भाषा के पक्ष में थी और हिन्दी भाषा और लिपि के प्रचार-प्रसार के प्रयत्नों की सूचना विशेष टिप्पणी के साथ पत्रिका में प्रकाशित हुआ करती थी।[1] अधिकांश लेख हिन्दी के ही प्रकाशित होते थे। हिन्दी भाषा में हिन्दी भाषा, लिपि, साहित्य और साहित्यकारों के बारे में।[2] हिन्दी के प्रति इतना आग्रह था कि हिन्दी की प्रादेशिक बोलियों की भी रचनाएँ छपती थीं।[3] अन्य प्रदेश के महापुरुषों-जैसी ही चर्चा हिन्दी प्रदेश के महापुरुषों की रहती थी। अन्य भाषाओं में लिखे गये निबन्धों में भी हिन्दी भाषा और देवनागरी लिपि का पक्ष-समर्थन रहता था।[4] इन बातों से स्पष्ट है कि यह पत्र न केवल देवनागरी लिपि बल्कि हिन्दी भाषा का आग्रही और उन्नायक था। मुझे तो आश्चर्य हुआ जब श्री सरतकुमार मित्र ने अपने पिता श्री (स्व. जस्टिस सारदा चरण मित्र) के बारे में मुझे बताया कि वे हिन्दी भाषा के नहीं केवल हिन्दी लिपि अर्थात् देवनागरी लिपि के प्रेमी और प्रचारक थे। हिन्दी भाषा के प्रति यदि जस्टिस सारदा चरण मित्र की अन्यथा धारणा होती तो 'देवनागर' की सम्पादकीय व्यवस्था दूसरे प्रकार की रही होती, उसमें अनेक परिवर्तन आ गये होते, किन्तु हम देखते हैं कि 'देवनागर' के संचालक ने कभी सम्पादकीय नीति में ऐसा हस्तक्षेप नहीं किया जिससे सम्पादक को हिन्दी भाषा के प्रति अपना दृष्टिकोण बदलना पड़ा हो। इस दिशा में भी उन्होंने स्वभाव के अनुसार पूरी उदारता

---

1. कुछ मुख्य उद्धरणों के लिए देखें परिशिष्ट (ख)।
2. इस बात के प्रमाण के लिए 'देवनागर' के एक वर्ष की विषय-सूची देखना ही पर्याप्त है, जो परिशिष्ट (ख) में दी गयी है।
3. वत्सर 1, अंक 4 में 'राज्य दर्बार डुमराँव के स्वर्गीय पं. रामचरित तिवारी रचित पूर्व्वीय पंचरत्न अर्थात् बलिया भोजपुर की बोली में अनूठे कवित्त' प्रकाशित हुए हैं—

   "देखि देखि आजु कालि हाकिम के हालि चालि,
   हमनी का खूस हो के मन में मनाइले।
   राम करै ऐसने नियाई बदसाह रहे,
   जेकरा भरोसे सभे सुख से बिताइले ॥"
4. कुछ मुख्य उद्धरणों के लिए देखें परिशिष्ट (ख)।

बरती। असल में उनका सारा उपक्रम महत् उद्देश्य से संचालित था। एकांगिता और संकीर्णता के लिए उनके यहाँ कोई स्थान नहीं था। 'एक लिपि विस्तार परिषद्' के वार्षिकोत्सव में उन्होंने इस बात पर खेद प्रकट किया था कि हम एक दूसरे प्रदेश की भाषा और साहित्य को नहीं समझ पाते, इस समय हम लोग अन्य प्रदेश के साहित्य में प्रायः निपट अनभिज्ञ हैं, इस समय कितने ही विद्वान् बंगाली लोग तुलसीदास के भी प्रबन्ध नहीं पढ़ सकते। यह क्या सामान्य दुःख की बात है? महाकवि चन्द के ग्रन्थों की बड़े-बड़े काव्यों के साथ तुलना की जाती है। यह राजपूत लोगों का 'इलियड' है, किन्तु कितने ही इसे जानते तक नहीं। इसी प्रकार बंग साहित्य परिषद् के अध्यक्षीय भाषण की ये पंक्तियाँ द्रष्टव्य हैं, "इंगराजी आमादेर साधारण भाषा हइते पारे ना। इंगराजी शिक्षा आमादेर साहित्यिक उन्नतिर व्याघात कारण। योरोपीय पाश्चात्य भाषार साहित्य द्वारा आमादेर अनेक उपकार हइयाछे सन्देह नाइ, राज सेवार जन्य इंगराजी प्रयोजनयी हइते पारे, किन्तु सम्पूर्ण भिन्न उपादानेर भाषा शिक्षा करिवार जन्य कत कष्ट, ताहा सहजेइ अनुभव करा जाय। भाषा शिखितेइ जीवनेर मूल्यवान समय—अतिवाहित करा अकर्तव्य।

"वर्तमान हिन्दी अनेक परिमाणेइ आमादेर राष्ट्रभाषार अभाव पूरण करिते पारे, हिन्दी सहजेइ शिक्षा करा जाय, सुतरां सहजेइ आर्य्यावर्तेर राष्ट्रभाषा हइते पारे, किन्तु राष्ट्रभाषा यथा समये कि अवयव धारण करिबे, ताहा एखन बला जाए ना। शब्दोच्चारणेर नैसर्गिक भेद द्वारा भाषार ओ शब्देर स्वभाव सिद्ध पुनर्गठन करले अन्यान्य देशीय वैज्ञानिक कृषि वाणिज्ये ओ शिल्प विषयक शब्दे ओ संस्कृत शब्देर अधिक परिणामे व्यवहार द्वारा राष्ट्रभाषा एक नूतन आकार धारण करिते पारे। बांगला आर हिन्दीर भित्तिमूले समस्त भारतवर्षेर विद्वज्जन व्यवहार योग्य नूतन आकारे राष्ट्रभाषा सर्वजन समादृत हइते पारे।

"साहित्येर सम्यक् उन्नतिर जन्य भारतवर्षेर प्रत्येक विभागेर साहित्येर सम्यक् ज्ञान आवश्यक। आमरा अनेक इंगराजी, फरासी, जर्म्मनी प्रभृति विदेशी साहित्येर अभ्युदेर इतिहास जानि, ताहादेर प्रसिद्ध ग्रन्थाकार दिगेर रचना मूल अथवा अनुवाद पाठ करिया कृतार्थम्मन्य हइतेछि। किन्तु कयजन महाराष्ट्रीय ओ गुजराती साहित्येर प्रति दृष्टिपात करिया थाकेन। कय जन महाराष्ट्री वा पंजाबी बंगेर साहित्येर प्रति दृष्टिपात करेन? राजपुतानार अद्वितीय कवि चाँदेर मधुचक्रे प्रवेश करिवार जन्य कयजन चेष्टा करिया थाकेन? तुकाराम वा दलपत रायेर काव्यलहरीर सुमधुर झंकार आमादेर कयजनेर कर्णे प्रवेश करिया छे? एमन कि, तुलसीदासेर सुप्रसिद्ध रामायण वा कबिरेर भक्तिपूर्ण पद आमरा कय जन पड़ियाछि? साहित्य सम्बन्धे आमरा परस्पर के सम्पूर्ण विभिन्न मने करि, एक ब्रिटिश शासनान्तर्गत बलिया राजनीतिक सम्बन्ध देखिते पाइ। आमादेर परस्परेर लिपिर पार्थक्य आछे, किन्तु आमि भाषार विशेष पार्थक्य देखिते पाइ ना...कि उपाय अवलम्बन करिले तुलसीदास, कबीर, हरिश्चन्द्र,

चाँद, दलपतराय, तुकाराम प्रभृति आर्य्य भारतेर अन्यान्य प्रदेशेर कवि ओ सुलेखक गणेर ग्रन्थ निचय आमादेर प्रत्येक शिक्षित गृहस्थेर आदरेर जिनिस हइबे, ताहा साहित्य सम्मेलने स्थिर करा आवश्यक।"

यह स्व. जस्टिस सारदा चरण मित्र का दृष्टिकोण है जिसे 'देवनागर' का भी दृष्टिकोण मानना चाहिए। इस दृष्टिकोण में समन्वय की ध्वनि है। देवनागर के समन्वयवादी दृष्टिकोण को समझने के लिए एक वर्ष के अंकों को देखना पर्याप्त है। इसमें विभिन्न भाषा के लेख तो छपते ही थे, यह विभिन्न विरोधी विचारों को भी प्रस्तुत करता था, उदाहरणार्थ आर्यसमाज के प्रवर्तक स्वामी दयानन्द सरस्वती, बौद्ध धर्म, देव समाज, शंकरावतार भाष्यकार श्री 108 श्रीमच्छंकराचार्य, भगवत्प्रेम स्वरूप श्री 108 श्री कृष्ण चैतन्य महाप्रभु, श्री स्वामी बालराम उदासीन, पं. दुर्गादत्त परमहंस आदि महात्माओं के जीवन चरित और दृष्टिकोण पर लम्बे लेख प्रकाशित हुए हैं। वस्तुतः 'देवनागर' में समन्वय की बड़ी बलवती चेष्टा रही है। तथापि इस पत्रिका का साहित्यिक स्तर सामान्य कोटि का था। शुद्ध साहित्यिक रचना के नाम पर कुछ समीक्षात्मक निबन्ध और कुछ कविताएँ छपती थीं। निबन्धों की वैचारिक भूमिका भी दुर्बल होती थी और विवेचन में गहराई का अभाव रहता था। कविताएँ तो और भी साधारण कोटि की होती थीं। इस प्रकार इस पत्रिका का साहित्यिक अवदान महत्त्वपूर्ण नहीं कहा जा सकता। कदाचित् यह इसका उद्देश्य भी नहीं था।

व्याकरण और भाषा विज्ञान सम्बन्धी कुछ अच्छे निबन्ध प्रकाशित हुए थे। देवनागरी वर्णमाला फलक काफ़ी वैज्ञानिक और आकर्षक ढंग से प्रकाशित होता था। हिन्दी भाषा और देवनागरी लिपि के सम्बन्ध में सम्पादकीय टिप्पणी सहित सूचनाएँ प्रायः प्रकाशित होती रहती थीं जिनमें से कुछ 'परिशिष्ट' में उद्धृत की गयी हैं।

सम्पादकीय दृष्टिकोण

सम्पादकीय दृष्टिकोण भी साहित्यिक किंवा राजनीतिक नहीं कहा जा सकता। कदाचित् इस ओर ध्यान ही नहीं था। परिणामतः सम्पादकीय वक्तव्य नितान्त सूचनापरक होता था। विभिन्न भाषाओं के लेखकों से लेख प्राप्त करना और लिप्यन्तर करके उन्हें समुचित रीति से सम्पादित करना ही अपने-आप में एक बड़ी बात थी। आर्थिक कठिनाइयों के चलते सहायक सम्पादकों को रखना सम्भव न था। और देवनागर-जैसे पत्र का सम्पादन उस ज़माने में एक असाधारण उपलब्धि थी। प्रकाशन-सम्बन्धी कठिनाइयों का उल्लेख सम्पादकीय वक्तव्य के उद्धरण द्वारा किया गया है। इन कठिनाइयों को दृष्टि में रखकर विचार करने पर देवनागर-सम्पादक के महान् दायित्व को आसानी से समझा जा सकता है और उक्त दायित्व की मूल प्रकृति को सही रूप में समझ लेने पर सम्पादकीय दृष्टिकोण के प्रति हमारे मन में असन्तोष नहीं उत्पन्न होगा।

लिप्यन्तर की पद्धति

विभिन्न भाषाओं के लेखों के लिप्यन्तर के सम्बन्ध में किस विधि का उपयोग किया गया है, इसकी भी चर्चा प्रासंगिक है। वत्सर 1, अंक 1 की सम्पादकीय टिप्पणी में तीन प्रकार की विधियों का उल्लेख किया गया है–**देवनागरी में अक्षरान्तर तीन रीतियों से हो सकता है–एक तो उन भाषाओं के शब्दों के उच्चारण के अनुसार देवनागरी के युक्ताक्षरों से काम लेना, दूसरी देवनागरी में उन के लिये कुछ नये अक्षर निर्माण करना और तीसरी प्रचलित अक्षरों में ही प्रसंगानुसार कुछ संकेत जोड़ना। पहली रीति सर्वसाधारण के सीखने-पढ़ने में दूसरी, तीसरी से अत्यन्त सुलभ है क्यों कि उन्हें कोई नया अक्षर नहीं सीखना पड़ेगा।**

"अभी तक यह निर्णय नहीं हुआ है कि उक्त तीनों रीतियों में से कौन सी रीति सर्व सम्मत है। इस लिये इस अनिर्णीत विषय के निर्णय का भार देवनागर के पक्षपाती विद्वानों पर छोड़ कर उन भाषाओं के अक्षरान्तर करने में शब्दों के यथातथ उच्चारण के अनुसार देवनागरी के संयुक्ताक्षरों का प्रयोग किया गया है। और जब तक इस विषय में कोई नीति निर्णीत और पक्की न होगी तब तक इसी रीति का अनुसरण किया जायेगा।" और अन्त तक इसी रीति का अनुसरण किया गया। कदाचित् इसी रीति को उस समय के पण्डितों ने सर्वोत्तम समझा। सम्भव है, आज के पण्डितों को इसमें कोई त्रुटि दिखाई पड़े।

साम्प्रतिक चेतना

इतना ही नहीं, सम्भव है, लोगों को देवनागर में राजनीतिक और साहित्यिक प्रश्न उपेक्षित से लगें, प्रत्यक्ष राजनीति से असम्पृक्त देवनागर का दृष्टिकोण एकांगी और तत्कालीन वातावरण से एक हद तक उदासीन प्रतीत हो, क्योंकि उस समय देश की प्रत्येक जातीय समस्या का समाधान राजनीति के माध्यम से ढूँढ़ा जा रहा था। बंग-भंग की गहरी प्रतिक्रिया थी। उग्र राष्ट्रीयता का ज़माना था। भारतीय राष्ट्रीय आन्दोलन के प्रमुख नेता लोकमान्य बालगंगाधर तिलक थे। हिन्दी पत्रकारिता का भी यह तिलक युग था। अन्यत्र इस युग की मूल प्रवृत्ति की विस्तृत विवेचना की गयी है। यहाँ इतना ही निवेदन करना है कि वह हर दृष्टि से भारतीय इतिहास का जाग्रत् युग था। क्या साहित्य क्या राजनीति सर्वत्र उग्र राष्ट्रीयता के लक्षण स्पष्ट हो गये थे। भारतीय पत्रकारिता का मूल स्वर जातीय था। केसरी और मराठा से प्रेरणा-प्रभाव ग्रहण करना सहज और अनिवार्य हो गया था।[1] सम्पूर्ण चेतना राष्ट्रीयता

---

1. "1906 की कलकत्ता काँग्रेस से जो नयी स्फूर्ति और जागृति देश में उत्पन्न हुई थी उसके प्रमाण पर्याप्त मात्रा में इस वर्ष के पत्रों में पाये गये। इस वर्ष से हिन्दी के पत्रों में नये युग की →

से सिक्त थी। देश की जनता में पूर्ण स्वराज्य की भूख उत्पन्न हो गयी थी और उन्हें देश में अँग्रेज़ों की न केवल प्रभुता अपितु सत्ता ही अखरने लगी थी।[1] देवनागर के सम्पादकीय वक्तव्य राजनीतिक प्रश्नों से असम्पृक्त प्रतीत होते हुए भी तत्कालीन जातीय चेतना के प्रति पूर्ण सचेत थे। निवेदन किया जा चुका है कि यह एक सांस्कृतिक मासिक पत्रिका थी। मासिक पत्रिकाओं में प्रत्यक्ष घटनाओं का उल्लेख अपेक्षाकृत कम रहता है। राजनीतिक मासिक पत्रों में राजनीतिक विषयों को प्रमुखता दी जाती है। स्मरणीय है सांस्कृतिक पत्र होने से देवनागर राजनीति से सर्वथा उदासीन नहीं था बल्कि प्रच्छन्न रूप से या प्रकारान्तर से वह, राजनीतिक पत्रों की अपेक्षा, एक बड़े उद्देश्य की पूर्ति में सक्रिय था। निस्सन्देह यदि यह पत्र दैनिक किंवा साप्ताहिक होता तो इसमें राजनीतिक घटनाएँ अधिक मुखर होतीं और तब शायद

→ झलक दिखाई देने लगी। भिन्न रुचि के भिन्न पत्र निकले जिसमें स्वभावतः मासिकों की संख्या अधिक थी। महामना मालवीय जी का 'अभ्युदय' इसी वर्ष निकलता था और इसी वर्ष नागपुर के प्रसिद्ध नेता डॉ. बालकृष्ण शिवराम मुंजे आदि ने 'हिन्दी केसरी' निकाला था। तिलक के प्रसिद्ध पत्र 'केसरी' के लेखों का इसमें अनुवाद होता था"—पं. अम्बिका प्रसाद वाजपेयी, समाचार पत्रों का इतिहास।

"यहाँ 1907 ई. की चर्चा की गयी है। इसी वर्ष कलकत्ते से पं. दुर्गा प्रसाद मिश्र का 'मारवाड़ी बन्धु' और पं. अम्बिका प्रसाद वाजपेयी का 'नृसिंह' प्रकाशित हुआ था। ये दोनों पत्र अल्पजीवी रहे। 'नृसिंह' उग्र राष्ट्रीयता का समर्थक, शुद्ध राजनीतिक मासिक पत्र था। 1907 में ही कलकत्ते से प्रकाशित होनेवाली 'हितवार्ता' का सम्पादन पराड़कर जी ने सँभाला और उसे राजनीति प्रधान पत्र बनाया। इसमें गम्भीर-राजनीति विषयक लेख प्रकाशित होते थे। उस समय हिन्दी पत्रों की परम्परा में यह सर्वथा नवीन प्रयोग था।"—पराड़कर जी और पत्रकारिता, पृ. 30।

"पत्र सम्पादन के कार्य-क्षेत्र में प्रवेश करने का मेरे लिए, प्रत्यक्ष कारण, 'स्वदेशी आन्दोलन' हुआ। सन् 1906-7 में मैं मराठी समाचार पत्र (विशेषकर 'केसरी', 'काल' और 'भाला') बहुत पढ़ा करता था। समाचारों की अपेक्षा अग्रलेखादि पढ़ने में ही अधिक रुचि थी। जो विचार पढ़ता था, उन विचारों को प्रकट करने की भी बड़ी प्रबल इच्छा होती थी। उन दिनों काशी में महाराष्ट्रीय विद्यार्थियों की एक सभा स्थापित हुई थी जिसका नाम ज्ञानवर्द्धिनी सभा था। इस सभा में प्रचलित राज-काज और राजनीतिक आन्दोलन के विषय में लेख पढ़कर सुनाया करता था और ये लेख सुननेवालों को पसन्द होते थे, ऐसा मैं समझता हूँ। एक दिन की सभा के सभापति उस समय के सेण्ट्रल हिन्दू कॉलेज स्कूल के हेडमास्टर मि. आरण्डले थे। मैंने 'बायकाट' पर एक लेख लिखा था, और इसी विषय पर श्री श्रीप्रकाश जी का अँग्रेजी में व्याख्यान हुआ था। मेरे लेख से श्री आरण्डले बहुत प्रसन्न हुए और उन्होंने मेरा नाम 'एसेइस्ट' रक्खा और मुझे कहा कि इस लेख को छपवाकर वितरण करा दो। छपवाना और वितरण करना मेरी समझ और योग्यता के परे की बात थी, पर उससे सचमुच ही मेरा उत्साह बहुत ही बढ़ा। पत्र-सम्पादन के कार्य की ओर जोर के साथ झुक पड़ने का यह एक निमित्त कारण हुआ।"—श्री लक्ष्मण नारायण गर्दे, सम्पादकीय आत्म-परीक्षा, विशाल भारत, अक्टूबर, 1931।

1. इन्द्र विद्यावाचस्पति—लोकमान्य तिलक और उनका युग, पृ. 3।

इसकी ओर विशेष ध्यान दिया गया होता, किन्तु वैसी स्थिति में कदाचित् इतना महत् उद्देश्य लेकर वह न चल पाता। राजनीतिक घटनाओं की उग्र प्रतिक्रिया का लेखा-जोखा करने में ही उलझ जाता।

'देवनागर' में प्रकाशित साहित्य और 'देवनागर' के सहयोगी लेखक

मेरी प्रतीति है कि अपने उद्देश्य के प्रति दृढ़ आस्था और विशेष आग्रह होने के कारण ही देवनागर साहित्य की ओर से भी उदासीन रहा। कविता-कहानी की अपेक्षा विचारात्मक निबन्धों को अधिक महत्त्व इसलिए दिया गया क्योंकि वैचारिक क्रान्ति के उद्देश्य से ही इस पत्र का प्रकाशन हुआ था। ऐसी स्थिति में यह प्रश्न भी नहीं उठता कि स्थानीय हिन्दी-बंगला लेखकों से उतना सहयोग क्यों नहीं लिया गया। देवनागर का परिवेश भारतव्यापी था। इसके लेखकों की संख्या कम थी, लेकिन इसमें लिखनेवाले विशिष्ट कोटि के लोग थे। भारत के विश्रुत शास्त्रज्ञ महामहोपाध्याय पं. राम अवतार शर्मा, गणितज्ञ डॉ. गणेश प्रसाद, पण्डित शिरोमणि अनन्त वापु शास्त्री, संस्कृतज्ञ पं. अक्षयवट मिश्र, बंगाल के प्रसिद्ध पं. कूचविहार निवासी श्री कोकिलेश्वर भट्टाचार्य, विद्यारत्न, एम.ए., तथा द्विवेदी युग के विशिष्ट कवि पाण्डेय लोचन प्रसाद शर्मा के अतिरिक्त अन्य अनेक विशिष्ट लोगों का सहयोग देवनागर को प्राप्त था। इसलिए मेरी दृष्टि से यह प्रश्न विचारणीय नहीं रह जाता कि देवनागर को हिन्दी लेखकों का सहयोग प्राप्त था या नहीं। असल में 'देवनागर' को जिस प्रकार के साहित्य की अपेक्षा थी वह विभिन्न प्रदेशों के लेखकों और विचारकों से प्राप्त कर लेता था। उस समय तक हिन्दी में अनेक पत्रिकाओं का प्रकाशन हो गया था और शुद्ध साहित्यिक रचनाएँ उन्हीं पत्रिकाओं में छपती थीं।

भावात्मक एकता का संकेत

"इधर राजनीतिक विषय लेकर समस्त भारतवर्ष को आलोड़ित करने की कामना तो हम लोग करते हैं, किन्तु आपस की भाषाओं को समझने के लिए कोई प्रधान उपाय ग्रहण करने के विषय में हम लोग कुछ भी चेष्टा नहीं करते। यही उपाय 'एक लिपि' है।" ये शब्द हैं, 'एक लिपि विस्तार परिषद्' के आदि संचालक स्व. जस्टिस सारदा चरण मित्र के जो वर्षों पहले परिषद् के वार्षिक अधिवेशन में उन्होंने कहे थे और जिसकी अर्थवत्ता आज भी ज्यों की त्यों बनी हुई है। स्व. जस्टिस मित्र का दृष्टिकोण बड़ा व्यापक था। वे सच्चे अर्थों में एक दूरदर्शी पुरुष थे जिनकी दृष्टि केवल वर्तमान पर नहीं थी। उनकी दृष्टि सीमित भारत पर नहीं, बृहत्तर भारत पर बल्कि कहना चाहिए, सम्पूर्ण पूर्वी मध्य एशिया पर लगी हुई थी। वर्तमान की प्रत्येक गतिविधि का ज्ञान रखते हुए अपनी परम्परा के आलोक में सम्पूर्ण पूर्वी एशिया को वे एक कर देना चाहते थे। उनके लेख, 'भारतवर्ष में बौद्ध धर्म' जो

देवनागर में प्रकाशित हुआ था और जिसकी प्रशंसा स्व. सुरेन्द्रनाथ बनर्जी ने की थी, की कुछ पंक्तियाँ देखिए—"वस्तुतः समस्त प्राच्य औ मध्य असियाय एकइ धर्म एखन ओ प्रचलित एवं से धर्म के हिन्दु वा भारतवर्षीय धर्म बला कर्तव्य। प्रकाश्य आकारे किछु-किछु विभिन्नता थाकिले ओ किन्तु मूल ओ अन्तःप्रकृति ते सकलइ एक।....बौद्ध धर्म भारतवर्षीय धर्म्मज्ञाने बौद्ध मात्र केइ आमादेर भ्राता मने करा उचित। याहाते प्राच्य असियार एकता संस्थापित हय ताह आमादेर विशेष कर्तव्य।" इन पंक्तियों का महत्त्व आज नये सन्दर्भ में, जब एशिया की एकता खतरे में पड़ गयी है, विशेष बढ़ गयी है। दुर्भाग्य की बात यह है कि जस्टिस मित्र की इस उदात्त परम्परा का निर्वाह करनेवाला उनका कोई समर्थ उत्तराधिकारी नहीं उत्पन्न हुआ और इस प्रकार उनके साथ ही उनकी परम्परा भी शेष हो गयी। भारतीय सांस्कृतिक इतिहास की यह एक बहुत बड़ी दुर्घटना है। यह दुर्घटना न हुई होती तो कदाचित् प्रान्तीयता और भाषा को लेकर आज इतनी टेढ़ी समस्याएँ न उत्पन्न होतीं और तब हमारी जातीय एकता की धुरी इतनी दुर्बल न रहती और निश्चय ही हमने परमुखापेक्षिता पर विजय पा ली होती। किन्तु दुर्भाग्य देश का कि इतना विराट् और महत् सांस्कृतिक आयोजन स्थायी प्रभाव न उत्पन्न कर सका, केवल इतिहास की वस्तु बनकर रह गया। इस प्रकार तमाम बौद्धिक आलोक-स्तम्भ एक-एक कर ढहते गये और हम साम्प्रदायिकता की अन्ध घाटी में भटक गये। राष्ट्रीय उन्नयन की सारी सम्भावना जैसे शिथिल पड़ गयी।

'देवनागर' के 'नव पर्याय', भाग 1, संख्या 2 में सम्पादकीय टिप्पणी के अन्तर्गत दो हिन्दी पत्रों की प्रतिक्रिया 'सहयोगी सम्मति' शीर्षक से दी गयी है। यह प्रतिक्रिया देवनागर के 'नव पर्याय' पर है।

'श्री वेंकटेश्वर समाचार' अपने तीन नवम्बर के अंक में (सन् 1911 ई.) लिखता है—"बड़े हर्ष और उत्साह से हम 'देवनागर' का फिर स्वागत करते हैं। प्रायः सवा वर्ष बाद इसके दर्शन हुए हैं (?)। यह इसके नव पर्याय के प्रथम भाग की प्रथम संख्या है। आकार पूर्व्वापेक्षा कुछ घटाया गया है सही, पर साथ ही पृष्ठ संख्या बढ़ा दी गयी है। दूसरा परिवर्तन हुआ है कि पत्र के दो भाग किये हैं। पहले भाग में भारतीय भाषाओं के लेख हैं और दूसरे में अँगरेज़ी के।"

'सद्धर्म्म प्रचारक' की प्रतिक्रिया इस प्रकार है—"कलकत्ते की 'एक लिपि विस्तार परिषद्' का मुख्य पत्र यद्यपि कभी-कभी निकलता है, तथापि निकलता अच्छा है। छपाई, कागज आदि सब प्रकार की दृष्टि से पत्र प्रशंसनीय होता है। लेख भी व्यापी तथा अच्छे होते हैं। कार्तिक मास से अब इसमें एक नया मेल जोड़ा गया है। वह यह कि पत्र के साथ आठ पृष्ठ अँगरेजी भाषा के रोमन अक्षरों में रहते हैं। यह मेल हमारी सम्मति में अनभीष्ट और पत्र की उपयोगिता को कम करनेवाला है। उपयोगिता के अतिरिक्त यह अन्वर्थक भी नहीं। क्या ही अच्छा हो यदि उन

पृष्ठों में नागराक्षरों में ही अँगरेजी लिखी जाया करे। देवनागर पत्र में रोमन का समावेश तो वैसा ही है जैसा तालाब में कीचड़ का।"

सम्पादक ने 'सविनय निवेदन' किया है–"इच्छा न रहते हुए भी, परदेशी भाषा से कुछ सहायता लेनी ही पड़ेगी।....नागराक्षरों में अँग्रेजी लिखने की सूचना के विषय में हमारा केवल इतना ही निवेदन है कि देवनागर का उद्देश्य केवल भारतीय भाषाओं के लिये न कि पृथ्वी भर की सभी भाषाओं के लिये, एक लिपि का प्रचार करना है।"

उपलब्ध सामग्री के आधार पर हमने तिलक युग की हिन्दी पत्रकारिता की वैशिष्ट्य चर्चा की। 'नृसिंह' और 'देवनागर' के अलावे और भी कई तेजस्वी पत्र इस युग में निकले। उनमें पं. दुर्गाप्रसाद मिश्र का 'मारवाड़ी बन्धु' और पराड़कर जी की 'हितवार्ता' विशेष उल्लेखनीय हैं।

'मारवाड़ी बन्धु' के सम्बन्ध में पं. अम्बिकाप्रसाद वाजपेयी ने लिखा है कि सम्पादक प्रवर पं. दुर्गाप्रसाद मिश्र ने इसे निकाला था। 'उचित वक्ता' बन्द करके वे प्रेस का सामान पहले ही बेच चुके थे, इसलिए 'मारवाड़ी बन्धु' दूसरे प्रेस में छपता था। 'मारवाड़ी बन्धु' निकालने के लिए उन्हें बाबू रूडमल्ल गोएनका ने आर्थिक सहायता दी थी, इसलिए इसका नाम भी 'मारवाड़ी बन्धु' रखा गया था। पं. अम्बिका प्रसाद वाजपेयी भी इस पत्र में कभी-कभी लिखा करते थे। मिश्र जी काँग्रेस के गरम दल के समर्थक थे। 'मारवाड़ी बन्धु' थोड़े ही दिनों तक निकला था, क्योंकि आर्थिक कारणों से बहुत काल तक नहीं चलाया जा सका।[1]

1907 में ही पं. बाबूराव विष्णु पराड़कर ने 'हितवार्ता' का सम्पादन भार 40) मासिक वेतन पर सँभाला और लगभग चार वर्षों तक इस दायित्व का निर्वाह किया। यह साप्ताहिक पत्रिका तिलक-युग की उग्र राष्ट्रीयता का हिन्दी समाज में प्रसार करती थी। 'हितवार्ता' के पहले पराड़कर जी 'हिन्दी बंगवासी' के सहायक सम्पादक के पद पर लगभग छः माह कार्य कर चुके थे। 'हिन्दी बंगवासी' की शिथिल और प्रतिक्रियावादी नीति पराड़कर जी को पसन्द न थी। इसलिए शीघ्र ही उससे वे अलग हो गये और 'हितवार्ता' के माध्यम से उन्हें अपनी उग्र राष्ट्रीयता के निर्विघ्न प्रकाशन का अवसर मिला।

बीसवीं शताब्दी के आरम्भिक दशक की हिन्दी पत्रकारिता का वैशिष्ट्य-निष्कर्ष

स्मरणीय है कि बीसवीं शताब्दी के आरम्भिक दशक की (कलकत्ते की) हिन्दी पत्रकारिता का मूल स्वर साहित्यिक नहीं बल्कि राजनीतिक था। बीसवीं शताब्दी के

1. पं. अम्बिका प्रसाद वाजपेयी–समाचार पत्रों का इतिहास।

आरम्भिक दो दशकों में एक भी शुद्ध साहित्यिक पत्र कलकत्ते से नहीं निकला। ऊपर राजनीतिक और सांस्कृतिक पत्रों की चर्चा की गयी है, उन्होंने प्रकारान्तर से साहित्य का ही काम किया है। यह कहना अनुचित न होगा कि हिन्दी साहित्य की जातीय भूमिका का निर्माण हिन्दी पत्रकारिता ने किया जिसमें कलकत्ते की हिन्दी पत्रकारिता का विशेष महत्त्वपूर्ण अवदान है। यह साहित्य का ही एक ऐतिहासिक तथ्य है जिस ओर साहित्य के धौरन्धरिक पण्डितों का ध्यान जाना चाहिए ताकि इसका साहित्यिक मूल्यांकन हो सके।

चतुर्थ खण्ड

हिन्दी पत्रकारिता का गाँधी-युग

गाँधी-युग का राजनीतिक परिवेश

इतिहासकारों का मत है कि बालगंगाधर तिलक ने अँगरेज़ों के हाथ से शासन माँगने का प्रश्न उठाया था और सबसे पहले उन्होंने ही स्वराज्य को अपना जन्मसिद्ध अधिकार घोषित किया था, परन्तु ग्रामों के रहनेवाले किसानों और मज़दूरों तक वह आवाज़ नहीं पहुँची थी। यह महत् कार्य गाँधी-युग ने सम्पन्न किया[1] जो 1919 के रौलट ऐक्ट के विरोध के साथ ही आविर्भूत हुआ था—"रौलट ऐक्ट के विरोध में जो आन्दोलन उठा उसका ढंग ऐसा था कि वह जनता की चीज़ बनने लगा। गाँव-गाँव काँग्रेस का प्रचार होने लगा और स्वराज्य की माँग जनता के सामने रखी गयी। किसानों से बात करते समय, उनके सम्पर्क में आने से, उनके दृष्टिकोण से भी बहुत-सी बातें कही गयीं।"[2]

गाँधी जी अँगरेज़ों के प्रति एक हद तक सहानुभूति रखते थे। सरकार भी उन्हें अपना मित्र समझती थी। सन् 1915 में उन्हें 'केसर-ए-हिन्द' स्वर्ण-पदक भी सरकार की ओर से प्रदान किया गया था। गाँधी जी का उस समय तक विश्वास था कि युद्ध में सरकार की सहायता करना स्वराज्य पाने का सुगम मार्ग है। वे सत्य और अहिंसा के बल पर स्वराज्य प्राप्त करना अधिक श्रेयस्कर मानते थे। साधन-शुचिता के वे आग्रही थे। वे कहा करते थे कि साधन ही साध्य के निर्णायक होते हैं, इसलिए साधन की पवित्रता महत् उद्देश्य की प्राप्ति के लिए आवश्यक है।

18 मार्च 1919 के 'काले क़ानून' तथा अन्य सरकारी क़ानूनों को तोड़ने के लिए महात्मा जी ने एक समिति निर्मित की, लोगों से सत्याग्रह की प्रतिज्ञा करायी

1. आचार्य नरेन्द्र देव राष्ट्रीयता और रामाजवाद।
2. गाँधी जी के सम्बन्ध में के.एम. पणिकर ने लिखा है, "It is he who converted Indian Nationalism, a movement, confined to intellectual middle classes, into a revolutionary mass struggle. It is he who developed its organization and disciplines and provided it with a method of effective action."–The Foundations of New India, p. 180.

और 30 मार्च 1919 को हड़ताल करने की अपील की। इस अपील के जवाब में पूरे देश ने अपनी जातीय जागृति का परिचय दिया।

सरकारी दमन नीति और अत्याचार ने महात्मा जी की दृष्टि बदल दी। वे विदेशी सरकार के कट्टर विरोधी हो गये। स्मरणीय है कि महात्मा जी ने बोअर युद्ध, जुलू-विद्रोह और यूरोपीय महासमर के समय अँग्रेज़ों को सक्रिय सहयोग दिया था। 13 अप्रैल 1919 के जलियाँवाला बाग़ हत्याकाण्ड के बाद गाँधी जी ने सरकार से औचित्य की माँग की थी, किन्तु अपेक्षित और उचित परिणाम न देखकर उन्होंने असहयोग का निर्णय कर लिया था।

श्री जवाहरलाल नेहरू ने लिखा है कि काँग्रेस में प्रवेश करते ही गाँधी ने इसके विधान में पूर्णतया परिवर्तन ला दिया। उन्होंने इसे जनतान्त्रिक स्वरूप दिया और सामान्य जन की संस्था बनाया।[1] वे व्यक्ति-स्वतन्त्रता और समता के हिमायती थे, विशेष रूप से उनकी दृष्टि देश के उस बड़े वर्ग पर थी जो सनातन सन्तप्त और पीड़ित था। उनके साथ ही बुद्धिजीवियों तथा अन्य वर्ग की ओर भी उनका ध्यान था। इस प्रकार उन्होंने अपने अनुयायियों के साथ ही अपने विरोधियों और तटस्थ लोगों के मानस पर भी एक गहरा प्रभाव डाला।[2] उन्होंने प्रत्येक व्यक्ति के आँसू पोंछने का व्रत लिया था।

सितम्बर 1920 में कलकत्ता में काँग्रेस का विशेष अधिवेशन हुआ था जिसमें गाँधी जी की अहिंसात्मक असहयोग की नीति को स्वीकृति मिली थी और उसके अनुसार एक नया कार्यक्रम प्रस्तुत किया गया था। ख़िताबों का छोड़ना, सरकारी स्कूल और कॉलेज तथा सरकार से सहायता पानेवाले या इसके नियन्त्रण को स्वीकार करनेवाले स्कूल और कॉलेजों से अपने लड़कों को निकाल लेना, राष्ट्रीय विद्यालयों को स्थापित करना, सरकारी अदालतों का बहिष्कार और पंचायतों की स्थापना, नयी कौंसिलों और विदेशी माल का बहिष्कार—इस कार्यक्रम के प्रधान अंग थे। नागपुर अधिवेशन में यह प्रस्ताव दुहराया गया और काँग्रेस का फिर से संगठन किया गया। सब उचित और शान्तिमय उपायों द्वारा स्वराज्य की प्राप्ति काँग्रेस का ध्येय बनाया गया।[3]

महात्मा गाँधी के नेतृत्व में कार्य करनेवाले देहातों और गाँवों में भेजे गये ताकि वे अपने देश की मूल समस्या को सही रूप में देख-समझ सकें और गाँवों में वैचारिक क्रान्ति के बीज बो सकें। उन नेताओं को पुस्तकीय ज्ञान तो था, किन्तु देश के अर्थशास्त्र का व्यावहारिक ज्ञान उन्हें गाँवों में घूमने और किसानों की समस्याओं में रुचि लेने पर ही हुआ।[4]

---

1. जवाहरलाल नेहरू—डिस्कवरी आफ इण्डिया, पृ. 363।
2. वही, पृ. 367-68।
3. आचार्य नरेन्द्र देव—राष्ट्रीयता और समाजवाद।
4. "He sent us to the villages, and the countryside hummed with the activity of →

1921 की अहमदाबाद काँग्रेस ने लोगों से सरकार की चुनौती को स्वीकार करने की अपील की थी। विशेष रूप से यह अनुरोध किया गया था कि स्वयंसेवक दलों में सम्मिलित होकर शान्तिपूर्वक अपने को गिरफ़्तार करा दें। गाँधी जी को अखिल भारतवर्षीय काँग्रेस कमिटी के अधिकार दे दिये गये थे। गाँधी जी बारडोली ताल्लुक़े में ही सबसे पहले सामूहिक सत्याग्रह करना चाहते थे, किन्तु चौराचौरी काण्ड के चलते उन्हें सत्याग्रह का विचार कुछ समय के लिए स्थगित करना पड़ा था। अन्य रचनात्मक कार्य अप्रभावित थे। पत्रों द्वारा औचित्य की माँग की जाती थी। 'यंग इण्डिया' की कुछ टिप्पणियों के कारण गाँधी जी 13 मार्च 1922 को गिरफ़्तार कर लिये गये। सेठ गोविन्ददास ने इस प्रसंग की चर्चा इस प्रकार की है। **"आख़िर 13 मार्च 1922 को गान्धी जी गिरफ्तार कर लिये गये और राजद्रोह के अपराध में उन्हें सेशन सुपुर्द कर दिया गया। यह ऐतिहासिक मुकदमा 18 मार्च को अहमदाबाद में आरम्भ हुआ। गान्धी जी पर 'यंग इंडिया' में लेख लिखे गये। कतिपय लेखों को ले कर मुकदमा चलाया गया था। कैसा विचित्र कैदी था यह जिस की शान्त, कृश और अजेय देह का अदालत में प्रवेश होते ही सब उरा के सम्मानार्थ उठ खड़े हुए। अभियोग के पढ़े जाने पर उसे एकदम स्वीकार कर लिया गान्धी जी ने। इस के बाद जो लिखित बयान गान्धी जी ने दिया, वह संसार के इतिहास की एक उत्कृष्ट सामग्री है।**

"न्यायाधीश ने, जो उस समय की सरकार की कठपुतली था, इस मामले को अभूतपूर्व बतलाते हुए गान्धी जी को लोकमान्य तिलक के सदृश मान उन्हें 6 वर्ष के कड़े कारावास की सज़ा दी है। गान्धी जी ने अपनी लोकमान्य से तुलना करने के लिए जज को धन्यवाद देते हुए सिर झुका कर सज़ा सिर माथे ली और इस प्रकार संसार का महान् व्यक्ति विधायक कार्यक्रम का उपदेश देते हुए स्वतन्त्रता की अभिलाषा से सहर्ष परतन्त्रता के घेरे में चला गया। इस प्रकार सन् 20 का असहयोग आन्दोलन यहीं समाप्त हो गया।"

श्री नेहरू ने अपनी आत्मकथा में लिखा है कि "कलकत्ता के विशेष अधिवेशन ने काँग्रेस की राजनीति में गाँधी-युग शुरू किया, जो तब से अब तक क़ायम है—हाँ,

---

→ innumerable messengers of the new gospel of action. The peasant was shaken up and he began to emerge from his quiescent shell. The effect on us was different but equally far reaching, for we saw, for the first time as it were, the villager in the intimacy of his mud-hut, and with the starter shadow of hunger always pursuing him. We learnt our Indian economics more from these visits than from books and learned discourses. The emotional experience we had already undergone was emphasized and confirmed and–hence forward there could be no going back for us to our old life or our old standards, howsoever much our views might change subsequently.

–Jawaharlal Nehru, Discovery of India, p. 365.

बीच में थोड़ा-सा समय (1922 से 1929 तक) ज़रूर ऐसा था जिसमें गाँधी जी ने अपने आप को पीछे रख लिया था और स्वराज्य पार्टी को, जिसके नेता देशबन्धु दास और मेरे पिता जी थे, अपना काम करने दिया था। तब से काँग्रेस की सारी दृष्टि ही बदल गयी, विलायती कपड़े चले गये और देखते-देखते सिर्फ़ खादी-ही-खादी दिखाई देने लगी, काँग्रेस में नये क़िस्म के प्रतिनिधि दिखाई देने लगे, जो ख़ास करके मध्यम वर्ग की निचली श्रेणी के थे। हिन्दुस्तानी और कभी-कभी तो उस प्रान्त की भाषा जहाँ अधिवेशन होता था, अधिकाधिक बोली जाने लगी, क्योंकि कितने ही प्रतिनिधि अँग्रेज़ी नहीं जानते थे। राष्ट्रीय कामों में विदेशी भाषा का व्यवहार करने के ख़िलाफ़ भी लोगों के भाव तेज़ी से बढ़ रहे थे, और काँग्रेस की सभाओं में साफ़ तौर पर नयी ज़िन्दगी, नया जोश, और सचाई दिखाई देती थी।[1]"

गाँधी जी ऐसे महापुरुष थे जिनमें जनता के हृदय तक पहुँच जाने की विलक्षण स्वभाव-सिद्ध कला थी।[2] लुई फिशर ने लिखा है कि गाँधी ने भारत के किसानों, मज़दूरों और बुद्धिजीवियों को समाज में अपने निजी महत्त्व की भावना प्रदान की। उन्होंने उन्हें सिर्फ़ स्वतन्त्रता-आन्दोलन में भरती ही नहीं किया वरन् उनका व्यक्तिगत मान भी बढ़ाया और इस प्रकार उन्हें सर्ववादी सिद्धान्त का विरोधी बना दिया।[3]

सांस्कृतिक अवदान

गाँधी जी ने राजनीति को आध्यात्मिक स्पर्श दिया। विश्व राजनीति को गाँधी जी की यह बहुत बड़ी देन है। गाँधी जी के इस महत् अवदान पर टिप्पणी करते हुए श्री नेहरू ने लिखा है कि "राजनीति को आध्यात्मिकता के—संकीर्ण धार्मिक मानों में नहीं—साँचे में ढालना मुझे एक उम्दा ख़याल मालूम हुआ। निस्सन्देह एक उच्च ध्येय को पाने के लिए साधन भी वैसे ही उच्च होने चाहिए—यह एक अच्छी नीति, सिद्धान्त ही नहीं, बल्कि निर्भ्रान्त व्यावहारिक राजनीति भी थी, क्योंकि जो साधन अच्छे नहीं होते, वे अकसर हमारे उद्देश्य को ही विफल बना देते हैं और नयी समस्याएँ और नयी दिक़्क़तें पैदा कर देते हैं।[4]" असहयोग आन्दोलन की उपलब्धि-चर्चा करते हुए श्री नेहरू ने लिखा है कि असहयोग आन्दोलन ने मुझे वह चीज़ दी जो मैं चाहता था—क़ौमी आज़ादी का ध्येय और (जैसा मैंने समझा) निचले दर्जे के लोगों के शोषण का अन्त कर देना और ऐसे साधन जो मेरे नैतिक भावों

---

1. श्री जवाहरलाल नेहरू—मेरी कहानी, पृ. 71।
2. वही, पृ. 79।
3. श्री लुई फिशर—साप्ताहिक हिन्दुस्तान, 5 अक्टूबर 1952।
4. श्री जवाहरलाल नेहरू—मेरी कहानी, पृ. 80।

के अनुकूल थे और जिन्होंने व्यक्तिगत स्वतन्त्रता का भान कराया।[1]

गाँधी जी राष्ट्रीय भूमिका पर कार्य करते हुए मानव-मांगल्य के लिए चिन्तित रहते थे और उसके लिए वे निरन्तर ऐसे उपक्रम किया करते थे जिससे मानवता बर्बरता की ओर न बढ़े। **"उन की पैगम्बर-जैसी दृष्टि थी और उन्हों ने महसूस किया कि युद्धों से राष्ट्रों के बीच की खाई अधिक चौड़ी होगी और उन के बीच समझदारी घटेगी और इस प्रकार अधिक युद्धों तथा अधिक घृणा के लिए रास्ता तैयार होगा और अन्ततः मानवता बर्बरता तक पहुँच जाएगी। यह विश्व-शान्ति के लिए गान्धी जी की देन है।"**[2] इस प्रकार हम देखते हैं कि गाँधी जी केवल राष्ट्रीय पुरुष ही नहीं बल्कि मानवता के अप्रतिम उन्नायक थे और उनकी आस्था थी कि स्वतन्त्रता के बिना भोजन नहीं, प्रकाश नहीं, अच्छाई नहीं, सत्य नहीं, शान्ति नहीं। जो घृणा करते हैं, वे शान्ति नहीं चाह सकते, जिन का कार्यक्रम विनाश पर अवलम्बित है, वे शान्ति में योग नहीं दे सकते।[3]

युगीन चेतना पर गाँधी के व्यक्तित्व का प्रभाव

गाँधी जी अपने युग के ऐसे नेता थे जिनका देश की समग्र चेतना पर प्रभाव था। राजनीति के साथ ही शिक्षा और साहित्य पर उनका गहरा प्रभाव पड़ा।[4]

राष्ट्रीय संस्थाओं के संस्थापन और संगठन की ओर गाँधी जी की विशेष रुचि थी। उनकी प्रेरणा और सक्रिय रुचि से अनेक राष्ट्रीय विद्या-केन्द्रों की स्थापना हुई जिनमें प्रमुख हैं—नेशनल कॉलेज कलकत्ता, पटना नेशनल कॉलेज, बिहार विद्यापीठ, काशी विद्यापीठ, बंगाल नेशनल यूनिवर्सिटी, तिलक महाराष्ट्र विद्यापीठ, नेशनल मुस्लिम यूनिवर्सिटी और गुजरात विद्यापीठ।

गाँधी युग और हिन्दी का छायावाद युग

"सन् 1920 से 1930 ई. तक का समय पुराने संस्कारों के प्रति विद्रोह और नवीन संस्कारों के बीजारोपण का समय है।[5]" इतिहासकारों के मत से सन् 1930 ई. भारतवर्ष के लिए युगान्तर ले आनेवाला वर्ष है। इस वर्ष भारतवर्ष का चित्त पुराने

1. श्री जवाहरलाल नेहरू—मेरी कहानी, पृ. 80।
2. लुई फिशर—साप्ताहिक हिन्दुस्तान, 5 अक्टूबर 1953।
3. वही।
4. "Mahatma Gandhi took over the leadership of the national movement and for over twenty-five years shaped not only the course of India's history but left an indelible imprint on the thinking of India."–K.M. Panikkar, The Foundation of New India, p. 179.
5. आचार्य हजारीप्रसाद द्विवेदी—हिन्दी साहित्य की भूमिका, पृ. 146।

संस्कारों को झाड़कर नवीन मार्ग के अनुसन्धान में प्रवृत्त हुआ था। नवीन आशा और नवीन आकांक्षा के प्रति जैसा अडिग विश्वास इस समय दिखाई दिया वह शताब्दियों से अपरिचित-सा हो गया था। इसके पहले का भारतवर्ष यद्यपि आत्मचेतना से शून्य नहीं था पर उसका चित्त पूर्ण मुक्त नहीं हुआ था।[2] हिन्दी साहित्य का यह छायावाद युग था। छायावाद युग के साहित्य की एक बड़ी विशेषता यह थी कि इसने 'रूढ़ि-समर्थित काव्य कला' पर प्रश्नचिह्न लगाया। स्वच्छन्दतावाद का प्रवर्तन हुआ। अँगरेज़ी स्वच्छन्दतावादी काव्य और रवीन्द्रनाथ के काव्य से प्रभाव-प्रेरणा ग्रहण कर हिन्दी में काव्य-रचना प्रारम्भ हुई। छायावाद द्विवेदीकालीन राष्ट्रीयवाद के प्रति उतना आग्रह नहीं रखता था जितना मानव ऐक्य की भावना के प्रति। इस युग ने हिन्दी को तीन ऐसे महान् कवि दिये जिन्होंने अपनी प्रातिभ-शक्ति से हिन्दी काव्य को उन्नत किया। प्रसाद, निराला और पन्त की बृहत्त्रयी हिन्दी में सर्वथा नवीन स्वर लेकर आयी।

आचार्य नन्ददुलारे वाजपेयी ने लिखा है कि **"छायावाद को चाहे जिस नाम से पुकारिए, इसका एक ऐतिहासिक व्यक्तित्व है। राष्ट्रीय इतिहास में जिन सुस्पष्ट प्रेरणाओं से यह उत्पन्न हुआ और जिस आवश्यकता की पूर्ति इस ने की, उसकी ओर ध्यान देना आश्चर्य की बात होगी। हिन्दू जाति के नाना भेदों-प्रभेदों के बीच एक संघटित जातीयता का निर्माण हिन्दू-मुस्लिम और ईसाई आदि विभिन्न धर्मानुयायियों में एक अन्तर्व्यापी मानव सूत्र का अनुसन्धान, राष्ट्रों के बीच खाइयाँ पाटना—महायुद्ध के पश्चात् अपने देश के सामने ये प्रधान प्रश्न थे। देश की स्वतन्त्रता का भी कुछ कम प्रधान प्रश्न न था। पर वह जातीय और राष्ट्रीय एकसूत्रता के आधार पर ही खड़ा हो सकता था और अन्तर्राष्ट्रीय मानव सभ्यता का एक अंग बनकर ही शोभा पा सकता था। यह सम्मिलन और सामंजस्य की भावना भारतीय संस्कृति की चिरदिन की विशेषता रही है, इसलिए महायुद्ध की शान्ति के पश्चात् ये प्रश्न सामने आते ही वह सांस्कृतिक प्रेरणा जाग उठी और तीव्र वेग से तत्कालीन काव्य और कलाओं में अपनी अभिव्यक्ति चाहने लगी।"**[2]

स्मरणीय है हिन्दी का छायावाद युग गाँधी-युग की साहित्यिक उपलब्धि है। छायावादी कवियों और स्वच्छन्दतावादी लेखकों के अलावे इस युग में कुछ ऐसे विश्रुत साहित्यकार भी हुए जो गाँधी जी के सत्याग्रह-आन्दोलन के सक्रिय कार्यकर्ता थे और इन्होंने गाँधी जी के आचार-पक्ष से भी काफ़ी प्रभाव ग्रहण किया था। माखनलाल चतुर्वेदी, नवीन, मैथिलीशरण गुप्त और सियाराम शरण गुप्त ऐसे कवि

---

1. आचार्य हजारी प्रसाद द्विवेदी—हिन्दी साहित्य की भूमिका, पृ. 146।
2. आचार्य नन्ददुलारे वाजपेयी—हिन्दी साहित्य : बीसवीं शताब्दी, (विज्ञप्ति) पृ. 13।

हैं। ये हिन्दी काव्य के विशिष्ट पुरस्कर्ताओं में हैं। कथा-लेखकों में प्रेमचन्द और जैनेन्द्र पर गाँधी-दर्शन का प्रभाव स्पष्ट है।

गाँधी-युग की पत्रकारिता

गाँधी जी स्वयं पत्रकार थे और पत्रकारिता को वे वैचारिक क्रान्ति का एक सशक्त माध्यम मानते थे। उनके हाथ में अपने पत्र थे। विभिन्न भाषाओं में अनेक पत्र प्रकाशित हो रहे थे जिन पर गाँधी-विचार का असर था और जो सत्याग्रह-आन्दोलन के प्रति प्रतिश्रुत थे।[1] कुछ देशी पत्र भी अँगरेज़ी पत्रों की देखा-देखी प्रतिगामी नीति के क़ायल थे।[2]

हिन्दी पत्रकारिता

स्मरणीय है कि 1920 को कलकत्ता काँग्रेस हिन्दी पत्रकारिता के उन्नयन की दृष्टि से अत्यन्त महत्त्वपूर्ण था। इसी अधिवेशन से हिन्दी की चर्चा राष्ट्रभाषा के रूप में होने लगी। डॉ. रामरतन भटनागर ने लिखा है कि राजनीतिक पत्रकारिता में यहीं से एक नया युग आरम्भ होता है।[3] शिवप्रसाद गुप्त ने बनारस से 'आज' का प्रकाशन शुरू किया। 5 सितम्बर 1920 को इसका प्रकाशन हुआ था। शिवप्रसाद गुप्त का उद्देश्य इस पत्र को लण्डन के 'टाइम्स'-जैसा प्रभावशाली बनाने का था।[4] इसके पहले ही अंक में सम्पादक श्री पराड़कर जी ने लिखा था—"**हमारा उद्देश्य अपने देश के लिए सब प्रकार से स्वातन्त्र्य उपार्जन है। हम हर बात में स्वतन्त्र होना चाहते हैं। हमारा लक्ष्य यह है कि हम अपने देश का गौरव बढ़ावें, अपने देशवासियों में स्वाभिमान का संचार करें, उन को ऐसा बनावें कि भारतीय होने का उन्हें अभिमान हो, संकोच न हो।**"

गाँधी-युग की हिन्दी पत्रकारिता की सबसे बड़ी उपलब्धि यह है कि इस युग में साहित्यिक पत्रकारिता राजनीतिक पत्रकारिता से पृथक् हुई। मतवाला, सुधा, चाँद, माधुरी, हंस और विशाल भारत-जैसी पत्रिकाएँ इसी समय निकलीं। इन पत्रिकाओं में गाँधी-युग की मूल चेतना मुखर है। ऐतिहासिक दृष्टि से बीसवीं शताब्दी के साथ ही आविर्भूत 'सरस्वती' साहित्यिक महत्त्व और जातीय स्वर की दृष्टि से इसी युग

---

1. द्रष्टव्य—ए हिस्ट्री ऑफ द प्रेस इन इण्डिया—ले. एस. नटराजन्, पृ. 190-91।
2. द्रष्टव्य—श्री जवाहरलाल नेहरू की पुस्तक—मेरी कहानी, पृ. 53-54।
3. Dr. R.R. Bhatnagar–Rise and Growth of Hindi Journalism. p. 357.
4. "It was at this time that Shri Shivaprasad Gupta, the wellknown millionaire philauthropist of Benares founded his Hindi paper, the Aj, at Benares on September 5, 1920. His ideal was that there should be a newspaper in Hindi as influential as the Times of London."–Margarita Barns–The Indian Press, p. 347.

की पत्रिका थी।[1]

'मतवाला' 31 मई, 1924 की एक सम्पादकीय टिप्पणी की अन्तिम पंक्तियाँ द्रष्टव्य हैं–"...यदि आप स्वतन्त्रता के अभिलाषी हैं, अपने देश में स्वराज्य की प्रतिष्ठा चाहते हैं, तो तन, मन और धन से अपने नेता महात्मा गाँधी के आदेशों का पालन करना आरम्भ कीजिए।" इसी प्रकार मतवाला के 26 जनवरी 1924 की सम्पादकीय टिप्पणी की अन्तिम पंक्तियाँ गाँधी जी का पक्ष-समर्थन करती हैं–**"हमें बिना विलम्ब सत्याग्रह की शरण ले कर लीडरों को अपना पिछलगुआ बनने के लिये बाध्य करना चाहिए, क्यों कि गान्धी-विहीन स्वराज्य यदि स्वर्ग से भी सुन्दर हो तो वह नरक के समान त्याज्य है। उस एक महात्मा पर ही शत-शत स्वराज्य न्योछावार कर देने योग्य है। उस के बिना स्वराज्य का स्वप्न भी कैसा? वही हमारा प्रत्यक्ष स्वराज्य है। यदि वह हमारी आँखों के सामने बना रहे, तो स्वराज्य चरणों पर लोटता रहेगा। जिस एक के बिना हमारा सब कुछ लवण-हीन व्यंजन हो रहा है उसी एक को पा कर हम अनेक 'एक' हो सकते हैं।"**

इस युग की हिन्दी पत्रकारिता का यही मूल स्वर था। इस युग की हिन्दी पत्रकारिता के विशिष्ट पुरस्कर्ताओं की चर्चा करते हुए आचार्य हजारीप्रसाद द्विवेदी ने लिखा है, "इस काल में हिन्दी में कुछ इतने महत्त्वपूर्ण पत्रकार पैदा हुए जो दीर्घकाल तक याद किये जाएँगे। बुद्धिगत प्रौढ़ता के साथ-साथ चरित्रगत दृढ़ता ने इन पत्रकारों को बड़ी सफलता दी। गणेश शंकर विद्यार्थी, पराड़कर जी, अम्बिकाप्रसाद वाजपेयी, लक्ष्मणनारायण गर्दे और बनारसीदास चतुर्वेदी का तत्कालीन कार्यक्षेत्र कलकत्ता ही था।

प्रस्तुत चर्चा का उद्देश्य गाँधी-युग की बंगीय हिन्दी पत्रकारिता का अनुशीलन है। इस युग के दैनिक पत्रों की चर्चा एक स्वतन्त्र अध्याय में की गयी है। यहाँ

---

1. आचार्य महावीरप्रसाद द्विवेदी आदर्श की दृष्टि से इस युग के मनीषी पत्रकार थे और उनकी पत्रिका 'सरस्वती' इसी युग की पत्रिका थी। द्विवेदी जी पर टिप्पणी करते हुए आचार्य नन्ददुलारे वाजपेयी ने लिखा है, "वे ऐसे-वैसे सम्पादक नहीं थे, सिद्धान्तवादी और सिद्धान्त पालक सम्पादक थे।....जो कुछ उनके लक्ष्य थे, उनकी प्राप्ति अपनी निश्चित धारणा के अनुसार 'सरस्वती' के द्वारा करना उनका सिद्धान्त था, अतः 'द्विवेदी काल' की 'सरस्वती' में केवल द्विवेदी जी की भाषा की प्रतिभा ही गठित नहीं है, उनके विचारों का भी उसमें प्रतिबिम्ब पड़ा है।....सरस्वती की सहायता से उन्होंने शिल्पी, विचारों के प्रचारको, और साहित्य के शिक्षक–तीन-तीन संस्थाओं के संचालक का काम उठाया और पूरी सफलता के साथ उसका निर्वाह किया।....द्विवेदी जी के सरस्वती-सम्पादन का इतिहास ऐसे अनेक आन्दोलनों का इतिहास है। वह उनके व्यक्तित्व और तत्कालीन समाज के विकास का इतिहास भी कहा जा सकता है"–आचार्य नन्ददुलारे वाजपेयी–हिन्दी साहित्य : 'बीसवीं' शताब्दी, पृ. 3-4।

साप्ताहिक और मासिक पत्रों की ही चर्चा की जाएगी। इतना और निवेदन करूँ कि उक्त चर्चा का सम्बन्ध विशेष रूप से साहित्यिक पत्रकारिता से होगा। इस प्रकार 'मतवाला' की विशेष विवेचना करते हुए पत्रों का संक्षिप्त उल्लेख किया जाएगा।

'मतवाला'

प्रकाशकीय प्रेरणा : 'मतवाला' के प्रकाशन की प्रेरणा बँगला-साप्ताहिक पत्र 'अवतार' से मिली थी। यह हास्यरस का पत्र था। हिन्दी में ऐसा पत्र नहीं था। इस अभाव की ओर कलकत्ता के तत्कालीन हिन्दी हितैषियों का ध्यान गया। इनमें प्रमुख थे मुंशी नवजादिक लाल, पण्डित सूर्यकान्त त्रिपाठी, बाबू शिवपूजन सहाय और 'बालकृष्ण प्रेस' के मालिक महादेव प्रसाद सेठ। बालकृष्ण प्रेस में इनकी बैठक जमती थी।

बँगला 'अवतार' पढ़कर इन लोगों को प्रेरणा मिली जिसकी चर्चा आचार्य शिवपूजन सहाय ने अपने संस्मरण में इस प्रकार की है–"सोचावट होने लगी–इसी ढंग का एक पत्र हिन्दी में निकाला जाय। रोज हर घड़ी चर्चा छिड़ी ही रहती थी। कितने ही हवाई किले बने और कितने ही उड़ गये। बहुत मन्थन के बाद विचारों में रतम्भन आया। उसी दग बात तय हो गयी। बीजारोपण हो गया।

"ता. 20 अगस्त 1923 ई. रविवार को सिर्फ़ बात पक्की हुई। ता. 21 सोमवार को मुन्शी जी ने ही पत्र का नामकरण किया–'मतवाला'। मुन्शी जी को दिनरात इसी की धुन थी। नाम को सब ने पसन्द किया। अब कमिटी बैठी। विचार होने लगा–कौन क्या लिखेगा–पत्र में क्या रहेगा, इत्यादि।– 'निराला' जी ने कविता और समालोचना का भार लिया। मुन्शी जी ने व्यंग्य-विनोद लिखना स्वीकार किया।

"मैं चुप था। मुझ में आत्मविश्वास ही नहीं था। बैठा-बैठा सब सुन रहा था। सेठ जी भंग का गोला जमाये सटक गुड़गुड़ा रहे थे। मुझ से बार-बार पूछा गया। डरते-डरते मैं ने कहा–मैं भी यथाशक्ति चेष्टा करूँगा। सेठ जी ने कहा–'आप लीडर (अग्रलेख) लिखियेगा, प्रूफ देखियेगा जो कुछ घटेगा सो भरियेगा।"

"मुंशी जी और सेठ जी तैयारी में लग गये। स्तम्भों के शीर्षक चुने गये। डिजाइन, ब्लाक, कागज, धड़ाधड़ प्रेस में आने लगे। चारु बाबू चित्रकार ने मुखपृष्ठ के लिए 'नटराज' का चित्र बनाया। देख कर सब की तबियत भड़क उठी। 'निराला' जी ने कविता तैयार कर ली–समालोचना भी लिख डाली। मुंशी जी भी रोज कुछ लिखते जाते थे। मैं हतबुद्धि-सा हो गया। कुछ सूझता ही न था। श्रावण की पूर्णिमा ता. 26 शनिवार को पड़ती थी। उस

दिन 'मतवाला' का निकलना सर्वथा निश्चित-सा था। युवती दुलहिन के बालक पति की तरह मेरा कलेजा धुकधुका रहा था।

"कुछ मैटर प्रेस में जा चुका था। उस का प्रूफ़ भी मैं देख चुका था। अब उत्साह बढ़ने पर मैं ने भी कुछ 'वहक' और 'चलती चक्की' लिखी। श्रावणी संवत् 1980 शनिवार (23 अगस्त 1923 ई.) को 'मतवाला' का पहला अंक निकल गया। था तो साप्ताहिक, मगर मासिक पत्र की तरह शुद्ध और स्वच्छ निकला। बाजार में जाते ही पहले ही दिन धूम मच गई।"[1] इस प्रकार मतवाला के प्रकाशन के साथ हिन्दी पत्रकारिता में एक नया प्रयोग हुआ, एक बड़े अभाव की पूर्ति हुई और एक साहित्यिक क्रान्ति का आविर्भाव हुआ। उसने हिन्दी साहित्य को एक हस्ताक्षर—निराला—दिया, जो आधुनिक काव्य की महत् उपलब्धि और स्वच्छन्दतावादी काव्यधारा का सबसे बड़ा पुरस्कर्ता है।

संघटन पक्ष

मतवाला के मुख्य पृष्ठ पर निराला की कविता छपती थी। नियमादि भी मुख्य पृष्ठ पर ही रहता था। अगले अंक का पहला पृष्ठ अविकल उद्धृत किया जाता है, ताकि इसके व्यवस्था-स्वरूप का ज्ञान हो सके—

"आत्म-परिचय"

मतवाला

साप्ताहिक पत्र

**"अमिय-गरल, शशि-शीकर, रवि-कर, राग-विराग भरा प्याला
पीते हैं जो साधक उनका प्यारा है यह मतवाला।"**

(प्रति प्याला दो पैसा नगद) (वार्षिक बोतल दो रुपया पेशगी)

वर्ष 1, कलकत्ता,	**श्रावणी पूर्णिमा 1980, रविवार [संख्या 1**
मेरा पिनल कोड। (1) प्रति शनिवार को शनेश्चर की तलाश में मैं बांहर निकला करूँगा।	"रक्षा-बन्धन" परिमल युत मृदु मन्द मलय वह गुंजत छन छन मत्त मधुपगन उठत बीन झंकार चतुर्दिस चढ़्यो मदन जनु करन कतहु रन

1. आचार्य शिवपूजन सहाय—शिवपूजन-रचनावली, चौथा खण्ड, पृ. 112-113।

(2) जो लोक दो रुपया डाक व्यय सहित सालाना सलामी मेरे पण्डे के पास पेशगी जमा कर देंगे उनके घर ठीक समय पर बिना रोक-टोक सीधे पहुँच जाऊँगा।

(3) नक़दानक़द का पक्षपाती होने के कारण वी.पी. की अपेक्षा मनिआर्डर द्वारा वार्षिक दक्षिणा लेना ही मुझे अधिक पसन्द है। इससे मेरा और गेरे भक्तों का लाभ है।

पन-पिय अधरन चूम चाँदनी,
अलस चुवत तन सुधा-स्वेद कन
प्रकृति-पुरुष कर मिलन मनोहर
अति सुखकर यह 'रक्षा-बन्धन'

—पुराने महारथी।

(2)

बढ़ गई शोभा सखी सावनी सलोनी हुई
बड़े भाग्य भारत के गौरव के गये दिन आये फिर
'रक्षा' से बँधे हैं भारतीयों के कोमल कर,
मंगल मनाती क्यों न, रहा क्यों कलेजा चिर?
तारों इन सुनहलों के आगे सितारे मात
अथवा प्रकाश रहा बादल-दलों से घिर?
देख करतूत ऐसी वीरवर सपूतों की
भारत का गर्व से उठेगा या झुकेगा सिर?
कंकालों का क़त्ल अहो इस 'राखी' के रंग में छिपा
भूत, भविष्यत्, वर्तमान हैं दोनों का तीनों लिया।

—**'निराला'**

चेतावनी

(1) **लेख, कविता, समालोचनार्थ पुस्तकें और परिवर्तनार्थ पत्र आदि सम्पादक – 'मतवाला' और मूल्य तथा प्रबन्ध सम्बन्धी पत्रादि मैनेजर—मतवाला के पास नीचे लिखे पते से भेजना चाहिए —'बालकृष्ण प्रेस, 23 शंकर घोष लेन, कलकत्ता।**

(2) **कोई मुहर्रमी महाशय 'मतवाला' के लिये लेख भेजने का दुस्साहस न करें।**

विज्ञापन दर

जो सज्जन एक वर्ष के लिए छपवाना चाहेंगे उन से प्रति इंच प्रति सप्ताह चार आने के हिसाब से छपाई पेशगी ली जायेगी। 6 महीने के लिए उक्त दर का डेढ़ा, तीन महीने के लिए दूना और एक महीने के लिये तिगुना लिया जायगा। एक महीने से कम का विज्ञापन नहीं लिया जायगा।

विज्ञापन की छपाई हर हालत में पेशगी ही ली जाएगी।

मैनेजर—'मतवाला'
बालकृष्ण प्रेस,
23 शंकर घोष लेन, कलकत्ता।

दूसरे पृष्ठ पर सम्पादकीय टिप्पणी रहती थी। सम्पादकीय स्तम्भ का स्वरूप दिखाने के लिए एक पूरे पृष्ठ का चित्र जिसमें एक पूरी सम्पादकीय टिप्पणी है, दिया जा रहा है। सम्पादकीय टिप्पणी का शीर्षक मुख्य पृष्ठ के शीर्ष पर अंकित रहता था। सम्पादकीय स्तम्भ के अन्तर्गत शीर्षक के ऊपर ही अकबर की दो पंक्तियाँ स्थायी रूप से रहती थीं, जो इस प्रकार हैं–

"खींचो न कमानों को न तलवार निकालो।
जब तोप मुकाबिल है तो अखबार निकालो ॥"

–अकबर।

मतवाले की बहक, चलती पक्की, मतवाले का चाबुक स्थायी स्तम्भ थे। कभी-कभी 'मतवाले का चुकूड़', 'चण्डू खाने की गप्प' और 'रंगरूटों की फौज' भी प्रकाशित होता था। मुख्य पृष्ठ के लिए निराला कविता लिखते थे, सम्पादकीय लेख, चलती-चक्की तथा अन्य विनोदपूर्ण टिप्पणियाँ शिवपूजन सहाय लिखते थे, नवजादिक लाल 'मतवाला की बहक' नामक स्तम्भ व्यंग्यात्मक टिप्पणियों से सजाते थे। भूतनाथ तेल का पूरे एक पृष्ठ का विज्ञापन मुंशी जी (नवजादिक लाल) के चलते सहज ही उपलब्ध हो गया था। समालोचनाएँ निराला जी लिखा करते थे। प्रूफ़-संशोधन तथा पूरी सामग्री के सम्पादन का पूरा दायित्व शिवपूजन जी पर था। सम्पादक के रूप में सेठ जी का नाम छपता था।

'मतवाला' की व्यवस्था की चर्चा करते हुए आचार्य शिवपूजन सहाय ने लिखा है, **"प्रेस की व्यवस्था स्वयं सेठ जी करते थे और 'मतवाला' का प्रबन्ध विभाग मुंशी जी के हाथ में था। जब मतवाला का प्रबन्ध सम्बन्धी काम बहुत बढ़ गया तब मुंशी जी 'मतवाला की बहक' लिखने के लिये समय नहीं निकाल पाते थे। विवश हो कर उन्हें भूतनाथ कार्यालय की मैनेजरी भी छोड़नी पड़ी। तब भी उन्हें कुछ लिखने का अवकाश नहीं मिल पाता था। इस तरह 'बहक' का बोझ भी मेरे ही ऊपर आ पड़ा। मुंशी जी कभी-कभी यथावकाश कभी कुछ लिख दिया करते। वे और सेठ जी जब अखबार पढ़ने का अवसर पाते तब उस में निशान लगा कर मेरे पास उस पर टिप्पणी जड़ने के लिए भेज देते। 'मतवाला' कार्यालय की तीसरी मंजिल एक छोटा सा एकांत कमरा था। रात में सेठ जी उस में सोया करते थे और दिन भर मैं उस में 'मतवाला' का मैटर तैयार किया करता था। शाम को रोज बनारसी बूटी बनती थी। भंग छानने के बाद कुछ घंटे हम लोगों की सम्मिलित बैठक होती थी। उस में अखबारों की खबरों पर विचार-विनिमय होता था। देश, समाज, धर्म और साहित्य से सम्बन्ध रखने वाले महत्त्वपूर्ण समाचारों और ज्वलन्त राजनीतिक समस्याओं पर सूझ-बूझ भरी टिप्पणियाँ लिखने के लिए निश्चय किया जाता**

था। भंग की तरंग में सेठ जी की सूझ-बूझ बड़ी निराली होती थी। मुंशी जी भी स्वाभाविक हास्यविनोद लिखने में बड़े सिद्धहस्त थे। निराला जी की कविताओं ने भी मतवाला की प्रतिष्ठा और लोकप्रियता बढ़ायी। उन्हों ने सरस्वती के अंकों की जो समालोचना लगातार लिखी—'गरगज सिंह वर्मा के नाम से', उसे पढ़ कर आचार्य द्विवेदी जी इतने क्षुब्ध हुए कि 'मतवाला' के एक अंक को आदि से अंत तक अच्छी तरह संशोधित कर के भेज दिया।

'मतवाला' में छपने के लिए बहुत से लोग हास्य-विनोदमयी रचनायें प्रायः भेजा करते थे। उन में से मौके की रचनायें चुन कर मैं सुधार-सँवार देता था। ऐसी रचनाओं के लिए 'रंगरूटों की फौज' नामक स्तम्भ बनाया गया था। राजनीतिक, सामाजिक-धार्मिक और साहित्यिक जगत् की जो हवाई खबरें और अफवाहें होती थीं उन्हें कलम बन्द करने के लिए 'चण्डू खाने की गप' नामक स्तम्भ कायम किया गया था। उस से पाठकों का इतना अधिक मनोरंजन होता था कि देश के अनेक भागों से लोग अपने यहाँ की उड़ती खबरें और दिलचस्प अफवाहें लिख-लिख कर भेजा करते थे।....हिन्दी संसार के पत्र पाठकों में 'मतवाला' ने एक नयी उमंग की लहर पैदा कर दी थी। हास्य रस की ओर लोगों का झुकाव दिन-दिन होता जाता था। नतीजा यह हुआ कि पहले साल के अन्दर ही वह दस हजार की संख्या में छपने लगा। केवल बनारस में ही एजेण्ट की मार्फत दो हजार प्रतियाँ खपती थीं। कलकत्ता में उस की इतनी धाक थी कि जिस विषय पर वह लिखना शुरू करता था उस विषय के क्षेत्र में हड़कम्प मच जाता था।"[1]

निराला जी शिवपूजन जी की सम्पादकीय टिप्पणियों को देखते थे और अपेक्षित संशोधन भी करते थे। 'मतवाला मण्डल में वही भाषा के आचार्य थे, किन्तु मुंशी जी अपनी लिखी चीजों में किसी को कलम नहीं लगाने देते थे। मुंशी जी पुराने अनुभवी थे, कई अखबारों में रह चुके थे, उर्दू-फारसी के अच्छे जानकार थे, हाथ मँजा हुआ था।"[2]

सेठ जी और मुंशी जी की अनुपस्थिति में मुद्रण सम्बन्धी सारा काम निराला जी को ही करना पड़ता था। श्याम सुन्दर खत्री के एक संस्मरण से इस बात की पुष्टि होती है। खत्री जी ने लिखा है, **"एक बार जब मैं मतवाला आफिस में गया, तब देखा, वहाँ सन्नाटा था। पूछने पर पता चला कि बस इस समय सिर्फ़ निराला जी प्रेस में हैं, मैं ने उन के पास खबर भेजी। वे बाहर आये। शिष्टाचार के उपरान्त हम दोनों एक चौकी पर बैठ गये। निराला जी ने कहा**

1. आचार्य शिवपूजन सहाय : नयी धारा, जून 1952 (वर्ष 3, अंक 3)
2. शिवपूजन रचनावली, चौथा खण्ड, पृ. 113।

कि मुंशी जी घर गये हुए हैं और महादेव बाबू भी मिर्जापुर चले गये हैं, इस लिए 'मतवाला' का सारा कार्य-भार मुझी पर आ पड़ा है।[1]" इस प्रकार निराला जी 'मतवाला' के प्रकाशन में सक्रिय रुचि लेते थे। 'मतवाला मण्डल' में निराला जी का विशेष स्थान था। **'मतवाला' में कविता और समालोचना निराला जी के स्वीकृत करने पर ही छपती थी। सेठ जी और मुंशी जी उन का जितना आदर करते थे, उतना आदर अब शायद ही किसी साहित्यिक को किसी प्रकाशक से मिल सके।"[2]**

इस प्रकार पारस्परिक स्नेह-सहयोग से मतवाला का प्रकाशन होता था। अंक 6 से इसके रूप-विन्यास में किंचित् परिवर्तन यह आया कि मुख्य पृष्ठ पर नटराज का चित्र छपने लगा।

मतवाला में प्रायः व्यंग्य-चित्र प्रकाशित होते थे जिनमें तत्कालीन परिस्थितियों पर चोट करनेवाले गहरे व्यंग्य होते थे।

मतवाला का उद्देश्य

'मतवाला' हिन्दी का हास्य-व्यंग्य-विनोद प्रधान साप्ताहिक पत्र था। इसका पूरा स्वरूप विलक्षण था। पहले अंक में सम्पादकीय स्तम्भ के अन्तर्गत 'आत्म-परिचय' प्रकाशित हुआ था जो एक विलक्षण शैली में लिखा गया था। इसके लेखक स्व. शिवपूजन सहाय थे जो अपने युग के एक विशिष्ट शैलीकार माने जाते थे। उक्त सम्पादकीय टिप्पणी[3] में 'मतवाला' के आविर्भाव-प्रयोजन की विज्ञप्ति दी गयी है। इसकी अन्तिम पंक्तियाँ उद्धृत की जाती हैं जिसमें 'मतवाला' के उद्देश्य का संकेत है, **"मैं अपनी यात्रा की रिपोर्ट नियमित रूप से प्रकाशित करता रहूँगा। उस में सच्ची और स्वाभाविक सूचना रहेगी। उस के द्वारा मैं यथेष्ट रीति से इस देश की आन्तरिक दशा बतलाऊँगा। लेकिन बतलाने का ढंग निराला होगा। जो मेरी ही तरह स्वतंत्र 'मत' वाला होगा वही उस ढंग को समझने वाला होगा। राष्ट्र, जाति, सम्प्रदाय, भाषा, धर्म, समाज, शासन-प्रणाली, साहित्य और व्यापार आदि समस्त विषयों का निरीक्षण और संरक्षण ही मेरी योजना का अभिसंधान है। मैं उसे पूरा करने के लिए संकोच, भय, ग्लानि, चिन्ता और पक्षपात का उसी प्रकार त्याग कर दूँगा जिस प्रकार यहाँ के नेता निजी स्वार्थ का त्याग करते हैं।"**

आगे 'मतवाला' की वस्तुविवेचना करते हुए हम देखेंगे कि अपने उद्देश्य के प्रति यह कितना सचेत था।

---

1. श्याम सुन्दर खत्री : निराला अभिनन्दन ग्रन्थ, पृ. 43।
2. आचार्य शिवपूजन सहाय, वही, पृ. 31।
3. 'मतवाला' के प्रथम अंक की सम्पादकीय टिप्पणी अविकल परिशिष्ट में उद्धृत की गयी है।

'मतवाला' की वैशिष्ट्य-चर्चा

'मतवाला' शुद्ध राष्ट्रीय पत्र था। ऊपर इससे दो अंश उद्धृत कर हमने दिखाया है कि गाँधी जी के प्रति इसकी आस्था थी और उनके नेतृत्व में चलनेवाले सत्याग्रह आन्दोलन का इसने खुलकर समर्थन किया था। 'मतवाला मण्डल' के सदस्य गाँधी जी के प्रति सहज श्रद्धा रखते थे।[1] किन्तु उनमें हिन्दुत्व का भाव भी कम न था अर्थात् हिन्दू-मुसलिम एकता के प्रश्न पर वे गाँधी जी की शान्तिवादी नीति के पक्ष में नहीं थे। इस प्रकार इस पत्र की प्रकृति पूर्ण स्वच्छन्द और स्वतन्त्र थी। यह किसी व्यक्ति, नीति, दर्शन और सम्प्रदाय के प्रति प्रतिश्रुत नहीं था।

चूँकि यह हास्य और व्यंग्य का पत्र था इसलिए उसे एक बड़ी सुविधा थी कि कड़ी से कड़ी बात विनोद की शैली में वह कह जाता था। उसकी टिप्पणियाँ हास्य के आवरण में अनौचित्य पर कड़ी चोट करती थीं। इस दृष्टि से वह किसी के प्रति सहिष्णु या पक्षपाती नहीं था। बड़े निर्भीक ढंग से वह अन्याय और अनौचित्य का परदाफ़ाश करता था। 'मतवाला मण्डल' के प्रायः सभी सदस्य स्वच्छन्द प्रकृति के व्यक्ति थे और उन पर किसी प्रकार का प्रकाशकीय अंकुश न था, इसलिए वे खुलकर अपनी बात कहते थे।

'मतवाला'-संचालक श्री सेठ जी स्तम्भ-लेखकों या कहना चाहिए सम्पादकों के सहृदय मित्र थे। सभी उन्मुक्त ढंग से अपने दायित्व का पालन करते थे। किसी के ऊपर किसी तरह का मानसिक भार नहीं था। सेठ जी मतवाला-परिवार के सदस्यों से पारिवारिक व्यवहार रखते थे। वर्ष 2, अंक 1 में सेठ जी ने 'मतवाला-मण्डल' के सदस्यों के प्रति आभार प्रकट करते हुए लिखा था, "....**सर्वप्रथम उल्लेख योग्य हैं हिन्दू-भूषण बाबू शिवपूजन सहाय। ये वास्तव में हिन्दी साहित्य के भूषण हैं। इन्हों ने इस जांच को सफल बनाने में जिस अथक परिश्रम और विलक्षणता का परिचय दिया है उसे दृष्टि में रखते हुए हम यह बिना किसी प्रकार की अत्युक्ति के कह सकते हैं कि यदि इन का सहयोग प्राप्त न हुआ होता तो यह जांच हजार चेष्टा करने पर भी अधूरी रहती। साथ ही हम अपने मित्र पण्डित श्री सूर्यकान्त जी त्रिपाठी 'निराला' (गरगजसिंह वर्मा) के भी बड़े**

---

1. मतवाला-सम्पादक श्री निराला के बारे में आचार्य नन्ददुलारे वाजपेयी ने लिखा है, "राजनीतिक क्षेत्र में वे गाँधी जी के व्यक्तित्व से प्रभावित अवश्य थे, परन्तु उनकी दृष्टि उस समय भी सम्पूर्ण सामाजिक समता तक पहुँच चुकी थी। वे कोरी भावात्मक समता के आदर्शवादी दृष्टिकोण को पर्याप्त नहीं मानते थे। वे आर्थिक और व्यावहारिक समता को उस समय से ही आवश्यक बता रहे थे। फिर भी अपने व्याख्यानों में (हमारे गाँव में उन दिनों प्रायः राजनीतिक सभाएँ और व्याख्यान होते रहते।) वे गाँधी जी की मुक्त-कण्ठ से प्रशंसा करते थे। हाँ साहित्य और भाषा के क्षेत्र में उनके वक्तव्यों को वे अनधिकृत मानते थे।"

—आचार्य नन्ददुलारे वाजपेयी : निराला अभिनन्दन ग्रन्थ, पृ. 71-72।

उपकृत हैं जिन्होंने जांच की रिपोर्ट तैयार करने में बड़ी निपुणता से, अपनी 'कसौटी' पर कस कर खरे खोटे की पहचान बताते हुए हमारी सहायता की है और जो 'चाबुक' चलाने में चौकशी दिखाते हुए हमारे रथ को वह निकट मार्ग से निकाल कर मुख्य लक्ष्य पर्यन्त निर्विघ्न खींच लाये हैं। 'निराला' नाम से त्रिपाठी जी ने तो हमारी जो कुछ सहायता की है वह हमारी इस क्रान्तिपूर्ण यात्रा को शान्तिपूर्ण बनाने में यथेष्ट समर्थ हुई है और उसे हम बड़े संतोष के साथ अपने इष्टदेव के आगे रखते हैं, वे ही उन्हें इस सच्चे सौहार्द का पुरस्कार दें। प्रियबन्धु 'निराला' की भावमयी कविताओं ने हमें विशेष रूप तृप्त से किया है। उन की निराली स्वर-लहरी में हम अनेक बार गद्गद हो चुके हैं।....उन की सुधामुखी लेखनी का सुमिष्ट प्रसाद ही हमारी इस साल-भर की यात्रा का मधुर सम्बल रहा है। उन के सौजन्य का सहारा पा कर हमें हिन्दी संसार को साल भर तक एक नवीन सन्देश सुनाने का सौभाग्य प्राप्त रहा है, जिस का हमें गर्व है।" मुंशी नवजादिक लाल की चर्चा करते हुए उन्होंने लिखा है कि "अपने परममित्र मुंशी नवजादिक लाल जी श्रीवास्तव को कोटिशः साधुवाद देते हैं जिन्हों ने चुभती हुई चुटकियाँ लिख कर मतवाला-मण्डल की विस्मयजनक विशेषता को प्रत्यक्ष प्रकट किया है।... बात-बात में व्यंग्य और विनोद की सृष्टि करना आप की ही प्रतिभा की करामात है। अत्यन्त आनन्द का विषय है कि आप जैसे विशेषज्ञ हमारे चिर-सहचर और दाहने हाथ हैं।" व्यक्ति-वैशिष्ट्य के महत्त्व को स्वीकार करने और उसके प्रति अपेक्षित कृतज्ञता ज्ञापित करने की यह उदारता आज दुर्लभ है जो मतवाला-संचालक श्री महादेवप्रसाद सेठ की विशेषता थी।

यह पत्र यथार्थ जीवन-जगत् का आग्रही था और उस 'गोरखधन्धे' का 'खुल्लम-खुल्ला' विरोध करता था जो उस समय देश में व्याधि के रूप में व्याप्त था। उक्त 'गोरखधन्धा' की चर्चा 'मतवाला' की एक सम्पादकीय टिप्पणी में इस प्रकार है, "साहित्य में तो विचित्र धाँधली मची हुई है। विशुद्ध साहित्य सूली पर चढ़ाया जा रहा है। भ्रष्ट साहित्य पालने में झूल रहा है। राष्ट्रीय पोथियाँ जब्त हो रही हैं, गन्दे उपन्यासों का प्रचार बढ़ रहा है। सच्चे इतिहास के मुंह में कपड़ा ठूंस दिया गया है, मिथ्या इतिहास सरे बाजार गला फाड़कर चिल्ला रहा है। यथार्थवादी पत्र लोहे के चने चबा रहे हैं, हां हुजूर वाले बराबर हलवा गपक रहे हैं। लेखकों के छक्के-पंजे भूल गये हैं, प्रकाशकों का पौ बारह है। जो पत्रिकाएँ सादगी से रहकर पवित्र जीवन बिताती हैं, उन की ओर लोग ताकते भी नहीं, मगर नखरे तिल्ले वाली पुंश्चली पर लोग लट्टू हुए जाते हैं। अजीब गोरखधंधा है।"

'मतवाला' एक सचेत पत्र था। युग की नब्ज़ का उसे सही ज्ञान था। युगीन

चेतना के प्रति वह सदैव सचेत रहता था। तत्कालीन राजनीतिक परिवेश का एक चित्र द्रष्टव्य है, "**राजनीतिक परिस्थिति में उथल-पुथल मचा हुआ है। वह निराशा और दुविधा की बीहड़ घाटियों में भटक रही है। दलबन्दियाँ सिर उठा रही हैं। असहयोग शक्ति की कमर टूट गई है। आत्मविश्वास कलेजा थामकर बैठ गया। धैर्य की नाड़ी छूट गई है। साहस के पैर उखड़ चुके हैं। उत्साह बगलें झाँक रहा है। चरखा सिर धुन रहा है। खद्दर का दम घुट रहा है। 'अहिंसा' की कातर दृष्टि शून्य आकाश से जीवन की भिक्षा मांग रही है। दासता की आंखों में चरबी छा गई है। नौकर-शाही की पांचों अंगुलियां घी में हैं। दाढ़ी और चुटिया में गांठ पड़ गई है। एकता रंडापा झेल रही है। दाढ़ी वालों के पेट में दुगुनी लम्बी दाढ़ी है और चोटी वालों के पीछे चोटी से भी लम्बी दुम।**"

हमने आरम्भ में निवेदन किया है कि हास्य-व्यंग्य विनोद के साथ 'मतवाला' एक साहित्यिक पत्र था। छायावाद युग के अनेक लेखकों का उसे सहयोग प्राप्त था। साहित्यिक दृष्टि से उसका ऐतिहासिक महत्त्व यह है कि उसने हिन्दी के सर्वश्रेष्ठ स्वच्छन्दतावादी कवि को प्रस्तुत किया। स्मरणीय है कि 'निराला' जी की कविताओं को अन्य पत्रिकाओं में स्थान नहीं मिलता था या कठिनाई से मिलता था, 'मतवाला' ने उन्हें शीर्ष प्रस्तुति दी और इस प्रकार 'निराला' की प्रतिष्ठा का एक सशक्त माध्यम बना। 'उग्र' की अनेक कहानियाँ इसमें छपीं। विशिष्ट साहित्यकारों का पूर्वग्रह-मुक्त सचित्र परिचय छपा।

'मतवाला' की वस्तु-विवेचना

'मतवाला' के संघटन-पक्ष की चर्चा करते हुए निवेदन किया गया है कि इसके मुख्य पृष्ठ पर 'निराला' की कविता छपती थी। 'मतवाला' के एक वर्ष के अंकों को देखने से स्पष्ट हो जाता है कि 'निराला' का श्रेष्ठ पूर्ववर्ती काव्य 'मतवाला' में ही प्रकाशित हुआ था।[1] यह मतवाला की साहित्यिक उपलब्धि है। स्वच्छन्दतावादी काव्य की प्रतिष्ठा का ऐतिहासिक उपक्रम 'मतवाला' ने सम्पन्न किया। हिन्दी पत्रकारिता के लिए यह सर्वथा नवीन प्रयोग था। साहित्य की दुनिया में भी यह क्रान्ति थी जिसके स्वागत की पूरी तैयारी नहीं हुई थी। 'मतवाला'-जैसा सशक्त माध्यम और महादेवप्रसाद सेठ-जैसे उदार मित्र यदि निराला को न मिले होते तो कदाचित् हिन्दी-जगत् पर निराला की शक्ति का प्रभाव जमने में अनावश्यक विलम्ब होता।

---

1. 'मतवाला' के मुख्य पृष्ठ पर प्रकाशित 'निराला' की कविताओं और कुछ सम्पादकीय लेखों की एक सूची परिशिष्ट में द्रष्टव्य।

वर्ष 1, अंक 3 के मुख्य पृष्ठ पर 'निराला' की एक कविता छपी है—'गये रूप पहचान'। उक्त कविता यहाँ अविकल उद्धृत की जाती है—

गये रूप पहचान।

सुनी राष्ट्र भाषा की जबसे भव्य मनोहर तान।
मिटी मोह-माया की निद्रा गये रूप पहचान॥
छिपी छुरी नीचों के छल में,
देख दम्भ दुष्टों के दल में,
बढ़ आगे, हो सजग मेट तू क्षण में नाम-निशान।
मिटी मोह-माया की निद्रा गये रूप पहचान॥1॥
चूम चरण मत चोरों के तू,
गले लिपट मत गोरों के तू,
झटक पटक झंझट को झटपट झाँके झाड़ में मान।
मिटी मोह-माया की निद्रा गये रूप पहचान॥2॥
खल-दल-बल दलदल में घसका,
गो गौरव-गरिमा गुण-यश का,
क्या किसका, गर तू उकसाता अपना प्राण महान?
मिटी मोह-माया की निद्रा गये रूप पहचान॥3॥
आप आप कर अब न अमर को,
बना बाप मत वंचक नर को,
अगर उतरना पार चाहता दिखा शक्ति बलवान।
मिटी मोह-माया की निद्रा गये रूप पहचान॥4॥

—'निराला'

यही मतवाला का अपना स्वर था। शान्ति के बदले वह शक्ति की उपासना में अधिक आस्थावान् था। कदाचित् इसीलिए वह गाँधी जी का बहुत दूर तक साथ न दे सका।

'मतवाला' का सम्पादकीय स्वर : जातीय दृष्टि

वर्ष 1, अंक 11 की सम्पादकीय टिप्पणी सरकारी दमन नीति को लक्ष्य कर लिखी गयी है। उक्त टिप्पणी का एक अंश द्रष्टव्य है :

"जो राजा प्रजा को प्रसन्न नहीं कर सकता उसकी उपमा नीतिकारों ने—'अजागलस्तन' से दी है। किन्तु नीति की बातें तो उसके लिये हैं जिसके किसी अंग में कुछ शर्म हो। जिसको शर्म ही नहीं उसके लिये कैसा धर्म और कैसा कर्म? फिर धर्म-कर्म की दुहाई भी कभी उसके सामने जो न्याय का दम भी भरे और न्याय का गला भी घोंटे? धर्म-कर्म की दुहाई क्या उसके

सामने जिसने मात को 'गजभुक्त कपित्थनृवत्' बना डाला? नहीं, हरगिज़ नहीं, दुहाई कैसी? दुहाई तो कई दहाई तक पहुंच चुकी। अब दुहाई से रिहाई नहीं मिलेगी। अब अगर रिहाई चाहते हो तो अपने अकाली भाइयों से कन्धे से कन्धा भिड़ाकर स्वेच्छाचार और अत्याचार की रबरदार सड़क पर निर्विघ्न चले जाते हुए दमन चक्र की रास में आत्मबल की चट्टान डाल दो। किन्तु सावधान! वह आत्मबल की चट्टान ऐसी हो जिसे तूफानी लहरें भी डिगा न सकें जिसे प्रलय की आंधी भी हिला न सके, जिसे हत्याकाण्ड का हथौड़ा भी न तोड़ न सके, जिस पर तोप के गोले भी पड़कर चकनाचूर हो जायं और जिसकी दृढ़ता से टक्कर खाकर अहंकार सागर में चला आता हुआ आशा का जहाज चूर-चूर हो जाय। तभी तुम्हारी विजय होगी, तभी तुम्हारी लाली रहेगी, तभी तुम्हारे पवित्र रक्त से सिक्त धूलि का एक-एक कण पुलकित होकर प्रलय-पर्य्यन्त पुकार-पुकार कर कहता रहेगा कि—'सत्यमेव जयते नानृतम्'।"

मतवाला की राष्ट्रीय नीति बहुत उग्र थी। विदेशी सरकार की कुटिल नीति पर वह प्रायः बड़े तेज़ अस्त्रों से आक्रमण करता था। 'मतवाला' की धारणा बड़ी सही थी कि अँग्रेज़ों से देश को मुक्ति इसलिए नहीं मिल रही है कि हमारा जातीय संघटन दुर्बल है। अँग्रेज़ों से कहीं अधिक ख़तरनाक वे व्यवसायी हैं जो महात्मा जी के राष्ट्रीय आह्वान की उपेक्षा कर देश के शोषण में रत हैं। गोरों की इन काली जोंकों को लक्ष्य कर मतवाला के वर्ष 2, अंक 6 की सम्पादकीय टिप्पणी—'गोरों की काली जोंकें'—में सम्पादक ने लिखा था—"महात्मा जी समझाते-समझाते हार गये, लाला जी लेक्चर देते-देते थक गये, मालवीय जी का उपदेश निष्फल हो गया, नेहरू जी के नाकों दम हो गया, दास युक्ति तर्क खाक में मिल गया। कोटि-कोटि दरिद्रों का करुण क्रन्दन अरण्यरोदन हो गया, हजारों नवयुवक कातर प्रार्थना करके—सत्याग्रह करके—पिकेटिंग करके हताश हो गये, परन्तु गोरों की काली जोंकें अपने भाइयों का रक्त चूसने से बाज न आईं। देश कहते-कहते थक गया परन्तु इन रक्तवाहिनी मोरियों का प्रखर प्रवाह न रोक सका। सारा देश खद्दर-खद्दर चिल्ला रहा है, विदेशी बहिष्कार और स्वदेशी की पुकार मचाकर कांग्रेस वाले नाजुक दिमागों का कान खाये जा रहे हैं। सहयोगी, असहयोगी, स्वराजी और हां हुजूरी सभी स्वदेशी के कायल हैं—सभी खद्दर का प्रचार चाहते हैं, देश की भलाई के लिए देशी व्यवसाय की उन्नति चाहते हैं, परन्तु अर्थ लोलुप विदेशी वस्तु-व्यवसायी, 'छांडि न सकहिं टेक जोटे की।' देश रसातल की राह ले, जाति का सत्यानाश हो जाये, धर्म धरती में धंस जाये, मनुष्यत्व की नानी मर जाये, परन्तु ये

अभागे देशद्रोही अपने स्वार्थ से तिलभर भी नहीं डिगेंगे, खुदा जाने विदेशियों से इनका कौन सा गहरा रिश्ता कायम हो गया है?" अन्त में सम्पादकीय समाधान दिया गया है, "इन हीन चरित्र व्यवसाइयों को देशद्रोह के घोर पाप से बचाने का एक मात्र उपाय चर्खा और खद्दर है। भारत के प्रत्येक ग्राम में खद्दर और चर्खे की दुन्दुभी बज जानी चाहिए।...देश की जागृति कभी निष्फल नहीं जाती। गरीबों की पुकार सुनकर भगवान का आसन भी डोल जाता है। भारत उठेगा, कोटि-कोटि दरिद्रों का रक्त पीकर अकड़ने वाले देशद्रोहियों को उनके कर्मों का फल भोगना पड़ेगा। जोंकें चाहे गोरी हों या काली, भारत का रक्त एक दिन उनका पेट फाड़ेगा। साम्यवाद का बीजवपन हो रहा है। सावधान !!!"

इस प्रकार हम देखते हैं कि राष्ट्रद्रोहियों पर 'मतवाला' की कड़ी दृष्टि रहती थी। चाहे वे किसी वर्ग और जाति के क्यों न हों, यदि देशद्रोही हैं, उनके आचरण से देश और राष्ट्र को किसी प्रकार का ख़तरा है, उसे 'मतवाला' किसी शर्त पर क्षमा नहीं करता था। पहले वर्ष के अंक 3 की सम्पादकीय टिप्पणी का शीर्षक है—'नीम-गुड़-बटिका', जिसमें बड़े साफ़ शब्दों में कहा गया है कि "मुसलमान भाई रहते तो हिन्दुस्तान में हैं मगर सपना देखते हैं अरब का। ऊँट जब भागता है तो पश्चिम की ओर जाता है। अकबर ने ठीक कहा है कि—

"पेट मसरूफ़ है कलर्की में।
दिल है ईरान औ टर्की में ॥"

यही कारण है कि वे हिन्दू-संगठन को शनैश्चरी दृष्टि से देखते हैं।" यह 'शनैश्चरी दृष्टि' मतवाला के लिए असह्य थी क्योंकि वह राष्ट्रीयता का हिमायती था और शक्ति की उपासना में उसकी आस्था थी। अँगरेज़ों की कुटिल नीति के परिणामस्वरूप हिन्दू-मुसलमान के दंगे आम बात हो गये थे। दोनों कौम के बीच खाई बढ़ती जा रही थी। अँगरेज़ एक को दूसरे के विरुद्ध भड़काते ही नहीं, सहायता भी करते थे और उन दंगों से अपार जन-धन की क्षति होती थी, आर्थिक संगठन दुर्बल होता था। दोनों जातियाँ एक-दूसरे से अत्यन्त क्षुब्ध थीं। उक्त क्षोभ की बड़ी यथार्थ अभिव्यक्ति 'मतवाला' की उपर्युक्त सम्पादकीय टिप्पणी में है। कुछेक स्थल द्रष्टव्य हैं, "जो लोग प्रेम से मुसलमानों को जीतना चाहते हैं वे इस दुनिया के जीवों में गिने जाने योग्य नहीं हैं—वे उस लोक के निवासी हैं जहाँ सत्य की चाँदनी में, दया के शीतल छाया-कुंज में प्रेम और शान्ति लिपट कर सो रहे हैं। स्वराज्य के पीछे फकीर होने वाले लोग जबानी भले ही चिल्लाया करें, या कुर्सी पर बैठे-बैठे कलम घिस-घिस किया करें, पर जिन बेचारे (?) हिन्दुओं पर बेतरह (!) मार पड़ती है, वे तो भविष्य को भूल कर वर्तमान में ही लीन

हो जाते हैं। उन्हें स्वराज्य तो आगे पीछे मिलेगा, जान और माल का खतरा तो हर साल सिर पर ही सवार रहता है। जब मुसलानों द्वारा हम बात की बात में कुचल दिए जायेंगे, हमारी स्त्रियों की आबरू बिगाड़ने में वे जरा भी संकोच न करेंगे, हमारे धर्म पर आघात करने से पहले वे तनिक न हिचकेंगे और अवसर पाते ही हमारी जान के गाहक बन जायेंगे, तब तो सबसे बड़ी बात यही है कि रावण के साथ भिड़ने से पहले बन्दर और भालू ही आपस में निपट लें। बिना बदाबदी के फैसला न होगा। या तो हिन्दू इसी आन पर मर मिटें अथवा अपनी प्रचण्ड शक्ति का प्रत्यक्ष परिचय देकर मुसलमानों को भलीभाँति समझा दें कि भारतवर्ष में हिन्दुओं के शत्रु सदा बसे नहीं रह सकते। अगर मुसलमान अपना कुशल चाहते हैं तो हमारी मंगलकामना करना सीखें। यदि वे हमें जबरदस्ती दबाकर रखना चाहते हैं तो बला से, स्वराज्य गया तेल हण्डे के नीचे वे भी सावधान हो जायँ। हम तो अब कई बार ठोकरें खाकर सचेत हो गये। हमें मालूम हो गया कि नौकरशाही से पहले हमें नादिरशाही का मुकाबला करना पड़ेगा, कुछ चिन्ता नहीं। पहले घर का झमेला तो मिटे। फिर बाहर का बखेड़ा तय होता रहेगा।"

इसी प्रकार वर्ष 1, अंक 1 की सम्पादकीय टिप्पणी में हिन्दू-संगठन की दुर्बलता का उल्लेख किया गया है। 'चुटिया ने लुटिया डुबो दी' शीर्षक टिप्पणी की आरम्भिक पंक्तियाँ इस प्रकार हैं—"सरकारी रिपोर्ट बतलाती है कि हिन्दुस्तान में इक्कीस करोड़ हिन्दू हैं। भला इस गुप्प का भी कुछ ठिकाना है? मर्दुमशुमारी के रिपोर्टरों की आंखों में अंगुली करके कोई दिखलाने वाला होता तो दिखला देता कि देखो, ये हिन्दू नहीं—हिन्दी की दुम हैं। हिन्दू तो जयचन्द की हराम सूरत देखकर ही यहां से उचटकर चले गये। एकाध बार स्नेहवश अपनी सभ्यता की श्मशान-भूमि देखने के लिये प्रताप, शिवाजी और गोविन्द बन कर आये भी, तो जयचन्द की सन्तानों ने अपनी नाक कटाकर उनका सगुन ही बिगाड़ दिया।" उक्त टिप्पणी का उपसंहार करते हुए, सम्पादक ने लिखा है कि "कहने को तो हिन्दू अपने को बड़े-बड़ों को भी अपनी गई बीती सन्तान की मनहूसियत पर शर्म आती होगी। किन्तु इस लम्बी चुटिया वालों को तो शर्म छू भी नहीं गई है। ये तो अपना जातीय संगठन करते ही रह गये और इनके 'छोटे भाई बनने वालों' ने इन्हें अपने संगठन का मज़ा कई बार चखा दिगा। इतने पर भी इन्हें शर्म थोड़े ही आती है? अगर इनके किसी अंग में दया होती तो ये अब तक धोबी के पाट नहीं बने रहते—बल्कि माला खटखटाकर यह जप करते रहते कि 'सौ बार सुनार की एक बार लुहार की'।"

'मतवाला' का यही जातीय दृष्टिकोण था। वर्ष 2 संख्या 22 के मुख्य पृष्ठ पर 'हिन्दू' शीर्षक विवेकानन्द की वाणी प्रकाशित हुई है जिसमें उन्होंने कहा कि **"आप अपने को हिन्दू कहने के अधिकारी उसी अवस्था में हो सकते हैं जब 'हिन्दू' शब्द मात्र से आपकी नसों में बिजली दौड़ जाय, जब हिन्दू नामधारी-मात्र चाहे वह इस देश का निवासी हो या विदेशी, आप को आत्मवत् प्रिय प्रतीत होने लगे...ध्यान रहे, यदि आप अपने देश का हित करना चाहते हैं तो आपको गुरु गोविन्द सिंह का अनुगमन करना होगा।" 'मतवाला' की सम्पादकीय नीति पर विवेकानन्द की उक्त वाणी का गहरा प्रभाव दिखाई पड़ता है।**

वर्ष 2, अंक 33 के मुख्य पृष्ठ पर 'पंजाब केसरी लाला लाजपत राय' का चित्र है जो अष्टम हिन्दू महासभा के (कलकत्ता) सभापति थे। चित्र के दोनों पार्श्व में लाला जी के वक्तव्य के दो अंश उद्धृत किये हैं जिनमें से एक इस प्रकार है, **"यह मत समझो कि धनवान् लोग हिन्दू धर्म की रक्षा करेंगे। करने वाले वे ही लोग होंगे जो लंगोटी लगाये खेतों पर काम करते और किसी प्रकार अपना जीवन निर्वाह करते हैं। वे दरिद्र हैं, पर वे ही हमारे मेरुदंड हैं, जाति के रक्षक हैं। उन्हीं को हम अछूत समझते, देवता के दर्शन नहीं करने देते और कुएँ से जल नहीं भरने देते हैं।"**

देश-दशा और मतवाला की स्तम्भ टिप्पणी

'मतवाला' के संगठन-विचार के प्रसंग में निवेदन किया गया है कि 'मतवाला' के अनेक स्थायी स्तम्भ थे जिनके माध्यम से व्यंग्य, विनोद और हास्य के आड़ में अनौचित्य पर गहरी चोट की जाती थी। यहाँ उक्त स्तम्भों से कुछेक अंश उद्धृत किये जाते हैं जिनसे युगीन चेतना और देश-दशा का द्योतन होता है—

मतवाले की बहक

(वर्ष 1, अंक 2) : **"शायद वृद्धावस्था के कारण श्रद्धेय मालवीय जी की बुद्धि सठिया गई है। इसी से उन्हों ने एक ही कुएँ में सब जाति के मनुष्यों को पानी भरने का प्रस्ताव पास होने दिया है। शिव! शिव! इस अन्धेर का भी कहीं ठिकाना है? जब धोबी, डोम, चमार, मेहतर और ब्राह्मण तथा क्षत्रिय आदि एक ही कूप से जल भरने लगेंगे तो हमारे पुराने कूप-मण्डूक कहाँ रहेंगे?"**

(वर्ष 1, अंक 3) : **"देश-सेवा की अपेक्षा विश्व-सेवा विशेष निरापद है। क्योंकि देश-सेवा का पुरस्कार है जेल और विश्व-सेवा का पुरस्कार है 'नोबुल**

प्राइज़'। इसी से रवीन्द्र बाबू ने पहले को छोड़ पिछले को अपनाया है। अन्याण्य लीदरों को भी उन का अनुकरण करना चाहिये[1]।"

(अंक 4) : "22 जून को सारे भारत में एक अरब 72 करोड़ 38 लाख एक हजार आठ सौ 58 रुपये के नोट लोगों के हाथों में चक्कर लगा रहे थे। वाह रे अँग्रेज़ी राज्य। काग़ज़ के घोड़े खूब दौड़ाये।"

(10 नवम्बर 1923) : "बेचारे पं. बनारसीदास बड़बड़ाया करें, मि. ऐण्ड्रूज़ रो-रो कर मर जायें, महात्मा गाँधी सर पटक दें और भारत के भूत बड़े लार्ड हार्डिंग हाहाकार करते रहें, परन्तु इस देश के तुलियों का विदेश में जाना न रुकेगा। क्योंकि यह अँगरेज़ी राज्य का कुफल है।"

मतवाले का चाबुक

(वर्ष 1, अंक दो) : "बाबू श्यामसुन्दरदास बी.ए. कोषकार हैं। फिर क्या कहना। जो कुछ कहें—जो कुछ पास कर दें, वही कोष में सुरक्षित हो जायेगा। 'खाता न बही, तो आप कहें सो सही।' नागरी प्रचारिणी सभा की वार्षिक रिपोर्ट में आप का 'माधुरी और सरस्वती की होड़ाहोड़ी' का उल्लेख, देख 'पियक्कड़', 'घोड़ा-घोड़ी' भी हिनहिना पड़े।

"काशी नागरी-प्रचारिणी सभा द्वारा प्रकाशित बृहत् कोष में, उसके सम्पादक बाबू श्यामसुन्दर दास 'उल्लू सीधा करना' मुहावरे का उल्लेख करना बिलकुल भूल गये हैं। इससे हिन्दी वालों को अपना उल्लू सीधा करने में बड़ी अड़चन पड़ रही है।"

चलती चक्की

(वर्ष 1, अंक 2) : "महाराज गायकवाड़ के पुत्र का देहान्त हो गया। खबर है कि महाराज बहादुर पेरिस में अंत्येष्टि क्रिया करेंगे। किन्तु चिताभस्म भारतवर्ष भेज देंगे। महाराज की इस स्वदेश भक्ति पर कहीं सरकार की नजर न लग जाय।

---

1. गाँधी के नाम लिखे अपने एक पत्र में बड़े दादा श्री द्विजेन्द्रनाथ ठाकुर ने रवीन्द्रनाथ ठाकुर के बारे में लिखा था, "रवि ग़लत रास्ते पर जा रहा है। जब भारतमाता अपने नवीन पुत्र 'स्वराज' को जन्म देने के पूर्व पीड़ा सहन कर रही है, रवि ऐसे समय गाने-बजाने में व्यस्त है। वह विश्व-बन्धुत्वरूपी वृक्ष की शाखाओं पर पानी छिड़क रहा है, जबकि उसकी जड़ ही जल के अभाव से सूखी जा रही है। बिचारा सहृदय ऐंड्रूज भी अपने पथ से विचलित होता जाता है। मैं हृदय से दुःखी हूँ। तुम ही मेरे आशा के ध्रुव नक्षत्र हो। ईश्वर दिन-रात तुम्हारे सिर पर अपने आशीर्वाद की बौछार करता रहे।" द्रष्टव्य—संस्मरण—ले. बनारसीदास चतुर्वेदी, पृ. 55।

"तेजस्वी 'तेज' ने ओजस्वी शब्दों में लिखा है कि दिल्ली से कुछ ही दूर एक गाँव में डिप्टी-कमिश्नर साहब बहादुर की आज्ञा से एक बुढ़िया का झोपड़ा फूँक डाला गया। बुरा क्या हुआ? अब तक न जाने कितने डिपटी-कमिश्नरों ने अनेक घर फूँक तापे हैं। कृपा कर के भारत-सरकार विलायत की सरकार को सूचना दे दे कि जिन लोगों को इंगलैण्ड में अधिक सर्दी मालूम हो वे दया कर के भारत चले आवें। यहाँ फूँक तापने लायक गरीबों के असंख्य झोपड़े हैं।"

चंडूखाने की गप (ले. श्रीयुत युधिष्ठिर)

(वर्ष 1, अंक 4) : **"सुनते हैं, 'सी.आर. दासीदल' की जीत की खुशी में वाजपेयी जी नाचेंगे और पं. झावरमल जी शर्मा पीछे से तबला ठोकेंगे।"**

"पं. जगन्नाथ प्रसाद चतुर्वेदी के विशेष अनुरोध से लाला भगवानदीन 'दीन कवि' ने आगामी हिन्दी-साहित्य-सम्मेलन का सभापति बनना स्वीकार कर लिया है।"

अंक छह में 'अमारा आजायब घर' (दुलहिनों का भेड़िया धसान) शीर्षक एक स्तम्भ है जिसमें विभिन्न पत्रों की विलक्षण ख़बरें संकलित की गयी हैं।

'मतवाला' की सामाजिक दृष्टि

'मतवाला' की सामाजिक दृष्टि प्रगतिशील थी। कुसंस्कार, रूढ़ियों और अन्धविश्वासों पर वह बड़ा तेज़ व्यंग्य करता था। हिन्दुत्व का हिमायती होते हुए भी उसकी नीति साम्प्रदायिक नहीं थी। 'मतवाला' इस दृष्टि से स्वामी विवेकानन्द के अधिक निकट था। सामाजिक कलुष-प्रक्षालन की ओर उसका सदैव ध्यान रहता था। बाहरी शत्रुओं की अपेक्षा सजातीय शत्रुओं से हिन्दू समाज को अधिक ख़तरा है, यह 'मतवाला' का दृढ़ विश्वास था। इस विश्वास के आधार पर उसने तारकेश्वर के तत्कालीन महन्त सतीश गिरि के पापाचारों का परदाफ़ाश किया था। सतीश गिरि का पापाचरण पराकाष्ठा पर पहुँच गया था और जातीय चारित्र्य को कलंकित कर रहा था। इस ओर महापुरुषों का ध्यान गया था और महन्त के विरुद्ध आन्दोलन शुरू हुआ था। 24 मई 1924 के मतवाला की सम्पादकीय टिप्पणी का यही विषय है। आन्दोलन की चर्चा करते हुए सम्पादक ने लिखा है, **"हिन्दुओं के सौभाग्य और भगवान् शंकर की असीम अनुकम्पा से तारकेश्वर में सत्याग्रह की प्रचण्ड आग धधक उठी है। वीर संन्यासी स्वामी शिवानन्द और वयोवृद्ध स्वामी सच्चिदानन्द की अध्यक्षता में गत मंगलवार से ही यह शुभ अनुष्ठान, यह महान् धर्मज्ञान—यह कलियुगी नरमेध प्रारम्भ हो चुका है।...सुनते हैं इस धर्म संग्राम में 'फील्ड मार्शल' का पद ग्रहण करने के लिए संयुक्त प्रान्त के 'कोहनूर' पण्डित जवाहर लाल नेहरू बुलाये गये हैं। पण्डित जी नौजवान हैं,**

और भारत के अधिकांश नौजवानों पर आप का प्रभाव है। आप के 'कन्ट्रोल' में यह धर्मयुद्ध सुचारु रूप से संचालित होगा, इसमें कोई सन्देह नहीं।"

कुछ लोग इस आन्दोलन का विरोध कर रहे थे और महन्त सतीश गिरि को स्थायी गद्दी देने की आवाज़ उठा रहे थे। उन्हें धिक्कारते हुए मतवाला सम्पादक ने लिखा था, **"अफसोस, जिससे तारकेश्वर की रण्डियाँ तक घृणा करती हैं और प्राणों की ममता छोड़ कर उसके विरुद्ध सत्याग्रह करने को तैयार हैं, तारकेश्वर की प्रजा जिसका नाम लेना, जिसका मुँह देखना तक पाप समझती है उसे चिरस्थायी गद्दी दे देने की व्यवस्था हो रही है!" आन्दोलन के प्रति पूरे देश के सक्रिय सहयोग की कामना करते हुए सम्पादक ने लिखा था, "अन्य प्रान्त के हिन्दुओं का इस आन्दोलन से उदासीन रहना नितांत लज्जाजनक संकीर्णता है। तारकेश्वर का आन्दोलन अखिल भारतवर्ष के अत्याचारी मठाधीशों, पण्डों, साधुओं और धर्म का जामा पहन कर जाति को ठगने वाले तस्करों के विरुद्ध युद्ध घोषणा है। इसे अखिल भारतवर्षीय धार्मिक क्रान्ति का रूप दे देने की आवश्यकता है। नहीं तो ये अस्तीन के साँप, समाज शरीर के अन्दरूनी कीड़े हिन्दुओं की जड़ खोखली कर देंगे। ये जाति के भीतर शत्रु तमाम बाहरी शत्रुओं से प्रबल और खतरनाक हैं।"**

इसी प्रकार अछूतोद्धार आन्दोलन का इसने खुलकर समर्थन किया था। 19 अप्रैल 1924 की सम्पादकीय टिप्पणी की अन्तिम पंक्तियाँ द्रष्टव्य हैं—"भाइयो, जड़ता छोड़ो। अपने महान् धर्म की उदारता पर ध्यान दो। अपने बिछुड़े हुए भाइयों को गले लगा लो। जिन्हें तुम अछूत समझ रहे हो, वे तुम्हारे जाति-देह के अंग हैं। यदि अपने शरीर को अविकल रहने देना चाहते हो तो उन्हें अपने से अलग न होने दो।"

स्पष्ट है कि 'मतवाला' सामाजिक दृष्टि से प्रगतिशील विचारधारा के साथ था। 'मतवाला' में कम्यूनिस्ट आन्दोलन की गतिविधियों पर कई टिप्पणियाँ छपी थीं। (वर्ष 2, अंक 4 में सत्य भक्त की टिप्पणी भारतीय साम्यवादी दल; वर्ष—2, अंक 5,7,9,11,13,18,20 में प्रत्यक्षवादी की टिप्पणी—रूस की अतिक्रान्ति, वर्ष 2, अंक 25 में एक प्रत्यक्षवादी की टिप्पणी—कम्यूनिस्ट पार्टी क्या चाहती है, इत्यादि) इस आधार पर उसे मार्क्सवाद का हिमायती मान लेना भ्रान्त मान्यता का सबूत है। यह वैसा ही निष्कर्ष होगा जैसे 'प्रतीक' और 'धर्मयुग' में प्रकाशित प्रख्यात मार्क्सवादी लेखकों की रचना के आधार पर इन पत्रों को मार्क्सवाद का पक्षधर मान लेना। यह 'मतवाला' की उन्मुक्त और उदार दृष्टि का सबूत है। इस कोटि का विद्या-औदार्य मार्क्सवादी पत्र-पत्रिकाओं में सामान्यतः नहीं दिखाई पड़ता। प्रख्यात मार्क्सवादी चिन्तक डॉ. रामविलास शर्मा के 'समालोचक' में यह साहित्यिक औदार्य एक अंश तक जरूर था, क्योंकि डॉ. रामविलास जी प्रतिपक्षी विचारों को भी अपनी पत्रिका

में प्रायः स्थान देते थे। 'मतवाला' की सम्पादकीय दृष्टि उग्र राष्ट्रवाद के पक्ष में थी। 'मतवाला मण्डल' के प्रायः सभी सदस्य धार्मिक और आध्यात्मिक रुचि के व्यक्ति थे। परा-आस्था के कवि निराला पर तो भारतीय वेदान्त और स्वामी विवेकानन्द का सघन प्रभाव था। इसी प्रकार प्रखर गद्यशिल्पी आचार्य शिवपूजन सहाय की धार्मिक आस्था बड़ी पुष्ट थी। स्मरणीय है कि भारतीय वेदान्त भौतिकता का निषेध नहीं करता। वेदान्त सम्बन्धी स्वामी विवेकानन्द का विवेचन और वक्तव्य आधुनिकता के निकष पर कहीं से खोटा या कमजोर नहीं सिद्ध होता। विद्या-जगत् का साम्प्रतिक दुर्भाग्य यह है कि मार्क्सवाद के अन्धड़ ने धौरन्धरिकों तक की दृष्टि को मन्द कर दिया है। परिणामतः भारत के स्वकीय आलोक की चर्चा उनके मन में अन्यथा भाव का उद्रेक करता है और वेदान्त की चर्चा तथाकथित प्रगतिवादियों को प्रतिगामी यात्रा लगती है। 'मतवाला मण्डल' ऐसी संकीर्ण और साम्प्रदायिक सरणि के विरुद्ध उग्र तेवर में आवाज़ उठाता रहा। उन्मुक्त मुद्रा पूर्ववर्ती पत्रकारिता की एक प्रमुख पहचान है। साहित्य और पत्रकारिता में कठमुल्लेपन का प्रवेश बहुत बाद में हुआ।

साहित्यिक अवदान

'मतवाला' की साहित्यिक उपलब्धि के रूप में हमने 'निराला' का नामोल्लेख किया है। 'निराला' के पूर्ववर्ती काव्य के प्रकाशन का श्रेय 'मतवाला' को है। 'मतवाला' का यह सबसे बड़ा साहित्यिक अवदान है। निराला के अतिरिक्त उसके अन्य विशिष्ट लेखकों की रचनाएँ प्रायः छपती थीं। उनमें प्रमुख नाम इस प्रकार हैं : हरिऔध, चतुरसेन शास्त्री, प्रेमचन्द, प्रसाद तथा उग्र। उग्र जी 'मतवाला मण्डल' के सदस्यों में थे। उनकी अनेक कहानियाँ और कविताएँ इस पत्र में प्रकाशित हुई थीं। ये अधिकांश कहानियाँ इनमें छपी थीं जिन्हें पं. बनारसीदास चतुर्वेदी ने 'घासलेटी साहित्य' कहा था। उग्र की कहानी पर श्रीरामनाथ 'सुमन' की एक समीक्षा भी प्रकाशित हुई थी। हिन्दी के विशिष्ट पुराने-नये लेखकों का सचित्र परिचय भी प्रकाशित होता था। आचार्य महावीरप्रसाद द्विवेदी, बाबू श्यामसुन्दर दास, हरिऔध जी, जगन्नाथप्रसाद चतुर्वेदी, पं. नरदेव शास्त्री वेदतीर्थ, रामगोविन्द त्रिवेदी, गणेशशंकर विद्यार्थी, राधाचरण गोस्वामी, नाथूराम शंकर शर्मा, सुमित्रानन्दन पन्त इत्यादि साहित्यकारों का सचित्र परिचय 'मतवाला' में प्रकाशित हुआ था।

'श्रद्धेय गणेशशंकर विद्यार्थी' शीर्षक लेख का एक स्थल द्रष्टव्य है, **"इनकी लेखनी में एक तरह की बिजली है। उसने हिन्दी में बड़ा काम किया है। यह उसी लेखनी की करामात है कि आज देशी राज्यों की पीड़ित प्रजा भी आत्मोद्धार के लिये निर्भीकतापूर्वक प्रयत्न कर रही है। जब से इन का 'प्रताप' चमका, हिन्दी संसार में क्रान्ति की लहर फैल गई। हिन्दी के पत्र-जगत् में**

नवीन राजनैतिक जागृति फैलाने का श्रेय इन्हीं को दिया जा सकता है। ये बड़े ढीठ और निडर हैं, अत्याचार-पथ के कंटक और शान्ति-पथ के सुमन हैं, नौ-जवानों के लड़ाके कप्तान और असहाय गरीबों के सच्चे मददगार हैं।" इस लेख के लेखक का नाम है 'मतवाला मण्डल का एक अक्खड़'।

आचार्य महावीरप्रसाद द्विवेदी के सम्बन्ध में जो लेख है उसका शीर्षक है, "मातृभाषा हिन्दी की सेवा में सर्वस्व लगा देनेवाला परम श्रद्धेय आचार्य श्रीमान् द्विवेदी जी।" उक्त लेख की अन्तिम पंक्तियाँ इस प्रकार हैं, **"परम आनन्द और सन्तोष का विषय है कि—आपने अपना समस्त ग्रन्थ-संग्रहालय जिस में चुनी हुई उत्तमोत्तम पुस्तकों की लगभग सात-आठ आलमारियाँ थीं, काशी की नागरी प्रचारिणी सभा को समर्पित कर दिया है। ऐसे आदर्श साहित्य सेवी को प्राप्त कर के संसार की किसी भी भाषा का साहित्य गौरवान्वित हो सकता है।"—श्रीमती श्रद्धांजलि देवी।**

वर्ष 1, अंक 36 में यानी 3 मई 1924 के अंक में 'कविवर श्री सुमित्रानन्दन' शीर्षक लेख प्रकाशित हुआ था। इस लेख के लेखक हैं—सूर्यकान्त त्रिपाठी। इसके कुछ स्थल द्रष्टव्य हैं :

"हिन्दी में जब से खड़ीबोली की कविता का प्रचार हुआ तब से आज तक उस में स्वाभाविक कवि का अभाव ही था। जो पौधा लगाया गया था उसे कुसुमित करने के लिये अब तक के कवियों को सींचने का श्रेय जरूर दिया जा सकता है, परन्तु वे उस पौधे के माली ही हैं, कुसुम नहीं। किसी पौधे में फूल एकाएक नहीं लग जाते, वे समय होने पर ही आते हैं। खड़ीबोली की जिस कविता का प्रचार किया गया था, जिसके प्रचारकों और कवियों को कितनी ही गालियाँ खानी पड़ी थीं, उस का स्वाभाविक कवि अब इतने दिनों बाद आया है, और हिन्दी का वह गौरव-कुसुम श्री सुमित्रानन्दन पन्त हैं।" उक्त लेख के दो अंतिम स्थल इस प्रकार हैं —"पंत जी में कविजनोचित सभी गुण हैं। आप हारमोनियम, क्लेरिओनेट आदि बाजे भी बजाते हैं और गीत गाते भी हैं बड़ा ही सुन्दर। जिस समय आप सस्वर कविता पढ़ने लगते हैं उस समय आप की सरस शब्दावली और कमनीय कण्ठ श्रोताओं के चित्त पर कविता की मूर्ति अंकित कर देते हैं।"

खड़ी बोली में प्रथम सफल कविता आप ही कर सके हैं। आप से हिन्दी को बहुत कुछ आशा है। प्रार्थना है, हमारे इस अधखिले फूल पर परमात्मा की शुभ दृष्टि रहे। इसका परागमय जीवन उनके विराटरूप की ही सेवा के लिये है।

पन्त जी की कविताओं का उदाहरण भी दिया गया है। उच्छ्वास और मौन निमन्त्रण के स्थल अधिक हैं। उक्त निबन्ध को पढ़कर 'निराला जी' के 'पन्त और

पल्लव' शीर्षक प्रबन्ध का स्मरण हो आता है जो परवर्ती काल में लिखा गया और जिसमें पन्त जी की मौलिकता पर 'निराला' जी ने बड़ा उग्र आक्रमण किया था।

विभिन्न पत्रों से विवाद

'मतवाला' के तेज़ व्यंग्य से मर्माहत हो कुछ लोग आपत्तियाँ उठाते थे। 'मतवाला' उसका जवाब देता था। इस प्रकार अकसर अन्य पत्रों से विवाद हो जाता था। 'हिन्दी केसरी' से एक बार विवाद हुआ था। इस सम्बन्ध में 10 नवम्बर 1923 के 'मतवाला' में 'हिन्दी केसरी' शीर्षक एक टिप्पणी प्रकाशित हुई थी। उसका एक स्थल द्रष्टव्य है, **"अपने पाँचवीं नवम्बर के अंक में प्रकाशित 'नोक झोंक' को पढ़ कर देखो, उस में क्या सार है। इस प्रकार के निस्सार लेखों से 'मतवाला' की जबान बन्द करने की चेष्टा में तुम्हें कभी सफलता प्राप्त नहीं हो सकती, क्योंकि ईंट का जवाब पत्थर से देने के लिये 'मतवाला' सदैव तैयार रहता है। हाँ, स्वयं छेड़खानी करके कीच फेंकना उस का उद्देश्य नहीं। उस में अब तक 'गुलाल' का ही व्यवहार किया है और जब तक उस के ऊपर कीच न फेंकी जायगी तब तक वह बराबर ऐसा ही करता रहेगा। अस्तु।"**

'भारतमित्र' से भी उसकी लड़ाई हुई थी। 'मतवाला' की एक टिप्पणी का जवाब 'भारतमित्र' ने एक पद्य-रचना छापकर दिया था जिसमें मतवाला-सम्पादकों को गालियाँ तक दी गयी थीं। वर्ष 1, अंक 33 की सम्पादकीय टिप्पणी 'भारतमित्र की शिष्टता' का एक अंश इस प्रकार है **"...दुःख से कहना पड़ता है कि 'भारतमित्र' में प्रकाशित 'पद्य-रचना' में मुन्शी नवजादिक लाल श्रीवास्तव, बाबू शिवपूजन सहाय और पं. सूर्यकान्त त्रिपाठी को भी गालियाँ दी गयी हैं। क्या 'भारतमित्र' सम्पादक बता सकते हैं कि उन्हों ने इन निर्दोष सज्जनों के प्रति किये गये अन्यथा प्रयोगों को क्यों प्रकाशित किया है? यह कौन सी सभ्यता, कहाँ का न्याय और कैसी भद्रता है?...वास्तव में भारतमित्र सम्पादक ने इस मामले में जैसी अदूरदर्शिता से काम लिया है, वह उस की तथा उस के सम्पादक श्रीमान् पण्डित लक्ष्मण नारायण गर्दे के गौरव के सरासर विपरीत है। यदि 'भारतमित्र' शैदा का इतना बड़ा अन्धबन्धु है तो उस के नाटकों पर किये गये आक्षेपों का उत्तर दे या उन की 'तुम्बा-फेरी' को मिथ्या सिद्ध करे। झगड़ालू खटकिनों की तरह गाली-गलौज करने में क्या लाभ है?"**

29 मार्च 1924 के अंक में एक टिप्पणी है 'भारतमित्र और मतवाला', इसमें स्पष्टीकरण है कि 'भारतमित्र' के सम्पादक श्री गर्दे जी तथा अन्य किसी व्यक्ति को 'मतवाला' ने भी गाली नहीं दी थी। **"वास्तव में यह हमारी नीति नहीं कि भठियारों की तरह गाली-गलौज हो। सभ्य-शिष्ट भाषा में परिहास करना ही हमारा उद्देश्य है और उसी उद्देश्य से 'मतवाला' में प्रकाशित सामयिक**

समाचारों तक को विनोदपूर्ण बनाने की चेष्टा की जाती है।...'मतवाला' हिन्दी संसार को अपनी विनोदमयी रीति से प्रसन्न करने के लिए क्षेत्र में आया है किसी से वैर-विरोध या झगड़ा करने के लिये नहीं। हाँ, हमारे कहने का ढंग निराला है। इस लिये यदि हम सीधी बात भी विनोद के साथ कहें, तो यह हमारी नहीं, हमारे नाम का अपराध है।"

भाषा के प्रश्न को लेकर इसने सरस्वती पर भी आक्रमण किया था जिससे क्षुब्ध होकर आचार्य द्विवेदी जी ने 'मतवाला' के एक अंक की भाषा-त्रुटियों को संशोधित करके 'मतवाला' कार्यालय में भेज दिया था। यद्यपि उस समय द्विवेदी जी सरस्वती के सम्पादक-पद पर नहीं थे किन्तु 'सरस्वती' के प्रति उनके मन में एक ममता थी।

'मतवाला' पर विशिष्ट सम्मतिया

'मतवाला' पर हिन्दी के विद्वानों और लेखकों की जो सम्मतियाँ आती थीं उन्हें "'मतवाला' पर 'मत' वालों का मत" स्तम्भ के अन्तर्गत प्रकाशित किया जाता था। कुछ सम्मतियाँ यहाँ उद्धृत की जाती हैं–

"'मतवाला' बड़ी योग्यता से निकल रहा है। उस की चुटकियाँ मार्मिक और चुटीली हैं। उस में सहृदयता झलकती है। आलोचनाएँ चटपटी होती हैं, तथापि उस में मर्यादा मर्यादित रहती है। मैं पत्र की मंगलकामना करता हूँ। हिन्दी संसार में एक ऐसे पत्र की बड़ी आवश्यकता थी। परमात्मा उसको दीर्घजीवी करे।" —कविवर पण्डित अयोध्यासिंह उपाध्याय

"'मतवाला' के मतवालेपन में बावलापन या उतावलापन नहीं है। इस में निरुत्साह नहीं, उत्साह है, निष्कर्मण्यता नहीं, कर्मप्रियता है, क्षुद्रता नहीं, उदारता है, छिछोरापन नहीं, गम्भीरता है।" **—क्षत्रिय मित्र, नवम्बर 1923**

"मतवाला इस युग की एक चीज है। इनकी सम्पादकीय टिप्पणियाँ अग्रलेख मतवाले की बहक, चलती चक्की आदि शीर्षक बड़ी ही पैनी आलोचना, रंगीली और चुटीली भाषा तथा मतवाली और निराली अदा के साथ देखने में आते हैं। मीठा साहित्यिक हास्य इसका प्राण है। हमें तो इसे पढ़ कर पूज्य भट्ट जी के 'हिन्दी-प्रदीप' के कतिपय लेखकों की झलक मिलती है। यह अपने मीठे नशे के झोंक में बड़े-बड़े गम्भीर प्रश्नों पर जो निर्भीक आलोचना कर जाता है वह देखते ही बनती है। भगवान् करे हमारे सहयोगी मतवाले का सदा बोलबाला बना रहे।"

—सम्मेलन पत्रिका, प्रयाग, भाद्रपद, 1980

"आपका पत्र उत्तम है और हिन्दी में ऐसे पत्र की भी आवश्यकता थी जिसे आप ने पूर्ण किया। हिन्दी में 'पंच' की शैली का पत्र ही न था जो

मनोविनोद का काम दे। हम आपके पत्र की भावी उन्नति चाहते हैं और इससे यह भी सम्भव है कि हिन्दी भाषा-भाषियों की संख्या वैसे ही बढ़ेगी जैसी कि प्रारम्भ में चन्द्रकान्ता उपन्यास से बढ़ी। मतवाले की प्रत्येक संख्या में किसी न किसी हिन्दी साहित्य सेवी का चरित्र छपता है यह प्रयत्न भी प्रशंसनीय है।"

—गौरीशंकर हीराचन्द ओझा

"मतवाला कर डाला मुझको, 'मतवाला' यह आला है।
खूब निकाला इस को, यह तो सब पत्रों में आला है।"

—किशोरीलाल गोस्वामी

"....मुझे मतवाला बहुत पसन्द आया और उसे बिना पढ़े नहीं छोड़ता।"

—श्रीधर पाठक

"लेखों में हास्य रस और व्यंग्य की बड़ी बहार है। खूब मनोरंजन हुआ।"

—पं. महावीर प्रसाद द्विवेदी

"ऐसे पत्र की हिन्दी में बड़ी आवश्यकता थी। हिन्दू मुसलिम ऐक्य तथा संगठन पर जो इसके विचार हैं उनसे मैं बिलकुल सहमत हूँ। आशा है कि यह मतवाला अपने ढंग का निराला होने के कारण हिन्दी संसार में विशेष स्थान पावेगा।"

—प्रोफेसर पं. बदरीनाथ भट्ट बी.ए.

"इस पत्र की विशेषता यह है कि राजनैतिक, साहित्यिक एवं सामाजिक समस्याओं और प्रश्नों को हास्य के इतने अच्छे ढंग में प्रकट करता है कि पाठक के चित्त पर पूरा प्रभाव पड़ जाता है। संख्यायें देखने से यह भलीभांति प्रकट होता है कि पत्र सुसम्पादित है और साहित्य तथा राजनीति की उच्छृंखलता को दूर करेगा। 'मतवाला' अपना निजी कोई इतिहास समाचार-पत्र-संसार में छोड़ जायगा और अन्य लोगों के लिये भी पथ-प्रदर्शक होगा।"

—कर्मवीर, जबलपुर, 15-9-23

'मतवाला' के प्रथमाब्द-पूर्ति के अवसर पर पं. नाथूराम शंकर शर्मा ने एक कविता लिख भेजी थी जो 'मतवाला' वर्ष 2, अंक 1 के मुख्य पृष्ठ पर प्रकाशित हुई थी। उसे यहाँ अविकल उद्धृत किया जाता है—

'मतवाला' का प्रथमाब्द।

ले.—श्रीमान् पं. नाथूराम जी शंकर शर्मा 'शंकर'

(षट्पदी छन्द)

शंकर की धन धार, भटकता मग्न त्रिशूली।
जिस का नृत्य निहार, निरंकुशता सुधि-भूली ॥

कुचली कुटिला नीति, न्याय जिसने अपनाया।
रगड़ी कोंद कुरीति, सुयश का कोष कमाया ॥
जिसकी उमंग से चाह को, भर प्रमोद प्याला दिया।
उस 'मतवाला' ने ग्राहको, प्रथम वर्ष पूरा किया ॥1॥

उपसंहार।

(सोरठा)

थिर के तोहि निहार, वर मतवाला साधुरी।
कर सानन्द विहार, डर मत बाला माधुरी ॥1॥

'सेनापति'

प्रकाशन-काल और उद्देश्य

यह सचित्र साप्ताहिक पत्र था जो 5 नवम्बर 1926 को प्रकाशित हुआ था। श्री निहालचन्द वर्मा इसके व्यवस्थापक थे और पं. रामगोविन्द त्रिवेदी सम्पादक। इस पत्र की चर्चा करते हुए पं. रामगोविन्द जी ने लिखा है, "...गीता-प्रचार के लिए मुझे विदेश जाने की धुन सवार हुई। इसलिए, सन् 1927 में 'सेनापति' को कलकत्ता के 'विश्वमित्र' में सम्मिलित कर दिया[1]।" लेखकों के सहयोग माँगते हुए सम्पादक ने 'सेनापति' की उद्देश्य-पूर्ति चर्चा इस प्रकार की थी, "हमारा एक मात्र उद्देश्य है आर्य-जाति में वीर भाव का जागरण और उसकी शक्ति का सुसंघटन। इसलिए लेखक महोदयों से निवेदन है कि वे इसी सम्बन्ध के निबन्ध भेजने की कृपा करें। किन-किन उपकरणों से आर्य-जाति का खोया हुआ वीरत्व धन प्राप्त होगा, इसी तरफ लक्ष्य रखकर ही लेख लिख भेजने का कष्ट करें, तो और भी कृपा हो।" सेनापति का पहला पृष्ठ इस प्रकार है :

टेलीफोन नं. 3239 बड़ा बाजार।   तार का पता—'सेनापति', कलकत्ता।

'पौण्ड्रं दध्मौ महाशंख भीमकर्मा वृकोदरः'

व्यवस्थापक
निहालचन्द वर्मा

(गदाधरी भीम का चित्र)

सम्पादक
पंडित रामगोविन्द त्रिवेदी

सेनापति

शंख 1]   कलकत्ता, कार्तिक 30 दीपावली, शुक्रवार 1983   [ध्वनि 1
ता. 5 नवम्बर 1926

दीवावली पर हरिऔधजी के चौपदे हैं। उनके नीचे सेनापति के नियमादि छपे हैं जो इस प्रकार हैं—

1. त्रैमासिक 'साहित्य' शिवपूजन स्मृति-अंक, पृ. 101

1. **सेनापति प्रति सोमवार को सवेरे प्रकाशित होता है।**
2. **सेनापति में हिन्दू आदर्श, राजनीति, धर्मनीति, समाजनीति, साहित्यनीति, विज्ञान, आयुर्वेद, दर्शन, इतिहास, आर्यचरित्र, व्यापार, संगीत, मनोरंजन, स्त्री साहित्य, कृषि-विज्ञान, आलोचना आदि अनेक विषयों के सम्बन्ध में लेख रहते हैं।**
3. **प्रत्येक अंक में एक चित्र या कार्टून रहेगा।**
4. **जिस सप्ताह में जिस सज्जन का वार्षिक मूल्य जमा होगा, वह उसी सप्ताह से ग्राहक समझे जायेंगे।**
5. **मय डाकखर्च के इसका वार्षिक मूल्य 2) रु. और विदेशी में 4) रु. है। कलकत्ते में एक अंक का) ॥ और बाहर में)। ॥।**
11. **किसी लेख को छापना, न छापना, बढ़ाना या घटाना अथवा लौटाना न लौटाना सम्पादक की इच्छा पर निर्भर है।**
12. **लेख, समालोचना की पुस्तकें आदि सम्पादक के नाम और विज्ञापन, एजेंसी आदि सम्बन्धी पत्र, रुपया-पैसा आदि व्यवस्थापक के नाम भेजने चाहिये।**

व्यवस्थापक, 'सेनापति'
1, नारायणप्रसाद बाबूलेन, कलकत्ता।

इसके नीचे है :

"सेनापति के सहायक (1) 1000) एक बार देने पर 'संरक्षक', (2) 500) एक बार देने पर प्रतिष्ठित, (3) 250) एक साथ देने पर 'पृष्ठपोषक', (4) 125) एक साथ देने पर 'विशेष', (5) 11) सालाना देने पर 'सहयोगी' और (6) 2) सालाना देने पर 'साधारण' सहायक सर्वसाधारण सज्जन बन सकते हैं। धर्माचार्य, नेता और देशभक्त राजन्य आनरेरी संरक्षक नियत होंगे। आनरेरी संरक्षकों, प्रतिष्ठितों, विशेषों और सहयोगियों का धन्यवाद-पूर्वक परिचय पत्र में सादर प्रकाशित किया जाएगा : तथा आनरेरी संरक्षकों, संरक्षकों और प्रतिष्ठितों के नाम 'सेनापति' के प्रधान पृष्ठ पर सम्मानपूर्वक छपते रहेंगे।"

इसके नीचे विज्ञापन-छपाई के नियम हैं। सम्पादकीय वक्तव्य का शीर्षक है—'वीरता के लिये'। सम्पादकीय स्तम्भ के अन्तर्गत शीर्ष पर ही कथासरित्सागर की ये दो पंक्तियाँ छपी हैं—

"वीर-साहाय्य निर्विघ्नाः
सुख-लभ्या हि सिद्धयः।"

उक्त सम्पादकीय वक्तव्य का एक स्थल इस प्रकार है, **"मुट्ठी भर जीव हमारी नकेल पकड़ कर नचा रहे हैं और उन्हीं विश्व विकम्पी परशुराम और श्रीराम की सन्तान, बन्दरों की तरह नाच रही है। हमारे इस पतित जीवन पर हमारे**

पूर्वज स्वर्ग से आँसू बहा रहे होंगे और समर क्षेत्र में गाण्डीव का खेल देखने वाला हिमालय हमारे ऊपर टूट पड़ने का विचार कर रहा होगा।" उक्त टिप्पणी का उपसंहार करते हुए सम्पादक ने विश्वास प्रकट किया है? हम सनातनी हैं। हमारा विश्वास है कि, पृथ्वी पर जब-जब अशान्ति की ज्वाला भभकती, जब-जब दैत्यों का प्राधान्य होता और आर्य-पुरुषों का जीवन संकट में आते, तब-तब वह परमपिता हमारी आर्तध्वनि सुनकर किसी न किसी रूप में प्रकट होकर आर्य-रक्षा करता है। इसलिये यदि आज हम उस प्रभु को अपनी करुण-कथा, अपनी हाहाकार-ध्वनि, अपना आर्तनिनाद सुना सकें, तो उसका हृदय अवश्य करुणा से पिघल जायेगा और वह निश्चय हमारे लिये कोई 'सेनापति' भेजकर उसके हाथों में 'पांचजन्य' और 'चक्रसुदर्शन' दे देगा। यही सेनापति के जन्म का एकमात्र उद्देश्य है और यदि वह अपनी यह ध्वनि आर्यजाति को सुना सका और यदि आर्यजाति उस ध्वनि की सम्मिलित महाप्रतिध्वनि उस मंगलमय प्रभु को सुना सकी, तो सेनापति अपना जन्म सार्थक और आनन्दमय समझेगा।"

ऊपर के उद्धरणों से स्पष्ट है कि यह पत्र वीरभाव के संवर्धन का उद्देश्य लेकर प्रकाशित हुआ था। ध्वनि-1 में व्यवस्थापक ने एक 'आवश्यक विनय' की है जो द्रष्टव्य है :

"आवश्यक विनय : हम भारत के हिन्दू पहलवानों के सचित्र परिचय 'सेनापति' में क्रमशः प्रकाशित करना चाहते हैं। इसलिये जो सज्जन इनके परिचय हमारे पास भेज सकेंगे, उनके हम विशेष अनुगृहीत होंगे—व्यवस्थापक।"

उक्त विज्ञप्ति से भी इस पत्र की मूल प्रकृति का परिचय मिलता है।

वस्तु-विवेचना

इसमें प्रकाशित साहित्य का मूल स्वर वीर भाव ही है। जैसे 'मतवाला' के मुख्य पृष्ठ पर निराला जी की कविताएँ छपती थीं, उसी प्रकार 'सेनापति' के मुख्य पृष्ठ पर अधिकांश कविताएँ पं. केदारनाथ मिश्र 'प्रभात' की छपती थीं। अधिकांश अंकों में 'प्रभात' जी की कविताएँ छपी हैं। कभी-कभी कुछ गद्य कृतियाँ भी छपी हैं। सेनापति में प्रकाशित 'प्रभात' जी की कविताओं का स्वर अत्यन्त उग्र राष्ट्रीयता से सिक्त है। ध्वनि 18 के मुख्य पृष्ठ पर 'प्रभात' जी की कविता है—'असि का आवाहन'। इस कविता की कुछ अन्तिम पंक्तियाँ इस प्रकार हैं :

"तू प्यासी है? हा अभाग्य! हम जीते हैं, तू प्यासी है!!
व्यथिते! तुम्हें आज केवल, आँसू है और उदासी है!!
टूट गई है, इन प्रमत्त-प्राणों की दीर्घ खुमारी, आ!
अमर शिवा की चिर संगिनी! विकरालिनी! प्रलयंकारी! आ!!

आ हाथों में अट्टहास कर, गिरि-वन के साहस टूटे।
पगली! तेरे प्रबल-रूप को लख, 'उनके' छक्के छूटे॥
सुन तेरी झंकार विकट, रिपुओं का हृदय दहल जाये।
जीवित होवे मरे, सुप्त जागृत, आलस्य निकल जाये॥
हमें आज आवश्यकता है, उन्मादिनी! तुम्हारी, आ!
आ विनाश-लीला की लोहित-चिर-ज्वलन्त चिनगारी आ॥"

इसी प्रकार ध्वनि 23 के मुख्य पृष्ठ पर 'दीन जी' की कविता है जिसका आरम्भिक अंश इस प्रकार है :

तलवार की तारीफ

(रचयिता—कविवर लाला भगवान 'दीन' जी, हिन्दी प्रोफेसर, काशी विश्वविद्यालय)

"चाकी सी चमकि गज कुम्भ ऐसे फोरि डारे,
जैसे मृगराज हूँ ते फोरत बने नहीं।
है वर हरट्टन के झुंड झकझोरे जैसे,
बागवान हूँ ते आम झोरत बने नहीं।"

ध्वनि 25 के मुख्य पृष्ठ पर 'मातृभूमि-वन्दना' शीर्षक 'दिनकर' की कविता है जिसकी अन्तिम पंक्तियाँ इस प्रकार हैं :

"गोद गुरुवर गांधि, मोती, मालवी सबले।
लसत लाडिले लाजपति लावण्यनिधि निखिले॥
जयति जय जय भरत अम्बे॥
सरसिज-सुमन सरजा संचारित भाल मंजु भले।
वांछित विफल नहिं होय दे वर, सदय-हिय वर दे।
जयति जय जय भरत-अम्बे॥"

हिन्दू संघटन का उन्नायक होते हुए भी 'सेनापति' साम्प्रदायिक पत्र नहीं था। वीरता की ज्योति जगाने के लिए उसने आह्वान किया था। इस सन्दर्भ में ध्वनि 4 की सम्पादकीय टिप्पणी के कुछ स्थल द्रष्टव्य हैं :

"हमारे देश में महात्मा गांधी जैसे त्यागी महात्मा और राजेन्द्र बाबू जैसे चरित्रवान् हैं, सर जगदीशचन्द्र बोस जैसे वैज्ञानिक और पण्डित रामावतार शर्मा जैसे विद्वान् हैं, डॉक्टर रवीन्द्रनाथ जैसे कवि और महाराजा बड़ौदा जैसे धनी हैं, अरविन्द घोष जैसे योगी और सावरकर जैसे तपस्वी हैं, माननीय मालवीय जैसे धर्मनिष्ठ और भातखण्डे जैसे संगीतज्ञ हैं, परन्तु वही बात नहीं है, जिसके बिना आज हम हिजड़े बने हुए हैं, कायरता ने हमारे पवित्र अन्तःकरण में घर बना लिया है—हमारा जीवन कंकालमय हो गया है।

वह है वीरत्व-शक्ति और शत्रु जन्य पुरुषों का अभाव। व्यर्थ की दयालुता, भीरुता और जड़ता ने हिन्दू जाति में अपना अटूट अड्डा जमा लिया है।...इस नाटकीय जीवन से उद्धार पाने का एकमात्र उपाय है वीरता की ज्योति जगाना।

इसलिए हमारे यहाँ सबसे अधिक आवश्यकता है वीरता की ज्योति जगाने की। अपनी नित्य की उपासना में प्रत्येक आर्यपुत्र को कम से कम 5 मिनिट वीरवर हनुमान, परशुराम, भीम, प्रताप, बाजीराव, शिवाजी, गुरु गोविन्द सिंह आदि में किसी आर्यरक्त-रक्षक वीर की अवश्य उपासना करनी चाहिए। इसके अतिरिक्त अपने प्रत्येक कर्म, धर्म में वीरता की भावना रखनी चाहिये।"

इस आग्रह के बावजूद महात्मा गाँधी के नेतृत्व में इसकी अटूट आस्था थी। उपर्युक्त सम्पादकीय टिप्पणी का उपसंहार करते हुए सम्पादक ने लिखा है, "कुछ लोगों का यह विश्वास देखा जाता है कि, महात्मा गांधी से लेकर छोटे नेता तक ऐसा कोई सेनाधिनायक नहीं है, जो आर्य-वाहिनी का संघटन न कर सके। अपना विश्वास इसके विपरीत है। इसमें दो बातें हैं। पहली तो यह है कि महात्मा गांधी हिन्दू ध्वजिनी को समर-स्थली में ले जाने में सर्वथा समर्थ हैं और इसका जीवित उदाहरण उन्होंने असहयोग काल में, समस्त संसार को दिखा दिया था। जो लोग यह कहते हैं कि, उनका असहयोग विफल हो गया, वे बिल्कुल भूलते हैं। आज जो देश के प्राण किसानों तक में देश के प्रति भक्ति भी जागृति है, वह असहयोग के ही कारण है। असहयोग आन्दोलन की नींव पर ही आज हम स्वराज्य पार्टी या किसी भी पार्टी की आकाशचुम्बिनी अट्टालिका उठा रहे हैं। असहयोग के पहले कितने आदमी स्वराज्य का 'स्व' भी जानते थे? असहयोग आन्दोलन में प्राकृतिक नियमानुसार, शैथिल्य भर आया है, उसका प्रकाश उसी तरह उद्दीप्त है, और निश्चित है कि असहयोग या सत्याग्रह से ही भारत स्वराज्य-संग्राम में विजयी होगा। महात्मा गांधी, विश्रान्ति के बाद, फिर युद्ध क्षेत्र में आये हैं और वे अवश्य ही एक योग्य सेनाध्यक्ष की तरह राष्ट्र में नयी जान फूँकेंगे। हमारा तो दृढ़ विश्वास है कि, देश के स्वतंत्रता के लिये, आवश्यकता पड़ने पर महात्मा गांधी ही पहले तोप के मुँह पर खड़े होंगे।"

ध्वनि 16 में 'श्रीयुत बाबू रामधारी सिंह' का एक लेख है 'सामाजिक उन्नति के पथ में'। इस लेख की अन्तिम पंक्तियाँ द्रष्टव्य हैं–"....से सनातन धर्मावलम्बियों, यदि तुम्हें सनातन धर्म की रक्षा करना अभीष्ट है, यदि तुम अपने धर्म को अमर बनाना चाहते हो, यदि पूर्वजों के रक्त से तुम्हारा शरीर प्रवाहित हो रहा है, तो आज ही सनातन धर्म की जय बोलकर अपने प्यारे

अस्पृश्यों के हेतु अपने समाज का द्वार खोल दो। अन्यथा इस प्रकार की विडम्बनाओं और पाखंडों के द्वारा तुम्हारा नाम रह न सकेगा। भविष्य की सभी जातियाँ घृणायुक्त हो-होकर तुम्हारे नाम पर थूकेंगी। हिन्दू समाज रूपी विमल मयंक पर से इस कलंक रूपी कालिमा को हटा देने से तुम्हारा सामाजिक ही नहीं, वरन् राष्ट्रीय-जीवन भी बहुत कुछ आगे बढ़ जायेगा। समय आ गया है।" कहना न होगा कि यह गान्धी युग का स्वर था जिस के प्रति 'सेनापति' सचेत था।

'सेनापति' के कवियों में मुख्य हैं हरिऔध, प्रभात, कन्हैयालाल मिश्र 'प्रभाकर', पं. जगन्नाथ मिश्र गौड़ 'कमल', श्रीनाथ मिश्र 'द्विरेफ', ब्रजमोहन वर्मा, प्रवासीलाल वर्मा इत्यादि।

विशिष्ट शुभकामंनाएँ

'सेनापति' वीरभाव का प्रचारक अपने ढंग का अप्रतिम हिन्दी-पत्र था जिसकी ओर पूरे हिन्दी संसार का ध्यान आकृष्ट हुआ था और तत्कालीन साहित्यकार और पण्डितों ने अपनी शुभकामनाएँ भेजी थीं। शुभकामना भेजनेवालों में प्रमुख नाम ये हैं—रामजी लाल शर्मा, प्रधान मन्त्री हिन्दी साहित्य सम्मेलन, बाबू जगतनारायणलाल, प्रधान मन्त्री—अखिल भारतीय हिन्दू महासभा, प्रो. ठाकुर लौटूसिंह जी गौतम, पं. गोबिन्द शास्त्री दुगवेकर, पं. नरदेव शास्त्री, पं. लक्ष्मीधर वाजपेयी, राधामोहन गोकुल जी, पं. बलदेव उपाध्याय, नारायणप्रसाद शास्त्री, बाबू सन्तराम बी.ए., जयशंकर प्रसाद, पं. पद्मसिंह शर्मा, श्री मोहनलाल महतो 'वियोगी'। कुछ शुभ कामनाएँ यहाँ उद्धृत की जाती हैं :

"विशेषतः मुझे यह जान कर असाधारण आनन्द हुआ है कि, राजनीतिक दाव-पेच बतलाने के अतिरिक्त प्राचीन ऋषि-महर्षियों के द्वारा उद्‌भावित सामाजिक व्यवस्था का भी यह पत्र पूर्ण-रूप से समर्थक होगा। वर्तमान समय में जब पाश्चात्य सभ्यता अंग्रेज़ी शिक्षा और विदेशी विचारों की सहायता से छनकर भारत के कोने-कोने में जा रही है, तब प्राचीन भारत की अनुभूत सामाजिक व्यवस्था की सत्यता डंके की चोट प्रमाणित की जानी चाहिये।...हिन्दू-हितों की रक्षा करना तो प्रत्येक हिन्दी पत्र का उच्च उद्देश्य होना ही चाहिए।"

'सेनापति'

(लेखक—श्रीयुत बाबू जयशंकर 'प्रसाद')

हाथों में हो शक्ति कर्म में नव कौशल हो।
मन में भगवद् भक्ति सत्य का अतुलित बल हो ॥

जीवन के संग्राम करे हँस-हँस कर निर्भय।
निश्छल सेनापति की है निश्चय जय ॥"

"सेनापति
(लेखक श्रीयुत पं. पद्मसिंह शर्मा)
इस देश में वीर भाव के जागरण की बड़ी आवश्यकता है। इस के लिये यथेष्ट प्रयत्न और आन्दोलन होना चाहिए। इस अभाव की पूर्ति के लिए आपका 'सेनापति' निकालना स्तुत्य कार्य है। परमात्मा करे यह पत्र देश का मंगल-साधन करे। सेनापति के द्वारा अपने विचार प्रकट करने की मैं चेष्टा किया करूँगा।"

"मत मुरली बजाइये।
(लेखक—श्रीयुत पं. मोहनलाल महतो, वियोगी)
दोहा
छोड़ प्रिया का सुखद कर, चक्र सुदर्शन धार।
'सेनापति' बनकर करो, नवजीवन संचार ॥
कवित्त
छोड़कर गोपियों का साथ, पीत-पट फेंक, पहन सनाह समर-स्थली में आइये।
मोहन, हटा के मनमोहन स्वभेष अब, जग को प्रलय का रुद्र रूप दिखलाइये।
भूलकर भैरवी-धनाश्री की मधुर तान, गीता के अनुष्टुपों से आग बरसाइये।
ले के 'पांचजन्य' दहला दे रिपुओं का दिल, कुँवर कन्हैया! मत मुरली बजाइये।"

सेनापति के सम्पादक एक विद्वान् पुरुष थे। हिन्दी के पण्डितों और लेखकों से उनका घनिष्ठ सम्बन्ध था। इसलिए सेनापति को लेखकों का सहयोग सहज ही उपलब्ध हो जाता था। यह एक बड़ी उपलब्धि थी। हिन्दुत्व का इतना उग्र प्रचारक हिन्दी में कदाचित् कोई दूसरा पत्र उस समय नहीं था।

हिन्दू पंच

'हिन्दू पंच' सचित्र साप्ताहिक पत्र था जिसे 1926 में बाबू रामलाल वर्मा ने प्रवर्तित किया था। संचालक थे बाबू मुकुन्दलाल वर्मा। इस पत्र का आदर्श वाक्य इस प्रकार था :

"लज्जा रखने को हिन्दू की, हिन्दू-नाम बचाने को।
आया 'हिन्दू-पंच' हिन्द में, हिन्दू जाति जगाने को ॥"

हिन्दू पंच के प्रधान उद्देश्य थे : 1. हिन्दू संगठन, 2. शुद्ध संस्कार, 3. अछूतोद्धार, 4. समाज-सुधार, 5. हिन्दी प्रचार। अपने उद्देश्य के प्रति यह पत्र सदैव सचेत रहता था।

इसके विशेषांक बड़े महत्त्वपूर्ण निकलते थे। 'बलिदान अंक' 1 जनवरी 1930 ई. को प्रकाशित हुआ था। यह विशेषांक भारतीय बलिदान का एक प्रामाणिक इतिहास प्रस्तुत करता है।[1] इस विशेषांक के मुख्य पृष्ठ पर 'विचित्र बलिदानी वीर' शीर्षक कवीन्द्र रसिकेन्द्र की कविता छपी है। उक्त कविता का अन्तिम अंश इस प्रकार है :

> "लाल कमला के महाशक्ति के अनन्य भक्ति,
> सादगी समाई हुई आर्य-रक्त-धारी हैं।
> त्याग के तपस्वी अनुराग के परागपूर्ण,
> कोमल कुसुम कण्टकों के पथ-चारी हैं।
> सैनिक स्वदेश के अहिंसा अस्त्रधारी आज,
> सजते स्वतंत्रता के साज़ सुखकारी हैं।
> क्रान्ति के प्रकाशक हैं, भ्रान्ति के विनाशक हैं,
> शान्ति के उपासक हैं, क्रान्ति के पुजारी हैं।"

उक्त विशेषांक की सम्पादकीय टिप्पणी का भी एक अंश यहाँ द्रष्टव्य है, "क्या माता की परतंत्रता से हमें लज्जा नहीं आती? हमारी वह समृद्धि-शालिनी रत्नगर्भा माता, जो किसी समय धन-धान्य से परिपूर्ण थी, आज दरिद्र भिखारिणी हो रही है। परतंत्रता और दासता में रहते-रहते क्या अब हम ऐसे निष्प्राण हो गये हैं कि वह दासवृत्ति त्याग देने का हम प्रयास भी नहीं कर सकते? हम जानते हैं कि हमारे विरुद्ध प्रचण्ड शक्ति अपने सम्पूर्ण सैनिक बल से खड़ी हमें गुरेर रही है, पर क्या हम पतंग से भी गये-बीते हैं जो अग्नि में गिरकर प्राण भी नहीं दे सकते?...बिना आत्म-बलिदान किये स्वतंत्रता कभी न आयेगी। हमारे रोने, मांगने या गिड़गिड़ाने से हमें कोई स्वतंत्रता न प्रदान कर देगा। स्वतंत्रता ऐसी है ही नहीं, जो आसानी से मिल जाये और आसानी से मिली हुयी स्वतंत्रता कभी टिकाऊ नहीं हो सकती। स्वर्गीय लाला लाजपत राय कहा करते थे कि हमें चुपचाप मारकर नींव के कंकड़ों की तरह बलिदान करना चाहिये।...तुम्हें अपने बलिदानों के लिये शोहरत नहीं चाहिये, बल्कि अभिमान रहित होकर गुप्त रूप से किये गये बलिदान ही ईश्वर को सबसे अधिक प्रिय हैं। इसलिये तुम्हें स्वयं अपना बलिदान करके बलपूर्वक स्वतन्त्रता प्राप्त करनी होगी। अपने हकों और अधिकारों के लिए लड़ो, लड़ो और लड़ते हुए बलि चढ़ जाओ, पर एक रंच भी पीछे मत हटो। जलिआनवाला बाग में अगर तुमने अपनी संकुचित पीठों पर गोलियाँ खायी थीं तो अबकी अपनी विशाल छातियों पर दानवी गोलियों का स्वागत करो।....महात्मा गांधी के

1. परिशिष्ट में इसकी विषय-सूची दी गयी है।

आदेशानुसार तुम्हें पूर्ण अहिंसात्मक रहते हुए और जल्लादों को आशीश देते हुए निर्भीकतापूर्वक बलिवेदी की ओर बढ़ना होगा। माता वसुन्धरा प्यासी है, उसकी प्यास अपने रक्त से बुझानी होगी। राम और कृष्ण की भूमि एक बार फिर स्वतन्त्र करनी होगी। विदेशी शासन के सुरक्षित पहरे में आलस्यपूर्ण जीवन व्यतीत करते हुए हममें जो कायरता आ गयी है, उस कायरता को हम इसी तरह भगा सकते हैं, कि कर्तव्य-पालन के लिए कमर कसकर खड़े हो जायें।

...इस कर्तव्य-पालन के लिए तुम्हें समस्त यातनायें सहन करते हुए चुपचाप बलि चढ़ जाना होगा और इसका पुरस्कार होगा—'स्वतंत्रता'। याद रहे कि यह दैवी शक्ति की प्रेरणा है और इसके यह मतलब हैं कि बलिदानों का तांता न टूटने पाये। सैकड़ों-हजारों नहीं, बल्कि लाखों और करोड़ों शीश बलिवेदी पर चढ़ जायेंगे और तब तुम देखोगे कि स्वतंत्रता अविलम्ब आयेगी।"

यही जातीय स्वर 'हिन्दू पंच' का सम्पादकीय स्वर था। इस पत्र में व्यंग्य-विनोद के साथ ही व्यंग्य-चित्र भी छपते थे। इसका मूल्य प्रति अंक दो आना और वार्षिक 6) था। अपने युग का यह अत्यन्त तेजस्वी और विश्रुत पत्र था। कुछ दिनों के लिए इसमें सम्पादक के रूप में मुंशी नवजादिक लाल भी आये थे और इस पत्र को उन्होंने एक नया जीवन दिया था। "उनके अक्लान्त मस्तिष्क के बल पर 'हिन्दू पंच' कुछ दिन चलता रहा, पर किसान के परिश्रम पर छूछे बादलों ने पानी फेर दिया।"[1]

'श्रीकृष्ण-सन्देश'

डॉ. एस.के. बर्मन की ओर से पं. लक्ष्मणनारायण गर्दे के सम्पादकत्व में विजयादशमी रविवार, सं. 1982, 27 दिसम्बर 1925 को 'श्रीकृष्ण-सन्देश' प्रकाशित हुआ था। यह साप्ताहिक पत्र था। पं. अम्बिकाप्रसाद वाजपेयी ने लिखा है कि यह 1926 तक चला।[2]

'श्रीकृष्ण-सन्देश' के पहले ही अंक में गर्दे जी का एक लेख 'भारतमित्र और उसके बाद' प्रकाशित हुआ था। इसका अन्तिम अंश इस प्रकार है—"भारतमित्र से सम्बन्ध-विच्छेद होने के पश्चात् हमारा यह विचार था, जैसा कि हमने श्रावण कृष्ण 10 मी के अपने अन्तिम निवेदन में लिखा है कि—'भारतमित्र' की सेवा में जो कार्य हम कर रहे थे उस कार्य को करने का कोई अन्य साधन

1. आचार्य शिवपूजन सहाय : शिवपूजन रचनावली, खण्ड 4, पृ. 259।
2. पं. अम्बिकाप्रसाद वाजपेयी : समाचारपत्रों का इतिहास, पृ. 309।

हम निर्माण करें।—एक दैनिक अथवा साप्ताहिक पत्र निकालने की प्रवृत्ति हुई थी। हम अपने उन धनी और उदार, निःस्वार्थ और सम्मान्य मित्रों के अत्यन्त कृतज्ञ हैं जिन्होंने इस उद्योग में उदारतापूर्वक पूर्ण सहायता करने का वचन दिया था। परन्तु इस उद्योग में विशेष अग्रसर होने के पूर्व ही 'बर्मन समाचार' के संयोजक हमारे परम हितैषी और उदार मित्र श्रीमान् बाबू चुन्नीलाल जी बर्मन ने—जिनके पिता स्वर्गीय डॉ. वर्म्मन का 'भारतमित्र' से अत्यन्त घनिष्ठ सम्बन्ध था—स्नेहपूर्ण आग्रह के साथ अपने विचार हमारे सामने रखे। हमने देखा कि हमारे और बर्मन जी के विचारों में कोई मतभेद नहीं है। इसलिए पृथक् उद्योग का विचार आगे न बढ़ा हमने बर्मन जी के इस उद्योग में ही सम्मिलित होना निश्चय किया। तदनुसार 'वर्मन समाचार' की पूर्वयोजना का समावेश करके 'श्रीकृष्ण सन्देश' का आविर्भाव हुआ है। भगवदधिष्ठान में लोक संग्रह साधन करने के संकल्प का ही यह समारम्भ है। उन्हीं आनन्द घन नन्दनन्दन श्रीकृष्णचन्द्र की कृपा और गुरुजनों के आशीर्वाद से यह समारम्भ 'धर्म संस्थापन' रूप 'श्रीकृष्ण-संदेश' के कार्य का साधन हो यही प्रार्थना है।—लक्ष्मणनारायण गर्दे।"

इसकी नियमावली भी छपती थी। आरम्भिक 3 नियम इस प्रकार हैं—

1. 'श्रीकृष्ण-सन्देश' प्रति सप्ताह रविवार को प्रातःकाल प्रकाशित हुआ करेगा।
2. इसका वार्षिक चन्दा, भारतवर्ष में 3) और विदेश में 6) होगा। जो लोग जिस सप्ताह में वार्षिक चन्दा पेशगी जमा करके ग्राहक होंगे वे उसी सप्ताह से स्थायी ग्राहक समझे जाएँगे।
3. इसमें धार्मिक, राजनीतिक, सामाजिक, साहित्यिक, व्यापारिक, वैज्ञानिक, ऐतिहासिक आदि सभी विषयों की चर्चा रहेगी और संसारभर के सब प्रकार के समाचारों का संग्रह रहेगा। प्रत्येक अंक में चित्र और कार्टून भी रहेंगे।

'श्रीकृष्ण-सन्देश' को अनेक शुभकामनाएँ प्राप्त हुई थीं जिनमें से कुछेक यहाँ उद्धृत की जाती हैं—**"भारतवर्ष को इस समय कृष्ण-संदेश की बड़ी आवश्यकता है। हम उद्यम और अध्यवसाय भूल से गये हैं। कर्मयोग की शिक्षा भारत को श्रीकृष्ण भगवान् ने दी थी। उसे आज फिर प्रचारित करना और भारतवासियों को कर्मयोगी बनाकर समस्त देश के हित में रत करना सभी नेताओं और पथ-प्रदर्शकों का कर्तव्य होना चाहिये। आशा है 'कृष्ण-संदेश' अपने नाम को सार्थक करेगा।**

—राजेन्द्र प्रसाद"

"...यदि इस समय हिन्दू जाति में कर्तव्य का ज्ञान कराने में कोई समर्थ

हो सकता है तो वह 'कृष्ण सन्देश' है। कृष्ण सन्देश को पाकर ही यह गिरी हिन्दू जाति कर्मण्य बन सकती है। 'श्रीकृष्ण सन्देश' तेरा सौ बार स्वागत है।—छबिनाथ पाण्डे।"

श्रीकृष्ण-सन्देश के सम्बन्ध में लोकमत—

वर्तमान, कानपुर :

"प्रत्येक अंक में गवेषणापूर्ण और टिप्पणियों के अतिरिक्त, धार्मिक, सामाजिक तथा राजनैतिक विषयों पर लेख रहते हैं। प्रत्येक अंक में कई सामयिक चित्र और कार्टून भी रहते हैं। कागज और छपाई उत्तम है।"

उपन्यास तरंग—कलकत्ता :

"...हिन्दी में आजतक ऐसा सुन्दर साप्ताहिक नहीं निकला।"

किसान, कानपुर :

"पत्र अँग्रेजी के अच्छे से अच्छे साप्ताहिक की टक्कर का है। प्रति राप्ताह प्रायः प्रत्येक विषय की यथेष्ट विचार रामग्री रहती है।"

कहना न होगा कि इस पत्र की प्रतिष्ठा का अधिक श्रेय इसके योग्य सम्पादक पं. लक्ष्मणनारायण गर्दे को है। गर्दे जी के व्यक्तित्व पर तिलक का अधिक प्रभाव था। 'श्रीकृष्ण-सन्देश' में भी यही प्रभाव दिखाई पड़ता है।

'समन्वय'

रामकृष्ण मिशन के तत्त्वावधान में स्वामी माधवानन्द जी के सम्पादकत्व में कलकत्ता से 1922 में 'समन्वय' का प्रकाशन हुआ था। यह मासिक पत्र था। इसमें धार्मिक, आध्यात्मिक और सामाजिक विषयों के साथ ही साहित्यिक सामग्री भी रहती थी।

इस पत्र के सम्पादन-विभाग में एक लम्बे अरसे तक 'निराला' जी रहे। उन्हीं के स्नेहानुरोध से मुंशी नवजादिकलाल और बाबू शिवपूजन सहाय भी इसमें आये थे। इस प्रकार इस पत्र को एक श्रेष्ठ सम्पादक-मण्डल का सहयोग मिला था। 'निराला' जी को इसमें आचार्य पं. महावीरप्रसाद द्विवेदी ने भेजा था।[1]

1. मैं वहाँ बालकृष्ण प्रेस में रहता था जो विद्यासागर कॉलेज के पास था। प्रेस के मकान के ऊपरवाले खण्ड में विवेकानन्द सोसाइटी के कुछ संन्यासी रहते थे। उनमें से स्वामी माधवानन्द जी, एम.ए., 'समन्वय' नामक हिन्दी मासिक पत्र निकालते थे। उसके लिए वे एक सुयोग्य सम्पादक की तलाश में पूज्य आचार्य द्विवेदी जी के यहाँ गये थे। आचार्य द्विवेदी जी ने ही उन्हें बड़े आग्रह और आदर से 'निराला' जी का नाम बतलाया। स्वामी जी बड़े आग्रह →

इस पत्रिका में वैचारिक लेख अधिक प्रकाशित हुए थे। इसे उस समय के धौरन्धरिकों ने बहुत पसन्द किया था। हिन्दी के चार विद्वानों की सम्मतियाँ यहाँ उद्धृत की जाती हैं जिनसे 'समन्वय' के वैशिष्ट्य और महत्त्व का उद्घाटन होता है।

पण्डित महावीरप्रसाद जी द्विवेदी–

"'समन्वय' मेरा प्रेम पात्र है। उसमें यदि मुझे दोष देख पड़ते तो वह प्रेमपात्र कैसे हो सकता है? क्योंकि गुणों का आधार तो प्रेम ही है–'वसन्ति हि प्रेम्णि गुणा न वस्तुनि'। उसके कुछ लेखों से मेरा मनोरंजन होता है और कुछ से मेरे आध्यात्मिक ज्ञान की वृद्धि। रामकृष्ण वचनामृत से तो मेरे हृदय में सात्त्विक भावों का अत्यधिक उन्मेष हो उठता है। समन्वय की भाषा और उसके अधिकांश लेखों के भाव इस समय की मेरी चित्त वृत्ति के सर्वथा अनुकूल हैं।"

समालोचकप्रवर पण्डित पद्मसिंह शर्मा–

"ऐसे पत्रों की आवश्यकता है। जैसा सुन्दर शास्त्रीय नाम है वैसे ही महत्त्वपूर्ण लेख हैं। रामकृष्ण आश्रम जो अनेक अच्छे कार्य कर रहा है, 'समन्वय' का प्रकाशन मेरी दृष्टि में उन सब में अच्छा है। भिन्न भाषा भाषी होकर भी आप लोग हिन्दी में ऐसा उत्कृष्ट पत्र निकाल रहे हैं, यह एक गौरव की बात है। 'समन्वय' की भाषा विषय के अनुकूल प्रसन्न और गम्भीर होती है। 'समन्वय' में प्रकाशित 'श्रीरामकृष्ण वचनामृत' और दूसरे वेदान्त विषयक निबन्ध पृथक् पुस्तकाकार प्रकाशित होने चाहिये। ऐसा प्रशंसनीय साहित्य प्रचार पाने योग्य है। 'समन्वय' का पूरा फाइल मिल सके तो मैं उसे पढ़ना चाहता हूँ।"

बाबू श्यामसुन्दरदास, बी.ए.–

"'समन्वय' के दर्शन मुझे नागरी प्रचारिणी सभा में हो जाते हैं। आप का उद्देश्य व्यावहारिक जीवन में वेदान्त का प्रभाव दिखाना है और आप इस उद्देश्य की सिद्धि परमहंस रामकृष्ण जी तथा स्वामी विवेकानन्द के उपदेशों द्वारा करना चाहते हैं। आपका उद्देश्य सर्वथा श्लाघ्य है और मुझे आशा है कि आप इस कार्य में सफल होंगे। आपका पत्र अपने ढंग पर चल

→और आदर से 'निराला' जी को कलकत्ता लाये। आचार्य द्विवेदी जी के स्नेहपूर्ण आदेश से 'निराला' जी भी संन्यासियों की मण्डली में चले आये। विवेकानन्द सोसाइटी में आ जाने पर भी 'निराला' जी ने विद्वान् संन्यासियों पर अपनी योग्यता और सुशीलता की छाप बिठा दी। मैंने देखा था कि वहाँ विवेकानन्द सोसायटी के बड़े-बड़े विद्वान् संन्यासियों पर भी 'निराला' जी की दार्शनिक ज्ञान-गरिमा का सिक्का जम गया था और वे लोग निराला जी को बड़े आदर-मान से रखते थे। आचार्य शिवपूजन सहाय : 'निराला अभिनन्दन ग्रन्थ', पृ. 30।

रहा है। मुझे आशा है हिन्दी पढ़ने वाले आपके पत्र का यथोचित आदर करके आपके उद्देश्य की सिद्धि में सहायक होंगे।"

मासिक 'मारवाड़ी सुधार' (आरा) के सम्पादक बाबू शिवपूजन सहाय ने 'समन्वय' के बारे में अपने पत्र (वर्ष 2, अंक 8) में लिखा था—"संघ की एक शाखा कलकत्ता में अद्वैताश्रम नाम से प्रसिद्ध है। इसी आश्रम से 'समन्वय' नाम का मासिक-पत्र निकलता है। हिन्दी में वह अपने ढंग और विषय का एक ही उत्तम पत्र है। इसके सम्पादक हैं—स्वामी माधवानन्द जी महाराज। आप बंगाली हैं और अंग्रेजी के मर्मज्ञ विद्वान् हैं। किन्तु, जिस योग्यता से आप 'समन्वय' का सम्पादन कर रहे हैं, वह हिन्दी वालों के लिये शुभ होने पर भी कुछ आश्चर्यजनक है। क्योंकि स्वामी जी ने एकाएक अपने पवित्र-दर्शन से हिन्दी वालों को मुग्ध किया है। हाँ, इसमें सन्देह नहीं कि एकाएक 'समन्वय' को लेकर जिस सराहनीय सफलता के साथ आप कार्य-क्षेत्र में अवतीर्ण हुए हैं, वह हिन्दी के लिए सौभाग्यवर्द्धक और आपके लिए गौरवजनक है।

'समन्वय' धार्मिक और आध्यात्मिक पत्र है। सांसारिक झंझट झमेलों में फंसे रहने वाले मारवाड़ियों को अपने चित्त की शान्ति और भावी कल्याण के लिये 'समन्वय' अवश्य पढ़ना चाहिए। इसमें उपर्युक्त परमहंस देव और स्वामी जी के सरल एवं बारीक उपदेशों की ऐसी बहार रहती है कि उन्हें हृदयंगम करने पर मोह-माया के जाल में फंसे हुए मनुष्य का शुष्क हृदय भी शान्ति की सुशीतल अमृत धारा से सिक्त हो जाता है। इसकी सबसे बड़ी विशेषता यह है कि सदा ठीक समय पर निकलता है और पाठकों के सामने गहन विषयों को भी बड़ी सरस और शुद्ध भाषा में सुगमतापूर्वक उपस्थित करता है। इसका कार्यालय नं. 28 कालेज स्ट्रीट मार्केट में है। इसकी उत्तमता, उपयोगिता और पवित्रता को देखते हुए तीन रुपया वार्षिक मूल्य कुछ भी नहीं है।"

यह पत्र 28 कॉलेज स्ट्रीट मार्केट, कलकत्ता से प्रकाशित होता था और इसका वार्षिक मूल्य मात्र 3) था। गरीब छात्रों और निःशुल्क वाचनालयों को कुछ दिनों तक 2) वार्षिक पर ही भेजा जाता था।

अपने पूरे स्वरूप-स्वर में यह हिन्दी का अप्रतिम पत्र था।

'सरोज'

इसके स्वत्वाधिकारी श्री कनकाप्रसाद चौधरी थे। सम्पादक के पद पर श्री नवजादिकलाल श्रीवास्तव तथा श्री रामप्रसाद पाण्डेय थे। यह सचित्र मासिक पत्रिका थी जिसका वार्षिक मूल्य 4) था, एक प्रति का छह आने और छमाही मूल्य 2।)।

पहले अंक के प्रथम पृष्ठ की सामग्री यहाँ अविकल उद्धृत की जाती है–

सरोज

सचित्र मासिक पत्र

काव्य मीदी-मधुप मय, सुरस-तरंगित-ओज।
साहित्यामृत मरिस, यह सुरभित-सुरुचि 'सरोज।'

(कि.ला.गो.)

पुष्प–1] ज्येष्ठ संवत् 1985 [दल 1

आशीर्वाद

(रचयिता–कवि सम्राट् पं. अयोध्यायसिंह जी उपाध्याय, साहित्यरत्न 'हरिऔध')

(1)

अति मंजु-माधुरी सुमधु मानसों में भरे,
सहज-विकास से विनोद हो बरसता।
परम-रुचिर-रचना हो कान्त-रुचिपूत
लोक-चित्र-चारुता विलोक हो हरसता।
'हरिऔध' रस-दान करे रस-लोलुप को
नव-राग रहे अनुराग को परसता।
सरस बनावे असरस-भूत-भूरि-भाव
मंजुल-सरोज सी 'सरोज' की सरसता।

(2)

पाके कमलासन समान माननीय सुत
कमलासना के प्रेम-धन से धनी रहे।
विदित-विभाकर सी वर-बंधुता के मिले
विपुल-विभूति में विकचता सनी रहे।
'हरिऔध' कर में विराजे कमलापति के
काल कमनीय अनुकूल अवनी रहे।
चोज ओज सहित अमित-मंजुता से लसे
संतत 'सरोज' की सरोजता बनी रहे।

प्रथम सम्पादकीय टिप्पणी–सरोज विकास–में सम्पादक ने लिखा था, "...अपनी तुच्छ शक्ति के अनुसार मातृभाषा की सेवा करने का अधिकार प्रत्येक मनुष्य को है और होना चाहिए। हम 'सरोज' द्वारा उसी अपने जन्मसिद्ध अधिकार का उपयोग अपनी इच्छा और तुच्छ क्षमता के अनुसार करना चाहते हैं। इस से यदि किसी प्रयोजन की सिद्ध न हो तो हमें कोई आश्चर्य और दुःख न होगा और यदि हो जाय तो हम अपना अहोभाग्य समझेंगे। 'सरोज' का मार्ग स्वतंत्र होगा।...अपनी नन्ही सी जान को संकटापन्न होने से बचाता हुआ अधिकतर अच्छी-अच्छी कहानियाँ और बीच-बीच में–केवल जायका बदलने के लिये–कुछ चुने हुए लेख और कवितायें लेकर ही प्रतिमास अपने प्रेमियों की सेवा में उपस्थित हुआ करेगा। साथ ही हंसने हंसाने वाली सामग्री और संसार-साहित्य के रंग-बिरंगे सुमनों के सौरभ संग्रह से भी 'सरोज' अपने प्रेमियों का मनोरंजन किया करेगा। नवीन साहित्य के निर्भीकतापूर्वक और पक्षपात रहित, गुणागुण विवेचन द्वारा उत्कृष्टता को पुरस्कृत और निकृष्टता को तिरस्कृत करने में 'सरोज' कभी परांगमुख न होगा। चमत्कार-चित्रों के बिना तो शायद आजकल मासिक पत्रों

की शोभा की वृद्धि ही नहीं होती, इस लिये 'सरोज' में प्रतिमास अच्छे-अच्छे बहुरंगे चित्र भी छपा करेंगे। नवीन हिन्दी शिल्पियों की प्रतिभा को प्रश्रय प्रदान कर उन्हें मातृभाषा की सेवा के लिये सतत उत्साहित करते रहना 'सरोज' अपना परम कर्तव्य समझेगा और उनकी अपरिमार्जित रचनाओं को परमार्जित कर साहित्य संसार के सामने उपस्थित किया करेगा। 'सरोज' के गौण विषयों में व्यंग्य-चित्र, नये-पुराने, जीवित-मृत, युवक-वृद्ध हिन्दी साहित्यसेवियों के चित्र और उनकी कृतियों का संक्षिप्त परिचय आदि रहेगा, परन्तु तो भी यह भानमती की पिटारी न होगा और न 'गागर में सागर' भरने का व्यर्थ प्रयास करेगा। बस, यही चन्द रसगन्ध-विहीन विशुष्क पंखड़ियाँ 'सरोज' की संबल हैं।" स्पष्ट है कि 'सरोज' के प्रकाशन के साथ एक महत् उद्देश्य था।

सम्पादकीय वक्तव्य 'सरोज सौरभ' स्तम्भ के अन्तर्गत पत्रिका के अन्त में रहता था। पहले अंक में 'सरोज विकास, हिन्दी साहित्य सम्मेलन, एक आवश्यक प्रस्ताव, और सम्पादक सम्मेलन'—शीर्षकों के अन्तर्गत सम्पादकीय वक्तव्य प्रस्तुत किया गया है।

वर्ष 1, अंक 7 की सम्पादकीय टिप्पणी—सामाजिक सम्मेलन—की अन्तिम पंक्तियाँ द्रष्टव्य हैं, **"बड़े-बड़े कट्टर भी वर्तमान पराधीनता से घबरा उठे हैं। स्वाधीन चिन्ता की सुखदायिनी लहर प्रबल वेग से उठ रही है। आशा हो रही है कि परिस्थिति बदलेगी और सामाजिक दासता से हमारी मुक्ति होगी। इसलिये सोशल कान्फरेन्स में भी कुछ परिवर्तन होने की आवश्यकता है। कम से कम उस का विलायतीपन दूर होना तो अत्यावश्यक है। उसके ध्येय में कुछ ऐसे परिवर्तन होने चाहिये जो हमारी संस्कृति के अनुकूल हों। तभी सर्व साधारण का ध्यान इस ओर आकृष्ट होगा।"**

वर्ष 1, अंक 1 के लेखक-कवि की नाम-सूची इस प्रकार है : अयोध्यासिंह उपाध्याय 'हरिऔध', उग्र, निराला, मोहनलाल महतो 'वियोगी', हरद्वारप्रसाद जालान, पुरुषोत्तम प्रसाद पाण्डेय, कमल, मोहनसिंह मेहता, गुलाब, मदनलाल, हिम्मत सिंह, श्री बनारसीदास चतुर्वेदी, गोपालशरण सिंह, प्रभात, शान्तिप्रिय द्विवेदी, जी.पी. श्रीवास्तव, कृष्ण विनायक फड़के, श्री छबीलेलाल गोस्वामी, हितैषी, कमलाप्रसाद मुख्तार।

इसमें निराला की कविता 'सरोज के प्रति' प्रकाशित हुई जिसे यहाँ उद्धृत किया जा रहा है—

'सरोज' के प्रति

श्यामल कूलों में सुख-दुख के
बहते सदा ही प्राण

ऊर्मि संघातोद्धत अप्रतिहत,
उज्ज्वल अछोर, चिर-निर्मल सागर की ओर।
नर-नारियों की कितनी ही वन्दनायें मुखर,
कितने ही गान, ज्योत्स्ना के प्राण,
नीरव आह्वान शून्य हृदय के,
भासमान अर्घ्य पुष्प-चंदन-समर्पित वे,
कितना मौन-गुरु भार,
दग्ध संसार के जीवन कितने ही चटुल,
करुण कितने वे नयन,
अश्रु असफलता के,
कितने असार हृदय
पार की आशा से आते हैं साथ तव, स्रोतस्विनि।
मिलते असीम में।
केवल सरोज तुम
काँपते भी इतने प्रहारों से
सविरत प्रवाह में शीर्ण एक नाल पर–
दुर्बल आधार–
रहते हो सदा ही अचल
अपने विश्वास पर
इसीलिये खुलता प्रभात,
बीत जाती दुख-रात तब,
सिद्ध, भगवान भुवन-भास्कर जगाते तुम्हें,
खोल नयन देखते हो,
किरणों से प्लावित
निस्सीम नभ हर्ष भर,
साधना से पास ही
मिलते असीम से।

–निराला

'सरोज' एक साहित्यिक पत्र था। साहित्यिक विशेषांक भी निकलते थे। चूँकि सरोज-सम्पादक मुंशी नवजादिकलाल हिन्दी के श्रेष्ठ पत्रकार थे, हिन्दी साहित्यकारों से उनका स्नेह-सम्बन्ध था, इसलिए उनका सक्रिय सहयोग 'सरोज' को सहज ही उपलब्ध हो जाता था। वर्ष 2, अंक 1 की एक सम्पादकीय टिप्पणी–दो और विशेषांक–की आरम्भिक पंक्तियाँ द्रष्टव्य हैं–**"नाटक साहित्य के सम्बन्ध में कई अधिकारी लेखकों के लेख, चित्र और उन का संक्षिप्त परिचय आदि हमारे**

पास आये हैं, जिन में पण्डित नारायण प्रसाद बेताब, श्रीयुत् हरिकृष्ण जी जौहर साहित्यालंकार और जनाब आगा हश्र साहब काश्मीरी का नाम उल्लेखनीय है।...स्थानाभाव के कारण हम उन के लेखों को इस प्रवेशांक में स्थान नहीं दे सके हैं, इस लिये हमारा विचार 'सरोज' के दूसरे वर्ष की दूसरी संख्या को एक छोटे से 'नाटकांक' के रूप में निकालने का है।...इस के सिवा आगामी विजयदशमी के शुभ अवसर पर हमने 'सरोज' का एक सुन्दर 'कवि अंक' निकालने का विचार किया है। इस में वर्तमान समय के सभी नये-पुराने कवियों का चित्र, उन का संक्षिप्त परिचय और उनकी सर्वोत्कृष्ट रचनाओं का संग्रह होगा। इस के सिवा काव्य-कला सम्बन्धी सुन्दर लेख और अच्छी-अच्छी कवितायें भी होंगी। हमें यह सूचित करते अत्यन्त हर्ष होता है कि 'सरोज' के 'कवि अंक' के सम्पादन का भार हमारे राष्ट्रकवि श्रीमान् कविवर 'सनेही' जी ने लेने की कृपा की है। इसलिये हमें आशा है कि यह भावी कवि-अंक हिन्दी साहित्य के इतिहास की सामग्री होगा।" इस विशेषांक के सम्बन्ध में 'सरोज' के प्रमुख कवि श्री केदारनाथ मिश्र 'प्रभात' ने मुझे बताया कि वह योजना क्रियान्वित न हो सकी। इस प्रकार 'सरोज' के माध्यम से महत्त्वपूर्ण ऐतिहासिक सामग्री प्रकाश में आते-आते रह गई। 'कवि-अंक' तो नहीं निकला पर सम्पादकीय विज्ञप्ति के अनुसार सरोज, वर्ष 2, अंक 2 में नाटक के सम्बन्ध में कई लेख प्रकाशित हुए।

परिशिष्ट में 'सरोज' के एक अंक की विषय सूची दी गयी है जिससे इसकी वस्तु-वैशिष्ट्य की अभिज्ञता हो सके।

'विशाल भारत'

भारत के महान् पत्रकार रामानन्द चट्टोपाध्याय की ओर से 1928 ई. में 'विशाल भारत' का प्रकाशन हुआ था। यह एक मासिक पत्र था जिसके सम्पादक पं. बनारसीदास चतुर्वेदी थे। चतुर्वेदी जी ने लिखा है कि बड़े बाबू ने इस उद्देश्य से 'विशाल भारत' निकाला था कि हिन्दी जनता तक शुद्ध सात्त्विक मानसिक भोजन पहुँचे। उन्होंने कभी अपने किसी लेखक के प्रकाश के लिये आग्रह नहीं किया था और इस बात के लिये तो उन्होंने विशेष रूप से आदेश दिया था कि 'विशाल भारत' में बँगला और बंगालियों की प्रशंसा न छपे। जब मैंने उनके जामाता डॉक्टर कालिदास नाग की थोड़ी-सी प्रशंसा लिख दी तो उन्होंने मुझसे कहा, 'लोग इस पर आशंका कर सकते हैं कि मैंने ऐसा कहा होगा, अथवा अपने सम्बन्धियों की प्रशंसा करने के लिए पत्र का दुरुपयोग किया जा रहा है।[1] अपने आदर्श के प्रति ऐसी

1. बनारसीदास चतुर्वेदी : 'संस्मरण', पृ. 65।

सजगता और निष्ठा भाव आज की पत्रकारिता में दुर्लभ है। अहिन्दी भाषी होकर भी रामानन्द बाबू के मन में हिन्दी के प्रति उदार दृष्टि थी। चूँकि हिन्दी जनता को शुद्ध सात्त्विक मानसिक भोजन देने के उद्देश्य से इस पत्र का प्रकाशन हुआ था और संचालक की निष्ठा बड़ी बलवती थी, इसलिए भावी आर्थिक क्षति उठाकर भी यह निकलता रहा।

'विशाल भारत' को दूसरी बड़ी सुविधा यह थी कि पत्र-संचालक स्वयं पत्रकार होने के नाते पत्रकारों की स्वतन्त्रता का आग्रही और समर्थक था। 'विशाल भारत' सम्पादक को संचालक की ओर से पूरी स्वतन्त्रता थी। यहाँ तक कि रामानन्द बाबू की राजनीतिक धारणाओं के विरुद्ध पं. बनारसीदास चतुर्वेदी ने एक सम्पादकीय टिप्पणी लिखी। रामानन्द बाबू ने उसका वैचारिक उत्तर दिया। पं. बनारसीदास चतुर्वेदी ने लिखा है कि इस धृष्टता के लिए पं. महावीरप्रसाद द्विवेदी और पं. पद्मसिंह शर्मा की डाँट उन्हें सहनी पड़ी थी।

रामानन्द बाबू के दो अपने पत्र थे, 'माडर्न रिव्यू' और 'प्रवासी'। दोनों में छपनेवाली कला-कृतियों का उपयोग 'विशाल भारत' में किया जाता था। प्राचीन काल के अनेक महत्त्वपूर्ण चित्र इसमें प्रकाशित होते थे। इस प्रकार उसमें सहज ही एक कलात्मक समृद्धि आ गयी थी।

'विशाल भारत' के आदि सम्पादक पं. बनारसीदास चतुर्वेदी विश्रुत गाँधीवादी पत्रकार हैं। उस युग के अनेक महापुरुषों से इनका सम्पर्क था। इस सम्पर्क का लाभ उन्होंने 'विशाल भारत' में किया। यह मासिक पत्र था जिसमें विविध विषयों पर प्रामाणिक लेख प्रकाशित होते थे। विदेशी साहित्य और साहित्यकारों के साथ विभिन्न भारतीय भाषाओं की अनूदित रचनाएँ भी इसमें छपती थीं। यह विविध रुचियों का पत्र था।

इसके कई महत्त्वपूर्ण विशेषांक निकले थे। पण्डित पद्मसिंह शर्मा के स्मारक स्वरूप एक विशेषांक निकला था। इसका कला अंक भी काफ़ी चर्चित रहा।

पं. बनारसीदास चतुर्वेदी ने इसके माध्यम से कई साहित्यिक विवाद उठाये थे। 'उग्र' के कथा-साहित्य को उन्होंने 'घासलेटी' की संज्ञा दी थी और 'निराला' जी के 'वर्तमान धर्म' शीर्षक निबन्ध को 'विशाल भारत' में प्रकाशित कर उस पर प्रमुख साहित्यकारों से सम्मतियाँ माँगी थीं। अधिकांश ने उस लेख को 'अनर्गल प्रलाप' बताया था।[1] प्रयाग के 'भारत' ने इसका विरोध किया था और विवाद बढ़ गया था।

'विशाल भारत' ने अनेक महत्त्वपूर्ण पुराने तथ्यों को प्रस्तुत किया। हिन्दी

1. द्रष्टव्य—इलाचन्द्र जोशी का संस्मरण : 'कलकत्ता-प्रवास से लेकर आज तक', निराला अभिनन्दन ग्रन्थ, पृ. 4।

पत्रकारिता के सम्बन्ध में ब्रजेन्द्रनाथ बन्द्योपाध्याय, विष्णुदत्त शुक्ल, रुद्रदत्त शर्मा, अम्बिकाप्रसाद वाजपेयी और गर्दे जी के संस्मरण और लेख प्रकाशित कर नये अध्याय के निर्माण की अनुकूल भूमिका प्रस्तुत की।

अब इसका प्रकाशन बन्द हो गया है। बीच में कुछ दिनों के लिए सच्चिदानन्द हीरानन्द वात्स्यायन इसके सम्पादक थे। श्रीराम शर्मा और मोहन सिंह सेंगर ने भी इसे कुछ दिनों सम्पादित किया था। हिन्दी के विशिष्ट लेखकों का उसे सहयोग प्राप्त था। इस प्रकार कलकत्ता के हिन्दी मासिक पत्रों में 'विशाल भारत' सबसे समृद्ध पत्र था।

1938 में सच्चिदानन्द हीरानन्द वात्स्यायन 'अज्ञेय' का 'विशाल भारत' में सम्पादक के रूप में प्रवेश हुआ। अज्ञेय जी का 'विशाल भारत' से सम्पादकीय सम्बन्ध बहुत कम दिनों तक रहा। 1939 के जुलाई से श्रीराम शर्मा सम्पादकीय टिप्पणियाँ लिखने लगे थे। वात्स्यायन के संक्षिप्त सम्पादन-काल में 'विशाल भारत' के रूप और स्तर में उल्लेख्य परिवर्तन आया। साहित्यिक और कलात्मक स्तर में उन्नति हुई। प्रतिष्ठित साहित्यकार डॉ. प्रभाकर माचवे ने स्वीकार किया है कि "राजनीति पर अधिक स्पष्ट और तीक्ष्ण सामग्री छपने लगी। कलात्मकता पर लेख आदि छपने लगे। कहानी, कविता का चुनाव और सतर्कता से होने लगा। बल्कि नये लेखकों को काफी प्रोत्साहन दिया जाने लगा (जिनमें से एक मैं भी था)।"[1]

वात्स्यायन में विशिष्ट साहित्य-प्रतिभा और विद्या की विभिन्न सरणियों की अपेक्षित अभिज्ञता थी; नये-पुराने विद्याव्रतियों से आत्मीय सम्पर्क था; स्वकीय सम्पादन-दृष्टि और ऊँचा रुचि-बोध था; सम्पादन सम्बन्धी पूरी स्वतन्त्रता[2] थी।

---

1. द्रष्टव्य : हिन्दी साहित्य : बंगीय भूमिका, पृ. 227-28।
2. द्रष्टव्य : कलकत्ता-प्रवास का संस्मरण लिखते श्री अज्ञेय ने इस सम्बन्ध में एक महत्त्व-प्रसंग की चर्चा की है।—"सम्पादन का एकान्त भार मुझ पर पड़ा ही था कि बांग्ला 'प्रवासी' तथा अँग्रेज़ी 'माडर्न रिव्यू' में श्री रामानन्द चट्टोपाध्याय की कुछ टिप्पणियाँ प्रकाशित हुईं, जिनमें हिन्दी के प्रति अवज्ञा का भाव था। इससे क्लेश तो बहुत लोगों को हुआ लेकिन कोई बोला नहीं, क्योंकि रामानन्द बाबू को और उनके द्वारा सम्पादित पत्रों की बड़ी धाक थी। अपनी अनुभवहीनता से मुझे लगा कि उनके आरोपों का खण्डन आवश्यक है और मैंने 'विशाल भारत' की सम्पादकीय टिप्पणियों में उनके तर्कों का उत्तर भी दे दिया।

   "उत्तर में न उनका नामोल्लेख था, न कोई कड़ी या अभद्र बात कही गयी थी, लेकिन उनके तर्कों का दो-टूक खण्डन अवश्य था कलकत्ते के लिये यह जवाब एक अकल्पनीय बात थी क्योंकि रामानन्द बाबू तो उस संगठन के मालिक भी थे जो 'विशाल भारत' का प्रकाशन करता था।...

   "टिप्पणी के प्रकाशन के सप्ताह-भर बाद मुझे रामानन्द बाबू का आठ-दस →

सहज उपलब्ध इस शक्ति से अज्ञेय जी ने 'विशाल भारत' को समृद्ध किया था। उनके सम्पादन में निकले 'विशाल भारत' के अंकों की मुद्रा पर उनके व्यक्तित्व की छाप मुखर है।

'विशाल भारत' के सम्पादन में स्व. कमलाकान्त वर्मा, स्व. श्रीराम शर्मा, स्व. ब्रज मोहन शर्मा और स्व. मोहन सिंह सेंगर की सक्रिय भूमिका थी। श्री अज्ञेय ने 'विशाल भारत' के अपने सम्पादन-काल को स्मरण करते हुए लिखा है, "'विशाल भारत' में रहते हुए हिन्दी साहित्य जगत् और पत्रकारिता के बारे में बहुत कुछ जाना और सीखा; उस अवसर के लिए अब भी अपने को ऋणी मानता हूँ।"[1]

गाँधी युग के दो और पत्र काफ़ी प्रसिद्ध थे, जिनमें एक था 'मौजी' और दूसरा 'आदर्श'। दोनों ही बाबू शिवपूजन सहाय के सम्पादकत्व में निकलते थे।[2] 'मौजी'

→ पन्नों का हाथ लिखा पत्र मिला। उन्होंने मेरे तर्कों का जवाब तो दिया ही था, पत्र के अन्त में उन्होंने दो बातें और लिखी थीं। एक तो उन्होंने मुझे याद दिलाया था कि वह स्वयं बंगाली होकर हिन्दी का साहित्यिक पत्र निकाल रहे हैं और लगातार उस पर घाटा उठा रहे हैं। उन्होंने मुझसे पूछा था कि बहुत से हिन्दी भाषी धनिक और सेठ भी तो हैं, क्या एक भी ऐसा हिन्दी भाषी व्यक्ति है जो बांग्ला में पत्र निकाल रहा हो—उस पर घाटा उठाना तो दूर! दूसरे उन्होंने मुझे स्मरण दिलाया था कि 'विशाल भारत' प्रवासी प्रेस में निकलता है जिसके मालिक वह स्वयं हैं। क्या कोई दूसरा ऐसा मालिक भी होगा जो अपने संगठन के किसी कर्मचारी को यह अधिकार दे कि वह उसी के पत्र में उसकी आलोचना करे।

"पत्र के उत्तर में मैंने लिखा कि 'विशाल भारत' की टिप्पणी में जो कुछ लिखा गया है उसे मैं ठीक मानता हूँ और उनके पत्र के बाद भी मुझे कुछ बदलने की कोई आवश्यकता नहीं जान पड़ी। इस बात को मैंने स्वीकार किया कि हिन्दी पत्रकारिता में उन्होंने जो योगदान किया है उसके तुल्य किसी हिन्दी भाषी ने बांग्ला के लिये कुछ नहीं किया और यह भी मैंने स्वीकार किया कि 'विशाल भारत' के सम्पादक को उन्होंने जो स्वतन्त्रता दी है, उसके लिये भी उनका सम्मान होना चाहिये। मैंने यह भी जोड़ दिया कि मेरे मन में श्रद्धा और भी अधिक होती अगर यह बात स्वयं उन्होंने मुझे न लिखी होती और दूसरे ही उसका उल्लेख करते।"

द्रष्टव्य : डॉ. कृष्ण बिहारी मिश्र और राम व्यास पाण्डेय द्वारा सम्पादित 'हिन्दी साहित्य : बंगीय भूमिका' में संकलित, 'कलकत्ते की याद' शीर्षक अज्ञेय का निबन्ध।

1. द्रष्टव्य : हिन्दी साहित्य : बंगीय भूमिका, पृ. 399।
2. आचार्य शिवपूजन सहाय के जीवनवृत्त की ये पंक्तियाँ द्रष्टव्य हैं, "सन् 1924 ई. के हिन्दू-मुस्लिम दंगे में आपको एकाएक लखनऊ छोड़ देना पड़ा। कुछ दिनों तक काशी और अपने गाँव में रहकर फिर सन् 1925 ई. में 'मतवाला' में लौट आये। इसी समय थोड़े-थोड़े दिनों के लिए आपने 'मौजी', 'समन्वय', 'गोलमाल' आदि पत्रों का सम्पादन-कार्य किया। जुलाई, 1925 ई. के लगभग आपने वहीं के वणिक् प्रेस से निकलनेवाले मासिक पत्र 'उपन्यास तरंग' का सम्पादन-भार ग्रहण कर लिया। किन्तु 'मतवाला' से आपका सम्बन्ध बना रहा।"—साहित्य : शिवपूजन-स्मृति अंक, पृ. 78।

में पं. शान्तिप्रिय द्विवेदी भी कुछ दिनों तक रहे। नवम्बर 1922 से 'आदर्श' का सम्पादन-भार आपके ऊपर आया। यह मासिक पत्र था जो दीनानाथ सिगतिया द्वारा घोष मेशिन प्रेस 38, शिवनारायण दास लेन में मुद्रित और 131, मुक्ताराम बाबू स्ट्रीट, कलकत्ता से प्रकाशित होता था।

इसके सम्बन्ध में (इसके सम्पादक) बाबू शिवपूजन सहाय ने लिखा है कि— "...जिस समय 'आदर्श' का सम्पादन मेरे काँपते हुए हाथों में ज़बरदस्ती सौंपा गया, उस समय ऐसी-ऐसी लम्बी आशायें मेरे सामने उपस्थित की गयीं कि साहित्य सेवा के नाम पर, स्वार्थसिद्धि का बीड़ा, मैंने झट उठा लिया। भावी आशाओं पर विश्वास करके मुझे आग्रह और अनुरोध अंगीकार करना पड़ा। किन्तु नतीजा बुरा हुआ। पांच अंक निकलकर 'आदर्श' बन्द हो गया। पाँच अंकों में भी एक अंक दो महीने की संयुक्त संख्या के रूप में निकला।" प्रकाशक की स्वार्थ-वृत्ति की ओर संकेत करते हुए शिवपूजन जी ने लिखा है, "'आदर्श' के प्रकाशक शुरू में एक ग्राहक न रहने पर भी 500 ग्राहक फँस जाने का स्वप्न देख रहे थे। ऐसे आदर्श पत्र-प्रकाशक हिन्दी संसार में बहुत हैं। किन्तु मेरे जैसे बुद्धू और अनाड़ी सम्पादक शायद ही हों। निःसन्तान होकर रहना अच्छा, पर पुत्र-शोक अच्छा नहीं। किसी लेखक को किसी ऐसे पत्र का सम्पादन अपने हाथ में न लेना चाहिये जिसका भविष्य उज्ज्वल न हो। भविष्य उज्ज्वल उसी पत्र का हो सकता है जिसके प्रकाशक के पास पूंजी हो, साथ ही साहित्य के प्रति अटल अनुराग भी। केवल पुस्तकों की विज्ञापनबाजी करने और पांचवां सवार बनने के लिये जो लोग पत्र निकालते हैं, वे हिन्दी-संसार को धोखा देते हैं। हिन्दी में बरसाती कीड़े की तरह पत्र निकलते जा रहे हैं और इने-गिने लेखक भी सम्पादक बन कर अपनी प्रतिभा का संहार करने के लिए अपकीर्ति के क्षेत्र में उतरते चले जाते हैं। यह साहित्यिक व्यभिचार हिन्दी के लिये अपघातक है। सुसम्पादित और सुसंचालित दस ही पत्र रहें तो हिन्दी के गौरव की वृद्धि हो सकती है। केवल गिनती के सैकड़ों पत्र हिन्दी का, अपकार के सिवा उपकार नहीं कर सकते। 'आदर्श' निकलने से हिन्दी का कुछ लाभ नहीं हुआ, मैं ज़रूर लाभान्वित हुआ। किन्तु उसके बन्द हो जाने से हिन्दी की कुछ तो हानि अवश्य हुई, मेरी चाहे भले ही न हुई हो—क्योंकि कलम और पेट का नाता इस जीवन में छूटता नजर नहीं आता।...'आदर्श' ही जैसे पत्र बड़े-बड़े पत्रों के मार्ग में कण्टक स्वरूप हैं। भगवान् ऐसे कण्टकों से सबको बचावे।[1] प्रकाशक की स्वार्थपरता की चोट की प्रतिक्रिया ही उपर्युक्त पंक्तियों में व्यक्त हुई है। अस्तु।

---

1. आचार्य शिवपूजन सहाय : शिवपूजन रचनावली, पृ. 377-78।

शिवपूजन जी परम गाँधीवादी पत्रकार थे। 'आदर्श' में गाँधीयुग का स्वर ही प्रमुख है। हिन्दू-मुसलिम एकता, नारी-समस्या, हिन्दी का प्रश्न और आदर्श राष्ट्रभाषा आदि विषयों पर इसमें लेख प्रकाशित होते थे।

'निराला' जी की कविताएँ इसमें प्रकाशित होती थीं। 'जूही की कली' दूसरे अंक में प्रकाशित हुई थी। कविता के शीर्षक के नीचे कोष्ठक में (बंगला छन्द) मुद्रित है और रचनाकार के स्थान पर है : ले.—श्रीमान् पण्डित सूर्यकान्त जी त्रिपाठी 'निराला' जी की एक और कविता—'विरहिणी पर व्यंग' अंक 3-4 में प्रकाशित थी जिसे यहाँ उद्धृत किया जाता है—

विरहिणी पर व्यंग

(घनाक्षरी)

हार मन मार मार की बहू ललाट ठोक
काजल बहा कपोल कुत्सित किया करे।
अ चल? लजी मशालची की लालटेम काली
नेत्र जल से प्रबल नासिका सदा झरे।
कल्पना ललाम की लगाम थाम कविदल
मुख तुलना न कभी चन्द्र के बिना करे।
चांद आइने में चारु चित्र देख चुप वह
तकिया सहारे पड़ी तारे ही गिना करे ॥

—पंडित सूर्य्यकान्त त्रिपाठी।

श्री सीतारामदास श्रीवास्तव की एक टिप्पणी 'सचित्र साप्ताहिक पत्र' शीर्षक प्रकाशित हुई थी अंक 2 में। इस टिप्पणी में तत्कालीन पत्रों की चर्चा करते हुए सचित्र साप्ताहिक पत्र के अभाव और आवश्यकता का उल्लेख किया गया है।

सम्पादकीय टिप्पणियों के अन्तर्गत, पण्डित रामेश्वर भट्ट और पण्डित बदरीनारायण जी चौधरी 'प्रेमघन' की मृत्यु-सूचना और श्रद्धांजलि दी गयी है। भट्ट जी का देहान्त 18 जनवरी 1923 को और 'प्रेमघन' जी का 14 फ़रवरी 1923 को हुआ था।

दूसरी सम्पादकीय टिप्पणी की आरम्भिक पंक्तियाँ द्रष्टव्य हैं, "कलकत्ते से 'साहित्य' नामक मासिक पत्र निकलता था। उसके सिर्फ छः अंक निकले थे। उसके प्रकाशक पूंजीवाले हैं। उनके पास पत्र संचालन का साधन भी था। साहित्य के सम्पादक पण्डित छविनाथ पाण्डेय बी.ए.एल.एल.बी. भी बड़ी योग्यता से सम्पादन करते थे। थोड़े ही दिनों में साहित्य चमक उठा था। उसमें राजनीतिक चर्चा भी खूब रहती थी। क्योंकि सम्पादक जी राष्ट्रीयता के उपासक हैं। व्यापार की भी चर्चा रहती थी। क्योंकि प्रकाशक महाशय

मारवाड़ी हैं। साहित्यिक चर्चा की कमी रहती थी। कारण स्पष्ट है। अत्यन्त खेद की बात यह है कि अकारण ही 'साहित्य' बन्द हो गया। कलकत्ते से कोई सचित्र मासिक पत्र नहीं निकलता। एक निकला भी तो प्रसूति-गृह में ही चल बसा।"

तीसरी टिप्पणी कानपुर में होनेवाले साहित्य सम्मेलन के तेरहवें अधिवेशन के सम्बन्ध में है।

चौथी सम्पादकीय टिप्पणी अविकल उद्धृत की जाती है जिससे 'आदर्श' नीति की भी विज्ञप्ति मिलती है, "देश के अभाग्य से राष्ट्रीय आन्दोलन पर पाला पड़ गया। दास पार्टी देश को दासता से मुक्त करने के लिए चेष्टा कर रही है। किन्तु 'मल किमि छूट मलहिं के धोये? घृत कि पाव कोउ वारि बिलोये?' जनता भी बौरी हो गयी है। वह त्याग का आदर करना नहीं जानती। त्रिशूल जी ने ठीक कहा था कि, जनता पंजाब मेल पर जा रही है और नेता छकड़े पर लदे हैं। अब लोग केवल एक ही संकल्प पर मर-मिटने की तलाश में हैं। वैसे नेता होते तो अब तक देशोद्धार बाकी न रहता।"

'आदर्श' पर आयी सम्मतियाँ 'आदर्श को आशीर्वाद' शीर्षक से प्रकाशित हुई थीं। यहाँ दो सम्मतियाँ उद्धृत की जाती हैं–

"आदर्श देख कर खुशी हुई। पत्र सुन्दर है। आशा है, आप के सम्पादकत्व में यह आदर्श-रूप में परिणत हो जायगा। आपका 'आदर्श' पहले ही अंक से एक आदर्श पत्र बनने का आभास दे रहा है। यह मैं निश्चयपूर्वक कहता हूँ। ईश्वर शीघ्र आप के सम्पादकत्व में उसे समुन्नत करे और आदर्श पत्र बनने का सुअवसर दे। अवकाश मिलने पर मैं भी सेवा में उपस्थित होऊँगा।

–कविवर पण्डित रूपनारायण पाण्डेय
(माधुरी-सम्पादक) लखनऊ।

"'आदर्श' सचमुच आदर्श है। भगवान से प्रार्थी हूँ कि यह पत्र अपने उद्देश्यों में सफल हो।–श्री वियोगी हरि जी, सम्मेलन कार्यालय, प्रयाग।"

गाँधी-युग के प्रमुख साप्ताहिक और मासिक हिन्दी पत्रों की चर्चा इस अध्याय में की गयी। इस युग के दैनिक पत्रों की चर्चा अगले अध्याय में की गयी है।

कलकत्ते के दैनिक पत्र

समाचार सुधावर्षण

हिन्दी पत्रकारिता की दृष्टि से कलकत्ते का यह ऐतिहासिक महत्त्व है कि हिन्दी का पहला दैनिक पत्र–'समाचार सुधावर्षण'–कलकत्ते से प्रकाशित हुआ था। प्रथम स्वतन्त्रता संग्राम (1857) के तीन वर्ष पूर्व 1854 ई. में–श्यामसुन्दर सेन के सम्पादकत्व में यह पत्र प्रकाशित हुआ था। यह द्विभाषी पत्र था। आरम्भिक दो पृष्ठ हिन्दी और शेष दो पृष्ठ बँगला में छपते थे। पूर्ववर्ती पृष्ठों में कलकत्ते के आरम्भिक पत्रों की उपलब्ध सामग्री की विवेचना करते हुए 'समाचार सुधावर्षण' की वैशिष्ट्य-चर्चा काफ़ी विस्तार से की गयी है। उसकी आवृत्ति आवश्यक नहीं है।

भारतमित्र

'भारतमित्र' के यशस्वी सम्पादक बाबू बालमुकुन्द गुप्त ने 'हिन्दी अखबार' के इतिहास में दैनिक 'भारतमित्र' की चर्चा इस प्रकार की है। **"1897 ई. में छोटे साइज पर भारतमित्र दैनिक किया गया। साप्ताहिक पत्र अपने असली साइज पर अलग निकलता रहा। पर कई महीने चल कर बन्द हो गया। बहुत लोगों को इससे बड़ा दुःख हुआ। कितने ही उत्साही सज्जनों की प्रेरणा से जनवरी सन् 1898 ई. से रायल चार वरक पर भारतमित्र फिर दैनिक हुआ। मूल्य 12) साल रखा गया, पर एक वर्ष चलकर फिर बन्द करना पड़ा।"[1]**

सम्पादकाचार्य पं. अम्बिकाप्रसाद वाजपेयी के मतानुसार, **"संवत् 1969 की वर्ष प्रतिपदा को शायद 19 मार्च 1912 का दिन था। इसी दिन पूर्व सूचना के अनुसार दैनिक 'भारतमित्र' का प्रथम अंक स्थायी रूप से चलाने के लिए प्रकाशित किया गया।[2]"**

जनवरी, 1911 के अन्तिम सप्ताह में वाजपेयी जी 'भारतमित्र' के सम्पादक-पद पर नियुक्त हुए थे। यह हर्बर्ट रिजले के प्रेस ऐक्ट (1910) का युग

---

1. बालमुकुन्द गुप्त : गुप्त निबन्धावली, पृ. 418।
2. पं. अम्बिकाप्रसाद वाजपेयी : समाचारपत्रों का इतिहास, पृ. 338।

था। इस समय का संस्मरण वाजपेयी जी ने इस प्रकार लिखा है—"'भारतमित्र' के मालिक बाबू जगन्नाथ दास जैसा पत्राधिकारी भारत-भर में कोई नहीं था। उन्हें न किसी मत का प्रचार करना था और न पक्ष की पुष्टि। अपना विज्ञापन करना अथवा पत्र से कुछ उपार्जन करना भी उनका उद्देश्य नहीं था, परन्तु वे इतना ही चाहते थे कि 'भारतमित्र' से कोई अनुचित लाभ न उठा सके और यह बराबर देश-सेवा करता रहे। स्वार्थ नहीं परमार्थ भारतमित्र के प्रकाशन का मुख्य उद्देश्य था। इसी साल बादशाह पाँचवें जार्ज का दिल्ली में दरबार होना था और यह घटना भारत में निपट नई थी, इसलिये मैंने सोचा कि जब तक बादशाह हिन्दुस्तान में रहें, तब तक के लिए 'भारतमित्र' दैनिक कर दिया जाय।[1]" पत्र के स्वामी को कोई आपत्ति न थी। इस प्रकार ढाई महीने के लिए 'भारतमित्र' दैनिक कर दिया गया। दैनिक हो जाने से काम बढ़ गया और वाजपेयी जी पर अतिरिक्त श्रम करने की विवशता आ गयी। पं. दुर्गाप्रसाद मिश्र के चचेरे भाई पं. वासुदेव मिश्र के अतिरिक्त कोई दूसरा सहायक न था। हजार-आठ सौ प्रतियों की खपत आसानी से हो जाती थी। वाजपेयी जी ने अपने कठिन श्रम की चर्चा करते हुए लिखा है कि "दिन-रात में अठारह घण्टे काम मुझे ही करना पड़ता था। 17 जनवरी 1912 को अस्थायी दैनिक का प्रकाशन बन्द करके जब मैं 'भारतमित्र' आफिस से निकला तब मेरे पैर काँपते थे।[2]"

अपने पूर्व निश्चय के मुताबिक सं. 1969 की चैत्र शुक्ला प्रतिपदा को दैनिक 'भारतमित्र' निकला। सम्पादन विभाग में तीन सहायक नियुक्त हुए—सारदाचरण सेन, पाँचकौड़ी बनर्जी और सदानन्द जी सुकुल। वासुदेव जी थे ही। किन्तु इन नये लोगों से विशेष लाभ न हुआ। वाजपेयी जी ने लिखा है कि "सारदा बाबू सन्ध्या को आते और अधिक से अधिक दो-ढाई घण्टे बैठकर अपने रुपये सीधे कर लेते थे। 'भारतमित्र' के मैनेजर नवलकिशोर गुप्त अधिक काम करने पर भी इतना नहीं पाते थे। और तो क्या सम्पादक का भी वेतन इतना न था। इसलिए शायद दो महीने बाद सारदा बाबू को हमने विदा कर दिया। पाँचकौड़ी बाबू भी सन्ध्या को तीन-चार बजे आते थे और सम्पादकीय लेख बोल देते थे, जिसे शुद्ध कर लिखने का काम वासुदेव जी को करना पड़ता था। पाँचकौड़ी बाबू को हिन्दी लिखने का अभ्यास नहीं था। इस प्रकार एक काम के लिए दो आदमी रखने पड़ते थे। इसलिए यशोदा नन्दन जी अखौरी को सहकारी व्यवस्थापक नियुक्त कर व्यवस्था की कठिनाई दूर की गयी।[3]"

---

1. अम्बिकाप्रसाद वाजपेयी : विशाल भारत, सितम्बर, 1931।
2. वही।
3. वही, समाचारपत्रों का इतिहास, पृ. 339।

इस प्रकार एक-एक कर उन सब लोगों को 'भारतमित्र' से वाजपेयी जी ने हटा दिया जो सर्वथा अनुपयोगी थे। यों तो 'भारतमित्र' के वास्तविक मालिक बाबू जगन्नाथदास थे, परन्तु व्यावहारिक मालिक वाजपेयी जी ही थे, इसलिए उन्हें पूरे मनोयोग से इसमें लगे रहना पड़ता था। किन्तु पूरे दायित्व को अकेले ढोना सम्भव नहीं था, इसलिए वाजपेयी जी ने 'हितवार्ता'-सम्पादक पं. बाबूराव विष्णु पराड़कर से 'भारतमित्र' में आने का अनुरोध किया। जुलाई 1912 में पराड़कर जी 'भारतमित्र' में आ गये और वाजपेयी जी के साथ 1 जुलाई 1916 तक संयुक्त सम्पादक के रूप में काम करते रहे।[1] पराड़कर जी के सहयोग की चर्चा करते हुए वाजपेयी जी ने अपने संस्मरण में लिखा है कि "उनसे बड़ा आनन्द रहा। यदि वे न आते तो बड़ी कठिनाइयों और कष्टों का सामना करना पड़ता क्योंकि बीच-बीच में प्रबन्ध और विशेष कर अर्थव्यवस्था का भार मेरे ही ऊपर आ जाता था।[2]" प्रेस के संचालन का ज्ञान न होने के कारण प्रायः एक वर्ष तक फ़िज़ूलख़र्ची बनी रही।

वाजपेयी जी की धारणा थी कि यदि दैनिक 'भारतमित्र' बन्द हो गया तो फिर हिन्दी में दैनिक पत्रों का प्रकाशन कुछ समय के लिए रुक जाएगा। इसी चिन्ता से वे नाना प्रकार का कष्ट झेलते हुए 'भारतमित्र' के साथ लगे रहे। आर्थिक क्षति की पूर्ति करने में जगन्नाथदास जी ने इनकार कर दिया। तब वाजपेयी जी ने उसे जगन्नाथप्रसाद चतुर्वेदी के साझे में निकालने का निश्चय किया। चतुर्वेदी जी को 1000) लगाना था और वाजपेयी जी को अपने वेतन का त्याग करना था। चतुर्वेदी जी ने हाथ खींच लिया। इसके बाद 'भारतमित्र' की लिमिटेड कम्पनी बनायी गयी। उसमें जगन्नाथ दास, जगन्नाथप्रसाद चतुर्वेदी, पं. छोटूलाल मिश्र को डाइरेक्टर बनाने का निश्चय किया गया। घनश्यामदास बिड़ला, गोकुलचन्द जी तथा देवीप्रसाद खेतान को भी वाजपेयी जी ने डाइरेक्टर बनाने के लिए राजी कर लिया। यह लिमिटेड कम्पनी 1913 में बनी।

वाजपेयी जी इस पत्र में 1919 तक रहे। 1916 में पराड़कर जी के गिरफ़्तार हो जाने के बाद उनका कार्य-भार बढ़ गया था जिसे सकुशल चलाने में वे वार्धक्य के कारण असमर्थ थे। इसलिए दिल्ली काँग्रेस-अधिवेशन के अवसर पर उन्होंने पं. लक्ष्मण नारायण गर्दे को 'भारतमित्र' के सम्पादन के लिए आमन्त्रित किया। गर्दे जी के आने पर वाजपेयी जी 'भारतमित्र' से मुक्त हो गये। इस प्रसंग की चर्चा करते हुए वाजपेयी जी ने लिखा है कि "शारीरिक अस्वस्थता के सिवा 'भारतमित्र' छोड़ने का एक यह भी कारण था कि 'भारतमित्र' के लिए मैंने अपने को एक प्रकार से बलिदान कर दिया, परन्तु जब उसकी उन्नति के विषय में मैंने 5) या 7) का एक

---

1. अम्बिकाप्रसाद वाजपेयी : समाचारपत्रों का इतिहास, पृ. 31।
2. वही, विशाल भारत, सितम्बर 1931।

विज्ञापन थैकर की डाइरेक्टरी में दिलाया, तो मैनेजर से यह कहा गया कि वे सम्पादक हैं, उनकी बात प्रबन्ध के विषय में आपने क्यों मानी? जब मुझे यह बात मालूम हुई तो बड़ा दुःख हुआ, क्योंकि जिसे मैंने अपने खून से सींचा था, उसकी उन्नति के लिये जब मेरे कहने पर 7) भी नहीं खर्च किये जा सकते, तो मेरा उससे सम्बन्ध रखना व्यर्थ है। यह सोच मैंने 7 अगस्त 1919 को गर्दे जी को सम्पादक बनाकर 'भारतमित्र' से अपना नाता तोड़ लिया।"[3]

स्मरणीय है कि पं. अम्बिकाप्रसाद वाजपेयी के अथक परिश्रम से दैनिक 'भारतमित्र' की भित्ति पुष्ट हुई थी। 1913 में 'भारतमित्र' के माध्यम से वाजपेयी जी ने विश्व-युद्ध की भविष्यवाणी की थी जो सच निकली। महासमर के समय वाजपेयी जी 'भारतमित्र' में सप्ताह के अन्त में 'महासमर की गति' लिखा करते थे। इससे 'भारतमित्र' की माँग और प्रतिष्ठा काफ़ी बढ़ गयी थी।

दैनिक 'भारतमित्र' एक प्रगतिशील पत्र था जिसे हिन्दी के श्रेष्ठ पत्रकारों ने सम्पादित किया था। पं. बाबूराव विष्णु पराड़कर और पं. अमृतलाल चक्रवर्ती के बीच समाज-सुधार के प्रश्न को लेकर 'भारतमित्र' और 'कलकत्ता समाचार' के बीच काफ़ी लिखा-पढ़ी हुई थी। 'कलकत्ता समाचार' पुरातन विचारधारा का पत्र था क्योंकि उस पर सनातन धर्मावलम्बियों का प्रभाव था। कालीप्रसाद खेतान जब विदेश से बारिस्टर बनकर लौटे थे तो कलकत्ते के दैनिक पत्रों की लिखा-पढ़ी का वे भी एक विषय बन गये थे।[2]

दैनिक भारतमित्र 1935 तक निकलता रहा। 1933 के कुछ अंक मुझे पं. गांगेय नरोत्तम शास्त्री के निजी संग्रहालय में उपलब्ध हुए हैं। उस समय इसके संचालक पं. मोतीलाल मिश्र एम.ए. थे। 31 दिसम्बर 1933 के पृ. 2 पर 'पं. दीनदयाल शर्मा का वक्तव्य—हरिजन-उत्थान-आन्दोलन पर' छपा है जिसका अन्तिम अंश इस प्रकार है, **"मैं पचास वर्षों से सनातन धर्म की सेवा करता आ रहा हूँ। और मुझे यह देखकर अत्यन्त दुःख हो रहा कि गृह कलह के कारण सनातन धर्म का पक्ष दुर्बल हो रहा है।...मुझे आशा और विश्वास है कि समस्त विचारशील सनातनी इस प्रयत्न में सहयोग प्रदान करेंगे कि जिससे सनातनियों में एकता हो और विद्वान् पण्डितों की सर्वसम्मत व्यवस्था के अनुज हरिजन उत्थान का कार्य सुगमता से चलाया जा सके। इससे हिन्दुओं में एकता दृढ़ता उत्पन्न होगी और भारतीय राष्ट्र का पक्ष अग्रसर होगा।"**

1. अम्बिकाप्रसाद वाजपेयी : विशाल भारत, सितम्बर 1931।
2. द्रष्टव्य : पराड़कर जी के जीवनी-लेखक श्री लक्ष्मीशंकर व्यास के निजी संग्रहालय में संगृहीत 'भारतमित्र' और कलकत्ता समाचार के अंक जो पराड़कर जी और चक्रवर्ती जी ने एक-दूसरे के प्रति ('भारतमित्र' और 'कलकत्ता समाचार' में) लिखे थे।

यह दैनिक 'भारतमित्र' आठ पृष्ठों का होता था। उपर्युक्त अंक में एक विज्ञप्ति है 'भारतमित्र का स्वर्ण जयन्ती समारोह।' इसमें उक्त समारोह में सक्रिय सहयोग के लिए संचालक पं. मोतीलाल मित्र ने अनुरोध किया है।

ऐतिहासिक दृष्टि से हम 'भारतमित्र' को ही हिन्दी के दैनिकों की परम्परा स्थापित करनेवाला मान सकते हैं।

कलकत्ता समाचार

'भारतमित्र' के बाद 'कलकत्ता समाचार' ही हिन्दी का उल्लेखनीय दैनिक पत्र था जो चीनी पट्टी, बड़ा बाज़ार, कलकत्ता से 1914 ई. में प्रकाशित हुआ था। इसके सम्पादक थे पं. अमृतलाल चक्रवर्ती। पं. द्वारकाप्रसाद चतुर्वेदी प्रबन्धकर्ता और सहायक सम्पादक थे। वह विश्व महयुद्ध का काल था। पं. झाबरमल्ल शर्मा इसके मुद्रक थे।

पं. अम्बिकाप्रसाद वाजपेयी ने लिखा है कि "थोड़े ही दिनों में लोगों को मालूम हो गया कि 'भारतमित्र' पढ़ने से ज्ञान की और 'कलकत्ता समाचार' पढ़ने से कूप मण्डूकता की वृद्धि होती है।" पं. अमृतलाल चक्रवर्ती और पराड़कर जी के समाज-सुधार विषयक विवाद की चर्चा ऊपर की गयी है। चक्रवर्ती जी की टिप्पणियों से उनकी पुरातन-प्रियता की स्पष्ट सूचना मिलती है।

सन् 1922 का, कलकत्ता समाचार का, तिलकांक उपलब्ध हुआ है इसके सम्पादक पण्डित झाबरमल्ल शर्मा थे। मुख्य पृष्ठ का शीर्षांश इस प्रकार है :

तिलकांक

श्री हरिः

क ल क त्ता - समाचार

हिन्दी दैनिक संवाद-पत्र

A HINDI DAILY JOURNOL

न जातु कामान्न भयान्न लोभाद्धर्मं त्यजेज्जीवितस्याऽपि हेतोः।

सम्पादक—पण्डित झाबरमल्ल शर्मा

मूल्य दो पैसे **वार्षिक मूल्य 12**

उक्त सामग्री के दाहिने पार्श्व में इसका उद्देश्य और बायें पार्श्व में विज्ञापन-दर छपी है। यह 7वें वर्ष का 144वाँ अंक है। पहले पृष्ठ पर पूरा विज्ञापन ही है। दूसरे पृष्ठ पर सम्पादकीय वक्तव्य है–

छुट्टी की सूचना।

लोकमान्य के स्मृति-दिवस के उपलक्ष में अ[illegible] कार्यालय बन्द रहेगा। 'समाचार' की आगामी संख्या बृहस्पतिवार [illegible] न होगी। मैनेजर।

श्री हरिः शरणम्

कलकत्ता समाचार

तस्मात् त्वमुत्तिष्ठ यशो लभस्व।

—भगवान कृष्ण

श्रावण शुक्ला 9 मंगलवार संवत् 1979 वि. ता. 1 अगस्त सन् 1922

लोकमान्य की स्मृति।

उक्त सम्पादकीय टिप्पणी के कुछ स्थल द्रष्टव्य हैं, "...जिस समय भगवान तिलक ने राष्ट्रीय कर्मक्षेत्र में एक सच्चे कर्मयोगी की भाँति प्रवेश किया था, उस समय देश की राष्ट्रीयता का बीज—सच पूछा जाय तो अंकुरित भी नहीं हुआ था। जन-साधारण में किसी को इस बात की खबर नहीं थी कि राष्ट्रीयता कहते किसे हैं। परन्तु लोकमान्य ने भगीरथ प्रयत्न करके भारतीय राष्ट्र के लिए क्षेत्र तैयार किया। उसमें उन्होंने बीज को बोया और सींचा। जो अंकुर फूटा उसकी रक्षा के लिए स्वयं ऐसे अनेक कष्टों को सहा, जिन्हें सहन करना उन दिनों केवल लोकमान्य का ही काम था।

यदि प्रतिशत एक आदमी ने भी आज के दिन लोकमान्य को अपना आदर्श बनाया, उनके गुणों को अपने में लाने का उद्योग किया और उन्हीं के निर्दिष्ट मार्ग पर अनुगमन किया तो कुछ वर्षों के अन्दर ही देश में 30 लाख तिलकों का उत्पन्न हो जाना असम्भव नहीं है। जिस दिन ऐसा होगा, उस दिन देश को पराधीनता की बेड़ियाँ तोड़ फेंकने में एक मुहूर्त भी न लगेगा, भारत स्वाधीन हो जायेगा—एवमस्तु।"

तिलक के सम्बन्ध में श्री अरविन्द, गाँधी जी और जगद्गुरु श्री शंकराचार्य शारदापीठ के लेख हैं। श्री अरविन्द और गाँधी जी के लेख के कुछेक स्थल उद्धृत किये जाते हैं—

"प्रत्येक योग्य भारतीय से कम से कम यह आशा की जाती है कि वह भविष्यत् में वस्तुओं के विषय में निर्णय करते समय इच्छा शक्ति की दुर्बलता साहस की त्रुटि और त्याग की अनिच्छा को दूर कर देगा। प्रत्येक मनुष्य को स्वार्थ रहित निष्पक्षता से काम करने का प्रयत्न करना चाहिये क्योंकि स्वार्थ रहित निष्पक्षता ही लोकमान्य का उपदेश है और यही हमें ईश्वरीय इच्छा और माता की अन्तरात्मा से साक्षात्कार कर सकने योग्य बना देगा। भारत को दो बातों की आवश्यकता है। एक तो यह कि आत्मा, जीवन और कार्य की स्वाधीनता—जो आवश्यक है उस काम के लिए जो उसे मनुष्यजाति के लिए करना है, दूसरी यह कि भारतवर्ष भविष्यत् में सच्चा भारतवर्ष हो इसके लिए उसके लड़के उस काम को और स्फूर्ति से समझावे।"

—श्री अरविन्द।

गाँधी जी के लेख का एक स्थल इस प्रकार है, "वे चाहते थे कि भारत में समानता का भाव रखा जाय और इसे वे देश का जन्मसिद्ध अधिकार समझते थे। भारत की स्वतन्त्रता के लिये उन्हों ने जो लड़ाई की उस में सरकार को छोड़ नहीं दिया। स्वतन्त्रता के इस युद्ध में उन्हों ने न तो किसी की मुरव्वत की और न किसी की प्रतीक्षा ही की। मुझे आशा है कि अँगरेज लोग उस महापुरुष को पहचानेंगे जिस की भारत पूजा करता था।"

इस अंक के कुछ समाचार इस प्रकार हैं—

"अध्यापक कृपलानी के साथ वार्तालाप।

"युक्त प्रान्त की ख्याति सरकार के दमन के कारण है।"

अहमदाबाद 30 जुलाई, 'नवजीवन' के एक प्रतिनिधि से वार्तालाप होने पर बनारस गान्धी-आश्रम के अध्यापक कृपलानी ने कहा कि युक्त प्रान्त ने असहयोग आन्दोलन में जो ख्याति प्राप्त की है वह जनता की कार्रवाइयों के कारण नहीं पर सरकार की कार्रवाइयों के कारण है। उन्हों ने अपना यह विचार प्रकट किया कि जिन कार्रवाइयों के कारण कार्यकर्ता वहाँ जेल में डाले गये हैं वे अन्य प्रान्तों में निरपराध समझे गये होते।...उन से यह पूछा गया कि इतने व्यक्तियों के जेल जाने से कुछ प्राप्त हुआ है या नहीं, तो उन्हों ने उत्तर दिया कि मैं नहीं बतला सकता कि कितने व्यक्तियों ने लाभ उठाया है। यह बतला सकता हूँ कि राष्ट्र ने नैतिक दृष्टि से बहुत लाभ उठाया है। जेल जाने का भय जाता रहा है और उस से राष्ट्रीय कार्य सरल हो गया है।"

"लोकमान्य का स्मृति दिवस

आज का कार्यक्रम

1 ली अगस्त लोकमान्य तिलक को स्वर्गवास का दिवस है। लोकमान्य के श्रद्धोपलक्ष में देशवासी आज स्मृति-दिवस मनायेंगे।"

"स्नान-यात्रा।

स्थानीय हिन्दी नाट्य परिषद् के स्थान से प्रातःकाल 7 बजे एक जुलूस में सम्मिलित होकर लोग गंगा स्नान करने जायँगे।"

लोकमान्य तिलक के वक्तव्यों के भी अनेक महत्त्वपूर्ण अंश उद्धृत किये गये हैं। एक इस प्रकार है—

"हमारा कथन।

...हमारा कहना बस यही कि यह राज-व्यवस्था बदलनी चाहिये। राजा बदलना चाहिये। जिस पद्धति से, जिस व्यवस्था से इस समय शासन हो रहा है उस को न बदलने से उस में आवश्यक परिवर्तन न करने से हिन्दुस्तानी अधिक नामर्द शूरत्वहीन हो जायेंगे।"

कलकत्ते की दैनिक पत्रकारिता के विश्रुत उन्नायक बाबू मूलचन्द अग्रवाल ने

'कलकत्ता समाचार' में पत्रकार-कला की आरम्भिक शिक्षा और दक्षता प्राप्त की थी। अपने 'भाग्यचक्र' का उल्लेख करते हुए मूलचन्द जी ने लिखा है कि "पत्रकार-कला के लिए कोई खास आकर्षण न था, परन्तु कोई जबर्दस्त प्रेरणा कर रहा था कि शीघ्र कलकत्ता चले जाओ। कलकत्ता लौटने पर 'भारतमित्र' में स्थान खाली नहीं। कुँवर जी 'कलकत्ता समाचार' के प्रधान सम्पादक हो चुके थे। इस लिये यहाँ सहकारी सम्पादकी मिल गयी। मैं बहुपरिश्रम और थकावट नाम की चीज से एक दम अनभिज्ञ था। रात को भी 'कलकत्ता समाचार' पहुँच जाता और जब रात के 8-9 बजे फोरमैन महाशय कुँवर जी के पास डरते हुए अग्रलेख माँगने पहुँचते, तो मामूली वार्तालाप में व्यस्त कुँवर जी उन से पूछते कि मूलचन्द जी हैं या नहीं। यदि उन्हें पता चलता कि मैं मौजूद हूँ, तो रात के 9 बजे मुझ से ही अग्रलेख ले लेने का आदेश दे देते। उसी समय ध्यानपूर्वक समाचार पत्र पढ़ कर अग्रलेख तैयार कर देना पड़ता। और रात के 11-12 बजे घर वापस आता। जब कुँवर जी अपने घर लम्बी छुट्टी लेकर जाते, तो उन की अनुपस्थिति में अग्रलेख लिखने का काम मुझे ही करना पड़ता। न तो ओवर टाईम का प्रश्न था और न शोषण की चर्चा। प्रसन्न चित्त से आर्डर के अनुसार हर समय काम करने को तैयार रहता था।[1] अग्रलेख लिखने का अभ्यास हुआ और इस अवसर से खासा लाभ उठाया

1. कठोर परिश्रम उस युग के पत्रकारों की सामान्य विशेषता थी। पं. अम्बिकाप्रसाद वाजपेयी जी की लगन और कर्मठता का उल्लेख पहले किया गया है। 'भारतमित्र' के सम्पादक पराड़कर जी को भी कठिन परिश्रम करना पड़ा था। उनकी चर्या इस प्रकार थी, "वे दिन में 'भारतमित्र' कार्यालय में लगभग प्रतिदिन 12 बजे आते और दो घण्टे डाक तथा पत्रादि देखकर लेखन कार्य करते थे। इसके बाद वे रात के 8 बजे के लगभग आ जाते थे और रात्रि-भर कार्यालय में ही रहते थे। रात में आकर वे आवश्यक लेखन-कार्य करते थे और दिन में सहायकों के कार्य को देखकर पत्र में प्रकाशन के लिए देते थे। रात में आठ बजे दो सहायक रायटर तथा असोशियेटेड प्रेस के तारों का अनुवाद करने आते और रात्रि में दो बजे तक कार्य करते। पराड़कर जी, दो घण्टे कार्य देखकर प्रायः दस बजे रात को विश्राम के लिए (कार्यालय में ही) चले जाते थे। सहायकों के तार अनुवाद का संशोधन सम्पादन कर वे उपयुक्त शीर्षक लगाकर, 'कम्पोज़' के लिए भेज देते थे। रात दो बजे के लगभग वे पुनः उठ बैठते और कार्यालय में आ जाते थे। वे कम्पोज़ किये हुए समाचारों का महत्त्व के अनुसार एवं नियत स्थान पर मुद्रण के निमित्त पृष्ठ संख्या तथा कालम का संकेत लिखकर, 'मेकअप' के लिए भेज देते थे। समाचार-पत्र का फोरमैन तदनुसार समाचारों को विभिन्न पृष्ठों तथा कालमों में 'मेक-अप' कर छापने के अन्तिम आदेश के लिए पराड़कर जी के पास भेज देता। यदि किसी पृष्ठ पर समाचारों की कमी रहती अथवा 'मेक-अप' के बाद स्थान खाली रहता तो पराड़कर जी को इसकी सूचना दी जाती थी। वे तत्काल रिक्त स्थान की पूर्ति के लिए आवश्यक अथवा सुरक्षित लेख-सामग्री दे देते थे।"—पराड़कर जी और पत्रकारिता, पृ. 31-32, ले. लक्ष्मीशंकर व्यास।

गया। प्रधान सम्पादकी के कीटाणु मस्तिष्क में धीरे-धीरे घुसने लगे, परन्तु वह मिलती कहाँ। किसी ने बड़े जोर से धक्का मार कर कहा कि प्रधान सम्पादकी अपना पत्र खोलने पर ही मिलेगी, दैनिक या साप्ताहिक?"

विश्वमित्र

दैनिक 'भारतमित्र' के वैशिष्ट्य-विवेचन के प्रसंग में पं. अम्बिकाप्रसाद वाजपेयी ने लिखा है कि "उन दिनों आजकल की तरह तारों का सुभीता न था, इसलिए समाचार पत्रों से लेकर ही समाचार छापने पड़ते थे। विदेशी समाचार तो पुराने हो जाते थे और देशी भी कुछ नये नहीं रहते थे, इसलिए पुराने समाचारों से तारीख हटा देनी पड़ती थी।[1]"

पं. कमलापति त्रिपाठी के शब्दों में, "'विश्वमित्र' के पूर्ववर्ती दैनिकों का दैनिकत्व इतना था कि वे सप्ताह में छह दिन प्रकाशित होते रहते थे पर उनमें दैनिक की वह मौलिकता, वह नवीनता, वह आकर्षण, वह स्पन्दन कहाँ था जिसकी कल्पना लेकर लॉर्ड नार्थ क्लिफ़ ने इंग्लैण्ड में 'डेलीमेल' की स्थापना की थी। अब तक हमारे दैनिकों का काम केवल इतना था कि अँगरेज़ी भाषा के दैनिकों में प्रकाशित हुए संवादों का अनुवाद करके अपने कलेवर को भर दें। पुराने उच्छिष्ट और सड़े हुए समाचारों को लेकर, अँगरेज़ी पत्रों के चिल्लू से पानी पीकर हमारे दैनिक जीवित रहते थे। आधुनिक, सामाजिक, राजनीतिक प्रश्नों के सम्बन्ध में न कोई अपनी दृष्टि होती थी और न किसी लक्ष्य से उत्प्रेरित होकर के अपना प्रकाशन करते थे। यह स्थिति तब बदली जब 'विश्वमित्र' का प्रकाशन श्री मूलचन्द अग्रवाल के प्रयास से होने लगा। इस पत्र ने सन् 1916 ईसवी में जन्म ग्रहण किया। श्री मूलचन्द जी ने इस पत्र को वास्तविक अर्थ में दैनिक बनाया और उसे अँगरेज़ी पत्रों के परावलम्बन से मुक्त किया। उन्होंने स्वतन्त्र रूप से तारों को लेना आरम्भ किया, पत्र में नवीनता और मौलिकता-भरी, वाणिज्य तथा सामाजिक और राजनीतिक प्रश्नों पर स्वतन्त्र रूप से लेखादि प्रकाशित करना आरम्भ किया। 'विश्वमित्र' की विविधता और स्वतन्त्रता वास्तव में हिन्दी दैनिकों के क्रमिक विकास में नये स्तर की द्योतक थी।[2]"

'विश्वमित्र' के प्रकाशन काल में 'भारतमित्र' और 'कलकत्ता समाचार' का प्रकाशन बन्द हो गया था। 'विश्वमित्र' के तार समाचार से हलचल मच जाती थी।[3]

1916 के शेष में 13, नारायण प्रसाद बाबू लेन से बाबू मूलचन्द अग्रवाल ने इसे प्रकाशित किया। बाबू मूलचन्द जी ने लिखा है कि **"अधूरी सम्पादकी तो**

---

1. अम्बिकाप्रसाद वाजपेयी : विशाल भारत, सितम्बर 1931।
2. कमलापति त्रिपाठी : पत्र और पत्रकार, पृ. 121।
3. अम्बिकाप्रसाद वाजपेयी : विशाल भारत, सितम्बर 1931।

की थी, परन्तु प्रबन्ध या पत्र-संचालन का कोई अनुभव न था। यदि थोड़ा भी अनुभव होता, तो श्रद्धेय वाजपेयी जी के शब्दों में कलकत्ता महानगरी में दैनिक 'विश्वमित्र' खोलने का दुस्साहस वास्तव में नहीं कर सकता था। अनुभवशून्यता ही मेरी सच्ची सहायक हुई।...मुझे चिन्ता हुई पत्र के नामकरण की। 'भारतमित्र' का अनुकरण कर 'विश्वमित्र' नाम नये पत्र को दिया गया, यह ठीक नहीं। मेरे दिमाग में इस तरह की कोई बात नहीं थी। आज काफ़ी अनुकरण-प्रिय होने पर भी उस समय मौलिकता के प्रवाह में ही बहा करता था।

पत्र का नाम ऐसा होगा कि मौका पड़ने पर उसे अँगरेज़ी जामा भी पहनाया जा सके। यह कल्पना जाग्रत हुई। न किसी परिपाटी पर विचार किया गया और न राष्ट्रीय, धार्मिक, सामाजिक या अन्तर्राष्ट्रीय सम्बन्ध ही सामने आया। दिमाग ने पेश किया नाम 'विश्वामित्र'। बड़े ओजस्वी मुनि जो थे भारतवर्ष के। बड़ी खुशी हुई कि हिन्दी और अँगरेज़ी दोनों दैनिकों में यह नाम भलीभाँति चल सकेगा।

...यह नीति स्थिर की गयी—हर रोज पत्र निकाला जाये, किसी भी साइज में, किसी भी समय, किसी भी मूल्य का सफेद या बादामी कागज पर। प्रथमांक तो निकला और उस पर नाम था 'विश्वामित्र'। शुभचिन्तकों ने सलाह दी कि 'विश्वामित्र' ठीक नहीं। इस पर बदल कर 'विश्वमित्र' कर दिया गया।

पत्र की शान, प्रतिष्ठा का प्रश्न एक दम भुला दिया गया और साधनों के अनुकूल नियमित रूप से दैनिक प्रकाशन स्थिर किया गया। यदि लकीर पीटने की नीति काम में लायी जाती, तो अस्तित्व अधिक दिन न दिखायी देता। कलकत्ते में तीसरे हिन्दी दैनिक के लिये क्षेत्र न था और जो था, उस की ओर नये पुराने किसी भी संचालक का ध्यान न था। जबर्दस्त तमाचे लगा कर आवश्यकता जननी ने नये संचालक का ध्यान उस ओर आकृष्ट किया और वह 'विश्वमित्र' की सफलता, लोकप्रियता और स्थिरता का प्रधान कारण बना। डूबते हुए को भगवान सहारा देते हैं। 'विश्वमित्र' निकला अन्धकार में, परन्तु वह तुरत चमक भी उठा।"[1]

अपने कठिन अध्यवसाय और लोक-चातुर्य के बल पर बाबू मूलचन्द अग्रवाल ने 'विश्वमित्र' का स्तर उन्नत कर दिया। उन्होंने अपनी आत्मकथा में लिखा है कि "'विश्वमित्र' प्रकाशित करने पर 'रमता-योगी' शीर्षक से मैं ने प्रतिदिन एक कालम सामग्री देकर दो प्रतिष्ठित पत्रों के रहते हुए 'विश्वमित्र' के लिये

1. बाबू मूलचन्द अग्रवाल : पत्रकार की आत्मकथा, पृ. 37, 41, 43।

पाठक प्राप्त कर लिये।...'विश्वमित्र' को उल्लेखनीय बनाने के लिये कभी-कभी अँगरेज़ी में भी अग्रलेख प्रकाशित किये जाते थे जिस से अधिकारियों का ध्यान तुरन्त आकृष्ट हो।"[1]

'विश्वमित्र' आज भी निकलता है और कई स्थानों से निकलता है। साधन और समृद्धि भी बढ़ गयी है, किन्तु निष्ठा, लगन और महत्त्वाकांक्षा के अभाव में 'विश्वमित्र' का स्थान आज के श्रेष्ठ हिन्दी दैनिक पत्रों में विशिष्ट नहीं है। कलकत्ते की हिन्दी-पत्रकारिता का स्तर आज बहुत नीचे आ गया है। बंगला पत्रकारिता की बात तो अलग, हिन्दी पत्रों की तुलना में ही कलकत्ते के पत्र अत्यन्त सामान्य लगते हैं। साम्प्रतिक पत्रकारिता के अनुशीलन के सन्दर्भ में यह एक विचारणीय प्रश्न है। इस सम्बन्ध में 'विश्वमित्र'-संचालक बाबू मूलचन्द अग्रवाल का वक्तव्य द्रष्टव्य है, जो उन्होंने अखिल भारतीय हिन्दी पत्रकार सम्मेलन के अध्यक्ष-पद से दिया था, **"यह दुःख और लज्जा की बात है कि प्रान्तीय भाषाओं के दैनिक हिन्दी दैनिकों से काफ़ी अच्छी अवस्था में पाये जाते हैं। इस का मुख्य कारण तो प्रान्तीय भाषाओं के प्रेमियों का अपने पत्रों पर अगाध प्रेम है, परन्तु साथ ही हम अपनी कमज़ोरियाँ भी स्वीकार करते हैं कि हम हिन्दी पत्रकार कई मामलों में अपने को पिछड़ा हुआ पाते हैं। हमारे यहाँ समाचार-पत्रों के व्यवस्थापक अभी तक कम हैं और सम्पादन विभाग में भी हम उतने कुशल सहायक तैयार नहीं कर पाये हैं। हिन्दी-भाषियों द्वारा ही हिन्दी पत्रों को अवहेलना की दृष्टि से देखा जाना इतना बड़ा लज्जाजनक दृश्य है कि उस की चर्चा करने से भी दिल को बड़ी चोट पहुँचती है। हिन्दी-भाषी पूँजीपति, व्यवसायी और विज्ञापनदाता हिन्दी पत्रों की राष्ट्रीय नीति से लाभ तो काफ़ी उठा लेते हैं, परन्तु वे अपने सेवकों को मज़बूत बनाना अपना कर्तव्य नहीं समझते।"** यह पूँजीवादी मनोवृत्ति आज सार्वत्रिक व्याधि बन गयी है और चूँकि आज अनेक पत्रों के स्वामी पूँजीपति हैं, इसलिए वे भी पूँजीवाद के कलुष पक्ष से अप्रभावित नहीं हैं। कलकत्ते के पत्रों के सम्बन्ध में विशेष रूप से यह बात कही जा सकती है।

स्वतन्त्र

'स्वतन्त्र' गाँधी युग का एक तेजस्वी दैनिक पत्र था जिसे कलकत्ते से पं. अम्बिकाप्रसाद वाजपेयी ने 4 अगस्त 1920 को प्रकाशित किया था :

7 अगस्त 1919 को 'भारतमित्र' से अलग होकर वाजपेयी जी पत्र-सम्पादन कार्य से वितृष्ण हो गये थे। दैनिक 'भारतमित्र' के सम्पादन-काल में उन्हें आवश्यकता से अधिक श्रम करना पड़ा था और उसकी सार्थकता भी प्रत्यक्ष न थी,

---

1. विशेष विवरण के लिए द्रष्टव्य—पत्रकार की आत्मकथा : ले. श्री मूलचन्द अग्रवाल।

इसलिए इस कार्य से वाजपेयी जी को अरुचि हो गयी थी। तथापि मित्रों के अनुरोध और हितैषियों की सहायता से उत्साहित होकर और एक नयी कम्पनी खड़ी कर उन्हें पुनः इस कार्य में प्रवृत्त होना पड़ा। इस प्रकार 4 अगस्त 1920 को 'स्वतन्त्र' नामक दैनिक पत्र का प्रकाशन हुआ।

वाजपेयी जी ने अपने अनुभव-संस्मरण में लिखा है कि, **"महात्मा गान्धी के नेतृत्व में असहयोग-आन्दोलन चलाने का समर्थन करने के लिए इसी दिन से कलकत्ते में लाला लाजपत राय के सभापतित्व में स्पेशल कांग्रेस आरम्भ हुई थी। पुलिस मैजिस्ट्रेट के यहाँ से डिक्लेरेशन मिलने और बम्बई से हेडिंग टाइप आने में देर होने से पहला अंक पूरी तैयारी और शान-शौकत के साथ नहीं निकल सका, पर उसकी परवा न की गई, क्योंकि जन्माष्टमी का शुभ मुहूर्त और स्पेशल कांग्रेस में प्रचार का सुअवसर छोड़ना उचित नहीं समझा गया।**

स्पेशल कांग्रेस में असहयोग का समर्थन होने के बाद 'स्वतंत्र' भी देश की नीति समझकर उसका समर्थक हो गया। इस आन्दोलन की विशेषतायें गांधी जी की सभायें और व्याख्यान थे। ये 'स्वतंत्र' में विशेष रूप से प्रकाशित होते थे। स्त्री सभाओं की जो रिपोर्ट कहीं न निकलती थीं, वे महिला संवाददात्रियों द्वारा 'स्वतंत्र' में प्रकाशित होती थीं। यों तो कलकत्ते के सभी हिन्दी पत्रों में असहयोग आन्दोलन का समर्थन होता था, परन्तु 'स्वतन्त्र' का प्रचार सब से अधिक था, और 1921 के अन्तिम और 1922 के प्रारम्भिक दिनों में 'स्वतंत्र' लगातार दस-बारह घंटे तक छपता रहता था। इस विशेषता के सिवा 'स्वतंत्र' की दूसरी विशेषता थी व्यापारिक समाचार और टिप्पणियाँ। इसके कारण व्यापारियों और विशेषकर कलकत्ते के बाहर के व्यापारियों में वह बहुत लोकप्रिय हो गया था। दिवाली और होली के विशेषांकों से भी 'स्वतंत्र' की ख्याति बढ़ी थी।"[1]

राजनीतिक और व्यापारिक विषयों के साथ ही 'स्वतन्त्र' साहित्यिक गतिविधि और भाषा-विषयक प्रश्नों के प्रति भी पूर्ण सचेत था। 26 मई 1931 की सम्पादकीय टिप्पणी का शीर्षक है 'हिन्दी-साहित्य सम्मेलन'। 27 मई 1931 के अंक में "हिन्दी साहित्य सम्मेलन, पहले दिन की कार्यवाही। हिन्दी साहित्य सम्मेलन। श्री रत्नाकर जी का अपूर्व भाषण। पं. सकलनारायण शर्मा का 'स्वागत-भाषण' प्रकाशित हुआ था। इसी अंक में है–**"स्वतंत्र भारत की राष्ट्रभाषा हिन्दी बनायी जायगी–कलकत्ते में हिन्दी साहित्य सम्मेलन समारोह। राजनीति से साहित्य को अलग नहीं रखा जा सकता–श्रीयुत सेनगुप्त ने भी हिन्दी का जोरदार समर्थन किया।"** एक स्थल द्रष्टव्य है–**सर्वप्रथम बंगाली बालिकाओं ने वन्देमातरम् गीत गाकर लोगों**

1. अम्बिकाप्रसाद वाजपेयी : विशाल भारत, सितम्बर 1931।

को ध्यानावस्थित कर दिया। उसके अनन्तर मारवाड़ी बालिका विद्यालय की बालिकाएँ जब पं. माधव शुक्ल रचित स्वागत गान गा रही थीं। उसी समय देशप्रिय श्रीयुत जे.एम. सेनगुप्त सभा में आये। उनके पदार्पण करते ही सभा स्थान बन्दे मातरम् तथा महात्मा गांधी की जयध्वनि से गूँज उठा।...स्वागत गान के बाद स्वागताध्यक्ष पं. सकलनारायण शर्मा करतल ध्वनि के बीच आगत सज्जनों का स्वागत करने के लिये उठ खड़े हुए। आपका भाषण भक्तिभाव से शिवपार्वती को प्रणाम कर आरम्भ हुआ था और पद्यकोष बनाने की आवश्यकता को बताकर समाप्त हुआ था। (सारांश अन्यत्र दिया गया है) छोटा होने पर भी आपका भाषण सारगर्भित है। आपने श्रीयुत रत्नाकर जी के सभापतित्व के लिए प्रस्ताव करते हुए आपने कहा कि सम्मेलन राजनीति के झमेले में घसीटने के बदले शुद्ध साहित्यिक रखना चाहिए।

श्रीयुत सेनगुप्त का भाषण :

"आपके प्रस्ताव का समर्थन करते हुए श्रीयुत सेनगुप्त ने कहा कि आपके सम्मेलन ने मुझे निमन्त्रित करके अनुगृहीत किया है। मैं इस बात से प्रसन्न हूँ कि सम्मेलन कलकत्ते में हो रहा है। बंगभाषा को मैं देशी भाषाओं में सर्वश्रेष्ठ समझता हूँ किन्तु हिन्दी को ही राष्ट्रभाषा बनाने का पक्षपाती हूँ। स्वागताध्यक्ष की इस बात को मैं कदापि नहीं मानता कि साहित्य सम्मेलन को राजनीति से कोसों दूर रखना चाहिये। बिना राजनीति के तो हमारा कोई भी काम नहीं हो सकता।...बिना राजनीतिक स्वाधीनता के राष्ट्रभाषा का प्रश्न हो ही नहीं सकता। इसलिये साहित्य को कभी राजनीति से अलग नहीं किया जा सकता। इन शब्दों के साथ मैं प्रस्ताव हृदय से समर्थन करता हूँ।"

डॉ. सुनीतिकुमार चट्टोपाध्याय का वह ऐतिहासिक भाषण 'स्वतन्त्र' में अविकल प्रकाशित हुआ था जिसमें वैचारिक और भाषा वैज्ञानिक आधार पर उन्होंने हिन्दी का समर्थन किया था और घोषणा की थी कि "हिन्दी भारतवर्ष की राष्ट्रभाषा है, यह तो एक स्वतः सिद्ध बात है, हर काम में दिन दिन जीवन में हम ऐसा ही देखते हैं।...हिन्दी का यह उच्च स्थान का स्वाभाविक कारण से प्राप्त किया गया है। इसलिये जब तक आर्यावर्त, भारत की संस्कृति का मूल स्थान रहेगा तब तक हिन्दी का यह आसन नहीं मिटाने का।

ऐतिहासिक और भाषातात्त्विक दृष्टि से अगर देखा जाय तो हिन्दी का प्रचार और भारत की राष्ट्रभाषा होने के लिये एक हिन्दी ही की योग्यता सब लोगों को मानना पड़ेगा।" यह भाषण काफी बड़ा है और विद्वत्तापूर्ण है जिसकी अन्तिम पंक्तियाँ इस प्रकार हैं, "बंगाल में हिन्दी प्रचार के लिये इस सम्मेलन में जो प्रस्ताव उपस्थित किया गया उसे मैं पूरी तौर से समर्थन करता हूँ और

आप लोगों ने इस विषय में जो शुभकामना प्रकट की उस के लिये मैं अपनी हार्दिक कृतज्ञता प्रकाश करता हूँ। इति शुभम्। श्री सुनीतिकुमार चाटुर्ज्या।" श्री बल्लभ भाई पटेल का सचित्र परिचय और कराँची काँग्रेस का उनका भाषण तथा मुख्य पृष्ठ पर 'काँग्रेस के स्वर्गवासी सभापति' के पाँच चित्र हैं–1. पं. बालगंगाधर तिलक, 2. लाला लाजपत राय, 3. मौलाना मुहम्मद अली, 4. देशबन्धु चित्तरंजन दास, 5. पं. मोतीलाल नेहरू। 20 जुलाई 1931 के अंक में अमर शहीद श्रीयुत गणेश शंकर 'विद्यार्थी' के सम्बन्ध में सचित्र लेख हैं। चैत्र शु. मंगलवार सं. 1988 के सम्पादकीय का शीर्षक है 'हिंसा और अहिंसा'। सरदार भगत सिंह आदि को फाँसी पर लटकाये जाने की ख़बर है, "सरदार भगत सिंह आदि फाँसी के तख्ते पर लटका दिये गये, प्रकाशमय दीपक सदा के लिये बुझ गया। निकट सम्बन्धियों को भी भेंट करने का हुक्म नहीं मिला। 'गोली से उड़ा दो पर फाँसी के तख्ते पर मत चढ़ाओ' सरदार की अन्तिम इच्छा भी सरकार ने मंजूर नहीं की।" भगत सिंह का चित्र है। चित्र के नीचे 'हा! सरदार भगत सिंह।' छपा है। समाचार इस प्रकार है–

"दीप निर्माण हो गया। कलकत्ता 23 मार्च। नयी दिल्ली से एसोसियेटेड प्रेस को रात के साढ़े ग्यारह बजे टेलीफोन द्वारा मालूम हुआ है कि लाहौर से सेण्ट्रल जेल में सन्ध्या के सात बजे सरदार भगतसिंह, श्रीयुत राजगुरु तथा श्रीयुत शुकदेव फाँसी के तख्ते पर लटका दिये गये।

"लाहौर 23 मार्च। शहर में बड़ी सनसनी फैली है, हिन्दुओं की सभी दूकानें तथा मुसलमानों की अधिकांश दूकानें बन्द पड़ी हैं। लोग हड़ताल मना रहे हैं और सर्वत्र मातम छाये हुए हैं।"

'स्वतंत्र' का शीर्ष-स्वरूप इस प्रकार था–

वन्देमातरम्

स्वतंत्र

पारतन्त्र्यात्परं दुःखं न स्वातन्त्र्यात्परं सुखम्। अप्रवासी गृही नित्यं स्वतंत्र सुखमेधते ॥

संस्थापक–पण्डित अम्बिकाप्रसाद वाजपेयी

दोनों पार्श्व में स्वतन्त्र के नियमादि की विज्ञप्ति है।

पं. अम्बिकाप्रसाद वाजपेयी ने लिखा है, "1920 के अगस्त से 1930 के मार्च तक 'स्वतन्त्र' चला। उसकी आर्थिक अवस्था इतनी बिगड़ गयी थी कि इच्छा करने पर भी वह जमानत नहीं दे सकता था। यदि देता भी तो यह निश्चय नहीं था कि पत्र जीता रहेगा। इसलिए कम्पनी तोड़ दी गयी और उसकी सम्पत्ति बाबू मूलचन्द अग्रवाल ने खरीद ली। इन्होंने 'स्वतन्त्र' चलाने का यत्न किया और पुराना सम्पादक ही सम्पादन भी करता रहा, पर पत्र नहीं चला। यह देख वह अलग हो गया।" मुझे

1931 के कई अंक मिले हैं जिनसे ऊपर के उद्धरण दिये गये हैं। इससे स्पष्ट है कि 1931 तक यह पत्र चलता रहा।

परवर्ती काल के दैनिक पत्रों में एक 'बलिदान' था जो सायंकाल छपता था और सम्पादक थे पं. विश्वनाथसिंह शर्मा।

राष्ट्रीय व्यापारिक दैनिक पत्र 'केसरी' निकला, जिसके सम्पादक पण्डित राधारमण पाण्डेय थे। 27 मई 1931 के मुख्य पृष्ठ पर हिन्दी साहित्य सम्मेलन के 20वें अधिवेशन का समाचार इसमें छपा था।

पं. अम्बिकाप्रसाद वाजपेयी के भतीजा पं. प्रतापनारायण वाजपेयी ने 'स्वाधीन भारत' प्रकाशित किया था जो 'शाम के 5 बजे' छपता था।

1922 में बाबू पारसनाथ सिंह के सम्पादकत्व में 'प्रकाश' निकला था। 1925 में 'जैन गजट' प्रकाशित हुआ। 1930 में 'दैनिक लोकमान्य' पं. रामशंकर त्रिपाठी ने निकाला जो अब बन्द हो गया।

पुराने दैनिक पत्रों ने सीमित साधन-शक्ति के बावजूद अपने दायित्व का पूर्ण पालन किया। पुराने पत्र-संचालक और सम्पादक में असाधारण कोटि की कर्मठता थी और उसके सामने एक महत् आदर्श था। कहना अनुचित न होगा कि आज कलकत्ते में दैनिकों की अवस्था अत्यन्त सामान्य कोटि की है। प्रबुद्ध पाठक या तो अँगरेज़ी अख़बार पढ़ते हैं या फिर कलकत्ते के बाहर से हिन्दी पत्र मँगाते हैं। ध्यान देने की बात है कि दिल्ली और बम्बई के दैनिक हिन्दी पत्रों की खपत कलकत्ते में कम नहीं होती जबकि कलकत्ते से अनेक दैनिक पत्र निकलते हैं।

इन पत्रों के सम्पादकों में न तो वह निष्ठा है और न उस कोटि की अभिज्ञता-योग्यता ही जो पुराने पत्रकारों में थी। आचार्य शिवपूजन सहाय ने दैनिक पत्रों के साहित्यिक महत्त्व की चर्चा करते हुए लिखा है कि, "जो लोग दैनिक पत्रों का साहित्यिक महत्त्व नहीं समझते, वे उन्हें राजनीतिक जागरण का साधन-मात्र समझते हैं। किन्तु हमारे हिन्दी के दैनिकों ने जहाँ देश को उद्बुद्ध करने में अथक प्रयास किया है, वहाँ हिन्दी-प्रेमी जनता में साहित्यिक चेतना जगाने का श्रेय भी पाया है...आज हमें हर बात में दैनिकों की सहायता आवश्यक जान पड़ती है। भाषा और साहित्य की उन्नति में भी दैनिकों से बहुत सहारा मिल सकता है।" कलकत्ते के वर्तमान दैनिक इस दृष्टि से भी बहुत दुर्बल हैं। पुराने दैनिक पत्र इस विषय में पूरे सचेत थे।

पञ्चम खण्ड

कलकत्ते की हिन्दी पत्रकारिता के विशिष्ट उन्नायक

पुराने पत्रकारों का आदर्श, उद्देश्य और कठिनाइयाँ

हिन्दी पत्रकारिता के आरम्भिक अध्याय की वैशिष्ट्य-चर्चा के सन्दर्भ में हमने निवेदन किया है कि पत्रकारिता के आदि उन्नायकों का आदर्श बड़ा था, किन्तु साधन सीमित थे। वे नयी सभ्यता के सम्पर्क में आ चुके थे और हिन्दी-समाज को नवीनता से सम्पृक्त करने की आकुल आकांक्षा रखते थे। उनके मार्ग में अनेक अवरोध थे। प्रचार-प्रसार के साधन सीमित थे। सरकारी संरक्षण और प्रोत्साहन का सर्वथा अभाव था। हिन्दी-समाज इस ओर से उदासीन था। इसलिए इन्हें हर क़दम पर प्रतिकूलता से जूझना पड़ता था। फिर भी उनकी निष्ठा अखण्डित थी। हिन्दी के प्रथम पत्र 'उदन्तमार्त्तण्ड' के अन्तिम अंक (4 दिसम्बर 1827 ई.) में सम्पादक ने अपनी कठिनाइयों की चर्चा करते हुए लिखा है : **"जबतें या कलकत्ता नगरी में उदन्तमार्त्तण्ड को प्रकाश भयौ तब लै आज दिवस लौं काहू प्रकार तें ढाढ़स बाँध विद्या के बीज बैबे को हिन्दुस्तानिअन के जड़ता के खेत को बहुविध जोत्यौ पहिले तो ऐसी कठोर भूमि काहे कौ जुतै ताहू पै काया कष्ट कर जैसो तैसो हर चलाय वा क्षेत्र में गाँठ को ब्यु बखेर बड़े यत्न तें सींच फल लुन्यौ चह्यौ ता समय लोभरूपी टीडी परिवा खेत के फल फूल पाती सिगरी चरि गई अब जो फिरि फिरि या नशे छेत्र को गो गोड़िये तो श्रम ही कौ फल फलैगो।"** स्मरणीय है कि आर्थिक कठिनाइयों के कारण हिन्दी के आदि पत्रकार पं. युगुल किशोर शुक्ल ने 'उदन्तमार्त्तण्ड' का प्रकाशन बन्द कर दिया था, किन्तु उनकी निष्ठा नहीं टूटी थी। यदि ऐसी स्थिति होती तो निश्चय ही वे पुनः पत्र प्रकाशन का साहस न करते। हम जानते हैं कि पं. युगुल किशोर शुक्ल ने 1850 ई. में 'सामदन्त मार्त्तण्ड' का प्रकाशन किया था। 'उदन्तमार्त्तण्ड' का प्रकाशन 'हिन्दुस्तानियों के हित के हेत' और हिन्दी-भाषियों को विद्या-विषयक परावलम्बन से मुक्ति दिलाने तथा उन्हें स्वतन्त्र दृष्टि प्रदान करके निर्मित हुआ था।

'भारतमित्र' के पहले अंक की सम्पादकीय टिप्पणी में भी सम्पादक ने बड़ी

साफ़ भाषा में लिखा था, "...**हिन्दुस्तानियों को सांसारिक खबर जानने के लिये बंगालियों का मुँह ताकते देख कर हमारे चित्त में यह भाव उत्पन्न हुआ कि यदि एक ऐसा समाचारपत्र प्रचलित हो कि जिस को हमारे हिन्दुस्तानी और मारवाड़ी लोग अच्छी तरह पढ़ सकें और समझ सकें तो इस से हमारी समाज की अवश्य उन्नति होगी।**" पुराने पत्रकारों की यह धारणा थी कि "समाचारपत्र प्रजा का प्रतिनिधि स्वरूप होता है" ('भारतमित्र', संवत् 1935 ज्येष्ठे कृष्ण प्रतिपदा शुक्रवार 17 मे 1878 ई.)। यह एक महत् प्रतीति थी जिसके प्रति पुराने पत्रकार पूर्ण सचेत रहते थे। 'सारसुधानिधि' वर्ष 2, अंक 17 में आनन्दवन का एक लेख 'हिन्दी भाषा के समाचारपत्र सम्पादकों की वर्तमान दशा' प्रकाशित हुआ था जिसकी कुछ पंक्तियाँ द्रष्टव्य हैं : "**समाचारपत्रों के प्रचारित और विदित होने का प्रधान और मुख्य कारण यही है कि वह पिष्टपेषण के प्रकरण से स्थानपूर्ति करने की अपेक्षा देशोपकारक विषयों से विभूषित किया जावे और गवर्नमेण्ट को न्यायान्याय विवेचना से वंचित न रक्खें और जो बात नीति विरुद्ध हो उसे गवर्नमेण्ट के सम्मुख उपस्थित कर देवे, जिस से अन्याय का संचार और बुराई का अंकुर न फैलने पावे।**" प्रकारान्तर से और ज़रा अधिक तेज भाषा में यही बात 'उचितवक्ता'-सम्पादक ने 12 मई 1883 ई. को देशी पत्रकारों को सलाह देते हुए कही थी—"**देशी सम्पादको सावधान!! कहीं जेल का नाम सुन कर कर्त्तव्य विमूढ़ मत हो जाना, यदि धर्म की रक्षा करते हुए, यदि गवर्नमेण्ट को सत्परामर्श देते हुए जेल जाना पड़े तो क्या चिन्ता है इस से मानहानि नहीं होती है। हाकिमों के जिन अन्याय आचरणों से गवर्नमेण्ट पर सर्वसाधारण की अश्रद्धा हो सकती है उन का यथार्थ प्रतिवाद करने में जेल तो क्या द्वीपान्तरित भी होना पड़े तो क्या बड़ी बात है?**" इतना ऊँचा उनका आदर्श था। देशवासियों को वे सत्परामर्श देते थे, "**भारत के दुर्भाग्य को अपना दुर्भाग्य और भारत के सौभाग्य को अपना सौभाग्य समझो। नहीं तो भारत का दुर्भाग्य कदापि दूर नहीं होयगा।**" (सारसुधानिधि, वर्ष 2, अंक 25)। किन्तु देशवासियों और पाठकों की स्थिति इस आदर्श के सर्वथा विपरीत थी। उनकी न तो राजनीतिक चेतना पर्याप्त विकसित थी और न तो पत्रों में ही उनकी रुचि थी। इस प्रतिकूल स्थिति से व्यथित होकर 'सारसुधानिधि'-सम्पादक ने 5 जनवरी 1880 को लिखा था—"**जैसी अवस्था हिन्दी भाषा की है, इस पर ऐसी आशा नहीं होती कि लोग शौक से हिन्दी भाषा के अनुरागी हो कर हिन्दी पत्रों की सहायता की दृष्टि से लिया करें और यथा समय दाम दिया करें कि जिस में पत्र सम्पादकों को केवल देशोपकार की चिन्ता के दूसरी चिन्ता न रहै।...देशवासियों को समाचार-पत्र का प्रयोजन, उस का उद्देश्य और उपयोगिता हृदयंगम नहीं हुई है।**" इस कठिन परिस्थिति के साथ ही सरकारी यन्त्रणा से भी पत्रकारों को जूझना

पड़ता था। 'उचितवक्ता' के 23 दिसम्बर 1882 ई. के अंक में 'सम्पादक समाज की आवश्यकता' पर विचार करते हुए सम्पादक ने लिखा था, **"हम भारतीय पत्र-सम्पादकों की जैसी हीन और मलीन दशा है वह किसी को अविदित नहीं है। ये लोग सदा अपने देश की भलाई के लिये उद्यत रहते हैं उसी से सदैव गवर्नमेण्ट के समीप राजभक्ति विहीन और अधम गिने जाते हैं, क्षुद्र हाकिमों से लगा कर उच्चतर विचारपतियों तक का इन पर आक्रोश बना रहता है। ये लोग क्षुद्र हाकिमों के गुप्त रहस्य प्रकट करने के कारण अधिकांश हजूरों के चक्षुःशूल हो जाते हैं और औसर पाने पर इन को हजूर लोग भी भली भाँति धर चपेटते हैं।"**

असल में उस युग की पत्रकारिता देश-सेवा का एक माध्यम थी। पत्रकारों के सामने अर्थ का प्रश्न प्रमुख नहीं था। पत्रों को जीवित रखने के लिए ही अर्थ की आवश्यकता थी। ग्राहकों का रोना आरम्भ से ही लग गया था। पहले तो ग्राहक मिलते ही नहीं थे, मिलते भी थे तो उनकी शर्त विचित्र होती थी। उनकी शर्त के मुताबिक पत्रकारों को उनके घर जाकर पत्र पढ़कर सुनाना पड़ता था। एक दूसरी स्थिति थी, ग्राहक बनकर ग्राहक-शुल्क न देने की। यह और भी दारुण स्थिति थी जिसके चलते पत्रकारों की व्यक्तिगत आर्थिक क्षति उठानी पड़ती थी और इतिहास का साक्ष्य है कि इसी विकट परिस्थिति के बीच महान् पत्रकारों का निर्माण हुआ जो सच्चे अर्थों में हिन्दी पत्रकारिता के उन्नायक हैं।

कलकत्ता के पत्रकारों का राष्ट्रीय और साहित्यिक महत्त्व

जिस प्रकार राजा राममोहन राय से लेकर जवाहरलाल नेहरू तक आधुनिक भारतीय राष्ट्रीयता के प्रायः प्रत्येक पुरस्कर्ता पत्रकार भी रहे हैं[1], उसी प्रकार आधुनिक हिन्दी साहित्य के अधिकांश श्रेष्ठ लेखक कहीं-न-कहीं किसी-न-किसी रूप में पत्रकार भी रहे हैं। यह परम्परा भारतेन्दु बाबू हरिश्चन्द्र से शुरू होकर सच्चिदानन्द वात्स्यायन तक स्पष्ट दिखाई पड़ती है। और यह कहना अनुचित न होगा कि हिन्दी गद्य के निर्माण का अधिकांश श्रेय हिन्दी-पत्रकारों को है जिन्होंने अपने पत्रों के माध्यम से भाषा को एक व्यवस्था, समृद्धि और परिनिष्ठित रूप दिया। इस दृष्टि से भी कलकत्ते के हिन्दी पत्रकारों का महत् अवदान है। पूरे हिन्दी प्रदेश से कलकत्ते की इकाई को काटकर देखने पर उसका महत्त्व अधिक स्पष्ट हो सकेगा।

---

1. "In India, from Raja Ram Mohan Roy to Keshab Chundar Sen, Gokhale, Tilak, Pherozeshah Mehta, Dadabhai Naoroji, Surendranath Banerjee, C.Y. Chintamini, M.K. Gandhi and Jawaharlal Nehru, there is a distinguished line of public men who have used, and are using, the press as a medium for the dissemination of their ideas of moral values." Margarita Barns : The Indian Press (Introduction, p. XV)

विश्रुत भाषाविद् डॉ. सुनीति कुमार चट्टोपाध्याय ने लिखा है कि **बंगाल की राजधानी कलकत्ते से हिन्दी का संयोग खूब घनिष्ठ है। यदि कलकत्ते को हिन्दी की आधुनिक गद्यशैली की जन्मभूमि कहा जाय, तो कुछ अत्युक्ति न होगी।** कहना न होगा कि इस गद्यशैली के निर्माता कलकत्ते के हिन्दी पत्रकार ही थे। गद्यशैली के साथ ही मेरी यह धारणा है कि कलकत्ते के हिन्दी-पत्रकारों ने हिन्दी साहित्य की जातीय भूमिका का निर्माण किया। स्मरणीय है कि कलकत्ते के अधिकांश पत्रकार हिन्दी के श्रेष्ठ कृती साहित्यकार और विचारक के रूप में विश्रुत हैं।

दूसरे दौर की हिन्दी पत्रकारिता के पुरस्कर्ताओं में, जो अपनी वाकूतेजस्विता के लिए विश्रुत थे, दो-तीन नाम कलकत्ते के पत्रकारों के हैं। पं. छोटूलाल मिश्र, पं. दुर्गाप्रसाद मिश्र और पं. सदानन्द मिश्र की प्रातिभ-शक्ति 'भारतमित्र', 'सारसुधानिधि' और 'उचितवक्ता' के पृष्ठों पर मुखर है। भारतेन्दु बाबू हरिश्चन्द्र इनकी शक्ति के प्रशंसक थे और उपर्युक्त पत्रों में वे सक्रिय रुचि लेते थे। सम्पादकाचार्य पं. रुद्रदत्त शर्मा भी इसी युग के तपस्वी पत्रकार थे।

बीसवीं शताब्दी में बाबू बालमुकुन्द गुप्त से लेकर पं. बनारसीदास चतुर्वेदी तक कलकत्ते में अनेक तेजस्वी पत्रकार हुए जिन्होंने हिन्दी साहित्य के एक महत्त्वपूर्ण अध्याय का निर्माण किया। इतना ही नहीं बल्कि इन पत्रकारों में कुछ ऐसे नाम भी हैं जो सच्चे अर्थों में हिन्दी के गौरव हैं। सम्पादकाचार्य अम्बिकाप्रसाद वाजपेयी, बाबूराव विष्णु पराड़कर, आचार्य शिवपूजन सहाय, सूर्यकान्त त्रिपाठी 'निराला', पाण्डेय बेचन शर्मा 'उग्र', इलाचन्द्र जोशी, भगवतीचरण शर्मा, सच्चिदानन्द वात्स्यायन 'अज्ञेय'—हिन्दी साहित्य के ऐसे विशिष्ट नाम हैं जो किसी समय कलकत्ते में हिन्दी के पत्रकार थे। आधुनिक काव्य की एक महत् उपलब्धि 'निराला' कलकत्ते की हिन्दी पत्रकारिता की ही देन हैं। हिन्दी के इस सर्वश्रेष्ठ स्वच्छन्दतावादी कवि का अधिकांश पूर्ववर्ती काव्य कलकत्ते में लिखा गया और उन्हें हिन्दी के पाठकों तक पहुँचाने और कवि को प्रतिष्ठा दिलाने का अधिकांश श्रेय कलकत्ते के पत्र 'मतवाला' को ही है, जिसके सम्पादक-मण्डल में 'निराला' भी थे और जिसमें उनकी कविताओं को शीर्ष प्रस्तुति दी जाती थी।

व्याकरण और भाषा के प्रश्न को लेकर हिन्दी में जो ऐतिहासिक वाद-विवाद हुआ था उसका श्रीगणेश कलकत्ते के पत्रकार ने 'भारतमित्र' से किया था जिसके द्वारा भाषा-विषयक एक बड़ा कार्य सम्पन्न हुआ था। हिन्दी आन्दोलन को कलकत्ते के पत्रकारों से एक बड़ा अवलम्ब मिला था। देवनागरी लिपि के प्रचार-प्रसार में भी कलकत्ते की पत्रकारिता का अप्रतिम और ऐतिहासिक अवदान है। बीसवीं शताब्दी के पूर्ववर्ती काल के हिन्दी पत्रकारों की चर्चा करते हुए आचार्य हजारीप्रसाद द्विवेदी ने लिखा है कि, **"इस काल में हिन्दी में कुछ इतने महत्त्वपूर्ण पत्रकार पैदा हुए**

जो दीर्घकाल तक याद किये जायेंगे। बुद्धिगत प्रौढ़ता के साथ-साथ चरित्रगत दृढ़ता ने इन पत्रकारों को बड़ी सफलता दी। गणेशशंकर विद्यार्थी, पराड़कर जी, अम्बिकाप्रसाद वाजपेयी, लक्ष्मण नारायण गर्दे और बनारसीदास चतुर्वेदी ऐसे ही पत्रकार हुए।"[1] ध्यान देने की बात है कि इन पाँच विशिष्ट पत्रकारों में से चार नाम कलकत्ते के हैं। इस प्रकार हम देखते हैं कि कलकत्ता में हिन्दी-पत्रकारिता की जो नींव पड़ी उस पर एक विराट् और महत् निर्मिति भी सामने आयी।

प्रासंगिक चर्चा कलकत्ता के विशिष्ट हिन्दी पत्रकारों से सम्बद्ध है। हमारी निश्चित अध्ययन-सीमा के पत्रकारों की नाम-सूची इतनी बड़ी है कि अतिरिक्त विस्तार-भार के कारण सबकी चर्चा सम्भव नहीं, इसलिए प्रतिनिधि पत्रकारों की ही चर्चा की जाएगी। 'विशिष्ट' का प्रयोग इसी अर्थ में किया गया है। यहाँ यह भी निवेदन करूँ कि मेरी इस चर्चा में जो नाम नहीं आएँगे वे किसी प्रकार कम महत्त्वपूर्ण नहीं हैं और न तो उनके प्रति मेरे मन में कोई अन्यथा भाव ही है, इसका कारण एकमात्र स्थानाभाव ही है जो एक विशेष प्रकार की विवशता है। अस्तु।

हिन्दी के प्रथम पत्रकार पं. युगुल किशोर शुक्ल

कानपुर निवासी पं. युगुल किशोर शुक्ल का ऐतिहासिक महत्त्व यह है कि हिन्दी पत्रकारिता की नींव की पहली ईंट बड़ी निष्ठा से इन्होंने ही रखी थी। हिन्दी के प्रथम पत्रकार के रूप में बड़े सम्मान के साथ इनका नामोल्लेख किया जाता है।

शुक्ल जी के महत् आदर्श की ऊपर चर्चा की गयी है। ब्रजेन्द्रनाथ वन्द्योपाध्याय ने लिखा है कि "युगुल किशोर जी पहले कलकत्ता की सदर दीवानी अदालत में प्रोसीडिंग रीडर थे। फिर उसी अदालत में वकालत करने लगे थे। 'उदन्तमार्त्तण्ड' के अस्त होने के कई वर्ष बाद युगुल किशोर शुक्ल ने एक दूसरे हिन्दी पत्र को जन्म दिया था, जिसका नाम 'सामदन्तमार्त्तण्ड' था, परन्तु यह भी अधिक दिन तक नहीं चल सका।" जो भी हो, शुक्ल जी के प्रयत्न उनकी बलवती निष्ठा को द्योतित करते हैं। उनकी जातीय चेतना बड़ी पुष्ट थी। बंगीय परिवेश से प्रभाव और प्रेरणा लेकर हिन्दी-समाज के उन्नायक के लिए उन्होंने पत्र का प्रकाशन किया था। सजातीय सहयोग के साथ सरकारी साहाय्य पाने की भी उन्हें पूरी आशा थी, किन्तु हिन्दी के दुर्भाग्य से युगुल किशोर जी को किसी प्रकार की सहायता नहीं मिली।

स्मरणीय है कि 'उदन्तमार्त्तण्ड'-सम्पादक ने अपने जिस उद्देश्य और संकल्प की विज्ञप्ति की थी उसके निर्वाह के प्रति वह सदैव सचेत रहे। हिन्दीवालों के लिए उन्हें बँगला के पत्रों से लड़ना पड़ा और अपमान तक सहना पड़ा। यह सारी लड़ाई

1. आचार्य हजारीप्रसाद द्विवेदी : 'हिन्दी साहित्य की भूमिका', तीसरी आवृत्ति, पृ. 149।

अपने ही बल पर लड़ी गयी। इस प्रकार हिन्दी-हित कामना से प्रेरित हो पं. युगुल किशोर जी ने जो महत् उपक्रम किया था उसके सद्यः उपसंहार के मूल में हिन्दी का पक्ष-समर्थन भी था। मारवाड़ी व्यवसायियों और बंगालियों के प्रश्न को लेकर 'समाचारचन्द्रिका' और 'उदन्तमार्त्तण्ड' पर उसका बुरा प्रभाव पड़ा। एक और मुख्य बात थी जिस ओर पं. अम्बिकाप्रसाद वाजपेयी ने संकेत किया है, "...उन दिनों कलकत्ते में हिन्दी भाषियों की संख्या चाहे जितनी हो, उस में दो रुपये महीने खर्च करके इसे पढ़ने की रुचि अवश्य ही न थी। सरकार 'जामे जहांनुमा' नाम के फारसी पत्र और 'समाचार-दर्पण' नाम के बंगला पत्र को आर्थिक सहायता देती थी। इसी के भरोसे युगुलकिशोर जी ने भी 'उदन्तमार्त्तण्ड' निकाल दिया था। परन्तु वह न मिली और किसी धनी-मानी से सहायता मिलने की आशा न रही, तब यह मार्तण्ड अस्ताचल को चला गया।" और जिस उत्साह से सम्पादक ने पहले अंक में प्रकाशन-विज्ञप्ति दी थी उसे एक गहरी व्यथा के साथ 11 दिसम्बर 1827 को ये पंक्तियाँ लिखनी पड़ी थीं—

"आज दिवस लौं उग चुक्यौ मार्त्तण्ड उद्दन्त।
अस्ताचल को जात है दिनकर दिन अब अन्त ॥"

उसी व्यथित मनः-स्थिति में अपने पाठकों से विदाई लेते हुए सम्पादक ने लिखा था—"इस उदन्तमार्तण्ड के नाव पड़ने से पहिले पछाहियों के चित्त का इस कागज न होने से हमारे मनोर्थ सफल होने का बड़ा उतसा था इसलियै हमारे बिन कहे भी इस कागज की सही की बही पर सही करते गये पै हमैं पूछिये तो इनकी मायावी दया से सरकार अँगरेज़ कंपनी महाप्रतापी की कृपा कटाक्ष जैसे औरों पर पड़ी, वैसे पड़ जाने की बड़ी आशा थी और मैंने इस विषय में उपाय यथोचित किया पै करम की रेख कौन मेटै तिसपर भी सही की बही देख जी सुखी होता रहा अन्त में नवें कैसे आम दिखाई दिए इस हेत स्वारथ अकारथ जान निरे परमारथ को कहाँ तक बनजिए अब अपने व्यवसाई भाइयों से मन की बात बताय बिदा होते हैं। हमारे कुछ कहे सुने का मन में न लाइयो जो दैव और भूधर मेरी अंतरव्यथा और गुण को विचार सुधि करेंगे तो मेरे ही हैं। शुभमिति।"

उस ज़माने में भी पत्रों में छिद्रान्वेषण की प्रवृत्ति थी और प्रायः किसी-न-किसी प्रश्न को लेकर कहा-सुनी होती रहती थी। इस दृष्टि से भी हिन्दी-पत्रकारिता के आदि पुरुष किसी तरह पीछे नहीं थे।

'उदन्तमार्त्तण्ड' सम्पादक के भाषा-ज्ञान की चर्चा करते हुए पं. अम्बिकाप्रसाद वाजपेयी ने लिखा है, "उसके सम्पादक बहुभाषाज्ञ थे। यह उनका बड़ा भारी गुण था और यद्यपि उन का 'उदन्तमार्तण्ड' डेढ़ वर्ष निकला तथापि प्रूफ की भूलें जो प्रेस में बराबर होती रहती हैं, उनका ध्यान रखकर हमें यह निःसंकोच

कहना पड़ता है कि 'उदन्तमार्तण्ड' हिन्दी का पहला समाचारपत्र होने पर भी भाषा और विचारों की दृष्टि से सुसम्पादित पत्र था।" हिन्दी के पहले पत्र की यह एक बड़ी उपलब्धि थी जिसका सम्पूर्ण श्रेय पं. युगुल किशोर शुक्ल को था।

पं. युगुल किशोर जी ने हिन्दी साहित्य के एक नये द्वार का उद्घाटन किया था और अपनी निष्ठा और ऊँची आदर्शवादिता के द्वारा पत्रकारिता की उस महत् परम्परा का प्रवर्तन किया था जो निरन्तर संवर्द्धित होती गयी।

अहिन्दी-भाषी बाबू श्यामसुन्दर सेन

हिन्दी के विषय में पूर्वग्रह-मुक्त होकर जिन अहिन्दी-भाषी व्यक्तियों ने धारणा बनायी थी, उनके सामने हिन्दी का महत्त्व असन्दिग्ध था। बाबू श्यामसुन्दर सेन ऐसे ही व्यक्ति थे, बंगाली होते हुए भी जिन्होंने हिन्दी में पत्र प्रकाशित किया था।

सेन महाशय का पत्र 'समाचार सुधावर्षण' हिन्दी और बँगला दो भाषाओं में एक साथ प्रकाशित होता था। हिन्दी के बाद बँगला का अंश रहता था। इस प्रकार यह द्विभाषी पत्र था जिसका सम्पादन बड़ी कुशलता से सेन महाशय करते थे। युगीन चेतना के प्रति ये सजग थे।

राजपुरुषों को कर्तव्य और औचित्य का श्यामसुन्दर बाबू ध्यान दिलाते रहते थे। साउंतालों के अत्याचार से सामान्य प्रजा की शान्ति भंग हो गयी थी। उनके हिंसापरक उपद्रव से लोगों में आतंक फैल गया था। उनसे सुरक्षित रहने के लिए सरकारी सहायता की ज़रूरत थी। 13 अगस्त की मेदिनीपुर की चिट्ठी 'समाचार सुधावर्षण' के (1262 साल तारीख 3 भाद्र शनिवार इंगरेजी 18 अगष्ट श्रावन सुदी 5) अंक में प्रकाशित हुई थी। इस प्रकार की औचित्य माँग सेन महाशय प्रायः किया करते थे। इतना ही नहीं 'समाचार सुधावर्षण'-सम्पादक ने उन भारतीय व्यक्तियों को बड़े कड़े शब्दों में धिक्कारा था जो अत्याचारी अँग्रेज़ों के साथ किसी प्रकार का समझौता करते थे अथवा उन्हें सहायता देते थे—**"श्रीयुत ष्टिवेनस साहेब ने रेलरोड के गाड़ी पर एक बंगालि बाबू का अपमान करने से प्रधान विचारपति ने उनको दण्ड किया है उस दण्ड का रुपया संग्रह कराने के लिये हिन्दुलोग सहाय करना उचित नहीं है काहे से कि जो बाबू लोगों का हात धर्म्म के विषय में देश के लोगों को एक पैसा खरचा करने के लिये काँपता है वे लोग इस चन्दे का रुपया दान करने में हमलोगों को बड़ा आश्चर्य मालूम देता है।"**

अपने जातीय स्वर के कारण श्यामसुन्दर सेन को क्षति भी उठानी पड़ी थी। इसके साथ ही उनमें एक बड़ी दुर्बलता भी थी। श्यामसुन्दर बाबू उस युग की प्रगतिशील वैचारिक धारा के साथ न थे। समाज-सुधार-आन्दोलन के प्रश्न पर वे बहुत कुछ पुराणपन्थियों के साथ थे। विधवा-विवाह-आन्दोलन को पण्डित ईश्वरचन्द्र विद्यासागर ने वैचारिक अवलम्ब दिया था और इसे वैधानिक पुष्टि दिलाने के लिए

वे सदैव सक्रिय रहते थे। उनके विरोधियों के नेता राधाकान्त देव थे। 'समाचार सुधावर्षण' ने प्रतिगामियों का ही साथ दिया था। कार्तिक वदि 11 संवत् 1912 अंक की सम्पादकीय टिप्पणी का शीर्षक है–'विधवा विवाह विषय'। इसकी कुछ पंक्तियाँ द्रष्टव्य हैं : **"...बंगदेशीय मनुष्यों में विद्या का बड़ा प्रचार है, परन्तु धर्म्माधर्म्म कुछ भी विचार नहीं करते क्या महामानव का प्रभाव है क्योंकि कुमारी का विवाह सर्वशास्त्र में लिखा है लेकिन विधवा का विवाह कोई शास्त्र वेद में लिखा नहीं औ शुनने में आया नहीं केवल इसी देश के पण्डितों के मुख से सुनने में आता है और कोई देश में नाम मात्र चर्चा भी होती नहीं क्या आश्चर्य की बात है पण्डित क्या और देश में होते नहीं या विधवा होती नहीं जो इसका विधवा विवाह का विधि विचारे मगर इसी देश के आदमियों का विचार है शास्त्र का विचार नहीं क्योंकि श्रीकाशीजी में महामहोपाध्याय श्रीकाकाराम पण्डित जी के घर में भी युवती विधवा बैठी है वे क्या निर्दयी अविचारी है कि विधवा का विवाह नहीं देते।"** इस लम्बे उद्धरण से स्पष्ट है कि बाबू श्यामसुन्दर सेन पुरानी रीति-नीति और आचार-विचार के कायल थे। अस्तु।

सेन महाशय का ऐतिहासिक महत्त्व यह है कि उन्होंने दैनिक हिन्दी पत्रों की परम्परा का प्रवर्तन किया। अहिन्दी-भाषी होकर हिन्दी भाषा में पत्र प्रकाशित करना उनकी उदारता और न्याय-दृष्टि का सूचक है। इतना ही नहीं अपने इस उपक्रम-द्वारा उन्होंने हिन्दी की राष्ट्रीय व्याप्ति का भी प्रमाण दिया।

'भारतमित्र' के संस्थापक-सम्पादक पं. छोटूलाल मिश्र

पं. छोटूलाल जी सारस्वत ब्राह्मण थे। उनका जन्म कलकत्ता में हुआ था और आरम्भिक शिक्षा काशी में हुई थी। बाल्यकाल काशी में पितामह के साथ व्यतीत हुआ था। लगभग बीस वर्ष की अवस्था में उन्होंने 'भारतमित्र' का प्रकाशन किया था। कालान्तर में वे व्यवसाय में चले गये और उन्होंने लाखों रुपया कमाया। उनके वृद्ध पुत्र पं. दीनानाथ जी ने अपने पिताश्री की चर्चा करते हुए मुझे बताया कि उनका व्यक्तित्व बड़ा भव्य था। दिसम्बर 1935 में लगभग अस्सी वर्ष की अवस्था में उनका देहान्त हुआ।

व्यवसाय में चले जाने के बाद भी पं. छोटूलाल जी साहित्य और साहित्यिक आयोजन में सक्रिय रुचि लेते थे। वे उर्दू, अँगरेज़ी, हिन्दी और बँगला के अच्छे जानकार थे। उर्दू में उनकी विशेष रुचि थी। स्वयं व्यवसायी होते हुए भी उनका व्यवसायियों पर बड़ा प्रभाव था और सभी उनका पण्डित के रूप में आदर करते थे।

सामाजिक कार्यों में उन्हें बड़ा आनन्द आता था। कलकत्ते की छोटी-मोटी अनेक साहित्यिक, शैक्षणिक और सामाजिक संस्थाओं के वे सदस्य और सहयोगी

थे। कलकत्ते के प्रथम हिन्दी विद्यालय—विशुद्धानन्द सरस्वती विद्यालय की स्थापना में उन्होंने आर्थिक सहयोग भी दिया था। इसी प्रकार सांगवेद विद्यालय, शिवकुमार भवन और सारस्वत खत्री विद्यालय के वे सक्रिय सहयोगी थे।

उस युग के महापुरुषों से उनका अच्छा सम्बन्ध था। कलकत्ते से बाहर भी उनके नाम और व्यक्तित्व का प्रभाव था। महामना पं. मदनमोहन मालवीय और भारतेन्दु बाबू हरिश्चन्द्र से उनका स्नेह-सम्बन्ध था। इसी प्रकार जम्मू के महाराज प्रताप सिंह उन्हें बहुत स्नेह करते थे।

पं. छोटूलाल मिश्र ने सन् 1883 ई. तक 'भारतमित्र' का सम्पादन किया था। इससे अलग होने के बाद भी वे किसी-न-किसी रूप में इस पत्र से सम्बद्ध थे।

बाबू बालमुकुन्द गुप्त ने 'हिन्दी अखबार' की कहानी कहते हुए 'भारतमित्र' के सन्दर्भ में पं. छोटूलाल मिश्र का उल्लेख इस प्रकार किया है, **"पण्डित छोटूलाल मिश्र इस के प्रथम सम्पादक और जन्मदाता हैं। सन् 1883 ई. तक वही इसे चलाते थे। उन्हों ने इस की उन्नति के लिए बड़ी चेष्टा की, साथ ही सम्पादन भी बहुत अच्छी रीति से किया। उन के लिखने का ढंग बहुत साफ और भाषा सरल थी।[1]"**

'भारतमित्र' की प्रथम सम्पादकीय टिप्पणी में पं. छोटूलाल जी ने बड़े खेद के साथ लिखा था कि **"19वीं सदी में बंगाली तथा अन्यान्य जाति के आदमी अपनी-अपनी बोली में केवल एक समाचार-पत्र की उन्नति से विद्या में ज्ञान में दिन-दिन उन्नत हुए जाते हैं और हमारे हिन्दुस्तानी भाइ केवल अज्ञान खटिया पर पैर फैलाये हुए पड़े हैं और ऐसा कोई नहीं जो इन की उस खटिया पर से उठा के ज्ञान की किरण उन के अन्तःकरण में प्रकाश करे बहोत दिनों से हम आशा कर्ते थे कि कोइ विद्वान् बहुदर्शी आदमी इस अभाव को दूर कर्ने की चेष्टा करेंगे परन्तु यह आशा परिपूर्ण न हुई।"** इसी आशा को पूर्ण करने के लिए और हिन्दी-समाज को नयी रोशनी से उजागर करने के लिए 'भारतमित्र' का प्रकाशन हुआ था। सघन अन्धकार में आलोक की सृष्टि का संकल्प लेना साधारण और दुर्बल इच्छा-शक्तिवाले पुरुष के लिए सम्भव नहीं होता।

'भारतमित्र' के पुराने पृष्ठ इस बात के साक्षी हैं कि 'भारतमित्र'-सम्पादक पं. छोटूलाल मिश्र ने अपने संकल्प की रक्षा और दायित्व का निर्वाह बड़ी कुशलता से किया।

पं. छोटूलाल जी यद्यपि पुरातन-प्रिय थे, तथापि उन्होंने नये सामाजिक सुधारों का खुलकर समर्थन किया और इस प्रकार अपनी प्रगतिशीलता का प्रमाण दिया। बाल्य-विवाह को सरकार अवैधानिक घोषित कर रही थी। इस विषय में सरकारी

---

1. बाबू बालमुकुन्द गुप्त : गुप्त निबन्धावली, पृ. 419।

नये क़ानून का कुछ रूढ़िप्रिय भारतीयों ने विरोध किया था। 2 जून 1878 के 'भारतमित्र' की सम्पादकीय टिप्पणी इसी विषय पर है। सरकार का पक्ष-समर्थन करते हुए सम्पादक ने देशवासियों को सलाह दी थी। **"...उन्नति के प्रधान प्रतिबन्धक बाल्य-विवाह को समाज से विदूरित कर्ने के लिये ऐसा यत्न कर रहि है और सब आदमियों को एकतान होकर इस नियम के शीघ्र ही प्रचलित हो जाने कि पोषकता कर्नी चाहिये।"** उक्त सरकारी पक्ष-समर्थन को अन्यथा न लिया जाये। 'भारतमित्र'-सम्पादक पं. छोटूलाल जी का जातीय दृष्टिकोण बड़ा पुष्ट था और औचित्य के आग्रह से वे सरकार का खुलेआम विरोध करते थे।

'मिष्टर जर्ज टकर' नामक अँगरेज़ ने लण्डन के 'टाइम्स' संवादपत्र में लिखा था कि भारत से निर्यात होनेवाले चावल पर से कर (ड्यूटी) उठा देना चाहिए ताकि विदेश में चावल अधिक निर्यात हो सके और वहाँ का दुर्भिक्ष दूर किया जा सके। इस पर 19 सितम्बर 1878 ई. के अंक में 'भारतमित्र'-सम्पादक ने टिप्पणी दी थी जिसका शीर्षक था : 'अपने को ठांवं नहीं पांच पीर संग चलें।' बड़ी साफ़ भाषा में सम्पादक ने लिखा था, **"...दूसरे का दुःख दूर करने के पहले उसी प्रकार अपना दुःख दूर करना उचित है, इस देश में आजकल जैसी दुर्भिक्ष की बढ़ती है उस के लिये देश-हितैषी समदुःखीगणों को यह उचित है जो पहले भारत को उस कष्ट से बचावें तब उस्से और का अपकार करें जो स्वयं दीन, निराहार और मुट्ठी भर अन्न के लिये लालायित रहते हैं उन से साहाय्य की प्रार्थना करना और बलपूर्वक छीन लेना दोनों एक ही समान है।"** स्पष्ट ही उस युग के लिए यह एक बहुत कड़ी बात थी।

'भारतमित्र' के संस्थापक-सम्पादक पं. छोटूलाल जी मिश्र का विशेष महत्त्व यह है कि उन्होंने एक ऐसे पत्र का प्रकाशन किया जो सच्चे अर्थों में भारत-मित्र सिद्ध हुआ। मिश्र जी की ही तरह उनका पत्र भी दीर्घजीवी हुआ और उसे हिन्दी के श्रेष्ठ सम्पादकों का सहयोग मिला जिसके बल पर अन्याय और अत्याचार से लड़ने और उसका विरोध करने में वह अग्रणी हुआ। इसके ऐतिहासिक महत्त्व का उल्लेख करते हुए सम्पादकाचार्य पं. अम्बिकाप्रसाद वाजपेयी ने 'विशाल भारत' (मई, 1930) में लिखा था, **"भारतमित्र निकलने के बाद ही कलकत्ते में हिन्दी की जड़ जमी।"** श्री राधाकृष्ण दास ने 'भारतमित्र' की चर्चा के प्रसंग में पं. छोटूलाल मिश्र का उल्लेख इस प्रकार किया है, **"जब तक यह पत्र पण्डित छोटूलाल मिश्र के हाथ में था तब तक बहुत ही उत्तमता से चला कभी-कभी भारतेन्दु बाबू हरिचन्द्र जी भी लिखा करते थे। जब से उक्त पण्डित जी ने हाथ खींचा कई सम्पादक आये और उस के कई रंग बदले।"** किन्तु रंग बदलते रहने पर भी 'भारतमित्र' कभी बेपहचान नहीं हुआ और इसकी जातीय चेतना निरन्तर पुष्ट और प्रखर होती गयी। बड़े शुभ मुहूर्त में पं. छोटूलाल जी ने इस अनुष्ठान का प्रवर्तन

किया था। 'भारतमित्र' से अलग होकर भी उन्हें इस पत्र के उत्कर्ष से बड़ा सन्तोष-सुख मिला होगा।

हिन्दी पत्रकारिता के महान् पुरस्कर्ता पं. दुर्गाप्रसाद मिश्र

पं. दुर्गाप्रसाद मिश्र जम्बू के सारस्वत ब्राह्मण थे। कलकत्ते के दीर्घ प्रवास के बावजूद जम्बू और काश्मीर के प्रति उनके मन में बड़ी अनुरक्ति और श्रद्धा थी। "पं. दुर्गाप्रसाद मिश्र जम्बू के साँवा ग्राम के निवासी थे और जम्बू नरेशों के पाधा वा उपाध्याय अथवा राजगुरु थे। जम्बू के महाराज गुलाब सिंह ने ही अँगरेज़ी कम्पनी से काश्मीर खरीदा था इसलिए जम्बू-काश्मीर-नरेशों के वे गुरु थे।[1]" कलकत्ते की कमज़ोर जलवायु और पारिवारिक विपत्तियों की चोट से उनका पुष्ट शरीर बहुत जल्दी टूट गया और वे दीर्घजीवी न हो सके।

'भारतमित्र' का प्रकाशन पं. छोटूलाल मिश्र और पं. दुर्गाप्रसाद मिश्र के संयुक्त प्रयास से हुआ था। किन्तु कुछ मतभेद हो जाने के कारण एक वर्ष के बाद ही पं. दुर्गाप्रसाद जी 'भारतमित्र' से अलग हो गये और एक दूसरे तेजस्वी पत्र 'सारसुधानिधि' का प्रकाशन किया जिसे पं. सदानन्द मिश्र सम्पादित करते थे। वैसे चार प्रमुख व्यक्तियों—पं. दुर्गाप्रसाद मिश्र, पं. सदानन्द मिश्र, पं. गोविन्दनारायण मिश्र और पं. शम्भुनाथ मिश्र—के सहयोग से यह पत्र निकलता था। ये चारों व्यक्ति इस पत्र में साझी थे। पं. अम्बिकाप्रसाद वाजपेयी ने लिखा है कि "यह पत्र 13 अप्रैल सन् 1879 ई. को प्रकाशित हुआ था।" 'सारसुधानिधि' का जो पहला अंक मुझे मिला है, वह 13 जनवरी 1879 का है न कि 13 अप्रैल का। अस्तु। इससे अलग होकर पं. दुर्गाप्रसाद मिश्र ने 7 अगस्त 1880 ई. को अपने स्वतन्त्र पत्र 'उचितवक्ता' का प्रकाशन किया। स्वतन्त्र इसलिए कि इस पत्र में दुर्गाप्रसाद जी के साथ कोई दूसरा साझी नहीं था। 'उचितवक्ता' के बाद उन्होंने कलकत्ते से ही सन् 1906 ई. में 'मारवाड़ी बन्धु' का प्रकाशन रूडमल गोयनका के आर्थिक सहयोग से किया था। सम्पादक के रूप में उन्होंने अपने छोटे भाई पं. वासुदेव मिश्र का नाम दे दिया था, यद्यपि सम्पादन वही करते थे। यह पत्र भी बहुत दिनों तक नहीं चल सका।

पं. दुर्गाप्रसाद मिश्र के साहित्यिक अवदान का मूल्यांकन करते हुए पं. अम्बिकाप्रसाद वाजपेयी ने लिखा है, **"पं. दुर्गाप्रसाद मिश्र ने समाचार-पत्र-प्रकाशन से कुछ कमाया नहीं उलटे घर के धान पुआल में मिलाये। परन्तु उनको इस काम का शौक था, नशा था, इसलिये कुछ ऊटक-नाटक किया ही करते थे।[2]"** 'उचितवक्ता' जब बन्द हो गया था तो पाठकों और मिश्र जी के मित्रों ने इसके

1. अम्बिकाप्रसाद वाजपेयी : समाचारपत्रों का इतिहास, पृ. 175।
2. अम्बिकाप्रसाद वाजपेयी : विशाल भारत, मई, 1931।

पुनः प्रकाशन का जो अनुरोध किया था, इसकी चर्चा करते हुए 26 मई 1894 ई. के 'उचितवक्ता' में उन्होंने अपने पुराने अनुभव लिखे थे, **"...'उचितवक्ता' मेरी अनुपस्थिति के कारण बन्द हो गया। यद्यपि मित्र लोग इसके पुनः प्रकाश के लिये अनुरोध करते रहे परन्तु मेरी इच्छा शिथिल हो गई थी, जिस समय मैंने भारतमित्र को जन्म दिया था, जिस समय 'सारसुधानिधि' का अनुष्ठान पत्र प्रचार किया था और जन्म देने का उद्योग किया था तथा अंशीदार बनकर रुपये घाटे दिये थे, उस समय हिन्दी की इस राजधानी में बड़ी ही आवश्यकता थी।"**

हिन्दी के पुराने पत्रकारों की महत्त्व-चर्चा करते हुए पं. अम्बिकाप्रसाद वाजपेयी ने लिखा है कि **"पं. सदानन्द मिश्र, पं. गोविन्दनारायण आदि ने भी हिन्दी पत्र-सम्पादन और प्रकाशन का कार्य किया सही, परन्तु पं. दुर्गाप्रसाद मिश्र यदि न होते तो उनके कामों को कोई नहीं जानता।"** हिन्दी-पत्रकारिता की भित्ति पुष्ट करने के लिए पं. दुर्गाप्रसाद जी ने कठिन तपस्या की। पत्र छापना, प्रतिकूल राजनीतिक वातावरण में सरकारी अनौचित्य का विरोध करना, ग्राहक ठीक करना और उनकी मर्ज़ी के अनुसार उनके घर जा-जाकर पत्र पढ़कर सुनाना ताकि वे ग्राहक बने रहें और पत्र चलता रहे, यह सब कुछ दुर्गाप्रसाद जी को अकेले करना पड़ता था। उनके पत्रों का पूरा अस्तित्व उन्हीं पर निर्भर था। उनकी शक्ति सीमित थी और दायित्व बड़ा था। वे विविध रुचि के व्यक्ति थे। सामाजिक कार्यों में उनकी अधिक रुचि थी। राजनीति में भी वे सक्रिय रुचि लेते थे। विशेष रूप से काश्मीर की राजनीति में वे अधिक सक्रिय रहते थे। परिणाम यह था कि प्रायः उन्हें काश्मीर जाना और वहाँ जमकर रहना पड़ता था। इससे उनके पत्र के प्रकाशन में तरह-तरह के अवरोध उपस्थित होते थे क्योंकि उनके पत्र विशेष रूप से 'उचितवक्ता' उन्हीं से सम्पृक्त था। इससे बड़ी क्षति होती थी। यह उस युग की एक सामान्य विशेषता थी जिसकी चर्चा करते हुए बाबू बालमुकुन्द गुप्त ने लिखा है कि, **"इस देश में अखबार खास-खास आदमियों के शौक पर चलते हैं। जब उन का शौक कम हो जाता है या वह नहीं रहते तो अखबार भी लीला संवरण कर जाते हैं। विलायत आदि में ऐसा नहीं है। वहाँ के अखबार किसी व्यक्ति विशेष के भरोसे नहीं हैं, वरंच उनका मजबूत ष्टाफ होता है, पूरा प्रबन्ध होता है, किसी एडीटर या मनेजर के न रहने से वह बन्द नहीं हो सकते, भारतवर्ष में अभी इस बात के होने का दिन दूर है।"** 'उचितवक्ता' और पं. दुर्गाप्रसाद मिश्र के सन्दर्भ में यह बात अधिक स्पष्ट होती है।

पूर्ववर्ती पृष्ठों में हमने 'उचितवक्ता' की चर्चा करते हुए पं. दुर्गाप्रसाद मिश्र की जातीय दृष्टि की विवेचना की है और संकेत किया है कि राष्ट्रीय औचित्य के आग्रह के चलते उन्हें कितनी लड़ाइयाँ लड़नी पड़ी थीं। उस प्रसंग की आवृत्ति

आवश्यक नहीं है। यहाँ इतना ही निवेदन करूँ कि सरकारी अधिकारियों से लेकर हिन्दी-पत्रकारों और पाठकों तक से पं. दुर्गाप्रसाद जी को जूझना पड़ा था और अपनी प्रतिकूलता से खीझकर 18 नवम्बर 1882 ई. 'उचितवक्ता' में उन्होंने एक टिप्पणी लिखी थी—"देशीय पत्रों के सम्पादक क्या पूर्व जन्म के पापी नहीं हैं?"

उक्त टिप्पणी में देशी पत्रों और पत्रकारों की विकट परिस्थिति पर तीखा व्यंग्य है। 23 दिसम्बर 1882 ई. के 'उचितवक्ता' की सम्पादकीय टिप्पणी में 'सम्पादक समाज की आवश्यकता' पर विचार करते हुए लिखा था कि "हम भारतीय पत्र सम्पादकों की जैसी हीन और मलीन दशा है वह किसी को अविदित नहीं है। ये लोग सदा अपने देश की भलाई के लिये उद्यत रहते हैं इसी से सदैव गवर्नमेण्ट के समीप राजभक्तिविहीन और अधम गीने जाते हैं, क्षुद्र हाकिमों से लगा कर उच्चतर विचारपतियों तक का इन पर आक्रोश बना रहता है ...हमारे देशवासी मनुष्यों की ऐसी रुचि नहीं है कि समाचारपत्रों से किसी प्रकार का सम्बन्ध रक्खें वा उस के सहायक हों और उस की विपद में सहानुभूति प्रगट करें। यहाँ के धनी सम्प्रदाय रंग राग ही से छुट्टी नहीं पाते फिर करें क्या?...अब हम लोगों का प्रधान कर्तव्य यह है कि सब समाचारपत्र के सम्पादक एक उत्तम सभा स्थापन करें जिस में कि सब पत्रों के सम्पादक सभ्य नियुक्त रहें और अपनी अवस्थानुसार मासिक चाँदा दिया करें जब किसी देशीय पत्र के सम्पादक पर किसी हाकिम महाशय का अनर्थक क्रोध होय तो उस के निवारणार्थ वह संचित द्रव्य व्यय हुआ करे और सम्पादक समाज उस की सब प्रकार से सहायता में तत्पर रहें।" औचित्य और अधिकार की रक्षा के लिए पं. दुर्गाप्रसाद जी ने उस समय यह योजना प्रस्तुत की थी।

हिन्दी, हिन्दू और हिन्दू राष्ट्र के वे कट्टर हिमायती थे। धार्मिक दृष्टि से वे सनातन हिन्दू-धर्म को मानते थे। आर्यसमाज से भी उन्हें संघर्ष करना पड़ता था। हिन्दी आन्दोलन को वे वैचारिक अवलम्ब देनेवालों में थे। हिन्दी के पक्षधरों का वे अपने पत्र 'उचितवक्ता' के माध्यम से अभिनन्दन करते थे।

वे एक विद्वान् पुरुष थे जिनका कई भाषाओं पर अधिकार था। बँगला की कई पुस्तकों का उन्होंने हिन्दी में अनुवाद किया था। उनके द्वारा अनूदित पुस्तकों की विज्ञप्ति 'उचितवक्ता' में प्रायः प्रकाशित होती थी।

पं. दुर्गाप्रसाद जी सहज भाषा के आग्रही थे। भाषा-सम्बन्धी अपने आदर्श की चर्चा उन्होंने 'उचितवक्ता' के 12 जनवरी, 1895 ई. के अंक की 'हिन्दी साहित्य' शीर्षक सम्पादकीय टिप्पणी में की है। पं. अम्बिकाप्रसाद वाजपेयी ने लिखा है कि, "उन की भाषा बड़ी प्रौढ़ और व्याकरण सम्मत होती थी, यद्यपि वे बराबर कहते थे कि 'ब्याहकरन' मेरे पास नहीं उस की जरूरत हो तो मानिक के पास जाओ। इस से उन के दो अभिप्राय थे कि व्याकरण मैं नहीं जानता,

उस विषय में कुछ पूछना हो तो पं. गोविन्दनारायण मिश्र से पूछो। उन्हें लोग मानिक जी कहते थे। इस में व्यंग्यार्थ था कि स्त्री मर जाने पर मैंने ब्याह नहीं किया है। इसी तरह की बातें हुआ करती थीं। दिल्लगी करते समय उन्हें कुछ खर्च भी करना पड़े तो मजे से करते थे।"

भाषा पर उनका पूरा अधिकार था और उनकी भाषा-शैली तथा सम्पादनकला की प्रशंसा बाबू हरिश्चन्द्र तथा अन्य युगीन लेखक करते थे। पं. दुर्गाप्रसाद जी के सम्पादकत्व में 'जम्बू प्रकाश' नामक हिन्दी पत्र काश्मीर से, काश्मीर नरेश की ओर से प्रकाशित होनेवाला था। 'उचितवक्ता' में इसकी विज्ञप्ति छपी थी। इस सम्बन्ध में बाबू हरिश्चन्द्र का 21 मे 1881 के 'उचितवक्ता' में एक पत्र प्रकाशित हुआ जो इस प्रकार है—

प्रेरित पत्र

श्रीयुक्त उचितवक्ता सम्पादकेषु।

प्रिय!

मुझ को यह सुन के बड़ा आनन्द हुआ कि श्रीमान् महाराजाधिराज जम्बू काश्मीराधिपति ने जम्बू में जम्बू प्रकाश नामक एक भाषा का समाचारपत्र प्रचलित करने चाहा है और आप के पूर्व सम्पादक बाबू दुर्गाप्रसाद मिश्र को सम्पादकीय भार मिलेगा ऐसी जनश्रुति है निस्सन्देह पण्डित दुर्गाप्रसाद मिश्र भाषा में योग्य पुरुष हैं और इन के सुप्रबन्ध में 'जम्बू प्रकाश' प्रकाश पा कर उस देश का अनेक उपकार करेगा। आशा है कि श्रीमहाराज के द्वारा यह शुभ अनुष्ठान शीघ्र ही सम्पन्न हो :

स्नेहाभिलाषी

वैशाख शुक्ल 14 हरिश्चन्द्र

'उचितवक्ता', 9 जुलाई 1881 में मथुरा से प्रेषित श्रीनिवासदास का एक पत्र प्रकाशित हुआ था जिसमें भारतेन्दु बाबू हरिश्चन्द्र के पत्र का हवाला देते हुए 'जम्बू प्रकाश' पत्र के प्रकाशन की सम्भावना पर हर्ष प्रकट किया गया है और अन्त में आशा प्रकट की गयी है कि "पण्डित दुर्गाप्रसाद सम्पादित 'जम्बू प्रकाश' शीघ्र ही प्रकाशित होकर दर्शकों की अभिलाषा पूरी करेगा और ईश्वर की कृपा से चिरस्थायी होकर अपने कर्तव्य साधन में कृतकार्य होगा।" पं. दुर्गाप्रसाद मिश्र की सम्पादन-शक्ति की चर्चा बाबू बालमुकुन्द गुप्त ने इस प्रकार की है—"...पण्डित दुर्गाप्रसाद जी स्वयं एक तेज सम्पादक और जबरदस्त लेखक थे। उन के धुआँधार लेख कभी-कभी गजब किया करते थे। दिल्लगी की फुलझड़ियाँ और छेड़छाड़के पटाखे छोड़ने में वह किसी उत्सव या पर्व का खयाल न करते थे।[1]

1. बालमुकुन्द गुप्त : गुप्त-निबन्धावली, पृ. 334।

पं. दुर्गाप्रसाद जी बड़े विनोदप्रिय और मिलनसार व्यक्ति थे। उनका निवास स्थान कलकत्ते के साहित्य-सेवियों और साहित्यानुरागियों का केन्द्र था। पण्डित गोविन्दनारायण मिश्र, देवी सहाय जी पाटनवाले और पं. सदानन्द जी मिश्र आदि हिन्दी के महारथी वहीं आकर बैठते थे। देश की राजनीतिक, धार्मिक और सामाजिक स्थिति की मिश्र जी के दरबार में खुली आलोचना होती थी।[1] 'अमृत बाज़ार पत्रिका' के संस्थापक एंवं सम्पादक बाबू शिशिर कुमार घोष को वे अपना राजनीतिक गुरु मानते थे।[2] बाबू बालमुकुन्द गुप्त जब 'हिन्दी बंगवासी' में गये तो उन्हें भी कुछ दिनों तक मिश्र जी ने अपने साथ ही रखा। उन्हें हिन्दी की ही नहीं हिन्दी के साहित्यकारों और हितचिन्तकों का भी सदैव ध्यान रहता था।

पं. दुर्गाप्रसाद मिश्र का व्यक्तित्व आलोकवर्षी था। अपना सब कुछ गँवाकर उन्होंने एक पीढ़ी को आलोकित किया था। कलकत्ते की हिन्दी-पत्रकारिता के प्राण-प्रतिष्ठाताओं में उनका शीर्ष स्थान है।

सारसुधानिधि-सम्पादक पं. सदानन्द मिश्र

दूसरे दौर के हिन्दी पत्रों में 'सारसुधानिधि' अत्यन्त तेजस्वी पत्र था जिसकी विस्तृत विवेचना पूर्ववर्ती पृष्ठों में की गयी है। यह पत्र पं. सदानन्द मिश्र के सम्पादकत्व में प्रकाशित होता था। सदानन्द जी के पिता पं. योगध्यान मिश्र कलकत्ता संस्कृत कॉलेज में ज्योतिष के अध्यापक थे। उन्होंने 1829 ई. में 'सारसुधानिधि प्रेस' की स्थापना की थी। पं. गोविन्दनारायण कहा करते थे कि लल्लूलाल जी का 'प्रेमसागर' पहले पहल 'सारसुधानिधि प्रेस' में ही छपा था।[3] पं. योगध्यानजी पं. गोविन्दनारायण जी के फूफा थे। इस प्रकार गोविन्दनारायण जी और सदानन्द जी के बीच पारिवारिक सम्बन्ध था।

'सारसुधानिधि' के पहले वर्ष में जब घाटा हुआ तो अन्य साझियों के साथ ही पं. गोविन्दनारायण जी ने भी इस पत्र से अपना सम्बन्ध तोड़ लिया और सदानन्द जी अकेले पड़ गये। फिर भी बड़ी निष्ठा से उन्होंने इस पत्र का संचालन-सम्पादन किया। इस पत्र की विस्तृत विवेचना करते हुए पं. सदानन्द जी के सम्पादकीय दृष्टिकोण की अपेक्षित चर्चा हमने की है। उनकी राजनीतिक चेतना बड़ी प्रखर थी। उनकी यह दृढ़ धारणा थी कि देशवासियों का राजनीतिक संस्कार उन्नत होने पर ही देशोन्नति सम्भव है। देशवासियों में अधिकांश ऐसे थे जिनमें राजनीतिक चेतना का अभाव था। ऐसे ही देशवासियों के बौद्धिक धरातल को उन्नत करने का प्रयत्न

1. बालमुकुन्द गुप्त-स्मारक ग्रन्थ, पृ. 70।
2. वही।
3. अम्बिकाप्रसाद वाजपेयी : समाचारपत्रों का इतिहास, पृ. 165।

पं. सदानन्द जी 'सारसुधानिधि' माध्यम से करते रहे। उनका विश्वास था कि 'राजनीति' और समाजनीति का संशोधन जैसा समाचारपत्रों से होता है, वैसा दूसरे उपाय से नहीं हो सकता। इसलिए उन्होंने देशी पत्रकारों से अनुरोध किया था, **"हम अपने सहयोगियों से सविनय निवेदन करते हैं कि कदाचित् हमारे हिन्दुस्तानी भाइयों के राजनैतिक और समाजनैतिक संस्कारों को देख निराश हो राजनैतिक और समाजनैतिक विषयों की समालोचना छोड़ न दें।...जब हम सब संस्कारक कार्य्य में व्रती हुए हैं तो हम लोगों को उचित है कि यावज्जीवन इस गुरुतम कार्य्य के साधन में प्रवृत्त रहें।...हम लोगों के प्रधान आश्रय धीरता, साहस और अध्यवसाय हैं। यदि हम इन तीनों के आश्रय से निरन्तर अपने कर्तव्य साधन में प्रवृत्त रहेंगे तो निःसन्देह ईश्वर हमारा सहायक हो हमारे हिन्दुस्तानियों के संस्कारों को सुधार हमारी ब्रिटिश गवर्नमेन्ट द्वारा भारतवर्ष की पूर्व स्वाधीनता, पूर्व समृद्धि और पूर्वोन्नति दिखावेगा। आपाततः इसका उपाय एक आप ही सब समारपत्र हो, अतएव हम पुनः अनुरोध करते हैं कि कदापि किसी के कहने से शिथिल प्रयत्न न होगा। जो आपको विपरीत सुझाते हैं वह उसी भ्रष्ट संस्कार के वशवर्त्ती हैं। यह निश्चय है कि जो कुछ भारतवर्ष का हित होना है वह समाचारपत्रों ही से होना है।"** इसी विश्वास, निष्ठा और अशिथिल प्रयत्न से पं. सदानन्द मिश्र ने अपने दायित्व का पालन किया।

बर्तानिया साम्राज्यवाद का विरोध पं. सदानन्दजी बड़े कड़े शब्दों में करते थे। अत्याचारी गवर्नर जेनरल लॉर्ड लिटन का विरोध जिस स्पष्टता और जिन कड़े शब्दों में उन्होंने किया था, उसे देखते हुए यह स्पष्ट है कि उनकी स्थिति अपनी उग्र राष्ट्रीयता के चलते निरापद नहीं थी। किन्तु उन्हें व्यक्तिगत सुरक्षा और समृद्धि की चिन्ता नहीं थी। कदाचित् इसीलिए वे अन्याय का इतना कड़ा विरोध कर सके थे। 30 मार्च, 1879 के 'सारसुधानिधि' की सम्पादकीय टिप्पणी—'उन्नीसवीं शताब्दी! और ये सभ्यता!!!'—की ये पंक्तियाँ द्रष्टव्य हैं : **"क्या इसी को सभ्यता, राजनीति, धर्मनीति और दयावृत्ति कहते हैं? जो लोग अपनी सभ्यता, राजनीति, धर्म्मनीति और दयावृत्ति के आगे प्राचीनों को असभ्य, मूर्ख, धर्म्म ज्ञानशून्य और नृशंस कहते हैं, ये क्या उन्हीं लोगों के काम हैं!! गत फरांसीस और जर्मन का युद्ध, रूस और टर्की का युद्ध, ये सब युद्धों से स्पष्ट प्रमाण होता है कि सभ्य और असभ्य, राजा और शेर इनमें कुछ भी फरक नहीं है। क्योंकि असभ्यकाल के लोग जिस प्रकार क्रोध, लोभ, हिंसा, बैर, निर्य्यातन और जिगीषा आदि पशुधर्म के वशीभूत हो निरपराधियों के रुधिर से देशप्लावित करते थे, अब के सभ्य महापुरुष भी उसी प्रकार रुधिर की नदी बहाया करते हैं।...हम लोग प्राचीन काल को असभ्य कहते हैं, परन्तु अबके जिगीषु राजाओं का व्यवहार देख कर ये सन्देह होता है कि प्राचीनकाल**

असभ्य था या अब का समय असभ्य है।" स्मरणीय है कि यह बात उस समय कही गयी थी जब लॉर्ड लिटन का शासन था और प्रेस ऐक्ट लागू था। सरकार का ग़लत पक्ष-समर्थन करनेवाले पत्रकारों से पं. सदानन्द जी की अक्सर लड़ाई हो जाती थी। 'भारतबन्धु' के साथ हुए झगड़े के मूल में यही बात थी।

पं. सदानन्द जी का दृष्टिकोण अत्यन्त प्रगतिशील था। वैज्ञानिक कृषि और प्रतिनिधि शासन प्रणाली के वे आग्रही थे। इसी प्रकार की अन्य जातीय समस्याओं पर भी उन्होंने 'सारसुधानिधि' में विचार किया था जिसकी विवेचना पूर्ववर्ती पृष्ठों में की गयी है।

कुछ ख़ास कारणों से जब 'सारसुधानिधि' का प्रकाशन कुछ समय के लिए बन्द हो गया था तो हिन्दी-अँगरेजी पत्रों और विशिष्ट व्यक्तियों ने संवेदना और खेद प्रकट करते हुए पं. सदानन्द मिश्र के सम्पादकीय महत्त्व की चर्चा की थी जिसे पहले 'सारसुधानिधि' के सन्दर्भ में उद्धृत किया गया है। सभी ने पं. सदानन्द जी की योग्यता की प्रशंसा की थी।

श्री राधाकृष्णदास ने अपनी पुस्तक 'हिन्दी भाषा के सामयिक पत्रों का इतिहास' में लिखा है कि, **"'सारसुधानिधि' जैसे गौरव और गम्भीरता से निकलता था आज तक दूसरा पत्र देखने में न आया। पण्डित सदानन्द मिश्र सम्पादक के प्रौढ़ लेखनी का जिन्हें आनन्द मिला है वे सदा उस के लिए तरसा करते हैं। जैसा ही तो कागज और छपाई उत्तम वैसी ही भाषा तथा लेख प्रणाली उज्ज्वल और वैसे ही राजनैतिक सामाजिक आदि उद्देश्य महत्।[1]"**

उनके जातीय दृष्टिकोण की चर्चा हमने की है। यहाँ यह भी स्पष्ट कर देना आवश्यक है कि वे हिन्दुत्व के हिमायती थे। हिन्दुओं में वह पौरुष की प्रतिष्ठा और नयी जागृति उत्पन्न करना चाहते थे। 'सारसुधानिधि' प्रथम वर्ष, अंक 6 की सम्पादकीय टिप्पणी, 'हिन्दू-समाज' की ये पंक्तियाँ द्रष्टव्य हैं, **"ये क्या सामान्य दुःख का विषय है कि इस एक लाख इक्यासी हजार सात सौ पच्चीस वर्ग योजन विस्तीर्ण भारत महाप्रदेश में प्रायः चौबीस करोड़ मनुष्यों की बसती में अन्दाज सोले करोड़ मनुष्य सनातन आर्य्यधर्मावलम्बियों का एक प्रशस्त हिन्दु समाज, केवल एक अपकृष्ट प्रवृत्ति के प्रभाव से परमुखापेक्षित और पराधीनता स्वीकार कर के चिर प्रसिद्ध हिन्दु आर्यों का मान्य और गौरव के बदले हीनता का परिचय देता है। क्या आश्चर्य की बात है! कि हम लोग सामान्य सम्प्रदायिक समाज की उन्नति देख कर के भी उत्तेजित और उत्साहित नहीं होते। और बहुजनाकीर्ण समाज के पराक्रम और बल पर नजर**

---

1. राधाकृष्णदास : हिन्दी भाषा के सामयिक पत्रों का इतिहास, पृ. 23।

नहीं कर के प्रायः सभी विषय में शिथिलता और हीनता ही प्रकाश करते हैं।"

'सारसुधानिधि' की चर्चा करते हुए डॉ. रामविलास शर्मा ने लिखा है—"अन्य लेखकों का सहयोग इस पत्र को प्राप्त था परन्तु उनमें राधाचरण गोस्वामी या सदानन्द मिश्र की प्रतिभा का कोई न था। ये दोनों अपने युग के श्रेष्ठ गद्यलेखकों में थे और उनकी रचनाओं को देखते हुए 'सारसुधानिधि' की और सामग्री कभी-कभी फीकी लगती है। सदानन्द मिश्र का नाम हिन्दी लेखकों में प्रसिद्ध नहीं है परन्तु उनका गद्य सुधरा और ओजपूर्ण होता था। दुर्भाग्य से उनके लेख पत्र की पुरानी जिल्दों में बन्द हैं। उनमें एक दृढ़ निर्भीक व्यक्तित्व का दर्शन होता है, उस युग की पत्रकार-कला में निःसन्देह वह अन्यतम थे। उनका पत्र तब के जन-साहित्य का प्रतीक है।[1]"

इस प्रकार हम देखते हैं कि पं. सदानन्द मिश्र एक सचेत पत्रकार थे जो प्रत्येक युगीन समस्याओं पर ध्यान रखते थे और बहुत खुलकर बिना किसी दुविधा के औचित्य का वर्णन करते थे।

'हिन्दी बंगवासी' के आदि सम्पादक पं. अमृतलाल चक्रवर्ती

हिन्दी के प्रसिद्ध पत्रकार पं. अमृतलाल चक्रवर्ती अहिन्दी भाषा-भाषी थे। उनका जन्म सन् 1863 में पश्चिमी बंगाल के चौबीस परगना जिलान्तर्गत नाँवरा नामक ग्राम में हुआ था। चक्रवर्ती जी का बाल्यकाल पुरातनप्रिय पिता श्री के सम्पर्क में बीता। उस ज़माने में जैसे हर ग़रीब ब्राह्मण का लड़का संस्कृत पढ़ता था, चक्रवर्ती जी भी अपने बाल्यकाल में घर पर संस्कृत पढ़ते थे। किशोरवय में ही उनका सम्पर्क हिन्दी प्रदेश से हो गया। गाज़ीपुर में वे अपने मामा और मौसी के साथ काफ़ी दिनों तक रहे। वहाँ उन्होंने फ़ारसी भी पढ़ी और बाद में हिन्दी के आदमी हो गये।

पिता जी की मृत्यु के बाद उनके ऊपर गार्हस्थिक दायित्व का बोझ आ गया जिसके चलते उन्हें बड़ी कठिनाइयों से मुक़ाबला करना पड़ा। कुछ दिनों तक कलकत्ते में छोटा-मोटा काम करके उन्होंने कुछ रुपया एकत्र कर लिया और फिर सपरिवार हिन्दी प्रदेश में लौट आये। इलाहाबाद में एक साधारण नौकरी की, फिर हाईकोर्ट में क्लर्क रहे। क़ानून की परीक्षा पास कर लेने पर मुन्सिफ़ बनने की सम्भावना थी, किन्तु चक्रवर्ती जी को उसमें कोई विशेष आकर्षण न मिला और वे कालाकाँकर के राजा रामपाल सिंह जी के आमन्त्रण पर उनके पत्र 'हिन्दुस्तान' के सम्पादन का दायित्व ले लिया। वहाँ हिन्दी के धौरन्धरिकों से उनका सम्पर्क बढ़ा और वे क्रमशः हिन्दी के निकट पहुँचते गये।

---

1. डॉ. रामविलास शर्मा : 'भारतेन्दु युग', पृ. 39।

'हिन्दुस्तान' की नौकरी छोड़ने के बाद चक्रवर्ती जी 'भारतमित्र' का सम्पादन करने लगे। वहाँ भी अधिक दिन नहीं रह पाये। 'हिन्दी बंगवासी' के प्रेरक और आदि सम्पादक चक्रवर्ती जी ही थे। 'हिन्दी बंगवासी' से मुक्त होकर वे बम्बई चले गये और 'श्रीवेंकटेश्वर समाचार' में काम करने लगे। किन्तु वहाँ से भी हिन्दी-प्रेम के अतिरिक्त आग्रह के कारण नौकरी छोड़ देनी पड़ी। सन् 1914 ई. में 'श्रीवेंकटेश्वर समाचार' का दैनिक संस्करण इन्हीं के सम्पादकत्व में निकलता था। 'कलकत्ता समाचार' में भी वे रहे और 'भारतमित्र'-सम्पादक पं. बाबूराव विष्णु पराड़कर से सामाजिक विषयों को लेकर उनकी प्रायः कहा-सुनी होती रही। 'कलकत्ता समाचार' छोड़ कर वे एक बार फिर 'श्रीवेंकटेश्वर समाचार' में गये थे लेकिन इस बार भी अधिक दिनों तक न रह सके और देशबन्धु चित्तरंजनदास के पत्र 'फारवर्ड' में अच्छे वेतन पर नौकरी कर ली। यहाँ भी सैद्धान्तिक मतभेद होने के कारण वे टिक न सके और हिन्दी साप्ताहिक 'श्री सनातनधर्म' का सम्पादन-भार सँभाला।

'श्री सनातनधर्म' की सम्पादकीय टिप्पणी में हिन्दू-मुसलमान के झगड़े पर विचार करते हुए चक्रवर्ती जी ने लिखा था, **"दोनों धर्मावलम्बी स्वदेशवासी भाइयों में पक्की अटल दोस्ती एक मुसलमान नेताओं को छोड़ कर और किसी से भी खड़ी नहीं की जा सकती। क्योंकि हिन्दू-मुसलमानों की चिरस्थायी पक्की दोस्ती मुसल्मान धर्मावलम्बियों के गो मांस-भक्षण छोड़ने पर ही निर्भर है, जो महात्माजी त्रिकाल में भी किसी मुसल्मान से नहीं कहेंगे। यह केवल मुसल्मान नेता से मुसलमानों से कह सकते हैं और अपनी शक्ति के प्रभाव से बन्द भी करा सकते हैं। स्वराज्य के लिए, जातीय अन्यान्य प्रकार की विभिन्न भलाइयों के लिये, यदि भारत के मुसलमान इस विषय में अपने काबुल हम-मजहबों की नकल करें तो हिन्दू-मुसल्मान का तमाम झगड़ा चिरकाल के लिये तो हो जाये।...मुसलमानों में एक उसी गो-मांस भक्षण के आचरण को छोड़ हिन्दुओं से उन के झगड़े का असल मूल और कोई नहीं है। उस मूल को काट डालते ही झगड़ा तय होकर मुसल्मान हिन्दुओं की अपार श्रद्धा प्राप्त करेंगे और परम्परा में कभी न टलने वाली दोस्ती खड़ी होगी।"**

अपनी धारणाओं के प्रति चक्रवर्ती जी बड़े कट्टर थे। यही कारण था कि वे कहीं समझौता नहीं कर पाते थे और कहीं स्थिर होकर कुछ दिन काम करना उनके लिए सम्भव नहीं हो पाता था। इस अस्थिरता के कारण उन्हें हमेशा आर्थिक कष्ट में रहना पड़ता था। क़र्ज़ का भार बढ़ जाने और समय से उसे वापस न करने के कारण उन्हें जेल तक जाना पड़ा था। सहायता के लिए उन्होंने स्वजनों को पत्र लिखा था जिसके अन्त में यह श्लोक था–

"दरिद्राय नमस्तुभ्यं सिद्धोऽहं यत् प्रसादतः।
जगत् पश्यामि येनाहं मां न पश्यन्ति केचन ॥"

चक्रवर्ती जी के स्वजनों ने उनकी ख़बर न ली। उस विपत्तिकाल में उनके काम उनके मित्र बाबू बालमुकुन्द गुप्त आये। चक्रवर्ती जी ने लिखा है कि "हृदय की वेदना लेकर वह जेलखाने के दरवाजे पर पहुँचा और हृदय के मर्मस्थल से निकलते हुए अश्रुजल से भीगता हुआ अधूरी बातों में कहने लगा—'आपकी यह दशा सही नहीं जाती।'...उनके प्रबन्ध से न उस कारागार में मुझे भोजन शयनादि का कोई क्लेश रहा और न मेरे परिवार के लोगों को ही अन्न-कष्ट भोगना पड़ा।[1]"

'हिन्दी-बंगवासी', जिसके सम्पादक पं. अमृतलाल चक्रवर्ती थे, की भाषाशैली की चर्चा करते हुए बाबू बालमुकुन्द गुप्त ने लिखा है, **"बहुत सी ऐसी बातें उसमें छपने लगीं, जो किसी और हिन्दी अखबार में न होती थीं। केवल एक ही दोष उसमें था कि उसकी भाषा बंगला ढंग की होती थी। इसका कारण यही था कि उसका सम्पादक बंगाली था, उस समय वह बहुत साफ हिन्दी नहीं लिख सकता था और हिन्दी के अदब कायदे भी कम जानता था। इससे हिन्दी के दो-चार सुलेखक उसकी किसी-किसी बात से नाराज हुए।"**[2] पं. अमृतलाल चक्रवर्ती की सबसे बड़ी विशेषता यह है कि "बंगाली होने पर भी आपने सम्पादन हिन्दी समाचारपत्रों का किया है।"[3] हिन्दी की यह एक बहुत बड़ी सेवा थी जिसके उत्तर के रूप में हिन्दी संसार ने उन्हें हिन्दी-साहित्य-सम्मेलन का सभापति बनाकर अभिनन्दन किया था।

चक्रवर्ती जी के अवदान का मूल्यांकन करते हुए पं. बनारसीदास चतुर्वेदी ने लिखा है, "षोडश हिन्दी-साहित्य-सम्मेलन के सभापति ने अपने जीवन में अनेक व्यवसाय और अनेक काम किये हैं, पर आपकी प्रवृत्ति हिन्दी-पत्र-सम्पादन की ओर ही रही है। आपकी जीवन-परिधि का केन्द्र जर्नेलिज़्म ही रहा है। सन् 1885 से लेकर, जबकि आप 'हिन्दुस्तान' के सम्पादकीय विभाग में काम करने के लिए कालाकाँकर गये थे, सन् 1925 तक यानी इन चालीस वर्षों में आपने हिन्दी-जर्नेलिज़्म का खूब अनुभव प्राप्त किया। मातृभाषा बँगला होने पर भी राष्ट्रभाषा हिन्दी की जो सेवा आपने की उसके लिए हम सब आपके ऋणी हैं। महात्मा गाँधीजी, माधवरावजी सप्रे और अमृतलालजी चक्रवर्ती को, जिनकी मातृभाषाएँ क्रमशः गुजराती, मराठी और बँगला थीं, हिन्दी साहित्य-सम्मेलन के सभापति निर्वाचित कर हिन्दी-जनता ने अपनी कृतज्ञता का परिचय दिया। हिन्दी के राष्ट्रभाषा होने का इससे उत्तम प्रमाण और क्या मिल सकता है?"[4]

---

1. पं. अमृतलाल चक्रवर्ती : 'बालमुकुन्द गुप्त-स्मारक ग्रन्थ', पृ. 280।
2. बाबू बालमुकुन्द गुप्त : 'गुप्त-निबन्धावली', पृ. 394।
3. वही, पृ. 393।
4. बनारसीदास चतुर्वेदी : 'रेखाचित्र', पृ. 325।

प्रसिद्ध शैलीकार बाबू बालमुकुन्द गुप्त

रोहतक ज़िले के गुड़ियानी नामक ग्राम में कार्तिक शुक्ल 4, 1922 विक्रमाब्द को गुप्त जी का जन्म हुआ था। गुप्त जी जन्मना वैश्य और कर्मणा ब्राह्मण थे। किशोरवय में ही उन्हें पारिवारिक चिन्ता ने घेर लिया था, तथापि वे उससे आक्रान्त न हो सके और अपने विद्याव्यसन को निरन्तर संवर्द्धित करते गये।

हिन्दी के श्रेष्ठ औपन्यासिक मुंशी प्रेमचन्द की तरह बालमुकुन्द गुप्त भी उर्दू की दुनिया से हिन्दी में आये थे। उनकी शैली में जो एक वेगवती शक्ति है उसमें उर्दू का भी निश्चित रूप से योग है। अपने अनन्य मित्र पं. दीनदयालु जी की सलाह से उन्होंने चुनार से निकलनेवाले 'अखबारे चुनार' का सम्पादन किया था। उर्दू में 'शाद' नाम से गुप्त जी लिखा करते थे।

गुप्त जी की पत्रकारिता के आदर्श स्वरूप की विस्तृत विवेचना 'भारत-मित्र' के सन्दर्भ में परवर्ती पृष्ठों में की गयी है। हमने देखा है कि अपनी देशभक्ति और औचित्य के आग्रह के कारण 'हिन्दुस्थान' और 'हिन्दी बंगवासी' की नौकरी उन्होंने छोड़ दी थी।

16 जनवरी, सन् 1899 का 'भारतमित्र' पहली बार बाबू बालमुकुन्द गुप्त के सम्पादन में निकला था। इसी दिन से लेकर साढ़े आठ वर्ष तक 'भारतमित्र' के माध्यम से उन्होंने हिन्दी और हिन्दुस्तान की सेवा की।

गुप्त जी की राष्ट्रीय चेतना बड़ी प्रखर थी। लॉर्ड कर्ज़न-जैसे अत्याचारी गवर्नर जनरल के शासन काल में गुप्त जी के हाथों में 'भारतमित्र' जैसा तेजस्वी अस्त्र था जिससे उन्होंने लॉर्ड कर्ज़न पर खुलकर प्रहार किया था। गुप्त जी 'भारतमित्र' के सर्वेसर्वा थे, इसलिए पूरी स्वेच्छा और स्वतन्त्रता से अपनी बात कहते थे। 'सारसुधानिधि' के माध्यम से पं. सदानन्द मिश्र ने लॉर्ड लिटन-जैसे अत्याचारी गवर्नर जनरल का जिस तेजस्विता से विरोध किया था उसी राष्ट्रीय अन्दाज़ में गुप्त जी ने भी लॉर्ड कर्ज़न पर प्रहार किया था। 'शिवशम्भु का चिट्ठा' और 'शाइस्ता ख़ाँ के ख़त' का उल्लेख किया जा चुका है और गुप्त जी की निर्भीकता और राष्ट्रीयता का स्वरूप भी देखा जा चुका है, उसकी पुनः आवृत्ति आवश्यक नहीं। 'शिवशम्भु का चिट्ठा' हिन्दी गद्य का श्रेष्ठ उदाहरण है जिस पर टिप्पणी करते हुए भारतेन्दु युगीन साहित्य के मर्मज्ञ समीक्षक डॉ. रामविलास शर्मा ने लिखा है कि, "ये व्यंग्यपूर्ण निबंन्ध भारतेन्दु और प्रतापनारायण मिश्र की परम्परा का अनुकरण करके लिखे गये हैं। भँगेड़ी शितशम्भु के दिवास्वप्नों के बहाने गुप्त जी ने विदेशी शासन पर खूब फब्तियाँ कसी हैं।[1]" हिन्दी भाषा के वैशिष्ट्य-विज्ञापन के उद्देश्य से गुप्त जी ने हिन्दी भाषा और देवनागरी लिपि के सम्बन्ध में 'भारतमित्र' में अनेक लेख लिखे थे।

---

1. डॉ. रामविलास शर्मा : 'भारतेन्दु युग', पृ. 113।

देवनागरी लिपि के उन्नायक जस्टिस सारदाचरण मित्र से उनका स्नेह सम्बन्ध था और वे मित्र महाशय के सक्रिय सहयोगियों में थे।

भाषा और व्याकरण को एक परिनिष्ठित व्यवस्था देने के लिए उन्होंने 'भारतमित्र' के माध्यम से हिन्दी के पण्डितों से संघर्ष किया था। आचार्य महावीर प्रसाद द्विवेदी के साथ गुप्त जी का जो ऐतिहासिक विवाद हुआ था उसके मूल्य-महत्त्व की विवेचना पूर्ववर्ती पृष्ठों में की गयी है। स्मरणीय है कि गुप्त जी परम वैष्णव थे। ब्राह्मण-भक्त और धर्मभीरु थे। आचार्य श्री द्विवेदी जी के प्रति उनके मन में बड़ा सम्मान था, द्विवेदी जी के समसामयिक और समवयस्क होते हुए भी गुप्त जी द्विवेदी जी का चरण-स्पर्श करते थे।[1] किन्तु सैद्धान्तिक धरातल पर द्विवेदी जी का जैसा विरोध गुप्त जी ने किया, किसी दूसरे को वैसा साहस नहीं हुआ। द्विवेदी जी को प्रणम्य मानते हुए भी गुप्त जी ने उनकी 'पण्डिताई' पर तीखे व्यंग्य छोड़े थे जिससे द्विवेदी जी तिलमिला उठे थे। मात्र एक शब्द—'अनस्थिरता'—को लेकर हिन्दी के दो प्रख्यात धौरन्धरिकों में जो लड़ाई हुई थी, वह हिन्दी साहित्य के इतिहास की एक अविस्मरणीय घटना है।

हिन्दी अखबारों का इतिहास लिखकर गुप्त जी ने एक बहुत बड़े ऐतिहासिक अभाव की पूर्ति की थी। यद्यपि उनके इतिहास में आज कई त्रुटियाँ दिखाई देती हैं तथापि उसका साहित्यिक और ऐतिहासिक महत्त्व आज भी असन्दिग्ध है।

हिन्दी के साथ ही गुप्त जी हिन्दुत्व के भी हिमायती थे। पं. लक्ष्मणनारायण गर्दे ने लिखा है कि "गुप्त जी के अन्दर स्वधर्म-प्रीति की एक ज्योति थी। स्वाभिमान और स्वदेशाभिमान उसी की ज्वाल-मालाएँ बनकर उनका व्यक्तित्व विकसित कर रही थीं। 'हिन्दी, हिन्दू, हिन्दुस्थान' इस महान् मन्त्र के गुप्त जी एक साधक थे।[2]"

गुप्त जी के घनिष्ठ व्यक्तियों में पं. दुर्गाप्रसाद मिश्र, पं. गोविन्दनारायण मिश्र, पं. देवीसहाय शर्मा, लक्ष्मणदत्त जी शास्त्री कलकत्ते के ऐसे व्यक्ति थे जिन्हें गुप्त जी अपना गुरुजन मानते थे। बंगाली मित्रों में प्रमुख थे ए. चौधरी, जे. चौधरी, बाबू मोतीलाल घोष, माननीय सर गुरुदास वन्द्योपाध्याय, जस्टिस सारदाचरण मित्र, बा. पाँचकौड़ी बनर्जी, पं. सुरेशचन्द्र समाजपति, पं. राजेन्द्रचन्द्र शास्त्री, कविराज ज्योतिर्मय सेन, डॉ. प्यारी मोहन मुकर्जी और पं. सखाराम गणेश देउस्कर। इनके अलावे पं. दीनदयालु शर्मा, पं. मदनमोहन मालवीय, पं. छोटूलाल मिश्र, पं. प्रतापनारायण मिश्र, पं. उमापतिदत्त शर्मा, पं. अक्षयवट मिश्र और पं. माधवप्रसाद मिश्र गुप्त जी के घनिष्ठ मित्र थे।[3]

गुप्त जी के सम्बन्ध में आचार्य रामचन्द्र शुक्ल ने लिखा है, **"ये अपने समय के सब से अनुभवी और कुशल सम्पादक थे। पहले उन्होंने दो उर्दू पत्रों का**

1. द्रष्टव्य, 'बालमुकुन्द गुप्त-स्मारक ग्रन्थ', पृ. 358।
2. वही, पृ. 358।
3. वही, पृ. 211।

सम्पादन किया था, पर शीघ्र ही कलकत्ते के प्रसिद्ध संवादपत्र 'बंगवासी' के सम्पादक हो गये। बंगवासी को छोड़ते ही ये 'भारतमित्र' के प्रधान सम्पादक बनाये गये।[1]" उन की भाषा-शैली की चर्चा करते हुए शुक्ल जी ने लिखा है कि "किसी प्रकार का विषय हो, गुप्त जी की लेखनी उस पर विनोद का रंग चढ़ा देती थी। वे पहले उर्दू के अच्छे लेखक थे, इस से उन की हिन्दी बहुत चलती और फड़कती हुई होती थी। वे अपने विचारों को विनोदपूर्ण वर्णनों के भीतर ऐसा लपेट कर रखते कि उन का आभास बीच-बीच में ही मिलता था। उन के विनोदपूर्ण वर्णनात्मक विधान के भीतर विचार और भाव लुके-छिपे रहते थे।[2]" डॉ. रामविलास शर्मा का मत है कि, "बालमुकुन्द गुप्त का भाषा पर असाधारण अधिकार है। वह हास्य रस से क्षण में ही दूर हटकर शैली को गम्भीर बना सकते थे। उनकी गम्भीर शैली में एक प्रकार की कविता है जिससे गद्य भी कविता की भाँति सरस हो उठता है।[3] अस्तु। स्पष्ट है कि हिन्दी गद्य शैली के निर्माण में पत्रकार गुप्त जी का महत्त्वपूर्ण अवदान है।

गद्य के साथ ही गुप्त जी अच्छी कविता भी लिखते थे और वे अच्छे अनुवादक भी थे।

हिन्दी के पे एक तेजस्वी पत्रकार थे जिन्होंने अन्याय-अत्याचार का बड़ा विरोध कर औचित्य का पक्ष-समर्थन किया था। लॉर्ड कर्ज़न के सन् 1903 के दिल्ली दरबार में भारतमित्र-सम्पादक गुप्त जी अँगरेज़ी पत्रों के सम्पादकों की भाँति निमन्त्रित होकर सम्मिलित हुए थे। हिन्दी पत्रों में उस समय यह सम्मान 'भारतमित्र' को मिला था। सन् 1904 ई. में न्याय निर्धारणार्थ कलकत्ता हाईकोर्ट में गुप्त जी सादर स्पेशल जुरी मनोनीत हुए थे।[4] गुप्त जी का व्यक्तित्व इतना प्रभावशाली था कि उनकी मृत्यु (18 सितम्बर 1907) पर हिन्दी पत्रों और साहित्यकारों के साथ ही अँगरेज़ी और बँगला के पत्रों ने भी शोक-टिप्पणियाँ प्रकाशित की थीं।[5]

पत्रकार की हैसियत से ही गुप्त जी ने साहित्य-रचना की। उनका कृतित्व आधुनिक हिन्दी-साहित्य की एक बड़ी उपलब्धि है जिसका गम्भीर अनुशीलन आरम्भ हो गया है और उसकी साहित्यिक महत्ता दिनों-दिन स्पष्ट और प्रतिष्ठित होती जा रही है।[6]

---

1. आचार्य रामचन्द्र शुक्ल : हिन्दी साहित्य का इतिहास, पृ. 473।
2. वही, पृ. 473-474।
3. डॉ. रामविलास शर्मा : भारतेन्दु युग, पृ. 113।
4. द्रष्टव्य, बालमुकुन्द गुप्त-स्मारक ग्रन्थ, पृ. 87।
5. वही, पृ. 176-183।
6. गुप्त जी के सम्बन्ध में विशेष द्रष्टव्य : (क) गुप्त निबन्धावली, (ख) बालमुकुन्द गुप्त-स्मारक ग्रन्थ, (ग) गद्यकार बाबू बालमुकुन्द गुप्त—जीवन साहित्य : नत्थन सिंह, (घ) बालमुकुन्द गुप्त : एक पुनर्मूल्यांकन—सं. श्री कल्याणमल लोढ़ा एवं श्री विष्णुकान्त शास्त्री।

सम्पादकाचार्य अम्बिकाप्रसाद वाजपेयी

उन्नीसवीं शताब्दी मानस-मनीषा के जागरण की शती है। जातीय चरित्र और चिन्ता को पराधीनता से उबारने की एक महत् प्रेरणा सम्पूर्ण देश में जगी और परवर्तीकाल के इतिहास-लेखकों ने इसे इतिहास के पृष्ठों पर टाँका कि वाणी की उन्मुक्तता का ऐसा प्रबल आग्रह और अनौचित्य-निरसन का ऐसा जोखिम-भरा उपक्रम पराधीन भारत में नहीं दिखा था—विशेषतः वैचारिक स्तर पर। वैचारिक क्रान्ति में सक्रिय सहयोग वही दे सकता था जिसकी दृष्टि में व्यक्ति-सुख की चिन्ता से राष्ट्र-हित की चिन्ता बड़ी थी या कि सच्चे व्यक्ति-सुख के लिए भी जो राष्ट्रीय कल्याण को शीर्षमहत्त्व की आवश्यकता समझता था। स्व. पं. अम्बिकाप्रसाद वाजपेयी इसी चिन्ताधारा से सम्पृक्त उस परम्परा के पत्रकार थे जो लोकमान्य तिलक, विपिनचन्द्र पॉल, अरविन्द घोष और लाला लाजपतराय की परम्परा थी—उग्र राष्ट्रीय स्वर-साधकों की परम्परा हिन्दीभाषी प्रदेश में अपनी उग्र वाणी के लिए वैसवाड़ा की भूमि प्रसिद्ध है। इस भूमि ने—यानी प्रतापनारायण मिश्र, आचार्य महावीरप्रसाद द्विवेदी और गणेशशंकर विद्यार्थी की साधना-भूमि कानपुर से—30 सितम्बर 1880 को हिन्दी पत्रकारिता के पितामह सम्पादकाचार्य पं. अम्बिकाप्रसाद वाजपेयी को जन्म दिया। अन्याय और अन्धकार से लड़ते वाजपेयी जी का शरीर जब सर्वथा थक गया तो अवध की अपनी प्रियभूमि लखनऊ में उन्होंने 21 मार्च 1968 को अपनी जीवन-कथा पूरी की।

वाजपेयी जी उन तपस्वी पत्रकारों में थे जिन्होंने पत्रकारिता को पेशा के रूप में नहीं बल्कि धर्म के रूप में अपनाया था, और बड़ी निष्ठा के साथ अपनाया था। कदाचित् यही कारण है कि आर्थिक उपलब्धि की चिन्ता छोड़कर वाजपेयी जी अपने इस धर्म पर दृढ़ रहे, किसी भी प्रकार की कठिनाइयों में विचलित न हो सके। तिलक युग के तेजस्वी हिन्दी पत्रकारों में उनका बहुत ऊँचा स्थान है। वे बीसवीं शताब्दी के आरम्भिक दो दशकों की हिन्दी पत्रकारिता के उन्नायकों में अप्रतिम थे।

पत्रकारिता सम्बन्धी अपने अनुभव बताते हुए उन्होंने सितम्बर 1931 के 'विशाल भारत' में लिखा था कि "'बंग-भंग' के आन्दोलन के समय पं. शिवबिहारीलाल वाजपेयी के द्वारा मैंने 'हिन्दी बंगवासी' के सम्पादकीय विभाग में प्रवेश किया और इसी समय से मैं पत्र-सम्पादन क्षेत्र में आ गया।" उस समय उन्हें मात्र तीस रुपये वेतन मिलता था। 20 नवम्बर, 1905 से 31 जुलाई, 1906 तक वह 'हिन्दी बंगवासी' में रहे। भाषा और व्याकरण के प्रश्न को लेकर 'भारतमित्र' के सम्पादक बाबू बालमुकुन्द गुप्त और 'सरस्वती' के सम्पादक आचार्य महावीरप्रसाद द्विवेदी में जो संघर्ष हुआ था उसमें हिन्दी के कई अन्य पत्रों ने भी भाग लिया था। 'हिन्दी बंगवासी' में पं. गोविन्दनारायण मिश्र ने 'आत्माराम की टें टें' शीर्षक

लेखमाला प्रकाशित करायी थी और अयाचित रूप से द्विवेदी जी का पक्ष-समर्थन किया था। इस लेखमाला की पहली किस्त 6 जनवरी 1906 को प्रकाशित हुई। वाजपेयी जी भी इस संघर्ष में पूरी रुचि ले रहे थे। वे अप्रकट रूप से गुप्त जी के पक्ष में थे।

'हिन्दी बंगवासी' से हटने के कुछ समय बाद उन्होंने एक अमेरिकन सैण्डन कम्पनी में नौकरी कर ली थी और कुछ रुपया एकत्र करके पुनः पत्रकारिता के क्षेत्र में प्रवेश किया था। उनका यह प्रवेश 1907 में मासिक 'नृसिंह' के रूप में हुआ। 'नृसिंह' राजनीतिक पत्रिका थी। इस सम्बन्ध में उन्होंने लिखा है, "मेरे पास कुछ रुपये एकत्र हो गये थे, इसलिए मुझे पत्र निकालने की सूझी। अनेक मासिक पत्र हिन्दी में निकलते थे परन्तु उनमें कोई राजनीतिक पत्र न था, इसलिए इस अभाव की पूर्ति का ठेकेदार मैं बना। पत्र का नाम 'नृसिंह' रखा। 1907 के नवम्बर में पहली संख्या निकली। मैं ही लेखक, सम्पादक, मुद्रक, प्रकाशक, क्लर्क और दफ्तरी सब कुछ था। बड़े आग्रह और प्रार्थना पर पं. गोविन्दनारायण मिश्र ने अवतरणिका और पं. दुर्गाप्रसाद मिश्र ने उद्देश्य लिखवा दिया था। पं. दुर्गाप्रसाद जी का वीरभद्र देव शर्मा के नाम से एक लेख पण्डितों की चाटुकारिता के सम्बन्ध में बाद को छपा, पर पं. गोविन्दनारायण जी ने फिर कुछ लिखा-लिखाया नहीं।" अपनी कठिनाइयों का उल्लेख करते हुए वाजपेयी जी ने लिखा है, "रुपये का प्रबन्ध करना, पत्र के लिए काग़ज़ लाना, छपाना, प्रूफ़ देखना और डिस्पैच करना मेरा ही काम था। इन सब कार्यों से मुझे जितना कष्ट नहीं हुआ, उससे कहीं अधिक आर्थिक चिन्ता से रहा और आफ़त की मार कि आगे भी इस चिन्ता ने मेरा पिण्ड नहीं छोड़ा।"

आर्थिक कठिनाइयों से हारकर वाजपेयी जी ने 'नृसिंह' का प्रकाशन एक वर्ष के बाद बन्द कर दिया। इसके बाद बाबू रूडमल्ल गोयनका के अनुरोध से उन्होंने 'श्रीसनातन धर्म' का सम्पादन-भार अपने ऊपर लिया। किन्तु आठ अंकों के बाद ही वे उस पत्र से हट गये, क्योंकि कट्टरतावादी संकीर्ण सनातनी नीति उन्हें पसन्द न थी। इसके बाद बाबूराव विष्णु पराड़कर के प्रयत्न से नेशनल कॉलेज में वाजपेयी जी हिन्दी अध्यापक हो गये। पराड़कर जी की अनुपस्थिति में उन्हें 'हितवार्ता' का भी सम्पादन करना पड़ता था। 1910 में कॉलेज-अधिकारियों की नीति पसन्द न आने के कारण देउस्कर जी और पराड़कर जी के साथ वाजपेयी जी भी कॉलेज से अलग हो गये।

जनवरी 1911 में वाजपेयी जी 'भारतमित्र' के सम्पादक पद पर नियुक्त हुए। 'भारतमित्र' के मालिक थे बाबू जगन्नाथदास। वे देश-सेवा के व्रती थे, इसलिए वाजपेयी जी को विशेष कठिनाई न हुई। उस समय के कठोर परिश्रम की चर्चा करते हुए वाजपेयी जी ने लिखा है, "दिन-रात में अठारह घण्टे काम मुझे करना पड़ता था। 17 जनवरी 1912 को अस्थायी दैनिक का प्रकाशन बन्द करके जब मैं

'भारतमित्र' ऑफ़िस से निकला तब मेरे पैर काँपते थे। इसी समय से शरीर अस्वस्थ रहने लगा, जिसके प्रभाव से जल्द बुढ़ापा आ गया।

इस अधिकार-बोध के कारण वाजपेयी जी संकट में भी पड़ गये थे। 'भारतमित्र' की आर्थिक क्षति का सारा दायित्व उन्हीं पर आ गया था। इस संकट के बावजूद उनकी निष्ठा नहीं टूटी। उन्होंने लिखा है कि "मुझमें एक पागलपन था और वह यह कि यदि दैनिक 'भारतमित्र' बन्द हो गया तो फिर हिन्दी में बहुत दिनों तक 'दैनिक' न निकल सकेगा। इसीलिए मैं चाहता था कि वह चले।" और वह चला; किन्तु वाजपेयी जी उसके साथ न चल सके। 'भारतमित्र' छोड़ने का कारण बताते हुए उन्होंने लिखा है, " 'भारतमित्र' छोड़ने का एक यह भी कारण था कि 'भारतमित्र' के लिए मैंने अपने को एक प्रकार से बलिदान कर दिया, परन्तु जब उसकी उन्नति के विषय में मैंने पाँच या सात रुपये का एक विज्ञापन बेकर की डायरेक्ट्री में दिलाया तो मैनेजर से यह कहा गया कि 'वे सम्पादक हैं, उनकी बात प्रबन्ध के विषय में आपने क्यों मानी?' जब मुझे यह बात मालूम हुई तो बड़ा दुःख हुआ, क्योंकि जिसे मैंने अपने खून से सींचा था उसकी उन्नति के लिए जब मेरे कहने पर सात रुपये भी ख़र्च नहीं किये जा सकते तो मेरा उससे सम्बन्ध रखना व्यर्थ है, यह सोच मैंने 7 अगस्त 1919 को गर्देजी को सम्पादक बनाकर, 'भारतमित्र' से अपना नाता तोड़ लिया।"

इसके बाद 4 अगस्त 1920 को वाजपेयी जी ने दैनिक 'स्वतन्त्र' का प्रकाशन किया। यह पत्र देश की वर्तमान राजनीति का पूरा समर्थक था। गाँधीजी के व्याख्यान इसमें विशेष रूप से प्रकाशित होते थे। असहयोग-आन्दोलन से यह पत्र बहुत सम्पृक्त था। यों तो वाजपेयी जी तिलक के उपासक थे, किन्तु जब देश की राजनीति ने महात्मा गाँधी को अपना एकमात्र नेता मान लिया तब वाजपेयी जी ने भी अपने पत्र द्वारा महात्मा गाँधी का और कहना चाहिए गाँधी-युग की राष्ट्रीय चेतना का साथ दिया।

एक दीर्घकाल तक वाजपेयी जी ने भिन्न-भिन्न पत्रों के सम्पादन-द्वारा देश-सेवा की है। पत्रकारिता सम्बन्धी अपनी उपलब्धि का मूल्यांकन करते हुए उन्होंने लिखा है कि "मैंने 'हिन्दी बंगवासी' में प्रवेश करने के समय ही स्थिर कर लिया था कि यही काम करूँगा, परन्तु जब तक कुछ पूँजी न हो ली तब तक चित्त की चंचलता दूर न हुई। बाद को तो शारीरिक और आर्थिक कष्टों की परवाह न कर मैंने पत्रकार का ही काम किया। परन्तु यह काम बड़ी पित्तमारी का है। धन तो नहीं के बराबर मिलता है और परिश्रम और जोखिम बहुत है। प्रायः बीस वर्ष तक दैनिक पत्र-सम्पादन के अपने अनुभव से मैं कह सकता हूँ कि योग्य सहकारी प्रायः नहीं मिलते। जो मिलते हैं वे बेमारी की तरह काम करते हैं। उत्तरदायित्व समझनेवालों का अभाव-सा ही है। जो लोग राजनीतिक विषयों से अनुराग नहीं रखते

वे अच्छे पत्रकार नहीं हो सकते।" कहने की आवश्यकता नहीं कि वाजपेयी जी को यह कठोर परिश्रम स्वास्थ्य की चिन्ता छोड़कर करना पड़ा था जिसके परिणामस्वरूप वे पक्षाघात से पीड़ित हो गये। किन्तु यह सच है कि इस आत्म-पीड़ा को झेलने में उन्हें उतना कष्ट नहीं हुआ जितना हिन्दी पत्रकारिता को उन्नत करने में उन्हें प्रतिकूलता से जूझते हुआ था।

वाजपेयी जी ने देश की और हिन्दी भाषा की सेवा अनेक कोणों से की है। वे पत्रकार, वैयाकरण, भाषाशास्त्री, साहित्यकार, अध्यापक, सक्रिय राजनीतिक कार्यकर्ता और अपने परिवेश को अहर्निश आलोक-प्रेरणा देनेवाले गृहस्थ थे। उन्होंने विविध विषयों पर पुस्तकें लिखी हैं, जैसे अनेक पत्रों का कुशलतापूर्वक सम्पादन-संचालन किया है। 'भारतीय शासन-पद्धति', 'हिन्दुओं की राजकल्पना', 'हिन्दी पर फ़ारसी का प्रभाव', 'चीन और भारत', 'अमेरिका और अमेरिका', 'हिन्दी कौमुदी', 'शिक्षा' (अनुवाद), 'अभिनव हिन्दी व्याकरण', 'अँगरेज़ी की वर्त्तनी और उच्चारण', 'रामायण सार', 'श्राद्ध-प्रकाश' आदि इनकी प्रकाशित पुस्तकें हैं। और एक ऐतिहासिक महत्त्व की पुस्तक है 'हिन्दी समाचार-पत्रों का इतिहास' जो अतीत हिन्दी पत्रकारिता की शक्ति का साक्ष्य प्रस्तुत करती है।

यह चर्चा पीड़क है कि हिन्दी पत्रकारिता के वर्तमान से वाजपेयी जी असन्तुष्ट थे। उन्होंने काफ़ी व्यथित होकर लिखा भी था कि 'पत्रकारिता के क्षेत्र से निष्ठा और योग्यता मिटती जा रही है।' एक बार मेरे एक पत्रकार मित्र ने उनके लखनऊ आवास पर भेंट की थी, वाजपेयी जी ने उनकी सूझ-समझ की सराहना करते पीठ ठोंकी थी। मेरे मित्र ने अपने अनुभव सुनाते जब काशी दिल्ली के दो प्रमुखतम हिन्दी दैनिकों के सम्पादकों के अग्रलेख लिखने की आशु पद्धति की चर्चा उनसे की तो वाजपेयी जी गहरी उदासी में डूब गये। वे उदास और कभी-कभी निराश भी होते थे—पत्रकारिता को व्यावसायिकता की मार खाते और पत्रकारों की निष्ठा को ढहते देखकर। किन्तु उनकी अवस्था बड़ी पुष्ट थी और मनोबल बड़ा मज़बूत था तभी वे अपने को न तो वृद्ध महसूस करते थे और न अस्वस्थ। अपनी आस्था के ही बल पर वे बुढ़ौती में बंगलोर से हिन्दी दैनिक निकालने की योजना बना रहे थे। अब तो उनके आदर्श ही हमें प्रेरणा और दिशा-निर्देश देंगे!

उग्र राष्ट्रीयता के प्रबल समर्थक
पं. बाबूराव विष्णु पराड़कर

पराड़कर जी ने एक बार कहा था कि कलकत्ता जाने का मेरा मुख्य उद्देश्य पत्रकारिता न थी प्रत्युत क्रान्तिकारी दल में सम्मिलित होकर देश-सेवा का कार्य करना था। परिवार का ख़र्च चलाने तथा पुलिस की नज़रों से बचने के लिए मैंने 'हिन्दी-बंगवासी' में सहायक सम्पादक का कार्य स्वीकार किया था। 'हितवार्त्ता' और

'भारतमित्र' के सम्पादन के साथ-साथ चन्द्रनगर की गुप्त समिति का कार्य भी मैं कर रहा था।[1]

पं. बाबूराव विष्णु पराड़कर की जन्मभूमि काशी है। पराड़कर जी के संस्कृतज्ञ पिता पं. विष्णु शास्त्री महाराष्ट्र प्रदेश से आकर काशी में बस गये थे। यहीं 16 नवम्बर सन् 1883 को पराड़कर जी का जन्म हुआ और इनका सम्पूर्ण जीवन हिन्दी-प्रदेश में हिन्दी-हित की सक्रिय चिन्ता करते बीता।

बँगला भाषा के तेजस्वी लेखक सखाराम गणेश देउस्कर ने पराड़कर जी का राजनीतिक संस्कार किया है। देउस्कर जी महाराष्ट्रीय ब्राह्मण थे और पराड़कर जी के मामा लगते थे। उन पर लोकमान्य तिलक के व्यक्तित्व का गहरा प्रभाव था। पराड़कर जी को उन्होंने 'केसरी' पत्र पढ़ने की सलाह दी थी। सन् 1905 ई. के काँग्रेस अधिवेशन में पराड़कर जी ने तिलक के दर्शन किये थे और उनके तेजस्वी व्यक्तित्व को उपास्य मान लिया था।

'हिन्दी बंगवासी' के कार्य में उन्हें विशेष रुचि नहीं थी, क्योंकि वह पत्र उनकी दृष्टि से प्रतिक्रियावादी था। पराड़कर जी उग्र राष्ट्रीयता के हिमायती थे। इसीलिए 'हिन्दी बंगवासी' में वे अधिक समय न टिक सके। देउस्कर जी की प्रेरणा से 'हितवार्त्ता' का प्रकाशन कलकत्ता में ही हुआ था और सम्पादक के रूप में 40) वेतन पर पराड़कर जी की नियुक्ति हुई थी। इसके साथ ही वे नेशनल कॉलेज में अध्यापन कार्य भी करते थे। 'हितवार्त्ता' की नीति पराड़कर जी के अनुकूल थी। कुछ दिनों के लिए इस पत्र के सम्पादन का भार पं. अम्बिकाप्रसाद वाजपेयी ने भी सँभाला था। वाजपेयी जी ने लिखा है, "पराड़कर जी दो महीने की छुट्टी पर चले गये, इसलिए 'हितवार्त्ता' का सम्पादन-भार भी मेरे ही ऊपर आ पड़ा।...'हितवार्त्ता' के काम में अधिक आनन्द मिलता था क्योंकि उसकी नीति सर्वथा अपने अनुकूल थी।"

राष्ट्रीय आदर्श से प्रेरित होकर ही पराड़कर जी ने नेशनल कॉलेज में अध्यापन-कार्य आरम्भ किया था। देउस्कर जी तो वहाँ अध्यापक थे ही, पं. अम्बिकाप्रसाद वाजपेयी को भी पराड़कर जी ने हिन्दी अध्यापन के लिए बुला लिया था। किन्तु जब नेशनल कॉलेज पर भी गवर्नमेण्ट का प्रभाव हो गया तब इन सब व्यक्तियों ने वहाँ का कार्य छोड़ दिया। इस सम्बन्ध में पं. अम्बिकाप्रसाद वाजपेयी ने लिखा है कि "कॉलेज के प्रमुख कार्यकर्त्ताओं ने न जाने क्यों यह विचारना प्रारम्भ किया कि राजनीतिक सभाओं में विद्यार्थी सम्मिलित हों या नहीं। बाबू हीरेन्द्रनाथ दत्त और मि.ए. (अनन्तर सर आशुतोष) चौधरी राष्ट्रीय शिक्षा परिषद् के मन्त्री थे। चौधरी साहब का विचार था कि जिस सभा में सरकार की निन्दा की जाय उसमें विद्यार्थी न शामिल हों। ऐसा ही कुछ अन्य लोगों का भी मत था। इसलिए हम लोगों

---

1. पराड़कर जी और पत्रकारिता, पृ. 34-35।

ने सोचा था कि विद्यार्थियों के लिए अन्य स्कूल-कॉलेजों से इसमें कौन-सी विशेषता रही? गवर्नमेण्ट का दबाव नेशनल कॉलेज पर हो गया। अस्तु, हम लोग नेशनल कॉलेज से चले आये।"

पराड़कर जी के जीवनी-लेखक श्री लक्ष्मीशंकर व्यास ने लिखा है कि "महर्षि अरविन्द घोष का नेशनल कॉलेज एक प्रकार से तत्कालीन क्रान्तिवादियों का एक प्रधान केन्द्र बन गया था। पराड़कर जी इस कॉलेज में हिन्दी-मराठी का अध्यापन-कार्य करते थे, साथ ही यहाँ उनका क्रान्तिदलवालों से भी सम्पर्क होता था। अध्यापन के समय पराड़कर जी छात्रों को फ्रांस तथा रूसी क्रान्ति का इतिहास बताते हुए इस बात पर विशेष बल देते थे कि देश के युवकों पर भारतमाता की स्वतन्त्रता का भारी उत्तरदायित्व है। हमारा देश परतन्त्र है। इसे स्वतन्त्र करना चाहिए।[1]" बकौल श्री भूपेन्द्रनाथ चक्रवर्ती, महर्षि श्री अरविन्द घोष पराड़कर जी का बहुत ध्यान रखते थे और अपनी शिष्य-मण्डली से उनका उल्लेख कर बराबर कहते थे कि देखो—अन्य प्रान्त के हमें यही विश्वस्त सहयोगी मिले हैं। इनसे व्यवहार में कभी कोई त्रुटि न होने पाये।[2] पराड़कर जी प्रच्छन्न रूप से सक्रिय क्रान्तिकारी थे, किन्तु सम्पादकीय हैरियत से क्रान्तिकारियों का विरोध भी करते थे।[3] राजनीतिक सुरक्षा के लिए उस समय यह आवश्यक था।

स्मरणीय है कि 'भारतमित्र' के सम्पादन काल में पराड़कर जी क्रान्तिकारी दल के साथ थे। 'भारतमित्र' में पं. अम्बिकाप्रसाद वाजपेयी के साथ उन्हें कठोर परिश्रम करना पड़ता था। इन दोनों तपस्वियों ने मिलकर 'भारतमित्र' के स्तर को बहुत उन्नत किया था। प्रतिदिन यह 4000 की संख्या में छपता था। किन्तु 1 जुलाई 1916 ई. को क्रान्तिकारी-दल में कार्य करने के अपराध में पराड़कर जी को साढ़े तीन वर्ष का कारावास हो गया, और 'भारतमित्र' का सारा दायित्व वाजपेयी जी के कन्धे आ गया।

सन् 1920 ई. में पराड़कर जी जब जेल से मुक्त हुए तो 'भारतमित्र' के तत्कालीन सम्पादक पं. लक्ष्मणनारायण गर्दे ने उनसे 'भारतमित्र' के सम्पादन का अनुरोध किया। किन्तु पराड़कर जी काशी आ गये और ज्ञानमण्डल से सम्बद्ध हो गये जहाँ से 'आज' निकला और पराड़कर जी उसके सम्पादक बने। इससे पराड़कर जी का सम्बन्ध कई बार टूटा, किन्तु जीवन के अन्तिम दिन और कहना चाहिए कि पत्रकार-जीवन का अधिक समय 'आज' में ही बीता। 'संसार' का भी उन्होंने सम्पादन किया था और 'रणभेरी' का प्रकाशन भी काशी से काशी-क्रान्तिकारी-काल में किया था।

---

1. पराड़कर जी और पत्रकारिता, पृ. 36।
2. वही, पृ. 36।
3. वही, पृ. 38।

हिन्दी के पुराने पण्डितों से इनका सम्बन्ध था। इतना ही नहीं हिन्दी के अनेक श्रेष्ठ लेखकों के निर्माण में पराड़कर जी का योग रहा है। हिन्दी के सभी पुराने-नये श्रेष्ठ लेखक पराड़कर जी का सम्मान करते थे। पराड़कर जी केवल हिन्दी के पत्रकार ही नहीं थे बल्कि अहिन्दी भाषी परिवार में जन्म ले उन्होंने हिन्दी का जो समर्थन किया और हिन्दी भाषा और साहित्य को अपनी अनवरत साधना-द्वारा जो समृद्धि दी उसके लिए हिन्दी-संसार पर उनका अशेष ऋण है। चूँकि उनका कई देशी भाषाओं पर अधिकार था इसलिए हिन्दी का वे अधिक उपकार कर सके। हिन्दी की राष्ट्रीय प्रतिष्ठा का पक्ष-समर्थन करते हुए पराड़कर जी ने लिखा था कि **"यह सारे देश की भाषा है। इस में प्रान्तीय अभिमान बिलकुल नहीं है, जो बात अन्य भाषाओं के सम्बन्ध में नहीं कही जा सकती। यही नहीं हिन्दी में प्रान्तीय अभाव के साथ-साथ इस में अन्य प्रान्तों के सम्बन्ध में अवज्ञासूचक कोई शब्द भी नहीं है, यह भी इस की राष्ट्रीयता का एक प्रमाण है। इस के लेखकों का लक्ष्य हिन्द होता है कोई प्रान्त विशेष नहीं। हिन्दी राष्ट्र के लिए, राष्ट्र के मुँह से बोलती है क्यों कि वह राष्ट्र की भाषा है।[1]"**

पराड़कर जी ने पत्रकारिता को देश-सेवा के माध्यम के रूप में अपनाया था। देश-सेवा और राष्ट्रोत्थान की भावना पर ही उनकी पत्रकारिता का आदर्श आधृत था। 5 सितम्बर, 1920 को, 'आज' की सम्पादकीय टिप्पणी में उन्होंने लिखा था, "हमारा उद्देश्य अपने देश के लिए सर्व प्रकार से स्वातन्त्र्य उपार्जन है। हम हर बात में स्वतन्त्र होना चाहते हैं। हमारा लक्ष्य है कि हम अपने देश के गौरव को बढ़ावें, अपने देशवासियों में स्वाभिमान-संचार करें, उनको ऐसा बनावें कि भारतीय होने का उन्हें अभिमान हो, संकोच न हो। यह अभिमान स्वतन्त्रता देवी की उपासना करने से मिलता है।[2]" हम जानते हैं कि पं. बाबूराव विष्णु पराड़कर ने जो भी कार्य किया उसके मूल में स्वतन्त्रता देवी की उपासना ही थी और उनका प्रत्येक उपक्रम राष्ट्रीय स्वाभिमान को जाग्रत करने के लिए हुआ था। इतना ही नहीं बल्कि ऊपर की पंक्तियों में जिस लक्ष्य की चर्चा की है उसे उन्होंने अपने जीवन में प्राप्त कर लिया था।

पराड़कर जी 1925 में प्रथम सम्पादक सम्मेलन के सभापति थे और हिन्दी साहित्य सम्मेलन के सत्ताईसवें अधिवेशन (1938 ई.) के सभापति चुने गये थे। सन् 1953 में राष्ट्रभाषा प्रचार समिति वर्धा ने पराड़कर जी को हिन्दी-सेवा के लिए 1501 रु. का 'महात्मा गाँधी' पुरस्कार दिया था। यह हिन्दी-साहित्य द्वारा पराड़कर जी का सम्मान था जो उनकी हिन्दी सेवा को देखते हुए बहुत बड़ा नहीं कहा जा सकता।

•

1. पराड़कर जी और पत्रकारिता, पृ. 229।
2. वही, पृ. 258।

"पूरे पचास वर्ष तक पत्र-जगत् की निरन्तर सेवा करनेवाले किसी दूसरे हिन्दी पत्रकार का हमें पता नहीं और इस विषय में पराड़कर जी निस्सन्देह अद्वितीय थे।[1]"

पराड़कर जी की हिन्दी सेवा का मूल्यांकन करते हुए डॉ. सम्पूर्णानन्द ने लिखा है, "दुःखमय कौटुम्बिक जीवन, अच्छिद्र आर्थिक कष्ट, निरन्तर राजनीतिक संघर्ष–इन सब के बीच में रहते हुए पराड़कर जी ने हिन्दी पत्रकारिता को जो अमूल्य निधि प्रदान की उससे हिन्दी-जगत् जल्दी उऋण नहीं हो सकता।[2]"

स्वदेशी आन्दोलन की प्रेरणा और पत्रकार पं. लक्ष्मणनारायण गर्दे

'सम्पादकीय आत्मपरीक्षण' करते हुए 'विशाल भारत', अक्टूबर 1930 में पं. लक्ष्मणनारायण गर्दे ने लिखा था कि "पत्र-सम्पादन के कार्यक्षेत्र में प्रवेश करने का, मेरे लिए प्रत्यक्ष कारण 'स्वदेशी-आन्दोलन' हुआ। सन् 1906-7 में मैं मराठी समाचार पत्र (विशेषकर 'केसरी', 'काल' और 'भाला') बहुत पढ़ा करता था। समाचारों की अपेक्षा अग्रलेखादि पढ़ने में अधिक रुचि थी, जो विचार पढ़ता था, उन विचारों को प्रकट करने की भी बड़ी प्रबल इच्छा होती थी।...सन् 1909 में स्व. पितृतुल्य पं. सखाराम गणेश देउस्कर और पं. बाबूराव विष्णु पराड़कर की तथा अपनी भी इच्छा से मैं कलकत्ता आकर 'हिन्दी बंगवासी' में काम करने लगा। यथार्थ में यहीं से मेरे सम्पादकीय जीवन का प्रारम्भ होता है।"

गर्दे जी हिन्दी के दूसरे तेजस्वी पत्रकार हैं जो महाराष्ट्रीय ब्राह्मण थे और जिन्होंने देश-सेवा के लिए हिन्दी पत्रकारिता को उपयुक्त माध्यम माना था। गर्दे जी का यह निर्णय उनकी उदारता के साथ ही हिन्दी की राष्ट्रीय व्याप्ति को भी द्योतित करता है।

पराड़कर जी की ही तरह पत्रकारिता गर्दे जी का पेशा नहीं बल्कि नियति थी।[3] 'भारतमित्र' में गर्दे जी पराड़कर जी के बाद पं. अम्बिकाप्रसाद वाजपेयी के अनुरोध से गये थे। वाजपेयी जी ने लिखा है कि दिल्ली काँग्रेस में पं. लक्ष्मणनारायण गर्दे से मैंने कहा, "मैं 'भारतमित्र' से अलग होना और उसे आपके हाथों सौंपना चाहता हूँ। इसलिए आप आ जाएँ तो अच्छा हो।" वाजपेयी जी का अनुरोध स्वीकार कर गर्दे जी 'भारतमित्र' में आ गये थे और 1920 में जब पराड़कर जी जेल से लौटे

1. पं. बनारसीदास चतुर्वेदी : साप्ताहिक हिन्दुस्तान, 6 फ़रवरी, 1955।
2. पराड़कर जी और पत्रकारिता, पृ. 10।
3. अपनी जीवनी लेखक श्री लक्ष्मीशंकर व्यास से एक दिन पं. बाबूराव विष्णु पराड़कर ने कहा था कि, "मैंने पत्रकारिता अपनायी नहीं, अपितु पत्रकारिता मेरे गले पड़ी।...मैं कलकत्ता में पत्रकार होने नहीं बल्कि देश को शीघ्र स्वतन्त्र देखने और क्रान्तिकारी समितियों के साथ कार्य करने के उद्देश्य से गया था।" 'आजकल' मार्च 1955, पृ. 56।

तो गर्दे जी ही 'भारतमित्र' के सम्पादक थे। बड़ी कुशलता से गर्दे जी ने 'भारतमित्र' का सम्पादन किया।

अपने दायित्व के प्रति वह बहुत सचेत रहते थे। "एक दिन गर्दे जी जब 'भारतमित्र' के लिए अग्रलेख लिख रहे थे कि पत्र के व्यवस्थापक स्व. श्री यशोदानन्दन अखौरी आये और कहने लगे, 'भारतमित्र की बिक्री तो रोज़-रोज़ घट रही है।' गर्दे जी के मुख से इसका उत्तर यह निकला, 'आपको अपने काम से इतना अवकाश मिलता है कि आप यह शिकायत लेकर मेरे पास आये? जाइए, आप अपना काम देखिए और मुझे अपना काम करने दीजिए।'...दूसरे दिन से सारी स्थिति बदल गयी। रोज़-रोज़ ग्राहक संख्या बढ़ने लगी, रोज़-रोज़ बिक्री भी बढ़ने लगी। केवल कलकत्ते में ही नहीं, बल्कि कलकत्ते से पेशावर तक 'भारतमित्र' का प्रचार ज़ोर-शोर से बढ़ा। पंजाब के कई स्थानों से यह ख़बर मिली कि वहाँ के लोगों ने 'भारतमित्र' के लेख छाप-छापकर बाँटे हैं।[1]"

डॉ. एस.के. बर्मन की ओर से गर्दे जी के सम्पादकत्व में 27 सितम्बर 1925 ई. को 'श्रीकृष्ण सन्देश' नामक पत्र का प्रकाशन हुआ था। 'श्रीकृष्ण-सन्देश' के पहले अंक में गर्दे जी की एक टिप्पणी सम्पादकीय वक्तव्य के पहले ही प्रकाशित हुई थी। "'भारतमित्र' और उसके बाद" शीर्षक उक्त टिप्पणी का एक स्थल द्रष्टव्य है—"'भारतमित्र' हमारा सार्वजनिक जीवन था और जिसका इतिहास अत्यन्त पवित्र और स्वदेश-स्वधर्म की निःस्वार्थ सेवा से परिपूर्ण है। 'भारतमित्र' के हम ऋणी हैं—हमने 'भारतमित्र' की जो यथाशक्ति सेवा की उसे निश्चय ही उसके पूर्वेतिहास और पुण्यबल का सहारा था।...'भारतमित्र' से सम्बन्ध-विच्छेद होने के पश्चात् हमारा यह विचार था, जैसा कि हमने श्रावण कृष्ण दशमी के अपने अन्तिम निवेदन में लिखा है कि 'भारतमित्र' की सेवा में जो कार्य हम कर रहे थे उस कार्य को करने का कोई अन्य साधन निर्माण करें। एक दैनिक अथवा साप्ताहिक पत्र निकालने की प्रवृत्ति हुई थी।...हमने देखा कि हमारे और बर्मन जी के विचारों में कोई मतभेद नहीं है। इसलिए पृथक् उद्योग का विचार आगे न बढ़ा, हमने बर्मन जी से इस उद्योग में ही सम्मिलित होना निश्चय किया। तदनुसार 'बर्मन समाचार' की पूर्व योजना का समावेश करके 'श्रीकृष्ण-सन्देश' का आविर्भाव हुआ है। भगवदधिष्ठान में लोक संग्रह साधन करने के संकल्प का ही यह समारम्भ है। उन्हीं आनन्दघन नन्दनन्दन श्री कृष्णचन्द्र की कृपा और गुरुजनों के आशीर्वाद से यह समारम्भ 'धर्म संस्थापन' रूप 'श्रीकृष्ण सन्देश' के कार्य का साधन हो यही प्रार्थना है।"

गर्दे जी में राजनीतिक प्रखरता तो थी ही, वे एक आध्यात्मिक पुरुष भी थे। धार्मिक ग्रन्थों का वे निरन्तर अनुशीलन करते रहते थे। श्री अरविन्द और पाण्डिचेरी

---

1. श्री गौरीशंकर गुप्त : साप्ताहिक हिन्दुस्तान, 20 जुलाई, 1958।

की श्री माँ के नाम लिखे गये उनके पत्रों की प्रतिलिपियाँ उनकी डायरी में अंकित हैं जिससे उनकी आध्यात्मिक रुचि की विज्ञप्ति मिलती है।

गर्दे जी पर तिलक और देउस्कर जी का बहुत अधिक प्रभाव था। उनके सम्पादकीय दृष्टिकोण में यह प्रभाव अत्यन्त मुखर है। गीता उनका आदर्श ग्रन्थ था और हिन्दू संगठन तथा राष्ट्रीय उन्नयन के वे आकांक्षी थे।

हिन्दी गद्य शैली के निर्माण में उनका महत्त्वपूर्ण योगदान है। इनकी बौद्धिक प्रौढ़ता और चारित्रिक दृढ़ता की हिन्दी मूर्धन्य विद्वानों ने प्रशंसा की है।[1] श्री रामनाथ 'सुमन' ने गर्दे जी का नामोल्लेख हिन्दी के विशिष्ट उन्नायकों में सर्वज्ञ के रूप में किया है, "यह हिन्दी के लिए बड़े आश्चर्य और गौरव की बात है कि उसके पुराने पत्रकारों-उन्नायकों में सर्वश्री माधवराव सप्रे, अमृतलाल चक्रवर्ती, बाबूराव विष्णु पराड़कर, लक्ष्मणनारायण गर्दे, गौरीशंकर हीराचन्द ओझा, लज्जाराम मेहता-जैसे अहिन्दी भाषी थे। कदाचित् यही उसकी राष्ट्रीयता या राष्ट्रीय भाषा होने का प्रमाण है।"

अपने कृतित्व के प्रति सन्तोष प्रकट करते हुए गर्दे जी ने कहा था, "मुझे यह सोचकर हार्दिक सन्तोष रहा है कि मैंने अपने विचारों को कभी धन पर नहीं बेचा है। आज के युवक पत्रकारों से भी मुझे यही कहना है।[2]"

विश्वमित्र के संचालक-पत्रकार बाबू मूलचन्द्र अग्रवाल

बाल्यकाल से ही प्रतिकूलता से लड़ते-लड़ते बाबू मूलचन्द्र अग्रवाल को कठिनाइयों में जीने का सहज अभ्यास हो गया था।

पराड़कर जी के प्रयत्न से उन्हें माहेश्वरी विद्यालय के प्रधानाध्यापक का पद प्राप्त हो गया था। उस समय वे 'कलकत्ता समाचार' में भी काम करते थे। उन दिनों का संस्मरण मूलचन्द्र जी ने इस प्रकार लिखा है, **"मैं बहुपरिश्रम और थकावट नाम की चीज़ से एकदम अनभिज्ञ था। रात को भी 'कलकत्ता समाचार' पहुँच जाता और जब रात के 8-9 बजे फोरमैन महाशय कुँवरजी के पास डरते हुए अग्रलेख माँगने पहुँचते, तो मामूली वार्तालाप में व्यस्त कुँवरजी उनसे पूछते कि मूलचन्द्रजी हैं या नहीं। यदि उन्हें पता चलता कि मैं मौजूद हूँ, तो रात के 9 बजे मुझ से ही अग्रलेख ले लेने का आदेश दे देते। उसी समय ध्यानपूर्वक समाचारपत्र पढ़ कर अग्रलेख तैयार कर देना पड़ता और रात के 11-12 बजे घर वापस आता।"**

---

1. आचार्य हजारीप्रसाद द्विवेदी : हिन्दी साहित्य की भूमिका, पृ. 149।
2. 'अवन्तिका', वर्ष 2, अंक 4 में प्रकाशित श्री गंगानारायण त्रिपाठी 'अनल' की टिप्पणी से उद्धृत।

'विश्वमित्र' के संचालन के बारे में उन्होंने अपनी आत्मकथा में लिखा है, "अधूरी सम्पादकी तो की थी, परन्तु प्रबन्ध या पत्र-संचालन का कोई अनुभव न था। यदि थोड़ा भी अनुभव होता, तो श्रद्धेय वाजपेयी जी के शब्दों में कलकत्ता महानगरी में दैनिक 'विश्वमित्र' खोलने का दुस्साहस वास्तव में नहीं कर सकता था। **अनुभवशून्यता ही मेरी सच्ची सहायक हुई। दुस्साहस तो बचपन से मेरे जीवन का प्रधान अंग बन चुका है और लाख पश्चात्ताप कर लेने पर भी वह मेरा पीछा नहीं छोड़ता।**" यदि दुःसाहस की प्रवृत्ति उनमें न होती तो कदाचित् बहुत अल्प पूँजी के बल पर तीन-तीन पत्रों का संचालन वे न कर पाते और न तो पत्र-संचालन से लाखों रुपये ही प्राप्त कर पाते।

बाबू मूलचन्द्र जी का जन्म वैश्य परिवार में हुआ था, इसलिए व्यवसाय उनके संस्कार के अधिक अनुकूल था। व्यवसाय के लिए दुस्साहस करना या खतरा मोल लेना पड़ता है। मूलचन्द्र जी इसमें निष्णात थे। कदाचित् यही कारण है कि पत्रकारिता के द्वारा उन्होंने स्वार्थ और परमार्थ दोनों सिद्ध किये। लाखों रुपये कमाये और आज उनके वंशजों की गणना श्रीमन्त वर्ग में होती है।

भारतीय पत्रकारिता के विकास की चर्चा करते हुए पं. कमलापति त्रिपाठी ने लिखा है कि, **"'भारतमित्र' से दैनिकों की जिस परम्परा का आविर्भाव हुआ उसे दैनिकत्व की नयी कल्पना और प्रवृत्ति से ओतप्रोत किया श्री मूलचन्द्र अग्रवाल के 'विश्वमित्र' ने जो सन् 1916 ईसवी से प्रकाशित होने लगा। ...अब तक हमारे दैनिकों का काम केवल इतना था कि अँगरेज़ी भाषा के दैनिकों में प्रकाशित हुए संवादों का अनुवाद करके अपने कलेवर को भर दें। ...आधुनिक, सामाजिक, राजनीतिक प्रश्नों के सम्बन्ध में न कोई अपनी दृष्टि होती थी और न किसी लक्ष्य से उत्प्रेरित होकर के अपना प्रकाशन करते थे। यह स्थिति तब बदली जब 'विश्वमित्र' का प्रकाशन श्री मूलचन्द्र अग्रवाल के प्रयास से होने लगा। श्री मूलचन्द्रजी ने इस पत्र को वास्तविक अर्थ में दैनिक बनाया और उसे अँगरेज़ी पत्रों के परावलम्बन से मुक्त किया। उन्होंने स्वतन्त्र रूप से तारों को लेना आरम्भ किया, पत्र में नवीनता और मौलिकता भरी वाणिज्य तथा सामाजिक और राजनीतिक प्रश्नों पर स्वतन्त्र रूप से लेखादि प्रकाशित करना प्रारम्भ किया। 'विश्वमित्र' की विविधता और स्वतन्त्रता वास्तव में हिन्दी दैनिकों के नये स्तर की द्योतक है।[1]"**

बाबू मूलचन्द्र अग्रवाल की हिन्दी पत्रकारिता को बहुत बड़ा अवदान है जिसके लिए वे सदैव स्मरण किये जाएँगे।

---

1. पं. कमलापति त्रिपाठी : पत्र और पत्रकार, पृ. 121।

'हिन्दी-भूषण' आचार्य शिवपूजन सहाय

पत्रकारिता के माध्यम से साहित्य-सेवा करनेवाले हिन्दी लेखकों में आचार्य शिवपूजन सहाय अन्यतम थे। वे एक निर्वैर पुरुष थे, उनमें ऋजुता ऐसी थी कि विद्यावय में अपने कनिष्ठ को भी विनम्र होकर प्रणाम करते थे। यह उनकी आचारगत विशेषता थी। विचार में वे बड़े कड़े थे। उन्होंने बड़े साफ़ शब्दों में कहा था, **"समाज की नंगी तसवीर सींचने वाले लेखकों की कुत्सित कृति पर फोकस की रोशनी डाल कर दुनिया को दिखाना ही हिन्दी में सब से बड़ा साहित्यिक आन्दोलन है। ऐसे आन्दोलन में जो सफल हो वही हिन्दी का सब से बड़ा पत्रकार है।...साहित्यक्षेत्र में जितने लोग बिना नकेल के दौड़े फिरते हैं, उन्हें पकड़-पकड़ कर नाथना ही सफल और महान् पत्रकार का लक्षण है, और सर्वश्रेष्ठ पत्र भी वही हो सकता है, जो साहित्यक्षेत्र से निरंकुशता को निर्मूल कर डालने का दावा रखता हो।[1]"** यही आदर्श था पत्रकार बाबू शिवपूजन सहाय का। और इसी आदर्श को लेकर उन्होंने हिन्दी की अनेक श्रेष्ठ पत्रिकाओं का सम्पादन किया। नवम्बर, 1930 में उन्होंने अपने पत्रकार-जीवन के बारे में लिखा था, "पहले-पहल मैंने लगातार दो साल तक आरा से प्रकाशित एवं सम्प्रति समाधिस्थ सचित्र मासिक पत्र 'मारवाड़ी-सुधार' का सम्पादन किया था। उसके बाद मैं कुछ दिन कलकतिया 'मतवाला' के सम्पादकीय विभाग में रहा और कुछ दिन लखनवी 'माधुरी' के, तथा फिर दुबारा कुछ दिन 'मतवाला' के भी। उन दिनों, कलकत्ता में रहते हुए, मैंने छः-छः महीनों तक 'आदर्श' और 'उपन्यास तरंग' नामक मासिक पत्रों का सम्पादन किया था। अन्त में एक साल तक अस्तंगत 'समन्वय' के सम्पादकीय विभाग में खटकर मैं काशी चला आया, जहाँ लगभग चार-पाँच वर्ष तक लगातार हिन्दी-पुस्तक-भण्डार' (लहेरिया सराय) का साहित्यिक कार्य सम्पादन करता रहा हूँ बल्कि पाँचवें साल में सात महीनों तक मुझे 'बालक' सम्पादन का सौभाग्य भी प्राप्त रहा है। इस प्रकार 'सात घाट का पानी' पीने के बाद आज मैं 'गंगा' के घाट पर पहुँचा हूँ।[2]" कलकत्ते के 'मौजी' और 'गोलमाल' का सम्पादन भी शिवपूजन जी ने ही किया था।

'मतवाला', जो एक युग का प्रतीक था, के प्रमुख सम्पादक बाबू शिवपूजन सहाय ही थे। कलकत्ता-प्रवास के संस्मरण लिखते हुए उन्होंने इसकी चर्चा इस प्रकार की है, आरम्भ में निर्णय हुआ कि मुखपृष्ठ के लिए निराला जी प्रति सप्ताह अपनी कविता देंगे,—मैं अग्रलेख (सम्पादकीय) और 'चलती चक्की' नामक स्तम्भ के लिए विनोदपूर्ण टिप्पणियाँ भी लिखा करूँगा, मुंशी जी 'मतवाला की बहक' नामक स्तम्भ

1. धर्मयुग, 24 फ़रवरी, 1963 ई.।
2. शिवपूजन रचनावली, खण्ड 4, पृ. 381-82।

के लिए व्यंग्यात्मक टिप्पणियाँ लिखा करेंगे, समालोचनाएँ भी निराला जी ही लिखेंगे, अन्य सारी सामग्री का सम्पादन और पूरे पत्र का प्रूफ़ संशोधन मुझे करना पड़ेगा, सम्पादक की जगह सेठजी का नाम छपेगा। इसी निर्णय के अनुसार सन् 1923 ईस्वी सावन में 'मतवाला निकला।...'बहक' का बोझ भी मेरे ही ऊपर आ पड़ा। मुंशी जी भी कभी-कभी यथावकाश कुछ लिख दिया करते। वे और सेठ जी जब अखबार पढ़ने का अवसर पाते तब उसमें निशान लगाकर मेरे पास उस पर टिप्पणी जड़ने के लिए भेज देते।[1] इस प्रकार बाबू शिवपूजन सहाय पर 'मतवाला' के सम्पादन का अधिक दायित्व था। मतवाला के प्रसंग में इनकी सम्पादन-कुशलता की चर्चा की गयी है। मतवाला, वर्ष 2, अंक 1 की 'आत्मकथा' शीर्षक सम्पादकीय टिप्पणी में हिन्दी-भूषण बाबू शिवपूजन सहाय की चर्चा इस प्रकार है, "यहाँ हम उन सज्जनों का आभार अंगीकार करना भी अपना कर्तव्य समझते हैं जिनके सहृदयतापूर्ण सहयोग से हमारी यात्रा सानन्द सम्पन्न हुई है।...उनमें सर्वप्रथम उल्लेख योग्य हैं हिन्दी-भूषण बाबू शिवपूजन सहाय। ये वास्तव में हिन्दी साहित्य के भूषण हैं। उन्होंने इस जाँच को सफल बनाने में जिस अथक परिश्रम और विचक्षणता का परिचय दिया है उसे दृष्टि में रखते हुए हम यह बिना किसी प्रकार की अत्युक्ति के कह सकते हैं कि इनका सहयोग प्राप्त न हुआ होता तो यह जाँच हजार चेष्टा करने पर भी अधूरी ही रहती।"

आचार्य शिवपूजन सहाय कोरे पत्रकार ही नहीं श्रेष्ठ साहित्यकार भी थे और साहित्यकारों के निर्माता भी। कहें तो बिहार के वे आचार्य महावीर प्रसाद द्विवेदी थे। उन्होंने हिन्दी की एक उग्र पीढ़ी का साहित्यिक संस्कार किया था।

धर्मभीरु होते हुए भी वे असहिष्णु नहीं थे, इसीलिए सम्मानित थे। हिन्दी के नये-पुराने सभी लेखकों का आदर उन्हें प्राप्त था। पं. रामगोविन्द त्रिवेदी के शब्दों में **"शिवजी मज़ाक़ पसन्द, हास्यप्रिय और प्रसन्नवदन पुरुष थे। उन्मुक्त हास्य करते-करते कमल की तरह खिल उठते थे। कभी-कभी तो हँसते-हँसते अपने गुरु ईश्वरीप्रसाद शर्मा के समान लोट-पोट हो जाते थे। उन की दृष्टि विशद थी, हृदय विशाल था" दरियादिल ऐसे थे कि अपने मतवाला-मण्डल के साथी स्व. मुन्शी नवजादिक लाल की कन्याओं के विवाह के पीछे ऋणग्रस्त हो गये थे। निर्मल हृदय इतने थे कि किसी से भी बातें करते-करते उत्कट उत्कण्ठा के साथ बच्चों की तरह प्रश्न-पर-प्रश्न करने लगते थे। उन में शीलता और शालीनता इतनी थी कि अपने सत्सिद्धान्त का खण्डन सुन कर भी उत्तर तक नहीं देते थे—केवल खिन्न, विषण्ण और अवसन्न हो चुप्पी मार बैठते थे। वे किसी भी प्राणी को स्वप्न में भी दुःख देना नहीं चाहते थे।"**

1. नयी धारा, जून, 1952, पृ. 72।

वे हिन्दी के अप्रतिम उन्नायक थे। जीवन-भर सम्पादन करते रहने पर भी उनकी सृजन-शक्ति अकुण्ठित थी। हिन्दी से उन्हें अनन्य प्रेम था और इसकी उन्नत सम्भावना के प्रति वे पूर्ण आश्वस्त थे। वे हिन्दी को 'विश्व-व्यापिनी-भाषा' देखना चाहते थे। उनका विश्वास था कि संसार के सभी प्रख्यात विश्वविद्यालयों में हिन्दी की शिक्षा दी जाएगी और एक दिन राष्ट्रसंघ की भी भाषा हिन्दी होकर रहेगी। वे खाते-पीते, सोते-जागते, उठते-बैठते, बोलते-बतराते, सदा-सर्वदा हिन्दी के उन्नयन और विकास की चिन्ता किया करते थे।

उन्हें हिन्दी साहित्य और साहित्यकारों से कोई शिकायत नहीं थी। नाना प्रकार की झंझटों से लड़ते हुए भी वे मधुर और उदार थे। उनकी मृत्यु का समाचार सुनकर हिन्दी के श्रेष्ठ आचार्य डॉ. हजारीप्रसाद द्विवेदी ने कहा था, **"आचार्य शिवपूजन सहाय अत्यन्त निष्ठावान, सहृदय और निरन्तर कर्म करते रहने में विश्वास करने वाले महान् साहित्यकार थे। कठिन परिस्थितियों में भी उन्हों ने ऊँचे आदर्शों और साहित्यकार के गौरवपूर्ण आत्माभिमान को कभी झुकने नहीं दिया। उन की साहित्य-सेवाएँ बहुमूल्य थीं। वे नम्रता, शालीनता और कर्मठता के मूर्तिमान रूप थे।"**

गाँधी युग के मूर्धन्य हिन्दी पत्रकार आचार्य शिवपूजन सहाय सच्चे अर्थों में हिन्दी-भूषण थे जिनके साहित्यिक कृतित्व का स्वतन्त्र अनुशीलन अपेक्षित है।

हिन्दी के विश्रुत पत्रकार पं. बनारसीदास चतुर्वेदी

"उन्मुक्त कण्ठ ही हमारी सबसे मूल्यवान सम्पत्ति है। स्वयं अपने लिए और लोकहित के लिए उसका उपयोग हो, बस साहित्यिक का यही युगधर्म है।" ये शब्द हैं हिन्दी के विश्रुत पत्रकार पं. बनारसीदास चतुर्वेदी के जो उनके दृष्टिकोण को द्योतित करते हैं। जिस सम्पत्ति की बात चतुर्वेदी जी ने कही है उसकी रक्षा के लिए उन्हें भारी से भारी ख़तरा मोल लेना पड़ा है।

चतुर्वेदी जी की निष्ठा और निर्भीकता को लक्ष्य कर एक व्यक्तिगत वार्ता में स्व. रामानन्द चट्टोपाध्याय के सुयोग्य पुत्र स्व. केदारनाथ चट्टोपाध्याय ने मुझसे कहा था कि पण्डित जी (यानी चतुर्वेदी जी)-जैसे तेजस्वी और निर्भीक पत्रकार और मेरे पिता श्री-जैसे उदार पत्र-संचालकों की पीढ़ी अब शेष हो गयी। इस सम्बन्ध में एक ऐतिहासिक प्रसंग स्मरण हो आया। पं. बनारसीदास चतुर्वेदी ने स्व. रामानन्द चट्टोपाध्याय की राजनीतिक दृष्टि की आलोचना उन्हीं के पत्र 'विशाल भारत' में की थी। रामानन्द बाबू ने उसका उत्तर दिया था जो 'विशाल भारत' में ही छपा था। इसकी चर्चा करते हुए चतुर्वेदी जी ने लिखा है कि "बड़े बाबू का वह करारा उत्तर 'विशाल भारत' में छपा था और अपनी धृष्टता के लिए मुझे आचार्य महावीर प्रसाद द्विवेदी तथा गुरुवर पण्डित पद्मसिंह शर्मा से ख़ासी फटकार मिली थी। द्विवेदी

जी ने कहा था, "रामानन्द बाबू तो हमारे भी गुरु हैं। सम्पादकीय टिप्पणियाँ लिखना हमने भी उन्हीं से सीखा है। चौबे जी, तुम्हें बहुत सोच-समझकर और सावधानी से उनके बारे में लिखना चाहिए था।" पूज्य पण्डित पद्मसिंह जी शर्मा ने भी इसी आशय का एक पत्र लिखा था।

स्वयं बड़े बाबू ने, जो सम्पादकीय स्वाधीनता के प्रबल पक्षपाती थे, कुछ भी बुरा न माना। जब मैंने उनसे पण्डित पद्मसिंह जी शर्मा की चिट्ठी का ज़िक्र किया तो उन्होंने सिर्फ़ इतना ही कहा, 'अपनी स्वाधीनता के लिए मैंने कायस्थ पाठशाला के प्रिंसिपल का पद छोड़ दिया था, भला मैं किसी की स्वाधीनता का अपहरण कैसे कर सकता हूँ?' 'विशाल भारत' के सम्पादन में आपको उतनी ही स्वाधीनता है, जितनी मुझे 'मॉडर्न रिव्यू' और 'प्रवासी' में।[1] यह स्वतन्त्रता-प्रेम आज दुर्लभ है।

'विशाल भारत' के द्वारा पं. बनारसीदास चतुर्वेदी ने हिन्दी पत्रकारिता का स्तर उन्नत किया। इस पत्रिका में विविध विषयों पर लेख प्रकाशित होते थे और हिन्दी-जगत् में इसकी बड़ी चर्चा और बड़ा सम्मान था। इस पत्रिका का वैशिष्ट्य-विवेचन पूर्ववर्ती पृष्ठों में किया गया है।

चतुर्वेदी जी ने इस पत्र में पत्रकारिता के सम्बन्ध में अनेक महत्त्वपूर्ण सामग्री प्रकाशित की थी। ब्रजेन्द्रनाथ बन्द्योपाध्याय का हिन्दी के पुराने पत्रों के सम्बन्ध में ऐतिहासिक लेख इसी में प्रकाशित हुआ था। कहना न होगा कि इस लेख ने हिन्दी पत्रकारिता के एक नये अध्याय का निर्माण किया। इसी प्रकार पं. अम्बिकाप्रसाद वाजपेयी, पं. विष्णुदत्त शुक्ल और गर्दे जी के अनुभव-संस्मरण और लेख प्रकाशित हुए थे जिनके प्रेरक 'विशाल भारत'-सम्पादक पं. बनारसीदास चतुर्वेदी ही थे।

हिन्दी के अधिकांश श्रेष्ठ लेखकों का सहयोग उसे प्राप्त था। राजनीतिक और सामाजिक लेख भी उसमें प्रकाशित होते थे। इन सबके मूल में सम्पादक का व्यक्तित्व ही प्रधान था। चतुर्वेदी जी का सम्बन्ध देश के अधिकांश महापुरुषों से था और इन सम्बन्धों का उन्होंने 'विशाल भारत' के लिए लाभ उठाया। चतुर्वेदी जी के सम्पादन-काल में 'विशाल भारत' हिन्दी की दो-चार विशिष्ट पत्रिकाओं में था।

पत्रकारिता ही चतुर्वेदी जी का धर्म रहा। यद्यपि देश-सेवा के लिए उन्होंने अन्य सम्भव मार्गों का भी अवलम्बन किया, किन्तु मूलतः वे पत्रकार ही रहे। सम्प्रति चतुर्वेदी जी ने अस्वास्थ्य और वार्धक्य के कारण अवकाश ले लिया है।

'नया समाज' के नवम्बर, 1954 के अंक में चतुर्वेदी जी ने लिखा था कि "दोनों अभिलाषाओं की पूर्ति साथ-साथ नहीं हो सकती—बैंक में हमारे नाम मोटी रक़म भी जमा हो जाए और हमारा कण्ठावरोध भी न हो। कबीर को पत्रकारिता

---

1. बनारसीदास चतुर्वेदी : संस्मरण, पृ. 61।

का कुछ अनुभव नहीं था, पर उन्होंने एक बात बड़े पते की कही, जो पत्रकारों के लिए आज भी बड़े काम की है—'जो खाएगा चूपड़ी, सो बहुत करेगा पाप।' आज के युग में और आगे चलकर भी, जब तक कि वर्गहीन समाज क़ायम नहीं हो जाता और शासन-मात्र सूखी पत्तियों की तरह झड़कर नष्ट नहीं हो जाते, सजीव साहित्यिकों का जीवन संघर्षमय ही रहेगा। यह ऐसा युद्ध है, जिसमें विश्राम नहीं। अन्यायों, अत्याचारों और अनाचारों के विरुद्ध डटकर संग्राम करना (चाहे वे किसी की ओर से भी क्यों न किये गये हों—सरकार की ओर से या मूर्ख जनता की ओर से) तो उसकी जन्मपत्री में लिखा गया है।" इसी नियति को चतुर्वेदी जी जीवन-भर झेलते रहे हैं।

ऊपर कलकत्ता के जिन हिन्दी पत्रकारों की चर्चा की गयी है वे विशिष्ट पत्रकार हैं जिन्होंने हिन्दी गद्यशैली का निर्माण किया और उन्हीं में से एक को लक्ष्य कर श्री राम शर्मा ने लिखा था कि "...वे अपने युग के सफल और युग-निर्माता पत्रकार थे। उनकी पत्रकारिता में चार चाँद इसलिए और लग गये थे कि वे उस समय की उग्र राजनीति के पोषक थे। वे कोरे क़लम-तोड़ पत्रकार न थे जो टकों की ख़ातिर अपने विचारों को बेचते हैं। जीवन का मूल्यांकन गुप्त जी रुपये-पैसे से न करते थे वरन् करते थे चरित्र-गठन, कर्तव्य-परायणता, सचाई और सक्रिय ईमानदारी से। उनकी लेखनी द्वारा देश की आत्मा की अन्तर्ध्वनि—आज़ादी की पुकार—लिपिबद्ध होती थी। अहंकार, ढोंग और गुलामी के गढ़ों पर उनके लेख गोले उगला करते थे।" यह बात उपर्युक्त प्रायः सभी पत्रकारों के बारे में कही जा सकती है।

साम्प्रतिक पत्रकारिता

आदर्शों में विघटन और मनोबल का ह्रास

साम्प्रतिक परिवेश

जातीय स्वाधीनता आधुनिक भारत की सबसे बड़ी उपलब्धि है। यह एक आधार है जिससे हमारी राष्ट्रीय इकाई को अन्तर्राष्ट्रीय भूमिका पर नयी प्रतिष्ठा मिली है।

विज्ञान ने भूगोल को छोटा कर दिया है और हम एक-दूसरे को प्रभावित कर रहे हैं। नये मूल्यों की नये सन्दर्भों में प्रतिष्ठा हो रही है। सजातीय-विजातीय विचार से विरत होकर हम उदारता की उस भूमिका की ओर उन्मुख हैं जो शुद्ध मानवीय भूमिका है और जहाँ पहुँचने के लिए साम्प्रदायिक कलुष-प्रक्षालन एक अनिवार्य शर्त है। समस्त मानसिक सीमाओं और संकोचों को तोड़कर शुद्ध मानवीय धरातल को पाने की हमारी अभीप्सा आज प्रबल हो गयी है। और विडम्बना है कि इस महती अभीप्सा के बावजूद हम भीतर से टूटते-बिखरते और छोटे होते जा रहे हैं। मानव-मूल्यों में विघटन शुरू हो गया है जो नये मूल्यों के आविर्भाव की शुभ सूचना देने के साथ ही हमारी सनातन उपलब्धियों पर भी एक प्रश्नचिह्न लगाता है।

स्वाधीनता मिलते ही हमारा संघर्ष ठण्डा हो गया और हमारे सामने एक गतिरोध आ गया। हमारा आदर्श बदल गया और राष्ट्र की ओर से एक अंश तक उदासीन होकर हम निजी अस्तित्व की चिन्ता में डूब गये। दीर्घ पराधीनता से उबरने के बाद राष्ट्र-निर्माण की जिस आकुल आकांक्षा और कर्मठता की अपेक्षा थी वह दिखाई न पड़ी और हम इस तरह आश्वस्त हो गये जैसे हमारा दायित्व शेष हो गया हो।

इस स्वातन्त्र्योत्तर जातीय परिवेश ने भारतीय पत्रकारिता को भी प्रभावित किया और पराधीनता-काल की पत्रकारिता का आदर्श टूट गया, सारी तेजस्विता धूमिल हो गयी। इसके लक्षण कुछ और पहले ही दिखाई पड़े थे जिन्हें लक्ष्य कर श्री गणेशशंकर विद्यार्थी ने कहा था, **"जिन लोगों ने पत्रकारिता को अपना काम बना रखा है उन में बहुत कम ऐसे लोग हैं जो अपने चित्त को इस बात**

पर विचार करने का अवसर देते हों कि हमें सचाई की भी लाज रखनी चाहिए, केवल अपनी मक्खन-रोटी के लिए दिन-भर में कई रंग बदलना ठीक नहीं। इस देश में भी दुर्भाग्य से समाचारपत्रों और पत्रकारों के लिए यही मार्ग बनता जा रहा है।...यहाँ भी अब बहुत से समाचारपत्र सर्वसाधारण के कल्याण के लिए नहीं रहे, सर्वसाधारण उनके प्रयोग की वस्तु बनते जा रहे हैं।...इस देश में भी समाचारपत्रों का आधार धन हो रहा है। धन से ही वे निकलते हैं, धन ही के आधार पर वे चलते हैं और बड़ी वेदना के साथ कहना पड़ता है कि उन में काम करने वाले बहुत से पत्रकार भी धन की ही अभ्यर्थना करते हैं। अभी यहाँ पूरा अन्धकार नहीं हुआ है किन्तु लक्षण वैसे ही हैं।...व्यक्तित्व न रहेगा, सत्य और असत्य का अन्तर न रहेगा, अन्याय के विरुद्ध डट जाने और न्याय के लिए आफ़तों को बुलाने की चाह न रहेगी, रह जायगा केवल खिंची हुई लकीर पर चलना।" कहना न होगा कि वर्तमान पत्रकारिता आदर्श-च्युत होकर एक खिंची हुई लकीर पर मशीन की तरह चल रही है। स्वतन्त्रता-दिवस (15 अगस्त 1947) को पं. बाबूराव विष्णु पराड़कर ने 'आज' के अग्रलेख के माध्यम से सन्तेत किया था कि "स्वतन्त्र होने के साथ-साथ हमारे कन्धों पर जितना भारी उत्तरदायित्व आ गया है उसे हमें न भूलना चाहिए। हमारी लेश-मात्र की असावधानी का परिणाम घातक हो सकता है। हम ज़रा चूके नहीं कि सर्वनाश हमारे सन्मुख उपस्थित है।" क्रान्तद्रष्टा पत्रकार की बात पर ध्यान न दिया गया और हम चूक गये। हमारी सबसे बड़ी चूक यह है कि हमने उस अग्नितत्त्व को छोड़ दिया जिसके बल पर हमने स्वतन्त्रता की लड़ाई जीती थी। हम जानते हैं, इसी चूक के चलते आज कई संकट उत्पन्न हो गये हैं।

पूर्ववर्ती जातीय परिवेश इस प्रकार बदला है कि बिलकुल पहचान में ही नहीं आता। देशी सरकार को लक्ष्य कर पं. अम्बिकाप्रसाद वाजपेयी ने लिखा है, "देश में स्वराज्य तो हो गया परन्तु स्वराज्य सरकार ब्रिटिश सरकार की उत्तराधिकारिणी ही नहीं उस की अनुगामिनी भी बन गयी। जिस रौलट ऐक्ट के विरुद्ध महात्मा गान्धी ने सत्याग्रह आरम्भ किया था, उसी को 'डिटेंशन ऐक्ट' नाम से इस ने पास कर दिया। शान्तिकाल में स्वराज्य सरकार-द्वारा इस तरह का क़ानून बनाना व्यक्ति-स्वातन्त्र्य की विडम्बना नहीं तो क्या है? इसी प्रकार नया प्रेस ऐक्ट स्वराज्य सरकार ने भारत भर के पत्रों के एक स्वर से विरोध की उपेक्षा कर पास ही नहीं किया, अब आर्डिनेन्स या अध्यादेश द्वारा उस का कार्यकाल बढ़ाते हुए उस में संशोधन भी कर डाला। जिन्हों ने वर्तमान शासकों का ब्रिटिश सरकार द्वारा बनाये ऐसे क़ानून के विरोध का रूप देखा होगा, वे इनकी इस कलाबाज़ी को क्या समझते होंगे? अच्छा होता कि ये स्पष्ट कह देते कि शासन का ढंग यही है। उस समय

का आन्दोलन विदेशियों के विरुद्ध था और सब से बड़ी बात है कि तब हमें शासन का अनुभव न था। इस लिए तब जिन बातों का विरोध करते थे, आज उन्हीं का समर्थन और अनुकरण करते हैं। यदि समाचारपत्र स्वतन्त्रता के आन्दोलन को आगे न बढ़ाते तो क्या इतनी जल्दी शासन की बागडोर इन नेताओं के हाथ आती और इन की कथनी और करनी की यह आलोचना करनी पड़ती? एक दूसरे प्रसंग में स्वर्गीय बाबू विपिनचन्द्र पाल की यह बात घटती है कि 'हम जब नदी पार कर लेते हैं, तब माझी को साला कहते हैं।" यह एक दारुण स्थिति है जिसे राष्ट्र झेल रहा है। **"राजनीति के क्षेत्रों में जिस प्रकार देश-सेवकों ने अपने त्याग और कष्ट सहन का भुगतान पदों और सत्ता केन्द्रों के क्षेत्र में कर लिया, वही बात पत्रकारिता के क्षेत्र में हुई। सरकारी विज्ञापनों की गाढ़ी कमाई, धारासभाओं और पार्लमेण्ट की सीटों तथा विदेशयात्रा के डेलीगेशनों की चकाचौंध ने पत्रकारिता के जगत् पर भी प्रभाव डाला। फलस्वरूप जो बात राजनीतिक क्षेत्र में हुई, वह पत्रकारिता के क्षेत्र में भी हुई—यानी नैतिक मूल्यों का ह्रास, आदर्शवादिता का क्षय।"** आज की पत्रकारिता की यही स्थिति है।

सरकारी सहायता : देशी सरकार की पक्षपातपूर्ण नीति

पत्रकारिता को, या कहना चाहिए, पत्रों को आर्थिक अवलम्बन के लिए विज्ञापन की बड़ी अपेक्षा रहती है। इसके अभाव में आर्थिक भित्ति निश्चित रूप से कमज़ोर हो जाती है और आर्थिक बल टूट जाने पर पत्रों का प्रकाशन अवरुद्ध हो जाता है। हिन्दी के पहले पत्र 'उदन्तमार्तण्ड' का प्रकाशन आर्थिक कठिनाइयों के कारण ही बन्द हो गया था। हिन्दी के आदि पत्रकार पं. युगुलकिशोर शुक्ल को सरकारी आर्थिक सहायता की बड़ी आशा थी जिससे उत्साहित होकर उन्होंने 'उदन्तमार्तण्ड' का प्रकाशन शुरू किया था। स्मरणीय है कि उस समय अन्य पत्रों को सरकारी साहाय्य उपलब्ध था। मिशनरी पत्रों को सरकारी सहायता सहज ही प्राप्त थी। 'उदन्तमार्तण्ड' के अन्तिम अंक में बड़ी व्यथापूर्वक सम्पादक ने लिखा था, **"सरकार अँगरेज़ कम्पनी महाप्रतापी की कृपा कटाक्ष जैसे औरों पर पड़ी वैसे पड़ जाने की बड़ी आशा थी और मैंने इस विषय में उपाय यथोचित किया पै करम की रेख कौन मेटे।"** इस प्रकार हिन्दी पत्रकारिता के प्रति आदिकाल से ही सरकारी नीति पक्षपातपूर्ण बनी रही। हिन्दी पत्रकारिता की यही 'करम की रेख' या नियति है जो स्वाधीन भारत में भी एक अशुभ ग्रह के रूप में उसके साथ लगी हुई है। यह एक विचित्र राजनीतिक विडम्बना है कि पराधीनता-काल में जिस अनौचित्य का हम खुलकर विरोध करते थे, आज उसी पर हमारी नीति खड़ी है। विदेशी सरकार की पक्षपातपूर्ण नीति से स्वदेशी सरकार की

नीति बहुत अंशों में प्रभावित है। देशी सरकार की पक्षपातपूर्ण नीति का एक प्रत्यक्ष उदाहरण इस प्रकार है : भारत सरकार के सूचना और प्रसारण मन्त्रालय की 1963-64 की रिपोर्ट के अनुसार 12 महीनों में, जनवरी से दिसम्बर 63 की अवधि में, कुल 56 लाख 72 हज़ार रुपये का प्रदर्शन और वर्गीकृत विज्ञापन दिया गया। इसमें से 31 लाख 72 हज़ार का विज्ञापन मिला अँगरेज़ी के पत्रों को और 25 लाख का मिला हिन्दुस्तानी भाषाओं के पत्रों को। हिन्दी के पत्रों को 8 लाख 27 हज़ार का विज्ञापन मिला। यह घृणित, अपमानजनक और शर्मनाक स्थिति विज्ञापन की दर के मामले में और उभरकर आती है। अँगरेज़ी पत्रों के कुल 6 लाख 1 हज़ार कॉलम सेण्टीमीटर का दाम दिया गया 31 लाख 82 हज़ार यानी औसत 5 रुपये 29 पैसे प्रति कालम सेण्टीमीटर, जबकि ग़ैर अँगरेजी बेचारी भारतीय भाषाओं के कुल 11 लाख 29 हज़ार कॉलम सेण्टीमीटर का दाम दिया गया 25 लाख, यानी औसत 2 रुपये 21 पैसे प्रति कॉलम सेण्टीमीटर।

स्वायत्त संस्थाओं के विज्ञापन के बारे में तो स्थिति और भी दयनीय है। उपर्युक्त रिपोर्ट के अनुसार 12 महीनों में उसी अवधि में कुल 10 लाख 58 हज़ार रुपये का प्रदर्शन और वर्गीकृत विज्ञापन 1 लाख 71 हज़ार कॉलम सेण्टीमीटर में दिया गया, इसमें अँगरेज़ी के हिस्से में आये 8 लाख 45 हज़ार रुपये और भारतीय भाषाओं के पल्ले पड़े सिर्फ़ 2 लाख 13 हज़ार रुपये। अँगरेज़ी के पत्रों के कुल 1 लाख 14 हज़ार कॉलम सेण्टीमीटर इस्तेमाल किये गये—यानी 7 रुपये 41 पैसे प्रति कॉलम सेण्टीमीटर, जबकि भारतीय भाषाओं के प्रति कॉलम सेण्टीमीटर का दाम हुआ 3 रुपये 73 पैसे। यह है देशी सरकार का न्याय! और इसी के आधार पर नव राष्ट्र के निर्माण की नयी-नयी योजनाएँ बन रही हैं। यह कहना अनुचित न होगा कि जैसे समष्टि की बात करते हुए हम व्यष्टि-गुहा में सिमटते और डूबते जा रहे हैं, वैसे ही विकास योजनाओं की क्रियान्विति के बावजूद हमारा अपेक्षित विकास नहीं हो रहा है क्योंकि हम उसके लिए उचित और अपेक्षित प्रयत्न नहीं कर रहे हैं। और यह इसलिए नहीं हो रहा है कि हमारे राष्ट्रीय संस्कार में ही कहीं दोष है जिसका सही निदान नहीं हो रहा है या सही निदान होकर भी अपेक्षित उपचार नहीं हो रहा है। विडम्बना है कि स्वदेशी का आग्रह आज साम्प्रदायिकता का पर्याय माना जाने लगा है।

औद्योगिक प्रगति : उपलब्धि और अवरोध

औद्योगिक विकास के साथ मुद्रण-कला पर्याप्त विकसित हुई है जिससे पत्रों का संघटन-पक्ष पुष्ट हुआ है और रूप-विन्यास में सुरुचि दिखाई पड़ने लगी है। विविधता आयी है, किन्तु निष्ठा और लगन का ह्रास हुआ है। इस प्रकार पर्याप्त सँवर कर भी आज के पत्रों की शक्ति जाती रही। पत्र महत् उद्देश्य का साधन न

बनकर व्यवसाय का माध्यम बन गया। आचार्य नरेन्द्रदेव ने लिखा है कि **"...जब जनता साक्षर हो जाती है तो समाज में कुछ ऐसे समाचारपत्रों का भी आविर्भाव होता है जिनका उद्देश्य जनता को शिक्षित करना नहीं बल्कि अपनी अर्थ-सिद्धि होता है। वे प्रेम, हत्या तथा अन्य अपराधों के उत्तेजनापूर्ण और सनसनीदार समाचार प्रकाशित करते हैं और इस प्रकार मनुष्य की दुष्प्रवृत्तियों को जगा कर अपना घृणित स्वार्थ-साधन करते हैं। ऐसे पत्रों से भयंकर प्रतिस्पर्धा करनी पड़ती है। इससे मानव-प्रकृति का पतन होता है न कि उत्थान और उदात्तीकरण। जनशिक्षा में उन्हें कोई रुचि नहीं होती और न उनका यह उद्देश्य ही होता है। वे मानव-प्रकृति की कमज़ोरियों से अपने राजनीतिक उद्देश्यों की पूर्ति करना चाहते हैं।...यहाँ के उद्योगपतियों की ओर से इधर बहुत से समाचारपत्र प्रकाशित हुए हैं और राजनीतिक पार्टियों के लिए अपने पत्रों का संचालन दिन-प्रतिदिन कठिन होता जा रहा है। विज्ञापनदाताओं में भी वर्गचेतना बढ़ती जा रही है और अब वे वामपक्षी दलों को विज्ञापन देना पसन्द नहीं करते।"** प्रजातन्त्र के उन्नयन में यह एक बड़ा अवरोध है। उद्योगपतियों की आर्थिक शक्ति अनेक स्वतन्त्र पत्रों का गला घोंट देती है। उनके पत्र देश-सेवा के लिए नहीं बल्कि स्वार्थ-साधन के लिए हैं। और चूँकि इनके पत्रों के सम्पादक वेतन-भोगी नौकर हैं, इसलिए चाहकर भी वे सत्य का पक्ष-समर्थन और अनौचित्य का विरोध नहीं कर सकते। यह उनकी लाचारी है और यह वर्तमान पत्रकारिता का एक बहुत बड़ा प्रश्न है। इस प्रश्न की ओर संकेत करते हुए स्व. इन्द्र विद्यावाचस्पति ने लिखा था कि पूँजीपतियों के हाथों में पत्रों के चले जाने से पत्रों की स्पष्टवादिता और सत्यनिष्ठा कुण्ठित हो गयी है। पं. बनारसीदास चतुर्वेदी ने लिखा है कि **"अपने मालिक का हुक्म बजानेवाले पत्रकारों को हम सजीव नहीं मानते।"** वर्तमान पत्रकारों की यही नियति है कि वे अपने मालिकों का हुक्म बजाएँ। औद्योगिक युग का कदाचित् यह सबसे बड़ा अभिशाप है।

वर्तमान पत्रकारिता और वाक्-स्वातन्त्र्य

ऊपर जिन दो वर्तमान शक्तियों की हमने चर्चा की हैं उनसे पत्रों की स्वतन्त्रता में बड़ी बाधा पड़ी है। सरकारी सहायता—विज्ञापनादि—लेनी है तो सरकार को प्रीत रखना आवश्यक है। रोटी की समस्या का समाधान पाना है तो व्यवसायी पत्रों की पूर्वनिर्धारित नीति से समझौता करना एक विवशता है। और इस विवशता के नीचे आज पत्रकार की आवाज़ दबती जा रही है। हिन्दी के विश्रुत पत्रकार पं. बनारसीदास चतुर्वेदी ने लिखा है कि **"कण्ठ की स्वाधीनता पत्रकार के लिए सबसे अधिक महत्त्वपूर्ण है। सती के लिए सतीत्व जितना आवश्यक है उससे कहीं**

अधिक आवश्यक है पत्रकार के लिए उन्मुक्त कण्ठ। और जनमत के हामी देशों में तो स्वाधीन पत्रकारों की अत्यन्त आवश्यकता है।" भारत जैसे प्रजातन्त्र में स्वाधीन पत्रकारों का अभाव सामान्य बात नहीं है। असल में "हमारी समस्या यह है कि हम किस प्रकार प्रेस की स्वतन्त्रता को सुरक्षित रखते हुए समाचारपत्रों का सदुपयोग जनता की शिक्षा के लिए कर सकते हैं। हमको प्रेस को जनता की शिक्षा के लिए उत्तरदायी बनाना है और साथ-साथ प्रेस की स्वतन्त्रता की भी रक्षा करनी है। हमको मनुष्य के उत्तम 'स्व' को जगाना है और जो व्यापारी पत्र मनुष्य की अधम मनोवृत्ति को जागरूक करते हैं और उसकी कुरुचि को व्यापार के लाभ के लिए उत्तेजित करते हैं उनको हमें रोकना है। हमको इसकी भी व्यवस्था करनी है कि जनता के सामने उभय पक्ष उपस्थित किये जा सकें जिसमें वह विचार कर उचित निर्णय कर पहुँच सके, ऐसा नहीं कि केवल पूँजीपतियों का ही पक्ष उसके सम्मुख हो।" यह तभी सम्भव हो सकता है जब हम अपनी स्वतन्त्रता के प्रति सचेत रहें और उसे क़ायम रख सकें। किन्तु वर्तमान पत्रकार अपने मालिक के प्रति प्रतिश्रुत हैं, इसलिए स्वाभाविक है कि उन्हीं के इंगित पर वे चलें। उन्हें अपने महत् दायित्व का बोध नहीं रह गया है और सुभीतावाद के साथ उन्होंने गठबन्धन कर लिया है। इसलिए अपने मार्ग के ख़तरों का उन्हें ज्ञान नहीं होता और कभी जानबूझ कर भी उस ओर से उन्हें उदासीन रहना पड़ता है क्योंकि उनके निराकरण के लिए जिस चरित्र-बल की आवश्यकता है उसका उनमें अभाव है। भारतीय श्रमजीवी पत्रकार संघ के पाँचवें वार्षिक अधिवेशन का उद्घाटन करते हुए श्री कन्हैयालाल माणिकलाल मुंशी ने पत्रों की स्वतन्त्रता के महत्त्व की चर्चा की थी : **"भारत के समाचारपत्र सरकारी प्रवक्ता नहीं बल्कि जनता की आवाज़ हैं। इस प्रकार यहाँ के पत्रकार गणतन्त्रात्मक राज्य की नैतिकता के संरक्षक हैं। समाचारपत्रों की स्वतन्त्रता से ही विभिन्न प्रकार के विचारों का समुचित अभिव्यक्तीकरण हो सकता है और राज्य की असीमित शक्तियों के मुक़ाबले व्यक्ति की रक्षा हो सकती है।"** इसी भाषण में श्री मुंशी ने सम्भावित ख़तरे के प्रति पत्रकारों को सचेत किया था : **"जहाँ पत्रकारों को अपने पेशे का स्तर ऊँचा बनाये रखना है, वहीं उन्हें उन ख़तरों का भी ध्यान रखना है जो उनकी स्वतन्त्रता के लिए घातक हैं। यह ख़तरा दो तरफ़ से है। एक तो उन लोगों से जो प्रत्यक्ष कार्रवाई के ज़रिये संविधान की अवहेलना करना चाहते हैं और दूसरे उन लोगों से जो जनता की भावनाएँ उभाड़ कर अपना उल्लू सीधा करना चाहते हैं। यदि पत्रकारों को अपने पेशे के उच्च आदर्शों के प्रति वफ़ादार रहना है, तो उन्हें उपर्युक्त दोनों प्रकार की प्रवृत्तियों के विरुद्ध संघर्ष करना होगा। इन में से दूसरा ख़तरा सर्वाधिक अहितकर है।"**

पत्रकार का दायित्व : वर्तमान स्थिति

उपर्युक्त दो ख़तरों के अलावा एक तीसरा भी ख़तरा है जो इन दोनों की अपेक्षा कहीं बड़ा है। यह ख़तरा है पत्रकारों की दायित्वहीनता का। यह एक नया ख़तरा है। पुराने समय में भी कम ख़तरे न थे। "उन दिनों पत्रकारिता में ख़तरे ही ख़तरे थे। विदेशी सरकार तेजस्वी पत्रों को ज़मानत की मोटी रक़में जमा करने का हुक्म देकर बन्द करा देती थी। तेजस्वी पत्रकारों के लिए जेल का दरवाज़ा प्रायः खुला रहता था। इसलिए जिन लोगों में उज्ज्वल देशभक्ति होती, या जिनके हृदय में रूमानियत के लिए कसमसाहट होती वे ही पत्रकारिता के पेशे की ओर बढ़ते।" इतना ही नहीं, "उस समय के पत्रों के प्रतिज्ञावाक्य भी विचित्र हैं। 'सम्पादक' मानो ललकार कर साहित्य क्षेत्र में उतरते थे। और अपने-अपने काम में प्राणों की बाज़ी लगा देते थे।... राजनीतिक वातावरण में जो रूढ़िप्रियता, अन्य-परम्परा-प्रियता, शासकों की ख़ुशामद और अपनी सभ्यता के प्रति हीन भावना फैली हुई थी, उसे देखते हुए हिन्दी पत्रकारों की निर्भीक लेखन-शैली और भी चमक उठती है। उनमें पर्याप्त साहस था और उस साहस का उपयोग वे बेपर की बात करने में न करते थे वरन् दिन-पर-दिन की देश तथा विदेश सम्बन्धी समस्याओं के विवेचन में उसका उपयोग करते थे।" पं. लक्ष्मणनारायण गर्दे ने लिखा है कि "अनेक कठिनाइयों में भी हमें आगे बढ़ने के लिए प्रेरित करनेवाली एक ही चीज़ थी--वह थी हमारी स्पिरिट। हमारे समय के अधिकांश हिन्दी पत्रकार इस क्षेत्र में केवल इसलिए आये कि वे देश की कुछ सेवा करना चाहते थे।" "कोई अच्छी जीविका मिल नहीं रही है, तो चलो पत्रकारिता ही सही—आज यह भावना जो शिक्षित युवकों में प्रायः पायी जाती है उन दिनों ऐसी भावना का अभाव था, या कहिए इसके लिए कोई गुंजाइश ही नहीं थी।" किन्तु वर्तमान स्थिति सर्वथा भिन्न है। "पैसों पर विचार-विक्रय करने का रोग हिन्दी पत्रकारिता में भी घुस रहा है।" इसी के चलते कण्ठावरोध की समस्या सामने आयी है। पं. बनारसीदास चतुर्वेदी ने इसी स्थिति को लक्ष्य कर लिखा है कि "दोनों अभिलाषाओं की पूर्ति साथ-साथ नहीं हो सकती—बैंक में हमारे नाम मोटी रक़म भी जमा हो जाय और हमारा कण्ठावरोध भी न हो।" आज के पत्रकारों में यही भूख प्रबल है, इसलिए वे पीड़ित हैं और ख़तरों से घिरे हुए हैं। उनमें आदर्श नहीं बल्कि स्वार्थ की चिन्ता है। वे व्यवसाय-बुद्धि से चालित हैं। पुराने पत्रकारों में इस व्यवसाय-बुद्धि का ही अभाव था। और चूँकि वे व्यवसाय बुद्धि नहीं बल्कि एक महत् इच्छाशक्ति से चालित थे, इसलिए स्वाभाविक रूप से उन्हें आर्थिक क्षति उठानी पड़ती थी। "अपने देश में श्री मोतीलाल घोष, लोकमान्य तिलक, श्री

अरविन्द घोष, श्री सुरेन्द्रनाथ बनर्जी, श्री विपिनचन्द्र पाल, लाला लाजपत राय, श्री सी.वाई. चिन्तामणि, श्री गणेशशंकर विद्यार्थी आदि सभी पत्रों के सम्पादक थे। जो नेता स्वयं सम्पादक न थे उन के भी अपने पत्र थे। इन पत्रों को सदा घाटा रहा करता था। सार्वजनिक चन्दे से ही इनका काम चलता था।" आज पत्रकारों में अर्थ-लिप्सा के बढ़ जाने से निष्ठा का लोप हो गया है।

इस प्रकार हम देखते हैं कि सरकार और उद्योगपतियों के साथ ही पत्रकारों की दुर्बल इच्छा-शक्ति और व्यवसाय-बुद्धि भी वर्तमान पत्रकारिता के स्तर-विघटन के प्रमुख कारण हैं। पत्रकारिता को चलतू पेशे के रूप में अपनाने के कारण हम उसे अपेक्षित साधना नहीं दे पाते। 'प्रेस इण्स्टीच्यूट ऑव इण्डिया' और 'इण्डिया इण्टरनेशनल सेण्टर' के तत्त्वावधान में आयोजित एक परिसंवाद की समापन-गोष्ठी में श्री जवाहरलाल ने कहा था कि भारत में यह एक अजीब विडम्बना है कि सामान्य बौद्धिक विकास होते ही लोग पत्रकार बन जाते हैं। पहले की स्थिति इसके सर्वथा विपरीत थी। हिन्दी के पुराने पत्रकारों के सम्बन्ध में पं. अम्बिकाप्रसाद वाजपेयी ने लिखा है : **"पहले सम्पादक अध्ययनशील होते थे और जिन विषयों को आप नहीं जानते थे या कम जानते थे, उनके सम्बन्ध में अधिक से अधिक जानकारी अपने पाठकों को देने का यत्न करते थे। उसके लिए वे अध्ययन करते थे। भाषा शुद्ध ही नहीं लिखते थे, मुहावरेदार भी लिखते थे। 1910 तक भाषा पर पत्रों में वाद-विवाद भी छिड़ जाया करते थे, 'शेष' शब्द पर झगड़ा 'श्रीवेंकटेश्वर समाचार' और 'भारतमित्र' में छिड़ा था। द्विवेदी जी ने 'अनस्थिरता' शब्द का प्रयोग अपने 'भाषा और व्याकरण' लेख में किया था पर इस पर 'भारतमित्र' में 'भाषा की अनस्थिरता' शीर्षक दस लेख निकले। इनके जवाब में 'हिन्दी बंगवासी' में पं. गोविन्दनारायण मिश्र के 'आत्माराम की टें-टें' शीर्षक नौ लेख प्रकाशित हुए। अन्य पत्रों में भी कुछ लिखा-पढ़ी हुई। इन विवादों से समाचारपत्रों के पाठक ही नहीं बढ़ते थे, उन्हें शुद्ध और अशुद्ध शब्द तथा भाषा का ज्ञान भी होता था।"** आज भाषा के प्रश्न पर भी शिथिलता और स्वेच्छाचार दिखाई पड़ रहा है। इस विघटन को रोकनेवाली शक्ति ही लुप्त हो गयी है। इस अभाव की ओर एक बार 'नयी धारा' के सम्पादक ने लोगों का ध्यान आकृष्ट किया था। संयोग से 'कल्पना' के एक स्तम्भ-लेखक का ध्यान 'नयी धारा' की उक्त सम्पादकीय टिप्पणी पर पड़ा और उसने 'नयी धारा' की उसी टिप्पणी में व्याकरण की अनेक भूलें दिखायीं। यह उदाहरण इस तथ्य को द्योतित करता है कि हिन्दी भाषा के परिनिष्ठित स्वरूप की आकांक्षा रखते हुए भी उस दिशा में कुछ रचनात्मक योग देने में आज के पत्रकार असमर्थ हैं। उनमें आचार्य महावीरप्रसाद द्विवेदी, बाबू बालमुकुन्द गुप्त, पं. अम्बिकाप्रसाद वाजपेयी और पं. बाबूराव विष्णु पराड़कर-जैसे हिन्दी-हितचिन्तक तो हैं, किन्तु वैसी शक्ति नहीं है।

यहाँ स्मरणीय है कि वर्तमान हिन्दी पत्रकारिता में कुछेक ही ऐसे हैं जो पत्रकार के साथ ही श्रेष्ठ लेखक भी हैं, किन्तु पुराने पत्रकारों में अधिकांश हिन्दी के श्रेष्ठ गद्यकार और शैलीकार थे। इस उपलब्धि का परिणाम यह था कि इन पत्रकारों ने हिन्दी भाषा और पत्रकारिता को हर दृष्टि से उन्नत किया। यह केवल हिन्दी की बात नहीं है। प्रायः प्रत्येक भाषा के पुराने पत्रकारों ने अपनी-अपनी भाषा और साहित्य को समृद्ध किया है। स्वर्गीय पराड़कर जी ने 1950 ई. में बम्बई में आयोजित एक मराठी साहित्य-सम्मेलन में कहा था, **"मेरा अनुभव यह है कि गद्य किसी प्रकार का हो, इस की साधारण रूप-रेखा सब प्रान्तों में पत्रकारों ने ही निश्चित की और बाद में साहित्यिकों ने उसे अधिक उज्ज्वल और अधिक शुद्ध किया। तिलक, केलकर, परांजपे, भोपटकर, कोल्हटकर-जैसे कुछ पत्रकार तो स्वयं साहित्यकार भी थे। उन का कार्य पत्रकार-जगत् में अधिक प्रभावकारी हुआ या साहित्य-क्षेत्रों में, इसका निश्चित उत्तर देना कठिन है। 'केसरी' ने महाराष्ट्र की अधिक सेवा की या 'गीता-रहस्य' ने, इस का उत्तर मैं नहीं दे सकता। मेरे अपने पत्रकार-जीवन में 'केसरी' और 'कर्मयोगशास्त्र' दोनों का समान उपयोग हुआ है।"**

पुराने पत्रकारों की भाषा सहज होती थी। उसके लिए उन्हें काफ़ी अभ्यास करना पड़ा होगा। उन्हें चूँकि अपना 'मिशन' बहुतों तक पहुँचाना था, इसलिए यह ज़रूरी था कि उनकी भाषा सहज हो। इसका उन्हें सही बोध था। आज के पत्रकारों में इस विवेक की भी कमी है। श्री जवाहरलाल नेहरू ने हिन्दी पत्रों की भाषा के बारे में एक बार कहा था कि हिन्दी पत्रों की भाषा इसलिए बिगड़ जाती है कि जानबूझ कर वह क्लिष्ट बनायी जाती है। हिन्दी के पत्रकार अपनी भाषा के माध्यम से अपने पाण्डित्य का विज्ञापन करना चाहते हैं। पुराने हिन्दी पत्रकारों में यह विवेक था कि पत्र की भाषा कैसी होनी चाहिए। वे सहज भाषा के आग्रही थे। इस दृष्टि से जब पुराने हिन्दी लेखकों से चूक होती थी और उनकी भाषा में सहजता का अभाव दिखाई देता था तो पत्रकार उनकी आलोचना करते थे। 12 जनवरी 1859 ई. के 'उचितवक्ता' की सम्पादकीय टिप्पणी में इसी विषय पर विचार किया गया है। 'हिन्दी साहित्य' शीर्षक सम्पादकीय लेख की कुछ आरम्भिक पंक्तियाँ इस प्रकार हैं : **"आजकल हिन्दी साहित्य की दशा विचित्र है। इस की कुछ स्थिरता ही नहीं दीख पड़ती। विविध प्रकार के रंग-बिरंगे लेख प्रकाशित होते हैं। कोई तो आज संस्कृत शब्दों पर झुक रहे हैं और ज्यों ही किसी ने कह दिया कि आप की भाषा कठिन होती है, कुछ सरल कीजिए कि चट पलट कर उर्दू की खिचड़ी पकाने लग गये, फिर ज्यों ही किसी ने कह दिया कि केवल संस्कृत के शब्दों के मिलाने से या उर्दू शब्दों के प्रयोग से भाषा पुष्ट न होगी, बस चट बदल गये और दोनों प्रकार के शब्दों को मिलाने पर उतारू हो गये**

सारांश यह है कि ग्राहकों की खोज में भाषा को भी भटकाते रहते हैं और लेख-प्रणाली को स्थिर नहीं रख सकते।" यह पुराने पत्रकारों की जागरूकता का प्रमाण है। भाषा के सम्बन्ध में ऐसी जागरूकता का भी आज अभाव है।

आरम्भ में निवेदन किया गया है कि विज्ञान ने विश्व को बहुत छोटा कर दिया है। हम एक-दूसरे के इतने निकट आ गये हैं कि एक का दूसरे पर सद्यः प्रभाव पड़ता है। विदेशी विचार-दर्शनों की बाढ़ हमारे देश में भी आ गयी है। इसके दो पक्ष हैं। बाढ़ आती है तो ज़मीन को एक नयी उर्वरा शक्ति दे जाती है, साथ ही हमारी पुरानी नींव को एक धक्का दे जाती है और अनेक उपयोगी वस्तुओं को ध्वस्त कर देती है, नयी पौध को अपने वेग के साथ बहा ले जाती है। पश्चिमी विचार-दर्शन के प्रभाव से हमारी अभिज्ञता बढ़ी है, हमारे ज्ञान का विस्तार हुआ है। किन्तु यह प्रभाव इतना गहरा है कि हमें अपनी धरती दिखाई ही नहीं पड़ती। हम अपनी जातीय परम्परा से एक अंश तक टूट गये हैं—टूटते जा रहे हैं।

राजनीतिक वादों से हम इस क़दर प्रभावित हैं कि उचित-अनुचित का विवेक भी कुण्ठित होता जा रहा है। हमारी दृष्टि के पीछे एक पूर्वग्रह है, इसलिए सत्य को हम सीधे नहीं देख पाते।

हिन्दी समाज और वर्तमान पत्रकारिता

हिन्दी पत्रकारों के प्रति सामान्य दृष्टि वह नहीं है जो अँगरेज़ी पत्रकारों के प्रति है। यह एक विडम्बना है कि एक कार्यालय के दो पत्रों के सम्पादकों का वैयक्तिक स्तर भिन्न-भिन्न है। अँगरेज़ी पत्र के सम्पादक के प्रति जो भाव रहता है वह हिन्दी पत्र-सम्पादक के प्रति नहीं रहता। दोनों के वेतन में भी बहुत अन्तर रहता है। दीर्घ पराधीनता का यह सहज परिणाम है। स्मरणीय है कि पत्रकारिता के विकास का यह एक अवरोधक तत्त्व है।

पत्रकारों की कठिनाइयों को यथार्थ दृष्टि से न देखकर उनसे केवल आदर्श की अपेक्षा करना उचित नहीं है। हिन्दी की वर्तमान पत्रकारिता में यह अनौचित्य बहुत साफ़ दिखाई पड़ता है।

अपेक्षित सुविधा और सम्मान न मिलने से वर्तमान पत्रकारों में अपने कार्य और दायित्व के प्रति अरुचि बढ़ती जा रही है।

हिन्दी पत्रकारिता ने एक वह युग भी देखा है जब हिन्दी समाज पत्रकारिता का अर्थ भी नहीं समझता था। पत्रकारों के विशेष अनुरोध पर ग्राहक बन जाते थे, परन्तु पत्र पढ़ने की उनमें रुचि न थी। पुराने पत्रकारों के ऊपर समाज-संस्कार का दायित्व था। उनके पत्र बिकते थे, इतना ही उनके सन्तोष के लिए पर्याप्त नहीं था। उन्हें इसकी अधिक चिन्तना थी कि हिन्दी पत्रों के पाठक बनें और नयी उपलब्धियों का वे स्वागत करें। उनमें बड़ी निष्ठा थी और अपार धैर्य था। अपने ग्राहकों को

वे पत्र पढ़-पढ़कर सुनाया करते थे। इसके पीछे मुख्य रूप से दो बातें थीं। पहली यह कि उनके ग्राहक बने रहें और दूसरी यह कि पत्रों में उनकी रुचि उत्पन्न हो। इस कठिन आयास-द्वारा उन पत्रकारों ने हिन्दी लोकरुचि का परिमार्जन और उन्नयन किया। किन्तु इस युग की विडम्बना ऐसी है कि इस कठिन तपस्या के बावजूद हिन्दी समाज में हिन्दी पत्रों के प्रति वैसी रुचि नहीं उत्पन्न हुई जैसी अन्य भारतीय भाषाओं में देखी जाती है। यह स्थिति बहुत कुछ वैसी ही है जैसी इस युग के दो महान् भारतीयों—रवीन्द्र और गाँधी के प्रयत्नों की हुई। वे अपने आचरण और साधना-द्वारा निरन्तर यह प्रयत्न करते रहे कि नागर संस्कृति ग्रामोन्मुख हो जाए ताकि भारतीय संस्कृति के मूल वैशिष्ट्य की रक्षा हो सके, गाँवों को उचित प्रतिष्ठा और संवर्धन मिल सके, किन्तु उनकी साधना का प्रतिकूल परिणाम आज हमारे सामने स्पष्ट है। गाँव टूटते जा रहे हैं और गाँव की उपलब्धि नगर की समृद्धि बन रही है। इसी प्रकार हिन्दी पत्रकारिता के पुराने पुरस्कर्ताओं की तपस्या आज निष्फल हो रही है। युग की विडम्बना है कि हिन्दी समाज के बुद्धिजीवी अँगरेज़ी पत्रों के प्रेमी हैं और हिन्दी का मौखिक समर्थन करते हुए भी वे दिल से अँगरेज़ी के हिमायती हैं। यह स्थिति कदाचित् अन्य भारतीय भाषाओं में नहीं है। स्व. रामानन्द चटर्जी के पुत्र श्री केदारनाथ चटर्जी ने मुझे बताया था कि हिन्दी समाज में हिन्दी भाषा के प्रति वह अनुराग नहीं है जो एक बंगाली के मन में बँगला भाषा के प्रति है और हिन्दी भाषा तथा हिन्दी पत्रकारिता के गतिरोध के मूल में यही कारण है। केदारनाथ बाबू की उक्त बात में एक विशिष्ट इंगिति है। यहाँ यह कहना अनुचित न होगा कि हिन्दी साहित्य के ऐसे अनेक धुरन्धर हैं जो हिन्दी का पत्र देखते ही नहीं।

हिन्दी के सामान्य पाठकों में अभी वह विवेक नहीं है जिसके बल पर वे यह निर्णय कर सकें कि कौन पत्र उन्हें नयी अभिज्ञता दे सकेगा, रुचि का परिमार्जन कर सकेगा और विवेक को संवर्धित कर सकेगा। इसलिए वे अत्यन्त कुरुचिपूर्ण पत्रों में ही उलझ जाते हैं और उसी में उन्हें रस मिलता है। यह हिन्दी समाज का अभाव पक्ष है।

हिन्दी पत्रकारिता के गतिरोध के कारणों की संक्षिप्त चर्चा ऊपर की पंक्तियों में की गयी है। ये कारण इतने साफ़ हैं कि उनकी ओर अनायास ही सबकी दृष्टि जाती है। वैज्ञानिक और शैक्षणिक प्रगति के बावजूद हिन्दी पत्रकारिता—विशेष रूप से कलकत्ते की हिन्दी पत्रकारिता जो इसकी जन्मभूमि है—बँगला की तुलना में बहुत पीछे है।

हिन्दी पत्रकारिता में बाढ़ आ गयी है। नाना प्रकार के विभिन्न रुचियों और विषयों के अनेकानेक पत्र प्रकाशित हो रहे हैं, लेकिन वह आधार नहीं उभरता जिस पर खड़े होकर हम हिन्दी पत्रकारिता की समृद्धि का दावा कर सकें। इस वर्तमान स्थिति के प्रति पं. बाबूराव विष्णु पराड़कर ने बहुत पहले आशंका प्रकट की थी,

"भावी हिन्दी समाचारपत्रों में भी ऐसा ही होगा। पत्र निकालकर सफलतापूर्वक चलाना बड़े-बड़े धनियों अथवा सुसंघटित कम्पनियों के लिए ही सम्भव होगा। पत्र सर्वांग सुन्दर होंगे। आकार बड़े होंगे, छपाई अच्छी होगी, मनोहर, मनोरंजक और ज्ञानवर्द्धक चित्रों से सुसज्जित होंगे, लेखों में विविधता होगी, गम्भीर गवेषणा की झलक होगी। और मनोहारिणी शक्ति भी होगी, ग्राहकों की संख्या लाखों में गिनी जायेगी। यह सब-कुछ होगा पर पत्र प्राणहीन होंगे। पत्रों की नीति देश-भक्त, धर्म-भक्त अथवा मानवता के उपासक महाप्राण सम्पादकों की नीति न होगी—इन गुणों से सम्पन्न लेखक विकृत मस्तिष्क समझे जायेंगे, सम्पादक की कुरसी तक उन की पहुँच भी न होगी। वेतनभोगी सम्पादक मालिक का काम करेंगे और बड़ी खूबी के साथ करेंगे। पर आज भी हमें जो स्वतन्त्रता प्राप्त है वह उन्हें न होगी।" यही आज की यथार्थ स्थिति है। पत्रों में सब-कुछ है, किन्तु पत्रकारों में सत्य-निष्ठा और आदर्श की कमी है। पत्र-संचालकों में शुद्ध व्यवसाय-बुद्धि है। वर्तमान स्थिति से निराश होकर स्व. आचार्य शिवपूजन सहाय ने लिखा था, "हिन्दी में अनेक सामयिक पत्र-पत्रिकाएँ ऐसी हैं जिन के सम्पादक यदि शुद्धता, स्वच्छता और सुन्दरता पर खास तौर से ध्यान देना भी चाहते हैं, तो पत्र-संचालक अथवा प्रकाशक की उदासीनता के कारण नहीं दे पाते। हमारे अधिकतर पत्र-संचालक जितना आर्थिक लाभ का ध्यान रखते हैं उतना अपने पंत्र के गौरव का नहीं। यदि कोई साहित्यिक सम्पादक स्वयं ही पत्र-संचालक भी होता है तो पूँजी के अभाव में वह अपने पत्र को मनचाहे ढंग से सर्वांग सुन्दर नहीं बना पाता। और यदि बनाने का दुस्साहस करता भी है तो आर्थिक हानि के कारण पत्र को नियमित एवं स्थायी नहीं बना सकता। फिर एक बात यह भी है कि कोई पूँजीपति अथवा धनाढ्य प्रकाशक अगर सर्वांग सुन्दर एवं सुसम्पादित पत्र निकालता और चलाता भी है तो उसके शान-गुमान का कभी अन्दाज़ ही नहीं मिलता, उसके मिज़ाज और दिमाग़ का पारा हमेशा चढ़ा ही रहता है, वह धरातल पर खड़े साहित्यिक सम्पादक पर सातवें आसमान से नज़र डालता है। ऐसे संकुचित दृष्टिकोण के पत्राध्यक्षों से हिन्दी पत्रों की मर्यादा नहीं बढ़ सकती। वर्तमान परिस्थिति से यही अनुमान होता है कि हिन्दी में अब न कोई चिन्तामणि घोष होगा, न महावीरप्रसाद द्विवेदी, न शिवप्रसाद गुप्त, न बाबूराव विष्णु पराड़कर, न शिवनारायण मिश्र, न गणेशशंकर विद्यार्थी, न रामानन्द चटर्जी, न बनारसीदास चतुर्वेदी। पत्र-संचालक और सम्पादक का आदर्श सम्बन्ध उन्हीं लोगों के साथ चला गया। सम्पादक की वास्तविक प्रतिष्ठा समझने वाले पत्र-संचालक अब नहीं रहे, यदि कहीं एकाध हों भी तो उन से केवल अनामिका सार्थवती होती है।"

नयी जागृति की अपेक्षा

किन्तु इस गतिरोध के सामने अपने को चुपचाप समर्पित कर देने से पत्रकार के दायित्व की इतिश्री नहीं हो जाती। उसे अपने को प्रतिष्ठित करने के लिए स्वयं उद्योग करना पड़ेगा। सरकारी और व्यावसायिक स्वार्थ-बुद्धि के निराकरण के लिए पत्रकार को ही आवाज़ उठानी पड़ेगी। उन्हें सचेत रहना है अपने दायित्व के प्रति कि **"समाचारपत्र जनता के सेवक हैं। वे न अपने मालिकों के प्रति उत्तरदायी हैं और न किसी सरकार या अधिकारी के प्रति सिर झुकाने को बाध्य हैं। वे यदि जवाबदेह हैं तो जनता के सम्मुख हैं और उस के हित के रक्षक होने के नाते यदि कभी अपने कामों में ग़फ़लत करें तो उन्हें उस के सामने जवाब देना होगा। कभी-कभी जैसे कुछ करना अपराध होता है वैसे ही कभी-कभी कुछ न करना भी अपराध हो जाता है। जनाधिकार, जनहित और जनस्वत्व के लिए जब कभी ख़तरा या संकट उपस्थित हो उस समय यदि पत्र मौन रह जायँ अथवा भय, प्रलोभन या किसी कारण से उस की उपेक्षा कर जायँ तो यह उन के लिए अक्षम्य अपराध की बात होगी।"** इसी अपराध से बचना पत्रकार के लिए अपने दायित्व का पालन करना है। उनका धर्म है कि इस दायित्व का पालन करें और इस दायित्व के कारण पत्रकारों का यह कर्तव्य हो जाता है कि प्रतिदिन की घटनाओं और समस्याओं पर निरन्तर सतर्क दृष्टि रखें और उत्कृष्ट तथा सुरुचिपूर्ण पत्रकारिता की परम्परा को बनाये रखें।

पत्रकारों को अपने अध्ययन की सीमा को बढ़ाना होगा। साहित्य और भाषा के साथ ही राजनीति, अर्थशास्त्र और अन्य शास्त्रों की अभिज्ञता रखनी होगी। टूटती परम्परा और नये मानव-मूल्यों की सही परख रखनी होगी। अपनी परम्परा के प्रति अपेक्षित आग्रह रखते हुए साम्प्रतिक चेतना के प्रति प्रतिश्रुत रहना होगा। मानसिक संकीर्णताओं और व्यक्तिगत कुण्ठाओं से मुक्त होकर सत्य को सीधे देखना होगा।

हमें उदारता की उस सीमा पर नहीं जाना है जहाँ जातीय धरातल हमसे छूट जाता है और हम कृत्रिम पंख खोंसकर फ़ैशन के रंग में उड़ने लगते हैं। अपनी धरती पर खड़े होकर ही हमें सबको देखना, समझना और उपयोगी वस्तुओं को अपनाना है। ऐसी वस्तुओं को और विचार-दर्शनों को अपनाना है जो हमारी जातीय उपलब्धि पर प्रश्नचिह्न न लगाएँ बल्कि उसे समृद्धि दें। स्व. पराड़कर जी ने कहा था कि **"हमारा यह दृढ़ विश्वास है कि अन्य देशों में वहाँ की परिस्थिति और लोक-प्रवृत्ति के कारण जो राजनीतिक, सामाजिक और आर्थिक सिद्धान्त उत्पन्न होते हैं उन के अन्धानुकरण से हमारा हित न होगा।...पश्चिम में उत्पन्न और किसी-किसी देश में बहुजन मान्य होने पर भी कोई 'वाद' भारत के लिए भी हितकर ही होगा यह कहना दुस्साहस मात्र है। सब वाद भिन्न अवस्थाओं, समाज-विकास की भिन्न-भिन्न स्थितियों में हितकर हो सकते हैं**

और विपरीत स्थिति में अहितकर। अतएव हम न पूँजीवाद, समाजवाद या साम्यवाद किसी एक को अपने देश के लिए हितकर अथवा अहितकर ही समझते हैं अभी हमें सब वादों से भिन्न-भिन्न क्षेत्रों में काम लेना होगा। एक 'वाद' के पीछे पड़ जाने से हानि के सिवा लाभ नहीं हो सकता है।" इस सत्य के प्रति सजग रहना है। आँख खोलकर अपने परिवेश को देखना है ताकि यथार्थ के प्रति हम ग़लत धारणा न बना लें। पत्रकारों को समन्वय की उस भूमिका की अवतारणा करनी है जहाँ विदेशी विचार-दर्शन हमारे जातीय वैशिष्ट्य के साथ एकाकार हो सके और हम विद्या के क्षेत्र में अधिकाधिक विकास कर सकें। हमें अपने विवेक को संवर्धित करना है और पुरातन तथ्यों को नये सन्दर्भ में नयी अर्थवत्ता देनी है। और सब से बड़ी बात यह है कि आज पत्रकारों को पूर्वग्रह-मुक्त होना है ताकि औचित्य के पक्षसमर्थन और सत्य की प्रतिष्ठा में उनसे कोई त्रुटि न हो।

हिन्दी गद्य के निर्माण में कलकत्ते की पत्रकारिता का योग

आधुनिक साहित्य के माध्यम के रूप में खड़ी बोली की प्रतिष्ठा ऐतिहासिक घटना हो चुकी है। ब्रजभाषा के उन्नत और समृद्ध माध्यम को अपदस्थ करके खड़ी बोली अनेक राजनीतिक और सामाजिक कारणों से सांस्कृतिक विचार-विनिमय की भाषा बन गयी। खड़ी बोली का गद्य जो आज हिन्दी-क्षेत्र में सभी प्रकार के ज्ञान-विज्ञान के शिक्षण, राजब्यवस्था-संचालन तथा अन्तःप्रान्तीय विचार-विनिमय का माध्यम है, कुल सौ वर्ष का ही जीवन व्यतीत कर सका है। संसार के भाषा-वैज्ञानिक इतिहास में यह सम्भवतः पहली घटना है कि इतने अल्पकाल में किसी भाषा का गद्य इस गति से विकसित और परिमार्जित हुआ हो और देखते-ही-देखते वह एक बृहत् क्षेत्र में उसके सभी सारस्वत कार्यों के समर्थ माध्यम के रूप में प्रतिष्ठित हो गया हो, किन्तु भाषाशास्त्र का विद्यार्थी एक ओर जहाँ इस विकासक्षिप्रता को देखकर आश्चर्य-चकित होता है वहीं जब वह अनेकानेक हिन्दी गद्य-निर्माताओं के बलिदानी श्रम को देखता है तो वह एक सहज आत्म-श्लाघा का अनुभव भी करता है।

18वीं और 19वीं शताब्दी के बीच हिन्दी के लड़खड़ाते हुए बाल-गद्य को जिन लोगों ने पाला-पोसा, चलना सिखाया और उसमें एक समर्थ गत्वरता का संयोजन किया उनके तपश्चरण और परिश्रम को कदापि विस्मृत नहीं किया जा सकता। यह हिन्दी गद्य एक ओर मुसलमानी शासकों की छत्रछाया में विकसित हुआ तो दूसरी ओर फोर्ट विलियम कॉलेज के तत्त्वावधान में इसके निर्माण का भगीरथ प्रयत्न किया गया। जहाँ इसके व्यक्तित्व में आर्यसमाजी गद्य-निर्माताओं के वाक्पाटव का ओज है वहीं ईसाई मिशनरियों के त्याग और औदार्य का स्वर भी। अर्थात् हिन्दी गद्य जातीय सम्मिश्रण और संस्कृतियों के परस्परावलम्बन का जीवित प्रतीक है, किन्तु हिन्दी गद्य के निर्माण में सर्वाधिक महत्त्वपूर्ण योग आरम्भिक हिन्दी-पत्रकारों का है। जीवन के नानाविध उलझे और निरन्तर विकसमान प्रवाह को पत्रकारिता संक्षेप में सम्पुटित कर जन-जन के पास भेजने का कार्य करती है।

कलकत्ते के हिन्दी-पत्रकारों ने इस आरम्भिक गद्य को जिस प्रकार

सजाया-सँवारा और उसे पुनर्जागरणकालीन भारतीय राष्ट्र की समस्त आकांक्षाओं और सम्भावनाओं के समर्थ माध्यम के रूप में प्रतिष्ठित किया वह एक बृहद् विश्लेषण और विवरण की वस्तु है। यहाँ अत्यन्त संक्षेप में हम इस निरन्तर विकसनशील गद्य के कतिपय विशिष्ट रूपों का ही परिचय देंगे।

गद्य की विकास-दिशाएँ

वैसे तो खड़ी बोली का गद्य बीजांकुर रूप में ही सही, बहुत पहले से मिलने लगता है। अनेक विद्वान् गोरखपन्थी ग्रन्थों की टीकाओं में हिन्दी गद्य का सन्धान कर चुके हैं। आचार्य शुक्ल ने 1407 वि.सं. के आसपास लिखे एक ग्रन्थ से गद्य के उद्धरण दिये हैं।[1] इन नमूनों को वे ब्रजभाषा गद्य का नमूना कहते हैं और ये हैं भी, किन्तु इनमें भी खड़ी बोली के तत्त्व यत्र-तत्र झलक जाते हैं। सच तो यह है कि 16वीं शताब्दी के पहले तक खड़ी बोली को, चाहे वह गद्य या पद्य के माध्यम के रूप में हो, सार्वजनिक स्वीकृति नहीं मिली थी। खुसरो खड़ी बोली के प्रशंसक हो सकते हैं, किन्तु हाब्सन जाब्सन के उद्धरणों से स्पष्ट मालूम होता है कि हिन्दुस्तानी या खड़ी बोली को एक गँवारू बोली से अधिक महत्त्व का दरजा प्राप्त न था।[2]

मुसलमान बादशाहों का मुख्य गढ़ दिल्ली था इसलिए यह स्वाभाविक था कि वहाँ की बोली से उनका निकटतर सम्पर्क होता। खड़ी बोली के क्षेत्रीय ढाँचे को लेकर उसमें फ़ारसी आदि विदेशी शब्दों को भर मुसलमानों ने जिस कामचलाऊ भाषा का निर्माण किया वह 'ज़बाने उर्दू' कहलायी। उर्दू का अर्थ सेना का शिविर या छावनी होता है। यह नयी भाषा मुसलमानी सेना की छावनियों की भाषा थी। मुसलमानों के निरन्तर आधिपत्य और देश के विभिन्न कोनों में बिखराव के साथ-ही-साथ यह भाषा विजेताओं की भाषा के रूप में चतुर्दिक् फैलने लगी। दिल्ली से मुर्शिदाबाद और दिल्ली से हैदराबाद इसके प्रसार की दिशाएँ बनीं। डॉ. सुनीतिकुमार चाटुर्ज्या ने लिखा है, "17वीं शताब्दी के अन्त से नहीं तो 18वीं शताब्दी के आरम्भ से मुसलमानों-द्वारा बोली जाती तथा विकसित इस उत्तर भारतीय हिन्दी भाषा के लिए एक नया नाम प्रयुक्त होने लगा। वह नाम था हिन्दुस्तानी।[3]" इसी हिन्दुस्तानी का पद्यगत रूप रेख्ता नाम से प्रसिद्ध था। "तब की भाषा पश्चकालीन

---

1. आचार्य रामचन्द्र शुक्ल : हिन्दी साहित्य का इतिहास, पृ. 403।
2. After this he (Tom Coryate) got a great mastery in the Indostan or more vulgar language. There was a woman a landress belonging to my lord Ambassador's household who had such a freedom and liberty of speech that she would sometimes scold from the sun rising to the sun set. One day he undertook her in her own language and by eight of the clock he so silenced her that she had not one word to speak. Tery extracts Relating to T.C. (Hobson-Jobson, pp. 317).
3. भारतीय आर्य भाषा और हिन्दी, पृ. 202।

उर्दू की तरह फ़ारसी से बिलकुल लदी हुई न थी। फ़ारसी के शब्द अपेक्षाकृत कम संख्या में मिलाये जाते थे। एक पंक्ति में कहीं-कहीं छितरे हुए (रेख्ता) रहते थे। इसलिए आधुनिक उर्दू हिन्दुस्तानी पद्य की भाषा का आदि रूप रेख्ता कहलाता था।[1]" रेख्ता से मिलती-जुलती एक भाषा हैदराबाद के आस-पास मुसलमानी शासकों-द्वारा प्रतिष्ठित की जाकर दक्खिनी हिन्दी का रूप ग्रहण कर रही थी। किन्तु यह भाषा अभी तक गद्य का सशक्त माध्यम नहीं बन सकी थी। "उन्नीसवीं शती के आरम्भ तक पत्रों या एतादृश अन्य दस्तावेज़ों के अतिरिक्त हिन्दुस्तानी में गद्य की रचना नहीं हो पायी थी। अतएव साहित्यिक कला के विकास की कोई गुंजाइश ही न थी।[2]"

अविकसित गद्य रूप और कलकत्ते के हिन्दी पत्र

खड़ी बोली के इसी अविकसित गद्य को पत्रकारिता का माध्यम बनाया गया। यह गद्य चूँकि आरम्भ में मुसलमानों के विचार-विनिमय या सामान्य राजकीय कार्यों के लिए प्रयुक्त होता था, इस कारण जो समर्थ गद्य दिखलाई भी पड़ता था वह फ़ारसी का भारतीय रूप-जैसा ही प्रतीत होता था। कलकत्ते के हिन्दी पत्रकारों का अब यह कर्तव्य हुआ कि वे इस गद्य को भारतीय सांस्कृतिक जीवन का माध्यम बनाएँ। भारतीय जीवन एक ओर प्राचीन ह्रासशील परम्परा से उबर रहा था दूसरी ओर अँगरेज़ी आधिपत्य के शिकंजे निरन्तर कसते जा रहे थे। एक ओर युरॅपीय सम्पर्क के कारण युरॅपीय ज्ञान-विज्ञान का प्रवेश हमारे देश में हो रहा था दूसरी ओर यातायात के अनेक साधन तथा अँगरेज़ी राज्य-व्यवस्था के तौर-तरीक़े हमारे जीवन को नयी दिशा में बदल रहे थे। इन सभी परिस्थितियों की समुचित अभिव्यक्ति के लिए खड़ी बोली के गद्य को नये सिरे से निर्मित और विकसित करने की आवश्यकता थी और यह कार्य 1800 से लेकर 1900 के भीतर कलकत्ते की पत्रकारिता ने बड़े मनोयोग के साथ पूरा किया। इस अवधि के विभिन्न स्तरों की भाषा के निम्नलिखित पाँच नमूने इस प्रयत्न के साक्ष्य हैं। और इनके विश्लेषण से हम खड़ी बोली गद्य के ऐतिहासिक विकास के रूप का संक्षेप में आकलन भी कर सकते हैं।

30 मई सन् 1826 ई. के 'उदन्त मार्तण्ड' में प्रकाशित 'इस कागज के प्रकाशक का इश्तिहार' शीर्षक विज्ञापन की भाषा से कुछ नमूने दिये जा रहे हैं[3]—

1. **हिन्दुस्तानियों के हित के हेत जो आज तक किसी ने नहीं चलाया।**
2. **पर अंग्रेजी ओ पारसी ओ बंगाले**

1. भारतीय आर्य भाषा और हिन्दी, पृ. 201।
2. वही, पृ. 203।
3. सम्पूर्ण इश्तिहार परिशिष्ट (क) पर उद्धृत है।

3. जो समाचार का कागज छपता है
4. उन बोलियों के जान्ने ओ पढ़नेवालों
5. सब लोग पराये सुख सुखी होते हैं
6. पराये धन धनी होना ओ अपनी रहते पराई आंख देखना
7. आंखों को व्यर्थ माथे चटखते हैं
8. आप पढ़ ओ समझ लेंय
9. दयावान करुणा ओ गुणनि के निधान
10. जैसे साहस में चित्त लगाय के
11. बाहर के रहनेवाले डांक पर कागज पाया करेंगे
12. महसूल की तेहाई लिई जायगी
13. उनको यहाँ रुपये की मनौती कर देनी होयगी
14. कोई कारण पाय करके

रेखांकित अंशों को देखने से स्पष्ट हो जाता है कि भाषा में तरह-तरह की व्याकरणिक शिथिलताएँ थीं। साथ ही ब्रजभाषा के प्रभाव के कारण प्राचीन रूपों को ज्यों-का-त्यों या कभी-कभी किंचित् परिवर्तित करके अपना लिया गया था। परसर्गों का पूर्ण विकास नहीं हो सका था। लिए के लिए हेतु का प्रयोग बहुत बाद तक होता रहा है। 'सुख सुखी' और 'धन धनी'-जैसे प्रयोग में तृतीया विभक्ति का लोप दिखाई पड़ता है। चटखते, लेंय, गुणनि, लगाय के, पाय करके आदि पूर्वकालिक क्रियाएँ और संज्ञा के बहुवचन रूप ब्रजभाषा प्रभाव के द्योतक हैं।

इस गद्य की सबसे बड़ी विशेषता यह है कि इसमें फ़ारसी के प्रभावों से बचने का प्रयत्न किया गया है, साथ ही लोकजीवन में प्रचलित अनेक तद्भव और देशी शब्दों को निस्संकोच अपनाया गया है। किन्तु कागज, डांक, महसूल, रसीद, ख़र्चा जैसे आमफ़हम विदेशी शब्दों को हटाया नहीं गया है।

बंगदूत (सन् 1829) की भाषा के नमूने प्रथम-सम्पादकीय टिप्पणी से दिये जा रहे हैं[1]–

1. सब देश के समाचार और देशान्तरनि की विद्या
2. विद्या और सुघरता के प्रसंगनि के प्रसंगनि के शास्त्रार्थ युक्त
3. प्रति सत बारे छपेगा जिस करके बहु भ्रान्ति के प्रयोजन के मूल सजीव होने की सम्भावना है
4. कलकत्ते की बड़ी बाजार के आवते
5. इस समाचार के साथ अंगरेजी भाषें और एक में समाचार
6. बड़ों की भलाई की रक्षा हेत

1. सम्पूर्ण टिप्पणी परिशिष्ट 'क' में उद्धृत की गयी है।

7. माली ओ मुलकी कामों के विषय जो चर्चा रहेगी उस मध्ये

8. यही आठ पिठौता ऊपर की लिखी भाषों में

9. अपने अपने ढब पर

इस गद्यांश में भी स्पष्ट ही 'देशान्तरनि', 'प्रसंगनि' आदि ब्रजभाषा बहुवचन के रूप हैं। तृतीया 'से' के स्थान पर करके पद को जोड़कर करण व्यापार सूचित किया गया है यानी 'जिससे' के स्थान पर 'जिस करके' का प्रयोग। 'आते' के स्थान पर 'आवते' ब्रजभाषा प्रभाव का ही द्योतक है। 'रक्षा' के लिए 'रक्षाहेत' यहाँ भी प्रयुक्त है। 'माली ओ मुलकी' 'ढब'-जैसे शब्द के प्रयोग भी बेहिचक किये गये हैं। सप्तमी परसर्ग 'में' के स्थान पर 'मध्ये' का प्रयोग गद्य की शिथिलता का द्योतक है।

हिन्दी के प्रथम दैनिक समाचारपत्र, 1854 ई. में कलकत्ते से प्रकाशित 'समाचार सुधावर्षण' के कुछ नमूने द्रष्टव्य हैं—

1. **पहाड़ियों का अत्याचार बड़ा भारी भया है**
2. **सांउताल नामक पहाड़ियों को दमन करने के लिये**
3. **पहाड़ियों के मन्दिर में घुसकर उन्हन को कामा नामक ठाकुर की मूरत**
4. **मूरत लेकर जब फिरि आवते थे**
5. **राजसेना दल को भी उन्हों ने भगाय दिया**
6. **छ छ बेत मार के उन्हन को छोड़ दिया**

'भया है', 'फिरि आवते', 'भगाय दिया' आदि प्रयोग भी इस बात के द्योतक हैं कि खड़ी बोली अभी भी ब्रजभाषा के प्रभाव से मुक्त नहीं हो सकी थी। इस गद्य में सर्वनाम उन्हें के स्थान पर 'उन्हन को' का प्रयोग है। यह प्रयोग पूर्वी हिन्दी अर्थात् भोजपुरी के प्रभाव का द्योतक है।

'भारतमित्र' (1878 ई.) के प्रथम अंक की सम्पादकीय टिप्पणी से कुछ विशिष्ट भाषा-प्रयोग नीचे दिये जाते हैं[1]—

1. ये वो चीज है
2. घर में कोठड़ी भीतर बैठ के
3. प्रार्थना करने का ये ही मुख्य उपाय है।
4. यदि समाचार पत्र नहीं होय तो
5. अच्छी तरह से नहीं हो सक्ता
6. इस्से राजा प्रजा दोनों को सुख प्राप्त होता है
7. वाणिज्य की उन्नति बंबई वालों ने करी है

---

1. पूरी टिप्पणी परिशिष्ट 'क' में द्रष्टव्य।

8. इस द्वारा देश देशान्तर के माल का भाव

9. वाणिज्य का भविष्यत अनुमान होय है

10. हियां के हिन्दुस्तानी लोग

11. खटिया पर से उठा के ज्ञान की किरण

12. अभाव को दूर कर्ने की चेष्टा करेंगे

13. चित्त को उत्साहित कर्ती थी

14. परन्तु अन्त को कइ एक मित्रों की सहायता से

इस गद्यांश में 'वह' और 'यह' के लिए 'वो' और 'ये' का प्रयोग हुआ है। लेखक ने 'सकता' के लिए 'सक्ता', 'इससे' के लिए 'इस्से', करने के लिए 'कर्ने', 'करती' के लिए 'कर्ती' का प्रयोग किया है। ये सभी प्रयोग खड़ी बोली के ही प्रयोग हैं, किन्तु साहित्यिक खड़ी बोली के प्रयोग न होकर खड़ी बोली के क्षेत्रीय प्रयोग हैं। 'बैठ के' (बैठ कर), 'होय' (हो), करी है (की है), 'होय है' (होता है) आदि प्रयोग ब्रज प्रभावित हैं। 'अन्त में' के लिए 'अन्त को' भी पुराने प्रभाव का ही द्योतक है।

'उचितवक्ता' (1880 ई.) के एक गद्यांश से भाषा के विशिष्ट नमूने यहाँ दिये जाते हैं।

1. भारतवर्ष शासन करते हैं

2. कुछ सहाय नहीं हो सकती

'उचितवक्ता' के 22 जनवरी 1895 के सम्पादकीय वक्तव्य से कुछ उदाहरण इस प्रकार दिये जाते हैं—

1. स्थिरता ही नहीं देख पड़ती।

2. शब्दों को मिलाने में उतारू हो गये

3. वैसे ही डामाडोल हैं

4. इतना हौरा धूम और उन्नति की पुकार

5. इस सिवाय प्राचीन इतिहास

6. प्रत्येक नाटकों का अभ्यास करेगी

इस समय तक आते-आते हिन्दी का गद्य काफ़ी सुगठित और श्रम अर्जित प्रौढ़ि को प्राप्त कर चुका था। मनोवांछित अर्थ की अभिव्यक्ति में यह गद्य अपने पूर्वज 'उदन्तमार्तण्ड' के गद्य की तरह शिथिल नहीं दिखाई पड़ता। परसर्गों के प्रयोग काफ़ी निश्चित हो गये हैं और वाक्यों की क्रमबद्धता पहले से कहीं अधिक पुष्ट हो चुकी है। 'उचितवक्ता' के इन गद्यांशों से यह ज़रूर लगता है कि हिन्दी गद्य में तत्सम शब्दों के प्रयोग की प्रवृत्ति बढ़ रही थी। विशेषतः 22 जनवरी 1895 की सम्पादकीय टिप्पणी संस्कृत बहुल दिखाई पड़ती है।

पहले के गद्य पर शब्दावली और विन्यास दोनों में ब्रज या उर्दू के

वाक्य-विन्यास का प्रभाव दिखाई पड़ता है, किन्तु 'उचितवक्ता' के गद्य पर अँगरेज़ी वाक्य-विन्यास का प्रभाव आने लगा है। यह प्रवृत्ति आधुनिक गद्य में बहुत प्रबल हो गयी। उदाहरण के लिए 'अँगरेज भारतवर्ष शासन करते हैं' (इंगलिशमेन रूल इण्डिया)। कहीं-कहीं प्राचीन प्रभाव भी दिखाई पड़ता है। अवधी और ब्रज में सहायक के लिए 'सहाय' का प्रयोग होता है। 'उचितवक्ता' में भी 'कुछ सहाय नहीं हो सकता' जैसा प्रयोग मिलता है। दीख पड़ना के लिए 'देख पड़ना', इसके सिवा के लिए 'इस सिवाय' जैसे कुछ शिथिल प्रयोग भी हैं, किन्तु इन गद्यांशों को देखने से इतना तो स्पष्ट परिलक्षित हो ही जाता है कि हिन्दी का गद्य खड़ी बोली के परिनिष्ठित रूप का सबल प्रमाण हो चुका था। यह गद्य आधुनिक हिन्दी गद्य की तरह लचीलेपन और संयुक्त क्रियाओं के प्रयोग के कारण उन सभी सम्भावनाओं को सुरक्षित कर चुका था जो आज हिन्दी गद्य में विकसित दिखाई पड़ती हैं।

गद्य की प्रौढ़ता का मुख्य आधार निरन्तर विकसमान सन्दर्भों के लिए शब्दावली के चयन पर निर्भर करता है। उस समय देशी-विदेशी शब्दों के परिग्रहण पर काफ़ी गहराई से विचार किये गये। ये पत्रकार भाषा की शुद्धता और सहजता के आग्रही थे। हिन्दी के आदि सम्पादक पं. युगुलकिशोर शुक्ल ने भाषा की शुद्धता के प्रश्न को लेकर 'उदन्तमार्तण्ड' के आश्विन वदि 3 के अंक में 'अशुद्धता' शीर्षक से एक 'एडिटोरियल रिमार्क' दिया था। 'समाचार दर्पण' में लाहौर के रनजीत सिंह का नाम गोरक्ष सिंह छपता था। उसे ही लक्ष्य कर सम्पादक ने लिखा था **कि 'समाचार-दर्पण' में नये समाचार न मिलें इस का कुछ दुःख नहीं है पर लाहौर के रनजीत सिंह के समाचार में गोरक्ष सिंह जो लिखा जाता है यह जैसे श्रीरामपुरी भाषा व्याकरण के विभक्ति में कुकुर शब्द साधा है वैसा ही तात्पर्य हो तो चिन्ता नहीं। और कदाचित् जो भूल हो तो भूल इसका खडग सिंह औ ए महाराजा के बड़े कुमार हैं। इतनी विनय और है कि अंगरेजी गवर्नमेन्ट गैजेट में भी शोध देवें काहे से कि सन्देह होता है कि इसी खबर की परछांही दर्पण में पड़ी होगी।** इस टिप्पणी के उत्तर में 'समाचार दर्पण' ने जो लिखा था उसका बड़ा व्यवस्थित उत्तर 'उदन्तमार्तण्ड'-सम्पादक ने 'और भी नयी अशुद्धता' शीर्षक से दिया था।[1]

शुद्धता और सहजता के प्रश्न को लेकर परवर्ती काल के पत्रों में भी विवाद होते रहे हैं। कलकत्ते के प्रसिद्ध पत्र 'भारतमित्र' की भाषा पर 'बिहारबन्धु' ने टिप्पणी की थी कि **"इसकी लिखावट अभी इतनी उम्दे न है लेकिन उम्मीद है कि थोड़े दिनों के बाद लिखावट अच्छी हो जायेगी।"** इस आलोचना की गहरी प्रतिक्रिया हुई है और अंक 5 में 'भारतमित्र'-सम्पादक ने 'बिहारबन्धु' का उत्तर

1. द्रष्टव्य, अध्याय 3।

देते हुए भाषा विषयक एक लम्बी टिप्पणी प्रकाशित की।

उक्त टिप्पणी का एक स्थल द्रष्टव्य है, "सच्च तो ये है कि जब तक संस्कृत जो कि सब भाषाओं कि माता स्वरूप है इस्को (संस्कृत को) न जाने तब तक भाषा के लक्षण और माधुर्य्य, प्रासाद, प्रांजल, सरल और ललित आदि गुणों को समझना असम्भव है। और भाषा को इन्हीं सब गुणों के सम्पन्न करना पुरुषार्थ है। हमलोगों की हिन्दी भाषा है यद्यपि ये प्राकृत से उत्पन्न हुई है तथापि संस्कृत का अखंड भंडार इसकी समृद्धि वृद्धि करे है। और जो इस्में कहीं कहीं सूरसैनी, मागधी, माथुरी, फारसी, अरबी और अंगरेजी भी सरल भाव से मिल गई हैं, तो क्या इस्को बिगाड़ती है? हमारी समझ में तो स्वभाव सुन्दरी हिन्दी की वरन अलंकृत करती हैं। परन्तु ऐसा कहने से ये नहीं समझना कि अब हम अरबी, ईरानी, तुर्की और युनानी आदी से हिन्दी को ढांक दें और मूल को आघात करें। इन सब भाषाओं के शब्द तो वो ही रखने चाहियें जो सब कि इस्में मिल गये हैं। जैसा कि मालूम, नक्सा, तारीख, तीर, तरहँ, ष्टेशन, गेश और फैशन आदि दूसरी भाषा के हैं। और भाषा को ललित करने के लिए तो एक ढग क्या पहले से बड़े बड़े प्रसिद्ध कवियों ने भी दूसरी भाषा के शब्द कहीं कहीं रक्खें हैं सम्पादक जी!" 'भारतमित्र' का भाषा-विषयक यह आदर्श था। अपनी भाषा के मूल वैशिष्ट्य को अक्षत रखते हुए दूसरी भाषाओं के शब्दों को अपनाने की यह सहज प्रवृत्ति भाषा-समृद्धि की बलवती चेष्टा को द्योतित करती है। उस युग की भाषा में एक विशिष्ट कोटि की वक्रता भी थी। 'बिहारबन्धु' के एक वाक्य पर व्यंग्य करते हुए 'भारतमित्र'-सम्पादक ने लिखा था, 'और इतनी उमदे' का क्या तात्पर्य था 'इतनी' कितनी? क्या आप जितनी?"

इस युग के दूसरे पत्र 'सारसुधानिधि' ने भी भाषा के प्रश्न को काफ़ी महत्त्व दिया था। हिन्दी शिक्षा के प्रचार के लिए इस पत्र में कई टिप्पणियाँ प्रकाशित हुई थीं। हिन्दी के परिशुद्ध रूप के प्रति 'सारसुधानिधि' का विशेष आग्रह था। वर्ष 2, अंक 12 की सम्पादकीय टिप्पणी का एक स्थल द्रष्टव्य है, "एक विशुद्ध साधु हिन्दी भाषा की सर्वत्र एक ही पुस्तक पढ़ायी जाना उचित है। किन्तु विशेष दुःख का विषय है की जिस हिन्दी भाषा का अधिकार इतना बड़ा है कि भारतवर्ष के प्रायः आधे दूर तक परिव्याप्त है। उस भाषा के विषय में विश्वविद्यालय की सिनेट सभा ऐसी उदासीन रहे कि उस ओर भ्रम से भी कभी न देखे!!!...एक सिनेट सभा के उदासीन रहने के कारण हिन्दी भाषा का अभी तक एक स्वरूप ही स्थिर नहीं हो सका है। इस दशा में भाषा का सुधरना और उन्नत होना निःसन्देह असम्भव है। और यह तो निश्चय है कि जब तक हिन्दुस्तान प्रधान हिन्दी भाषा विशुद्ध और साधु रूप धारण नहीं

करेगी साधारण उन्नति कदापि नहीं हो सकेगी। अतएव हिन्दुस्तान की उन्नति का मूल जब यह ठहरा कि हिन्दुस्तान की प्रधान भाषा हिन्दी परिशुद्ध हो कर सर्वत्र एक ही रूप से प्रचार होय, तब अवश्य गवर्नमेन्ट की सहायता आवश्यक है।"

हिन्दी-भाषा का आन्दोलन भी उस युग में चल रहा था और उसे राष्ट्रीय आन्दोलन की ही एक सम्पृक्त धारा के रूप में देखा जाता था। इस आन्दोलन में 'सारसुधानिधि' ने खुलकर भाग लिया था क्योंकि उसने आरम्भ में ही 'प्रतिज्ञा' की थी कि 'यथासाध्य देश प्रतिनिधि' स्वरूप होकर 'कर्तव्य-साधना' में नियुक्त रहेगा और उसकी निश्चित प्रतीति थी कि "आर्यावर्त में हिन्दी भाषा का भी ऐसा कार्य कारणता सम्बन्ध है कि बिना मातृभाषा की उन्नति के साधारण देशोन्नति होना असम्भव है।" देवनागरी लिपि का पक्ष-समर्थन करते हुए वर्ष 2 अंक 35 के सम्पादकीय लेख में सम्पादक ने लिखा है कि "...'आर्यावर्त' के पक्ष में जैसी उपयुक्त देवनागरी वर्णमाला है ऐसी और दूसरी वर्णमाला आजतक कि सुसभ्य देश में नहीं बनी और न बन सकती है। ऐसी सम्पन्न वर्णमाला को छोड़ के जो व्यर्थ कल्पना करना है, वह केवल वातुलता का काम है।" रोमन लिपि के समर्थकों को लक्ष्य कर यह बात कही गयी है। इस युग के पत्रकारों का विश्वास था कि 'निर्दोष सभ्यता' के विकास के लिए निर्दोष भाषा का विकास अनिवार्य शर्त है। उनकी धारणा थी कि यह 'निर्दोष भाषा' हिन्दी है। इसलिए उनका आग्रह था कि "पहिले भारत्वर्ष की प्रधान और प्रसिद्ध चाँद वे गहन हिन्दी की उन्नति करें।"

हिन्दी-भाषा के स्वरूप पर उन पत्रकारों का विशेष ध्यान था। साहित्य में भाषा सम्बन्धी प्रयोगों की शिथिलता उन्हें सह्य न थी। 'हिन्दी साहित्य' पर विचार करते हुए 12 जनवरी 1895 ई. को 'उचितवक्ता'-सम्पादक ने भाषा की शिथिलता की ओर संकेत किया था, **"आजकल हिन्दी साहित्य की विचित्र दशा वर्तमान है। इसकी कुछ स्थिरता ही नहीं देख पड़ती। विविध प्रकार के रंगबिरंगे लेख प्रकाशित होते हैं। कोई तो आज संस्कृत शब्दों के प्रति झुक रहे हैं और ज्यों ही किसी ने कह दिया कि, आप की भाषा कठिन होती है, कुछ सरल कीजिये कि चट पलट कर उर्दू की खिचड़ी पकाने लग गये, फिर ज्यों हीं किसी ने कह दिया कि केवल संस्कृत शब्दों के मिलाने वा उर्दू शब्दों के प्रयोग से भाषा पुष्ट न होगी, बस चट बदल गये और दोनों प्रकार के शब्दों के मिलाने में उतारू हो गये। सारांश यह कि ग्राहकों की खोज में भाषा को भी भटकाते रहते हैं और लेख प्रणाली को स्थिर नहीं रख सकते। हिन्दी के वर्तमान लेखकों में यही दोष वर्तमान है।"** इस दोष तथा भाषा-सम्बन्धी अन्य स्वेच्छाचार और शिथिल प्रयोगों के प्रति उस समय के पत्रकार सदैव सचेत रहते थे। उनमें भाषा को एक परिनिष्ठित व्यवस्था देने की आकुल आकांक्षा दिखाई पड़ती है। स्मरणीय

है कि पुराने पत्रकार भाषा की सहजता के अधिक आग्रही थे। यही उनका आदर्श था। 13 जनवरी 1883 ई. के 'उचितवक्ता' में 'हिन्दी पत्र-सम्पादक और उनकी भाषा' शीर्षक लेख प्रकाशित हुआ था जिसकी एक पंक्ति इस प्रकार है, **"भाषा के विषय में सम्पादक का उद्देश्य यह दिखता है कि जिसमें लोगों की समझ में आया करे ऐसी सहज शैली पर भाषा लिखना योग्य है...निस्सन्देह प्रचलित शब्दों में हिन्दी का यथार्थ सौन्दर्य रक्ख कर सहज रीति से अपने मन की बातों का प्रकाश करना ही समस्त सम्पादकों को उचित है।"** यहाँ तक कलकत्ते की उन्नीसवीं शताब्दी की पत्रकारिता के भाषा-स्वरूप और पत्रकारों के भाषा-विषयक आदर्श की चर्चा की गयी।

बीसवीं शताब्दी के प्रथम दशक की बंगीय हिन्दी पत्रकारिता का भी भाषा-निर्माण की दृष्टि से बड़ा महत्त्व है। हिन्दी के श्रेष्ठ शैलीकार बाबू बालमुकुन्द गुप्त इस समय 'भारतमित्र' के सम्पादक थे। भाषा और व्याकरण के असाधारण पण्डित गोविन्दनारायण मिश्र कलकत्ते में ही थे और 'हिन्दी-बंगवासी' में लिखते थे। पं. जगन्नाथप्रसाद चतुर्वेदी, पं. माधवप्रसाद मिश्र और पं. अम्बिकाप्रसाद वाजपेयी भी कलकत्ते में ही थे। 'अनस्थिरता' शब्द को लेकर 'भारतमित्र' के माध्यम से गुप्त जी और आचार्य द्विवेदी जी में जो वादविवाद हुआ था यह हिन्दी का ऐतिहासिक वाद-विवाद है। इसकी शुरुआत द्विवेदी जी के 'भाषा और व्याकरण' शीर्षक उस लेख से हुई थी जो 'सरस्वती' के 11 नवम्बर 1905 ई. के अंक में प्रकाशित हुआ था। इस लेख में द्विवेदी जी ने भारतेन्दु तथा मण्डल के अनेक लेखकों की भाषा की अशुद्धियाँ दिखाई थीं। द्विवेदी जी का यह उपक्रम कुछ लोगों को पसन्द नहीं आया। बालमुकुन्द गुप्त ने 'आत्माराम' के नाम से 'भारतमित्र' में कई लेख लिखकर द्विवेदी जी का विरोध किया। इसी विरोध ने उक्त वादविवाद को जन्म दिया। इस वादविवाद में भाग लेनेवाले पत्रों में 'भारतमित्र', 'सरस्वती', 'हिन्दी बंगवासी', 'समालोचक' और 'वैश्योपकारक' प्रमुख थे। द्विवेदी जी और गुप्त जी के अलावा इसमें भाग लेनेवाले पण्डितों में प्रमुख हैं—पं. गोविन्दनारायण मिश्र, पं. चन्द्रधर शर्मा गुलेरी, पं. माधवप्रसाद मिश्र, पं. गिरिधर शर्मा चतुर्वेदी और पं. जगन्नाथप्रसाद चतुर्वेदी। यद्यपि इस वादविवाद में व्यक्तिगत आक्रोश भी दिखाई पड़ता है और एक-दूसरे ने एक-दूसरे के व्यक्तित्व पर भी आक्रमण किये, किन्तु इस संघर्ष की उपलब्धि यह है कि व्याकरण-व्यवस्था को एक नया आयाम मिला जो समृद्धिसूचक है। यह भाषा और व्याकरण का विवाद था जिससे भाषा और व्याकरण को तो एक नयी व्यवस्था मिली ही, साथ ही इससे उस युग की साहित्यिक जागृति और पत्रकारों की तेजस्विता की सूचना मिलती है। भाषा-सम्बन्धी ऐसे अनेक ऐतिहासिक महत्त्व के कार्यों को 'भारतमित्र' ने सम्पन्न किया। देवनागरी लिपि के सम्बन्ध में उसे देशव्यापी प्रतिष्ठा दिलाने के लिए 'भारत मित्र' में कई लेख बाबू बालमुकुन्द गुप्त

ने लिखे थे। देवनागरी लिपि की उन्नायिका-संस्था 'एक लिपि विस्तार-परिषद्' के आन्दोलन को 'भारतमित्र' ने शीर्ष महत्त्व दिया था। भाषा-निर्माण और उन्नयन की ही यह एक स्वस्थ चेष्टा थी।

देवनागरी लिपि का उन्नायक पत्र 'देवनागर' कलकत्ता से ही 1907 ई. में निकला था। इस पत्र की वैशिष्ट्य-विवेचना करते हुए हमने पूर्ववर्ती अध्याय 'हिन्दी पत्रकारिता का तिलक युग' में देखा है कि देवनागरी लिपि के साथ ही हिन्दी भाषा को अन्तःप्रान्तीय प्रतिष्ठा दिलाने का महत् अनुष्ठान 'देवनागर' के माध्यम से सम्पन्न हुआ था। हिन्दी व्याकरण के सम्बन्ध में पण्डित-प्रवर रामअवतार शर्मा के अनेक लेख देवनागर में प्रकाशित हुए थे। लिपि-उन्नयन और प्रसार का जैसा सशक्त उपक्रम 'देवनागर' ने किया वह भाषा की दृष्टि से कलकत्ते की हिन्दी पत्रकारिता की निःसन्देह बहुत बड़ी उपलब्धि है।

इस प्रकार हम देखते हैं कि कलकत्ता आधुनिक हिन्दी गद्य शैली की जन्मभूमि ही नहीं बल्कि इसके क्रमिक विकास और उन्नयन में भी इसका महत्त्वपूर्ण योगदान है। कहने की आवश्यकता नहीं कि इस महत्त्व का अधिकांश श्रेय कलकत्ते की हिन्दी पत्रकारिता को है।

उपसंहार

आधुनिक हिन्दी भाषा-साहित्य के अन्वेषी-अध्येताओं ने हिन्दी-पत्रकारिता की विकासधारा के अनुशीलन को अपेक्षित महत्त्व नहीं दिया है। यद्यपि इसके महत्त्व को स्वीकारने की अनिवार्यता उनके सामने थी; किन्तु उनके सामने कदाचित् यह स्पष्ट न था कि हिन्दी-पत्रकारिता आधुनिक चेतना और ज्ञान-विज्ञान की द्युतिसंवाहिका रही है, लोक-रुचि के परिष्कार और विकास का सशक्त माध्यम रही है, भाषा-साहित्य और संस्कृति की उन्नायिका रही है तथा जातीय चेतना-प्रवाह को इसने एक विशेष कोटि की गत्वरता दी है। चूँकि पत्रकारिता का यह वैशिष्ट्य उन अध्येताओं के सामने स्पष्ट नहीं था, इसलिए भाषा, साहित्य और आधुनिक संस्कृति की समस्या का अध्ययन करते पत्रकारिता की बाह्य रेखाओं को स्पर्श कर लेना ही उनके लिए अलम् था। कहना न होगा कि सत्य-सन्धान की यह सुगम पद्धति (!) एक अधूरी और ग़लत पद्धति थी। इसीलिए भारी-भरकम पोथियों से भी सही तथ्य और मूल बात उजागर न हो सकी। विशेषतः हिन्दी पत्रकारिता के सम्बन्ध में और उससे सम्पृक्त सन्दर्भ के बारे में।

इसी सन्दर्भ के सारस्वत महत्त्व को कलकत्ता की हिन्दी-पत्रकारिता के अनुशीलन के माध्यम से उद्घाटित करने की चेष्टा पिछले अध्यायों में की गयी है।

चूँकि कलकत्ता हिन्दी-पत्रकारिता की जन्मभूमि है, इसलिए हिन्दी-पत्रकारिता की चर्चा कलकत्ते के सन्दर्भ से ही उठनी चाहिए। सन् 1690 ई. में कलकत्ता की नींव पड़ी थी। अपनी सुख-सुविधा के लिए लोग उसे निरन्तर सजाते-सँवारते और आधुनिक साधन से सम्पन्न करते गये। पश्चिमोत्तर प्रदेश से बहुत से हिन्दी भाषा-भाषी भी नौकरी-धन्धा के उद्देश्य से कलकत्ता आ गये थे। उनमें कुछ अँगरेज़ी पढ़े-लिखे भी थे जो धीरे-धीरे आधुनिक चेतना को ग्रहण कर रहे थे और हिन्दी-समाज को आधुनिकता से सम्पृक्त करने की महत्त्वाकांक्षा उनके मन में उठ रही थी। इसी बलवती प्रेरणा का परिणाम था हिन्दी के प्रथम (साप्ताहिक) पत्र 'उदन्त मार्तण्ड' (30 मई, सन् 1826 ई.) का प्रकाशन। इसके बाद और प्रथम स्वतन्त्रता-संग्राम (सन् 1857 ई.) के पूर्व कलकत्ते से हिन्दी के अनेक पत्र प्रकाशित हुए जिनमें 'बंगदूत', 'प्रजामित्र', 'सा मदन्त मार्तण्ड' और हिन्दी के प्रथम दैनिक

'समाचार सुधावर्षण' की अभिज्ञता है; और जो प्रमाण है इस बात का कि हिन्दी-पत्रकारिता का जन्म ही नहीं बल्कि नींव-निर्माण का ऐतिहासिक कार्य भी कलकत्ता में ही हुआ। स्मरणीय है कि यह कार्य उस युग में हुआ था जब क़दम-क़दम पर प्रत्यूह थे। पत्रकारों को एक ओर सरकारी दमन-नीति से लड़ना था, दूसरी ओर हिन्दी-समाज की कूपमण्डूकता से जूझना था। लड़ाई बड़ी कठोर थी। प्रचार-प्रसार के साधन अविकसित थे। प्रकाशन का सम्पूर्ण दायित्व सम्पादक पर ही था। लेकिन उनकी निष्ठा बड़ी पुष्ट थी और प्रतिकूल परिस्थिति से लड़ने का उनमें अदम्य उत्साह था। इसी बल पर वे एक अहिन्दी-भाषी अंचल से सारी प्रतिकूलताओं से लड़ते हिन्दी का इतना महत् कार्य कर सके। इसी उपलब्धि को लक्ष्य कर स्व. पं. विष्णुदत्त शुक्ल ने 'माधुरी' में लिखा था कि "कलकत्ता में हिन्दी पत्रों के सम्बन्ध में जब इतना कार्य हो चुका था, तब तक दूसरे स्थान पर हिन्दी का एक भी समाचारपत्र प्रकाशित नहीं हो सका था। कलकत्ते के लिए यह गौरव की बात है कि हिन्दी जिस प्रान्त की प्रधान भाषा, उस प्रान्त में भी जब हिन्दी के समाचारपत्र प्रकाशित नहीं हुए थे, तब उसने एक नहीं, अनेक समाचारपत्र निकाले।" इतना ही नहीं उत्तर उन्नीसवीं और पूर्व बीसवीं शताब्दी में कलकत्ता से हिन्दी के कई ऐसे तेजस्वी पत्र निकले जिनसे न केवल हिन्दी पत्रकारिता और पत्रकारकला उन्नत हुई बल्कि खड़ी बोली के विकास को गति और परिनिष्ठित रूप मिला, खड़ी बोली साहित्य को राष्ट्रीय भूमिका मिली।

राष्ट्रीय चेतना के उन्नायक पत्रों की वस्तु-विवेचना के पूर्व उस जातीय परिवेश का—पुनर्जागरण की विविध धाराओं का मूल्यांकन आवश्यक था जिसके बीच सांस्कृतिक आन्दोलन चल रहा था, सामाजिक और नैतिक कलुष-प्रक्षालन के उपक्रम हो रहे थे और राष्ट्रीय चेतना का विकास हो रहा था। हिन्दी-पत्रकारिता के द्वितीय चरण की पृष्ठिका-चर्चा के रूप में इसी का विस्तृत विवेचन है।

राजा राममोहन राय से लेकर महात्मा गाँधी तक की भारतीय राष्ट्रीयता के बदलते स्वर का हिन्दी-पत्रों ने किस रूप में साथ दिया है, इसकी प्रामाणिक अभिज्ञता पूर्व अध्येताओं-द्वारा अप्रस्तुत ही रह गयी थी। विस्तृत विवेचना के साथ पहली बार यह तथ्य प्रस्तुत करने की चेष्टा की गयी है कि हिन्दी-पत्रकारिता की कहानी भारतीय राष्ट्रीयता की कहानी है। हिन्दी-पत्रकारिता के आदि उन्नायक जातीय चेतना, युग-बोध और अपने महत् दायित्व के प्रति पूर्ण सचेत थे। कदाचित् इसीलिए विदेशी सरकार की दमन नीति का उन्हें शिकार होना पड़ा था, उसके नृशंस व्यवहार की यातना झेलनी पड़ी थी।

उन्नीसवीं शताब्दी में हिन्दी गद्य-निर्माण की चेष्टा और हिन्दी प्रचार आन्दोलन अत्यन्त प्रतिकूल परिस्थिति में भयंकर कठिनाइयों का सामना करते हुए भी कितना तेज़ और पुष्ट था इसका साक्ष्य 'भारतमित्र' (सन् 1878 ई.), 'सारसुधानिधि' (सन् 1879 ई.) और 'उचितवक्ता' (सन् 1880 ई.) के जीर्ण पृष्ठों पर मुखर है। उन्नीसवीं

शताब्दी के अन्तिम दशक का पत्र है–'हिन्दी बंगवासी' जिसके माध्यम से अनेक पत्रकारों ने अपनी क़लम माँजी। इसने अनेक तेजस्वी पत्रकार प्रस्तुत किये।

हिन्दी-पत्रकारिता का तीसरा चरण बीसवीं शताब्दी के साथ ही आविर्भूत हुआ। राष्ट्रीय स्वर काफ़ी स्पष्ट हो गया। विदेशी बहिष्कार और स्वदेशी-प्रचार-आन्दोलन को अपेक्षित दिशा-दृष्टि देनेवाले महापुरुषों का आविर्भाव हुआ। बालगंगाधर तिलक, विपिनचन्द्र पाल, लाला लाजपत राय और अरविन्द घोष भारतीय राजनीति का नेतृत्व कर रहे थे। स्वदेशी भाषा और स्वदेशी साहित्य का प्रचार राष्ट्रीय चेतना के विकास का ही एक रूप माना गया। हिन्दी साहित्य का द्विवेदी युग, जो अपनी कट्टर राष्ट्रीयता के लिए प्रसिद्ध है, इसी समय शुरू हुआ था। हिन्दी साहित्य का नेतृत्व आचार्य महावीरप्रसाद द्विवेदी के हाथों में था और कलकत्ते की हिन्दी पत्रकारिता में सबसे ओजस्वी स्वर था बाबू बालमुकुन्द गुप्त का। द्विवेदी जी के हाथ में 'सरस्वती' में शक्ति थी और गुप्त जी की वाणी में 'भारतमित्र' का बल। 'सरस्वती' और 'भारतमित्र' के माध्यम से पत्रकारिता का समग्र उद्देश्य अर्थात् भाषा, विचार, साहित्य और राजनीति का कार्य पूरा हुआ। 'भारतमित्र'-सम्पादक बालमुकुन्द गुप्त ने एक ओर लॉर्ड कर्ज़न-जैसे अत्याचारी और असहिष्णु गवर्नर को ललकारा तो दूसरी ओर आचार्य द्विवेदी-जैसे प्रभावशाली और शक्तिशाली पण्डित के व्याकरण-ज्ञान पर सन्देह प्रकट किया और भाषा विवाद लेकर उलझ गये। उक्त विवाद की यह ऐतिहासिक उपलब्धि है कि व्याकरण-व्यवस्था को एक नयी दृष्टि मिली। स्मरणीय है कि इस विवाद में हिन्दी के विशिष्ट वैयाकरणों और पण्डितों ने सक्रिय रुचि ली।

उग्र राष्ट्रीयता तिलक युग की पत्रकारिता की मुख्य विशेषता है। इस युग के विशिष्ट हिन्दी पत्र हैं, 'भारतमित्र', 'मारवाड़ी बन्धु' और 'नृसिंह'। विशिष्ट पत्रकार हैं दुर्गाप्रसाद मिश्र, अम्बिकाप्रसाद वाजपेयी और बाबूराव विष्णु पराड़कर। लक्ष्मण नारायण गर्दे भी इसी युग के पत्रकार हैं जिन्होंने स्वीकारा था कि "पत्र-सम्पादन के कार्यक्षेत्र में प्रवेश करने का मेरे लिए प्रत्यक्ष कारण–'स्वदेशी आन्दोलन' हुआ।" इसी युग का पत्र है–'देवनागर' जो 'एक लिपि विस्तार परिषद्', कलकत्ता से सन् 1907 ई. में प्रकाशित हुआ था। और जो अपने स्वरूप-उद्देश्य में भारतीय पत्रकारिता में एक नया प्रयोग था। सम्पूर्ण देश की भाषा के लिए देवनागरी लिपि को सामान्य लिपि की मान्यता दिलाने के उद्देश्य से प्रकाशित इस पत्र का सांस्कृतिक और राष्ट्रीय महत्त्व असन्दिग्ध है। महत्त्व की बात यह है कि 'देवनागर' लिपि के साथ ही अन्य राष्ट्रीय प्रश्नों को भी बड़ी गम्भीरता से उठाता था जिनमें मुख्य था भाषा का प्रश्न। देवनागरी लिपि के साथ ही 'देवनागर' ने हिन्दी भाषा का पक्ष-समर्थन किया था। हिन्दी के पक्ष में देश-विदेश के अनेकानेक अहिन्दी-भाषी मूर्धन्य पण्डितों के मत उद्धृत कर इस पत्र ने हिन्दी भाषा की राष्ट्रीय महत्ता उद्घाटित की थी। 'एक लिपि विस्तार परिषद्' के संस्थापक और 'देवनागर' के संचालक थे बंगीय महापुरुष

न्यायपति श्री शारदाचरण मित्र।

गाँधी-युग की पत्रकारिता के साथ ही साहित्यिक पत्रकारिता का अध्याय शुरू होता है। 'सरस्वती' की शक्ति ज्यों की त्यों थी। उसकी राष्ट्रीय संसक्ति और आदर्शवादी स्वर अम्लान था। 'माधुरी', 'सुधा', 'मतवाला', 'हंस' और 'विशाल-भारत' का प्रकाशन इसी युग में हुआ। इस युग की पत्रकारिता की सबसे बड़ी साहित्यिक उपलब्धि है आधुनिक काव्य की स्वच्छन्द धारा। कलकत्ते की हिन्दी पत्रकारिता का यह अध्याय 'मतवाला' से महिमान्वित हुआ। 'मतवाला' के माध्यम से हिन्दी के सर्वश्रेष्ठ स्वच्छन्दतावादी कवि पं. सूर्यकान्त त्रिपाठी 'निराला' का नाम उजागर हुआ। 'मतवाला मण्डल' के ही प्रमुख सदस्य थे आचार्य शिवपूजन सहाय जो प्रथम श्रेणी के गद्यकार थे। पं. बनारसीदास चतुर्वेदी के 'विशाल भारत' के माध्यम से कई साहित्यिक विवाद उठे जिसमें शीर्षस्थ लेखकों ने भाग लिया। 'विशाल भारत' में विविध रुचियों का गम्भीर साहित्य प्रकाशित होता था। कई ऐतिहासिक महत्त्व के लेख प्रकाशित हुए जिनमें एक है हिन्दी के प्रथम पत्र के सम्बन्ध में बँगला साहित्य के सुधी अन्वेषी ब्रजेन्द्रनाथ बनर्जी का लेख, और दूसरा है प्रख्यात भाषाविद् डॉ. सुनीतिकुमार चट्टोपाध्याय महाशय का वह वक्तव्य जो हिन्दी भाषा के सम्बन्ध में पूर्वग्रह-मुक्त होकर उन्होंने दिया था। पहले लेख ने एक नया तथ्य प्रस्तुत किया था, दूसरे ने एक राष्ट्रीय समस्या का समाधान। पं. सूर्यकान्त त्रिपाठी की देख-रेख में रामकृष्ण मिशन से 'समन्वय' नाम की अध्यात्म-साहित्य की पत्रिका इसी युग में निकली। इसी युग के पत्र हैं 'हिन्दू-पंच' और 'सेनापति' जिसके माध्यम से उग्र हिन्दू राष्ट्रीयता मुखर हुई। कलकत्ता के यशस्वी हिन्दी-पत्रकार मुंशी नवजादिक लाल 'मतवाला मण्डल' के ही सदस्य थे जिनके सम्पादन में 'सरोज' नामक साहित्यिक पत्रिका का प्रकाशन इसी युग में हुआ था जिसे नये-पुराने विशिष्ट साहित्यिकों का सहयोग प्राप्त था। पं. रामगोविन्द त्रिवेदी के सम्पादकत्व में प्रकाशित होनेवाले 'सेनापति' के शीर्ष पृष्ठ पर तथा 'सरोज' और 'हिन्दू पंच' में उन दिनों छपनेवाली पं. केदारनाथ मिश्र 'प्रभात' की कविताएँ राष्ट्रीयता की सांस्कृतिक धारा को गतिशील कर रही थीं। कलकत्ते से बाहर 'माधुरी', 'सुधा' और 'हंस' के द्वारा नयी संचेतना और नया गद्यरूप प्रकाश में आ रहा था।

हिन्दी गद्य के निर्माण में अनेक दिशाओं से प्रयत्न हुए हैं और गद्य का वर्तमान रूप असंख्य साधनाओं का परिणाम है। किन्तु सबसे बलवती साधना पुराने पत्रकारों की है। कलकत्ते के हिन्दी पत्रकारों ने इस गद्य के आरम्भिक रूप को किस प्रकार सजाया-सँवारा और उसे पुनर्जागरण-कालीन भारतीय राष्ट्र की समस्त आकांक्षाओं और सम्भावनाओं के समर्थ माध्यम के रूप में प्रतिष्ठित किया, इसका संकेत यथास्थान किया गया है और हिन्दी गद्य के निर्माण में कलकत्ते की हिन्दी पत्रकारिता के योगदान का मूल्यांकन एक स्वतन्त्र अध्याय में किया गया है।

पुराने पत्रकार अपना सब-कुछ होम कर हिन्दी भाषा, साहित्य और संस्कृति के उन्नयन की आकांक्षा रखते थे। उनकी निष्ठा बड़ी पुष्ट थी, इसलिए प्रतिकूलता की मार उन्हें विचलित और आदर्श-च्युत नहीं कर सकती थी। कुछ विशिष्ट पत्रकारों के व्यक्तित्व-विवेचन-द्वारा पुरानी आलोकवर्षी परम्परा का संक्षिप्त परिचय दिया गया है।

एक बड़ी बात सामने आती है कि जिस प्रकार राजा राममोहन राय से लेकर डॉ. राममनोहर लोहिया तक भारतीय राष्ट्रीय चेतना का प्रायः प्रत्येक पुरस्कर्ता पत्रकार भी रहा है, इसी प्रकार आधुनिक हिन्दी साहित्य के अधिकांश कृती लेखक कहीं-न-कहीं किसी-न-किसी रूप में पत्रकार रहे हैं। जहाँ तक कलकत्ता के हिन्दी पत्रकारों का प्रश्न है, छोटूलाल मिश्र, दुर्गाप्रसाद मिश्र और सदानन्द मिश्र की प्रतिभाशक्ति 'भारतमित्र', 'उचितवक्ता' और 'सारसुधानिधि' के पृष्ठों पर अंकित है। रुद्रदत्त शर्मा भी कलकत्ता के ही तपस्वी पत्रकारों में थे। परवर्ती काल के पत्रकारों में कुछ ऐसे नाम हैं जो सच्चे अर्थों में हिन्दी के गौरव हैं। बालमुकुन्द गुप्त, बाबूराव विष्णु पराड़कर, लक्ष्मणनारायण गर्दे, अम्बिकाप्रसाद वाजपेयी, शिवपूजन सहाय, सूर्यकान्त त्रिपाठी 'निराला', पाण्डेय बेचन शर्मा 'उग्र', इलाचन्द्र जोशी, भगवतीचरण वर्मा, बनारसीदास चतुर्वेदी और सच्चिदानन्द हीरानन्द वात्स्यायन 'अज्ञेय' हिन्दी साहित्य के ऐसे विशिष्ट नाम हैं जो किसी समय कलकत्ता में हिन्दी के पत्रकार थे।

इन ऐतिहासिक उपलब्धियों की विस्तृत विवेचना, कदाचित् पहली बार, पिछले अध्यायों में की गयी है।

परवर्ती काल में औद्योगिक विकास के साथ ही मुद्रण-कला में अपेक्षित विकास हुआ जिससे पत्रों का संघटन पक्ष पुष्ट हुआ है और रूप-विन्यास में सुरुचि दिखाई पड़ने लगी है। विविधता आयी है, किन्तु पत्रकार की निष्ठा और मनोबल में ह्रास हुआ है। रूप सजा-सँवरा है और दृष्टि मन्द पड़ी है, क्योंकि साम्प्रतिक पत्रकारिता व्यावसायिकता के चंगुल में फँस गयी है। और सरकारी पुरस्कार-अलंकार पाने की ललक तथा सरकारी खेवे-ख़र्चे पर विदेश-यात्रा की हमारी रंगीन भूख हमें मजबूर करती है ग़लत बातों का समर्थन करने के लिए। हमारी साधना का एकान्त उद्देश्य है उस मौक़े की तलाश जो चाकचिक्य की स्पर्द्धा में हमें आगे बढ़ा दे। पूरी पीढ़ी के साथ ही पत्रकार और साहित्यकार भी देश-निर्माण की चिन्ता से नहीं देश को भोगने की भूख से पीड़ित हैं। और बड़ी विडम्बना है कि हम विकास और समृद्धि का दावा करते हैं। यह दावा शायद इसलिए है कि हम देश की सीमा लाँघकर विदेशी विचार-दर्शन से प्रतिबद्ध हो गये हैं। पूर्वग्रह को दृष्टि मानते हैं और अनास्था की दर्शन-रचना में ही अपनी रचनात्मकशक्ति की सार्थकता दिखाई पड़ती है। सारांश यह कि हिन्दी-पत्रकारिता का अतीत जोखिम से भरा था, क्योंकि वह देश-सेवा का एक सशक्त सक्रिय माध्यम था और आज वही स्वार्थ-साधन का कदाचित् सबसे

निरापद और सस्ता माध्यम बन गया है। शायद इसीलिए इस ओर निरापद जीवन के अभिलाषियों या कि अतिरिक्त आत्म-विज्ञापन की आकांक्षा से पीड़ित लोगों की भीड़ बढ़ती आ रही है। यह अवरुद्ध जातीय चेतना का प्रमाण है कि जब हमारे ऊपर राष्ट्रनिर्माण का दायित्व आया है, हम व्यक्ति सुख की आकुल आकांक्षा से पीड़ित हैं कि अपने बाहर का उतना ही संसार दिखाई पड़ता है जो हमारी सुख-सुविधा की सामग्री जुटाने में सहायक है। इस प्रकार पत्रकारों की उस पीढ़ी से हम बहुत दूर चले गये हैं जिनकी पूरी श्रमसाधना देश के उद्धार-उन्नयन के लिए थी। इस पीढ़ी की स्वस्थ परम्परा की वैशिष्ट्य-विवेचना इस प्रबन्ध-द्वारा प्रस्तुत की गयी है। जातीय जागरण में पुराने पत्रकारों के ऐतिहासिक अवदान और कृती भूमिका की विस्तृत विवेचना करते साम्प्रतिक युग की अभाव-उपलब्धि का भी मूल्यांकन एक स्वतन्त्र अध्याय में किया गया है और अन्ततः यह सुझाव-संकेत दिया गया है कि चूँकि पत्रकार का दायित्व है देश-दशा को सही दिशा की ओर प्रेरित करना, दृष्टि देना, इसीलिए आवश्यक है कि साम्प्रतिक चेतना के साथ ही वह अपनी परम्परा की सही अभिज्ञता रखे, मानसिक संकीर्णता और व्यक्तिगत कुण्ठाओं से विरत होकर राष्ट्रीय प्रश्नों पर अपनी राय दे, लेकिन उदारता की उस सीमा पर न पहुँच जाए जहाँ जातीय धरातल छोड़ने की विवशता आ जाए और फ़ैशन नियति बन जाए। सबसे बड़ी बात यह है कि आज पत्रकारों को पूर्वग्रह से मुक्त होना है ताकि औचित्य के पक्ष-समर्थन और सत्य की प्रतिष्ठा में उनसे कोई त्रुटि न हो और उनके चलते पत्रकारों की प्राचीन आलोकवर्षी परम्परा बदनाम न हो जाए।

□□

परिशिष्ट : क

'उदन्त मार्तण्ड', 'बंगदूत', 'भारतमित्र', 'सार सुधानिधि', 'उचितवक्ता', 'देवनागर' और 'मतवाला' के प्रथम अंक की सम्पादकीय टिप्पणी का अविकल उद्धरण-संकलन

उदन्त मार्तण्ड

इसका पहला अंक 30 मई सन् 1826 ई. को प्रकाशित हुआ था। फुलस्केप साइज़ के इस साप्ताहिक पत्र के मुख्य पृष्ठ पर 'उदन्तमार्तण्ड' शीर्षक के नीचे संस्कृत की दो पंक्ति इस प्रकार मुद्रित रहती थीं—

उदन्त मार्तण्ड

अर्थात्

'दिवाकान्तकान्ति विनाध्वान्तमन्तं
न चाप्नोति तद्वज्जगत्यज्ञ लोकः।
समाचार सेवामृते ज्ञत्वमाप्तं
न शक्नोति तस्मात्करोमीति यत्नं ॥

आरम्भ में ही प्रकाशकीय विज्ञप्ति 'इस कागज के प्रकाशक का इश्तिहार' शीर्षक के अन्तर्गत प्रकाशित हुई है जो इस प्रकार,—'यह उदन्तमार्तण्ड अब पहले पहल हिन्दुस्तानियों के हित के हेत जो आजतक किसी ने नहीं चलाया पर अँगरेजी ओ पारसी ओ बंगले में जो समाचार का कागज छपता है उसका सुख उन बोलियों के जान्ने ओर पढ़नेवाले को ही होता है और सब लोग पराये सुख सुखी होते हैं जैसे पराये धन धनी होना ओ अपनी रहते पराई आँख देखना वैसे ही जिस गुण में जिसकी पैठ न हो उसको उसके रस का मिलना कठिन ही है और हिन्दुस्तानियों के बहुतेरे ऐसे हैं कि पराई चाल देखकर अपनी यहाँ तक भुले हैं कि परायों में जो बुद्धिमन्त हैं वे अपनी तो बनाई है पर पराई पर भले बुरे का बराव करने का बाना बान्धते हैं ऐसी को धन कहा चाहिए जो इसमें वे बड़े कायर हैं जो इतने पर भी भाग टटोलते हैं बांह जो आंखों से सहज में देख सकेंगे उसको धोखे भी न देखकर आंखों को व्यर्थ माथे चढ़ावते हैं ऐसी-ऐसी बातों के विचार से नाना देश के सत्य समाचार हिन्दुस्तानी लोग देखकर आप पढ़ ओ समझ लेंय ओ पराइ अपेक्षा को अपने भाषे के उपज न छोड़े इसलिए बड़े दयावान करुणा ओ गुणनि के निधान सबके कल्यान के विषय श्रीमान् गबूरनर जेनरल बहादुर की आयस से ऐसे साहस में चित्त लगाय के एक प्रकार से यह नया ठाटठाटा जो कोई प्रशस्त लोग इस खबर के काग़ज़ से लेने की इच्छा करें तो अमड़ातला की गली 37 अंक मार्तण्ड छापाघर में अपना नाम

ओ ठिकाना भेजने ही से सतवारे के सतवारे यहाँ के रहनेवाले घर बैठे ओ बाहर के रहनेवाले डांक पर कागज़ पाया करेंगे इसका मोल—महीने में दो रुपया ओ ओ डाक के महसूल की तेहाई लिई जायगी और यहाँ से बाहिर रहते हैं उनको यहाँ रुपये की मनौती कर देनी होयगी काहे से कि महीने-महीने के अन्तर रुपये भर पावने की रसीद भेजने में किसी जगह डेढ़ ओ कहीं एक रुपया डाक का महसूल लगेगा ओ कोई कारण पाय करके उस मध्ये फिर लखना पड़े तो फिर उतना खरच बैठेगा। इसमें दो रुपये के पटने में दो तीन रुपया महसूल का देना लगेगा इससे यहाँ की मनौती रहने से इतना खरच ओ अबेर ओ कलेश न होयगा।"

बंगदूत

राजा राममोहन राय के प्रसिद्ध पत्र 'बंगदूत' की उपलब्ध फ़ाइल में मुझे जो हिन्दी अंश मिला है उसे अविकल उद्धृत किया जा रहा है—

"बंगदूत॥

दूतनि की यह रीति बहुत थोरे में भाषै।
लोगनि को बहुलाभ होय वाही ते लाखैं ॥
बंगला के दूत पूत यहि वायु को जानौ।
होय विदित सब देश क्लेश को लेश न मानौ ॥

भारत खण्ड की ठकुराई औ राजनीति औ बनज वैपार औ विद्या अभ्यास के प्रकार औ सब देश के समाचार औ देशान्तरनि की विद्या और सुघरता के प्रसंगनि के प्रसंगनि के शास्त्रार्थ युक्त यह समाचार पत्र बंगला औ काम पड़े से पारसी औ हिन्दी भाषा में प्रति सतवारे छपेगा जिस करके बहु भ्रान्ति के प्रयोजन के मूल सजीव होने की सम्भावना है अधिक करके इस देश और पछाही वैपारियों के वैपार का उपकार विचार नगर कलकत्ते की बड़ी बाजार के आवते बानों की अरघौती बाजार भाव बंगले और देवनागर अक्षरों में छपैगी जिस उपलक्ष से वैपारी लोग अपने गौं के बागों का भाव समय पर जान सुचित हो लेने वेचने का जाच विचार कर अपने-अपने धन्धे की घटी से बच बढ़ी के भागी हुआ करैं और इस समाचार के साथ अँगरेजी भाषैं और एक में समाचार ऊपर के लिये व्योरों साथ छपेगा।

ज्ञानी गुणियों के छापे के कल की बढ़ती छोटे और बड़ों की भलाई की रक्षा हेत संग्रह की है उससे बधुजनों के समीप ऐसा उपकार उपयोगी समझ पड़ा है जो

उसका वर्णन अधिक है और योरोप की विद्या औ उपविद्या और इस औ उस देश के लोगों में रीति भान्त अच्छे प्रकार दृढ़ रहेगी औ विद्या सीखने की रीति से भी बुद्धि औ ज्ञान दिन प्रति बढ़ै औ उपकार होगा।

इन समाचारों के बीच माली और मुलकी कामों के विषय जो चर्चा रहेगी उस मध्ये बड़ा प्रण यह है कि पक्षपात रहित और उचित सहित होगा तो सहज ही यथार्थ आपसे आप प्रकाश को पावैगा॥

ए समाचार ऐसे ही रायल क्वार्टो चौडे कागज पर छपेंगे और यही आठ पिठौता ऊपर की लिखी भाषों में औ सोलह पिठौते अँगरेजी भाषा में छपेंगे। सब किसी पर छिपी न रहे कि इन सब भाषों में जो समाचार और वृत्तान्त छपेगा वैसा ही उसका उलथा नहीं होगा पर भाषा की लिखावट अपने-अपने ढब पर अलग-अलग होगी फिर भी काम पड़ने से कभी उलथा भी होगा।

यह समाचार छपने का ठौर श्री श्रीयुक्त गवरनर जेनरल बहादुर के आगार के पूर्व बाँसतले की गली के 7 नम्बर के घर में ठहरा।

यह समाचार नित शनिवार की रात को छपवा भोर होकर एतवार को उसके गाँको को बाँट दिया जावेगा इस कागज के अधिकारी मिष्टर आर यम् मार्टीन साहिब और राम मोहन राय और द्वारकानाथ ठाकुर और प्रसन्न कुमार और नीलरत्न हालदार और राजकृष्ण सिंह और राजनाथ मित्र ठहरे हैं।

दूसरा नियम यह है कि।

जो कोई इस समाचार लेने के लिये अपना नाम सबस क्रिप्शन की बही पर सही करें जबतक उसके न लेने को सूचक चिट्ठी न भेजेंगे सही करनेवालों के समुदाय में लेखे जायेंगे और दोनों भान्त इस समाचार के चलने के लिए बंगला आदि भाषा में बंगदूत और अँगरेजी भाषा में अलग सही होता है और उसमें मोल महीना एक रुपया सब भाषों का और अंगरेजी भाषे का दो रुपया ठहरा औ सही करनेवालों को आगे और निरूपे समय पर जैसा उसका मोल लेना उचित समझा जाएगा इस पिठौता के अन्त में लिखा जाएगा।

इस समाचार के निबाहक नगर कलकत्ते में निशि अर्ष मेकिन् टाश कम्पनी औ नगर लन्दन में मिष्टर जेम्स रिचार्डसन नम्बर 23 कार्नहिल।

निज समाचार यह है कि।

जिस हेतु करके इस समाचार अध्यक्षों के यह मान्ने यौग्य है कि बंगदूत नामका कागज़ एशिया संज्ञा पृथ्वी के इस प्रसिद्ध खण्ड में जो कुछ बीते औ होय लिपि की रीति से लिखैं इसिलये इस सम्बन्ध के प्रयोजन के उपयोगी समाचार जो कोई भेजेंगे वह बड़ा उपकार मान करके लिया जाएगा।

सही का नियम ॥

मासिक मोल 3 तीन रुपया

तेमाही मोल (अगौता) 8 आठ रुपया।
साम्बतसरिक मोल (अगौता) 30 तीस रुपया।

भारतमित्र

भारतमित्र

मूल्य दो पयसा   मूल्य दो पयसा

जयोऽस्तु सत्य निष्ठानां येषां सर्वे मनोरथाः।

1 म खण्ड] कलकत्ता, संवत् 1935 ज्यष्ठे कृष्ण प्रतिपद शुक्रवार 17 मे 1878 ई. [1 म संख्या

भारतमित्र।

समाचार पत्रों से जो उपकार होता है, वो बम्बई और बंगाले को देखने से साफ जान पड़ेगा; इस लिये इस विषय में बहोत लिखने का कुछ प्रयोजन नहीं है। क्योंकि जहाँ तक जिस देश में जिस भाषा में और जिस समाज में समाचार पत्र का चलन नहीं है तब तक उसकी उन्नति की आशा भी दुराशा मात्र है, कारण ये वो चीज है कि जिसे घर में कोठड़ी भीतर बैठके सारी दुनिया को हथेली पर देख लो अर्थात् भूमण्डल में जहाँ जो कुछ विशेष बात होती है वो इसी के द्वारा प्रकाश होती है और अपना दुःख सुख प्रधान राज्याधिकारियों को सुनाने और प्रार्थना करने का ये ही मुख्य उपाय है यदि समाचार पत्र नहीं होय तो राजा को अपने प्रजा का कुछ हाल नहीं मालुम हो सके ऐसी दशा में राज्य शासन भी अच्छी तरह से नहीं हो सक्ता इसीलिए सुसभ्य प्रजाहितैषी राजा लोग समाचार पत्रों को स्वाधीनता दे के उत्साहित करते हैं।

इस्से राजा प्रजा दोनों को सुख प्राप्त होता है, कारण राजा की बिना परिश्रम बेतन के संसार के दूत मिल जाते हैं जो कि सर्वदा राजा को नाना तरह की खबरों से सावधान किया रहे हैं और प्रजा की राजा तक अपना कष्ट और अभाव के निवेदन कर्ने का मुख्य उपाय और सुगम रास्ता यही है, क्योंकि समाचार-पत्र प्रजा का प्रतिनिधि स्वरूप होता है और मुख्य तो हृदय संस्कार करने को जैसा ये समर्थ है वैसा तो और कोई भी नहीं है।

प्रथम तो समाचार पत्र राज्य का प्रधान मन्त्री और मध्यस्थ होता है, दूसरे वाणिज्य का तो जीवन स्वरूप है, जो कुछ वाणिज्य की उन्नति और बढ़ती दिखाई

देती है वो इसी के प्रसाद से है, क्योंकि आज कल हिन्दुस्तान में सबसे बढ़ कर वाणिज्य की उन्नति बम्बइ वालों ने करी है, यद्यपि कलकत्ता राजधानी है, और वाणिज्य भी होता है तो भी नफा और लाभ उन्हीं लोगों को है जिनकी भाषा में समाचार पत्र प्रचलित है यहाँ के वनज व्योपार में जितना लाभ अँगरेज यहूदी पारस लोगों को होता है इस्का क्या कारण है? हमारी समझ से तो खबर का कागज़ ही इस का प्रधान कारण है। क्योंकि इस द्वारा देश देशान्तर के माल का भाव और आमदनी रफ्तनी की खबरों से माल की स्थिति और (इस्टाक) जानने से और सब देश और समय की घटना मालूम होने से वाणिज्य का भविष्यत अनुमान होय है, और तदनुसार काम् करने से विशेष लाभ होना सम्भव है।

तीसरे इसे प्राय कृतविद्य देशहितैषी लोग अपने-अपने चित्त का भाव लिख के प्रकाश करते हैं उस द्वारा बिना पूछे भी अच्छे लोगों की परामर्श और सलाह मिलती है।

चौथे इसमें वहोत से ऐसे विषय रहते हैं जिस्को पा मनुष्य बहुदर्शी और गुणवान हो जाते हैं। इसलिये उनको सभी काम सुगम हो जाये हैं और क्रम से उन्नति होके बहोत लाभ होता है।

परन्तु बड़े दुःख का विषय है कि ऐसा उपकारी और देशहितकारी समाचार पत्र हिन्दुस्तान की राजधानी जो कि अब कलकत्ता है इसमें हिन्दुस्तानी महाजनों के पढ़ने लायक कोई भी नहीं है इससे हम लोगों की वहोत हानी होती है।

बड़े आश्चर्य की बात यह है कि आज तक ऐसा कोई समाचार-पत्र नहीं प्रचारित हुआ जिससे हियां के हिन्दुस्तानी लोग भी पृथ्वी के दूसरे लोगों की तरह अपने अक्षर अपने बोली में पृथ्वी की समस्त घटना को जान सकें क्या यह बड़ी पछतावे की बात नहीं है जबकि इस 19वीं सदी में बंगाली तथा अन्यान्य जाति के आदमी अपनी 2 बोली में केवल एक समाचार पत्र की उन्नति से विद्या में ज्ञान में दिन-दिन उन्नत हुए जाते हैं और हमारे हिन्दुस्तानी भाइ केवल अज्ञान खटिया पर पैर फैलाये हुए पड़े हैं और ऐसा कोई नहीं जो इनको उस खटिया पर से उठा के ज्ञान की किरण उनके अन्तःकरण में प्रकाश करे बहोत दिनों से हम आशा करते थे कि कोई विद्वान बहुदर्शी आदमी इस अभाव को दूर कर्ने की चेष्टा करेंगे परन्तु यह आशा परिपूर्ण न हुई।

इस आशा के परिपूर्ण न होने से और बहोत से हिन्दुस्तानियों को सांसारिक खबर जानने के लिये बंगालियों का मुंह ताकते देखकर हमारे चित्त में यह भाव उत्पन्न हुआ कि यदि एक ऐसा समाचार पत्र प्रचलित हो कि जिसको हमारे हिन्दुस्तानी और मारवाड़ी लोग अच्छी तरह पढ़ सकें और समझ सकें तो इससे हमारे समाज की अवश्य उन्नति होगी।

दूसरे कइ एक मित्रों ने भी हमको इस भारी काम को कर्ने की परामर्श दी

और उन्हीं की परामर्श से हमने इसको सर्वसाधारण के समीप भेजने के लिये स्थिर किया।

किन्तु एक बार यह चिन्ता हमारे चित्त को उत्साहित कर्त्ती थी दूसरी बार यह चित्त में आता था कि इस भारी काम में प्रवृत्त होना हमारे ऐसे अयोग्य और मूर्ख का केवल सर्वसाधारण के आगे अपनी हंसी कराना है परन्तु अन्त को कई एक मित्रों की सहायता से और सर्वसाधारण की सहायता पाने की आशा से हम इस भारत मित्र को सर्वसाधारण के पास प्रेरणा कर्त्ते हैं (और जिसमें सब आदमी इसको ले सकें इसलिये इसका मूल्य केवल दो पैसा है) अब सबसे हमारी यह प्रार्थना है कि इस भारतमित्र को अपना देशी समझ कर ग्रहण करें।

सार सुधा निधि

सार सुधा निधि

कुमुद रसिक मनमोदकर हरि दुरद तम सरवत्र।
जगपथ दरसावें अचल सारसुधानिधि पत्र ॥
काव्य रसायन यत्र तत्र सदुर्शन नृप चरित। सार सुधानिधि पत्र दोष व्यसन ज्वर विषम हर ॥

---

1 भाग) कलकत्ता सम्वत् 1935 ता. 1 माघ चन्द्रवार 13 जनवरी सन् 1879 ई. (अंक 1

'सारसुधानिधि' सम्बन्धीय विशेष नियम।

1/ "सारसुधानिधि" दाम केवल वार्षिक नियत रहेगा एक बरस के लिये पहिले देनेवालों से 5) रुपै और विदेश विदेश वालों से डाक व्यय समेत 6॥=) छय रुपै दश आने। और पीछे देनेवालों से 7)

2/ "सारसुधानिधि" बिना दाम के नहीं दिया जाएगा पर स्थल विशेष में विशेष आवश्यक होने से दाम की न्यूनाधिकता हो सकेगी।

3/ विज्ञापन का दाम प्रति-पंक्ति=) दो आने

विशेष सूचना– जिन लोगों की "सारसुधानिधि" लेने की इच्छा होय वो लोग अपना-अपना नाम धाम और पता ठिकाना अच्छे स्पष्ट अक्षरों में मेरे पास लिख भेजे। जिसमें

सात रुपै और पीछे देनेवाले विदेशियों से 8॥=) आठ रुपै दश आने लिये जायंगे। परन्तु तीन महीने के बाद देनेवालों से पीछे देनेवालों के हिसाब से लिया जायगा। राजा महाराजाओं के सम्मान रक्षा के निमित्त साधारण मनुष्यों की अपेक्षा उनलोगों से (राजा महाराजाओं से) दूना दाम लिया जाएगा। परन्तु ज्यादा और बहुत दिनों के लिये देनेवालों से अलग बन्दोबस्त किया जायगा।

4⁄ दाम जिसको जिस प्रकार सुबीता होय भेजे पर ष्टाम्स का टिकट केवल चिट्टी का)॥ आध आनेवाला लिया जायगा और किसी प्रकार का टिकिट नहीं लिया जायगा। और जो आध आने के टिकट में दाम भेजेंगे उनको रुपै पीछे आध आना बट्टे का वैरी भेजना पड़ेगा। और चिट्ठी पत्री भी टिकट वाली (Stamped) ली जावेंगी वेरिं पत्रादि नहीं लिये जावेंगे।

5⁄ "सारसुधानिधि" सम्बन्धीय चिट्ठी पत्रि सारसुधानिधि कार्य-सम्पादक शम्भुनाथ मिश्र के नाम में भेजनी होवेगी। "सारसुधानिधि" ठिक्-ठिक् पहुँच सके।

कार्य सम्पादक
शम्भुनाथ मिश्र
कलकत्ता बड़ाबाजार
सुता पट्टि नं. 65।

सारसुधानिधि।
ता. 13 जनवरी सन् 1879 ई.।

अथ मङ्गलाचरणम्।

श्री हरिचरण प्रसाद तें,
जगमग जगत, प्रसिद्ध।
अक्षर नभ शुभ शरद में,
सार सुधानिधि सिद्ध।
सार सुधानिधि सिद्ध

आर्य्यों की ये प्रसिद्ध प्रथा रही है कि चाहे कोई भी कार्य प्रारम्भ करें सबके प्रथम मङ्गलाचरण करेंगे। कोई कठिन या सङ्कट का काम तो क्या, यदि किसी मित्र से मिलने भी चलेंगे तो अवश्य अभीष्ट देवता का नामोच्चारण कर लेंगे। इस से यह तो निःसन्देह प्रतीति होती है कि आर्य प्रधान हिन्दुओं जैसी पृथ्वी में और कोई भी आस्तिक जाति नहीं है।

शम्भु दुर्गा श्रुति शारद।
गणपति गणपति ब्रह्म,
ब्राह्म बुध बुद्धि विशारद।
गणपति गणपति सूर्य्य,
सुरसवर देहिं विजयश्री।
नमो ओम् गोविन्द,
सदानन्द मङ्गल जयश्री
स्वस्ति भवन्तोऽधि ब्रवन्तु।

ग्रन्थारम्भ में मङ्गलाचरण करना इस देश का शिष्टाचार है, केवल शिष्टाचार ही नहीं प्राचीन आर्यों का मत है कि प्रथम मङ्गलाचरण करने से ग्रन्थ समाप्ति के प्रति-बन्धक जो सब विघ्न हैं उनका नाश होता है तथा उसके पढ़नेवालों की भी सुख-समृद्धि बुद्धि होती है और ग्रन्थ या लेख पढ़ने का सम्पूर्ण फल प्राप्त होता है। ये मङ्गलाचरण वस्तु-निर्देशात्मक नमस्कारात्मक और आशीर्वादात्मक तीन प्रकार का होता है। हम लोगों ने भी अपने पूर्वाचार्य्यों की चिराचरित रीति अनुसार 'सारसुधानिधि' जिसका कि महत् उद्देश्य है इसके प्रारम्भ में श्री हरि नामोच्चारण पूर्वक त्रिविध मङ्गलाचरण करा है। अर्थात् श्री हरिचरण प्रसाद से ये सारसुधानिधि सिद्ध है अर्थात् चन्द्रमा जैसा सिद्ध है, क्योंकि अक्षर रूप शरदकालीन शुभ आकाश में जगमग जगत प्रसिद्ध है। और पुनः सार सुधानिधि चन्द्रमा, सिद्ध दुर्गा, शम्भु, श्रुति, शारदा, गणपति मगनादि आठ गणों के पति सब पृथक-पृथक और सम्पूर्ण मगनादि 21 मात्रा वर्णावृत्त के पति ब्रह्मप्रजापति और मरीचि आदि ब्राह्म ऋषि बुध पण्डित, बुद्धि विशारद कवि और गणपति गणेश जी और उनके गण तथा पति अर्थात् राजा और सूर्य, सुरसबर देहिं विजयश्री यहाँ तक मङ्गलमय वस्तु निर्देश द्वारा निर्देशात्मक मङ्गलाचरण कर इनके प्रति और गोविन्द तथा ओंकार स्वरूप सदानन्द, सच्चिदानन्द परब्रह्म को नमस्कारपूर्वक नमस्कारात्मक मङ्गलाचरण और मङ्गल जयश्री शब्द द्वारा आशीर्वादात्मक मङ्गलाचरण सिद्ध हुआ। हम लोगों के बाहुल्यरूप से त्रिविध मङ्गलाचरण करने का विशेष अभिप्राय ये है कि संसार सदा आनन्द मङ्गल विराजमान रहे, अर्थात् जिस उद्देश्य से "सारसुधानिधि" ने जन्म ग्रहण करा है वो-वाधित होय।

आज हम लोगों का चिर संकल्पित सारसुधानिधि प्रकाश और प्रारम्भ हुआ, अतएव पाठक! आपलोग भी सारसुधानिधि की मंगलकामना करके स्वतिः स्वस्तिः स्वतिः कहकर स्वस्ति वाचन करिये।

प्रयोजन

अन्तिम अंश ही स्पष्ट है। वह इस प्रकार है।

दूसरा। जब तक देश की भाषा उन्नत नहीं होती, तब तक तो सम्पूर्ण उन्नति को कौन पूछता है क्रमोन्नती भी नहीं होती। हिन्दुस्तान की प्रधान हिन्दी भाषा की ये दशा है कि बहुत तो जानते ही नहीं हैं कि हिन्दी किसे कहते हैं। और हिन्दी लिखनेवालों की संख्या अत्यन्त ही कम है। विशुद्ध हिन्दी भाषा को सर्वादियन करना

आवश्यक है जिसमें कि थोड़े दिनों के बाद हिन्दी भी संस्कृत और अंग्रेजी जैसा आशानुरूप फल प्रसव करे। इस लिये यथार्थ हिन्दी भाषा का प्रचार करना और हिन्दी लिखनेवालों की संख्या वृद्धि करना सारसुधानिधि का दूसरा प्रयोजन है।

तीसरा। देश देशान्तर की प्राचीन और नवीन, सामयिक घटना प्रकाश करके स्वदेशियों को बहुदर्शन कराना तीसरा प्रयोजन है।

चौथा। भारतवासियों की मानसिक तथा शारीरिक शक्ति नितान्त हीन और एकान्त जीर्ण हो गयी है इसकी यथोचित औषधी द्वारा मनस्विता तेजस्विता और ओजस्विता आदि गुणों का संचार करना चौथा प्रयोजन है।

पञ्चम। इस देश के लोग वाणिज्य व्यापार करते हैं तथापि लाभ नहीं होने के कारण और ईश्वर दुर्विपाक से अतिवृष्टि—अनावृष्टि जनित घड़ी-घड़ी दुर्भिक्षादिकों से महँगी के कारण प्रायः सभी क्रम से निर्धन होते जाते हैं इसलिये इनका प्रतिविधान करना, एका स्थापन, सामयिक व्यवहार, और सत्परामर्श देना आदि सारसुधानिधि का पञ्चम प्रयोजन है।

प्रतिज्ञा।

उपयुक्त विषयों से पूर्ण "सारसुधानिधि" प्रति सप्ताह में प्रकाशित होयगा।

"सारसुधानिधि" यथासाध्य देश प्रतिनिधि स्वरूप हो कर सत्परामर्शदान द्वारा कर्तव्य साधन में नियुक्त रहेगा।

विचारकाल में पक्षपातशून्य विचार, और ग्रन्थादिकों की समालोचना करी जायगी। परन्तु ग्लानी और निन्दासूचक शब्दों से ग्रन्थकार किसी प्रकार अपमानित नहीं होयगे।

उचितवक्ता

उचितवक्ता

"हितं मनोहारी च दुर्लभं वचः।"

---

1 भाग)
1 अंक } कलकत्ता, सम्वत् 1937 श्रावण शुक्ल प्रतिपद शनिवार
7 अगष्ट सन् 1880 ईसवी

{ आगामि वार्षिक 1॥)
डाक व्यय सहित 3=)

किसी के दिन भी सदा एक से नहीं रहते, सुधाकर पहले अनन्त आकाश के एक कोने में रेखामात्र ही उदित होते हैं परन्तु क्रम से एक कला कर बढ़ते-बढ़ते शेष सर्वावयन सम्पन्न हो अपना सर्वाङ्ग सुन्दर जगमोहन चन्द्रमुख दिखला प्राणीमात्र को विमोहित कर जिस समय अमृतस्रावी किरणों द्वारा वसुधा पर अजस्र सुधा वर्षण करते हैं, उस समय सभी के हृदय आनन्दोन्मत्त हो स्वाभाविक नृत्य करने लगते हैं, और सभी सौ-सौ मुँह से पूर्णचन्द्र को सराहते हैं। परन्तु देखिये सुधानिधि की यह समृद्धिशाली उन्नत अवस्था सदा नहीं रहती केवल एक रात्रिमात्र, दुःख का विषय है कि इस एक रात्रि का भी निश्चय नहीं कभी-कभी राहू जी आकर पूर्ण सुधानिधि के सौन्दर्य मदोन्मत्त मुख में उसी रात को करखा लगा जाते हैं और साथ ही आकाश पट में ये भी लिख जाते हैं कि "किसी के दिन भी सदा एक से नहीं रहते", "अत्युत्थानं हिपतनाय।"

पाठक! जिस तरह सुधाकर इस सुविस्तीर्ण अनन्त आकाश की गोद में बैठ कभी सम्पूर्ण कलाओं से सुशोभित अत्युन्नत अवस्था को प्राप्त हो मदमत्त सरीखे हँसते और मुक्तहस्त होकर अपने करों से अमृतदान करते दिखते हैं, और कभी कलाहीन हो मारे लज्जा के अपना मुँह छिपाने को आकाश ही में बिलीन हो जाते हैं, उसी तरह भारत के सुधाकर भी इस अनन्त बसुधा तल पर समुदित है और कला की वृद्धि क्षय आदि का बखेड़ा परवर ही से लगा हुआ है। जिस समय यह पृथ्वी अमावस की रात्रि के सदृश घोर अज्ञान तिमिर में डूबी हुई थी साम्हने अनगिनत पदार्थों के रहते भी मोह तम के प्रभाव से किसी को कुछ नहीं सूझता था कि कहाँ क्या है भारत चन्द्र भी उस समय वसुधाकाश ही में छिपे हुए थे। परन्तु किसी के दिन भी सदा एक से नहीं रहते हैं इसी कारण अज्ञान तिमिरावृत्त वसुधाकाश से असभ्यतारूप अमावस्या का अन्तर्ध्यान हुआ और भारत सुधानिधि के उदय होने का समय आया। इस समय के उपस्थित होते ही सुसभ्य आर्यकला[1] भारत सुधाकर के पंजाब प्रान्त में समुदित हुई और इस कमनीय सरल वंकिम मूर्ति की ज्ञान चन्द्रिका के अभाव से आपसे आप ही अज्ञान तिमिर का नाश होने लगा सुतरां दिन पर दिन आर्यकला की वृद्धि होने लगी और भारत चन्द्र सर्वथा पुष्ट होकर अपूर्व शोभा विस्तार करने लगे। कुछ काल में आर्यकला ने भारत चन्द्र विम्ब का उत्तरार्द्ध (आर्यावर्त्त) हस्तगत कर लिया पर अभी भारत कला निधि का दक्षिणार्द्ध-भाग (दक्षिणात्थ) तमसाच्छन्न ही था इस अंश में आर्यकला इस समय पर्य्यन्त भी वर्द्धित हो प्रवेश नहीं कर सकी थी तात्पर्य्य यह कि "आधे भारतविधु" तो आर्यकला सुशोभित और ज्ञानचन्द्रिका से आलोकित अर्थात् सब प्रकार से

1. यहाँ आर्यकला उस समय को समझना चाहिए जबकि आर्य लोग हिन्दूकुश पार हो भारतवर्ष में प्रविष्ट हुए थे।

समृद्धिशाली और उन्नत थे, वाकी आधे सो अभी भी मोहतमाच्छन्न, मूर्ख हृदय सदृश असभ्य अवस्था ही में पड़े थे। ऐसे समय में रघुकुल केशरी यावदार्य कुल मुकुटमणि राजा रामचन्द्र की तेजोमय अपूर्वकलाओं ने भारत चन्द्र के अन्धकारावृत दक्षिण अंश में भी अपना विक्रम प्रकाश किया और भयङ्कर राक्षसाकार अज्ञानतम का नाश कर आर्यकला की वृद्धि के सहित दक्षिण अंश में भी ज्ञान चन्द्रिका का प्रकाश शनैः-शनैः फैला दिया। पाठक! उस समय स्वाधीन, उन्नत, समृद्धशाली, भारत सुधाकर की अपूर्व प्रभाविशिष्ट किरणों से समग्र वसुधाकाश आलोकित होता था और कृष्णपक्ष के कारण आजकल जो सब तारे इस वसुधाकाश में अपने प्रकाशों ही को सबसे अधिक उज्ज्वल समझ उग्रभाव से चारों ओर चमचमाते दिख रहे हैं उस समय अपूर्व प्रभावशाली इस भारतकलानिधि के प्रकाश के साम्हने इनमें से एक भी अपना मुंह नहीं दिखा सकता था। बिजली की रोशनी में जुगनू की जो दशा होती है, इनकी उस समय वैसी ही दुर्दशा थी।

भारत चन्द्र की उन्नति का प्रवाह इस समय से अत्यधिक प्रबल होता चला भारत चन्द्र की कला दिन पर दिन बढ़ती चली अन्त को कुरु पाण्डवों के समय में आकर भारत चन्द्र की कलाओं का बढ़ना बन्द हो गया भारत चन्द्र पूर्णचन्द्र की शोभा धारण करने लगे कुरु पाण्डवों का समय भारत सुधाकर के पक्ष में मानों पूर्णिमा की सन्ध्या थी, परन्तु बड़े ही दुःख का विषय है कि इस पूर्णिमा की सन्ध्या को समग्र कलाओं कर के पूर्ण भारत कलानिधि वसुधाकाश में समुदित हुए तो सही परन्तु दुर्भाग्य के प्रभाव से दो घड़ी के बीतते न बीतते ही महाभयङ्कर भारत युद्ध राहू ने इस पूर्ण चन्द्र को आगिरासा देखते-देखते भारत चन्द्र की कलायें घटने लगीं प्रभा जाती रही, मुख मलीन हो गया, उस उज्वल चन्द्रमुख को राहू ने तवे सा काला कर दिया बस जो होना था हो लिया भारत के बुरे दिन आ गये, समग्र भारत में रोना मच गया उन्नति लक्ष्मी भी भारत सुधानिधि का मुँह काला देख मारे डर के यहाँ से ऐसी भागीं कि आज तक आने का नाम ही नहीं लेती हैं, पाठक! देखिए जो भातरचन्द्र वसुधाकाश में एक ही दिखाई देता था, हा! शेष उसकी अब क्या दशा हुई, सत्य है, "किसी के दिन भी सदा एक से नहीं रहते" "अत्युत्थानं हि पतनाय।"

"जब तक श्वांसा तब तक आशा" भारतचन्द्र की ऐसी घोर दुर्दशा देख भारतवासी मृतवत हो गये थे सही, परन्तु आशा ने सो इनका पीछा तब भी नहीं छोड़ा था, ये लोग केवल एक मात्र आशा के बल पर अनिमेष नयनों से राहूग्रस्त भारतचन्द्र को देखते ही रहे और साथ ही साथ आशा भी उनके कानों में यह कहती रही कि "क्या हुआ देखो अभी फेर भारतचन्द्र राहू निर्मुक्त हो तुम्हारी आँखों को ठण्डा करते हैं।"

यों ही देखते-देखते बहुत दिनों के बाद विक्रम भोज आदि कलायें भारतचन्द्र

मण्डल में झलकती दिखीं, देखते ही भारतवासियों के हृदय कुमुद खिल गये और आनन्द सर में हिल-हिल कर लगे नृत्य करने परन्तु सुख का समय अधिक स्थायी नहीं होता और यह भी प्रवाद है कि "सम्पत् सम्पत् का और विपत्ति विपत् का अनुसरण करती है, इस कारण उस आनन्दमय समय का तो प्रारम्भ होते ही नाश हो गया और भारत सुधाकर की अति प्रबल आकर्षणी शक्ति द्वारा आकृष्ट हो महाप्रलयकालीन प्रचण्ड महासमुद्रवत् उद्धत स्वभाव मुसल्मान शत्रुरूप उद्दण्ड उदधि ने पुनः भारतचन्द्र को गर्भ में धारण कर लिया और कहीं फेर न निकल भागे इसलिए भारत के पाओं को पराधीनता की बेड़ी से सुशोभित कर दिया बस चलो स्वाधीन भारत का तो जो होना था वह यहाँ ही शेष हो गया। अनन्तर इंगलण्ड स्वर्ग से योरोपीय देवताओं ने आकर मुसल्मान समुद्र को मथन करना प्रारम्भ कर दिया उसका फल यह हुआ कि सुधाकर भारत इन के हाथ लगा अब इन द्वारा भारत की फेर से उन्नति हो रही है, परन्तु पहिली उन्नति और अबकी उन्नति में अन्तर इतना ही है कि वह स्वाधीन भारत की उन्नति थी, उस उन्नति में उन्नतिमना स्वाधीनताप्रिय भारत सन्तानों का गौरव था, और यह पराधीन भारत की उन्नति हो रही है इस उन्नति में पदानत निर्वीर्य्य हम भारत कुल-तिलकों की अगौरव के सहित गर्दन नीची होती जाती है परन्तु एक यह तो निःसन्देह सौभाग्य का स्थल है कि भारतवासी सिर झुकाये हुए भी देवतुल्य अंगरेजों का अनेक विषयों में अनुकरण करने लगे हैं, इसी अनुकरण के प्रभाव से हिन्दुस्तानियों में अब थोड़े दिनों से समाचार-पत्रों का चलन हो गया है और अब करके यहाँ के लोगों को समाचार पत्रों के पढ़ने का भी कुछ-कुछ शौक हुआ दिखता है। इसी से आज दिन भारत में जितने पत्र प्रकाश होते हैं क्या बंगला, क्या हिन्दी, क्या पारसी, क्या गुजराती, क्या मरहठी सभी पत्रों में प्रभावशाली अंगरेजी पत्रों ही का प्रतिबिम्ब प्रतिफलित हो रहा है उन्हीं के प्रकाश में इन पत्रों के दर्शन होते हैं। एक समाचार पत्र ही नहीं पूर्वोक्त अनुकरण वृत्ति के बल से प्रायः सभी कामों में हम लोग सुसभ्य अंगरेजों का अनुकरण करने लगे हैं, यूरोपीय सभ्यता के अनुकरण से निःसन्देह उन्नति का जो प्रारम्भ हो गया है परन्तु जिन गुणों कर के अंगरेज देवतुल्य प्रतिष्ठित हो गये और सबसे उन्नत सुसभ्य अवस्था को प्राप्त हुए हैं उन हितकर उदार गुणों का यथोचित अनुकरण यहाँ वाले यद्यपि नहीं कर सकते कारण अच्छे और उचित कार्यों का सम्पन्न करना बड़ा ही कठिन होता है, परन्तु कठिन समझ अच्छे विषयों का न सीखना यह बड़ा ही भारी दोष है जिससे यह दोष जाता रहे ऐसा कोई उपाय विधान करना अत्यन्त ही उचित है।

अब देखना चाहिए कि दोषनाशक सबसे अच्छा उपाय कौन सा है? पाठक! अपना दोष चाहे कैसा ही भारी क्यों न हो अपनी आँखों के आगे तो अवश्य ही रहता है। अतएव बिना दूसरे के दिखाये, कहे, समझाये उन दोषों के नाश होने की

सम्भावना नहीं रहती परन्तु इसके साथ ही दोष दिखाने वाले को भी उचितवक्ता और समदर्शी होना उचित है अन्यथा झूठे दोष दिखाकर अकारण ही किसी को आक्रमण करने से सिवाय झगड़ा बढ़ाकर गाली खाने के और कुछ फल नहीं होता अतएव ऐसे स्थल में यथार्थ समदर्शी उचित परामर्शदाता उचितवक्ता का अत्यन्त ही प्रयोजन है। पाठक! इस निमित्त आज यह उचितवक्ता आप लोगों के सम्मुखीन है। पूर्वोक्त दोषों का निवारण करना ही इसका एक मात्र उद्देश्य है। अपने यथार्थ दोषों को इसमें अंकित देखकर भी यदि कोई इस पर क्रुद्ध होंगे तो इस विषय में इसका कुछ दोष नहीं कारण "हितं मनोहारि च दुर्लभं वचः।"

देवनागर

॥ श्रीः ॥

दे व ना ग र

श्री मद्भारतवर्ष भूति भरितैर्नाना विधैः भीषणैः।
पूर्ण भारत भव्य मानव मनो बन्धाय सूत्रं दृढ़म् ॥
श्री देवाक्षर दक्ष मेक लिपि विस्तारै कवीरं नवं।
पत्रं राजति "देवनागर" मही! गृह्णन्तु तत्कोविदः ॥

वत्सर 1] **मेष, 5009 कल्पब्द** **[अंक 1**

हिन्दी] **आविर्भाव**

मनुष्य स्वभाव से ही एकता प्रेमी है। अद्वितीय परमात्मा का अंश होने के कारण चित्र विचित्र पटावलम्बित संसार को एकता के सूत्र में गूँथने की इच्छा उसे सदा बनी रहती है। वह यही चाहता है कि अपना मण्डल दूर तक फैले; इसी में विविध वस्तुओं का समागम हो; उच्च, नीच, सम तथा बाल, युवा, वृद्ध, आदि अपने स्थान पर इसी मण्डल में सुशोभित हों और सब भेदभावों को भूल कर परस्पर के प्रेम से प्रेमानन्द स्वरूप अद्वैत ईश्वर में एक हो जाएँ। मनुष्य को यही स्वभावजात अभिलाषा भाषाओं को एक करने के विषय में भी चरितार्थ होती है।

जगद्विख्यात भारतवर्ष ऐसे महाप्रदेश में जहां जाति, पाँति, रीति, नीति, मत आदि के अनेक भेद दृष्टिगोचर हो रहे हैं, भाव की एकता रहते भी भिन्न-भिन्न भाषाओं के कारण एक-प्रान्तवासियों के विचारों से दूसरे प्रान्तवालों का उपकार नहीं होता। इसमें सन्देह नहीं कि भाषा का मुख्य उद्देश्य अपने भावों को दूसरे पर प्रगट

करना है इससे परमार्थ ही नहीं समझना चाहिए अर्थात् मनुष्य को अपना विचार दूसरों पर इसी लिये प्रगट नहीं करना पड़ता है कि उससे दूसरे का भी लाभ हो किन्तु स्वार्थसाधन के लिये भी भाषा की बड़ी आवश्यकता है। इस समय भारतवर्ष में अनेक भाषाओं के प्रचार होने के कारण प्रान्तिक भाषाओं से सर्वसाधारण का लाभ नहीं हो सकता। भाषाओं को शीघ्र एक कर देना तो परमावश्यक होने पर भी दुस्साध्य-सा प्रतीत होता है। परन्तु इस अवस्था में भी जब यह देखा जाता है कि अधिकांश लोग काश्मीर से कुमारिका अन्तरीप और ब्रह्मदेश से गान्धार पर्यन्त हिन्दी या इसके रूपान्तर का व्यवहार करते हैं, तब आशा है कि सबकी चेष्टा अभिरुचि होने से कालान्तर में प्रान्तिक भाषाओं के सम्मिलन से एक सार्वजनिक नूतन भाषा का आविर्भाव हो जाएगा। कारण यह कि भारत की सभी प्रान्तिक भाषाएँ एक ही जननी संस्कृत से उत्पन्न हैं। यह कार्य थोड़े समय में सिद्ध नहीं हो सकता इसके लिये प्रत्येक प्रान्त के निवासियों को तन-मन-धन से चेष्टा करनी होगी। इसे प्रारम्भ में ही असम्भव या हास्यास्पद कहकर त्याग देना बुद्धिमत्ता का काम नहीं है। संसार का नियम है कि कठिन-से-कठिन कार्य भी अभ्यास और परिश्रम से सिद्ध हो जाता है। उन्नतिशील देश में अच्छे कार्य के अंकुर लगा देने पर साधारण सिंचाई से भी वह फल देता है। कई प्रकार की उन्नति की चेष्टाएँ इस समय इस देश में हो रही हैं। ब्रिटिश शासन का यह शान्तिमय सुसमय पाकर एक ऐसा वृक्ष भी रोपना चाहिए जिस में एक भाषारूपी सर्वप्रिय फल फले। भारत के भिन्न-भिन्न प्रान्त की भिन्न-भिन्न बोलियों को एक लिपि में लिखना ही उस आशानुरूप फल का देनेवाला प्रधान अंकुर है। क्योंकि अनेक प्रान्तिक बोलियों के सरल करने की पहली सीढ़ी उन्हें एक सामान्य सर्वसुगम लिपि का वस्त्र पहनाना है जिस रूप में वह अपने चित्र विचित्र लिपियों का परिच्छद छोड़कर एक प्रान्त से दूसरे प्रान्त के निवासियों के सन्मुख आने पर सहज में पढ़ी जा सकें और थोड़े ही परिश्रम से समझी जा सकें। यह बात निर्विवाद है कि भाषा का प्रचार बढ़ने से उसकी उन्नति भी अवश्य होती है। इससे साहित्य के पाठक तथा लेखक आदि सभी का लाभ होता है। किसी बुद्धिमान की युक्तियुक्त तथा पक्षपातशून्य ऐसी सम्मति नहीं हो सकती कि लिपि के परिवर्तन से प्रान्तिक बोली पर आघात पहुँचता है। इसके लिये सभ्य जगत उदाहरण है जहाँ की भिन्न-भिन्न बोलियाँ एक सामान्य लिपि में लिखी जाती हैं। जैसे जर्मन लिपि लिखने पढ़ने में आँख के लिये अत्यन्त हानिकारक है। अतएव विज्ञान आदि की पुस्तकें सब रोमन लिपि में छापी जाती हैं।

बहुतेरे प्रचलित अक्षरों में से चुनकर एक को सर्वसम्मत बनाने के लिये कई बातों का विचार कर लेना अवश्य है जिनमें प्रधान यह है कि कौन सी लिपि उस देश के प्रायः सभी प्रान्तों में प्रचलित है अर्थात् किस एक लिपि के प्रचार करने से सभी प्रान्तों के लोगों को अपनी-अपनी प्रान्तिक भाषाओं के लिखने में विशेष कष्ट

नहीं होगा। सौभाग्यवश भारत के पढ़े-लिखे लोगों में भी कोई एक लिपि प्रचलित हो सकती हे? यदि हो सकती है तो कौन-सी लिपि है जो भारत की सभी बोलियों को अपने रूप में लेकर सुधार देगी। इन प्रश्नों के समाधान करने से यही सिद्धान्त स्थिर हुआ कि देवनागराक्षर में ही यह विशेषता है कि वह भारतीय सभी भाषाओं के शब्दों को शुद्ध-शुद्ध स्पष्ट प्रगट कर सकती और पढ़ने में व्यर्थ समय भी नष्ट नहीं होने देती। इसमें सन्देह नहीं कि एक प्रान्त के रहनेवाले अपनी ही लिपि को सरल समझते हैं किन्तु यहाँ स्मरण रखना चाहिए कि सभी भाषाओं के लिए एक ही लिपि चलाना अभीष्ट है इस विचार से देव नागराक्षर की ही भारत में उपयुक्तता मानी जाती है। इसके सीखने में अधिक समय भी नहीं लगता और इसकी लिखावट ऐसी स्पष्ट है कि बच्चा और बुड्ढा सभी बिना कठिनाई के इसे बाँच ले सकते हैं और अभ्यास करने से बहुत शीघ्र लिख भी सकते हैं। भारत में बहुत सी लिपियाँ ऐसी प्रचलित हैं जिनसे काम चलता है और वह बहुत तेज लिखी जाती है किन्तु परिणाम यह होता है कि लिखने में शीघ्रता करने से पढ़ने के समय अत्यन्त कठिनाई झेलनी पड़ती है। यहाँ तक कि लिपि द्वारा अपने भावों को प्रगट करना जो लिखने का उद्देश्य था वह भी निष्फल हो जाता है। इन दोषों से रहित होने के कारण ही भारत में देवनागरी पक्षपाती बहुत हैं।

इन्हीं विचारों से उत्तेजित हो राजधानी कलकत्ते में कतिपय सुशिक्षित बुद्धिमानों ने "एक लिपि विस्तार परिषद" नाम की एक सभा स्थापित की है जिसका उद्देश्य है भारत की भिन्न-भिन्न प्रान्तिक भाषाओं को यथासाध्य यत्नों द्वारा देवनागराक्षर में लिखने और छापने का प्रचार बढ़ाना जिससे कुछ समय के अनन्तर भारतीय भाषाओं के लिये एक सामान्य लिपि प्रचलित हो जाए—अर्थात् इसका अभीष्ट यही रहे कि बंगला, मराठी, सिन्धी, बलूची, पश्तू, बर्मी, गुजराती, तैलंगी, तामिल, कनाड़ी, मलयालम, तुलू, पंजाबी, नेपाली, गुरमुखी, मारवाड़ी, सन्ताली, आसामी, उड़िया, हिन्दी आदि भाषाओं की पुस्तकों का प्रचार भारत के एक प्रान्त से दूसरे प्रान्त तक फैलाना जो पुस्तकें अपनी-अपनी प्रान्तिक लिपियों में लिखी रहने से प्रचलित नहीं हो सकतीं। इसी उद्देश्य की सिद्धि के लिए परिषद् का यह पत्र "देवनागर" का आविर्भाव हुआ है।

इस पत्र का मुख्य उद्देश्य है भारत में एक लिपि का प्रचार बढ़ाना और वह एक लिपि देवनागराक्षर है। इससे किसी प्रान्तिक पाठक के चित्त में यह भ्रम न उत्पन्न हो कि प्रान्तिक लिपि विलुप्त हो जाएगी या उनकी साहित्योन्नति में प्रतिबन्ध होगा क्योंकि सब प्रान्तों में प्रान्तिक लिपि के अतिरिक्त सुशिक्षित लोगों को रोमन तथा देवनागरी लिपियों का सीखना भी बहुधा आवश्यक है और भारतीय अन्य लिपियों की अपेक्षा देवनागराक्षर का प्रचार विदेश में भी अधिकतर है।

यह बात मुक्त कण्ठ से स्वीकार करनी ही पड़ेगी कि इस समय प्रान्तिक लिपि

और भाषा के साथ-साथ दूसरी लिपि और भाषा का ज्ञान भी मनुष्य जीवन का प्रधान अंग बन गया है। प्रचलित दो लिपियों—रोमन और देवनागर—में भारतवासियों का चित्त किस ओर झुकेगा यह दिखलाने की आवश्यकता नहीं है जब अँग्रेज और मुसलमान आदि भी देवनागर की स्पष्टता और उपयोगिता सराहते हैं। भारतीय लिपियों की जननी देवनागरी लिपि ही है जैसे भाषाओं की जननी संस्कृत। देवनागर का व्यवहार चलाने में किसी प्रान्त के निवासी का अपनी लिपि वा भाषा के साथ स्नेह कम नहीं पड़ सकता। हाँ, यह अवश्य है कि अपने परिमित मण्डल को बढ़ाना होगा।

इस पत्र में साहित्य विषयक रोचक लेख तथा विज्ञान आदि विषय के भी उत्तम लेख प्रकाशित किये जाएँगे। कालान्तर में उनका भाषान्तर भी कर दिया जाएगा। प्रत्येक अङ्क में किसी-न-किसी प्रान्तिक भाषा के व्याकरण सम्बन्धी लेख अवश्य रहेंगे। और कुछ शब्दकोश भी। जिनसे अन्य भाषाओं के समझने में सरलता हो और इस पत्र के पढ़ने में पाठकों का चित्त लगे। पहले इस पत्र को पढ़ने में पाठकों को बड़ी नीरसता जान पड़ेगी किन्तु इनकी दूरदर्शिता, उपयोगिता तथा आवश्यकता का विचार कर सहृदय पाठकगण अनन्त भविष्यत के गर्भ में पड़े हुए पचास वर्ष के अनन्तर उत्पन्न होनेवाले शुभ फल की आशा से इस क्षुद्र भेंट को अङ्गीकार करेंगे।

इस देश की वर्तमान दशा में जब मनुष्य अपनी ही मातृभाषा का यथाविध ज्ञान तथा व्यवहार नहीं रखता, बहुभाषी पत्र का निकालना दुष्कर जान पड़ता है। बहुभाषी पुरुष का मिलना तो दूर रहे उत्तरीय भारत की भाषा के साथ दक्षिणी भाषा का जाननेवाला भी मिलना कठिन है। प्रायः दो वर्ष से इसकी चेष्टा की गयी, अच्छे-अच्छे भारत-हितैषियों के साथ पत्र व्यवहार किया गया, कई समाचारपत्रों में विज्ञापन दिये गये और स्वयं मिलकर आजकल के शिक्षितों से सहायता माँगी गयी किन्तु सब प्रयत्न निष्फल हुए। निदान अपने ही पुरुषार्थ पर भरोसा कर अपने इस देवनागर को सर्वसाधारण के सन्मुख रखा है जिसके लिये कतिपय देश-हितैषियों की आँखें उत्सुकता से लगी हुई थीं और जिन्होंने यथाशक्ति धन द्वारा सहायता भी की है।

इस वृहत् कार्य में साहित्य प्रेमी लेखकों को प्रान्तिक भाषाओं में लेख भेज कर सहायता देना उचित है। इन्हीं की सहायता पर इसकी उन्नति निर्धारित है। इस अङ्ग को तो परिषद् ने टिड्डी की नाईं अपने वक्षस्थल पर अनन्त आकाश को उठाने का साहस करने के समान येन केन प्रकारेण प्रकाशित कर दिया है। इसी से इसे क्षुद्रअंकुर कहा है जिसकी पूर्ण बुद्धि तथा फलागम की आशा जगदीश्वर तथा पाठकों के हाथ में है।

इन कारणों को विचार कर बुद्धिमान पाठक "वह्वारम्भे लघुक्रिया" की प्रसिद्ध लोकोक्ति को देवनागर के इस प्रथम अङ्क पर चरितार्थ नहीं करेंगे प्रत्युत तन-मन-धन से इसके अभावों को दूर कर पूर्णतया सुन्दर बनाने का प्रयत्न करेंगे।

देवनागर वत्सर 1 (5009 कल्पब्द) से वत्सर 3 (5011 कल्पब्द) यानी तीन वर्ष की पूरी फ़ाइल स्व. जस्टिस शारदाचरण मित्र के पुस्तकालय में उपलब्ध हैं। इनके अलावे एक और फ़ाइल है जिसमें पाँच अंक हैं और जिसकी रूप-रेखा परिवर्तित है। इस जिल्द के पहले अंक का पहला पृष्ठ इस प्रकार है–

श्रीः

देवनागर

नवपर्याय।

भारतीय भिन्न-भिन्न भाषाओं के लेखों से विभूषित एक अद्वितीय सचित्र मासिक

श्रीमद् भारतवर्ष भूमि भरितैर्नानाविधैर्भाषणैः।
पूर्णं भारत भव्य मानव मनो बन्धाय सूत्रं दृढम् ॥
श्री देवाक्षर दक्ष मेक लिपि विस्तारैक वीरं नवम्।
पत्रं राजति "देवनागर" महो! गृह्णन्तु तत्कोविदाः ॥

भाग 1] कार्तिक 1833 शकाब्द [संख्या 1

नवीन व्यवस्था।

कई अनिवार्य्य कारणों से देवनागर के प्रकाश होने में आज कल इतना अधिक विलम्ब होता रहा कि, वह प्रायः वर्ष डेढ़ वर्ष पीछे पड़ गया था। इसके लिए हम अत्यन्त दुखित हैं; पर बात हमारे अधिकार के बाहर की थी। इस देर के कारण देवनागर के संचालकों की जो हानि हुयी है, उसका उल्लेख कर हम अपने पाठकों का समय वृथा नष्ट करना नहीं चाहते। पर हमें उनसे इस बात का दृढ़ आशा है कि आज तक उन्होंने जिस प्रकार हमें आश्रय दिया है वैसा ही भविष्यत् में भी देंगे। जिसमें भविष्य में देवनागर ठीक समय पर प्रतिमास प्रकाश होता रहे, इसकी पूर्ण व्यवस्था की गयी है। परमात्मा की कृपा और पाठकों का आश्रय पाकर देवनागर द्विगुण उत्साह के साथ एक-लिपि-प्रचार के लिये प्रयत्न करेगा।

इस अंक में पाठक कई नयी बातें पायेंगे। प्रथमतः इसका आकार पहले से घटा दिया गया है, पर साथ ही पृष्ठ संख्या बढ़ा दी गयी है। पहले प्रति अंक में डेमाई चार पेजी पाँच फार्म रहा करते थे पर भविष्यत् में क्राउन चार पेजी छः फार्म रहेंगे। पहिला आकार बहुत बड़ा होने के कारण अनेक पाठक उससे असन्तुष्ट थे। इसी से अब इसका आकार घटा कर हिन्दी के अन्यान्य मासिक पुस्तकों के बराबरी

का कर दिया गया है। द्वितीय और बड़े महत्त्व का परिवर्तन यह किया गया है कि अब से इसके प्रत्येक अंक में चार फार्म भारतीय भाषाओं के और दो अंगरेजी के रहेंगे।

एक लिपि का प्रश्न इस समय भारत व्यापी हो गया है, यह आनन्द की बात है। इसलिए देवनागर में कुछ स्थान ऐसी भाषा में लिखित लेखों को देना आवश्यक हुआ है जिसे भारतवर्ष के प्रत्येक प्रदेश के ऐसे शिक्षित सज्जन समझ सकें जो एक लिपि-प्रचार के लिये प्रयत्न कर रहे हैं। हमारी भावी राष्ट्रभाषा हिन्दी अभी इस योग्यता को प्राप्त नहीं हुयी है कि उसके द्वारा भारत व्यापी आन्दोलन किया जा सके। वह शुभ समय जितना शीघ्र आवेगा उतना ही अच्छा है। पर जब तक वह नहीं आया है, तब तक हमें, इच्छा न रहते हुए भी, पर-देशी भाषा से कुछ सहायता लेनी पड़ेगी। यूरोप की भी एक समय ऐसी ही अवस्था हुयी थी। पहले वहाँ राष्ट्रभाषा "लैटिन" पर यह भाषा केवल विद्वान ही समझ सकते थे और वे अपने भाव इसी के द्वारा प्रकट करते थे। इससे ज्ञान का प्रचार जैसा होना चाहिए था वैसा नहीं होता था। यह देखकर कुछ दूरदर्शी महानुभावों ने देशी भाषा के प्रचारार्थ प्रयत्न करना आरम्भ किया। पर यह प्रयत्न उन्हें "लैटिन" भाषा के द्वारा ही करना पड़ता था! उनके सभी प्रयत्न का फल यह हुआ कि आज फ्रेञ्च भाषा (Lingua franca) यूरोप की राष्ट्रभाषा बन गयी है तथा अंग्रेजी भाषा की इतनी उन्नति हुयी है। इसी तरह हमें भी अपनी राष्ट्रभाषा का पथ निष्कंटट करने में अंग्रेजी से सहायता लेनी पड़ेगी। यह सहायता लेने का एक और कारण है। कुछ लोग "रोमन" लिपि को भारत की राष्ट्रलिपि चाहते हैं। आजकल मद्रास के पादरी नोलेस इस के लिये यथासाध्य प्रयत्न कर रहे हैं। आपने खास इंगलैंड भी यह आन्दोलन प्रारम्भ किया है। वहाँ के लोगों के सामने देवनागरी तथा अन्यान्य भारतीय लिपियों को अयोग्य सिद्ध करना तथा रोमन लिपि के प्रचारार्थ वहाँ के अधिवासियों से सहायता माँगना, आपका उद्देश्य है। यदि रेवरेण्ड मि. नोलेस का यह उद्देश्य सिद्ध हो गया तथा इंगलैंड के लोगों ने रोमन लिपि का प्रचार करना आवश्यक समझ लिया तो हमारी सरकार को भी उसके प्रचार में सहायता करनी पड़ेगी। उस अवस्था में नागरी का प्रचार करना और भी कठिन हो जाएगा, यह कहने की आवश्यकता नहीं है। इसलिए जिस में प्रारम्भ में ही हम नागरी की उपयोगिता और श्रेष्ठता अंगरेजों को समझा सकें, इसके लिये देवनागर में अंगरेजी लेखों को भी स्थान देना आवश्यक हुआ है। इच्छा न रहते हुए भी हमें यह काम करना पड़ा है; इसके लिये हम पाठकों से क्षमा ही नहीं वरं उनकी सहानुभूति भी चाहते हैं।

देवनागर के प्रकाशित होने में अधिक विलम्ब हो जाने के कारण, एक वर्ष में एक-लिपि-प्रचार के काम में जो उन्नति हुई है, उसकी आलोचना हम नहीं कर

सके। आनन्द की बात है कि, भारत वर्ष के प्रत्येक प्रदेश में एक लिपि की आवश्यकता अनुभूत होने लगी है। श्रीमान् बड़ोदा नरेश और मद्रास गवर्नमेण्ट की प्रबन्धकारिणी समिति के सदस्य माननीय श्रीयुक्त कृष्ण स्वामी ऐयर बी.ए., बी.एल. महोदय नागरी प्रचार के लिए यथासाध्य प्रयत्न कर रहे हैं। प्रयाग की नागरी प्रवर्द्धिनी सभा के उत्साही सदस्य भी इसके प्रचारार्थ यथा-साध्य प्रयत्न कर रहे हैं। इस सभा के और हमारी परिषद् के प्रयत्न से गत दिसम्बर मास में प्रयागराज में एक-लिपि-प्रचार के लिए एक कानफ्रेन्स भी की गयी थी। इस के अध्यक्ष का स्थान माननीय मिष्टर कृष्ण स्वामी ऐयर महोदय ने (आप उस समय मद्रास हाईकोर्ट के विचारपति थे) ग्रहण किया था। इस कानफरेन्स ने नागरी को ही भारतीय भाषाओं की एक लिपि होने योग्य बतलाया और इसके प्रचारार्थ प्रयत्न करने की आवश्यकता स्वीकार की। "नागरी में कौन-कौन से चिह्न और अक्षर बढ़ाने से उसमें भारतीय सब भाषाएँ शुद्धतापूर्वक लिखी जा सकेंगी?"—इस विषय पर जो सबसे उत्तम लेख लिखेगा उसे सौ रुपया पुरस्कार देना श्रीयुक्त कृष्ण स्वामी ऐयर ने स्वीकार किया है। माननीय ऐयर महोदय का यह कार्य प्रशंसनीय है तथा आशा की जाती है कि आपके प्रशंसनीय प्रयत्न और अदमनीय अध्यवसाय से हमारी नगरी में आवश्यक सुधार शीघ्र ही हो जाएगा। अस्तु। सारांश यह कि एक-लिपि-प्रचार का आन्दोलन धीरे-धीरे पर दृढ़ता के साथ अधिकाधिक जड़ पकड़ता जा रहा है।

अन्त में हम यह कहकर यह लेख समाप्त करते हैं कि, देवनागर के लिए एक स्वतन्त्र प्रेस की व्यवस्था की गयी है तथा इसके लिए निर्णय सागर के उत्तम टाईप भी मँगाये गये हैं। इसे समय पर प्रकाश करने और सर्वांग सुन्दर बनाने में हमारी ओर से कोई भी बात उठा नहीं रखी जाएगी। परमात्मा हमारे सहायक हों!

मतवाला

मतवाला

(साप्ताहिक पत्र)

"अमिय गरल शशि-शीकर, रवि-कर राग-विराग भरा प्याला।
पीते हैं जो साधक उनका प्यारा है यह 'मतवाला'॥"

(प्रति प्याला दो पैसा नगद) (वार्षिक बोतल दो रुपया पेशगी)

वर्ष 1 | कलकत्ता, श्रावणी पूर्णिमा 1980 रविवार | संख्या 1

मेरा पितल कोड!

(1) प्रति शनिवार को शनैश्चर की तलाश में मैं बाहर निकला करूँगा और दो पैसा नगद नारायण लेकर अस्थायी भक्तों को दर्शन दिया करूँगा।

(2) जो लोक दो रुपया डाकव्यय सहित सालाना सलामी मेरे पण्डे के पास पेशगी जमाकर देंगे उनके घर ठीक समय पर बिना रोक टोक सीधे पहुँच जाऊँगा।

(3) नक़दा नक़द का पक्षपाती होने के कारण वी.पी. की अपेक्षा मनीआर्डर द्वारा वार्षिक दक्षिणा लेना ही मुझे अधिक पसन्द है। इससे मेरा और मेरे भक्तों—दोनों का लाभ है।

चेतावनी

(1) लेख, कविता, समालोचनार्थ पुस्तकें और परिवर्तनार्थ पत्र आदि सम्पादक—'मतवाला' और मूल्य तथा प्रबन्ध सम्बन्धी पत्रादि मैनेजर—'मतवाला' के पास नीचे लिखे पत्ते से भेजना चाहिए—बाल कृष्ण प्रेस; 23 शंकर घोष लेन, कलकत्ता।

"रक्षा-बन्धन"

परिमल युत मृदु मन्द मलय वह गुञ्जत छन-छन मत्त मधुप गन,
उठत वीन झंकार चतुर्दिसि चढ़्यौ मदन जनुकरन कतहुँ रन।
पन-पिय-अधरन चूम चाँदनी, अलस चुवत तन सुधा-स्नेह-कन,
प्रकृति-पुरुष कर मिलन मनोहर अति सुखकर यह 'रक्षा-बन्धन'॥

—पुराने महारथी।

बढ़ गयी शोभा सखी सावनी सलोनी हुई
बड़े भाग्य भारत के गये दिन आये फिर!
रक्षा के बँधे हैं भारतीयों के कोमल कर,
मंगल मनाती क्यों न, रहा क्यों कलेजा चिर?
तारों इन सुनहलों के आगे सितारे सात
अथवा प्रकाश रहा बादल-दलों से घिर?
देख करतूत ऐसी वीरवर सपूतों की
भारत का गर्व से उठेगा या झुकेगा सिर?
कंगालों का कत्ल अहो इस 'राखी' के रंग में
दिया, भूत, वर्तमान, भविष्यत् है दीनों का तीनों लिया।

—"निराला"

विज्ञापन दर।

जो सज्जन एक वर्ष के लिए छपवाना चाहेंगे उनसे प्रति इञ्च प्रति सप्ताह चार आने के हिसाब से छपाई पेशगी ली जाएगी। 6 महीने के लिए उक्त दर का डेढ़ा—तीन महीने के लिए दूना और एक महीने के लिए तिगुना लिया जाएगा। एक महीने से कम का विज्ञापन नहीं लिया जाएगा। विज्ञापन की छपाई हर हालत में पेशगी ही ली जाएगी।

(2) कोई मुहर्रमी महाशय 'मतवाला' के लिए लेख भेजने का दुस्साहस न करें।

मैनेजर—
"मतवाला"
बाल कृष्ण प्रेस;
23 शंकर घोष लेन कलकत्ता।

दूसरे पृष्ठ पर 'आत्म-परिचय' है। दूसरा पृष्ठ भी अविकल उद्धृत किया जाता है।

"मतवाला"

"खींचो न कमानों को न तलवार निकालो।
जब तोप मुकाबिल है तो अख़बार निकलो ॥"

—अकबर।

श्रावण पूर्णिमा 1980, रविवार तारीख 26 अगस्त 1923

आत्म-परिचय।

एक दिन शिव-पार्वती कैलास-शिखर पर बैठे हुए थे। एक ओर लम्बोदर गजानन अपना सुँड्ड और कान हिला रहे थे, दूसरी ओर भीमोदर नन्दी पूँछ डुला कर मक्खियाँ उड़ाते हुए बड़े गौर से पागुर कर रहे थे। सामने बड़े-बड़े विकटानन और विकृतानन बैठे हुए थे। शिव-पार्वती की शोभा भी निराली ही थी। वे भस्म रमाये और ये अङ्गराग लगाये। ये सर्प लपेटे और वे जटा समेटे। ये बाघाम्बर ओढ़े और वे पीताम्बर पहने। उनकी मद-भरी आँखें, इनकी रस-भरी आँखें! उधर मुण्डमाला, इधर मुक्तामाला! मालूम होता था मानो प्रलय के साथ सृष्टि बैठी हो, त्याग की बग़ल में शान्ति शोभती हो और विश्वास के साथ उपासना विराज रही हो। कुन्देन्दु-धवल कैलास ऐसा जान पड़ता था मानों पुण्यात्माओं की यशोराशि हो। बातों ही बातों में पार्वती ने पूछा—भगवन्! प्रलह होने को अब कितने दिन बाकी हैं? सवाल सुनकर शंकर जी बड़े जोर से ठठाकर हँसे और बोले—'देवि! क्या आज ही सृष्टि की तैयारी करोगी?' पार्वती—'मैं खेती करना चाहती हूँ। आप अपना नन्दी बैल दीजिए और कोई दूत भेज कर द्वारका से बलदेव जी का हल मँगा दीजिए तथा भैरव के कुत्ते को खलिहान की रखवाली के लिए नियुक्त कर दीजिए।' शंकर जी अट्टहासपूर्वक बोले—यह आज तुम्हें क्या सूझा है? तुम्हें क्या कमी है जो खेती करने पर उतारू हुई हो? पार्वती ने कहा—'मेरी पीहर के निवासी भारतवासी अन्न बिना भूखों मर रहे हैं। मैं स्वयं हल चलाकर पृथ्वी की लुप्त उर्वरा शक्ति को पुनरूजीवित करना चाहती हूँ।' शिव जी फिर हँसकर बोले—'पहले खेत में खाद डालने की तैयारी करो, जोतने की चिन्ता पीछे करना। अनन्त शक्तिमयी काली बनकर रक्त-सिक्त

कर डालो। फिर तो मांस मज्जा की खाद से मेदिनी खिल उठेगी। रक्त खारा होता है, खाद भी खारी ही होनी चाहिए।' पार्वती खिलखिला उठी और बोली—'मैं आपका असली मतलब ताड़ गयी। आप अपने भूत वैतालों को भोज देना चाहते हैं—देवासुर-संग्राम में ली हुई पुरानी मुण्डमाल को बदलना चाहते हैं। किन्तु अब मैं भूलकर भी दुर्गा न बनूँगी।' शिव जी ने मुस्कुराते हुए कहा—'तो फिर काशी में अन्नपूर्णा के पास संवाद भेजो।' पार्वती—'उन्हें तो अपने ही पेट से फुर्सत नहीं है। वे तो रोज ही छप्पन प्रकार का भोग गपकती हैं। उन्हें दूसरों के पेट की क्या चिन्ता है?' शिवजी—'अच्छा तो मैं वीरभद्र को भारतवर्ष की सच्ची दशा का पता लगाने के लिए तैनात करता हूँ और सख्त ताकीद किये देता हूँ कि, वहाँ जाकर वह असली हालत की जाँच कर के मुझे खबर दें तो मैं शीघ्र सारी व्यवस्था कर दूँ। गणेश! जरा वीरभद्र को भेजना तो।' पिता की आज्ञा पाते ही एकदन्त तुन्दिलकाय गजानन ने चिंघाड़ते हुए कहा—'वीरभद्र!'

मैं तो पास ही बैठकर भर-भर खप्पर मदिरा पी रहा था। गजेन्द्र वन्दन से निकली हुई कर्कश ध्वनि बड़ी ही कर्कशता से एकाएक आकर मेरे कानों के पर्दे पर टकरा गयी। मैं चौंक पड़ा। योगिनी ने कहा जाओ दौड़ो; गणनायक पुकार रहे हैं। मैं दौड़ा हुआ उनके पास गया तो उन्होंने कहा कि तुम्हें पिताजी ने अभी पुकारा था, उन्हीं के पास जाओ। वहाँ गया तो उन्होंने कहा कि तुम्हें पार्वती ने बुलाया है। मैं तो बेढ़प घपले में पड़ गया कि 'भगवती कहीं और किसी के पास न भेज दें। मालूम नहीं इस बुलाहट का सिलसिला कहाँ जाकर खत्म होगा।' खैर जब मैं भगवती, पार्वती के सामने हाथ जोड़कर खड़ा हुआ, तो वे बोलीं, 'तुम्हें गजानन के ननिहाल जाना होगा।' मैं—'क्या दक्ष प्रजापति की तरह आपके पिता जी भी कोई यज्ञ कर रहे हैं?' भगवती—'यह पूछने से तुम्हें क्या गरज?' मैं—'शायद यज्ञ विध्वंस करने के लिए मुझे जाना पड़े, क्योंकि सती के पिता का यज्ञ मैंने ही विध्वंस किया था।' भगवती—'तू बड़ा अमंगलवादी है। बिना समझे बूझे बीच में ही क्यों बुद्धि अड़ाने लगता है?' भगवान शंकर ने हँसकर कहा—'वीरभद्र तो ठीक ही कह रहा है। उस पर बेकार लील-पीली क्यों हो रही हैं? वीरभद्र तुम इनके पीहर के पड़ोसी भारतवासियों की वास्तविक स्थिति जाँचने के लिए जाओ, वहाँ की हालत देखकर मेरे पास लगातार खबर पहुँचाओ। फेंकने पर जहाँ तुम्हारा त्रिशूल गिर जाए वहीं आसन जमाओ, और सब श्रेणी के लोगों का हाल जानने के लिए घर-घर चक्कर लगाओ।'

आज्ञा पाते ही मैं भूतनाथ को साष्टांग दण्डवत किया और योगिनी के पास आया और वहाँ झटपट कर अस्सी सात सतासी खप्पर मदिरा चढ़ा गया। जिस तरह मरुभूमि की यात्रा करने से पहले ऊँट एक ही बार सात दिन के लिए जल अपने पेट में भर लेता है उसी प्रकार भातरवर्ष की लम्बी यात्रा से पूर्व मैंने भी खूब कस

कर जमा लिया। अच्छी तरह ढाल कर जब मैं त्रिशूल लेकर खड़ा हुआ तब मालूम होने लगा कि, पूर्व दिशा से एक भीषण हाहाकार क्रमशः गम्भीर होता हुआ हिमालय की दरियों को प्रतिध्वनित करता हुआ आ रहा है। मैं ने समझा कि कोई दैत्य है। मैं ने उसका संहार करने के लिए सरोष त्रिशूल फेंका। फेंकने पर मुझे भगवान भूतेश की बात याद पड़ी। मैंने सोचा, 'हाय, अब अपने हेडक्वाटर का स्थान कैसे निश्चित करूँगा?' इतना ही सोच कर मैं त्रिशूल की तलाश में अन्धाधुन्ध दौड़ा। न जाने, कितनी देर और कितनी दूर दौड़ने के बाद मैंने अचानक देखा कि, "भागीरथी के तीर पर कलि कात्ता नगरी के मध्य, त्रिशूल खड़ा गड़ा पड़ा हुआ है।" फिर क्या था, देवाधिदेव 'महादेव' का नाम लेकर मैंने वहीं आसन जमा दिया। मेरे डमरू निनाद द्वारा प्रतिध्वनित 'शंकर घोष' से समस्त नगरी गूँज उठी। किन्तु जिस दैत्य के लिए मैंने त्रिशूल छोड़ा था उसका आज तक पता न लगा। उसकी आभा तो देखी किन्तु वह मायावी नजर न आया। उसकी छाया तो देखी पर वह छायापुत्र कहीं दिखाई न पड़ा। अतएव, उसकी तलाश में आज मैं कलकत्ते से बाहर निकला हूँ। मैं तो अपनी धुन का 'मतवाला' हूँ। जब उसकी तलाश करने पर तुल गया हूँ तो सारा संसार छान डालूँगा—कहाँ जाएगा? किधर जाएगा? एक न एक दिन पकड़ पाऊँगा, तो फिर 'मृत्युञ्जय का जप' भी रक्षा न कर सकेगा, क्योंकि मैं भी तो मृत्युञ्जय का मुसाहब हूँ और उन्हीं की प्रेरणा से आया हूँ।

शिव! शिव! नशे की झक में मैं क्या-क्या बक गया। अच्छा लहर ही तो है। लेकिन इस लहर में आप न पड़ियेगा। सिर्फ मेरी यात्रा का लक्ष्य स्मरण रखिएगा। मैं अपनी यात्रा की रिपोर्ट नियमित रूप से प्रकाशित करता रहूँगा। उसमें सच्ची और स्वाभाविक सूचना रहेगी। उसके द्वारा मैं यथेष्ट रीति से इस देश की आन्तरिक दशा बतलाऊँगा। लेकिन बतलाने का ढंग निराला होगा। जो मेरी ही तरह स्वयं 'मत' वाला होगा, वहीं उस ढंग को समझने वाला होगा। राष्ट्र, जाति, सम्प्रदाय, भाषा, धर्म, समाज, शासन प्रणाली, साहित्य और व्यवपार" आदि समस्त विषयों का निरीक्षण और संरक्षण ही मेरी योजना का अभिसन्धान है। मैं उसे पूरा करने के लिए संकोच, भय, ग्लानि, चिन्ता और पक्षपात का उसी प्रकार त्याग कर दूँगा जिस प्रकार यहाँ के नेता निजी स्वार्थ का त्याग करते हैं। इसी अभिवचन के साथ अब मैं अपने इष्टदेव का स्मरण करते हुए यात्रा-पथ पर आरूढ़ होता हूँ—

"सीस जटा गङ्ग वारे, भूख न भुजङ्ग वारे
गौरी अरधङ्ग वारे चन्द दुति वारे हैं।
खभ तुरङ्ग वारे मरदन अनङ्ग वारे
अड़वङ्ग ढ़ंगवारे मुण्डमाल धारे हैं।
महा 'मतवारे' त्यों दाता हैं उमङ्गवारे
भूतन के सङ्गवारे नैन रतनारे हैं।

तान के तरङ्गवारे डमरू उपङ्गवारे
भङ्ग रङ्गवारे सो हमारे रखवारे हैं ॥"

मतवाले की बहक, चलती चक्की, सर की दवा, कसौटी, सुलभ ग्रन्थ, प्रचारक-मण्डल की नई पुस्तकें। अन्तिम पृष्ठ पर विज्ञापन है–The complete works of swami Vivekanande अनामिका लेखक पण्डित सूर्यकान्त त्रिपाठी, ओटो भूतनाथ, भूतनाथ तेल।

अन्तिम पृष्ठ के एकदम अन्त में अँगरेज़ी में छपा है–Printed at the "Balkrishna Press"—23 Shankar Ghose Lane Calcutta; by Mahadeo Prasad Seth and edited and published by the same from the "MATWALA OFFICE" 23 Shankar Ghose Lane Calcutta.

मतवाले की बहक!

(ऊपर के दो स्थल)

हिन्दुओं की संख्या उत्तरोत्तर घटती जा रही है, तो घटने दीजिए। सनातन धर्म को अक्षुण्ण रखने की चेष्टा कीजिए। क्योंकि "ईमान सलामत है तो है आस खुदा से। मरती है अगर जाति तो मर जाय बला से!"

परिशिष्ट : ख

विषयानुक्रमणिका

देवनागर

वत्सर 1, अंक 1

1. आविर्भाव (हिन्दी)
2. देवनागरान्योक्ति पंचक (हिन्दी कविता) लेखक सैयद अमीर अली (देवरी कलां–सागर)
3. आत्मज्ञान (बंगला) पं. दामोदर मुखोपाध्याय, कलकत्ता
4. माननीय सर गुरुदास बनर्जी, केटी.डी.एल. (मराठी सचित्र)–ले. सोमनाथ झाड़खण्डी, बी. ए., कलकत्ता
5. भारतीयांची मातृलिपि (मराठी)–ले. पं. अनन्तवायु शास्त्री जोशी (धारवाड़, बम्बई)
6. उर्दू जबान और हरूफतहज्जी (उर्दू) ले. बाबू प्यारे लाल नारायण (होशियापुर, पंजाब)
7. तारे (पंजाबी कविता) ले. बाबू निहाल सिंह (कलकत्ता)
8. कन्नड़ मार्गदर्शिका (कनाड़ी) ले. पं. अनन्तवायु शास्त्री जोशी (धारवाड़, बम्बई)
9. ग्रन्थ माहात्म्य (नेपाली) गोर्खा पत्र से उद्धृत
10. पद्माकर कवि (हिन्दी) अनजान कवि लिखित
11. हिन्दी मराठी शब्दबोध
12. श्लोकेर जन्म (बंगला-कविता सचित्र)–शिल्प पुष्पांजलि से उद्धृत
13. बुद्ध कालत्तिय तमिज्ह (तामिल) ले. चरक्केराम स्वामी ऐयंगार बी.ए.
14. कर्नल फिलट का परिचय (हिन्दी सचित्र)
15. पर्य्यवेक्षण (उर्दू) ले. लाला बालमुकुन्द गुप्त
16. चित्रविचित्र

अंक 2

1. आविर्भाव (गुजराती) ले. पं. चतुर्भुज औदीच्य (कलकत्ता)
2. वीर रस (हिन्दी) ले. पं. अक्षयवट मिश्र (डुमराँव, आरा)
3. हिन्दी मराठी शब्दबोध : ले. पं. चतुर्भुज औदीच्य (कलकत्ता)
4. डॉक्टर राजेन्द्र लाल मित्र, सी. आई. ई. (गुजराती, सचित्र) ले. पं. श्यामसुन्दर कृष्ण हरगोविन्द, बन्धु समाज, अहमदाबाद (कलकत्ता)
5. दण्डी कवि (कनाड़ी) ले. पं. अनन्तवायु शास्त्री जोशी (धारवाड़, बम्बई)
6. तुकाराम बौवी (मराठी) ले. पं. सोमनाथ झाड़खेड़ी बी.ए. (कलकत्ता)
7. नीतिर मूलतत्त्व कि? (बंगला) नव्य भारत, अष्टादश खण्ड, हइते उद्धृत
8. कविता और वनिता (हिन्दी)
9. दैव भक्ति (तैलंगी) ले. पं. वि. कृष्ण स्वामय्य
10. काठुरिया औ यम (बंगला, कविता, सचिव) स्वर्गीय राजकृष्ण राय द्वारा रचित
11. सप्तग्राम (हिन्दी)
12. पर्य्यवेक्षण (हिन्दी)
13. चित्रविचित्र (हिन्दी)

अंक 3

1. आविर्भाव (तैलंगी)
2. नीतिर मूल तत्त्व कि? (बंगला) श्री नगेन्द्रनाथ चट्टोपाध्याय (नव्यभारत अष्टादश खण्ड हइते उद्धृत)
3. विश्वामित्र (मराठी) गोपालराय रंगनाथ (नागपुर)
4. समुद्र वर्णन (कनाड़ी कविता) ले. अनन्तवायु शास्त्री जोशी (धारवाड़, बम्बई)
5. ग्रीष्म वर्णन (हिन्दी) ले. पं. अक्षयवट मिश्र (डुमराँव, आरा)
6. एक दृश्य (पंजाबी कविता) ले. बाबू नेहाल सिंह (कलकत्ता)
7. विद्या (नेपाली) ले. पं. अम्बिका प्रसाद उपाध्याय (बनारस)
8. ब्रजनिधि को पद (दूदाड़ी हिन्दी कविता) राय देवी प्रसाद, जोधपुर द्वारा प्राप्त।
9. ओड़िया भाषा (ओड़िया) ले. श्री कामता प्रसाद गुरु (रायपुर)
10. बादशाहों को अपना शिनाख्त कराना मुश्किल पड़ता है (उर्दू) ले. सैयद अमीर अली मीर (देवरी कलाँ)
11. स्वर्गवासी राय बंकिमचन्द्र चट्टोपाध्याय बहादुर, सी.आई. ई. (हिन्दी सचिव)
12. हिन्दी मराठी शब्दबोध ले. पं. चतुर्भुज औदीच्य (कलकत्ता)
13. वेडराजन कथै (तामिल) ले. पं. राय स्वामी शास्त्री काव्यतीर्थ (कलकत्ता)

14. दारा तथा औरंगजेब (हिन्दी सचिव)
15. संस्कृत साहित्य (गुजराती) केलवणी, माघ 1963
16. व्यापार विंशति (मलयालम कविता)—शिवलिंग स्वामी रचित
17. पर्य्यवेक्षण (हिन्दी)
18. चित्रविचित्र (हिन्दी)

अंक 4

1. आविर्भाव (तामिल)
2. (बंगला सचिव) ले. श्री सत्यबन्धुदास (कूच बिहार)
3. राष्ट्रीय भाषा (मराठी) ले. पं. अनन्तवायु शास्त्री जोशी (धारवाड़, बम्बई)
4. बांगला औ ओड़िया (ओड़िया) ले. श्रीयुक्त सत्यबन्धुदास (कूच बिहार)
5. इतिहास (ओड़िया) ले. श्री चन्द्रमोहन महाराणा (श्री सत्यबन्धुदास द्वारा प्राप्त)
6. भक्ति पद्धति (कनाड़ी कविता) ले. पं. अनन्तवायु शास्त्री जोशी (धारवाड़, बम्बई)
7. वैदिक सृष्टि तत्व (बंगला) ले. श्रीयुक्त कोकिलेश्वर भट्टाचार्य, विद्यारत्न, एम. ए., (कूच बिहार)
8. नव रत्नेर अन्यतम रत्न (बंगला) ले. महामहोपाध्याय पं. सतीशचन्द्र आचार्य, विद्याभूषण, एम.ए., एम.आर.ए.एस. (कलकत्ता)
9. कुमाऊँनी हिन्दी ले. पं. तारादत्त शर्मा (सतगाँव, दाराहाट, रानीखेत)
10. हिन्दी व्याकरण (हिन्दी) साहित्याचार्य, काव्यतीर्थ पं. राम अवतार शर्मा, एम. ए. (कलकत्ता)
11. अजामिल चरितम् (तामिल) ले. श्रीयुक्त एन. कृष्ण स्वामि, ऐयंगार (चय्यामपेट, तंजौर)
12. देवनागरी वर्णमाला (हिन्दी सचिव)
13. बेसरी (नेपाली)—सुन्दरी वर्ष 1, लीला 910
14. संस्कृत साहित्य (गुजराती) केलवणी, माघ-फाल्गुन, 1963।
15. व्यापार विंशति (मलयालम कविता)
16. भूषण जी जीवनी (हिन्दी) ले. पं. श्यामबिहारी मिश्र, एम.ए. और शुकदेव बिहारी मिश्र बी.ए. (इटावा)
17. पूर्व्वीय पंचरत्न (भोजपुरी कविता) स्व. पं. रामचरित्र तिवारी कवि (राजधानी, डुमराँव)
18. हिन्दी मराठी शब्दबोध—ले. पं. चतुर्भुज औदीच्य (कलकत्ता)

19. पर्य्यवेक्षण (बंगला-हिन्दी)
20. चित्रविचित्र (हिन्दी-अंशतः सचित्र)

अंक 5

1. आविर्भाव (मराठी) ले. पं. अनन्तवायु शास्त्री जोशी (धारवाड़, बम्बई)
2. देवनागरी लिपि वर्णमाला (हिन्दी सचित्र)
3. व्यापार विंशति (मलयालम कविता)
4. पुरुषार्थ (पंजाबी) ले. पं. प्रभुदत्त शास्त्री, एम.ए.बी.टी. (सीनियर इंगलिश प्रोफ़ेसर—गवर्नमेण्ट ट्रेनिंग कॉलेज, लाहौर)
5. श्री स्वामी बाल राम उदासीन (हिन्दी सचित्र) ले. पं. अक्षयवट मिश्र (डुमराँव, आरा)
6. कवि प्रशंसा (नेपाली) ले. पं. अम्बिकाप्रसाद उपाध्याय (बनारस)
7. इन्दिया राजस्थान नङ्गलू (तामिल) श्री वाणी विलासिनी, बा. 1, नं. 5
8. भारतवर्ष में बौद्ध धर्म (बंगला) ले. माननीय जस्टिस सारदाचरण मित्र, एम. ए., बी. एल. (जज, हाईकोर्ट, कलकत्ता)
9. हिन्दी व्याकरण (हिन्दी) ले. पं. रामावतार शर्मा पाण्डेय, काव्यतीर्थ, व्याकरणाचार्य, एम. ए. (कलकत्ता)
10. दान (सिन्धी) ले. बाबू छबीलदास मधुर (शिकारपुर, सिन्ध)
11. श्री श्री दयानन्द चरित (बंगला) ले. श्री सत्यबन्धुदास (कूच बिहार)
12. पर्य्यवेक्षण (हिन्दी)
13. चित्रविचित्र (हिन्दी-सचित्र)

अंक 6

1. आविर्भाव (बंगला)
2. एक भाषा व एक लिपि (मराठी) ले. पं. अनन्तवायु शास्त्री (धारवाड़, बम्बई)
3. बुड़ी माथी-माथी कै को हाथ (कूर्मांचली) ले. पं. भवानीदत्त जोशी, बी.ए. (मेयो कॉलेज, अजमेर)
4. स्व. बाबू बालमुकुन्द गुप्त (हिन्दी) ले. पं. जगन्नाथ प्रसाद चतुर्वेदी (कलकत्ता)
5. सांख्य दर्शनेर आख्यायिका (बंगला) पं. श्री कोकिलेश्वर भट्टाचार्य, विद्यारत्न, एम.ए. (कूच बिहार)
6. हिन्दी व्याकरण (हिन्दी) ले. पं. रामावतार शर्मा पाण्डेय, साहित्याचार्य, काव्यतीर्थ, एम. ए. (कलकत्ता)

7. जमान : के अजायबात (उर्दू) अखबार फैज आम 8 सितम्बर, 1897 ई.
8. भारतवर्ष बौद्धधर्म (बंगला) ले.—माननीय जस्टिम सारदाचरण मित्र, एम.ए.,बी.एल. (जज—कलकत्ता हाईकोर्ट)
9. प्रहलादूनुम् हिरण्य कशियुम् (तामिल) ले एन. कृष्णस्वामी ऐयंगर
10. श्री श्री दयानन्द चरित (बंगला) श्री सत्यबन्धु दास (कूच बिहार)
11. वनस्पति तेल (मराठी) ले. सैयद अमीर अली (मीर) (देवरी कला)
12. देवनागरी वर्णमाला (हिन्दी)
13. हिन्दी मराठी शब्दबोध—ले. पं. चतुर्भुज औदीच्य
14. सात्विकी शारदीय पूजा (बंगला) ले. पं. शरच्चन्द्र शास्त्री (कलकत्ता)
15. श्रीमान् शामशास्त्री (हिन्दी, सचित्र)
16. पर्य्यवेक्षण (हिन्दी)
17. चित्रविचित्र (हिन्दी)

अंक 7

1. प्रार्थना (हिन्दी)
2. आविर्भाव (कनाड़ी) पं. अनन्तवायु शास्त्री
3. मक़सद हयात (उर्दू) ले. दीवानचन्द; 'जमाना' कानपुर से उद्धृत
4. प्रश्नोत्तर माला (संस्कृत-हिन्दी) ले. लाला रामजैन ('जैनमित्र' बम्बई से उद्धृत)
5. क—वरसाद माटे प्रार्थना (गुजराती सचित्र)
   ख—रेन गिविंग इन्वोकेशन (इंग्लिश विथ पिक्टनेस)
   ग—पावसावर तोडगे (मराठी, सचित्र) ले. बालकृष्ण आत्माराम गुप्ते, एम.ए. जेड, एस राव साहब (भूतपूर्व नायब दीवान, इन्दौर। वर्तमान एसिस्टेण्ट सेक्रेटरी, विक्टोरिया मेमोरियल, गवर्नमेण्ट ऑव इण्डिया, कलकत्ता)
   घ—दृष्टिर निमित्त प्रार्थना (बंगला सचित्र)
   ङ—दृष्टि के लिए प्रार्थना (हिन्दी सचित्र)
6. दर्शन दर्शनम् (तामिल) ले. तिरू. ई. श्रीनिवासा चारियार (मद्रास)
7. विप्रवल्लभ कवि (हिन्दी-सचित्र) ले. पं. अक्षयवट मिश्र (सीनियर संस्कृत प्रोफेसर, मेरठ कॉलेज)
8. कन्नड़ विभक्ति रूप गण्ड (कनाड़ी) ले. पं. अनन्तवायु शास्त्री
9. दार्शनिक सृष्टि तत्त्व (बंगला) ले. पं. कोकिलेश्वर भट्टाचार्य, विद्यारत्न एम. ए. (कूच बिहार)
10. हिन्दी कनाड़ी शब्दबोध—ले. अनन्तवायु शास्त्री जोशी

11. उदेनवत्थु (पाली) ले. धम्मानन्द कोसम्बी (पाली अध्यापक एवं परीक्षक, कलकत्ता विश्वविद्यालय)
12. शुर्फा की औलाद (उर्दू कविता) सैयद अमीर अली द्वारा प्राप्त (देवरी, सागर)
13. प्राकृत व्याकरण (हिन्दी) ले. पं. शिवनन्दन त्रिपाठी (भूतपूर्व संस्कृत प्रोफेसर, बिहार नेशनल कालेज, बाँकीपुर)
14. श्री गुह्यकाली स्तुतिः (नेपाली कविता)–'सुन्दरी'–लीला 6, बनारस से उद्धृत।
15. स्त्री जाति ओ बुद्धदेव (उड़िया) ले. श्रीकृष्ण प्रसाद चौधरी।
16. जापानियों का देशप्रेम (हिन्दी) ले. बाबू वैद्यनाथ नारायण सिंह, एम.ए., बी. एल. (प्रोफेसर, भूमिहार ब्राह्मण कालेज, मुजफ्फरपुर)
17. अ–वुक्के (जापानी) ले. एम. यामाकामी, एम.ई. (कलकत्ता) अ–बुद्धदेव (हिन्दी)
18. विल्हण कवि (हिन्दी) ले. पं. अम्बक गुरुनाथ काबे (हुबली, बम्बई)
19. श्री श्री दयानन्द चरित (बंगला) श्री सत्यबन्धुदास (कूच बिहार)
20. देवनागरी वर्णमाला (हिन्दी सचित्र)
21. पर्य्यवेक्षण (हिन्दी)
22. चित्रविचित्र (हिन्दी)
23. विशेष द्रष्टव्य (हिन्दी-अँगरेज़ी)

चित्रफलक आदि

1. वर्णमाला फलक
2. भारत का भाषा मानचित्र
3. श्री विप्रवल्लभ कवि
4. मन्दिर
5. ऋष्य शृंग
6. शिर पर शिव का अर्घ लिये बालक
7. फलक नं. 3
8. फलक नं. 4

अंक 8

1. आविर्भाव (सिन्धी) ले. बाबू छबीलदास 'मधुर' (शिकारपुर, सिन्ध)
2. मातृभाषा (हिन्दी कविता) ले. बाबू ब्रजकिशोर वकील (हरदोई, युक्तप्रान्त)
3. श्री स्वामी बालराय उदासीन (मराठी) ले. पं. अनन्तवायु शास्त्री जोशी
4. हिन्दु विधवा (बंगला कविता) ले. श्री अखिल चन्द्र पालित (कूच बिहार)

5. मुंहदेखी (हिन्दी) ले. सैयद अमीर अली (देवरी, सागर)
6. तत्त्व (मराठी कविता) ले. पं. अनन्तवायु शास्त्री जोशी (धारवाड़, बम्बई)
7. भारतेन्दु बाबू हरिश्चन्द्र (गुजराती-सचित्र) ले. बाबू छबीलदास 'मधुर' (शिकारपुर, सिन्ध)
8. हिन्दीर विनय (उड़िया कविता) ले. पाण्डेय लोचनप्रसाद (विलासपुर, मध्यप्रदेश)
9. प्राकृत व्याकरण (हिन्दी) ले. पं. शिवनन्दन त्रिपाठी (भूतपूर्व संस्कृताध्यापक, बिहार नेशनल कॉलेज, बाँकीपुर)
10. बी.ए. दी तीनी (पंजाबी-कविता) ले. बाबू छबीलदास 'मधुर' (शिकारपुर, सिन्ध)
11. देवनागरी वर्णमाला (हिन्दी सचित्र)
12. गंगाजी (उर्दू कविता) प्रसिद्ध उर्दू मासिक पत्र 'जमाना' सितम्बर 1907 से उद्धृत (कानपुर)
13. सांख्य दर्शनेर आख्यायिका (बंगला) त्से. पं. कोकिलेश्वर भट्टाचार्य विद्यारत्न, एम.ए. (कूच बिहार)
14. पर्य्यवेक्षण (हिन्दी)
15. चित्रविचित्र

अंक 9

1. आविर्भावः (संस्कृत)—अक्षयवट मिश्र
2. सांख्य दर्शनेर आख्यायिका (बंगला) कोकिलेश्वर भट्टाचार्य
3. आधुनिक मराठी कविता (मराठी) गोपालराव रंगनाथ
4. प्राकृत व्याकरण (हिन्दी)
5. व्यापार विंशति (संस्कृत)
6. देवनागरी वर्णमाला (हिन्दी)
7. सेवावृत्तिर विगर्हण (उड़िया) लोचनप्रसाद पाण्डेय—महावीरप्रसाद द्विवेदी की हिन्दी कविता का अनुवाद।
8. बच्चूमलिक (संगीताचार्य, सचित्र हिन्दी) ले. अक्षयवट मिश्र
9. मौत मनद्दौला उम्दातुल्मुल्क राजा टोडरमल (उर्दू) 'दरबार अकबरी' सेनाल किशोर गुप्त।
10. निरोली हेवानां मियमो (गुजराती) राजवैद्य नारायण जी केशव जी (क्रमशः)
11. पर्य्यवेक्षण (हिन्दी)
12. चित्रविचित्र (बंगला-हिन्दी)

चित्रफलक आदि

1. देवनागरी वर्णमाला फलक सं. 7
2. देवनागरी वर्णमाला फलक सं. 8
3. संगीताचार्य बच्चू मलिक का चित्र

अंक 10

1. आविर्भाव (पाली)—पं. धम्मानन्द कोसम्बी (कलकत्ता)
2. दि कन्स्टीट्यूशन अव मैटर इन एप्लाइड मैथमेटिक्स (अँगरेज़ी) (स्पेशली रीटेन फार दि 'देवनागर') ले डॉ. गणेशप्रसाद (काशी)
3. करुणा सतक (उड़िया कविता) ले. पाण्डेय लोचनप्रसाद मालगुजार (बालापुर)
4. देव समाज में हिन्दी (हिन्दी) ले. एक हिन्दी (लाहौर)
5. बांगलार भाषा प्रकृति (बंगल) साहित्य पत्रिका
6. प्राकृत व्याकरण (हिन्दी) ले. शिवनन्दन त्रिपाठी
7. शतघ्नी ह्यणजतोफज (मराठी) समालोचक
8. पाली व्याकरण (हिन्दी) ले. बाबू जगन्नाथप्रसाद बी.ए. (कलकत्ता)
9. युद्ध-यात्रा (बंगला) संजीवनी
10. शब्दों का उत्थान और पतन (हिन्दी) हिन्दी बंगवासी
11. हिन्दी मराठी शब्दबोध
12. देवनागरी वर्णमाला (हिन्दी सचित्र)
13. उमैयवल पदिकम् (तामिल कविता) श्री वाणी विलासिनी
14. देवनागर पंचक (हिन्दी कविता) ले. रामभरोसे पाण्डेय
15. पर्य्यवेक्षण
16. चित्रविचित्र

अंक 11

1. आविर्भाव (मलयालम)—म.रा.रा.ग. सुब्बाराव, कैलिकट (मद्रास)
2. एक नसीहत (फारसी-हिन्दी) ले. सैयद अमीर अली (मीर), देवरी (सागर)
3. बहि कमचन्द्र (मराठी) ले. पं. अनन्तवायु शास्त्री जोशी
4. टोडरमल (उर्दू) दरबारे अकबरी से बाबू नवलकिशोर गुप्त द्वारा उद्धृत
5. मदह मुल्क हिन्दोस्तान (उर्दू) 'अखबार हिन्द' से उद्धृत सैयद अमीर अली
6. पाली व्याकरण (हिन्दी) ले. बाबू जगन्नाथ प्रसाद बी.ए. (कलकत्ता)
7. निरोग रहेवानां नियमो (गुजराती) ले. राजवैद्य नारायण जी केशवजी
8. शोकोक्ति (अँगरेज़ी—हिन्दी) ले. पं. जगन्नाथ प्रसाद चतुर्वेदी (कलकत्ता)

9. प्राकृत व्याकरण (हिन्दी) ले. पं. शिवनन्दन त्रिपाठी
10. बांग्ला भाषा प्रकृति (बंगला) ले पं. भगटकुमार गोस्वामी
11. देवनागरी वर्णमाला (हिन्दी सचित्र)
12. पर्य्यवेक्षण (हिन्दी)
13. चित्रविचित्र (हिन्दी)

चित्रफलक आदि

1. देवनागरी वर्णमाला फलक सं. 10
2. आजाद का चित्र

अंक 12

1. आविर्भाव (उड़िया) ले. पाण्डेय लोचनप्रसाद
2. देवनागरी वर्णमाला (हिन्दी सचित्र)
3. प्राकृत व्याकरण (हिन्दी) ले. पं. शिवनन्दन त्रिपाठी
4. मातृभूमि (उड़िया) ले. पाण्डेय लोचनप्रसाद
5. श्री श्री दयानन्द चरित (बंगला) ले. सत्यबन्धुदास
6. विष्णुशास्त्री चिपलूणकर (हिन्दी सचित्र) पं. अनन्तवायु शास्त्री जोशी
7. कर्त्तव्य (उड़िया) पाण्डेय लोचनप्रसाद
8. विभक्तय निर्णय (नेपाली) ले. साहित्योपाध्याय श्री देवीदत्त पराजुली
9. ब्रह्मचर्य (मराठी) ले. विनायक सदाशिव वाकसकर
10. कैलास यात्रा (हिन्दी) पं. बद्रीनारायण मिश्र, बी. ए., डिप्टी इन्स्पेक्टर स्कूल्स।
11. निरोग रहेवाना नियमो (गुजराती) ले. वैद्यशास्त्री नारायण जी केशवजी
12. पाली व्याकरण (हिन्दी) ले. पाण्डेय जगन्नाथ प्रसाद बी. ए. काव्यतीर्थ
13. हिन्दसों की कहानी (उर्दू) बाबू नारायणदास खन्ना द्वारा प्राप्त
14. क–मध्यप्रदेश के मूल निवासी और वहाँ की प्रचलित भाषा
    ख–मध्यप्रदेशेर आदिनिवासी एवं तहिर प्रचलित भाषा (उड़िया) ले. पाण्डेय लोचनप्रसाद
15. पर्य्यवेक्षण
16. चित्रविचित्र

चित्रफलक

1. विष्णुशास्त्री चिपलूणकर
2. देवनागरी वर्णमाला का उत्पत्ति-क्रम

देवनागर में प्रकाशित होनेवाली हिन्दी भाषा और लिपि के प्रचार-प्रसार के प्रयत्नों की कुछ मुख्य सूचनाओं के उद्धरण—

क— वत्सर 1, अंक 1 में लेफ्टिनेण्ट कर्नल डी.सी. फ्लिट का परिचय दिया गया है—"समर विभाग में रहकर इन्होंने जैसी कीर्ति पायी है वैसी ही साहित्य-क्षेत्र में भी। वाजनामए-न सीरी फ़ारसी तथा नफ़हतुल एमन अर्बी के ग्रन्थों का अँग्रेजी अनुवाद किया है। समर सम्बन्धी बहुतेरे उपयोगी ग्रंथों का अंग्रेजी से उल्था कर भारतीय प्रचलित भाषाओं का भाण्डार बढ़ाया है। यह भारत में देवनागराक्षर-प्रचार के नितान्त पक्षपाती हैं। गतवर्ष यह कलकत्ता 'एक लिपि विस्तार परिषद्' के उपसभापति थे। फ्लिट साहब अपने इस साहित्य-प्रेम के कारण हम भारतवासियों के धन्यवादार्ह हैं।"

ख— वत्सर 1, अंक 3 में चित्रविचित्र की दूसरी टिप्पणी का शीर्षक है—"फीजी में हिन्दी पत्र— हिन्दी : फीजी द्वीप भारतवर्ष के अग्निकोण पर है। यहाँ हिन्दुस्तानियों की संख्या 30000 तीस सहस्र हो गयी है। बड़े हर्ष का विषय है कि यहाँ से एक हिन्दी पत्र निकालने का निश्चय हुआ है। यह देवनागरी में रहेगा। सर्व्वगुण आगरी नागरी अपना अधिकार बढ़ाती ही जाती है। सूबा के प्रसिद्ध पत्र 'वेस्टर्न पैसिफिक हेरल्ड' के स्वामी इसके लिए चेष्टा कर रहे हैं। सौभाग्य की बात है।"

ग— वत्सर 1, अंक 5 के 'चित्रविचित्र' स्तम्भ के अन्तर्गत देवनागरी के सम्बन्ध में सूचनाएँ हैं—1. "कोटा में हिन्दी—कोटा के श्रीमान् महारावजी ने भी आज्ञा दी है कि हमारे राज्य में राजकीय सब प्रकार की लिखा-पढ़ी का काम हिन्दी भाषा और देवनागरी लिपि में हुआ करे। कोटिशः हार्दिक धन्यवाद।"

2. "आनन्द की बात है कि सुठालिया के महाराज श्रीमान् शम्भू सिंह जी बहादुर ने अपने राज्य में देवनागरी प्रचार का आदेश दे दिया है। उक्त महाशय को हम आन्तरिक धन्यवाद देते हैं और आशा करते हैं कि और रजवाड़े भी इनका अनुकरण कर कृतज्ञता पात्र बनने का यश प्राप्त करेंगे।"

3. गुजरात में देवनागरी—"हाल में अहमदाबाद की 'गुजराती साहित्य परिषद्' का एक वार्षिक अधिवेशन बम्बई में हुआ है। आनन्द और सौभाग्य की बात है कि इसमें कई वक्ताओं ने हिन्दी भाषा और देवनागरी लिपि के श्रेष्ठत्व पर अपनी-अपनी सम्मति प्रकट करके सप्रमाण सिद्ध किया है कि यदि भारतीय भाषाओं में कोई राष्ट्रभाषा होने योग्य है तो वह हिन्दी है और लिपियों में कोई राष्ट्रीय लिपि होने योग्य है तो वह देवनागरी है। वक्ताओं में एक हैं श्रीयुक्त रतन जी फराम जी सेठना और दूसरे हैं श्रीयुक्त जमशेद जी बिलिमोरिया। हम इन लोगों को हार्दिक धन्यवाद देते हैं और अपनी नितान्त कृतज्ञता प्रकट करते

हैं। विशेषकर श्रीमती मनगा पानाचन्द को तो हमारा बार-बार धन्यवाद है जिन्होंने स्त्री होकर अपने उदार हृदय का परिचय देते हुए देवनागरी से विमुख हठीले विद्वान का कान काटा है। देवनागरी हितैषी महाशयों को, विशेषकर हिन्दी भाषियों को, इन गुजराती महाशय और महाशया का परम कृतज्ञ होना और इन्हें जी जान से उत्साह और साहाय्य देना चाहिए।"

घ– वत्सर 1, अंक 11 की एक सम्पादकीय सूचनापरक टिप्पणी 'नागर' शीर्षक से है–"नागर-सर्व्वगुण आगरी नागरी लिपि की उपकारिता को स्वीकार कर कर्मवीर सुदक्ष महाराष्ट्र लोग तो बहुत दिनों से इसको अपनाते आते हैं। मराठी भाषा की सभी पुस्तकें तथा समाचारपत्र आदि इन्हीं देवनागराक्षर में छपते हैं। किन्तु एक नयी बात गुजरात देश में हुयी है। देवानागर का वहाँ भी प्रभाव फैलने लगा। हाल में 'नागर' नाम का एक मासिक पत्र निकलने लगा है जो गुजराती भाषा और देवनागराक्षर में छपता है। हमें इससे बड़े लाभ की आशा होती है। यह पत्र अहमदाबाद से निकलता है। अपने ढंग का अनूठा पत्र है। वार्षिक मूल्य 1) मात्र।"

ङ– इसी प्रकार वत्सर 3, अंक 1 के 'चित्रविचित्र' स्तम्भ के अन्तर्गत प्रकाशित "हिन्दी की सार्वभौम" शीर्षक टिप्पणी द्रष्टव्य है, "गत चैत्र की अमावस्या तिथि को बम्बई के नेशनल यूनियन के सभा भवन में वहाँ के अनेक प्रतिष्ठित गुजराती, मराठे, मदरासी, बंगाली, पारसी विद्वानों ने भी अपने-अपने व्याख्यानों में पुष्टतर प्रमाणों से सिद्ध किया कि भारत की सार्वभौम भाषा और सार्वभौम लिपि होने के उपयुक्त यदि कोई भाषा और लिपि है तो वह 'हिन्दी' और 'देवनागरी' है। श्रीयुक्त गिरिधर लाल गोविन्द जी ने तो हिन्दी में ही व्याख्यान दिया था। इसी व्याख्यान का गुजराती सारांश उक्त नेशनल यूनियन के मन्त्री महाशय के अनुरोध से 'हिन्दुस्थान माटे सामान्य भाषा अने लिपि' शीर्षक से इस अंक में दिया जाता है। यूनियन के मन्त्री ने इन कई व्याख्यानों का सारांश 'राष्ट्रमत' से उद्धृत कर मराठी में भी भेजा है जो इस अंक में स्थानाभाववश प्रकाशित न हो सका। यथासम्भव अगले अंक में जाएगा।"

इस प्रकार की छोटी-मोटी सूचनाओं के अतिरिक्त बड़ौदा साहित्य सम्मेलन की पूरी रिपोर्ट भी प्रकाशित की गयी है जिसमें 'हिन्दी कान्फ्रेन्स' भी हुई थी और जिसमें बम्बई के प्रसिद्ध वकील श्रीयुक्त महादेव राजाराम बोडस एम.ए., एल-एल.बी. महोदय ने निम्नलिखित प्रस्ताव उपस्थित किया था–

"इस कान्फ्रेन्स का मत है कि देवनागरी वर्णमाला भारतवर्ष के अधिकांश स्थानों में सामान्य वर्णमाला के तौर पर व्यपहृत हो तथा स्कूलों में नागरी अक्षरों के प्रचारार्थ और उक्त अक्षरों में अच्छी पुस्तकें प्रकाश करने के काम में महाराष्ट्र साहित्य परिषद्, गुजराती साहित्य परिषद्, नागरी प्रचारिणी सभा तथा कलकत्ते

की एक लिपि विस्तार परिषद् से मिलकर काम करे। सामान्य राष्ट्रीयता के बन्धन सामान्य भाषा से ही सुदृढ़ हो सकते हैं, इससे परस्पर के विचारों के प्रचार में सहायता मिलती है और यही भ्रातृत्व का निदर्शन स्वरूप भी है। जैसे प्राचीन काल में विद्वानों की भाषा संस्कृत थी और आज अफसरों और व्यवहारजीवियों की लिखा-पढ़ी की भाषा अँग्रेजी है, वैसे ही सर्वसाधारण के लिये भी एक ही भाषा की आवश्यकता है।"

अंक 10 में 'राष्ट्रभाषा' शीर्षक के अन्तर्गत श्रीयुक्त माधव राजाराम बोडस की वक्तृता का हिन्दी 'मर्म्मानुवाद' दिया गया है, जिसका निष्कर्ष एक वाक्य में इस प्रकार है, "भारत के एकदम दक्षिण प्रदेशों के सिवाय और सब प्रदेशों में आपस के कामकाज के लिये हिन्दी ही सबसे उपयुक्त भाषा है, और अधिकांश लोग इसे ही ग्रहण भी करेंगे।"

च– वत्सर 3, अंक 3 में एक सम्पादकीय टिप्पणी–'महाराष्ट्र साहित्य परिषद् में हिन्दी' :–"...बड़े आनन्द की बात है कि इस वर्ष महाराष्ट्र साहित्य सेवियों ने हिन्दी को राष्ट्रभाषा बनाने की ओर ध्यान दिया है। आशा है इस पर विचार कर वे भारत व्यापिनी हिन्दी को केवल राष्ट्रभाषा कहकर स्वीकार ही नहीं करेंगे वरन् उसकी सर्व्वांग पूर्ण उन्नति करने की ओर यथोचित ध्यान देंगे। इसके सिवाय बड़ौदा राज्य के दफ्तरों में नागरी लिपि का प्रचार हो, इसके लिये केवल महाराष्ट्र ही नहीं वरन् गुजराती साहित्य सेवियों को भी अवश्य ध्यान देना चाहिए। हम श्रीमान् महाराज सयाजी राव गायकवाड़ को इस उदारता के लिये अनेक धन्यवाद देते हैं।"

हिन्दी के सम्बन्ध में इस प्रकार की और भी अनेक छोटी-मोटी सूचनाएँ देवनागर में प्रकाशित हुई हैं।

हिन्दी भाषा और लिपि के पक्ष-समर्थन में अन्य भाषाओं में लिखे गये जो निबन्ध 'देवनागर' में प्रकाशित होते थे, उनसे कुछ मुख्य उद्धरण–

वत्सर 1, अंक 4 का मराठी लेख 'राष्ट्रीय भाषा' की कुछ पंक्तियाँ उद्धरण योग्य हैं–"भारतीय साम्राज्याची एक सामान्य लिपिजर पाहिजे असेलतर ती 'देवनागरी' का तसेंच स्वराष्ट्रा करितां एक सामान्य भाषे ची आवश्यकता असैल वर ती 'हिन्दी' च होय यान्त शङ्का नाहीं। 'देवनागरी लिपि' लिहिण्याला जशी सोयी आहे, तशीच 'हिन्दी' भाषा बोलण्याला सोपी आहे, अणि विशेष गुण या भाषेंत हा चाहे कीं, ही स्वभावतः मोठी गम्भीर, प्रौढ़ व जोरदार अशी आहे। हींत ईश्वरानें एक तहेंची नवोत्पादक शक्ती मोठया कुशल तेनें ओतली आहे। ही सर्वाङ्ग सुन्दर व बहुगुणी हिन्दी भाषा मोठ मांठ्या विद्वांस, मोठ मोष्या तत्व वेत्यांस, मोठ मोठ्या मुत्सध्यायांस व मोठ मोठ्या शूर शिपायांस ही सारखी शोभण्या सारखी आहे। एकूण

रावा पासून रंगपर्यन्ता, लहामापासून थोरा पर्यन्त या भारतवर्ष ति सारखी लागू पडण्या जोगी उत्तम व जोरदार भाषा ही एकच आहे। परमेश्वरानें आपल्या अलौकिक चातुर्यानें आर्य भूमीचों मातृभाषाजी 'संस्कृत' तिची सरवखी वहीण आर्यवीर ज्ञाता 'हिन्दी' भाषा आपल्या हिन्दी देशजननीच्या सत्पुत्रां करितां व स्वदेशाच्या उत्कर्ष करितांच म्हू म्हणून निर्माण केली अहि कीं काय कोण जाणे।

हिन्दी भाषेंत ग्रन्थ संग्रह मोठा आहे। तींत उत्तम कोश आहे। उत्तम व्याकरण आहे। सर्व्वसामग्री तयार आहे। विद्वान् लोकांनी उत्कृष्ट ग्रन्थ रचून भाषा-पूर्णावस्थेस आणाली आहे। महर्षि स्वामी दयानन्द सरस्वती, महर्षि देवेन्द्रनाथ ठगोर, साहित्याचार्य पण्डित अम्बिकादत्त व्यास, भारतेन्दु बाबू हरिश्चन्द्र, बाबू बालमुकुन्द गुप्त, बाबू दुर्गाप्रसाद मिश्र, बाबू प्रताप नारायण मिश्र, बाबू व्यासनारायण शर्मा या सारख्या विद्वद्वन्तांनी हिन्दी भाषा वधूस शृंगारून सुस्वरूप केलें। पीयूष प्रवाह, ब्राह्मण, भारतेन्दु दिनकर प्रकाश, विद्यावर्द्धिनी वगैरे मासिक पुस्तकानीं तसैंच भारतमित्र, भारत जीवन, भारतबन्धु, मित्र विलास, सज्जनकीर्ति सुधाकर, धर्मप्रचारक, काशी पत्रिका, ज्ञान प्रदायिनी, क्षत्रिय पत्रिका, भाषा प्रकाश, क्षत्री हितकारी, उचितवक्ता वगैरे वृत्त पत्रांनी हिन्दी भाषेक्ष रमणीय स्वरूप आणिलें। या शिवाय इतर विद्वान् हिन्दी लेखकांनीं पत्रांत व मासिक पुस्तकान्त सुन्दर लेख निहून हिन्दी भाषेस सजविलें। आर्यसमाज, ब्रह्मसमाज, नागरी प्रचारिणी सभा वगैरे विद्वत् समाजनीं हिन्दी भाषा महोदधींत उत्तम-उत्तम ग्रन्थाची भर घातली। तुलसीदास सारख्या भगवद् भक्तांनीं व कविशिरोमणी नीं आपल्या रसाल वाणी ले हिन्दी भाषेस रमणीयता आणि ली। हिन्दी भाषा आपल्या उदात्त कल्पना, गम्भीर विचार, रसालवाणी, आलौकिक सौन्दर्य व अपूर्व क्षत्रिय तेज, व अतुल वीर श्री या सुविहित गुणीनीं मण्डित झाली आहे।"

उक्त निबन्ध के उपसंहार की पंक्तियाँ इस प्रकार हैं—"असो। तूर्त एवं दें च पुरे। यावरील-उत्कृष्ट उताह्या वरून हिन्दी भाषेंत किती सुबोधपणा, सरलपणा, रसपरिपाक, मृदुत्व, सौन्दर्य सामर्थ्य, नैसर्गिक चिरस्थायी तेज व निरन्तर बुद्धिमाण होणारें घतनत्व इत्यायनेक सद्गुणालंकृत शोभायमान अशी हिन्दी भाषावधू सर्वतापरी यशस्वी होऊन स्वविजयध्वज फड़कावीत आहे। तिकडे आमच्या स्वदेश हितैषी देशवान्धवानीं लक्ष्य देऊन या उत्कृष्ट भाषे चा प्रसार करण्याचें श्रेय घेतल्यास एक मोठें राष्ट्रीय कार्य केल्यासार रवें होऊन स्वदेशोन्नतीचे मोठें साधन होणार आहे म्हणूनच हिन्दी वीर माते ची निरन्तर सेवा करणें अत्यावश्यक आहे। शेवटीं जगन्नियंत्या परमेश्वरास भारतवर्षीय सर्वदेशवान्धवांकरितां आमजी सविनय प्रार्थना वेद मन्त्रावीं अशी आहेती सफल होवो :—

"शिक्षेय मिन्महयते दिवे दिवे राय
आ कुह चिद्विवदेमहि त्वदन्यम्म धवन्न

अप्यं वस्यो अस्ति पिताचन ॥ ऋ. अ. 5, अ. 3, म. 20,
सं. 18 अनन्तवायु शास्त्री।"

वत्सर 1, अंक 6 में अन्तवायु शास्त्री जोशी का ही मराठी लेख 'एक भाषा व एक लिपि' द्रष्टव्य।

वत्सर 1, अंक 8 में भारतेन्दु बाबू हरिश्चन्द्र पर गुजराती में एक लेख है जिसमें भारतेन्दु बाबू के साहित्यिक और राष्ट्रीय अवदान की चर्चा की गयी है और यह सूचना दी गयी है कि भारतेन्दु बाबू गुजराती में भी कविता करते थे। उनकी एक गुजराती कविता भी उद्धृत की गयी है।

इसी अंक में पाण्डेय लोचनप्रसाद की उड़िया कविता है 'हिन्दी विनय'। वत्सर 1, अंक 10 में गुजराती में एक लेख है, 'हिन्दी भाषानुं साहित्य'।

वत्सर 3, अंक 2 में 'कैलासवासी पं. शंकर दा जी शास्त्री पदे' के सम्बन्ध में एक लेख है। वे हिन्दी को राष्ट्रभाषा और नागरी लिपि को भारतव्यापी बनाना चाहते थे। "इसके लिये उन्होंने हज़ारों रुपये खर्च किये हैं। कोई 11 वर्ष से वे त्रिभाषी 'भारतधर्म' पत्र कभी मासिक, कभी पाक्षिक, कभी साप्ताहिक के स्वरूप में निकालते रहे हैं। ऐसे पत्र को जरा यथेष्ट ग्राहक मिलना कठिन होता है तो भी घाटे पर घाटा सहते और मुफ्त में ही पत्र बाँटते हुए वे उसे मरते दम तक चलाते ही गये। मरते समय भी वे अपने इस उद्देश्य को नहीं भूले। मरने के दो दिन पहले आपने लड़खड़ाती जबान में कहा, 'हे अखिल भारत के निवासियो, सुनो। मैंने भारत की भाषाओं को एक करने का प्रयत्न किया। परन्तु...अब उसे तुम सम्भालो।' "

इसी अंक में 'राष्ट्रमत' से मराठी टिप्पणी 'एक भाषा व एक लिपि' उद्धृत की गयी है जो हिन्दी भाषा और देवनागरी लिपि के समर्थन में है।

वत्सर 3, अंक 1 में 'हिन्दुस्थान माटे सामान्य भाषा अने लिपि' शीर्षक गुजराती लेख है जिसमें बहुत खुलकर हिन्दी का पक्ष-समर्थन है। उक्त लेख की कुछ महत्त्वपूर्ण पंक्तियाँ इस प्रकार हैं : "हिन्दी भाषाज एकमात्र आ हिन्दुस्तान नी सामान्य भाषा थवा सर्व रीते योग्य छे। वली आ वेशना नाम व हिन्दुस्थान नी साथे पण आ भाषा 'हिन्दी' घणोज वजीकनो सम्बन्ध धरावे छे ए पण स्पष्टज छे। तुलसीदास कृत रामायणनो हिन्दी भाषा नों ग्रन्थ जे सर्वदेशनी अन्दर घणो प्रचार पामेलो छे ते पण हिन्दुस्थानी भाषाय हो वाथी हिन्दी भाषाना प्रचार माटे रस्तो सुगम वनाव वामं सहायभूत थई थके छे।

मात्र लिपि एकत्र थवाथी आपणुं सम्पूर्ण प्रयोजन सिद्ध थशे नहीं। जुदी-जुदी भाषाओ बोल माटी असंख्य को मोने एक सामान्य भाषा रूपी एकताना मजबुत सूत्र थी बाँधी आचार, अने व्यवहार माँ एक कावानी खास जरूर है। देशनी सामान्य भाषा एक ज थवाथी देशना गये ते भागना लोको गमेते अन्य स्थलना लोको मां विचार बहुज सहेलाई थो समजी शक शे। एकज सरखी रोते पोतानो अनुभव अने लाणी

सहेलाई थी बतावी शकशे। कोनग्रेस अते कन्फरंस जेती देशनी महान संस्थाओ पण देशनी कोई पण सामान्य भाषानी अन्दरज पोताना महान विषयो चर्चतो होय तो गमे तेवो गरीब अने अभण माठास पणते केटलेक दरज्जे समजी तेनो लाभ उठावी शके। आवी आवी महान संस्थाओ पण देशनी सामान्य कोई एक भाषा होवाने लीधे उपर जणावया प्रमाणोना महान् लाभ मेलववाथी दूर रही छे। पुरोप अने बीजा महान् देशोनी माफक फ्रेंच अने अंग्रेजी नी माफक आ हिन्दुस्थान जेवा देशने माटे कोई पवा एक सामान्य भाषा होवानी जरूरत छे अने ते जरूरियात बीजी कोई पण भाषा थी नहीं पण एकमात्र हिन्दी भाषा थीज पुरी पडी शके तेम छे।

आ देशनी एक सामान्य भाषा थवाने माटे जेटली अनुकूलता, योग्यता अने साधनो हिन्दी भाषा धरावे छे ते—मांना एक आना जेटली पण अंग्रेजी भाषा धरावती न थी। हिन्दी भाषा सामान्य भाषा थवाथी देशनी अन्दर विचारोनी एक सामान्य एकलता बंधाशे अने एकतानां बीज रोपाशे।"

वत्सर 3, अंक 11-12 में 'एक लिपि प्रचार' शीर्षक से बड़ौदा सम्मेलन में प्रस्तुत श्रीयुत माधव राजाराम बोडस की अँगरेज़ी वक्तृता का हिन्दी मर्म्मानुवाद प्रकाशित हुआ था। उसकी कुछ मुख्य पंक्तियाँ द्रष्टव्य हैं—"हिन्दी ही भावी (राष्ट्रीय) भाषा जान पड़ती है और देवनागरी या नागरी ही ऐसी लिपि है जो भारत में बहुत फैली हुई है। पर इसके पक्ष में यह बात कही जा सकती है कि यह संस्कृत की स्वीकृत वर्णमाला है, जो भारत की आर्यभाषाओं की माता है और हमारे लिए परम पवित्र भाषा है। वह देववाणी है, पाणिनि के व्याकरण की आधार रूपा है, अशोक के शिलालेखों की प्रणाली है, उसी से हिन्दी, मराठी, बिहारी, नेपाली और कश्मीरी भाषाएँ लिखी जाती हैं। सचमुच संसार में देवनागरी ही सबसे पूर्ण और त्रुटिरहित वर्णमाला कही जा सकती है।...कदाचित् देवनागरी ही ऐसी वर्णमाला है जिसमें लिखने और बोलने की भाषाओं में कुछ भी प्रभेद नहीं है और हिज्जे में तो गड़बड़ बिल्कुल हो ही नहीं सकती। यही हिन्दुस्तानियों के वाग्यन्त्रों के योग्य है और वर्तमान हिन्दुस्तानी भाषाओं के व्याकरण उसी के आधार पर बने हैं।"

एक लिपि विस्तार परिषद् के आदि संचालक स्व. जस्टिस सारदाचरण मित्र के वक्तव्य का एक महत्त्वपूर्ण अंश पहले उद्धृत किया जा चुका है। उसी वक्तव्य की कुछ पंक्तियाँ द्रष्टव्य हैं, "इस समय हम लोग अन्य प्रदेश के साहित्य में निपट अनभिज्ञ हैं, इस समय कितने ही विद्वान् बंगाली लोग तुलसीदास के भी प्रबन्ध नहीं पढ़ सकते। यह क्या सामान्य दुःख की बात है? महाकवि चन्द के ग्रन्थों की बड़े-बड़े काव्यों के साथ तुलना की जाती है। यह राजपूत लोगों का 'इलियड' है, किन्तु कितने ही इसे जानते तक नहीं।

"इधर राजनीतिक विषय लेकर समस्त भारतवर्ष को आलोड़ित करने की कामना तो हम लोग करते हैं, किन्तु आपस की भाषाओं को समझने के लिए कोई

प्रधान उपाय ग्रहण करने के विषय में हम लोग कुछ भी चेष्टा नहीं करते। यही उपाय 'एक लिपि' है।"

'देवनागर' के चौथे वर्ष अर्थात् 'नवपर्याय' के भाग 1, संख्या 1 में दि आनरेबुल वी. कृष्ण स्वामी ऐयर का अँगरेजी लेख 'ए कामन स्क्रिप्ट फॉर इण्डिया' द्रष्टव्य है।

इसी वर्ष के अंक 2 का लेख 'ह्वाट इज मोस्ट सुटेबुल स्क्रिप्ट फॉर इण्डिया' और 'हिन्दी ऐज लिंगुआ इण्डिका' महत्त्वपूर्ण और द्रष्टव्य हैं। विस्तार-भय से उद्धरण देना सम्भव नहीं है।

वत्सर 1, अंक 10 में प्रकाशित 'देवसमाज में हिन्दी' द्रष्टव्य है।

वत्सर 2, अंक 12 में 'साहित्य परिषत् पत्रिका के लेख' शीर्षक एक सम्पादकीय टिप्पणी है जिसमें 'साहित्य परिषत् पत्रिका' में प्रकाशित बाबू योगेशचन्द्र राय, एम.ए. के हिन्दी भाषा और देवनागरी लिपि विरोधी लेख 'राढ़ेर भाषा' का बड़े कड़े शब्दों में प्रतिकार किया गया है।

बड़ौदा साहित्य सम्मेलन में हिन्दी कान्फ्रेंस हुई थी। सभा की अध्यक्षता डॉ. भण्डारकर ने की थी। उसी सभा में दीवान श्रीयुक्त रमेशचन्द्र दत्त ने कहा था, "उत्तर भारत की भाषाओं का एक ही लिपि में लिखा जाना साधारणतः जितना मालूम होता है, उससे कहीं अधिक महत्त्व का है। उत्तर भारत में प्रधानतः हिन्दी और उर्दू बोली जाती हैं, इन दो भाषाओं का उच्चारण एक ही है पर वर्णमाला अलग-अलग है। जैसे अँगरेजी के दो प्रकार हैं, एक ग्रीक और लैटिन बहुल अँगरेजी और दूसरी ट्यूटीनिक भाषा बहुल अँगरेजी, वैसे ही यह भी दो भेद हैं : एक संस्कृत बहुल हिन्दी और दूसरी अरबी-फ़ारसी बहुल हिन्दी अथवा उर्दू। पर वास्तव में इन दो भाषाओं में भेद कुछ भी नहीं है।

भिन्न-भिन्न प्रदेशों के अधिवासी परस्पर से हिन्दी में ही बोलते हैं। अन्य भाषा-भाषियों में हिन्दी समझ सकते हैं बहुत, पर बोल सकते हैं बहुत कम। जब मैं पहले-पहल गुजरात में आया, तब गुजरातियों से हिन्दी में बोलता था तथा वे भी मेरी बातें समझ जाया करते थे। यदि ऐसी कोई भाषा हो जो भारत के अधिकांश स्थानों में चल सकती है, तो वह भाषा हिन्दी ही है।"

उक्त सभा के सभापति डॉ. भण्डारकर ने ऐतिहासिक और भाषा-वैज्ञानिक आधार पर देवनागरी का पक्ष समर्थन किया था और हिन्दी भाषा के बारे में उन्होंने बड़े साफ़ शब्दों में कहा था, "भिन्न-भिन्न प्रदेशों की एक सामान्य भाषा बनने का सम्मान हिन्दी को ही मिलना चाहिए। मैं भाषा शुद्ध रखने का बड़ा पक्षपाती हूँ। सो, मेरे मत से, अलवर के मुंशी जगमोहन लाल जिस हिन्दी में बोलते हैं वही राष्ट्रभाषा होनी चाहिए। हम लोग भी हिन्दी से अपरिचित नहीं हैं। कारण हमारे यहाँ के हरिदास गण (हरिकीर्तन करनेवाले) अपने कीर्तन में बहुत से हिन्दी दोहरों का

प्रयोग किया करते हैं। सो हिन्दी का भारतवर्ष भर में प्रचार करना कठिन नहीं होगा। यदि हम स्कूलों में द्वितीय भाषा के तौर पर हिन्दी पढ़ाया करें तो यह काम हो सकता है। एम.ए. की परीक्षा में मराठी की बहुत-सी पुस्तकें हैं। उनमें से थोड़ी-सी किताबें घटाकर उनके स्थान पर हिन्दी की रखी जा सकती हैं। इसी प्रकार हाई स्कूलों में भी हिन्दी का प्रचार करना होगा।" (देवनागर, वत्सर 3, अंक 5-8 तक, से उद्धृत)।

देवनागर पर विशिष्ट व्यक्तियों तथा पत्रों की सम्मतियाँ

वत्सर 1, अंक 9 के अन्तिम पृष्ठ पर अँगरेज़ी में सम्मतियाँ मुद्रित हैं–

"Only a few extracts about the "Devanagar"

(Received in English)

कुछ इस प्रकार हैं–

'His Excellency the Viceroy's Private Secretary, Viceroy's Camp, 8.11.07' : The scheme is full of interest...

'Dr. A.F. Rudolf Hoernle, M.A., Ph. D., C.I.E. Oxford, England, 3.11.07' : I fully sympathize with your object of bringing the Devnagari character more commonly in use in India; and I wish it every success.

'The Hon' ble Mr. G.K. Gokhale, C.I.E., Servants of India Society, Poona, 5.6.07' : I certainly feel greatly interested in the movement and I shall be glad to co-operate with you in any one I can.

'The Central Hindu College Magazine, Benares, October 1907' : ...The editor of the 'Devanagar' is to be congratulated on his welcome contribution towards Indian Unity. His well printed, well edited paper in Devanagari characters, contained articles in all kinds of vernaculars, Guzarati, Hindi, Urdu, Marathi, Banagali etc. and the reader will be delighted to find that by the simple use of the one alphabet, three quarters of the articles within the other vernaculars become intelligible to him. A good map on the covers shows that Hindi can be understood from Kashmir's northern bounds to far below the line of the Krishna river and from the borders of Afghanistan to those of Burmah, so that only a small southern portion of the Penisula is beyond its way. It is a great saving of energy to grasp this means of intercommunication and to make it our own...We wish the movement all success.

'The Hindustan Review, Allahabad, October and November 1907' : ...We are glad to find that a powerful organisation has at last been established in Calcutta of furtherance of the cause under the name of Ekalipivistarparishad. This institution has recently started an illustrated monthly magazine called the 'Devanagar' the main object of which is to print contribution in all the Indian languages—both Aryan and Dravidian—in one uniform script, viz. the Devanagaree in which Sanskrit is usually written. In its own way the 'Devanagar' is a unique polyglot monthly and it should appeal to all educated Indians who are striving after creating a sense of healthy national spirit in the land. Nor is it that its contents have no intrinsic merit apart from the fact of their being printed in one character, on the contrary, most of the contributors are well known writers in their respective languages and handle their subjects with remarkable ability, fullness of knowledge and literary skill. Altogether, the 'Devanagar' is a notable addition to our vernacular periodical literature and we would earnestly commend it to the sympathy and support—both literary and pecuniary—of all educated Indians...the annual subscription... is by no means excessive considering the excellent get up of the magazine."

'The Amrita Bazar Patrika, edited by Shreeyut Motilal Ghose, Calcutta. 20.11.07' : It is, no doubt, laudable attempt at teaching the various languages of India through a common medium.

'The 'Bengalee' Edited by Shreeyut Surendranath Banerjee, 5.12.07' : ...We have been duly receiving a high class polyglot illustrated monthly journal...The aim of this society is to popularise the use of Devanagari character as the common script for all the Indian languages. That the scheme is quite practical is proved by the articles in different languages printed in Devanagari in this journal. An excellent article from the pen of Mr. Justice Saroda Charan Mitra on 'Budhism in India' is worth perusal and the illustrations are also above the common. We wish it every success.

'Rai Bahadur Shree Sarat Chandra Das C.I.E. the greatest Tibbetan Scholar, Lhasavilla, 6.11.07' : ...The views of the Parishad on this all important and vital question accord with those of mine...the Deveanagari should be one and only one lipi in which we should easily understand each others expressions. I advocate the work of the Parishad with all my heart. In the Budhist text Society's Journal I published the Budhist Text of Pali in Devanagari and they were welcomed in Ceylon. Burmah, Guzarat and Kashmere...the Parishad...will surely succeed in its noble object of uniting all India by one homogeneous method of writing. Throughout the Empire of China there is only one character. Numerous provincial dialects are written in that same one character. Why should, then, there be numerous different lipis in India. I rejoice that such an undertaking should have been undertaken. In the fullness of time, India, with Ekalipi as the chief vehicle of thoughts and expressions of her (India's) many-tonguedmillions, will be one and not many as it is now the case with us...

'President of Theosophical Society, Dharwar, Bombay, 29.9.07' : ...Another most important thing I noted in the 'Devanagar' is that the articles in other different languages are so correctly printed that none could find fault with. It is very laudable on your part and your friends on the editorial staff of the 'Devanagar' for it is not an easy task to print articles of other different languages correctly...No doubt the magazine is very ably edited and is sure to win the approbation of learned men of different countries in Bharatkhande...

'Mr. Rangacharyya Esqr. M.A. Professor of Sanskrit, Govt. Presidency College, Madras, 14.6.07' : ...The beautiful picture on the cover is exceedingly well conceived and is inspiring and instructive...It appears to my mind that India can now have no greater benefactors than those who aim of unification. That the different members of the same great Indian civilization should, through the want of adequate uaderstanding be indifferent to each other, if not be at logger heads with each other has indeed, been too long, one of the most pitiable features of Indian life. Mutual understanding and friendly conciliation are more than ever, needed in our country' a history now; and the Ekalipivistarparishad is certainly calculated to be helpful in a marked way in supplying such a used...

मतवाला

एक वर्ष के 'मतवाला' की सम्पादकीय टिप्पणी और उसमें प्रकाशित 'निराला' की कविता की सूची यहाँ दी जा रही है। पूर्ववर्ती पृष्ठों में यानी 'मतवाला' की वैशिष्ट्य-विवेचना करते हुए निवेदन किया गया है कि 'मतवाला' के मुख पृष्ठ पर 'निराला' की कविता छपती थी और उनका श्रेष्ठ पूर्ववर्ती काव्य 'मतवाला' के ही

माध्यम से हिन्दी-संसार के सामने आया। निम्नांकित सूची से इस बात की पुष्टि होती है–

वर्ष 1, अंक 1–मुख्य पृष्ठ : रक्षा बन्धन–निराला
सं. टि. : आत्म परिचय
वर्ष 1, अंक 2–सं. टि. : "जाके घर में नौ लाख गाय।
सो क्या छाँछ पराई खाय?"
वर्ष 1, अंक 3–मु. पृ. : 'गये रूप पहचान'–निराला
सं. टि. : 'नीम-गुड़-बटिका'
वर्ष 1, अंक 4–सं. टि. : चुटिया ने लुटिया डुबो दी।
वर्ष 1, अंक 5–मु. पृ. : दिव्य प्रकाश–निराला
सं. टि. : औघड़ों ने थूक कर चाटा।
वर्ष 1, अंक 6–मु. पृ. : नयन–निराला
सं. टि. : "हासा-तमासा।"
वर्ष 1, अंक 7–मु. पृ. : चुम्बन–निराला
सं. टि. : नाटकों का पितरपख।
वर्ष 1, अंक 8–मु. पृ. : उसकी स्मृति में–निराला
सं. टि. : भैंसासुर की नानी।
वर्ष 1, अंक 9–मु. पृ. : कविप्रिया–निराला
सं. टि. : चूड़ी साड़ी की जय बोलो।
वर्ष 1, अंक 10–मु. पृ. : भारत की विधवा–निराला
सं. टि. : आख़ थू
वर्ष 1, अंक 11–मु. पृ. : दो कविताएँ हैं–देवि! कौन वह? 'शोहर' अब पहचान!–निराला
वर्ष 1, अंक 12–मु. पृ. : हरिऔध जी की कविता–दीवाली
सं. टि. : "सदा 'दिवाली' साधक की, जो घर गेहूँ होय।"
वर्ष 1, अंक 13–मु. पृ. : भिक्षुक–निराला
सं. टि. : जोगी जोगी लड़ै, खप्परों की हानि।
वर्ष 1, अंक 14–मु. पृ. : सन्ध्या सुन्दरी–निराला
सं. टि. : चहिय अमिय जग जुरै न छाँछी।
वर्ष 1, अंक 15–मु. पृ. : शरद पूर्णिमा की विदाई में।–निराला
सं. टि. : मुखड़ा क्या देखो दरपन में?
वर्ष 1, अंक 16–मु. पृ. : खण्डहर के प्रति–निराला
सं. टि. : बैठे से बेगार भली

वर्ष 1, अंक 17—मु. पृ.	:	प्रार्थना—निराला
सं. टि.	:	काजल की कोठरी
वर्ष 1, अंक 18—मु. पृ.	:	जूही की कली—निराला
सं. टि.	:	एकहिं बार आस सब पूजी।
वर्ष 1, अंक 19—मु. पृ.	:	धारा—निराला
सं. टि.	:	मुख में राम बगल में छुरी
वर्ष 1, अंक 20—मु. पृ.	:	आत्म-समर्पण—मैथिलीशरण गुप्त आवाहन—निराला
सं. टि.	:	का चुप साधि रहा बल वाना?
वर्ष 1 अंक 21—मु. पृ.	:	वन-कुसुमों को शय्या—निराला
सं. टि.	:	"अपने मुँह मियाँ मिट्ठू।"
वर्ष 1, अंक 22—मु. पृ.	:	प्रलाप—निराला
सं. टि.	:	राजनीति की अँतड़ी।
वर्ष 1, अंक 23—मु. पृ.	:	रास्ते के मुरझाये हुए फूल से—निराला
सं. टि.	:	ओस चाटने से प्यास नहीं बुझती।
वर्ष 1, अंक 24—मु. पृ.	:	तट पर—निराला
सं. टि.	:	जीना हो तो मरना सीखो।
वर्ष 1, अंक 25—सं. टि.	:	दूज का चाँद।
वर्ष 1, अंक 26—मु. पृ.	:	यहीं—निराला
सं. टि.	:	'ढकोसला का ढोल क्यों पीटते हो?'
वर्ष 1, अंक 27—मु. पृ.	:	स्वप्न में, वीणावादिनी—निराला
सं. टि.	:	अन्धा बाँटै रेवड़ी फिर-फिर आपुहिं देय।
वर्ष 1, अंक 28—मु. पृ.	:	हमारी बहू—निराला
सं. टि.	:	कोमलकान्त पदावली की बाढ़।
वर्ष 1, अंक 29—मु. पृ.	:	पं. गिरिधर शर्मा 'नवरत्न' की कविता है 'वन्देमातरम्'। दिल्ली के साहित्य सम्मेलन में 'मतवाला' मण्डल के वरिष्ठ सदस्य 'निराला' द्वारा यह गायन गाया गया था।
सं. टि.	:	चुल्लू भर पानी में डूब मरो।
वर्ष 1, अंक 30—मु. पृ.	:	होली—हरिऔध विफल वासना—निराला
सं. टि.	:	फोटो लेकर चाटो

वर्ष 1, अंक 31—मु. पृ.	:	स्याही का बूँद—श्री सुमित्रानन्दन पन्त प्रिया से—श्री निराला
सं. टि.	:	अजहूँ न बूझ अबूझ।
वर्ष 1, अंक 32—मु. पृ.	:	प्रगल्भ प्रेम—निराला
सं. टि.	:	पतलून ढीली हो गयी।
वर्ष 1, अंक 33—मु. पृ.	:	गा अपने संगीत—निराला
सं. टि.	:	महा अन्धेर! महा अन्धेर!
वर्ष 1, अंक 34—मु. पृ.	:	ज्येष्ठ—निराला
सं. टि.	:	'है अजब औंधी तुम्हारी खोपड़ी।'
वर्ष 1, अंक 35—मु. पृ.	:	खोज और उपहार—निराला
सं. टि.	:	'होश आएगा उन्हें मौत की बेहोशी में।'
वर्ष 1, अंक 36—मु. पृ.		क्यों हँसती हो?—कहा देश है?—निराला
सं. टि.	:	क्यों न कद्र जान की कुरबाँ किये बग़ैर!
वर्ष 1, अंक 37—मु. पृ.	:	भ्रमरगीत—पं. श्रीधर पाठक तरंगों से—निराला
सं. टि.	:	"सर्राफ की नजर ने तुमको परख लिया है।"
वर्ष 1, अंक 38—सं. टि.	:	मुख में राम बगल में छुरी
वर्ष 1, अंक 39—मु. पृ.	:	क्या हूँ?—निराला
सं. टि.	:	अब क्या हो?
वर्ष 1, अंक 40—मु. पृ.	:	गाता हूँ गीत मैं तुम्हें सुनाने को—निराला द्वारा अनूदित विवेकानन्द की कविता।
सं. टि.	:	"हक तो यूँ है कि हक अदा न हुआ।"
वर्ष 1, अंक 41	:	प्रपात के प्रति } निराला
	:	प्रथम प्रभात } निराला
सं. टि.	:	कूप मण्डूक } निराला
वर्ष 1, अंक 42—मु. पृ.	:	सिर्फ एक उन्माद जागी—निराला
सं. टि.	:	दाढ़ी और चोटी का मेल
वर्ष 1, अंक 43—मु. पृ.	:	(1) सन्तप्त, (2) भर देते हो, (3) आदान-प्रदान—निराला
सं. टि.	:	"परपंच करे पर पंच कहावे।"
वर्ष 1, अंक 44—मु. पृ.	:	ऋण—निराला
सं. टि.	:	अति भली न चुप्प।

वर्ष 1, अंक 45—मु. पृ. : दिल्ली—निराला
इसी अंक में है निराला की—यमुने!

वर्ष 1, अंक 47—मु. पृ. : दिल्ली—निराला
सं. टि. : अब भी तो चेतो!

वर्ष 1, अंक 48—मु. पृ. : बादल राग—निराला
यमुने—निराला
सं. टि. : भारी भ्रम!

वर्ष 1, अंक 49—मु. पृ. : दो कविताएँ (1) वोट—भिक्षुक—पं. नाथूराम शंकर शर्मा
(2) बादल राग—निराला
सं. टि. : बच गयी बेचारी।

वर्ष 1, अंक 50—मु. पृ. : बादल राग—निराला।
सं. टि. : देहरादून—सम्मेलन।

अंक 50 के सम्पादकीय स्तम्भ के शीर्ष पर एक व्यवस्थापकीय विज्ञप्ति है कि इस अंक के साथ वर्ष पूरा हो गया। एक फ़ाइल में 50 अंक हैं।

सरोज

वर्ष 2, अंक 1

1. दुख-दर्द (कविता) : श्री पं. अयोध्यासिंह उपाध्याय 'हरिऔध'
2. असावधाना (कविता) : श्री मैथिलीशरण गुप्त
3. पैतृक सम्पत्ति में पुत्री का भाग : श्री पं. शकलनारायण शर्मा
4. अभिलाषा (कविता) : श्री कृष्णबिहारी मिश्र
5. मानस-मानसर (कविता) : श्री मोहनलाल महतो 'वियोगी'
6. समझ की भूल (गल्प) : श्री पं. जगन्नाथ प्रसाद चतुर्वेदी
7. व्रत-भंग (गल्प) : श्री जयशंकर प्रसाद
8. अनुरोध (कविता) : श्री प्रभात
9. गयी है (कविता) : 'चकोरी'
10. दिलदारी (नाटक) : श्री 'उग्र'
11. हिन्दी-लिपि और सम्मेलन : श्री जगमोहने 'विकसित'

12. निष्ठुर यह ले रे ! (कविता) : श्री चरण लाल 'फूल'
13. श्रीपुर में प्राप्त महाराज जयराज देव की मुद्रा : श्री पं. लोचनप्रसाद पाण्डेय
14. मधुप के प्रति (कविता) : श्री सुमंगल प्रकाश
15. प्रतिभा और साहित्यिक बाजार : श्री गुलाबराय एम. ए.
16. कामना (कविता) : श्री 'अनूप'
17. आधुनिक खड़ी बोली की कविता की प्रगति : श्री कृष्णदेव गौड़ एम.ए.
18. माया (कविता) : श्री अनन्त बिहारी माथुर
19. जंजाल (गल्प) : श्री ऋषभचरण
20. अरे सकर्पक (कविता) : श्री 'मिलिन्द'
21. हिन्दी शार्ट हैण्ड : श्री लालबहादुर शास्त्री
22. किलोल (कविता) : श्री सत्यव्रत शर्मा
23. सपना (गल्प) : श्री मुक्त
24. खादी की प्रगति : श्री कन्हैया लाल
25. अनन्त वेकली (कविता) : श्री 'प्रभात'
26. हम पराधीन क्यों हैं? : श्री राजाराम पाण्डेय
27. पहिचान (गल्प) : श्री चन्द्रगुप्त विद्यालंकार
28. तू (कविता) : कविवर लाला भगवानदीन 'दीन'
29. लतखोरी लाल : श्री जी.पी. श्रीवास्तव
30. क्या हम सज्ञान प्राण हैं? : श्री राधामोहन गोकुल जी
31. हिन्दी-वन्दना (कविता) : श्री अरविन्द
32. ग्रामोफोन (गल्प) : श्री सुमंगल प्रकाश
33. कवि और कविता : श्री रत्नचन्द्र दन्तपति बी.ए.
34. सन्ध्या के बाद (कविता) : श्री वाचस्पति पाठक
35. आँसू की बूँद (नाटक) : श्रीमती चन्द्र कुमारी मिश्र
36. भारी भूलें (कविता) : श्री 'रसिकेन्द्र'
37. हिन्दी साहित्य का भविष्य : श्री शिवशेषर द्विवेदी
38. हिन्दी हिन्द की है जान (कविता) : श्री गंगा विष्णु पाण्डेय 'विष्णु'
39. अन्तिम मनुहार (कविता) : श्री जगन्नाथ प्रसाद 'मिलिन्द'
40. मेरी जीवन नौका (कविता) : श्री बाँकेबिहारी लाल 'कृष्ण' बी.ए.
41. समस्या पूर्ति का सुयोग।
42. सरोज-सौरभ, पृ. 133

वर्ष 2, अंक 1 की चित्र सूची

1. बाबू किशोरीलाल चौधरी की द्वितीय वार्षिक स्मृति–रंगीन

2.	माल्यश्री	"
3.	प्रार्थना	"
4.	चिन्ता	"
5.	वियोग-विधुरा	"
6.	हमारा प्यारा चरखा	"
7.	झूलन	"
8.	पीर पंचाल (काश्मीर) के कुछ दृश्य	एकरंगा
9.	न्यूयार्क बन्दर (अमेरिका)	"
10.	अरब का एक दृश्य	"
11.	सूम-सम्राट्	व्यंग्य-चित्र
12.	भूखी शेरनी	एकरंगा
13.	बालीगंज लेक का एक दृश्य	"
14.	चूड़ीवाला	व्यंग्य-चित्र
15.	तरकारी वाली	व्यंग्य-चित्र

हिन्दू पञ्च
(बलिदान-अंक)

विषय-सूची

प्राचीन भारत के बलिदान

1. विचित्र बलिदानी वीर
2. बलिवेदी पर (सम्पादकीय)
3. बलिदान
4. सत्याग्रही प्रह्लाद
5. महाराज शिवि
6. दधीचि का देह-दान : श्रीयुत नरोत्तम व्यास
7. श्री रामचन्द्र ! : श्री युत ब्रजविहारी लाल
8. विदुला : देवतास्वरूप भाई परमानन्द जी
9. योगिराज श्रीकृष्ण : श्री गोविन्दलाल मिश्र

10. पक्षिराज जटायु : श्रीयुत दण्डक वासा
11. भीष्म-प्रतिज्ञा : श्रीयुत सत्यसन्ध्य
12. महाराज हरिश्चन्द्र : श्रीयुत हरिकृष्ण शुक्ल
13. दाता कर्ण : श्रीयुत एन.पी. शास्त्री
14. वेदों की रक्षा के लिए बलिदान—कुमारिल भट्ट का अग्नि-प्रवेश : श्रीयुत विष्णुकुमार भट्टाचार्य
15. वीरबालक अभिमन्यु : श्रीयुत कामता प्रसाद 'विद्यार्थी'

मध्यकालीन भारत के बलिदान

1. महाराणा प्रताप सिंह : कृष्णनारायण कौल
2. महाराष्ट्र-केसरी शिवाजी : देवकृष्ण त्रिपाठी
3. चण्ड का राज्य-त्याग ! : तेग बहादुर सिंह
4. राणा संग्राम सिंह : नारायण राव राठे
5. महारानी लक्ष्मीबाई : देवनारायण वर्मा
6. महारानी पद्मिनी : मोहनलाल चौधरी
7. वीरांगना रानी दुर्गावती : मुरली मनोहर सहाय
8. वीर—धात्री पन्ना : कृष्ण कुमार भट्ट
9. विद्युल्लता का बलिदान : लक्ष्मीप्रसाद चौधरी
10. महारानी जिन्दाँ के साथ भारी विश्वासघात : शमशेर सिंह
11. वीरवर हमीर : रामप्रसाद त्रिपाठी
12. गोरा और बादल : रामानन्द द्विवेदी
13. महावीर बन्दा वैरागी : लक्ष्मीनारायण वाजपेयी
14. वीरमती : श्रीमती सरस्वती देवी
15. कृष्णकुमारी का विषपान : श्रीमती राधिका देवी
16. हाडा रानी : एस. एन. अम्बस्ट
17. वीर मुरली मनोहर : राजनारायण चतुर्वेदी 'आज़ाद'
18. गदर का पहला विद्रोही सिपाही : स्व. मंगल पाण्डेय : तेजनारायण गुप्त
19. टण्ड्रा या तातिया भील : श्रीकान्त तिवारी
20. गुरु अर्जुनदेव का अपूर्व बलिदान : सरदार बुटा सिंह
21. गुरु तेग बहादुर का बलिदान : सरदार वसन्त सिंह
22. पीर अली को फाँसी : डॉ. के.सी. मिश्र, एम.बी.एच.
23. हरिकिशन सिंह : श्रीमती सुशीला देवी
24. नाना साहब : रामकृष्ण मेहरोत्रा
25. हकीकत राय का बलिदान : मानिक लाल 'शहीद'

26. नाना साहब की पुत्री देवी मैना को भस्म कर दिया गया : श्रीमती चपला देवी
27. मनिपुर का हत्याकाण्ड : श्रीयुत 'मनिपुरी'
28. गुरु गोविन्द सिंह : सरदार पद्मसिंह
29. बिहार-केसरी बाबू कुँवर सिंह : ध्यान दास चौबे
30. राजा नन्दकुमार को फाँसी : मुरलीधर प्रसाद।

वर्तमान भारत के बलिदान

1. राष्ट्र और बलिदान : श्री जनार्दन राय नागर 'अकिंचन'
2. श्री उपेन्द्रनाथ वन्द्योपाध्याय : श्री मथुरानन्द चौबे
3. वारीन्द्र कुमार घोष : नलिनी भूषण बनर्जी
4. रण-बाँकुरा स्व. यतीन्द्रनाथ मुकर्जी : श्रीयुत 'अफीज'
5. श्री रामप्रसाद 'बिस्मिल' : श्रीयुत 'अज्ञात'
6. उल्लासकर दत्त : राधानाथ नागर
7. मास्टर अमीर चन्द : चुन्नीलाल शर्मा
8. श्री पुलिन बिहारी दास : बटुक प्रसाद
9. अशफाक उल्ला खाँ : 'राष्ट्रोपासक'
10. श्री रोशन सिंह : बलदेव प्रसाद अवस्थी
11. शैलेन्द्रनाथ घोष : अमरेन्द्र नाग
12. योगेश चन्द्र चटर्जी : निरंजन देश शर्मा
13. देशभक्त लाला हरदयाल का 'गदर' दल।—बंगाल में जर्मन-षड्यन्त्र का सूत्रपात : ले. भाई ज्ञान सिंह
14. श्री शचीन्द्र नाथ सान्याल : बालकृष्ण पन्त
15. श्री ढींगरा के अन्तिम हृदयोद्‌गार
16. श्री मन्मथनाथ गुप्त : अवधबिहारी मिश्र
17. श्री रामकृष्ण खत्री : गणेश प्रसाद शर्मा
18. श्री मुकुन्दी लाल : जटाधारी प्रसाद
19. श्री राजकुमार सिन्हा : वृन्दावन दास
20. श्री गोविन्द चरण कर : शिवचन्द्र त्रिपाठी
21. श्री प्रेमकिशन खन्ना।
22. पंजाब में बेगुनाहों का खून : ख्वाजा अब्बास अली वेग।
23. श्री रामदुलारे त्रिवेदी : 'हरेन्द्र'
24. विष्णु शरण दुबलिस : श्री सुरेन्द्र
25. श्री सुरेश चन्द्र भट्टाचार्य : श्री युत महेन्द्र

26. श्री रामनाथ पाण्डेय : श्री युत 'वीरेन्द्र'
27. श्री भूपेन्द्र नाथ सान्याल : श्रीयुत 'रमेश'
28. विप्लवी आन्दोलन की एक झलक : श्री युत 'धनंजय'
29. स्व. लाला लाजपत राय : श्रीयुत ए.के. शुक्ल
30. स्व. स्वामी श्रद्धानन्द : श्रीयुत राजनारायण सिंह
31. स्व. यतीन्द्र नाथ दास।

विषय सूची के बाद सम्पादकीय 'भूमिका' इस प्रकार है–

भूमिका

पंच के प्रेमी–पाठक-पाठिकाओ !

यह एक अत्यन्त आन्दोलनकारी समय है। इस समय न केवल इस देश में, बल्कि समग्र भूमण्डल पर और समस्त देशों और जातियों में एक अभूतपूर्व अति क्रान्ति की उत्ताल तरंग उठी है। प्राचीन परम्पराओं और दासता की जकड़ने वाली रूढ़ियों के विरुद्ध एक घोर विप्लव मचा है।

ऐसे उथल-पुथलकारी युग में लाहौर राष्ट्रीय काँग्रेस के शुभ अवसर पर हम सहर्ष आपकी सेवा में यह विप्लवकारी 'बलिदान-अंक' सादर समर्पित करते हैं। यह अंक कैसा हुआ है, हम अपनी मनोकामनाओं में कहाँ तक सफल हुए हैं, इसका निर्णय आप स्वयं ही इसे पढ़कर कर सकेंगे। पर पढ़ने और इस अंक का मनन करने के समय आपको यह भी अवश्य विचार कर लेना होगा, कि हम लोग आज किस परिस्थिति में हैं और हमें कितनी कठिनाइयों तथा विघ्नों में काम करना पड़ता है? हमें स्वतः इन कठिनाइयों की परवाह नहीं है, क्योंकि हम तो जाति और समाज की सेवा करने के लिए प्राणपन से तत्पर हैं। इस समय, जबकि हमारी राष्ट्र महासभा काँग्रेस पूर्ण स्वतन्त्रता का प्रस्ताव पास करने के लिये उद्यत है–सरकार की ओर से 'राउण्ड टेबल' का चारा है और बड़े-बड़े राजनीतिक और सामाजिक उलट-फेर की आशंका है, तब ऐसी मनोरंजक घड़ी में, हमारा आपको यह विशाल विशेषांक समर्पित करना कुछ कम महत्त्वपूर्ण नहीं है। इस अंक में उन भीमव्रती वीरों तथा हुतात्माओं का स्वर्णमयी स्मृतियों और साहसी कार्यों का रोचक दिग्दर्शन है, जिन्होंने मातृभूमि की स्वतन्त्रता और रक्षा के लिये निज प्राणों की बलि चढ़ा दी, पर अपने उज्ज्वल उद्देश्य का कोई अंश भी न छोड़ा। उनके जीवन का सत्संग समस्त मानव जाति का स्वाभाविक अभिमान है और निश्चय ही हमारा भारतवर्ष भी उस अभिमान से वंचित नहीं है। हमें पूर्ण आशा और विश्वास है कि वीरों का बलिदान हमारे देशवासियों को उत्साहित करेगा। हम निःसंकोच यह भी स्वीकार करने में न हिचकेंगे कि यह अंक हमारी आन्तरिक इच्छाओं के सर्वथा अनुकूल नहीं हो सका है, तो भी अल्प समय के भीतर ही हमने इसे सब तरह सुन्दर, चित्रित और रुचिकर बनाने

का प्रयास किया है। इस अंक के निकालने में अपने कतिपय लेखकों, सुकवियों और प्रतिष्ठित व्यक्तियों से जो अमूल्य सहायता मिली है, उसके लिये हम उनके हृदय से आभारी हैं। इस उद्योग में और इस विशाल अंक को सर्वांग सुन्दर बनाने में प्रायः 15000) रुपये व्यय हुए हैं। कागज, स्याही, छपाई आदि खर्चों के साथ प्रेस की झंझट भी मौके बे मौके दुःखप्रद हो जाती थी, पर तो भी हमें सन्तोष है कि यह अंक ठीक अवसर पर आपकी सेवा में पहुँचकर आपको आनन्दित करेगा।

जहाँ तक जो कर्तव्य था उसे पूर्ण करने का हमने यथार्थ उद्योग किया है। हमारी कठिनाइयों को कम करने में यदि हमारे प्रेमी पाठक भी हमारा थोड़ा हाथ बटायें, और प्रत्येक पाठक यदि दो-दो ग्राहक बढ़ाने की कृपा करें, तो हम उनके हृदय से आभारी होंगे और समझेंगे कि 'हिन्दू पंच' की सफल कामनाओं के लिये आप भी हमारे साथ हैं।

'बलिदान अंक' के खर्चे का ब्योरा इस प्रकार है—

570 रीम कागज	...	5130) रु.
कम्पोजिंग छपाई	...	3420) रु.
ब्लाक डिजाइन बनवाने में	...	1000) रु.
105 रीम आर्ट पेपर	...	1575) रु.
कवर की छपाई व कागज	...	350) रु.
प्रचार कार्य में	...	800) रु.
सम्पादकीय विभाग में व्यय	...	1000) रु.
टिकट अधिक लगेगा		1875) रु.
		15150) रु.

—सम्पादक

सहायक आधार

व्यक्ति

स्व. आचार्य नन्ददुलारे वाजपेयी, प्रो. कल्याणमल लोढ़ा, श्री लक्ष्मीचन्द्र जैन, डॉ. विजयशंकर मल्ल, डॉ. शिवप्रसाद सिंह, श्री शिवनाथ चौबे, डॉ. शिवनारायण खन्ना, श्री राधागोविन्द पाण्डेय, श्री रंगनाथ दुबे, श्री अवधेश्वर नाथ मिश्र, श्रीमती विद्या पाठक, श्री अम्बिकाप्रसाद वाजपेयी, पं. बनारसीदास चतुर्वेदी, डॉ. रामविलास

शर्मा, श्री केदारनाथ मिश्र 'प्रभात', श्री नसीब जी, स्व. निहाल चन्द्र वर्मा, श्री दीनानाथ काश्यप, श्री विष्णुकान्त शास्त्री, श्री कृष्णचन्द्र बेरी, श्री दामोदर विनायक खन्ना, श्री शुभनारायण सिन्हा, प्रो. आनन्दमूर्ति और श्री मंगलमूर्ति, श्री सुधाकर पाण्डेय तथा नागरी प्रचारिणी सभा के अन्य अधिकारीगण, श्री केशवप्रसाद मिश्र, श्री कामेश्वर मिश्र, श्री मदनमोहन चौबे, श्री वेदप्रकाश तिवारी, श्री जयप्रकाश खत्री, श्री छविनाथ मिश्र, श्री लक्ष्मीशंकर व्यास, श्री दीनानाथ पाण्डेय, सत्यनारायण स्टुडियो, कलकत्ता, श्री जगदीश, श्री जगदीश खनेजा, श्री पद्मधर त्रिपाठी।

संस्था

भारतीय ज्ञानपीठ, कलकत्ता विश्वविद्यालय पुस्तकालय, आर्यभाषा पुस्तकालय, नागरीप्रचारिणी सभा, हिन्दी साहित्य सम्मेलन पुस्तकालय, भारती भवन प्रयाग, राष्ट्रीय पुस्तकालय कलकत्ता, ब्रिटिश काउन्सिल बड़ा बाज़ार पुस्तकालय, श्री हनुमान पुस्तकालय, कुमार सभा पुस्तकालय, मारवाड़ी पुस्तकालय, काशी हिन्दू विश्वविद्यालय का गायकवाड़ पुस्तकालय, बंगीय साहित्य परिषद् पुस्तकालय, श्री अरविन्द पाठ मन्दिर।

साहित्य

हिन्दी पुस्तकें

हिन्दी भाषा के सामयिक पत्रों का इतिहास	...	श्री राधाकृष्ण दास
गुप्त निबन्धावली, प्रथम भाग	...	सं. श्री झावरमल्ल शर्मा, श्री बनारसीदास चतुर्वेदी
बालमुकुन्द गुप्त-स्मारक ग्रन्थ	...	श्री झावरमल्ल शर्मा
हिन्दी साहित्य का इतिहास	...	आचार्य रामचन्द्र शुक्ल
समाचारपत्रों का इतिहास	...	पं. अम्बिकाप्रसाद वाजपेयी
पत्र और पत्रकार	...	पं. कमलापति त्रिपाठी
हिन्दी साहित्य की भूमिका	...	आचार्य हजारीप्रसाद द्विवेदी
हिन्दी साहित्य : बीसवीं शताब्दी	...	आचार्य नन्ददुलारे वाजपेयी
उन्नीसवीं शताब्दी	...	डॉ. लक्ष्मीसागर वार्ष्णेय
आधुनिक हिन्दी साहित्य का विकास	...	डॉ. श्रीकृष्ण लाल
हिन्दी समाचारपत्र निर्देशिका	...	श्री वेंकट लाल ओझा
आधुनिक हिन्दी साहित्य की भूमिका	...	डॉ. लक्ष्मीसागर वार्ष्णेय
गद्यकार बाबू बालमुकुन्द गुप्त	...	डॉ. नत्थन सिंह
'निराला' अभिनन्दन ग्रन्थ	...	सं. श्री वरुआ

शिवपूजन रचनावली, भाग 4	...	आचार्य शिवपूजन सहाय
संस्कृति के चार अध्याय	...	डॉ. रामधारी सिंह 'दिनकर'
राष्ट्रीयता और समाजवाद	...	आचार्य नरेन्द्र देव
आर्यभाषा और हिन्दी	...	डॉ. सुनीतिकुमार चट्टोपाध्याय
माधव मिश्र ग्रन्थावली	...	सं. झावरमल्ल शर्मा
लोकमान्य तिलक और उनका युग	...	इन्द्र विद्यावाचस्पति
भारतेन्दु युग	...	डॉ. रामविलास शर्मा
मालवीय अभिनन्दन ग्रन्थ	...	पं. सीताराम चतुर्वेदी
मेरी कहानी	...	जवाहरलाल नेहरू
सत्य के प्रयोग	...	महात्मा गाँधी
आत्म-कथा	...	डॉ. राजेन्द्र प्रसाद
काँग्रेस का इतिहास, प्रथम खण्ड	...	डॉ. पट्टाभि सीतारमैया
मेरे समकालीन	...	महात्मा गाँधी
हिन्दुस्तान की कहानी	...	जवाहरलाल नेहरू
श्रीमद्दयानन्द प्रकाश	...	स्वामी सत्यानन्द
पराड़कर जी और पत्रकारिता	...	लक्ष्मीशंकर व्यास
हमारे आराध्य	...	श्री बनारसीदास चतुर्वेदी
रेखाचित्र	...	श्री बनारसीदास चतुर्वेदी
संस्मरण	...	श्री बनारसीदास चतुर्वेदी
खड़ी बोली का आन्दोलन	...	डॉ. शितिकण्ठ मिश्र
साहित्य का नया परिप्रेक्ष्य	...	डॉ. रघुवंश
धर्म और जातीयता	...	श्री अरविन्द
उत्तरपाड़ा अभिभाषण	...	"
श्री अरविन्द के पत्र (पत्नी के नाम)	...	"
दयानन्द	...	"
स्वाधीन भारत ! जय हो!	...	विवेकानन्द
भारत में विवेकानन्द	...	"
व्यावहारिक जीवन में वेदान्त	...	"
श्री रामकृष्ण वचनामृत, प्रथम भाग		

अँगरेज़ी पुस्तकें

1. The Doctrine of Passive Resistance—Sri Aurobindo
2. The Discovery of India—Pt. Jawaharlal Nehru
3. Bankim-Tilak-Dayanand—Sri Aurobindo

4. Bande Mataram & Indian Nationalism—Prof. Haridash Mukherjee and Prof. Uma Mukherjee
5. Journalism in Modern India—Edited by Poland E. Wolseley
6. History of Indian Journalism—j. Narayan
7. A History of the Press in India—Nataranjan
8. Points of view—W. Somerset Maugham
9. The Indian Press—Margarita Barns
10. The News Paper in India—Hemendra Pd. Ghosh
11. Crisis in Civilization—Tagore
12. The Rise and Growth of Hindi Journalism—Ram Ratan Bhatnagar
13. Studies in the Bengal Renaissance—Edited by Atul Chandra Gupta
14. How to find out—Lionel Mccolvin
15. The Poverty of India—Dadabhai Naoroji
16. Western influence in Bengali literature—Priya Ranjan Sen
17. The Life of Ramkrishna—Romain Rolland.
18. British Paramountacy and Indian Renaissance—Editor—Dr. P.C. Majumdar
19. The Foundation of New India—K.M. Panikkar.

पत्रिकाएँ

विशाल भारत, सरस्वती, माधुरी, नयी धारा, आलोचना, ज्योत्स्ना, अर्चना, साप्ताहिक हिन्दुस्तान, धर्मयुग, कल्पना, माध्यम, क ख ग, त्रैमासिक साहित्य, नया समाज, प्रतीक, आज, नवभारत टाइम्स, आर्यावर्त, हिन्दुस्तान, विश्वमित्र।

Bhavan's Journal, Modern Review (Ramananda Centenary Number), Quest, Statesman, Amrita Bazar Patrika, Organiser, National Herald, The Illustrated Weekly of India, Current.

नामानुक्रमणिका

ग्रन्थ

पत्र-पत्रिकाएँ

व्यक्ति

संस्थाएँ

स्थान (देश-प्रदेश-नगर)

□ □ □

पृष्ठ 74 की छूटी हुई सामग्री

इस बख़त लखनौ के नवाब बहादुर इंग्रेजों के पक्ष में है ओ उन के मन्त्री ओर सेनापति ओ सेनादल सब महन्त जी के पक्ष में होकर इंग्रेज के विरुद्ध में देवता के बाबत से रणभूमि में आकर युद्ध करने के लिए अयोध्या में आये है इस प्रकार का प्राजा के साथ रूषीय युद्ध के समय में भारतवर्ष में युद्ध करना कोई प्रकार से भी भला नहीं पार्ळियामेण्ट के आईन में भी लिखा है कि एक तरप जिस बखत महायुद्ध होता रहता है उस समय में दूसरा युद्ध कभी भी न करना सो आईन के विरुद्ध कर्म्म करने से सब कोई कहते हैं कि यिह कुछ अमंगल का चिह्न है इसलिये हमलोग के राजपुरुषों को प्रथम इस विषय की विवेचना करना अति आवश्यक है।

इसी अंक में 'चौबीस परगने के माजिस्ट्रेट साहेब का समाचार' प्रकाशित हुआ है जिस के अन्त में सम्पादक ने प्रजा के प्रति सरकार के कर्तव्य की स्पष्ट चर्चा की है :

चौबीस परगने के माजिष्ट्रेट साहेब का समाचार।

चौबीस परगने के माजिष्ट्रेट साहेब छुट्टी लेकर पश्चिम देश के तरप जाते थे सो उनको राजमहल के निकट सब सम्पत्ति समेत लूट के चोरों ने उनको नंगा करके सजीव छोड़ दिया है हमलोगों के अन्दाज में आता है कि ये लोग चोर नहीं ये लोग सांउताल नामक अत्याचारी राज्यविद्रोही पहाड़ियों ने ही माजिष्ट्रेट साहेब की ऐसी दुर्दशा कियी है इतना सेनादल राजमहल, भागलपुर औ सूरी के तरप जाके रहा है सो क्या खाली सांउतालों को नमस्कार करने के लिये गया है जब माजिष्ट्रेट को ऐसा क्लेश भया है तब औरो का क्या क्या हवाल नहीं भया होगा हमलोग के समझ में आता है कि गवर्णमेण्ट खाली भर्ड देखाते हैं कि बहुत सा सेनादल सांउतालों को दमन करने के लिये भेजा है अगर सत्य करके भेजा होता तो कधी इतना उपद्रव न होता प्रजा के पक्ष में इतनी उपेक्षा करना गवर्णमेण्ट को उचित नहीं।

स्पष्ट है कि सांउतालों के अत्याचार से सामान्य प्रजा की शान्ति भंग हो गयी थी। उन के हिंसापरक उपद्रव से लोगों में आतंक फैल गया था। देशवासियों की रक्षा के लिए सरकारी साहाय्य की याचना की जाती थी। 13 अगस्त की मेदिनीपुर की चिट्ठी इसी अंक में प्रकाशित हुई है, जो द्रष्टव्य है :

मेदिनीपुर की चिट्ठी 13 अगष्ट

मेदिनीपुर के पत्र से मालुम भया कि आजकल मेदिनीपुर के तरप सांउताल नामक पहाड़ियों का अत्याचार बड़ा भारी भया है, दो चार दिन के भीतर उन लोगों ने मेदिनीपुर को लूटने का इरादा किया है इसके मारे मेदिनीपुर के आमले औ कालिन्द लोग सब कोई कान्पने लगे हैं औ सभों ने नगर छोड़ के भाग जाने का उद्योग किया है इस बखत राज पुरुष लोग विहां सेना दल नहीं भेजेंगे तो एकदम मेदिनीपुर उजड़ जायेगा इसलिये राजपुरुषों को ऐसे समय में

मेदिनीपुर के तरप मन लगावना अति उचित है।

साउंताल अपनी शक्ति और युद्ध-कुशलता से सरकारी सिपाहियों को भी पछाड़ देते थे और उनके उपद्रव से सरकारी अधिकारी भी भयभीत रहते थे। श्रावन वदि 1 संवत् 1912 को 'समाचार सुधावर्षण' में प्रकाशित 'महेशपुर के तरप सान्तालीयों का अत्याचार' शीर्षक टिप्पणी की अन्तिम पंक्ति इस प्रकार है, "साउंताल लोग ऐसे डरपोकने नहीं हैं कि खाली धमकी से युद्ध भूमि को त्याग के सहज में भोगेंगे उन्हन के त्रास के मारे राज्य सब काँप रहा है।" इस टिप्पणी की आरम्भिक पंक्तियाँ इस प्रकार हैं :

महेशपुर के महाराज ने साउंताल नामक पहाड़ियों को दमन करने के लिये कपतान स्मालपेज साहेब का साथ अपने तरप से 3000 तीन हजार सिपाही देके उनको भेज दिया वे लोग पहाड़ियों के मन्दिर में घुसकर उन्हन की कामा नामक ठाकुर की सूरत लेकर जब फिरि आवते थे सो ऐसे समय में एकदम पहाड़ों में हजारों साउंताल लोग बड़ा झुण्ड का झुण्ड बन्ध कर आये ओ तीरों की वर्षा से गवर्णमेन्ट के सेना दल को ओ महेशपुर के राजसेना दल को भी उन्होंने भगाय दिया दोनों तरप के अनेक सिपाही लोग घायल भये और मर गये और पहाड़ियों ने अपनी ठाकुर की मूरत को लेके पहिले माफक मन्दिर में स्थापन किया महेशपुर के राजसिपाही लोग धरबार कुटुम्बों को त्याग के डर के मारे भागलपुर को भाग गये और जितने पहाड़ियों को इन लोगों ने पकड़ा था माजिष्ट्रेट साहेब के निकट विचार करके दण्ड देने के लिये कपूतान साहेब ने भेज दिया था माजिष्ट्रेट साहेब ने एक एक पहाड़ियों के पीट पर छ छ छ बेत मार के उन्हन को छोड़ दिया इस प्रकार दण्ड देने का यही कारण है कि माजिष्ट्रेट साहेब को अपने मन में बड़ा भय उपजा है कि किस बखत आके पहाड़िये लोग उनका सिर काट डालेंगे इस भय के मारे वे दण्ड अत्याचारियों को नहीं दे सकते हैं।"

साउंतालों से सम्बन्धित एक चमत्कारी सूचना है श्रावन सुदि 1 संवत् 1912 के अंक में। 'आश्चर्य्य जन्म' शीर्षक टिप्पणी की आरम्भिक पंक्तियाँ इस प्रकार हैं :

ऐसा एक अपूर्व पुत्र आट वरिस की कुमारी के उदर से बिना पुरुष के प्रसंग से साउंताल नामक पहाड़ियों के कुल में जन्मा है कहिये सुनने में आया है और उस पुत्री के जन्मते ही गगन से आकाशवाणी भई कि इस पुत्र को तुम लोग सिंहासन पर बैठा के अपना राजा बनाओ और इस पुत्र की आज्ञा से राज्याधिकार करो यह पुत्र मनुष्य नहीं पृथिवी का भार उतारने के लिये परमेश्वर ने कुमारी के पेट में जन्म ग्रहण किया है इस गगन गिरा को सुनते ही साउंताल नामक पहाड़िये लोग सब एकदम मदोन्मत्त होके अपने जातवालों को बुलाय इस संवाद को सुनाय सबके सब दल बन्ध कर राजा के विरुद्ध में उस पुत्र की आज्ञा से अस्त्रादिक लेकर युद्ध करने को प्रवृत्त भये हैं—

सम्पादक ने राजपुरुषों को सलाह देते हुए लिखा है—